司法解释理解与适用丛书

《刑法修正案（十一）》条文及配套《罪名补充规定（七）》理解与适用

杨万明 主　编
周加海 副主编

人民法院出版社
PEOPLE'S COURT PRESS

图书在版编目（CIP）数据

《刑法修正案（十一）》条文及配套《罪名补充规定（七）》理解与适用 / 杨万明主编． -- 北京：人民法院出版社，2021.4
（司法解释理解与适用丛书）
ISBN 978-7-5109-3143-7

Ⅰ．①刑… Ⅱ．①杨… Ⅲ．①刑法-法律解释-中国 ②刑法-法律适用-中国 Ⅳ．①D924.05

中国版本图书馆 CIP 数据核字（2021）第 059264 号

《刑法修正案（十一）》条文及配套《罪名补充规定（七）》理解与适用

杨万明　主编
周加海　副主编

策划编辑	兰丽专
责任编辑	丁丽娜　路建华　张　奎　丁塞峨
执行编辑	杨晓燕　郭粹　杨洁
出版发行	人民法院出版社
地　　址	北京市东城区东交民巷 27 号（100745）
电　　话	（010）67550508（责任编辑）　67550558（发行部查询）
	65223677（读者服务部）
客服 QQ	2092078039
网　　址	http://www.courtbook.com.cn
E－mail	courtpress@sohu.com
印　　刷	保定市中画美凯印刷有限公司
经　　销	新华书店

开　　本	787 毫米×1092 毫米　1/16
字　　数	588 千字
印　　张	39.5
版　　次	2021 年 4 月第 1 版　2021 年 4 月第 1 次印刷
书　　号	ISBN 978-7-5109-3143-7
定　　价	148.00 元

版权所有　侵权必究

出版说明

刑法是国家的基本法律,在中国特色社会主义法律体系中居于基础性、保障性地位,对于惩治犯罪、维护国家安全和社会稳定、保护人民群众生命财产安全具有重要意义。1997年《刑法》施行以来,全国人民代表大会常务委员会先后通过了一个决定、十一个刑法修正案,对《刑法》作出了修改和补充。

2020年12月26日,第十三届全国人大常委会第二十四次会议通过《刑法修正案（十一）》,自2021年3月1日起施行。这是在中国特色社会主义进入新时代、深入推进全面依法治国的重大时代背景下对《刑法》作出的一次重要修改。《刑法修正案（十一）》以习近平法治思想为根本遵循,贯彻党中央决策部署,坚持以人民为中心的立法理念,根据新时代要求,把握我国社会主要矛盾的变化,结合当前国内国际形势变化,积极回应社会关切,更加注重积极统筹发挥好刑法对于维护国家安全、社会稳定和保护人民的重要功能。《刑法修正案（十一）》共48条,具体内容涉及个别下调刑事责任年龄,加大对未成年人保护、安全生产、产权保护力度,加强疫情防控刑事法律保障,增加"冒名顶替"犯罪,增加侮辱、诽谤英烈行为犯罪,增加生物安全等犯罪,修改完善知识产权犯罪等方面的规定,内容丰富、领域众多。

《刑法修正案（十一）》通过后,对一些新增的《刑法》分则条文,需要明确罪名;对一些犯罪构成要件有重大修改的《刑法》分则条文,有必要对原罪名作出相应调整。而且,此前《刑法修正案（十）》为了惩治侮辱国歌的犯罪行为,切实维护国歌奏唱、使用的严肃性和国家尊严,在《刑法》第二百九十九条中增加一款作为第二款,故有必要对《刑法》第二百九十九条的原罪名一并作出调整。基于此,根据《刑法修正案(十)》《刑法修正案(十一)》,结合司法实践反映的情况,最高人民法院会同最高人民检察院发布《关于执行〈中华人民共和国刑法〉确定罪名的补充规定(七)》(法释〔2021〕2号,以下简称《罪名补充规定(七)》),自2021年3月1日起施行。《罪名补充规定(七)》新增17个罪名,另对原10个罪名作了调整或者取消。自此,我国《刑法》总计规定了483个罪名。

为帮助各级人民法院的法官正确理解和准确适用《刑法修正案(十一)》和《罪名补充规定(七)》,解决办案实务中遇到的新情况、新问题,也为社会各界及时了解和掌握相关内容,我们组织参与《刑法》修正、司法解释起草等工作的同志撰写了《〈刑法修正案(十一)〉条文及配套〈罪名补充规定(七)〉理解与适用》一书,结合《罪名补充规定(七)》确定的罪名,立足于司法实践,从条文主旨、修法背景、内容解读、司法适用等方面对《刑法修正案(十一)》的条文进行逐条解读。

本书由最高人民法院党组成员、副院长杨万明大法官担任主编,最高人民法院研究室副主任周加海担任副主编。撰稿人包括最高人民法院研究室刑事处喻海松、耿磊、李振华、李静,郝方昉(中国证监会行政处罚委员会委员),以及姜金良(江苏省扬州市中级人民法院研究室副主任)、李鑫(天津市红桥区人民法院刑庭审判员)。

由于编写时间较为仓促,编写人员水平有限,书中的疏漏和错误之处在所难免,恳请广大读者批评指正。

二〇二一年三月

凡 例

一、法律

1. 《中华人民共和国××法》，简称《××法》。其中，相关法律已作修改，对修改前的法律标记年份。例如：2017年6月27日第十二届全国人民代表大会常务委员会第二十八次会议修订的《中华人民共和国水污染防治法》，简称《水污染防治法》；1984年5月11日第六届全国人民代表大会常务委员会第五次会议通过的《中华人民共和国水污染防治法》，简称1984年《水污染防治法》。

2. 1979年7月1日第五届全国人民代表大会第二次会议通过的《中华人民共和国刑法》，简称1979年《刑法》。1997年3月14日第八届全国人民代表大会第五次会议修订的《中华人民共和国刑法》，简称《刑法》；与1979年《刑法》对照时，简称1997年《刑法》。

3. 《中华人民共和国刑法修正案（×）》，简称《刑法修正案（×）》。例如：2020年12月26日第十三届全国人民代表大会常务委员会第二十四次会议通过的《中华人民共和国刑法修正案（十一）》，简称《刑法修正案（十一）》。

4. 1995年2月28日第八届全国人民代表大会常务委员会第十二次会议通过的《全国人民代表大会常务委员会关于惩治违反公司法的犯罪的决定》，简称《惩治违反公司法犯罪的决定》。

二、立法解释

《全国人民代表大会常务委员会关于〈中华人民共和国刑法〉

第三百四十一条、第三百一十二条的解释》（2014年4月24日），简称《刑法第三百四十一条、第三百一十二条立法解释》。

三、司法解释

1. 《最高人民法院关于执行〈中华人民共和国刑法〉确定罪名的规定》（法释〔1997〕9号），简称《确定罪名规定》。

2. 《最高人民法院关于审理贪污、职务侵占案件如何认定共同犯罪几个问题的解释》（法释〔2000〕15号），简称《贪污、职务侵占案件解释》。

3. 《最高人民法院关于审理破坏野生动物资源刑事案件具体应用法律若干问题的解释》（法释〔2000〕37号），简称《破坏野生动物资源刑事解释》。

4. 《最高人民法院关于适用财产刑若干问题的规定》（法释〔2000〕45号），简称《适用财产刑规定》。

5. 《最高人民法院、最高人民检察院关于执行〈中华人民共和国刑法〉确定罪名的补充规定》（法释〔2002〕7号），简称《罪名补充规定》。

6. 《最高人民法院、最高人民检察院关于办理妨害预防、控制突发传染病疫情等灾害的刑事案件具体应用法律若干问题的解释》（法释〔2003〕8号），简称《妨害突发传染病防控刑事解释》。

7. 《最高人民法院、最高人民检察院关于办理侵犯知识产权刑事案件具体应用法律若干问题的解释》（法释〔2004〕19号），简称《侵犯知识产权犯罪解释》。

8. 《最高人民法院、最高人民检察院关于办理侵犯著作权刑事案件中涉及录音录像制品中有关问题的批复》（法释〔2005〕12号），简称《侵犯知识产权批复》。

9. 《最高人民法院、最高人民检察院关于办理侵犯知识产权刑事案件具体应用法律若干问题的解释（二）》（法释〔2007〕6号），简称《侵犯知识产权犯罪解释（二）》。

10.《最高人民法院、最高人民检察院关于执行〈中华人民共和国刑法〉确定罪名的补充规定（三）》（法释〔2007〕16号），简称《罪名补充规定（三）》。

11.《最高人民法院关于审理洗钱等刑事案件具体应用法律若干问题的解释》（法释〔2009〕15号），简称《洗钱犯罪司法解释》。

12.《最高人民法院关于审理非法集资刑事案件具体应用法律若干问题的解释》（法释〔2010〕18号），简称《非法集资解释》。

13.《最高人民法院、最高人民检察院关于办理渎职刑事案件适用法律若干问题的解释（一）》（法释〔2012〕18号），简称《渎职解释（一）》。

14.《最高人民法院、最高人民检察院关于办理走私刑事案件适用法律若干问题的解释》（法释〔2014〕10号），简称《办理走私案件解释》。

15.《最高人民法院、最高人民检察院关于办理危害药品安全刑事案件适用法律若干问题的解释》（法释〔2014〕14号），简称《药品解释》。

16.《最高人民法院关于审理掩饰、隐瞒犯罪所得、犯罪所得收益刑事案件适用法律若干问题的解释》（法释〔2015〕11号），简称《掩饰、隐瞒犯罪所得罪解释》。

17.《最高人民法院、最高人民检察院关于办理危害生产安全刑事案件适用法律若干问题的解释》（法释〔2015〕22号），简称《安全生产解释》。

18.《最高人民法院、最高人民检察院关于办理贪污贿赂刑事案件适用法律若干问题的解释》（法释〔2016〕9 号），简称《贪污贿赂解释》。

19.《最高人民法院、最高人民检察院关于办理环境污染刑事案件适用法律若干问题的解释》（法释〔2016〕29 号），简称《环境污染刑事解释》。

20.《最高人民法院、最高人民检察院关于办理操纵证券、期货市场刑事案件适用法律若干问题的解释》（法释〔2019〕9 号），简称《操纵证券、期货市场解释》。

21.《最高人民法院关于审理走私、非法经营、非法使用兴奋剂刑事案件适用法律若干问题的解释》（法释〔2019〕16 号），简称《兴奋剂解释》。

22.《最高人民法院、最高人民检察院关于办理侵犯知识产权刑事案件具体应用法律若干问题的解释（三）》（法释〔2020〕10 号），简称《侵犯知识产权犯罪解释（三）》。

23.《最高人民法院关于适用〈中华人民共和国刑事诉讼法〉的解释》（法释〔2021〕1 号），简称《刑事诉讼法解释》。

24.《最高人民法院、最高人民检察院关于执行〈中华人民共和国刑法〉确定罪名的补充规定（七）》（法释〔2021〕2 号），简称《罪名补充规定（七）》。

四、规范性文件

1.《全国法院审理金融犯罪案件工作座谈会纪要》（法〔2001〕8 号），简称《金融犯罪纪要》。

2.《最高人民法院、最高人民检察院关于办理商业贿赂刑事案件适用法律若干问题的意见》（法发〔2008〕33 号），简称《商业贿赂刑事案件意见》。

3.《最高人民检察院、公安部关于公安机关管辖的刑事案件立案追诉标准的规定（二）》（公通字〔2010〕23 号），简称《立案追诉标准（二）》。

4.《最高人民法院、最高人民检察院、公安部关于办理侵犯知识产权刑事案件适用法律若干问题的意见》（法发〔2011〕3号），简称《侵犯知识产权犯罪意见》。

5.《最高人民法院关于准确理解和适用刑法中"国家规定"的有关问题的通知》（法发〔2011〕155号），简称《"国家规定"通知》。

6.《最高人民法院、最高人民检察院、公安部、司法部关于依法惩治性侵害未成年人犯罪的意见》（法发〔2013〕12号），简称《性侵意见》。

7.《中共中央关于全面推进依法治国若干重大问题的决定》（2014年10月23日），简称《全面依法治国决定》。

8.《中共中央、国务院关于完善产权保护制度依法保护产权的意见》（2016年11月4日），简称《保护产权意见》。

9.《最高人民法院、最高人民检察院、公安部关于依法惩治妨害公共交通工具安全驾驶违法犯罪行为的指导意见》（公通字〔2019〕1号），简称《妨害安全驾驶指导意见》。

10.《最高人民法院、最高人民检察院、公安部、司法部、生态环境部关于办理环境污染刑事案件有关问题座谈会纪要》（高检会〔2019〕3号），简称《环境污染刑事纪要》。

11.《最高人民法院、最高人民检察院、公安部、司法部关于办理实施"软暴力"的刑事案件若干问题的意见》（2019年4月9日），简称《办理实施"软暴力"刑事案件意见》。

12.《最高人民法院关于依法妥善审理高空抛物、坠物案件的意见》（法发〔2019〕25号），简称《审理高空抛物案件意见》。

13.《最高人民法院、最高人民检察院、公安部、司法部关于依法惩治妨害新型冠状病毒感染肺炎疫情防控违法犯罪的意见》（法发〔2020〕7号），简称《惩治妨害新冠肺炎疫情防控违法犯罪意见》。

此外，本书对《刑法修正案（十一）（草案）》一次审议稿、二次审议稿、修正案条文以及《刑法》修正前后条文逐条进行对照，对其中新增或者修改的内容以黑体字进行标识，对原条文修改或删去之处加阴影标识。

目 录
CONTENTS

中华人民共和国刑法修正案（十一）
　　（2020年12月26日）···（1）
最高人民法院　最高人民检察院
关于执行《中华人民共和国刑法》确定罪名的补充规定（七）
　　（2021年2月26日）···（14）

　　第 一 条　个别下调刑事责任能力年龄··············（17）
　　第 二 条　增设妨害安全驾驶罪···························（31）
　　第 三 条　增设组织他人违章冒险作业罪············（40）
　　第 四 条　增设危险作业罪··································（48）
　　第 五 条　修改生产、销售假药罪························（63）
　　第 六 条　修改生产、销售劣药罪························（75）
　　第 七 条　增设妨害药品管理罪···························（81）
　　第 八 条　修改欺诈发行股票、债券罪··················（90）
　　第 九 条　修改违规披露、不披露重要信息罪·······（102）
　　第 十 条　修改非国家工作人员受贿罪················（113）
　　第十一条　修改骗取贷款、票据承兑、金融票证罪·（121）
　　第十二条　修改非法吸收公众存款罪···················（131）
　　第十三条　修改操纵证券、期货市场罪················（140）
　　第十四条　修改洗钱罪··（152）
　　第十五条　修改集资诈骗罪··································（165）

第十六条	修改集资诈骗罪单位犯罪处罚的规定	(165)
第十七条	修改假冒注册商标罪	(175)
第十八条	修改销售假冒注册商标的商品罪	(182)
第十九条	修改非法制造、销售非法制造的注册商标标识罪	(188)
第二十条	修改侵犯著作权罪	(193)
第二十一条	修改销售侵权复制品罪	(204)
第二十二条	修改侵犯商业秘密罪	(209)
第二十三条	增设为境外窃取、刺探、收买、非法提供商业秘密罪	(215)
第二十四条	修改关于知识产权单位犯罪	(220)
第二十五条	修改提供虚假证明文件罪、出具证明文件重大失实罪	(223)
第二十六条	修改强奸罪	(233)
第二十七条	增设负有照护职责人员性侵罪	(241)
第二十八条	修改猥亵儿童罪	(251)
第二十九条	修改职务侵占罪	(259)
第三十条	修改挪用资金罪	(264)
第三十一条	增设袭警罪	(273)
第三十二条	增设冒名顶替罪	(282)
第三十三条	增设高空抛物罪	(294)
第三十四条	增设催收非法债务罪	(304)
第三十五条	增设侵犯英雄烈士名誉、荣誉罪	(318)
第三十六条	增设组织参与国(境)外赌博罪	(325)
第三十七条	修改妨害传染病防治罪	(333)
第三十八条	增设非法采集人类遗传资源、走私人类遗传资源材料罪	(351)
第三十九条	增设非法植入基因编辑、克隆胚胎罪	(361)
第四十条	修改污染环境罪	(372)
第四十一条	增设非法猎捕、收购、运输、出售陆生野生动物罪	(394)

第四十二条	增设破坏自然保护地罪	(410)
第四十三条	增设非法引进、释放、丢弃外来入侵物种罪	(420)
第四十四条	增设妨害兴奋剂管理罪	(433)
第四十五条	修改食品、药品监管渎职罪	(444)
第四十六条	修改为境外窃取、刺探、收买、非法提供军事秘密罪	(454)
第四十七条	修改军人违反职责罪适用主体范围	(462)
第四十八条	明确《刑法修正案(十一)》施行时间	(466)

附录一 《刑法修正案(十一)》立法资料 (467)

关于《中华人民共和国刑法修正案(十一)(草案)》的说明
——2020年6月28日在第十三届全国人民代表大会常务委员会第二十次会议上 (467)

全国人民代表大会宪法和法律委员会
　　关于《中华人民共和国刑法修正案(十一)(草案)》
　　　修改情况的汇报
　　(2020年10月13日) (472)

全国人民代表大会宪法和法律委员会
　　关于《中华人民共和国刑法修正案(十一)(草案)》
　　　审议结果的报告
　　(2020年12月22日) (475)

全国人民代表大会宪法和法律委员会
　　关于《中华人民共和国刑法修正案(十一)(草案三次审议稿)》
　　　修改意见的报告
　　(2020年12月25日) (478)

附录二 中华人民共和国刑法 (479)

中华人民共和国刑法修正案（十一）

（2020年12月26日第十三届全国人民代表大会常务委员会第二十四次会议通过）

一、将刑法第十七条修改为："已满十六周岁的人犯罪，应当负刑事责任。

"已满十四周岁不满十六周岁的人，犯故意杀人、故意伤害致人重伤或者死亡、强奸、抢劫、贩卖毒品、放火、爆炸、投放危险物质罪的，应当负刑事责任。

"已满十二周岁不满十四周岁的人，犯故意杀人、故意伤害罪，致人死亡或者以特别残忍手段致人重伤造成严重残疾，情节恶劣，经最高人民检察院核准追诉的，应当负刑事责任。

"对依照前三款规定追究刑事责任的不满十八周岁的人，应当从轻或者减轻处罚。

"因不满十六周岁不予刑事处罚的，责令其父母或者其他监护人加以管教；在必要的时候，依法进行专门矫治教育。"

二、在刑法第一百三十三条之一后增加一条，作为第一百三十三条之二："对行驶中的公共交通工具的驾驶人员使用暴力或者抢控驾驶操纵装置，干扰公共交通工具正常行驶，危及公共安全的，处一年以下有期徒刑、拘役或者管制，并处或者单处罚金。

"前款规定的驾驶人员在行驶的公共交通工具上擅离职守，与他人互殴或者殴打他人，危及公共安全的，依照前款的规定处罚。

"有前两款行为，同时构成其他犯罪的，依照处罚较重的规定定罪处罚。"

三、将刑法第一百三十四条第二款修改为:"强令他人违章冒险作业,或者明知存在重大事故隐患而不排除,仍冒险组织作业,因而发生重大伤亡事故或者造成其他严重后果的,处五年以下有期徒刑或者拘役;情节特别恶劣的,处五年以上有期徒刑。"

四、在刑法第一百三十四条后增加一条,作为第一百三十四条之一:"在生产、作业中违反有关安全管理的规定,有下列情形之一,具有发生重大伤亡事故或者其他严重后果的现实危险的,处一年以下有期徒刑、拘役或者管制:

"(一)关闭、破坏直接关系生产安全的监控、报警、防护、救生设备、设施,或者篡改、隐瞒、销毁其相关数据、信息的;

"(二)因存在重大事故隐患被依法责令停产停业、停止施工、停止使用有关设备、设施、场所或者立即采取排除危险的整改措施,而拒不执行的;

"(三)涉及安全生产的事项未经依法批准或者许可,擅自从事矿山开采、金属冶炼、建筑施工,以及危险物品生产、经营、储存等高度危险的生产作业活动的。"

五、将刑法第一百四十一条修改为:"生产、销售假药的,处三年以下有期徒刑或者拘役,并处罚金;对人体健康造成严重危害或者有其他严重情节的,处三年以上十年以下有期徒刑,并处罚金;致人死亡或者有其他特别严重情节的,处十年以上有期徒刑、无期徒刑或者死刑,并处罚金或者没收财产。

"药品使用单位的人员明知是假药而提供给他人使用的,依照前款的规定处罚。"

六、将刑法第一百四十二条修改为:"生产、销售劣药,对人体健康造成严重危害的,处三年以上十年以下有期徒刑,并处罚金;后果特别严重的,处十年以上有期徒刑或者无期徒刑,并处罚金或者没收财产。

"药品使用单位的人员明知是劣药而提供给他人使用的,依照前款的规定处罚。"

七、在刑法第一百四十二条后增加一条,作为第一百四十二条之一:

"违反药品管理法规，有下列情形之一，足以严重危害人体健康的，处三年以下有期徒刑或者拘役，并处或者单处罚金；对人体健康造成严重危害或者有其他严重情节的，处三年以上七年以下有期徒刑，并处罚金：

"（一）生产、销售国务院药品监督管理部门禁止使用的药品的；

"（二）未取得药品相关批准证明文件生产、进口药品或者明知是上述药品而销售的；

"（三）药品申请注册中提供虚假的证明、数据、资料、样品或者采取其他欺骗手段的；

"（四）编造生产、检验记录的。

"有前款行为，同时又构成本法第一百四十一条、第一百四十二条规定之罪或者其他犯罪的，依照处罚较重的规定定罪处罚。"

八、将刑法第一百六十条修改为："在招股说明书、认股书、公司、企业债券募集办法等发行文件中隐瞒重要事实或者编造重大虚假内容，发行股票或者公司、企业债券、存托凭证或者国务院依法认定的其他证券，数额巨大、后果严重或者有其他严重情节的，处五年以下有期徒刑或者拘役，并处或者单处罚金；数额特别巨大、后果特别严重或者有其他特别严重情节的，处五年以上有期徒刑，并处罚金。

"控股股东、实际控制人组织、指使实施前款行为的，处五年以下有期徒刑或者拘役，并处或者单处非法募集资金金额百分之二十以上一倍以下罚金；数额特别巨大、后果特别严重或者有其他特别严重情节的，处五年以上有期徒刑，并处非法募集资金金额百分之二十以上一倍以下罚金。

"单位犯前两款罪的，对单位判处非法募集资金金额百分之二十以上一倍以下罚金，并对其直接负责的主管人员和其他直接责任人员，依照第一款的规定处罚。"

九、将刑法第一百六十一条修改为："依法负有信息披露义务的公司、企业向股东和社会公众提供虚假的或者隐瞒重要事实的财务会计报告，或者对依法应当披露的其他重要信息不按照规定披露，严重损害股东或者其他人利益，或者有其他严重情节的，对其直接负责的主管人员和其他直接责任人员，处五年以下有期徒刑或者拘役，并处或者单处罚金；情节特别严重的，处五年以上十年以下有期徒刑，并处罚金。

"前款规定的公司、企业的控股股东、实际控制人实施或者组织、指使实施前款行为的,或者隐瞒相关事项导致前款规定的情形发生的,依照前款的规定处罚。

"犯前款罪的控股股东、实际控制人是单位的,对单位判处罚金,并对其直接负责的主管人员和其他直接责任人员,依照第一款的规定处罚。"

十、将刑法第一百六十三条第一款修改为:"公司、企业或者其他单位的工作人员,利用职务上的便利,索取他人财物或者非法收受他人财物,为他人谋取利益,数额较大的,处三年以下有期徒刑或者拘役,并处罚金;数额巨大或者有其他严重情节的,处三年以上十年以下有期徒刑,并处罚金;数额特别巨大或者有其他特别严重情节的,处十年以上有期徒刑或者无期徒刑,并处罚金。"

十一、将刑法第一百七十五条之一第一款修改为:"以欺骗手段取得银行或者其他金融机构贷款、票据承兑、信用证、保函等,给银行或者其他金融机构造成重大损失的,处三年以下有期徒刑或者拘役,并处或者单处罚金;给银行或者其他金融机构造成特别重大损失或者有其他特别严重情节的,处三年以上七年以下有期徒刑,并处罚金。"

十二、将刑法第一百七十六条修改为:"非法吸收公众存款或者变相吸收公众存款,扰乱金融秩序的,处三年以下有期徒刑或者拘役,并处或者单处罚金;数额巨大或者有其他严重情节的,处三年以上十年以下有期徒刑,并处罚金;数额特别巨大或者有其他特别严重情节的,处十年以上有期徒刑,并处罚金。

"单位犯前款罪的,对单位判处罚金,并对其直接负责的主管人员和其他直接责任人员,依照前款的规定处罚。

"有前两款行为,在提起公诉前积极退赃退赔,减少损害结果发生的,可以从轻或者减轻处罚。"

十三、将刑法第一百八十二条第一款修改为:"有下列情形之一,操纵证券、期货市场,影响证券、期货交易价格或者证券、期货交易量,情节严重的,处五年以下有期徒刑或者拘役,并处或者单处罚金;情节特别严重的,处五年以上十年以下有期徒刑,并处罚金:

"(一)单独或者合谋,集中资金优势、持股或者持仓优势或者利用信息优势联合或者连续买卖的；

"（二）与他人串通，以事先约定的时间、价格和方式相互进行证券、期货交易的；

"（三）在自己实际控制的帐户之间进行证券交易，或者以自己为交易对象，自买自卖期货合约的；

"（四）不以成交为目的，频繁或者大量申报买入、卖出证券、期货合约并撤销申报的；

"（五）利用虚假或者不确定的重大信息，诱导投资者进行证券、期货交易的；

"（六）对证券、证券发行人、期货交易标的公开作出评价、预测或者投资建议，同时进行反向证券交易或者相关期货交易的；

"（七）以其他方法操纵证券、期货市场的。"

十四、将刑法第一百九十一条修改为："为掩饰、隐瞒毒品犯罪、黑社会性质的组织犯罪、恐怖活动犯罪、走私犯罪、贪污贿赂犯罪、破坏金融管理秩序犯罪、金融诈骗犯罪的所得及其产生的收益的来源和性质，有下列行为之一的，没收实施以上犯罪的所得及其产生的收益，处五年以下有期徒刑或者拘役，并处或者单处罚金；情节严重的，处五年以上十年以下有期徒刑，并处罚金：

"（一）提供资金帐户的；

"（二）将财产转换为现金、金融票据、有价证券的；

"（三）通过转帐或者其他支付结算方式转移资金的；

"（四）跨境转移资产的；

"（五）以其他方法掩饰、隐瞒犯罪所得及其收益的来源和性质的。

"单位犯前款罪的，对单位判处罚金，并对其直接负责的主管人员和其他直接责任人员，依照前款的规定处罚。"

十五、将刑法第一百九十二条修改为："以非法占有为目的，使用诈骗方法非法集资，数额较大的，处三年以上七年以下有期徒刑，并处罚金；数额巨大或者有其他严重情节的，处七年以上有期徒刑或者无期徒刑，并处罚金或者没收财产。

"单位犯前款罪的，对单位判处罚金，并对其直接负责的主管人员和其他直接责任人员,依照前款的规定处罚。"

十六、将刑法第二百条修改为:"单位犯本节第一百九十四条、第一百九十五条规定之罪的,对单位判处罚金,并对其直接负责的主管人员和其他直接责任人员,处五年以下有期徒刑或者拘役,可以并处罚金;数额巨大或者有其他严重情节的,处五年以上十年以下有期徒刑,并处罚金;数额特别巨大或者有其他特别严重情节的,处十年以上有期徒刑或者无期徒刑,并处罚金。"

十七、将刑法第二百一十三条修改为:"未经注册商标所有人许可,在同一种商品、服务上使用与其注册商标相同的商标,情节严重的,处三年以下有期徒刑,并处或者单处罚金;情节特别严重的,处三年以上十年以下有期徒刑,并处罚金。"

十八、将刑法第二百一十四条修改为:"销售明知是假冒注册商标的商品,违法所得数额较大或者有其他严重情节的,处三年以下有期徒刑,并处或者单处罚金;违法所得数额巨大或者有其他特别严重情节的,处三年以上十年以下有期徒刑,并处罚金。"

十九、将刑法第二百一十五条修改为:"伪造、擅自制造他人注册商标标识或者销售伪造、擅自制造的注册商标标识,情节严重的,处三年以下有期徒刑,并处或者单处罚金;情节特别严重的,处三年以上十年以下有期徒刑,并处罚金。"

二十、将刑法第二百一十七条修改为:"以营利为目的,有下列侵犯著作权或者与著作权有关的权利的情形之一,违法所得数额较大或者有其他严重情节的,处三年以下有期徒刑,并处或者单处罚金;违法所得数额巨大或者有其他特别严重情节的,处三年以上十年以下有期徒刑,并处罚金:

"(一)未经著作权人许可,复制发行、通过信息网络向公众传播其文字作品、音乐、美术、视听作品、计算机软件及法律、行政法规规定的其他作品的;

"(二)出版他人享有专有出版权的图书的;

"(三)未经录音录像制作者许可,复制发行、通过信息网络向公众传播其制作的录音录像的;

"（四）未经表演者许可，复制发行录有其表演的录音录像制品，或者通过信息网络向公众传播其表演的；

"（五）制作、出售假冒他人署名的美术作品的；

"（六）未经著作权人或者与著作权有关的权利人许可，故意避开或者破坏权利人为其作品、录音录像制品等采取的保护著作权或者与著作权有关的权利的技术措施的。"

二十一、将刑法第二百一十八条修改为："以营利为目的，销售明知是本法第二百一十七条规定的侵权复制品，违法所得数额巨大或者有其他严重情节的，处五年以下有期徒刑，并处或者单处罚金。"

二十二、将刑法第二百一十九条修改为："有下列侵犯商业秘密行为之一，情节严重的，处三年以下有期徒刑，并处或者单处罚金；情节特别严重的，处三年以上十年以下有期徒刑，并处罚金：

"（一）以盗窃、贿赂、欺诈、胁迫、电子侵入或者其他不正当手段获取权利人的商业秘密的；

"（二）披露、使用或者允许他人使用以前项手段获取的权利人的商业秘密的；

"（三）违反保密义务或者违反权利人有关保守商业秘密的要求，披露、使用或者允许他人使用其所掌握的商业秘密的。

"明知前款所列行为，获取、披露、使用或者允许他人使用该商业秘密的，以侵犯商业秘密论。

"本条所称权利人，是指商业秘密的所有人和经商业秘密所有人许可的商业秘密使用人。"

二十三、在刑法第二百一十九条后增加一条，作为第二百一十九条之一："为境外的机构、组织、人员窃取、刺探、收买、非法提供商业秘密的，处五年以下有期徒刑，并处或者单处罚金；情节严重的，处五年以上有期徒刑，并处罚金。"

二十四、将刑法第二百二十条修改为："单位犯本节第二百一十三条至第二百一十九条之一规定之罪的，对单位判处罚金，并对其直接负责的主管人员和其他直接责任人员，依照本节各该条的规定处罚。"

二十五、将刑法第二百二十九条修改为："承担资产评估、验资、验证、会计、审计、法律服务、保荐、安全评价、环境影响评价、环境监测等职责的中介组织的人员故意提供虚假证明文件，情节严重的，处五年以下有期徒刑或者拘役，并处罚金；有下列情形之一的，处五年以上十年以下有期徒刑，并处罚金：

"（一）提供与证券发行相关的虚假的资产评估、会计、审计、法律服务、保荐等证明文件，情节特别严重的；

"（二）提供与重大资产交易相关的虚假的资产评估、会计、审计等证明文件，情节特别严重的；

"（三）在涉及公共安全的重大工程、项目中提供虚假的安全评价、环境影响评价等证明文件，致使公共财产、国家和人民利益遭受特别重大损失的。

"有前款行为，同时索取他人财物或者非法收受他人财物构成犯罪的，依照处罚较重的规定定罪处罚。

"第一款规定的人员，严重不负责任，出具的证明文件有重大失实，造成严重后果的，处三年以下有期徒刑或者拘役，并处或者单处罚金。"

二十六、将刑法第二百三十六条修改为："以暴力、胁迫或者其他手段强奸妇女的，处三年以上十年以下有期徒刑。

"奸淫不满十四周岁的幼女的，以强奸论，从重处罚。

"强奸妇女、奸淫幼女，有下列情形之一的，处十年以上有期徒刑、无期徒刑或者死刑：

"（一）强奸妇女、奸淫幼女情节恶劣的；

"（二）强奸妇女、奸淫幼女多人的；

"（三）在公共场所当众强奸妇女、奸淫幼女的；

"（四）二人以上轮奸的；

"（五）奸淫不满十周岁的幼女或者造成幼女伤害的；

"（六）致使被害人重伤、死亡或者造成其他严重后果的。"

二十七、在刑法第二百三十六条后增加一条，作为第二百三十六条之一："对已满十四周岁不满十六周岁的未成年女性负有监护、收养、看护、教育、医疗等特殊职责的人员，与该未成年女性发生性关系的，处三年以下有期徒刑；情节恶劣的，处三年以上十年以下有期徒刑。

"有前款行为，同时又构成本法第二百三十六条规定之罪的，依照处罚较重的规定定罪处罚。"

二十八、将刑法第二百三十七条第三款修改为："猥亵儿童的，处五年以下有期徒刑；有下列情形之一的，处五年以上有期徒刑：

"（一）猥亵儿童多人或者多次的；

"（二）聚众猥亵儿童的，或者在公共场所当众猥亵儿童，情节恶劣的；

"（三）造成儿童伤害或者其他严重后果的；

"（四）猥亵手段恶劣或者有其他恶劣情节的。"

二十九、将刑法第二百七十一条第一款修改为："公司、企业或者其他单位的工作人员，利用职务上的便利，将本单位财物非法占为己有，数额较大的，处三年以下有期徒刑或者拘役，并处罚金；数额巨大的，处三年以上十年以下有期徒刑，并处罚金；数额特别巨大的，处十年以上有期徒刑或者无期徒刑，并处罚金。"

三十、将刑法第二百七十二条修改为："公司、企业或者其他单位的工作人员，利用职务上的便利，挪用本单位资金归个人使用或者借贷给他人，数额较大、超过三个月未还的，或者虽未超过三个月，但数额较大、进行营利活动的，或者进行非法活动的，处三年以下有期徒刑或者拘役；挪用本单位资金数额巨大的，处三年以上七年以下有期徒刑；数额特别巨大的，处七年以上有期徒刑。

"国有公司、企业或者其他国有单位中从事公务的人员和国有公司、企业或者其他国有单位委派到非国有公司、企业以及其他单位从事公务的人员有前款行为的，依照本法第三百八十四条的规定定罪处罚。

"有第一款行为，在提起公诉前将挪用的资金退还的，可以从轻或者减轻处罚。其中，犯罪较轻的，可以减轻或者免除处罚。"

三十一、将刑法第二百七十七条第五款修改为："暴力袭击正在依法执行职务的人民警察的，处三年以下有期徒刑、拘役或者管制；使用枪支、管制刀具，或者以驾驶机动车撞击等手段，严重危及其人身安全的，处三年以上七年以下有期徒刑。"

三十二、在刑法第二百八十条之一后增加一条，作为第二百八十条之

二、"盗用、冒用他人身份，顶替他人取得的高等学历教育入学资格、公务员录用资格、就业安置待遇的，处三年以下有期徒刑、拘役或者管制，并处罚金。

"组织、指使他人实施前款行为的，依照前款的规定从重处罚。

"国家工作人员有前两款行为，又构成其他犯罪的，依照数罪并罚的规定处罚。"

三十三、在刑法第二百九十一条之一后增加一条，作为第二百九十一条之二："从建筑物或者其他高空抛掷物品，情节严重的，处一年以下有期徒刑、拘役或者管制，并处或者单处罚金。

"有前款行为，同时构成其他犯罪的，依照处罚较重的规定定罪处罚。"

三十四、在刑法第二百九十三条后增加一条，作为第二百九十三条之一："有下列情形之一，催收高利放贷等产生的非法债务，情节严重的，处三年以下有期徒刑、拘役或者管制，并处或者单处罚金：

"（一）使用暴力、胁迫方法的；

"（二）限制他人人身自由或者侵入他人住宅的；

"（三）恐吓、跟踪、骚扰他人的。"

三十五、在刑法第二百九十九条后增加一条，作为第二百九十九条之一："侮辱、诽谤或者以其他方式侵害英雄烈士的名誉、荣誉，损害社会公共利益，情节严重的，处三年以下有期徒刑、拘役、管制或者剥夺政治权利。"

三十六、将刑法第三百零三条修改为："以营利为目的，聚众赌博或者以赌博为业的，处三年以下有期徒刑、拘役或者管制，并处罚金。

"开设赌场的，处五年以下有期徒刑、拘役或者管制，并处罚金；情节严重的，处五年以上十年以下有期徒刑，并处罚金。

"组织中华人民共和国公民参与国（境）外赌博，数额巨大或者有其他严重情节的，依照前款的规定处罚。"

三十七、将刑法第三百三十条第一款修改为："违反传染病防治法的规定，有下列情形之一，引起甲类传染病以及依法确定采取甲类传染病预防、控制措施的传染病传播或者有传播严重危险的，处三年以下有期徒刑或者拘役；后果特别严重的，处三年以上七年以下有期徒刑：

"（一）供水单位供应的饮用水不符合国家规定的卫生标准的；

"（二）拒绝按照疾病预防控制机构提出的卫生要求，对传染病病原体污染的污水、污物、场所和物品进行消毒处理的；

"（三）准许或者纵容传染病病人、病原携带者和疑似传染病病人从事国务院卫生行政部门规定禁止从事的易使该传染病扩散的工作的；

"（四）出售、运输疫区中被传染病病原体污染或者可能被传染病病原体污染的物品，未进行消毒处理的；

"（五）拒绝执行县级以上人民政府、疾病预防控制机构依照传染病防治法提出的预防、控制措施的。"

三十八、在刑法第三百三十四条后增加一条，作为第三百三十四条之一："违反国家有关规定，非法采集我国人类遗传资源或者非法运送、邮寄、携带我国人类遗传资源材料出境，危害公众健康或者社会公共利益，情节严重的，处三年以下有期徒刑、拘役或者管制，并处或者单处罚金；情节特别严重的，处三年以上七年以下有期徒刑，并处罚金。"

三十九、在刑法第三百三十六条后增加一条，作为第三百三十六条之一："将基因编辑、克隆的人类胚胎植入人体或者动物体内，或者将基因编辑、克隆的动物胚胎植入人体内，情节严重的，处三年以下有期徒刑或者拘役，并处罚金；情节特别严重的，处三年以上七年以下有期徒刑，并处罚金。"

四十、将刑法第三百三十八条修改为："违反国家规定，排放、倾倒或者处置有放射性的废物、含传染病病原体的废物、有毒物质或者其他有害物质，严重污染环境的，处三年以下有期徒刑或者拘役，并处或者单处罚金；情节严重的，处三年以上七年以下有期徒刑，并处罚金；有下列情形之一的，处七年以上有期徒刑，并处罚金：

"（一）在饮用水水源保护区、自然保护地核心保护区等依法确定的重点保护区域排放、倾倒、处置有放射性的废物、含传染病病原体的废物、有毒物质，情节特别严重的；

"（二）向国家确定的重要江河、湖泊水域排放、倾倒、处置有放射性的废物、含传染病病原体的废物、有毒物质，情节特别严重的；

"（三）致使大量永久基本农田基本功能丧失或者遭受永久性破坏的；

"（四）致使多人重伤、严重疾病，或者致人严重残疾、死亡的。

"有前款行为，同时构成其他犯罪的，依照处罚较重的规定定罪处罚。"

四十一、在刑法第三百四十一条中增加一款作为第三款："违反野生动物保护管理法规，以食用为目的非法猎捕、收购、运输、出售第一款规定以外的在野外环境自然生长繁殖的陆生野生动物，情节严重的，依照前款的规定处罚。"

四十二、在刑法第三百四十二条后增加一条，作为第三百四十二条之一："违反自然保护地管理法规，在国家公园、国家级自然保护区进行开垦、开发活动或者修建建筑物，造成严重后果或者有其他恶劣情节的，处五年以下有期徒刑或者拘役，并处或者单处罚金。

"有前款行为，同时构成其他犯罪的，依照处罚较重的规定定罪处罚。"

四十三、在刑法第三百四十四条后增加一条，作为第三百四十四条之一："违反国家规定，非法引进、释放或者丢弃外来入侵物种，情节严重的，处三年以下有期徒刑或者拘役，并处或者单处罚金。"

四十四、在刑法第三百五十五条后增加一条，作为第三百五十五条之一："引诱、教唆、欺骗运动员使用兴奋剂参加国内、国际重大体育竞赛，或者明知运动员参加上述竞赛而向其提供兴奋剂，情节严重的，处三年以下有期徒刑或者拘役，并处罚金。

"组织、强迫运动员使用兴奋剂参加国内、国际重大体育竞赛的，依照前款的规定从重处罚。"

四十五、将刑法第四百零八条之一第一款修改为："负有食品药品安全监督管理职责的国家机关工作人员，滥用职权或者玩忽职守，有下列情形之一，造成严重后果或者有其他严重情节的，处五年以下有期徒刑或者拘役；造成特别严重后果或者有其他特别严重情节的，处五年以上十年以下有期徒刑：

"（一）瞒报、谎报食品安全事故、药品安全事件的；

"（二）对发现的严重食品药品安全违法行为未按规定查处的；

"（三）在药品和特殊食品审批审评过程中，对不符合条件的申请准予许可的；

"（四）依法应当移交司法机关追究刑事责任不移交的；

"（五）有其他滥用职权或者玩忽职守行为的。"

四十六、将刑法第四百三十一条第二款修改为："为境外的机构、组织、人员窃取、刺探、收买、非法提供军事秘密的，处五年以上十年以下有期徒刑；情节严重的，处十年以上有期徒刑、无期徒刑或者死刑。"

四十七、将刑法第四百五十条修改为："本章适用于中国人民解放军的现役军官、文职干部、士兵及具有军籍的学员和中国人民武装警察部队的现役警官、文职干部、士兵及具有军籍的学员以及文职人员、执行军事任务的预备役人员和其他人员。"

四十八、本修正案自2021年3月1日起施行。

最高人民法院 最高人民检察院
关于执行《中华人民共和国刑法》
确定罪名的补充规定（七）

法释〔2021〕2号

（2021年2月22日最高人民法院审判委员会第1832次会议、2021年2月26日最高人民检察院第十三届检察委员会第六十三次会议通过 2021年2月26日最高人民法院、最高人民检察院公告公布 自2021年3月1日起施行）

根据《中华人民共和国刑法修正案（十）》（以下简称《刑法修正案（十）》）、《中华人民共和国刑法修正案（十一）》（以下简称《刑法修正案（十一）》），结合司法实践反映的情况，现对《最高人民法院关于执行〈中华人民共和国刑法〉确定罪名的规定》《最高人民检察院关于适用刑法分则规定的犯罪的罪名的意见》作如下补充、修改：

刑法条文	罪名
第一百三十三条之二 （《刑法修正案（十一）》第二条）	妨害安全驾驶罪
第一百三十四条第二款 （《刑法修正案（十一）》第三条）	强令、组织他人违章冒险作业罪 （取消强令违章冒险作业罪罪名）
第一百三十四条之一 （《刑法修正案（十一）》第四条）	危险作业罪
第一百四十一条 （《刑法修正案（十一）》第五条）	生产、销售、提供假药罪 （取消生产、销售假药罪罪名）

· 14 ·

最高人民法院、最高人民检察院关于执行《中华人民共和国刑法》确定罪名的补充规定（七）

刑法条文	罪名
第一百四十二条 （《刑法修正案（十一）》第六条）	生产、销售、提供劣药罪 （取消生产、销售劣药罪罪名）
第一百四十二条之一 （《刑法修正案（十一）》第七条）	妨害药品管理罪
第一百六十条 （《刑法修正案（十一）》第八条）	欺诈发行证券罪 （取消欺诈发行股票、债券罪罪名）
第二百一十九条之一 （《刑法修正案（十一）》第二十三条）	为境外窃取、刺探、收买、非法提供商业秘密罪
第二百三十六条之一 （《刑法修正案（十一）》第二十七条）	负有照护职责人员性侵罪
第二百七十七条第五款 （《刑法修正案（十一）》第三十一条）	袭警罪
第二百八十条之二 （《刑法修正案（十一）》第三十二条）	冒名顶替罪
第二百九十一条之二 （《刑法修正案（十一）》第三十三条）	高空抛物罪
第二百九十三条之一 （《刑法修正案（十一）》第三十四条）	催收非法债务罪
第二百九十九条 （《刑法修正案（十)》）	侮辱国旗、国徽、国歌罪 （取消侮辱国旗、国徽罪罪名）
第二百九十九条之一 （《刑法修正案（十一）》第三十五条）	侵害英雄烈士名誉、荣誉罪
第三百零三条第三款 （《刑法修正案（十一）》第三十六条）	组织参与国（境）外赌博罪
第三百三十四条之一 （《刑法修正案（十一）》第三十八条）	非法采集人类遗传资源、走私人类遗传资源材料罪

· 15 ·

刑法条文	罪名
第三百三十六条之一 （《刑法修正案（十一）》第三十九条）	非法植入基因编辑、克隆胚胎罪
第三百四十一条第一款	危害珍贵、濒危野生动物罪 （取消非法猎捕、杀害珍贵、濒危野生动物罪和非法收购、运输、出售珍贵、濒危野生动物、珍贵、濒危野生动物制品罪罪名）
第三百四十一条第三款 （《刑法修正案（十一）》第四十一条）	非法猎捕、收购、运输、出售陆生野生动物罪
第三百四十二条之一 （《刑法修正案（十一）》第四十二条）	破坏自然保护地罪
第三百四十四条	危害国家重点保护植物罪 （取消非法采伐、毁坏国家重点保护植物罪和非法收购、运输、加工、出售国家重点保护植物、国家重点保护植物制品罪罪名）
第三百四十四条之一 （《刑法修正案（十一）》第四十三条）	非法引进、释放、丢弃外来入侵物种罪
第三百五十五条之一 （《刑法修正案（十一）》第四十四条）	妨害兴奋剂管理罪
第四百零八条之一 （《刑法修正案（十一）》第四十五条）	食品、药品监管渎职罪 （取消食品监管渎职罪罪名）

本规定自 2021 年 3 月 1 日起施行。

第一条　个别下调刑事责任能力年龄

【条文内容】

一、将刑法第十七条修改为:"已满十六周岁的人犯罪,应当负刑事责任。

"已满十四周岁不满十六周岁的人,犯故意杀人、故意伤害致人重伤或者死亡、强奸、抢劫、贩卖毒品、放火、爆炸、投放危险物质罪的,应当负刑事责任。

"已满十二周岁不满十四周岁的人,犯故意杀人、故意伤害罪,致人死亡或者以特别残忍手段致人重伤造成严重残疾,情节恶劣,经最高人民检察院核准追诉的,应当负刑事责任。

"对依照前三款规定追究刑事责任的不满十八周岁的人,应当从轻或者减轻处罚。

"因不满十六周岁不予刑事处罚的,责令其父母或者其他监护人加以管教;在必要的时候,依法进行专门矫治教育。"

【条文主旨】

本条修改了有关法定最低刑事责任年龄和收容教养的规定。在特定情形下,经特别程序,对法定最低刑事责任年龄作个别下调。同时,统筹考虑《刑法》修改和《预防未成年人犯罪法》修改相关问题,将收容教养修改为专门矫治教育。

《刑法修正案（十一）》条文及配套《罪名补充规定（七）》理解与适用

【理解与适用】

一、修法背景

近年来未成年人恶性暴力犯罪案件时有发生。个别案件中，涉案未成年人恶意利用未达到刑事责任年龄来逃避刑事处罚，引发社会广泛关注。例如，2019 年，十三岁大连男孩蔡某某将在同小区内居住的十岁女孩小淇杀害，并抛尸灌木丛。因蔡某某未达到法定刑事责任年龄，警方依法不予追究刑事责任，对其进行收容教养。① 针对此类现象，有关方面呼吁降低刑事责任年龄，以实现对未成年人恶性犯罪的惩罚与预防。

从立法沿革上看，《刑法》关于刑事责任年龄的规定曾有多次变动。1951 年 11 月，中央人民政府法制委员会在一个批复中指出：未满十二岁者的行为不予处罚；未满十四岁者犯一般情节轻微的罪可不处罚，但应交其家属、监护人或者所属机关团体，予以管理教育；已满十二岁者如犯杀人、重伤、盗窃以及其他公共危险性的罪，法院认为有处罚必要者，得酌情予以处罚；十四岁以上未满十八岁者的犯罪，一律予以处罚，但得较十八岁以上的成年人犯罪从轻或减轻处罚。根据 1954 年《劳动改造条例》第二十一条的规定，十三周岁以上未满十八周岁的少年犯了罪可以称为少年犯。1957 年《刑法（草案）》第二十二稿总结以往规定，将刑事责任年龄划分为三个阶段：不满十三岁的人不负刑事责任；已满十三岁不满十五岁的人，犯杀人、重伤、放火、严重偷窃罪或者严重破坏交通罪，应当负刑事责任，犯其他罪，不负刑事责任；已满十五岁的人犯罪的，应当负刑事责任。1963 年 10 月第三十三稿规定，以十四周岁为最低刑事责任年龄，并在 1979 年《刑法》中予以确定。1997 年《刑法》修订中也有关于是否将最低刑事责任年龄从十四周岁降低到十三周岁的讨论，但最终维持不变，基本沿用了 1979 年《刑法》的规定。②

---

① 参见《13 岁男孩杀人事件并非个例：他还是个孩子，但法律不应纵容》，载澎湃新闻网，https://www.thepaper.cn/newsDetail_forward_7159561，最后访问日期：2021 年 3 月 1 日。

② 参见高铭暄：《中华人民共和国刑法的孕育诞生和发展完善》，北京大学出版社 2012 年版，第 23 页、第 188 页。

许多国家也将最低刑事责任年龄规定为十四周岁。例如，德国《少年法庭法》适用的范围是已满十四周岁不满十八周岁的未成年人。《意大利刑法》第97条规定："在实施行为时不满十四岁的，是不可归罪的。"《俄罗斯刑法》中刑事责任年龄分类方式与我国《刑法》相同。根据《俄罗斯刑法》第20条规定，年满十六周岁承担刑事责任，年满十四周岁不满十六周岁的承担杀人、故意伤害严重损害他人健康等二十类犯罪的刑事责任。近年来，各国刑法对刑事责任年龄的规定也存在降低的趋势。2007年，日本以神户十四岁少年连续杀伤儿童案件为导火索，将《少年法》中刑事责任年龄由十六周岁降至十四周岁。[1]《俄罗斯刑法》中有关于十四至十六周岁部分承担刑事责任能力年龄的规定，近年因针对未成年人实施故意杀人、严重伤害幼年人和中学女老师身体的犯罪案件，也曾讨论是否应该对严重暴力犯罪的刑事责任年龄降低至十二周岁。[2]

承担刑事责任的年龄问题是刑事立法中的重要问题，未成年人心智尚未完全成熟，对自己行为后果的认知仍不全面，对其是否需要下调刑事责任年龄应持慎重的态度。立法机关反复研究认为，不宜普遍下调刑事责任年龄，对于未成年人实施的具有一定社会危害性的轻微刑事犯罪，仍要以矫正教育为主，这也是对未成年人的挽救，不宜过度使用刑罚；但对于接近十四周岁，实际已具备辨认能力而实施恶性暴力犯罪，恶意利用刑事责任年龄逃避刑事处罚的，具有立法完善的必要性，通过刑事处罚以儆效尤，实现惩罚与预防的双向效果。当然，也不宜大幅度下调刑事责任年龄，因刑事责任年龄实际与刑事责任能力关联，年龄太小的少年并不具备实施犯罪的身体条件，并不具有犯罪能力，如果大幅度下调刑事责任年龄，实际让刑事责任年龄丧失了本来的意义，也不符合保护未成年人合法权益的国际通行原则。因此，对低龄未成年人实施严重危害社会的行为，既不是简单地降低刑事责任年龄，"一关了之"，也不能纵容不管，"一放了之"，而是应当坚持"两条腿"走路。具体而言，需要对法定最低刑事责任年龄作个别下调，同时，与修订后《未成年人保护法》《预防未成年

---

[1] 参见华欣：《日本少年法的发展与展望》，载《青少年犯罪问题》2014年第6期。
[2] 参见《俄罗斯刑法典释义》（上册），黄道秀译，中国政法大学出版社2000年版，第36页。

人犯罪法》相衔接，完善专门矫治教育的相关规定。

二、审议过程

草案一次审议稿	草案二次审议稿	《刑法修正案（十一）》
	一、将刑法第十七条修改为："已满十六周岁的人犯罪，应当负刑事责任。 "已满十四周岁不满十六周岁的人，犯故意杀人、故意伤害致人重伤或者死亡、强奸、抢劫、贩卖毒品、放火、爆炸、投放危险物质罪的，应当负刑事责任。 "已满十二周岁不满十四周岁的人，犯故意杀人、故意伤害罪，致人死亡，情节恶劣的，经最高人民检察院核准，应当负刑事责任。 "对依照前三款规定追究刑事责任的不满十八周岁的人，应当从轻或者减轻处罚。 "因不满十六周岁不予刑事处罚的，责令他的家长或者监护人加以管教；在必要的时候，依法进行专门矫治教育。"	一、将刑法第十七条修改为："已满十六周岁的人犯罪，应当负刑事责任。 "已满十四周岁不满十六周岁的人，犯故意杀人、故意伤害致人重伤或者死亡、强奸、抢劫、贩卖毒品、放火、爆炸、投放危险物质罪的，应当负刑事责任。 "已满十二周岁不满十四周岁的人，犯故意杀人、故意伤害罪，致人死亡或者以特别残忍手段致人重伤造成严重残疾，情节恶劣，经最高人民检察院核准追诉的，应当负刑事责任。 "对依照前三款规定追究刑事责任的不满十八周岁的人，应当从轻或者减轻处罚。 "因不满十六周岁不予刑事处罚的，责令其父母或者其他监护人加以管教；在必要的时候，依法进行专门矫治教育。"

《刑法修正案（十一）（草案）》一次审议稿未涉及下调刑事责任年龄问题。根据有关方面的意见，草案二次审议稿第一条对《刑法》第十七条作出修改：一方面，增加一款规定，作为第三款："已满十二周岁不满十

第一条 个别下调刑事责任能力年龄

四周岁的人,犯故意杀人、故意伤害罪,致人死亡,情节恶劣的,经最高人民检察院核准,应当负刑事责任。"另一方面,又统筹考虑《刑法》和《预防未成年人犯罪法》修改相关问题,在完善专门矫治教育方面做好衔接,进一步规定:"因不满十六周岁不予刑事处罚的,责令他的家长或者监护人加以管教;在必要的时候,依法进行专门矫治教育。"在《刑法修正案(十一)(草案)》审议和征求意见过程中,各方普遍认为,有必要部分降低刑事责任年龄,赞同草案二次审议稿的写法,但对表述问题提出了修改完善建议。《刑法修正案(十一)》第一条对草案二次审议稿第一条作了三处调整:(1)对已满十二周岁不满十四周岁的人承担刑事责任的范围,由"故意杀人、故意伤害罪,致人死亡,情节恶劣的"调整为"犯故意杀人、故意伤害罪,致人死亡或者以特别残忍手段致人重伤造成严重残疾,情节恶劣"。(2)在追究刑事责任的程序上,由"经最高人民检察院核准,应当负刑事责任"修改为"经最高人民检察院核准追诉的,应当负刑事责任"。(3)对于因不满十六周岁不予刑事处罚的,文字表述对照《民法典》规定进行了调整。①

---

① 《民法典》第二十七条第一款规定:"父母是未成年子女的监护人。"第二款规定了其他人员担任监护人的顺序,分别是:祖父母、外祖父母;兄、姐;经未成年人住所地的居民委员会、村民委员会或者民政部门同意其他愿意担任监护人的个人或者组织。

三、修正前后条文对照

修正前《刑法》	修正后《刑法》
第十条　【刑事责任年龄】已满十六周岁的人犯罪，应当负刑事责任。 　　已满十四周岁不满十六周岁的人，犯故意杀人、故意伤害致人重伤或者死亡、强奸、抢劫、贩卖毒品、放火、爆炸、投毒罪的，应当负刑事责任。 　　已满十四周岁不满十八周岁的人犯罪，应当从轻或者减轻处罚。 　　因不满十六周岁不予刑事处罚的，责令他的家长或者监护人加以管教；在必要的时候，也可以由政府收容教养。	第十七条　【刑事责任年龄】已满十六周岁的人犯罪，应当负刑事责任。 　　已满十四周岁不满十六周岁的人，犯故意杀人、故意伤害致人重伤或者死亡、强奸、抢劫、贩卖毒品、放火、爆炸、**投放危险物质罪**的，应当负刑事责任。 　　已满十二周岁不满十四周岁的人，犯故意杀人、故意伤害罪，致人死亡或者以特别残忍手段致人重伤造成严重残疾，情节恶劣，经最高人民检察院核准追诉的，应当负刑事责任。 　　对依照前三款规定追究刑事责任的不满十八周岁的人，应当从轻或者减轻处罚。 　　因不满十六周岁不予刑事处罚的，责令**其父母**或者**其他**监护人加以管教；在必要的时候，**依法进行专门矫治教育**。

对比发现，《刑法修正案（十一）》第一条对《刑法》第十七条的修改主要涉及四个方面：一是将"投毒罪"修改为"投放危险物质罪"，对已满十四周岁不满十六周岁的未成年人犯罪承担刑事责任的罪行表述进行了完善，与《刑法》分则规定相互衔接，保持一致。二是部分降低刑事责任年龄，明确规定在特定情形、经过特别程序，已满十二周岁不满十四周岁的未成年人犯罪的，应负刑事责任。三是对应未成年人犯罪刑事责任年龄的修改，对未成年人犯罪从轻或减轻处罚的规定进行了完善。四是对不满十六周岁不予刑事处罚的处遇措施以及监护人的表述进行了修改完善。与《民法典》《预防未成年人犯罪法》相关规定保持衔接。

四、修正后条文的理解与适用

（一）"投放危险物质罪"的理解

《刑法修正案（十一）》对1997年《刑法》第十七条第二款进行了修改，规定为："已满十四周岁不满十六周岁的人，犯故意杀人、故意伤害致人重伤或者死亡、强奸、抢劫、贩卖毒品、放火、爆炸、投放危险物质罪的，应当负刑事责任。"将原规定的"投毒罪"修改为"投放危险物质罪"。

关于本款的修改是否存在溯及力的问题。有的观点认为，全国人大常委会于2001年12月29日通过的《刑法修正案（三）》，对《刑法》第一百一十四条、第一百一十五条进行了修改，将"投毒"改为"投放毒害性、放射性、传染病病原体等物质"。按照严格的文理解释，《刑法修正案（三）》仅对《刑法》分则中第一百一十四条、第一百一十五条进行了修改，未对《刑法》第十七条第二款进行修改，《刑法修正案（十一）》施行前，对于已满十四周岁未满十六周岁的未成年人，只有投毒行为才承担刑事责任，对于投放放射性、传染病病原体等危险物质的没有规定为犯罪，无须承担刑事责任。《刑法修正案（十一）》施行后，对于已满十四周岁未满十六周岁的未成年人实施上述行为的则承担刑事责任。因此，在溯及力上应该适用从旧兼从轻的原则。经研究认为，本条的规定属于立法的补正，不存在溯及力问题。其一，从投放危险物质罪修改的历史沿革看，1997年《刑法》在第十七条、第五十六条、第一百一十四条、第一百一十五条均使用了"投毒"的表述，总则与分则的适用也是相互对应的，即为投毒罪。《刑法修正案（三）》对第一百一十四条、第一百一十五条修改后，将"投毒"修改为"投放毒害性、放射性、传染病病原体等物质"，投毒罪修改为投放危险物质罪，《刑法》总则规定虽然没有修改，但按照体系解释原理，分则条文修改后，与其相对应的《刑法》总则中的概念内涵也发生了相应变化，以确保《刑法》总则和分则的解释结论一致，不存在体系冲突。其二，《刑法修正案（十一）》施行前，《刑法》总则中第十七条第二款和第五十六条均保留了"投毒"的概念，其中《刑法》第五十六条第一款规定："对于危害国家安全的犯罪分子应当附加剥夺政治权利；对于故意杀人、强奸、放火、爆炸、投毒、抢劫等严重破坏社会秩序的犯罪分子，可以附加剥夺政治权利。"《刑法修正案（十一）》施行后仍然保留了"投毒"的概念，但从列举的情形看，与"投毒"并列的行为类型都属于《刑法》分则中对应的罪名，"投毒"则对应解释为投放危险物质罪，对于《刑法》第十七条第二款解释也应采取同理的扩大解释。因此，《刑法修正案（十一）》将"投毒"修改为"投放危险物质"是为了与《刑法》分则保持一致，属于立法的补正，对处罚的范围并不发生影响，也不存在溯及力的问题。

（二）已满十二周岁不满十四周岁未成年人犯罪的认定

1. 关于承担刑事责任的范围。本条中"犯故意杀人、故意伤害罪"应理解为特定罪行，即故意杀人、故意伤害的具体犯罪行为，而非特定、具体的罪名。这种理解与《刑法》第十七条第二款规定的理解保持一致，符合刑法体系解释的原则。2002年7月24日全国人民代表大会常务委员会法制工作委员会发布的《关于已满十四周岁不满十六周岁的人承担刑事责任范围问题的答复意见》指出，我国《刑法》第十七条第二款规定的"犯故意杀人、故意伤害致人重伤或者死亡、强奸、抢劫、贩卖毒品、放火、爆炸、投毒罪"这八种犯罪，"是指具体犯罪行为而不是具体罪名"，对此可称为"行为说"。紧随其后，2003年《最高人民检察院关于相对刑事责任年龄的人承担刑责任范围有关问题的答复》（〔2003〕高检研发第13号）确认了"行为说"，规定："相对刑事责任年龄的人实施了《刑法》第十七条第二款规定的行为……"2006年《最高人民法院关于审理未成年人刑事案件具体应用法律若干问题的解释》（法释〔2006〕1号）也确认了行为说，第五条规定："已满十四周岁不满十六周岁的人实施刑法第十七条第二款规定以外的行为……"这些规定成为学界和司法实务界的主流观点和裁判依据。

"以特别残忍手段致人重伤造成严重残疾"的理解与把握。此处规定是对故意伤害行为承担刑事责任的规定。《刑法》第二百三十四条故意伤害罪第二款规定："……以特别残忍手段致人重伤造成严重残疾的，处十年以上有期徒刑、无期徒刑或者死刑。本法另有规定的，依照规定。"《刑法》总则与分则规定相互对应，保持一致。① 在具体理解上，"以特别残忍手段致人重伤造成严重残疾"包括"以特别残忍手段""致人重伤""造成严重残疾"三个要素。"以特别残忍手段"主要是挖眼、割去耳朵、剁脚等特别残忍的伤害方式，可根据具体情况予以认定判断。"重伤"，依照《刑法》第九十五条的规定，是指有下列情形之一的伤害：（1）使人肢体残废或者毁人容貌的；（2）使人丧失听觉、视觉或者其他器官机能的；（3）其他对于人身健康有重大伤害的。关于"造成严重残疾"，最高人民法院印发的《全国法院维护农村稳定刑事审判工作座谈会纪要》（法〔1999〕217号）规定：参照1996年国家技术监督局颁布的《职工工伤与职业病致残程度鉴定标准》，《刑法》第二百三十四条第二款规定的"严重残疾"是指下列情形之一：被害人身体器官大部缺损、器官明显畸形、身体器官有中等功能障碍、造成严重并发症等。残疾程度可以分为一般残疾（十至七级）、严重残疾（六至三级）、特别严重残疾（二至一级），六级以上视为"严重残疾"。2016年，最高人民法院、最高人民检察院、公安部、国家安全部、司法部发布《人体损伤致残程度分级》，2017年1月1日起依据该标准确定伤残等级。

对于已满十二周岁不满十四周岁的未成年人实施的故意杀人、故意伤害，致人死亡或者以特别残忍手段致人重伤造成严重残疾，情节恶劣的，如何认定罪名。例如，以杀人方式实施抢劫、强奸的，致人死亡或者在绑架过程中杀害人质的行为，如何认定罪名。一种观点认为，这种情形下应根据《刑法》分则规定的具体罪名认定为抢劫罪、强奸罪或绑架罪。《最高人民检察院法律政策研究室关于相对刑事责任年龄的人承担刑事责任范围有关问题的答复》（〔2003〕高检研发第13号）即采取这种观点，明确规定："相对刑事责任年龄的人实施了刑法第十七条第二款规定的行为，应当追究刑事责任的，其罪名应当根据所触犯的刑法分则具体条文认定。对于绑架后杀害被绑架人的，其罪名应认定为绑架罪。"另外一种观点认

---

① 参见许永安主编：《中华人民共和国刑法修正案（十一）解读》，中国法制出版社2021年版，第6页。

为，对于这类情形，虽然涉及《刑法》分则规定的各类犯罪，但只能认定为故意杀人罪或者故意伤害罪。最高人民法院相关司法解释即采取这种观点，《最高人民法院关于审理未成年人刑事案件具体应用法律若干问题的解释》（法释〔2006〕1号）第五条规定："已满十四周岁不满十六周岁的人实施刑法第十七条第二款规定以外的行为，如果同时触犯了刑法第十七条第二款规定的，应当依照刑法第十七条第二款的规定确定罪名，定罪处罚。"本书认为，对于这种情形的定罪，应该认定为故意杀人罪或者故意伤害罪。因《刑法》规定的已满十二周岁不满十四周岁的未成年人承担刑事责任的范围仅限于这两类行为，《刑法》对于这两类行为之外的要件、要素不应评价。例如，对于强奸、抢劫、绑架过程中故意杀人的行为，《刑法》仅应评价其故意杀人行为的刑事责任，而符合故意杀人罪以外的构成要件要素，属于过剩的构成要件要素，法律不予评价，这符合刑法规定的原理，也是罪刑法定原则的当然之理。反之，认定为强奸罪、抢劫罪、绑架罪，定罪时超出了《刑法》规定的应承担刑事责任的部分，纳入法律不允许评价的要素，违反了罪刑法定原则。

2. 关于"情节恶劣"的理解。在未成年人犯罪中，对于"情节恶劣"如何理解也存在一定认识分歧。有的观点认为，只要是"犯故意杀人、故意伤害罪，致人死亡或者以特别残忍手段致人重伤造成严重残疾"的，都应追究刑事责任，因为这类情形本身就是"情节恶劣"。经研究认为，对于"情节恶劣"原则上限于直接故意的行为，再根据案件的具体情况，从起因、动机、目的、作案手段、社会影响等方面，结合犯罪前一贯表现、犯罪后认罪悔罪以及犯罪行为手段牵连性，作出综合判断。例如，行为人奸杀女童，又多次实施故意伤害、强奸行为的，明显属于"情节恶劣"。司法实践中一些情形则不宜认定为"情节恶劣"，如防卫过当的故意杀人、故意伤害行为中致人死亡的，对未成年人存在长期虐待或性侵等被害人具有重大过错的等情形。

3. 下调刑事责任年龄追诉的特别程序。基于严格限制刑事责任年龄下调范围的考虑，修正后《刑法》第十七条第三款在具体程序上设置了"经最高人民检察院核准追诉"的要件。

对于此类案件是否有必要设置特殊的程序，存在不同意见。赞成意见认为，设置最高人民检察院核准程序，可以进一步体现限缩适用的精神，也可以实现缓冲社会舆论压力的作用，防止因社会舆论压力对未成年人犯罪追诉过多；反对意见认为，设置最高人民检察院核准程序，可能会导致诉与不诉的标准不统一，出现罪责刑不相适应的情形。最终，修正后《刑法》第十七条第三款规定了最高人民检察院核准这一程序。本书认为，这一规定具有合理性和必要性：其一，规定核准的程序要件有法律规定的先例可循。例如，《刑法》第八十七条第四项规定："法定最高刑为无期徒刑、死刑的，经过二十年。如果二十年以后认为必须追诉的，须报请最高人民检察院核准。"又如，《刑事诉讼法》第二百九十一条第一款规定："对于贪污贿赂犯罪案件，以及需要及时进行审判，经最高人民检察院核准的严重危害国家安全犯罪、恐怖活动犯罪案件，犯罪嫌疑人、被告人在境外，监察机关、公安机关移送起诉，人民检察院认为犯罪事实已经查清，证据确实、充分，依法应当追究刑事责任的，可以向人民法院提起公诉。……"因此，规定这一程序符合刑事诉讼程序中检察机关的职能定位。其二，必须经最高人民检察院核准，进一步体现了严格控制对已满十二周岁不满十四周岁的人追究刑事责任的立法精神，同时可以确保执法标准相对统一，防止各地形成差异。

（三）对未成年人犯罪从轻或者减轻处罚的适用

修正后《刑法》第十七条第四款规定："对依照前三款规定追究刑事责任的不满十八周岁的人，应当从轻或者减轻处罚。"即对已满十二周岁不满十八周岁的人犯罪的，应当从轻或者减轻处罚。《最高人民法院关于常见犯罪的量刑指导意见》对未成年人犯罪的具体刑罚裁量，特别是从轻或者减轻处罚的具体规则也作了明确规定。

但对于未成年人犯罪的刑罚适用仍存在一些争议，特别是是否可以适用无期徒刑。一种意见认为，对于未成年人犯罪的，不得判处无期徒刑。主要理由是：《刑法》第四十九条规定："犯罪的时候不满十八周岁的人和审判的时候怀孕的妇女，不适用死刑。"这意味着对未成年人犯罪的，最高法定刑只能是无期徒刑。根据《刑法》第十七条规定，已满十二周岁不满十八周岁的人犯罪的从轻或者减轻，则应在无期徒刑基础上从轻或者减轻，只能判处有期徒刑。因此，为体现对未成年人的特殊保护，只能对其判处有期徒刑。另一种意见认为，对未成年人犯罪的，可以判处无期徒刑。主要理由是：《刑法》第四十九条的规定并未排除对未成年人适用无期徒刑，而仅仅是对死刑的限制性适用的规定，不能作为量刑情节。根据《刑法》第十七条规定的量刑情节，对其从轻或者减轻处罚，可以适用无期徒刑。此外，也有意见认为，可以根据未成年人犯罪的刑事责任年龄区分适用，明确对于已满十四周岁未满十八周岁的未成年人犯罪的，不适用死刑，对十二周岁以上不满十四周岁的未成年人犯罪的，不适用无期徒刑。

经研究认为，根据现行《刑法》规定，并未排除对未成年人犯罪的可以适用无期徒刑。这里涉及对《刑法》第四十九条规定的理解与把握。《刑法》第四十九条的规定仅仅是对死刑的限制性适用，并不是量刑情节。未成年人犯罪的，对其量刑应以《刑法》分则规定的法定刑为量刑基准，对于法定最高刑为死刑的，不能根据《刑法》第四十九条的规定，将适用的法定刑降格。因此，适用无期徒刑不存在法律障碍。但是，考虑到未成年人的特殊性和改造罪犯的刑罚功能，对未成年人犯罪适用无期徒刑应当特别慎重、严格把握。正是因此，《最高人民法院关于贯彻宽严相济刑事政策的若干意见》（法发〔2010〕9号）第二十条规定，对未成年犯罪人"一般不判处无期徒刑"。相比较而言，对已满十二周岁不满十四周岁的未成年人，更需要考虑"教育、感化、挽救"，从宽处罚幅度应该比罪行类似的其他未成年人更大，故通常应当在有期徒刑的范围内裁量刑罚。

（四）关于不负刑事责任未成年人的专门矫治教育

《刑法》第十七条第四款规定："因不满十六周岁不予刑事处罚的，责令他的家长或者监护人加以管教；在必要的时候，也可以由政府收容教养。"1999年《预防未成年人犯罪法》第三十八条也有对应性规定。但是我国关于收容教养的规定过于分散，并未有系统性规定。最初对未成年人收容教养具有犯罪预防与救济福利的双重性质,① 后逐步成为未成年犯罪中犯罪保安处分措施,收容教养的期限一般为一至三年。《公安部关于对少年收容教养人员提前解除或减少收容教养期限的批准权限问题的批复》(公复字〔1997〕7号)中还规定,在执行过程中不能对少年收容教养人员加期。如果收容教养人员在收容教养期间有新的犯罪行为,符合收容教养条件的,由公安机关对新的犯罪行为作出收容教养的决定,并与原收容教养的剩余期限合并执行,但实际执行期限不得超过四年。同时在收容教养方面适用范围也较窄,根据《公安机关办理未成年人违法犯罪案件的规定》(公发〔1995〕17号)第二十八条规定:"未成年人违法犯罪需要送劳动教养、收容教养的,应当从严控制,凡是可以由其家长负责管教的,一律不送。"

1999年司法部劳教局印发的《少年教养工作管理办法(试行)》对收容教养作出了相对系统的规定,其中第二条第一款规定:"少年教养人员包括少年劳动教养人员和少年收容教养人员。"将收容教养与劳动教养并列,执行机关为少年教养管理所。关于收容教养期间的待遇,1999年《预防未成年人犯罪法》第三十九条规定:"未成年人在被收容教养期间,执行机关应当保证其继续接受文化知识、法律知识或者职业技术教育;对没有完成义务教育的未成年人,执行机关应当保证其继续接受义务教育。解除收容教养、劳动教养的未成年人,在复学、升学、就业等方面与其他未成年人享有同等权利,任何单位和个人不得歧视。"2013年12月28日第十二届全国人民代表大会常务委员会第六次会议通过《全国人民代表大会常务委员会关于废止有关劳动教养法律规定的决定》后,少年劳动教养被废除,但收容教养仍在《刑法》《预防未成年人犯罪法》中有相应规定。

2020年《刑法》和《预防未成年人犯罪法》修改过程中,有关低龄未成年人犯罪问题引发了全社会关注和热议。经研究,修订后《预防未成

---

① 1956年2月7日《最高人民检察院、最高人民法院、内务部、司法部、公安部对少年犯收押界限、捕押手续和清理等问题的联合通知》中规定,对于十三周岁以上未满十八周岁的少年犯,"如其犯罪程度尚不够负刑事责任的,……对无家可归的,则应由民政部门负责收容教养。""刑期已满的少年犯,应当按时履行释放手续,……无业无家又未满十八周岁的应介绍到社会救济机关予以收容教养。"

年人犯罪法》第四十五条规定："未成年人实施刑法规定的行为、因不满法定刑事责任年龄不予刑事处罚的，经专门教育指导委员会评估同意，教育行政部门会同公安机关可以决定对其进行专门矫治教育。""省级人民政府应当结合本地的实际情况，至少确定一所专门学校按照分校区、分班级等方式设置专门场所，对前款规定的未成年人进行专门矫治教育。"前款规定的专门场所实行闭环管理，公安机关、司法行政部门负责未成年人的矫治工作，教育行政部门承担未成年人的教育工作。"《刑法》也作了相应修改。

  作出上述修改后，收容教养制度已不复存在，改为以专门矫治教育制度。专门矫治教育是一项新制度，具体如何开展，如时间多长、如何进行"闭环管理"等，还需要进一步明确。《预防未成年人犯罪法》第六条第四款规定："专门学校建设和专门教育具体办法，由国务院规定。"

第二条　增设妨害安全驾驶罪

【条文内容】

二、在刑法第一百三十三条之一后增加一条，作为第一百三十三条之二："对行驶中的公共交通工具的驾驶人员使用暴力或者抢控驾驶操纵装置，干扰公共交通工具正常行驶，危及公共安全的，处一年以下有期徒刑、拘役或者管制，并处或者单处罚金。

"前款规定的驾驶人员在行驶的公共交通工具上擅离职守，与他人互殴或者殴打他人，危及公共安全的，依照前款的规定处罚。

"有前两款行为，同时构成其他犯罪的，依照处罚较重的规定定罪处罚。"

【条文主旨】

为加大对妨害安全驾驶行为的惩治力度，维护人民群众的"出行安全"，本条增设妨害安全驾驶罪，将对行驶中的公共交通工具的驾驶人员使用暴力以及抢夺操纵装置等干扰公共交通工具正常行驶的行为，以及驾驶员擅离职守与他人互殴或者擅离职守殴打他人，危及公共安全的行为规定为犯罪。同时明确，实施妨害安全驾驶行为构成其他犯罪的，依照处罚较重的规定定罪处罚。

【理解与适用】

一、修法背景

城市公共安全是世界城市经济发展与社会进步的必要条件，也是国家公共安全的重要组成部分,直接关系到社会的稳定与发展。①近年来,暴力干扰正在驾驶公共交通工具的驾驶人员,造成重大人员伤亡、财产损失的案件时有发生,此类行为严重危害公共安全,社会反响强烈。例如,2018年10月28日,由于乘客与驾驶员发生争执互殴,重庆市万州区发生公交车坠江事件,导致十余人死亡。依法惩治妨害公共交通工具安全驾驶行为,维护公共交通安全秩序,保护人民群众生命财产安全,成为各界关注的焦点。

据统计,2016年1月至2018年10月间,全国法院一审审结司乘冲突刑事案件共计233件,其中,88.79%的案件发生在运营过程中,54.51%发生在车辆行驶过程中。②发生在公交车行驶中的案件,46.4%的案件公交司机主动采取了"紧急停车"措施应对冲突;超五成案件出现撞击其他车辆、行人、道旁物体或剧烈摇晃等危险情况,未造成重大不良后果的案件占比不到20%;38.68%的案件有人员伤亡,死亡人数占伤亡人数的19.61%。从判处的罪名上看,以危险方法危害公共安全罪占比最高,为39.01%,其他适用较多的罪名分别是故意伤害罪、寻衅滋事罪、妨害公务罪、交通肇事罪和盗窃罪。

实践中,对妨害安全驾驶行为的定性存在不同认识。为及时回应社会关切,明确相关法律适用问题,最高人民法院、最高人民检察院、公安部于2019年1月发布《妨害安全驾驶指导意见》,其中第一条第一款至第三款规定:"乘客在公共交通工具行驶过程中,抢夺方向盘、变速杆等操纵装置,殴打、拉拽驾驶人员,或者有其他妨害安全驾驶行为,危害公共安全,尚未造成严重后果的,依照刑法第一百一十四条的规定,以以危险方法危害公共安全罪定罪处罚;致人重伤、死亡或者使公私财产遭受重大损失的,依照刑法第一百一十五条第一款的规定,以以危险方法危害公共安全罪定罪处罚。……""乘客在公共交通工具行驶过程中,随意殴打其他乘客,追逐、辱骂他人,或者起哄闹事,妨害公共交通工具运营秩序,符

---

① 参见姜翠:《城市安全发展的预警与创新——评〈江苏省城市公共安全蓝皮书2017〉》,载《行政科学论坛》2018年第5期。

② 参见《司法大数据"解读"公交车司乘冲突刑事案件》,载中国法院网,http://www.chinacourt.org/article/detail/2018/11/id/3579525.shtml,最后访问日期:2021年3月3日。

合刑法第二百九十三条规定的,以寻衅滋事罪定罪处罚;妨害公共交通工具安全行驶,危害公共安全的,依照刑法第一百一十四条、第一百一十五条第一款的规定,以以危险方法危害公共安全罪定罪处罚。""驾驶人员在公共交通工具行驶过程中,与乘客发生纷争后违规操作或者擅离职守,与乘客厮打、互殴,危害公共安全,尚未造成严重后果的,依照刑法第一百一十四条的规定,以以危险方法危害公共安全罪定罪处罚;致人重伤、死亡或者使公私财产遭受重大损失的,依照刑法第一百一十五条第一款的规定,以以危险方法危害公共安全罪定罪处罚。"

针对乘客采用暴力、威胁方法侵犯正在驾驶车辆的驾驶员的人身权,或强行干扰公共交通工具的驾驶行为,有意见建议增设"妨害安全驾驶罪",并参照危险驾驶罪量刑,对在桥梁隧道、高速公路、人员密集区等实施上述行为,从重处罚。同时有上述两种行为且构成其他犯罪的,依照处罚较重的定罪处罚。对于擅离职守的司机,其行为可纳入危险驾驶罪。[①]

在《刑法修正案(十一)(草案)》研拟过程中,为进一步加强对公共交通安全的刑法保护,维护人民群众"出行安全",立法工作机关在《刑法》第一百三十三条之一后增加一条,作为第一百三十三条之二,对妨害安全驾驶犯罪作出专门规定,从而形成草案一次审议稿第二条的规定。

[①] 参见《最高法院举办第十一期案例大讲坛,各方讨论危害行驶中公交车安全如何定罪量刑》,载法制网,http://www.legaldaily.com.cn/index_ article/content_ 7690724.htm,最后访问日期:2021年3月3日。

二、审议过程

草案一次审议稿	草案二次审议稿	《刑法修正案（十一）》
二、在刑法第一百三十三条之一后增加一条，作为第一百三十三条之二："对行驶中的公共交通工具的驾驶人员使用暴力或者抢夺驾驶操纵装置，干扰公共交通工具正常行驶，危及公共安全的，处一年以下有期徒刑、拘役或者管制，并处或者单处罚金。 "前款规定的驾驶人员与他人互殴，危及公共安全的，依照前款的规定处罚。 "有前两款行为，致人死亡或者造成其他严重后果，同时构成其他犯罪的，依照处罚较重的规定定罪处罚。"	二、在刑法第一百三十三条之一后增加一条，作为第一百三十三条之二："对行驶中的公共交通工具的驾驶人员使用暴力或者抢控驾驶操纵装置，干扰公共交通工具正常行驶，危及公共安全的，处一年以下有期徒刑、拘役或者管制，并处或者单处罚金。 "前款规定的驾驶人员在行驶的公共交通工具上擅离职守，与他人互殴或者殴打他人，危及公共安全的，依照前款的规定处罚。 "有前两款行为，致人伤亡或者造成其他严重后果，同时构成其他犯罪的，依照处罚较重的规定定罪处罚。"	二、在刑法第一百三十三条之一后增加一条，作为第一百三十三条之二："对行驶中的公共交通工具的驾驶人员使用暴力或者抢控驾驶操纵装置，干扰公共交通工具正常行驶，危及公共安全的，处一年以下有期徒刑、拘役或者管制，并处或者单处罚金。 "前款规定的驾驶人员在行驶的公共交通工具上擅离职守，与他人互殴或者殴打他人，危及公共安全的，依照前款的规定处罚。 "有前两款行为，同时构成其他犯罪的，依照处罚较重的规定定罪处罚。"

在《刑法修正案（十一）（草案）》审议和征求意见过程中，根据有关方面的意见，立法工作机关在草案二次审议稿中作了相应调整，将一次审议稿中的"抢夺驾驶操纵装置"修改为"抢控驾驶操纵装置"，以更为准确地描述行为人的意图。《刑法》第二百六十七条规定了抢夺罪，该条的"抢夺"行为，是指乘人不备，出其不意，将他人的财物占为己有。而本条规定的抢夺驾驶操纵装置行为，并不是要把操作装置变为自己的财产，其主观意图是要争抢或者控制方向盘，使用"抢夺"容易引起误解，

修改为"抢控",表述更准确。[①] 此外,有意见提出,本罪第二款中的"互殴"有两种情况:一种是驾驶员与乘客发生纠纷、争执打斗,此种情形下确应以本罪处罚;另一种可能是驾驶员面对他人不法侵害时进行反击,如一概认定为本罪,对驾驶员显然不公平,还有可能造成驾驶员因思想顾虑不敢反抗,故此款应作出更为明晰的规定。草案二次审议稿采纳上述意见,将第二款修改为"前款规定的驾驶人员在行驶的公共交通工具上擅离职守,与他人互殴或者殴打他人,危及公共安全的,依照前款的规定处罚"。《刑法修正案(十一)》第二条第三款最终删去"致人伤亡或者造成其他严重后果"的表述,其他部分均沿用草案二次审议稿的内容。

三、修正前后条文对照

修正前《刑法》	修正后《刑法》
	第一百三十三条之二 【妨害安全驾驶罪】对行驶中的公共交通工具的驾驶人员使用暴力或者抢控驾驶操纵装置,干扰公共交通工具正常行驶,危及公共安全的,处一年以下有期徒刑、拘役或者管制,并处或者单处罚金。 　　前款规定的驾驶人员在行驶的公共交通工具上擅离职守,与他人互殴或者殴打他人,危及公共安全的,依照前款的规定处罚。 　　有前两款行为,同时构成其他犯罪的,依照处罚较重的规定定罪处罚。

四、修正后条文的理解与适用

(一)罪名确定

根据《罪名补充规定(七)》,本条罪名确定为"妨害安全驾驶罪"。

[①] 参见许永安主编:《中华人民共和国刑法修正案(十一)解读》,中国法制出版社2021年版,第19页。

主要考虑：(1) 较之于交通肇事罪、以危险方法危害公共安全罪，本罪配置的刑罚较轻，而"妨害"也相对低于"危害"的程度，故使用"妨害"更贴合罪责刑相适应原则。同时，"妨害"也更符合"抢控驾驶操纵装置，干扰公共交通工具正常行驶"的罪状描述。(2) 为确保罪名确定的概括和精练，参照危险驾驶罪的表述，对于驾驶的对象"公共交通工具"未在罪名中予以规定。(3) 本条"干扰"的对象为公共交通工具，"危及公共安全"为后果，故"干扰安全驾驶罪"的表述不够准确。

（二）犯罪客体

妨害安全驾驶罪的客体与交通肇事罪、危险驾驶罪具有一致性：一方面，侵害了道路交通秩序；另一方面，还包括不特定人的生命、财产安全。

（三）犯罪客观方面

妨害安全驾驶罪客观方面表现为对行驶中的公共交通工具的驾驶人员使用暴力或者抢控驾驶操纵装置，干扰公共交通工具正常行驶，危及公共安全的行为；或者，驾驶人员擅离职守，与他人互殴或殴打他人，危及公共安全的行为。具体而言，包括两类行为：

其一，对行驶中的公共交通工具的驾驶人员使用暴力或者抢控驾驶操纵装置，干扰公共交通工具正常行驶。这里的"暴力"是指行为人殴打、使用物品或工具击打、踢踹、拉拽驾驶人员头面部及身体等行为；"抢控驾驶操纵装置"是指行为人对方向盘、变速杆、加速踏板、中控面板等操纵装置强行抢控，意图改变驾驶员正常操作状态或者强行操纵行驶的行为。其二，行驶中公共交通工具的驾驶人员擅离职守，与他人互殴或者殴打他人。驾驶人员负有谨慎驾驶的义务，应确保乘车人的安全。驾驶过程中，驾驶人员擅离职守会使交通工具处于失控状态，对乘客人身安全和公共安全造成极大威胁，与他人打斗或者殴打他人的行为更会导致其无法履行职责，对乘车人员及公共道路安全造成威胁。应当注意的是，驾驶人员面对他人妨害驾驶的行为实施反抗，维护自身安全不受侵害和公共交通工具不被他人抢控，不能认定为本罪。

上述两类行为均要求达到干扰公共交通工具正常行驶，危及公共安全的程度才能构成妨害安全驾驶罪。

（四）犯罪主体

妨害安全驾驶罪的主体为一般主体。修正后《刑法》第一百三十三条之二第二款规定的情形，犯罪主体限于公共交通工具的驾驶人员。

（五）犯罪主观方面

妨害安全驾驶罪的主观方面是故意，出于何种动机，不影响本罪的成立。

需要说明的是，有一部分妨害安全驾驶的行为人主观上并没有追求交通安全事故、造成人员伤亡等后果的发生，但是，对正在驾驶交通工具的驾驶人员使用暴力或者抢控方向盘等操纵设备，可能会造成危害公共安全的结果发生，这符合一般公众的认知水平，也是应当知晓的常识，行为人在明知的情况下，依然实施了殴打、抢控等行为，对危害结果持放任态度，主观上应认定为间接故意。驾驶人员在驾驶安全方面的认知程度明显高于其他人员，特殊身份使其肩负更大的安全义务，如果在驾驶过程中与他人互殴乃至擅离职守，显然也具有放任结果发生的间接故意。

（六）刑事责任

根据修正后《刑法》第一百三十三条之二第一款和第二款的规定，犯妨害安全驾驶罪的，处一年以下有期徒刑、拘役或者管制，并处或者单处罚金。

根据修正后《刑法》第一百三十三条之二第三款的规定，实施妨害安全驾驶犯罪，同时构成其他犯罪的，依照处罚较重的规定定罪处罚。

五、司法适用中需要注意的问题

（一）与相关犯罪的界分

1. 本罪与交通肇事罪的关系。修正后《刑法》第一百三十三条之二第二款规定的妨害安全驾驶罪，可能与交通肇事罪形成想象竞合关系。如果行驶中公共交通工具的驾驶人员擅离职守，与他人互殴或者殴打他人，因而发生交通事故，满足交通肇事罪的构成要件的，按照本条第三款"依照处罚较重的规定定罪处罚"的规则，应当以交通肇事罪追究行为人的刑事责任。

2. 本罪与以危险方法危害公共安全罪的关系。两罪虽然都是危害公共安全的犯罪，但两罪的行为性质不同。《刑法》第一百一十四条规定的"以其他危险方法"应当是与放火、决水、爆炸、投放危险物质性质相同的危害公共安全行为，而妨害公共交通工具安全驾驶虽然存在危害公共安全的可能性，但一般情况下不具有现实的危险性，实践中乘客与司机往往因琐事发生争执，进而动手，多数乘客主观恶性并不大，只是因一时冲动殴打司机，抢控方向盘，并非故意要将公共交通工具置于危险境地，且多数并未造成危害后果，有的虽然造成一定危害后果，但后果也不严重，如发生车辆剐蹭。为体现宽严相济刑事政策和罪刑相适应原则，避免适用以危险方法危害公共安全罪而导致刑罚过重，《刑法修正案（十一）》增加了妨害安全驾驶罪，实践中对于在行驶中的公共交通工具上发生的因司乘纠纷而引发的互殴、厮打等妨害安全驾驶行为一般不宜再适用《刑法》第一百一十四条规定的以危险方法危害公共安全罪。对于个别情况下，行为人妨害公共交通工具安全驾驶的行为，造成了不特定多数人生命财产安全的具体危险甚至实际后果，最高判处一年有期徒刑明显偏轻，符合《刑法》第一百一十四条规定的，可以按照以危险方法危害公共安全罪追究。①

（二）如何判定"危及公共安全"

实施妨害安全驾驶行为，必须危及公共安全，才能构成妨害安全驾驶罪。实践中，应注意把握"危及公共安全"的入罪要件，准确划定罪与非罪的界限。一般而言，妨害公共交通工具安全驾驶的行为或者驾驶人员擅离职守与他人发生斗殴或者殴打他人，行为本身就有极高的危险性，在实

---

① 参见许永安主编：《中华人民共和国刑法修正案（十一）解读》，中国法制出版社2021年版，第22~23页。

践中可以进一步结合行为发生的时间、位置，交通工具行驶的线路，行为人妨害驾驶行为的严重程度，行为发生后对公共交通工具行驶状态造成的影响，一旦发生事故可能造成的损害后果等综合作出判断。对于其中确实尚未危及公共安全的，依法不能作为犯罪处理。

（三）关于对妨害安全驾驶罪中"暴力"的把握

《刑法》分则第二章"危害公共安全罪"的规定中，使用了"暴力"这一措辞描述罪状的罪名有劫持航空器罪、暴力危及飞行安全罪等。以劫持航空器罪为例，其所称"暴力"，主要是指犯罪分子使用强暴手段，如杀害、殴打等方法劫持航空器的行为[1]，强调了行为的强制性和危害性；在"侵犯公民人身权利、民主权利罪"一章中，以强奸罪为例，暴力手段是指"犯罪分子直接对被害妇女施以殴打等危害妇女人身安全和人身自由，使妇女不能抗拒的手段"，强调了不能反抗、不敢反抗的程度[2]。而本罪所规制的对象，是妨害驾驶、危及公共安全的行为，并不要求其暴力强制程度达到了使驾驶人员实际受伤、受害的地步，关键在于是否妨害了正常的驾驶行为，是否使驾驶人员的操作行为受到实际影响和干扰，只要驾驶人员的操作受到干扰且足以达到危及公共安全的程度，就能够构成本罪。综上，在实践中，不能以是否造成伤害、伤情等级等为判断标准，而应当结合具体案情，判断其行为是否达到了干扰驾驶的程度。

需要注意的是，言语辱骂、威胁似不能认定为本罪规定的"暴力"。原因在于，驾驶人员的职业属性要求其应当对行车安全高度负责，在没有实际行为对驾驶活动进行干扰的情况下，辱骂及威胁的言语不足以使驾驶人员的正常活动受到影响，驾驶人员应当以更理智妥当的方式对待和处置。

---

[1] 参见郎胜主编：《中华人民共和国刑法释义》，法律出版社2011年版，第148页。
[2] 参见郎胜主编：《中华人民共和国刑法释义》，法律出版社2011年版，第420页。

第三条 增设组织他人违章冒险作业罪

【条文内容】

三、将刑法第一百三十四条第二款修改为:"强令他人违章冒险作业,或者明知存在重大事故隐患而不排除,仍冒险组织作业,因而发生重大伤亡事故或者造成其他严重后果的,处五年以下有期徒刑或者拘役;情节特别恶劣的,处五年以上有期徒刑。"

【条文主旨】

为加大对安全生产犯罪的预防惩治力度,本条将明知存在重大事故隐患而不排除,仍冒险组织作业,因而发生重大伤亡事故或者造成其他严重后果的行为纳入《刑法》规制范围。

【理解与适用】

一、修法背景

强令违章冒险作业原系重大责任事故罪的行为方式之一。1979年《刑法》第一百一十四条规定:"工厂、矿山、林场、建筑企业或者其他企业、事业单位的职工,由于不服管理、违反规章制度,或者强令工人违章冒险作业,因而发生重大伤亡事故,造成严重后果的,处三年以下有期徒刑或者拘役;情节特别恶劣的,处三年以上七年以下有期徒刑。"1997年《刑法》基本沿用了1979年《刑法》的规定,主要是将"因而发生重大伤亡事故,造成严重后果的"修改为"因而发生重大伤亡事故或者造成其他严重后果的"。

二十世纪末至二十一世纪初,我国经济的高速发展导致能源供需矛盾日益突出。2004年，部分地区、行业甚至还出现了电荒、气荒、煤荒等能源短缺的局面。受高额利润诱惑，煤炭行业安全生产事故频发，2004年矿难死亡6027人，平均每生产100万吨煤炭就有3.1个同胞付出生命。[1] 2003年，仅仅4月，中国煤矿共发生事故125起、死亡329人，到了8月，8天之内山西就发生了三次瓦斯爆炸，死亡97人。[2] 矿难频发，造成重大人员伤亡，其背后的重要原因即是强令冒险违章作业。例如，2004年11月28日发生的陕西铜川陈家山矿难，造成166名矿工遇难，[3] 在矿难发生前，煤矿工作面发生大火已经几天，发生重大事故的危险非常明显，但为了煤矿的超产、获取高额利润，该矿领导仍以扣奖金、工资相威胁，强令冒险作业，最后导致了大型矿难的发生。[4][5]

针对强令违章冒险作业，进而导致重大责任事故频发的严峻形势，《刑法修正案（六）》第一条将强令违章冒险作业犯罪，从重大责任事故罪中独立出来，并提高了法定刑，规定："强令他人违章冒险作业，因而发生重大伤亡事故或者造成其他严重后果的，处五年以下有期徒刑或者拘役；情节特别恶劣的，处五年以上有期徒刑。""强令"主要是指生产、施工、作业等工作的管理人员，明知自己的决定违反安全生产、作业的规章制度，可能会发生事故，却心存侥幸，自认为不会出事，而强行命令他人违章作业的行为。"强令"不能机械地理解为必须有说话态度强硬或者大声命令等外在表现，"强令"者也不一定必须在生产、作业现场，而应当理解为"强令"者发出的信息内容所产生的影响，达到了使工人不得不违

---

[1] 参见刘守芬、申柳华：《重大责任事故罪过失危险犯探讨》，载《贵州警官职业学院学报》2006年第2期。

[2] 参见康树华、张中华：《我国重大责任事故罪的成因与防范》，载《南都学坛（人文社会科学学报）》2004年第6期。

[3] 参见孟西安、王乐文：《陈家山矿难166名矿工全部遇难》，载《人民日报》2004年12月2日。

[4] 参见刘守芬、申柳华：《重大责任事故罪过失危险犯探讨》，载《贵州警官职业学院学报》2006年第2期。

[5] 法院认定：铜川矿务局陈家山煤矿因井下瓦斯超标，于2004年11月23日、24日相继发生两次瓦斯爆燃，在安全措施未到位、隐患未消除的情况下，矿领导责令矿工冒险恢复生产作业。参见石国胜：《两起重大安全责任事故犯罪案件公开宣判》，载《人民日报》2006年11月30日。

心继续生产、作业的心理强制程度。① "强令"的主要特征是"强制",通常包括两种情形:(1)被强令者没有行为能力或者行为能力不完整,如被强令者系未达到一定年龄的未成年人,或者虽然是成年人但不能辨认自己的行为等;(2)被强令者知道存在事故隐患,不愿意继续作业,但因被强制而不得不冒险作业。②

"强令"是 2006 年《刑法修正案(六)》施行时和之后一段时间冒险作业的主要行为方式。但是,随着实践发展,出现了一些新的情况和问题,主要表现为两个方面。

其一,"变相强令"问题,即采取欺骗、利诱、拉拢等方式,使一线作业人员"自愿"冒险作业。例如,有的管理人员隐瞒、掩饰事故隐患,以致一线作业人员不了解情况而"自愿"冒险作业。"变相强令"表面上没有违背一线作业人员的意志,甚至可能有些一线作业人员为了获得更高的报酬或者出于个人原因等考虑而甘愿冒险作业,此种情况的强制性不直接、不明显或者不具有强制性,认定为"强令"存在障碍。但是,与典型的"强令"相比,由于"变相强令"更具有欺骗性,从心理上消除了一线作业人员的自我保护意识,同样容易造成群死群伤的严重后果。例如,2009 年河南平顶山新华区四矿"9·8"特大瓦斯爆炸事故,该矿生产矿长助理袁某等人明知矿山井下瓦斯超标、生产作业存在重大隐患,不仅不排除隐患,反而指使瓦斯检查员将瓦斯探头电源拔脱,或者伪造虚假的瓦斯报表数据,制造井下瓦斯浓度合格的假象,造成瓦斯爆炸事故,导致重大人员伤亡。

其二,"幕后人"的责任问题。典型的"强令"主要出现在生产、作业一线,特别是一些中低层管理人员,在生产、作业现场采取威胁、恐吓、斥责、辱骂、推搡、殴打等方式,强制一线作业人员冒险作业。随着

---

① 参见黄太云:《〈刑法修正案(六)〉的理解与适用(上)》,载《人民检察》2006 年第 7 期。
② 有观点将"强令"理解为"要求""一般的指令"。"指挥、管理活动的人员……向工人提出实施违章冒险作业的要求的同时或之后没有任何威胁的言辞或行为,也可认为该行为已经属于强令行为。""即使只进行一般的指令即可……也应认定为强令。"参见刘志伟、梁剑:《重大责任事故罪若干疑难问题研讨》,载《河南省政法管理干部学院学报》2002 年第 2 期;江献军:《关于客观要件认定的若干问题探析》,载《西安财经学院学报》2009 年第 4 期。这些观点是对"强令"的扩大解释,但仍难以完全解决下文论及的"变相强令""幕后人"的刑事责任问题。

监管力度的加强,企业发展壮大,一些管理人员,尤其是负责人、实际控制人、投资人等,远离生产、作业现场,隐藏在幕后,居高临下、遥控指挥,其命令、意志经过包装掩饰、改头换面、层层传导后,"强制"的外在表现淡化、弱化,以致在很多情况下,对他们只能适用法定刑较轻的重大责任事故罪或者其他犯罪定罪处罚。对"幕后人"适用法定刑较轻的重大责任事故罪,对贯彻其意志的中低层管理人员适用法定刑较重的强令违章冒险作业罪,不符合"幕后人"的地位、作用通常大于现场指挥的中低层管理人员的实际情况,可能产生罪责倒挂的不合理现象。

为解决上述问题,司法实践进行了一定的探索。《安全生产解释》第五条规定:"明知存在事故隐患、继续作业存在危险,仍然违反有关安全管理的规定,实施下列行为之一的,应当认定为刑法第一百三十四条第二款规定的'强令他人违章冒险作业':(一)利用组织、指挥、管理职权,强制他人违章作业的;(二)采取威逼、胁迫、恐吓等手段,强制他人违章作业的;(三)故意掩盖事故隐患,组织他人违章作业的;(四)其他强令他人违章作业的行为。"这一规定,部分解决了"变相强令"和"幕后人"的刑事责任问题,对于《安全生产解释》明确列举的情形,可以适用法定刑较重的强令违章冒险作业罪。但是,限于"强令"的语义范围,仍难以对一线作业人员真实自愿冒险作业、"幕后人"只组织不强制等现象作出妥善处理。

在《刑法修正案(十一)(草案)》研拟过程中,根据有关方面的意见,立法工作机关提出对《刑法》第一百三十四条第二款作出完善,并提出了修改方案:"强令他人违章冒险作业,或者明知存在重大事故隐患而不排除,仍冒险组织、从事生产作业活动,因而发生重大伤亡事故或者造成其他严重后果的,处五年以下有期徒刑或者拘役;情节特别恶劣的,处五年以上有期徒刑。"对此,有意见提出,单纯从事冒险作业的劳动者本身是受害者,是否入罪,可再作研究。经综合各方面的意见,立法工作机关作了进一步完善,从而形成草案一次审议稿第三条的写法。

二、审议过程

草案一次审议稿	草案二次审议稿	《刑法修正案（十一）》
三、将刑法第一百三十四条第二款修改为："强令他人违章冒险作业，或者明知存在重大事故隐患而拒不排除，仍冒险组织作业，因而发生重大伤亡事故或者造成其他严重后果的，处五年以下有期徒刑或者拘役；情节特别恶劣的，处五年以上有期徒刑。"	三、将刑法第一百三十四条第二款修改为："强令他人违章冒险作业，或者明知存在重大事故隐患而不排除，仍冒险组织作业，因而发生重大伤亡事故或者造成其他严重后果的，处五年以下有期徒刑或者拘役；情节特别恶劣的，处五年以上有期徒刑。"	三、将刑法第一百三十四条第二款修改为："强令他人违章冒险作业，或者明知存在重大事故隐患而不排除，仍冒险组织作业，因而发生重大伤亡事故或者造成其他严重后果的，处五年以下有期徒刑或者拘役；情节特别恶劣的，处五年以上有期徒刑。"

在《刑法修正案（十一）（草案）》审议和征求意见过程中，有意见提出，实践中存在对事故隐患"假整改""软整改"等情况，建议对"拒不排除"的表述再作研究。立法工作机关经研究，在二次审议稿中将"拒不排除"修改为"不排除"。

三、修正前后条文对照

修正前《刑法》	修正后《刑法》
第一百三十四条第二款　【强令违章冒险作业罪】强令他人违章冒险作业，因而发生重大伤亡事故或者造成其他严重后果的，处五年以下有期徒刑或者拘役；情节特别恶劣的，处五年以上有期徒刑。	第一百三十四条第二款　【强令、组织他人违章冒险作业罪】强令他人违章冒险作业，或者明知存在重大事故隐患而不排除，仍冒险组织作业，因而发生重大伤亡事故或者造成其他严重后果的，处五年以下有期徒刑或者拘役；情节特别恶劣的，处五年以上有期徒刑。

对比发现，《刑法修正案（十一）》第三条对《刑法》第一百三十四条第二款的修改，主要是增加了"明知存在重大事故隐患而不排除，仍冒

险组织作业"。

四、修正后条文的理解与适用

(一) 罪名确定

根据《罪名补充规定(三)》,本款罪名确定为"强令违章冒险作业罪"。根据《罪名补充规定(七)》,本款罪名调整为"强令、组织他人违章冒险作业罪",取消原罪名"强令违章冒险作业罪"。主要考虑:"强令"他人违章冒险作业与"明知存在重大事故隐患而不排除,仍冒险组织作业"有明显区别,增加"组织他人违章冒险作业罪",涵盖范围更全面,有利于彰显从严惩治安全生产犯罪的立法精神。

(二) 犯罪客体

强令、组织他人违章冒险作业罪的客体是安全生产秩序。

(三) 犯罪的客观方面

从语义看,"组织",主要是积极的作为,一般不包括不作为。但是,"组织"形式多种多样,既包括明示地、直接地"组织",例如召集、策划、发起、鼓动、指挥等,也包括默示地、消极地、间接地"组织",例如暗示、授意等。一般情况下,中低层管理人员主要采用前一种形式,而高级管理人员主要采用后一种形式。管理层级越高,其态度、意见甚至倾向,越具有权威性和强制力,对下级和一线作业人员的约束力越强。因此,对于"幕后人"等远离作业现场的高级管理人员,一方面,可以适当对"组织"作扩大解释,以确保罚当其罪;另一方面,也要准确把握扩大解释的边界,切实防止结果责任,不宜把单纯的不作为,例如未成功制止冒险作业,解释为"组织",否则,可能有违反罪刑法定原则之嫌。

简略介绍国外的一些情况,对于把握"组织"可能有一定帮助。二十世纪后半叶以来,日本厂矿、土木工程、药品、食品、环境、建筑等领域公害事故性犯罪大量激增,但以往,过失犯的刑事责任,多数情况下仅仅论及引起直接结果的行为人(直接行为人)的责任,而对于企业组织体中发号施令、指挥、监督下级作业的领导者、监督者，因他们远离事故现场，往往并不被追究刑事责任。这就出现了所谓的"地位越高、离现场越远，越没有责任"或者"头部无罪而手脚有罪"的不公平事态的发生。这不仅有失公正，而且亦有放纵犯罪之虞，不利于防范和遏制类似风险事故。为追究管理者或者监督者的过失罪责，产生了"监督过失"理论。狭义的监督过失，是指与直接使侵害结果发生的过失（直接过失）相对应，处于指挥、监督的立场的人（监督者）因对直接行为人的指挥、监督的不适当而构成的过失。广义的监督过失，除狭义的监督过失之外，还包含管理的过失。而所谓管理过失，是指管理者对物的设备、人的体制等管理不善与法益侵害结果发生存有直接联系而构成的过失。① 可以看出，狭义的监督过失针对的是具体事故，而广义的监督过失中的管理过失针对的是单位的管理体制，包括人事制度、安全制度、财务制度等。从实践来看，只要发生事故，单位管理体制总会或多或少存在这样或者那样的问题，而且，管理体制作用的发挥受多种因素的影响，从宏观体制到具体事故要历经的环节众多，管理过失与事故发生之间的因果关系比较松散，以管理过失为名追究管理者的刑事责任，事实上有严格责任、客观归罪的倾向，不完全符合主客观相一致的刑法原则。故而，可以认为本罪中的"组织"一般具有以下特征：（1）"组织"的对象是具体的生产、作业；（2）"组织"与特定的"重大伤亡事故或者造成其他严重后果"之间有紧密联系。一般性的建章立制、财务管理等日常管理行为通常不宜认定为本罪中的"组织"。

（四）犯罪主体

强令、组织他人违章冒险作业罪的主体一般需要具备两个条件：（1）负有重大事故隐患的排除义务或者职责；（2）有一定组织能力。根据《安全生产解释》第二条的规定，强令、组织他人违章冒险作业罪的主体包括对生产、作业负有组织、指挥或者管理职责的负责人、管理人员、实际控制人、投资人等人员。

---

① 参见钱叶六：《监督过失理论及其适用》，载《法学论坛》2010年第5期。

(五) 犯罪的主观方面

强令、组织他人违章冒险作业罪的主观方面是过失，即对"发生重大伤亡事故或者造成其他严重后果"，行为人因疏忽大意而没有预见，或者已经预见而轻信能够避免。

(六) 刑事责任

根据修正后《刑法》第一百三十四条第二款的规定，犯强令、组织他人违章冒险作业罪的，处五年以下有期徒刑或者拘役；情节特别恶劣的，处五年以上有期徒刑。

《刑法修正案（十一）》条文及配套《罪名补充规定（七）》理解与适用

第四条 增设危险作业罪

【条文内容】

四、在刑法第一百三十四条后增加一条，作为第一百三十四条之一："在生产、作业中违反有关安全管理的规定，有下列情形之一，具有发生重大伤亡事故或者其他严重后果的现实危险的，处一年以下有期徒刑、拘役或者管制：

"（一）关闭、破坏直接关系生产安全的监控、报警、防护、救生设备、设施，或者篡改、隐瞒、销毁其相关数据、信息的；

"（二）因存在重大事故隐患被依法责令停产停业、停止施工、停止使用有关设备、设施、场所或者立即采取排除危险的整改措施，而拒不执行的；

"（三）涉及安全生产的事项未经依法批准或者许可，擅自从事矿山开采、金属冶炼、建筑施工，以及危险物品生产、经营、储存等高度危险的生产作业活动的。"

【条文主旨】

本条针对违反有关安全管理的规定的行为，增设危险作业罪，将在生产、作业中违反有关安全管理的规定，虽未实际造成严重后果，但具有发生严重后果的现实危险的行为，规定为犯罪。

【理解与适用】

一、修法背景

安全生产是关系人民群众生命财产安全的大事。《刑法》规定的安全生产犯罪，主要是事故类犯罪，集中规定在《刑法》分则第二章"危害公共安全罪"中，分别是：第一百三十一条规定的重大飞行事故罪，第一百三十二条规定的铁路运营安全事故罪，第一百三十四条第一款规定的重大责任事故罪，第一百三十四条第二款规定的强令、组织他人违章冒险作业罪，第一百三十五条规定的重大劳动安全事故罪，第一百三十五条之一规定的大型群众性活动重大安全事故罪，第一百三十六条规定的危险物品肇事罪，第一百三十七条规定的工程重大安全事故罪，第一百三十八条规定的教育设施重大安全事故罪，第一百三十九条规定的消防责任事故罪，第一百三十九条之一规定的不报、谎报安全事故罪。这些罪名基本上涵盖了严重危害安全生产的行为。

当前，我国安全形势总体稳定，持续好转。"十二五"期间，全国生产安全事故总量连续五年下降，2015年各类事故起数和死亡人数较2010年分别下降22.5%和16.8%，其中，重特大事故起数和死亡人数分别下降55.3%和46.6%。但是，当前我国正处在工业化、城镇化持续推进过程中，生产经营规模不断扩大，传统和新型生产经营方式并存，各类事故隐患和安全风险交织叠加，安全生产基础薄弱、监管体制机制和法律制度不完善、企业主体责任落实不力等问题依然突出，全社会安全意识、法治意识不强等深层次问题没有得到根本解决，高危行业、落后工艺、城市建设、新型生产经营方式等因素叠加，复合型事故有所增多，生产安全事故易发多发，尤其是重特大安全事故频发势头尚未得到有效遏制，在个别情况下甚至有所反弹，一些事故发生呈现由高危行业领域向其他行业领域蔓延趋势，直接危及生产安全和公共安全。例如，2015年8月12日22时许，位于天津市滨海新区吉运二道95号的瑞海公司危险品仓库发生爆炸事故，造成165人遇难（参与救援处置的公安现役消防人员24人、天津港消防人员75人、公安民警11人，事故企业、周边企业员工和周边居民55人），8人失踪（天津港消防人员5人，周边企业员工、天津港消防人员家属3人），798人受伤住院治疗（伤情重及较重的伤员58人、轻伤员740人）；304幢建筑物（其中办公楼宇、厂房及仓库等单位建筑73幢，居民1类住宅91幢、2类住宅129幢、居民公寓11幢）、12428辆商品汽车、7533个集装箱受损。截至2015年12月10日，核定直接经济损失人民币

68.66亿元。又如，位于江苏省盐城市响水县生态化工园区的天嘉宜化工有限公司无视国家环境保护和安全生产法律法规，刻意瞒报、违法贮存、违法处置硝化废料，安全环保管理混乱，日常检查弄虚作假，固废仓库等工程未批先建。2019年3月21日14时48分许，该公司旧固废库内长期违法贮存的硝化废料持续积热升温导致自燃，燃烧引发爆炸，发生特别重大爆炸事故，造成78人死亡、76人重伤、640人住院治疗，直接经济损失19.86亿元。

从司法实践看，近年发生的大部分生产安全事故，背后均是相关责任人员事前长时间的违法生产、作业，事故隐患长期得不到纠正，最终导致事故发生。以天津港"8·12"瑞海公司危险品仓库特别重大火灾爆炸事故为例，瑞海公司违法违规经营和储存危险货物，安全管理极其混乱，未履行安全生产主体责任，致使大量安全隐患长期存在。例如，按照有关法律法规，在港区内从事危险货物仓储业务经营的企业，必须同时取得《港口经营许可证》和《港口危险货物作业附证》，但瑞海公司在2015年6月23日取得上述两证前实际从事危险货物仓储业务经营的两年多时间里，除2013年4月8日至2014年1月11日、2014年4月16日至10月16日期间依天津市交通运输和港口管理局的相关批复经营外，2014年1月12日至4月15日、2014年10月17日至2015年6月22日共11个月的时间里既没有获得批复，也没有许可证，违法从事港口危险货物仓储经营业务。而且，瑞海公司还以不正当手段获得经营危险货物批复，该公司实际控制人于某伟在港口危险货物物流企业从业多年，很清楚在港口经营危险货物物流企业需要获得行政许可，但正规的行政许可程序需要经过多个部门审批，费时较长，于是，于某伟通过送钱、送购物卡（券）和出资邀请打高尔夫、请客吃饭等不正当手段，拉拢原天津市交通运输和港口管理局副局长李某刚和天津市交通运输委员会港口管理处处长冯某，要求在行政审批过程中给瑞海公司提供便利。李某刚滥用职权，违规给瑞海公司先后五次出具相关批复，而这种批复除瑞海公司外从未对其他企业用过。

为从严惩处在生产、作业中违反有关安全管理规定的行为，2011年，最高人民法院印发《关于进一步加强危害生产安全刑事案件审判工作的意见》（法发〔2011〕20号），将违反有关安全管理规定的行为，作为法定刑升档条件或者从重处罚情节,其中第十四条规定:"造成《关于办理危害矿山生产安全刑事案件具体应用法律若干问题的解释》第四条规定的'重大伤亡事故或者其他严重后果',同时具有下列情形之一的,也可以认定为刑法第一百三十四条、第一百三十五条规定的'情节特别恶劣':(一)非法、违法生产的;(二)无基本劳动安全设施或未向生产、作业人员提供必要的劳动防护用品,生产、作业人员劳动安全无保障的;(三)曾因安全生产设施或者安全生产条件不符合国家规定,被监督管理部门处罚或责令改正,一年内再次违规生产致使发生重大生产安全事故的;(四)关闭、故意破坏必要安全警示设备的;(五)已发现事故隐患,未采取有效措施,导致发生重大事故的;(六)事故发生后不积极抢救人员,或者毁灭、伪造、隐藏影响事故调查的证据,或者转移财产逃避责任的;(七)其他特别恶劣的情节。"第十五条规定:"相关犯罪中,具有以下情形之一的,依法从重处罚:(一)国家工作人员违反规定投资入股生产经营企业,构成危害生产安全犯罪的;(二)贪污贿赂行为与事故发生存在关联性的;(三)国家工作人员的职务犯罪与事故存在直接因果关系的;(四)以行贿方式逃避安全生产监督管理,或者非法、违法生产、作业的;(五)生产安全事故发生后,负有报告职责的国家工作人员不报或者谎报事故情况,贻误事故抢救,尚未构成不报、谎报安全事故罪的;(六)事故发生后,采取转移、藏匿、毁灭遇难人员尸体,或者毁灭、伪造、隐藏影响事故调查的证据,或者转移财产,逃避责任的;(七)曾因安全生产设施或者安全生产条件不符合国家规定,被监督管理部门处罚或责令改正,一年内再次违规生产致使发生重大生产安全事故的。"

2014年《安全生产法》修正,将原第三条规定的"安全生产管理,坚持安全第一、预防为主的方针"修改为"安全生产工作应当以人为本,坚持安全发展,坚持安全第一、预防为主、综合治理的方针,强化和落实生产经营单位的主体责任,建立生产经营单位负责、职工参与、政府监管、行业自律和社会监督的机制"。这一修改,总体上将我国的安全生产监管工作,从结果控制为主转变为过程控制和结果控制并重,既强调行政监管力度,又压实企业、个人的安全生产责任,进一步加大对无证生产经营、拒不履行安全监管决定等非法、违法生产经营行为的惩处力度,通过监管关口前移实现减少事故隐患。

2015年，为体现修正后《安全生产法》关于过程控制和结果控制并重的立法精神，提高刑事处罚的精确性和准确性，在总结实践经验的基础上，《安全生产解释》第十二条第一款规定："实施刑法第一百三十二条、第一百三十四条至第一百三十九条之一规定的犯罪行为，具有下列情形之一的，从重处罚：（一）未依法取得安全许可证件或者安全许可证件过期、被暂扣、吊销、注销后从事生产经营活动的；（二）关闭、破坏必要的安全监控和报警设备的；（三）已经发现事故隐患，经有关部门或者个人提出后，仍不采取措施的；（四）一年内曾因危害生产安全违法犯罪活动受过行政处罚或者刑事处罚的；（五）采取弄虚作假、行贿等手段，故意逃避、阻挠负有安全监督管理职责的部门实施监督检查的；（六）安全事故发生后转移财产意图逃避承担责任的；（七）其他从重处罚的情形。"

上述司法解释或者司法规范性文件，对于依法从严惩处违反有关安全管理规定的行为，发挥了重要作用。但是，由于《刑法》未规定专门罪名，因此只能作为相关事故类犯罪的从重处罚情节，适用铁路运营安全事故罪、重大责任事故罪等罪名定罪处罚。这种处理方法存在一定问题，主要体现在以下三个方面：(1) 事故类犯罪均以实际造成了重大事故或者其他严重结果作为犯罪成立条件。即使存在重大安全生产隐患，但是只要没有实际发生重大事故或者没有实际造成其他严重后果，就缺少可以直接适用的罪名，与《安全生产法》将过程控制和结果控制并重的立法精神不够协调。(2) 事故类犯罪多是针对特定行业、特定领域、特定主体、特定职责等作出的规定，如铁路运营安全事故罪只适用于铁路行业，不报、谎报安全事故罪只适用于"负有报告职责的人员"，等等，对于跨领域、跨行业的"复合型"安全事故犯罪，难以作出整体评价。(3) 安全生产事故环节多、链条长、时间久，而事故类犯罪均为过失犯罪，既不能适用共同犯罪的规定，法定刑幅度也有限，难以完全体现不同环节特点和责任大小，不利于罪责刑相适应和预防、减少安全事故的发生。

加大生产安全监管力度，切实保护人民群众生命健康安全，适当前移刑事处罚阶段，把虽然没有实际发生严重后果，但是违反有关安全管理的规定、具有现实危险的行为规定为犯罪，已成为各方的共识。2016年12

月9日，中共中央、国务院印发《关于推进安全生产领域改革发展的意见》，要求建立隐患治理监督机制，"对重大隐患整改不到位的企业依法采取停产停业、停止施工、停止供电和查封扣押等强制措施，按规定给予上限经济处罚，对构成犯罪的要移交司法机关依法追究刑事责任。"

立法工作机关经研究，提出将"重大隐患"纳入《刑法》惩治范围，在《刑法》第一百三十四条后增加一条，作为第一百三十四条之一。具体写法有两种方案。第一种方案是："有前两款行为，虽然因为被及时制止、救援或者其他客观原因，避免了重大伤亡事故或者其他严重后果的发生，但是具有下列恶劣情形之一，危及公共安全的，处一年以下有期徒刑、拘役或者管制，并处罚金：（一）故意关闭、破坏直接关系生产安全的监控、报警、防护、救生设备、设施，或者篡改、隐瞒其相关数据、信息的；（二）采取暴力、胁迫或者故意隐瞒、掩盖重大事故征兆的方式，强令、组织他人违章冒险作业的；（三）因存在重大事故隐患被依法责令停产停业、停止施工、停止使用有关设备、设施、场所或者立即采取排除危险的整改措施，而拒不执行或者擅自恢复生产、作业的；（四）未经依法批准或者许可从事矿山、金属冶炼、建筑施工、危险物品生产、经营、储存、运输等高度危险的生产经营活动的。"第二种方案将入罪标准写为"有下列情形之一，尚未造成严重后果，但是具有导致重大伤亡事故或者其他严重后果发生的现实危险的"。对此，多数意见赞同第二种方案，认为第一种方案设置的入罪门槛似乎过高，实践中可能难以适用。经综合各方面的意见，立法工作机关采用了第二种方案，从而形成草案一次审议稿第四条的写法。

二、审议过程

草案一次审议稿	草案二次审议稿	《刑法修正案（十一）》
四、在刑法第一百三十四条后增加一条，作为第一百三十四条之一："在生产、作业中违反有关安全管理的规定，有下列情形之一，具有导致重大伤亡事故或者其他严重后果发生的现实危险的，处一年以下有期徒刑、拘役或者管制："（一）关闭、破坏直接关系生产安全的监控、报警、防护、救生设备、设施，或者篡改、隐瞒其相关数据、信息的；"（二）因存在重大事故隐患被依法责令停产停业、停止施工、停止使用有关设备、设施、场所或者立即采取排除危险的整改措施，而拒不执行的；"（三）涉及安全生产的事项未经依法批准或者许可，擅自从事矿山开采、金属冶炼、建筑施工，以及危险物品生产、经营、储存、运输等高度危险的生产作业活动，情节严重的。"	四、在刑法第一百三十四条后增加一条，作为第一百三十四条之一："在生产、作业中违反有关安全管理的规定，有下列情形之一，具有发生重大伤亡事故或者其他严重后果的现实危险的，处一年以下有期徒刑、拘役或者管制："（一）关闭、破坏直接关系生产安全的监控、报警、防护、救生设备、设施，或者篡改、隐瞒、销毁其相关数据、信息的；"（二）因存在重大事故隐患被依法责令停产停业、停止施工、停止使用有关设备、设施、场所或者立即采取排除危险的整改措施，而拒不执行的；"（三）涉及安全生产的事项未经依法批准或者许可，擅自从事矿山开采、金属冶炼、建筑施工，以及危险物品生产、经营、储存等高度危险的生产作业活动的。"	四、在刑法第一百三十四条后增加一条，作为第一百三十四条之一："在生产、作业中违反有关安全管理的规定，有下列情形之一，具有发生重大伤亡事故或者其他严重后果的现实危险的，处一年以下有期徒刑、拘役或者管制："（一）关闭、破坏直接关系生产安全的监控、报警、防护、救生设备、设施，或者篡改、隐瞒、销毁其相关数据、信息的；"（二）因存在重大事故隐患被依法责令停产停业、停止施工、停止使用有关设备、设施、场所或者立即采取排除危险的整改措施，而拒不执行的；"（三）涉及安全生产的事项未经依法批准或者许可，擅自从事矿山开采、金属冶炼、建筑施工，以及危险物品生产、经营、储存等高度危险的生产作业活动的。"

在《刑法修正案（十一）（草案）》审议和征求意见过程中，主要有以下意见：（1）有意见提出，本罪的法定刑为"一年以下有期徒刑、拘役或者管制"，属轻罪，而且入罪已有"导致重大伤亡事故或者其他严重后

果发生的现实危险的"要求，第三项中的"情节严重"可不予保留。立法工作机关经研究，在草案二次审议稿中删除了第三项中的"情节严重"。

（2）有意见提出，《刑法》使用的"导致"，对象一般是特定的危害结果，如《刑法》第四百零八条规定的"导致发生重大环境污染事故"等。立法工作机关经研究，在草案二次审议稿中将"导致"修改为"发生"。

（3）有意见提出，危险品的运输情况比较复杂，而且《刑法》第一百三十三条之一也有相关规定，建议对"运输"再作研究。立法工作机关经研究，在草案二次审议稿中删除了第三项的"运输"。另外，考虑到"销毁"相关信息的社会危害性大，草案二次审议稿在第一项增加了"销毁"。

三、修正前后条文对照

修正前《刑法》	修正后《刑法》
	第一百三十四条之一　【危险作业罪】在生产、作业中违反有关安全管理的规定，有下列情形之一，具有发生重大伤亡事故或者其他严重后果的现实危险的，处一年以下有期徒刑、拘役或者管制： （一）关闭、破坏直接关系生产安全的监控、报警、防护、救生设备、设施，或者篡改、隐瞒、销毁其相关数据、信息的； （二）因存在重大事故隐患被依法责令停产停业、停止施工、停止使用有关设备、设施、场所或者立即采取排除危险的整改措施，而拒不执行的； （三）涉及安全生产的事项未经依法批准或者许可，擅自从事矿山开采、金属冶炼、建筑施工，以及危险物品生产、经营、储存等高度危险的生产作业活动的。

四、修正后条文的理解与适用

（一）罪名确定

对本条规定的罪名确定，有意见提出，"生产"与"作业"虽然在内容上存在一定的交叉，但两者并不等同，建议罪名确定为"危险生产、作业罪"。经研究，《罪名补充规定（七）》将本条罪名确定为"危险作业罪"。主要考虑：（1）本条规定的核心要件在于违反安全管理的规定达到严重后果的现实危险，故罪名确定的关键在于凸显"危险"。（2）参照《刑法》第一百三十四条第二款强令、组织他人违章冒险作业罪，将生产、作业统称为"作业"，更简洁明了。

（二）犯罪客体

危险作业罪的客体是生产、作业中有关安全生产的管理制度和公共安全。近年来，在生产、作业中违反安全管理制度呈现高发、多发态势，不仅对生产、作业人员，而且对其他不特定多数人的生命、健康或者财产产生较大安全隐患。这种安全隐患，一旦转化为安全生产事故，将造成难以估量的巨大损失。为更好地发挥刑法的预防、警示和教育功能，实现刑法防线前移，加强民生保护，《刑法》将本罪规定为危险犯，不要求实际发生生产、作业事故，只要"具有发生重大伤亡事故或者其他严重后果的现实危险"，即可成立本罪。

（三）犯罪的客观方面

危险作业罪的客观方面表现为在生产、作业中违反有关安全管理的规定，关闭、破坏直接关系生产安全的监控、报警、防护、救生设备、设施，或者篡改、隐瞒、销毁其相关数据、信息，或者因存在重大事故隐患被依法责令停产停业、停止施工、停止使用有关设备、设施、场所或者立即采取排除危险的整改措施，而拒不执行，或者涉及安全生产的事项未经依法批准或者许可，擅自从事矿山开采、金属冶炼、建筑施工，以及危险物品生产、经营、储存等高度危险的生产作业活动，具有发生重大伤亡事故或者其他严重后果的现实危险的行为。危险作业罪客观方面可以简略概括为"隐瞒掩盖""教而不改"和"应批未批"。

这些行为的实质,是为追求利益最大化,漠视事故隐患和不特定多数人的生命、健康、财产安全,盲目生产、作业。其中,第三项中的"批准或者许可",主要是指各类安全许可证件,包括在矿山开采、金属冶炼、建筑施工和危险物品等行业领域的安全生产许可,如危险化学品安全使用许可证和经营许可证等。"未经依法批准或者许可"主要包括四种情形:(1)自始未取得批准或者许可;(2)批准或者许可被暂扣、吊销、注销等;(3)虽然有批准或者许可,但批准或者许可是非法的,如以欺骗、贿赂等非法手段获取的批准或者许可;(4)超过批准或者许可的期限、范围。实践中普遍存在的"边申请、边审批、边开工"等"程序性违法"的情况,经研究认为,即使事后依法取得了批准或者许可,也可以认为依法取得批准或者许可前的阶段属于"未经依法批准或者许可",当然,获得批准或者许可本身就说明此前的行为通常没有危险性,一般不符合本条规定的"现实危险"。

(四)犯罪主体

危险作业罪的主体为一般主体,凡年满十六周岁、具有刑事责任能力的自然人均可以构成本罪。

(五)犯罪的主观方面

危险作业罪的主观方面是故意。

(六)刑事责任

根据修正后《刑法》第一百三十四条之一的规定,犯危险作业罪的,处一年以下有期徒刑、拘役或者管制。

五、司法适用中需要注意的问题

(一) 关于"现实危险"

关于本罪门槛的规定及其准确表述是一个重要问题。在立法过程中曾反复研究,目的是控制好处罚范围,将特别危险、极易导致严重后果发生的重大隐患行为列入犯罪,而不能将一般的、数量众多的其他违反安全生产管理规定的行为纳入刑事制裁,毕竟本罪不要求发生现实危害结果。本条没有使用"情节严重",而是使用了"现实危险"的概念,这在《刑法》其他条文中是没有的,采用这一概念的目的是准确表述行为的性质和危险性。《安全生产法》第六十七条中使用了这一概念,在安全生产工作实践中对"现实危险"也有相应的判断标准。"现实危险",主要是指已经出现了重大险情,或者出现了"冒顶""渗漏"等"小事故",虽然最终没有发生重大严重后果,但之所以没有发生,有的是因为被及时制止了,有的是因为开展了有效救援,有的完全是因为偶然性的客观原因,对这种"千钧一发"的危险才能认定为具有"现实危险"。这一要件为司法适用在总体上明确了指引和方向,防止将这类过失的危险犯罪的范围过于扩大。[1]

对于"现实危险",可以从以下几个方面把握。

1. 《安全生产法》第六十七条第一款规定:"负有安全生产监督管理职责的部门依法对存在重大事故隐患的生产经营单位作出停产停业、停止施工、停止使用相关设施或者设备的决定,生产经营单位应当依法执行,及时消除事故隐患。生产经营单位拒不执行,有发生生产安全事故的现实危险的,在保证安全的前提下,经本部门主要负责人批准,负有安全生产监督管理职责的部门可以采取通知有关单位停止供电、停止供应民用爆炸物品等措施,强制生产经营单位履行决定。通知应当采用书面形式,有关单位应当予以配合。"可见,《安全生产法》第六十七条第一款规定的"现实危险",具有以下两个特征:其一,"隐患前置",即先有"重大事故隐

---

[1] 参见许永安主编:《中华人民共和国刑法修正案(十一)解读》,中国法制出版社2021年版,第44页。

患"，后有"现实危险"。"这里所称的重大事故隐患，通常是指危害和整改难度较大，应当全部或者局部停产停业，并经过一定时间整改治理方能排除的隐患，或者因外部因素影响致使生产经营单位自身难以排除的隐患。"[①] 根据《安全生产法》第一百一十三条的规定，相关行业、领域"重大事故隐患"的判定标准，由国务院安全生产监督管理部门和其他负有安全生产监督管理职责的部门制定。其二，"监管先行"，一般先由负有安全生产监督管理职责的部门对事故隐患作出相应决定。

2. "危险"的概念如何认定，理论上虽然争论不休、莫衷一是，但还是可以大致概括出两个共识：其一，"现实危险"是对犯罪客体，即生产安全、不特定多数人的生命健康安全等，构成了真正的、实在的、迫在眉睫的或者高度危急的危险。这种危险强烈危及生产安全，以致实害结果，即重大伤亡事故或者其他严重后果，几乎确定会发生；重大伤亡事故或者其他严重后果之所以没有发生，是因为某种介入因素，如及时有效的救援等所导致的。换言之，了解情况的人通常会认为，如果发生事故，是理所当然、并不意外的，如果没有发生事故，反而带有某种运气、侥幸成分。其二，"现实危险"与实害结果一样，都属于"危害社会的结果"，是"危害社会的结果"的表现形式之一。因此，"现实危险"既是法律适用问题，也是事实认定和证据判断问题，应当根据证据情况和案件特点，从行业属性、行为对象、违规行为严重程度等不同方面，综合判断。

3. "现实危险"是独立的犯罪成立条件，根据《刑事诉讼法》第五十五条等的规定，由公诉机关提出证据加以证明。严格依照《刑法》第十五条规定的过失犯罪的成立条件，突出"现实危险"作为危险作业罪的结果要件地位，避免"现实危险"抽象危险化，避免将本罪变相作为行为犯，避免把行为本身的危险性一律等同于"现实危险"。以本条第二项"因存在重大事故隐患被依法责令停产停业、停止施工、停止使用有关设备、设施、场所或者立即采取排除危险的整改措施，而拒不执行的"为例，该项主要参照了《安全生产法》第六十七条第一款。可以认为，《安全生产法》

[①] 参见全国人大常委会法制工作委员会社会法室编著：《中华人民共和国安全生产法解读》，中国法制出版社2014年版，第200页。

第六十七条第一款规定的"拒不执行"与"有发生生产安全事故的现实危险"是两个独立条件,拒不执行相关监管要求,并不当然构成本罪。只有因具有发生重大伤亡事故或者其他严重后果的现实危险,被依法责令整改,又拒不执行的,才符合本罪的构成条件。

(二)关于"危险物品"

根据《安全生产法》第一百一十二条的规定,"危险物品"包括"易燃易爆物品、危险化学品、放射性物品等能够危及人身安全和财产安全的物品"等。

1. 易燃易爆物品,分为易燃物品和易爆物品。根据《危险化学品安全管理条例》《民用爆炸物品安全管理条例》等有关规定,《危险化学品目录》《民用爆炸物品品名表》《易制爆危险化学品名录》《工贸行业重点可燃性粉尘目录》等对易燃易爆物品有所涉及。《危险货物分类和品名编号(GB 6944)》和《危险货物品名表(GB 12268)》等亦有规定。需要注意各目录的适用范围,例如,《工贸行业重点可燃性粉尘目录》适用于"工贸行业"。

2. 危险化学品。《危险化学品安全管理条例》第三条规定:"本条例所称危险化学品,是指具有毒害、腐蚀、爆炸、燃烧、助燃等性质,对人体、设施、环境具有危害的剧毒化学品和其他化学品。""危险化学品目录,由国务院安全生产监督管理部门会同国务院工业和信息化、公安、环境保护、卫生、质量监督检验检疫、交通运输、铁路、民用航空、农业主管部门,根据化学品危险特性的鉴别和分类标准确定、公布,并适时调整。"据此,危险化学品主要包括《危险化学品目录》所列物品。

3. 放射性物品。《放射性物品运输安全管理条例》第二条第二款规定:"本条例所称放射性物品,是指含有放射性核素,并且其活度和比活度均高于国家规定的豁免值的物品。"第三条第五款规定:"放射性物品的具体分类和名录,由国务院核安全监管部门会同国务院公安、卫生、海关、交通运输、铁路、民航、核工业行业主管部门制定。"据此,放射性物品主要包括《放射性物品分类和名录(试行)》(环境保护部公告 2010 年第 31 号)所列物品。目前,有关部门正在组织对《放射性物品分类和名录(试行)》进行修订。

放射性药品是一类特殊的放射性物品。《放射性药品管理办法》第二条规定："放射性药品是指用于临床诊断或者治疗的放射性核素制剂或者其标记药物。"放射性药品广泛应用于全国 7000 余家医疗机构，已成为涉及国计民生的必需品。放射性药品的运输具有如下特点：大多数药品涉及的核素半衰期短（绝大多数放射性药品的半衰期小于六十天，最短的半衰期不到二小时），需要按医院订单生产，由生产单位定时按量配送；单次配送运输一般总量不会太大，其潜在的事故后果很小；配送往往需要进入人口密集的城市中心区域。而我国现有危险货物运输管理法律法规主要是针对大宗危险货物道路运输而建立。实践中，放射性药品配送运输难以满足危险货物运输车辆资质和道路运输审批等规定，也常常受危险货物运输车辆通行限制措施的影响。为此，2019 年 11 月 10 日，交通运输部、工业和信息化部、公安部、生态环境部、应急管理部、国家市场监督管理总局联合发布了《危险货物道路运输安全管理办法》（交通运输部令 2019 年第 29 号），自 2020 年 1 月 1 日起实施，其第七十七条规定："……诊断用放射性药品道路运输管理，不适用本办法，由国务院交通运输、生态环境等主管部门分别依据各自职责另行规定。"[①] 可见，目前对于放射性药品的许可或者审批，情况比较复杂，对于运输放射性药品的行为，适用危险作业罪定罪处罚时应慎重。

4. 其他危险物品。《刑法》第一百三十四条之一规定的"危险物品"与有关法律、法规规定的"危险物品"范围并不完全一致，是否属于《刑法》第一百三十四条之一规定的"危险物品"，要根据案件情况，结合涉案物品的性质、形态、物理化学特性等具体特征，从实质上加以判断。对于在具体案件中不具有危险的物品，即使列入相关危险物品目录，也可以不认定为危险作业罪中的"危险物品"；虽然没有列入相关危险物品目录，但根据案件情况具有危险的物品，尤其是对生产安全或者公共安全具有很大安全隐患的物品，可以认定为危险作业罪中的"危险物品"。

---

① 参见《生态环境部办公厅放射性物品分类和名录（修订征求意见稿）编制说明》。

（三）竞合适用

1. 与部分危害公共安全犯罪，主要是《刑法》第一百三十一条、第一百三十二条、第一百三十四条至第一百三十九条之一规定的事故类犯罪的关系。犯危险作业罪，同时构成相应事故类犯罪的，可以按照重行为吸收轻行为的原则，适用处罚较重的规定定罪处罚，在不违反禁止双重评价原则的前提下，将危险作业行为作为从重处罚情节；如果所犯危险作业罪与事故类犯罪分属不同行为，数罪并罚。

根据《刑法》第一百三十三条之一第一款第四项的规定，"违反危险化学品安全管理规定运输危险化学品，危及公共安全的"，可以构成危险驾驶罪，但可否同时适用《刑法》第一百三十四条之一第三项的规定，构成危险作业罪？经研究认为，倾向持肯定意见，主要有两点考虑：（1）《刑法》第一百三十四条之一第三项规定的"等"可以理解为"等外"，将运输危险化学品纳入危险作业罪的规制范围，不违反《刑法》的明确规定；（2）危险驾驶罪的法定刑为拘役，明显轻于危险作业罪的法定刑"一年以下有期徒刑、拘役或者管制"，如果认为非法运输危险化学品的行为只能适用危险驾驶罪，既可能导致罪责刑不相适应，又不利于确保生产安全。当然，从法条关系看，《刑法》第一百三十三条之一第一款第四项似为特别法，而危险作业罪属于一般法，按照特别法优于一般法的原则，只要不出现明显的罪刑失衡、罚不当罪的情况，优先适用危险驾驶罪，可能比较妥当。

2. 危险作业罪与非法制造、买卖、运输、储存危险物质罪的关系。未经许可，擅自从事矿山开采、金属冶炼、建筑施工，以及危险物品生产、经营、储存等高度危险的生产作业活动，构成危险作业罪的，也可能同时构成非法制造、买卖、运输、储存危险物质罪。在出现竞合的情况下，如何选择适用法律，还需要进一步研究。本书倾向于认为，如果所生产、经营、存储的危险物品是用于正常的生产、生活的，宜以危险作业罪论处。

第五条 修改生产、销售假药罪

【条文内容】

五、将刑法第一百四十一条修改为:"生产、销售假药的,处三年以下有期徒刑或者拘役,并处罚金;对人体健康造成严重危害或者有其他严重情节的,处三年以上十年以下有期徒刑,并处罚金;致人死亡或者有其他特别严重情节的,处十年以上有期徒刑、无期徒刑或者死刑,并处罚金或者没收财产。

"药品使用单位的人员明知是假药而提供给他人使用的,依照前款的规定处罚。"

【条文主旨】

为进一步保护人民群众的用药安全,做好与《药品管理法》等法律的衔接,本条修改了生产、销售假药罪,删除了原条文第二款规定的"本条所称假药,是指依照《中华人民共和国药品管理法》的规定属于假药和按假药处理的药品、非药品"的内容;增加药品使用单位的人员明知是假药而提供给他人使用,依照生产、销售假药罪处罚的规定。

【理解与适用】

一、修法背景

此次《刑法修正案(十一)》对生产、销售假药罪作出修改,最直接的原因在于2019年《药品管理法》的修订,以确保法律适用的衔接。而对《药品管理法》修订及我国首部疫苗法《疫苗管理法》的颁布起加速作用的是人民群众无比关切的用药安全及"看病难、看病贵"等民生问题。

2018年"长春长生疫苗事件"和"陆勇案"是较为典型的代表。

2017年11月,长春长生生物科技有限公司(以下简称长春长生公司)和武汉生物制品研究所有限责任公司生产的各一批次共计65万余支百白破疫苗效价指标不符合标准规定,被食品药品监督管理总局责令企业查明流向,并要求立即停止使用不合格产品。其中,长春长生公司生产的批号为201605014-01的疫苗共计252600支,全部销往山东省疾病预防控制中心。2018年7月15日,国家药品监督管理局(以下简称国家药监局)发布通告指出,长春长生公司冻干人用狂犬病疫苗生产存在记录造假等行为。这是长春长生公司自2017年11月被发现百白破疫苗效价指标不符合规定后不到一年,再曝疫苗质量问题。7月15日,国家药监局通告,根据线索组织检查组对长春长生公司生产现场进行飞行检查。检查组发现,长春长生公司在冻干人用狂犬病疫苗生产过程中存在记录造假等严重违反《药品生产质量管理规范》行为。7月16日,长春长生公司发布公告,表示正对有效期内所有批次的冻干人用狂犬病疫苗全部实施召回。7月20日,中央第十一巡视组向市场监督管理总局党组反馈了巡视意见,市场监督管理总局在整改意见中提到,相关疫苗问题处罚偏轻,失察失责。7月24日,长春长生公司董事长高某芳等15名涉案人员因涉嫌刑事犯罪,被长春新区公安分局依法刑事拘留。7月29日,长春新区公安分局以涉嫌生产、销售劣药罪,对长春长生公司董事长高某芳等18名犯罪嫌疑人提请批准逮捕。7月30日,国务院总理李克强主持召开国务院常务会议,听取长春长生公司违法违规生产狂犬病疫苗案件调查进展汇报,要求坚决严查重处并建立保障用药安全长效机制。8月3日,深圳证券交易所发布多个公告,经查明,高某芳、张某在作为长春长生公司董事、高级管理人员期间,以及蒋某华、刘某晔、张某奎、赵某伟在作为长春长生公司高级管理人员期间,存在违规行为,深圳证券交易所拟给予公开谴责的处分。10月16日,国家药监局和吉林省食药监局分别对长春长生公司作出多项行政处罚。国家药监局撤销长春长生公司狂犬病疫苗(国药准字S20120016)药品批准证明文件;撤销涉案产品生物制品批签发合格证,并处罚款1203万元。吉林省食药监局吊销其《药品生产许可证》;没收违法生产的疫苗、违法所得18.9亿元,处违法生产、销售货值金额三倍罚款72.1亿元,罚没款共计 91 亿元；对涉案的高某芳等 14 名直接负责的主管人员和其他直接责任人员作出依法不得从事药品生产经营活动的行政处罚。2019 年 2 月，长春长生公司问题疫苗案件相关责任人被严肃处理。3 月 5 日发布的 2019 年国务院政府工作报告中提出，加强食品药品安全监管，严厉查处长春长生公司等问题疫苗案件。长春长生公司问题疫苗案，吉林检察机关依法批捕 18 人。

陆勇系江苏省无锡市振生针织品有限公司的负责人，慢粒白血病患者，电影《我不是药神》主人公的原型人物。2002 年，陆勇被检查出患有慢粒白血病，当时医生推荐他服用瑞士诺华公司生产的名为"格列卫"的抗癌药。服用这种药品，可以稳定病情、正常生活，但需要不间断服用。这种药品的售价高达 23500 元一盒，一名慢粒白血病患者每个月需要服用一盒。2004 年 6 月，陆勇偶然了解到印度生产的仿制"格列卫"抗癌药，药效几乎相同，但一盒仅售 4000 元。印度和瑞士两种"格列卫"对比检测结果显示，药性相似度 99.9%。陆勇开始服用仿制"格列卫"，并于当年 8 月在病友群里分享了这一消息。随后，很多病友让其帮忙购买此药，人数达数千人。2004 年 9 月，"团购价"已经降到了每盒 200 元左右。2006 年，陆勇作为中国红十字基金会志愿者，曾前往印度这家制药公司考察，以确认公司是否真实存在，这些药物在印度是不是"真药"。为方便向印度汇款，陆勇从网上买了三张信用卡，并将其中一张卡交给印度公司作为收款账户，另外两张因无法激活，被他丢弃。2013 年 8 月下旬，湖南省沅江市公安局在查办一网络银行卡贩卖团伙时，将陆勇抓获。湖南沅江市检察院的起诉书载明，2012 年至 2013 年 8 月间，陆勇通过网络购买了三张银行卡。印度制药公司与陆勇采用网上发邮件、QQ 群联系客户等方式，在中国销售印度生产的抗癌药。按照我国法律，这些抗癌药哪怕的确有疗效且的确是"真药"，但由于并未取得中国进口药品的销售许可，均会被认定为"假药"。2014 年 7 月 21 日，沅江市检察院以"妨害信用卡管理罪"和"销售假药罪"将陆勇诉至法院。随后，陆勇的 300 多名白血病病友联名写信，请求对他免予刑事处罚。2015 年 1 月 27 日，沅江市检察院向法院请求撤回起诉，法院当天作出准许裁定。1 月 29 日下午，陆勇获释。2 月 27 日，沅江市人民检察院对陆勇涉嫌"妨害信用卡管理"和"销售假药"案作出最终决定，认为其行为不构成犯罪，决定不起诉。

2019年8月26日，第十三届全国人民代表大会常务委员会第十二次会议修订了《药品管理法》。修订后的《药品管理法》共12章、155条，自2019年12月1日起施行。这是《药品管理法》自1984年以来第二次进行系统性、结构性的重大修改，为维护公众用药安全和合法权益，保护和促进公众健康提供了有力的法治保障。针对"长春长生疫苗事件""陆勇案"等案件所反映出的问题，新修订的《药品管理法》都给予了关注与回应。修订前《药品管理法》关于假劣药范围的界定比较宽泛，标准不够统一，既有根据药品质量界定的假药劣药，又有未经审批生产的药品等"按假药劣药论处"的情形。此次修订，主要以药品质量功效为标准，对假劣药的范围作出了调整，删去了"按假药论处""按劣药论处"的分类。对假药、劣药进行了重新定义，原来"按假药论处""按劣药论处"的情形或被直接纳入假药、劣药范围，或单独列出。同时，《药品管理法》坚持问题导向，回应社会关切，体现了"最严谨的标准、最严格的监管、最严厉的处罚、最严肃的问责"的要求，进一步健全了覆盖药品研制、生产、经营、使用全过程的法律制度。其中，对生产、销售假药劣药的行为从严设定法律责任，着力提高违法成本，体现了"最严厉的处罚"。

在《刑法修正案（十一）（草案）》研拟过程中，根据有关方面意见，与修改后《药品管理法》相衔接，立法工作机关对《刑法》第一百四十一条的规定作出修改完善，主要涉及删去关于假药界定的条款，从而形成草案一次审议稿第五条的写法。

二、审议过程

草案一次审议稿	草案二次审议稿	修正案条文
五、将刑法第一百四十一条修改为："生产、销售假药的，处三年以下有期徒刑或者拘役，并处罚金；对人体健康造成严重危害或者有其他严重情节的，处三年以上十年以下有期徒刑，并处罚金；致人死亡或者有其他特别严重情节的，处十年以上有期徒刑、无期徒刑或者死刑，并处罚金或者没收财产。 "违反国家规定，未取得批准证明文件生产药品或者明知是上述药品而销售的，依照前款的规定处罚。 "药品使用单位的人员明知是假药而提供给他人使用的，依照第一款的规定处罚。"	五、将刑法第一百四十一条修改为："生产、销售假药的，处三年以下有期徒刑或者拘役，并处罚金；对人体健康造成严重危害或者有其他严重情节的，处三年以上十年以下有期徒刑，并处罚金；致人死亡或者有其他特别严重情节的，处十年以上有期徒刑、无期徒刑或者死刑，并处罚金或者没收财产。 "药品使用单位的人员明知是假药而提供给他人使用的，依照前款的规定处罚。"	五、将刑法第一百四十一条修改为："生产、销售假药的，处三年以下有期徒刑或者拘役，并处罚金；对人体健康造成严重危害或者有其他严重情节的，处三年以上十年以下有期徒刑，并处罚金；致人死亡或者有其他特别严重情节的，处十年以上有期徒刑、无期徒刑或者死刑，并处罚金或者没收财产。 "药品使用单位的人员明知是假药而提供给他人使用的，依照前款的规定处罚。"

在《刑法修正案（十一）（草案）》审议和征求意见过程中，根据有关方面的意见，立法工作机关在草案第二次审议稿中作了较大调整。主要是将草案一次审议稿新增的第二款"违反国家规定，未取得批准证明文件生产药品或者明知是上述药品而销售的，依照前款的规定处罚"挪至第一百四十二条之一，即以新增的妨害药品管理罪认定（本书在妨害药品管理罪部分详述）。该规定主要是为了打击"黑作坊"生产、销售药品的行为，但对"黑作坊"生产药品以及销售的行为如何认定，修法过程中争议较大。多数意见认为，"黑作坊"并非法律术语，可以在进行精准描述的前

提下单独作出规定。如依照一次审议稿的表述,将与修订后《药品管理法》有关假药的认定标准不相协调。

三、修正前后条文对照

修正前《刑法》	修正后《刑法》
第一百四十一条 【生产、销售假药罪】生产、销售假药的,处三年以下有期徒刑或者拘役,并处罚金;对人体健康造成严重危害或者有其他严重情节的,处三年以上十年以下有期徒刑,并处罚金;致人死亡或者有其他特别严重情节的,处十年以上有期徒刑、无期徒刑或者死刑,并处罚金或者没收财产。 本条所称假药,是指依照《中华人民共和国药品管理法》的规定属于假药和按假药处理的药品、非药品。	第一百四十一条 【生产、销售、提供假药罪】生产、销售假药的,处三年以下有期徒刑或者拘役,并处罚金;对人体健康造成严重危害或者有其他严重情节的,处三年以上十年以下有期徒刑,并处罚金;致人死亡或者有其他特别严重情节的,处十年以上有期徒刑、无期徒刑或者死刑,并处罚金或者没收财产。 药品使用单位的人员明知是假药而提供给他人使用的,依照前款的规定处罚。

对比发现,《刑法修正案(十一)》第五条对本条的修正主要涉及两个方面:一是删除了修正前《刑法》本条第二款"本条所称假药,是指依照《中华人民共和国药品管理法》的规定属于假药和按假药处理的药品、非药品"的规定,主要是为了与《药品管理法》衔接,体现《药品管理法》的修法精神,即修订前《药品管理法》"按假药论处"的情形除纳入修订后《药品管理法》规定为假药的情形外,其他不再认定为假药。同时考虑行政法律频繁修改的情况,删除本款,但是对于假药的认定依然依据《药品管理法》的规定。二是增加药品使用单位的人员明知是假药而提供给他人使用,依照生产、销售假药罪处罚的规定。修法后,对应将罪名调整为生产、销售、提供假药罪。

四、修正后条文的理解与适用

（一）罪名确定

根据《罪名补充规定（七）》，将本条罪名调整为"生产、销售、提供假药罪"，取消原"生产、销售假药罪"罪名。

《刑法修正案（十一）》第五条在《刑法》第一百四十一条增加一款作为第二款："药品使用单位的人员明知是假药而提供给他人使用的，依照前款的规定处罚。"第六条在《刑法》第一百四十二条增加一款作为第二款："药品使用单位的人员明知是劣药而提供给他人使用的，依照前款的规定处罚。"对本两款，最初考虑不另行确定罪名，根据法律"依照前款的规定处罚"即以"生产、销售假药罪""生产、销售劣药罪"定罪处罚。后经研究认为，该意见欠妥：一是从前述两款规定来看，成立犯罪并不要求相对方支付对价，实践中也存在药品使用单位免费提供药品的情形，将并不支付对价的情形也归入"销售"的范畴，不仅名不副实，难以准确体现构成要件，且对"销售"概念外延的扩张，可能会被类比适用到其他涉及销售的罪名；二是就新增条款的立法目的而言，主要是针对药品使用单位的人员未积极履行应有职责的情形，此种行为类型与"销售"假药或者劣药的行为明显相异；三是"依照前款的规定处罚"并不意味着只能适用前款的罪名，存在另行确定罪名的先例，例如，《刑法》第一百七十四条第二款另行确定罪名"伪造、变造、转让金融机构经营许可证、批准文件罪"，《刑法》第一百八十五条之一第二款另行确定罪名"违法运用资金罪"等。鉴此，对修改后《刑法》第一百四十一条第二款、第一百四十二条第二款应当另行确定罪名，但如果确定为"提供假药罪""提供劣药罪"，则存在增设死刑罪名的问题。基于此，经综合考虑，《罪名补充规定（七）》将第一百四十一条、第一百四十二条的罪名整体调整为"生产、销售、提供假药罪""生产、销售、提供劣药罪"，取消原罪名"生产、销售假药罪""生产、销售劣药罪"。

（二）犯罪客体

生产、销售、提供假药罪侵犯的客体是复杂客体，不仅侵害了国家正常的药品监管秩序，而且危及人民群众的生命、健康权利。根据《药品管理法》第九十八条第二款的规定，假药包括：（1）药品所含成份与国家药品标准规定的成份不符；（2）以非药品冒充药品或者以他种药品冒充此种药品；（3）变质的药品；（4）药品所标明的适应症或者功能主治超出规定范围。

（三）犯罪客观方面

生产、销售、提供假药罪的客观方面表现为生产、销售、提供假药的行为。本罪属于行为犯，只要实施了生产、销售、提供假药的行为，即构成犯罪。行为人生产、销售、提供假药，如果对人体健康造成了严重危害或者有其他严重情节的，构成结果加重犯或者情节加重犯，升档处罚。

（四）犯罪主体

生产、销售、提供假药罪的犯罪主体为一般主体，凡年满十六周岁、具有刑事责任能力的自然人均可以构成本罪。单位也可以成为本罪的主体，单位犯本罪的，对单位判处罚金，并对其直接负责的主管人员和其他直接责任人员，依照《刑法》的规定处罚。

（五）犯罪主观方面

生产、销售、提供假药罪的主观方面是故意，即明知是国家禁止的假药仍故意生产、销售、提供，过失不构成本罪。行为人的动机一般是牟利。但是，对于捐赠、义诊等活动中将假药无偿提供给他人使用的情形，也可构成本罪。

（六）刑事责任

根据修正后《刑法》第一百四十一条的规定，生产、销售、提供假药的，处三年以下有期徒刑或者拘役，并处罚金；对人体健康造成严重危害或者有其他严重情节的,处三年以上十年以下有期徒刑,并处罚金;致人死亡或者有其他特别严重情节的,处十年以上有期徒刑、无期徒刑或者死刑,并处罚金或者没收财产。

根据《刑法》第一百五十条的规定,单位犯罪的,对单位判处罚金,并对其直接负责的主管人员和其他直接责任人员,依照第一百四十一条第一款的规定处罚。

五、司法适用中需要注意的问题

(一) 准确把握假药的范围

修订后《药品管理法》按照药品功效,明确了假药的范围。《药品管理法》修订前后对于假药范围的规定有较大差异。

《药品管理法》(2015 年修正)	《药品管理法》(2019 年修订)
第四十八条 禁止生产(包括配制,下同)、销售假药。 有下列情形之一的,为假药: (一)药品所含成份与国家药品标准规定的成份不符的; (二)以非药品冒充药品或者以他种药品冒充此种药品的。 有下列情形之一的药品,按假药论处: (一)国务院药品监督管理部门规定禁止使用的; (二)依照本法必须批准而未经批准生产、进口,或者依照本法必须检验而未经检验即销售的; (三)变质的; (四)被污染的; (五)使用依照本法必须取得批准文号而未取得批准文号的原料药生产的; (六)所标明的适应症或者功能主治超出规定范围的。	第九十八条第二款 有下列情形之一的,为假药: (一)药品所含成份与国家药品标准规定的成份不符; (二)以非药品冒充药品或者以他种药品冒充此种药品; (三)变质的药品; (四)药品所标明的适应症或者功能主治超出规定范围。

根据修订后《药品管理法》第九十八条第二款的规定，认定为假药的只有四种情形，其他未纳入假药认定情形的"按假药论处"的，不再认定为假药，不再以生产、销售、提供假药罪定罪处罚。

鉴此，在审理危害药品安全刑事案件过程中，对于《刑法》规定的生产、销售、提供假药罪的构成要件，要结合修订的《药品管理法》的规定予以准确把握。对于《刑法》中假药的认定，要严格按照修订的《药品管理法》的规定，以药品功效作为判断标准。

（二）关于未经批准生产、进口药品的处罚

根据修订后《药品管理法》的规定，对于"未经批准生产、进口"的药品已不属于"按假药论处"的情形，不再直接适用生产、销售、提供假药罪进行处罚。根据《刑法修正案（十一）》第七条的规定，对于未取得药品批准证明生产、进口药品的行为，符合《刑法》第一百四十二条之一规定的妨害药品管理罪构成要件的，应当以妨害药品管理罪定罪处罚。需要说明的是，对于未经批准生产、进口药品行为的处罚，不应单纯考虑涉案药品的数量和生产、销售金额，还应充分考虑违法所得、销售范围、行为动机、行为人的一贯表现以及是否造成他人伤害后果或者延误诊治等情节，综合评估社会危害性，恰当裁量刑罚，确保罪责刑相适应。特别是，销售根据民间传统配方私自加工的药品，或者销售未经批准进口的国外、境外药品，没有造成他人伤害后果或者延误诊治，情节显著轻微危害不大的，不认为是犯罪。而对于未经批准生产药品和未经批准进口药品两种行为的处罚，司法适用中还应注意如下问题。

1. 未经批准生产的药品。对于未经批准生产的药品，如果有质量检验结论等证据能够证明为假药、劣药的，可以以生产假药罪、生产劣药罪进行处罚；如果未经批准生产的药品，侵犯知识产权等的，也可根据具体情况，依照处罚较重的规定定罪处罚。《药品解释》第十一条第二款规定："销售少量根据民间传统配方私自加工的药品，……没有造成他人伤害后果或者延误诊治，情节显著轻微危害不大的，不认为是犯罪。"鉴此，对于根据土方、偏方、祖传秘方等私自配置少量药品的行为，以及仅是未经批准，但药品安全性、有效性确实没有问题的未经批准生产药品的行为，不宜纳入打击的范围。

2. 未经批准进口的药品。对于未经批准进口的药品,如有质量检验结论等证据能够证明涉案药品的药效发生变化,不符合药品药效,则可以销售劣药罪定罪处罚;此外,该类案件所涉其他罪名有走私国家禁止进出口的货物、物品罪,走私普通货物、物品罪及非法经营罪。经研究,认定为走私国家禁止进出口的货物、物品罪更为适宜,如涉及偷逃税款的,则应以走私国家禁止进出口的货物、物品罪或走私普通货物、物品罪择一重罪处罚。《办理走私案件解释》第二十一条第一款规定:"未经许可进出口国家限制进出口的货物、物品,构成犯罪的,应当依照刑法第一百五十一条、第一百五十二条的规定,以走私国家禁止进出口的货物、物品罪等罪名定罪处罚;偷逃应缴税额,同时又构成走私普通货物、物品罪的,依照处罚较重的规定定罪处罚。"药品属于限制进出口的物品,在未获经批准进口的情况下,符合上述解释规定的情形,可以以走私国家禁止进出口的货物、物品罪定罪处罚。《海关计核涉嫌走私的货物、物品偷逃税款暂行办法》(海关总署令第238号)第三条规定:"走私毒品、武器、弹药、核材料、伪造的货币、国家禁止出口的文物,国家禁止进出口的珍贵动物及其制品、珍稀植物及其制品、淫秽物品,国家禁止进境的固体废物和危险性废物等不以偷逃税额作为定罪量刑及认定走私行为、作出行政处罚标准的货物、物品,不适用本办法。"根据上述规定及海关总署相关部门意见,药品不属于不核计税款的物品,走私药品可能涉及偷逃税款而构成走私普通货物、物品罪,若此,需择一重罪处罚。

3. 关于非法经营罪的适用。《药品解释》第七条第一款规定:"违反国家药品管理法律法规,未取得或者使用伪造、变造的药品经营许可证,非法经营药品,情节严重的,依照刑法第二百二十五条的规定以非法经营罪定罪处罚。"《刑法修正案(十一)》第七条增设第一百四十二条之一妨害药品管理罪,该条设定了更轻缓的刑罚。该条仅规定四种情形可以入罪,并增加"足以严重危害人体健康"的限制。妨害药品管理罪与《药品解释》所规定的非法经营罪相比,不仅法定刑大幅下降,且增加"足以严重危害人体健康"等限制条件。根据从旧兼从轻原则,销售无证生产且"足以严重危害人体健康"的药品的,只要没有实际危害后果,应适用新规定的妨害药品管理罪而不宜适用非法经营罪。销售尚未达到"足以严重危害人体健康"的药品的，更不宜再认定为非法经营罪。否则，不仅出现罪责刑失衡的情况，还违背从旧兼从轻原则。

（三）关于修正后第二款的适用

对于药品使用单位的人员使用假劣药的行为，《药品管理法》第一百一十九条规定："药品使用单位使用假药、劣药的，按照销售假药、零售劣药的规定处罚……"《药品解释》第六条第二款规定："医疗机构、医疗机构工作人员明知是假药、劣药而有偿提供给他人使用，或者为出售而购买、储存的行为，应当认定为刑法第一百四十一条、第一百四十二条规定的'销售'。"本书倾向于认为，在《刑法》专门增加有关"药品使用单位的人员明知是假药而提供给他人使用的"规定后，对明知是假药而有偿提供给他人使用的行为，仍应按销售假药罪而不是提供假药罪论处。因为此种情形下，有关行为的性质与通常的销售并无本质差异。

（四）关于认定假药的证据形式

《药品管理法》第一百二十一条规定："对假药、劣药的处罚决定，应当依法载明药品检验机构的质量检验结论。"司法实践中，对于该条的适用产生了不同理解。为准确执行《药品管理法》，规范假药的认定和处罚，司法实践中可作如下把握：考虑部分假药的认定确实无法进行质量检验的现实情况，关于刑事案件中假药的认定，对于属于《药品管理法》第九十八条第二款第四项"药品所标明的适应症或者功能主治超出规定范围"规定情形的，可以由药品监督管理部门出具认定意见。其他情形，一般应当由省级以上药品监督管理部门设置或者确定的药品检验机构进行检验，出具质量检验结论。司法机关根据认定意见、检验结论，结合其他证据作出认定。

第六条 修改生产、销售劣药罪

【条文内容】

六、将刑法第一百四十二条修改为:"生产、销售劣药,对人体健康造成严重危害的,处三年以上十年以下有期徒刑,并处罚金;后果特别严重的,处十年以上有期徒刑或者无期徒刑,并处罚金或者没收财产。

"药品使用单位的人员明知是劣药而提供给他人使用的,依照前款的规定处罚。"

【条文主旨】

为进一步强化药品安全,保护人民群众的用药安全,做好与《药品管理法》等法律的衔接,本条修改了生产、销售劣药罪,删除原条文第二款规定的"本条所称劣药,是指依照《中华人民共和国药品管理法》的规定属于劣药的药品"的内容;增加药品使用单位的人员明知是劣药而提供给他人使用,依照生产、销售劣药罪处罚的规定。

【理解与适用】

一、修法背景

2019年《药品管理法》对劣药范围作出调整。在《刑法修正案(十一)(草案)》研拟过程中,根据有关方面意见,与修改后《药品管理法》相衔接,立法工作机关对《刑法》第一百四十二条的规定作出修改完善,主要涉及删去关于劣药界定的条款,从而形成草案一次审议稿第六条的写法。

二、审议过程

草案一次审议稿	草案二次审议稿	《刑法修正案（十一）》
六、将刑法第一百四十二条修改为："生产、销售劣药，对人体健康造成严重危害的，处三年以上十年以下有期徒刑，并处罚金；后果特别严重的，处十年以上有期徒刑或者无期徒刑，并处罚金或者没收财产。 "药品使用单位的人员明知是劣药而提供给他人使用的，依照前款的规定处罚。"	六、将刑法第一百四十二条修改为："生产、销售劣药，对人体健康造成严重危害的，处三年以上十年以下有期徒刑，并处罚金；后果特别严重的，处十年以上有期徒刑或者无期徒刑，并处罚金或者没收财产。 "药品使用单位的人员明知是劣药而提供给他人使用的，依照前款的规定处罚。"	六、将刑法第一百四十二条修改为："生产、销售劣药，对人体健康造成严重危害的，处三年以上十年以下有期徒刑，并处罚金；后果特别严重的，处十年以上有期徒刑或者无期徒刑，并处罚金或者没收财产。 "药品使用单位的人员明知是劣药而提供给他人使用的，依照前款的规定处罚。"

在《刑法修正案（十一）（草案）》审议和征求意见过程中，根据有关方面的意见，立法工作机关在草案第一次审议稿中即作出相应调整，主要体现在如下两个方面：一是加大惩治制售劣药犯罪，取消限额罚金，对生产、销售劣药与生产、销售假药行为同等处罚（生产、销售劣药罪除不适用死刑外，其他刑罚配置与生产、销售假药罪相同）；二是处罚范围扩大到药品使用环节，增加药品使用单位的人员明知是劣药而提供给他人使用，依照生产、销售劣药罪处罚的规定。

三、修正前后条文对照

修正前《刑法》	修正后《刑法》
第一百四十二条 【生产、销售劣药罪】生产、销售劣药,对人体健康造成严重危害的,处三年以上十年以下有期徒刑,并处销售金额百分之五十以上二倍以下罚金;后果特别严重的,处十年以上有期徒刑或者无期徒刑,并处销售金额百分之五十以上二倍以下罚金或者没收财产。 本条所称劣药,是指依照《中华人民共和国药品管理法》的规定属于劣药的药品。	第一百四十二条 【生产、销售、提供劣药罪】生产、销售劣药,对人体健康造成严重危害的,处三年以上十年以下有期徒刑,并处罚金;后果特别严重的,处十年以上有期徒刑或者无期徒刑,并处罚金或者没收财产。 药品使用单位的人员明知是劣药而提供给他人使用的,依照前款的规定处罚。

对比发现,《刑法修正案(十一)》第六条对本条的修正主要涉及以下三个方面:一是删除限额罚金,修改为"并处罚金",与生产、销售假药罪同等处罚,同时解决了司法实践中劣药销售金额不好认定的问题,也避免与《药品管理法》第一百一十七条关于生产、销售劣药的,没收违法生产、销售的药品和违法所得,并处违法生产、销售的药品货值金额十倍以上二十倍以下的罚款的规定不协调。二是删除了修正前《刑法》本条第二款"本条所称劣药,是指依照《中华人民共和国药品管理法》的规定属于劣药的药品"的内容,主要是为了与《药品管理法》衔接,体现《药品管理法》的修法精神,修订前《药品管理法》"按劣药论处"的情形中未纳入修订后《药品管理法》关于劣药的情形,不再认定为劣药,不再以生产、销售、提供劣药罪定罪处罚。同时考虑行政法律修改频繁的情况,删除本款,但对于劣药的认定,依然依照《药品管理法》的规定。三是扩大打击范围至药品使用环节,对于药品使用单位的人员明知是劣药而提供给他人使用的,依照生产、销售劣药罪的规定处罚。

四、修正后条文的理解与适用

（一）罪名确定

根据《罪名补充规定（七）》，本条罪名调整为"生产、销售、提供劣药罪"，取消原"生产、销售劣药罪"罪名。关于罪名调整的主要考虑在生产、销售、提供假药罪罪名确定中已有论述，此处不再赘述。

（二）犯罪客体

生产、销售、提供劣药罪侵犯的客体是复杂客体，不仅侵害了国家正常的药品生产、销售监管秩序，而且危及人民群众的生命、健康权利。根据《药品管理法》第九十八条第三款的规定，有下列情形之一的，为劣药：（1）药品成份的含量不符合国家药品标准；（2）被污染的药品；（3）未标明或者更改有效期的药品；（4）未注明或者更改产品批号的药品；（5）超过有效期的药品；（6）擅自添加防腐剂、辅料的药品；（7）其他不符合药品标准的药品。

（三）犯罪客观方面

生产、销售、提供劣药罪的客观方面表现为违反药品管理法规，生产、销售、提供劣药，对人体健康造成严重危害的行为。此罪为结果犯，只有对人体健康造成严重危害的才能构成犯罪。

（四）犯罪主体

生产、销售、提供劣药罪的犯罪主体为一般主体，凡年满十六周岁、具有刑事责任能力的自然人均可以构成本罪。单位也可以成为本罪的主体，单位犯本罪的，对单位判处罚金，并对其直接负责的主管人员和其他直接责任人员，依照《刑法》的规定处罚。

（五）犯罪主观方面

生产、销售、提供劣药罪的主观方面是故意，即明知是劣药仍故意生产、销售、提供的，过失不构成本罪。行为人的动机一般是牟利。但是，对于捐赠、义诊等活动中将劣药无偿提供给他人使用的情形,也可构成本罪。

(六) 刑事责任

根据修正后《刑法》第一百四十二条的规定,犯生产、销售、提供劣药罪,对人体健康造成严重危害的,处三年以上十年以下有期徒刑,并处罚金;后果特别严重的,处十年以上有期徒刑或者无期徒刑,并处罚金或者没收财产。

根据《刑法》第一百五十条的规定,单位犯罪的,对单位判处罚金,并对其直接负责的主管人员和其他直接责任人员,依照第一百四十二条第一款的规定处罚。

五、司法适用中需要注意的问题

(一) 准确把握劣药的范围

修订后《药品管理法》按照药品功效,明确了劣药的范围。《药品管理法》修订前后对于劣药范围的规定有较大差异。

《药品管理法》(2015 年修正)	《药品管理法》(2019 年修订)
第四十九条 禁止生产、销售劣药。 药品成份的含量不符合国家药品标准的,为劣药。 有下列情形之一的药品,按劣药论处: (一) 未标明有效期或者更改有效期的; (二) 不注明或者更改生产批号的; (三) 超过有效期的; (四) 直接接触药品的包装材料和容器未经批准的; (五) 擅自添加着色剂、防腐剂、香料、矫味剂及辅料的; (六) 其他不符合药品标准规定的。	**第九十八条第三款** 有下列情形之一的,为劣药: (一) 药品成份的含量不符合国家药品标准; (二) 被污染的药品; (三) 未标明或者更改有效期的药品; (四) 未注明或者更改产品批号的药品; (五) 超过有效期的药品; (六) 擅自添加防腐剂、辅料的药品; (七) 其他不符合药品标准的药品。

经比较可以看出,根据修订后《药品管理法》第九十八条第三款的规定,认定为劣药的只有七种情形,而修订前《药品管理法》第四十九条第

三款第四项规定的"直接接触药品的包装材料和容器未经批准的"药品等情形,不再认定为劣药,不再适用生产、销售、提供劣药罪。

鉴此,在审理危害药品安全刑事案件过程中,对于《刑法》规定的生产、销售、提供劣药罪的构成要件,要根据修订后《药品管理法》的规定予以准确把握。对于《刑法》中劣药的认定,要严格按照修订后《药品管理法》的规定,以药品功效作为判断标准。

(二)关于认定劣药的证据形式

《药品管理法》第一百二十一条规定:"对假药、劣药的处罚决定,应当依法载明药品检验机构的质量检验结论。"司法实践中,对于该条的适用产生了不同理解。为准确执行《药品管理法》,规范劣药的认定和处罚,本书认为,司法实践中可作如下把握:考虑部分劣药的认定确实无法进行质量检验的现实情况,关于刑事案件中劣药的认定,对于属于《药品管理法》第九十八条第三款第三项"未标明或者更改有效期的药品"、第四项"未注明或者更改产品批号的药品"、第五项"超过有效期的药品"、第六项"擅自添加防腐剂、辅料的药品"规定情形的,可以由药品监督管理部门出具认定意见。其他情形,一般应当由省级以上药品监督管理部门设置或者确定的药品检验机构进行检验,出具质量检验结论。司法机关根据认定意见、检验结论,结合其他证据作出认定。

(三)关于修正后第二款的适用

对于药品使用单位的人员使用假劣药的行为,《药品管理法》第一百一十九条规定:"药品使用单位使用假药、劣药的,按照销售假药、零售劣药的规定处罚……"《药品解释》第六条第二款规定:"医疗机构、医疗机构工作人员明知是假药、劣药而有偿提供给他人使用,或者为出售而购买、储存的行为,应当认定为刑法第一百四十一条、第一百四十二条规定的'销售'。"本书倾向于认为,在《刑法》专门增加有关"药品使用单位的人员明知是劣药而提供给他人使用的"规定后,对明知是劣药而有偿提供给他人使用的行为,仍应按销售劣药罪而不是提供劣药罪论处。因为有偿提供实际就是销售。

第七条　增设妨害药品管理罪

【条文内容】

七、在刑法第一百四十二条后增加一条，作为第一百四十二条之一："违反药品管理法规，有下列情形之一，足以严重危害人体健康的，处三年以下有期徒刑或者拘役，并处或者单处罚金；对人体健康造成严重危害或者有其他严重情节的，处三年以上七年以下有期徒刑，并处罚金：

"（一）生产、销售国务院药品监督管理部门禁止使用的药品的；

"（二）未取得药品相关批准证明文件生产、进口药品或者明知是上述药品而销售的；

"（三）药品申请注册中提供虚假的证明、数据、资料、样品或者采取其他欺骗手段的；

"（四）编造生产、检验记录的。

"有前款行为，同时又构成本法第一百四十一条、第一百四十二条规定之罪或者其他犯罪的，依照处罚较重的规定定罪处罚。"

【条文主旨】

为进一步强化药品安全，保护人民群众的用药安全，本条增设妨害药品管理罪，将2015年《药品管理法》规定的"按假药论处"的部分情形及违反药品生产质量管理规范的行为单独规定为一类犯罪。对于违反药品管理法规，实施相关行为，足以严重危害人体健康的，构成犯罪，并进一步明确有妨害药品管理秩序的行为，同时构成其他犯罪的，择一重罪处罚。

【理解与适用】

一、修法背景

药品事关人民群众的生命健康安全。习近平总书记指出："要切实加强食品药品安全监管，用最严谨的标准、最严格的监管、最严厉的处罚、最严肃的问责，加快建立科学完善的食品药品安全治理体系，坚持产管并重，严把从农田到餐桌、从实验室到医院的每一道防线。"药品既要保证具有相应功效，同时，要严格依照《药品生产质量管理规范》进行生产、按照《药品经营质量管理规范》进行经营，以确保质量。为了进一步强化人民群众的用药安全、加大对药品犯罪的打击力度，做好与《药品管理法》等法律的衔接，《刑法修正案（十一）》将 2015 年《药品管理法》规定的一些"按假药论处"的情形以及违反药品生产质量管理规范等妨害药品管理秩序的行为单独规定为一类犯罪，新增了第一百四十二条之一妨害药品管理罪。对于增加的具体情形，2019 年《药品管理法》修订时，主要按照药品功效，重新调整假劣药范围，不再保留按假劣药论处的概念。《刑法》对 2015 年《药品管理法》第四十八条、第四十九条规定的假药、劣药和按假药、劣药论处的十五种情形，分三种情况处理：一是 2019 年《药品管理法》第九十八条第二款规定的假药，共四种；二是 2019 年《药品管理法》第九十八条第三款规定的劣药，共七种；三是将违反药品管理秩序的行为，单独规定了相应的法律责任。①本条将 2015 年《药品管理法》"按假药论处"中生产、销售国务院药品监督管理部门规定禁止使用的药品的，未取得药品批准证明文件生产、进口药品或者明知是上述药品而销售的等严重违反药品监管秩序的行为纳入妨害药品管理罪的处罚范围。此外，对于"药品申请注册中提供虚假的证明、数据、资料、样品或者采取其他欺骗手段的""编造生产、检验记录的"两种情形亦纳入妨害药品管理罪的处罚范围，主要考虑：一是 2019 年《药品管理法》第二十

---

① 参见许永安主编：《中华人民共和国刑法修正案（十一）解读》，中国法制出版社 2021 年版，第 62 页。

四条第二款明确规定："申请药品注册，应当提供真实、充分、可靠的数据、资料和样品，证明药品的安全性、有效性和质量可控性。"采取欺骗手段获得或者意图获得药品批准证明文件的行为，既无法保证药品安全和质效，又损害药品监管秩序，影响其他申请单位权益。二是2019年《药品管理法》第四十四条第一款规定："药品应当按照国家药品标准和经药品监督管理部门核准的生产工艺进行生产。生产、检验记录应当完整准确，不得编造。"生产、检验记录是药品生产管理的基础性资料，建立完整准确的药品生产、检验记录，才能真实反映企业生产全过程的实际情况，有利于药品生产单位加强对药品生产质量的控制，也有利于药品监督管理部门对药品生产质量实施监督。编造生产、检验记录的行为，不能反映药品真实生产过程，不利于对药品生产质量的监督管理。

在《刑法修正案（十一）（草案）》研拟过程中，根据有关方面意见，与修改后《药品管理法》相衔接，立法工作机关在《刑法》第一百四十二条后增加一条，作为第一百四十二条之一，对妨害药品管理秩序的犯罪作出专门规定，从而形成草案一次审议稿第七条的写法。

二、审议过程

草案一次审议稿	草案二次审议稿	《刑法修正案（十一）》
七、在刑法第一百四十二条后增加一条，作为第一百四十二条之一："违反药品管理法规，有下列情形之一，足以严重危害人体健康的，处三年以下有期徒刑或者拘役，并处罚金；对人体健康造成严重危害或者有其他严重情节的，处三年以上七年以下有期徒刑，并处罚金：	七、在刑法第一百四十二条后增加一条，作为第一百四十二条之一："违反药品管理法规，有下列情形之一，足以严重危害人体健康的，处三年以下有期徒刑或者拘役，并处**或者单处**罚金；对人体健康造成严重危害或者有其他严重情节的，处三年以上七年以下有期徒刑，并处罚金：	七、在刑法第一百四十二条后增加一条，作为第一百四十二条之一："违反药品管理法规，有下列情形之一，足以严重危害人体健康的，处三年以下有期徒刑或者拘役，并处或者单处罚金；对人体健康造成严重危害或者有其他严重情节的，处三年以上七年以下有期徒刑，并处罚金：

草案一次审议稿	草案二次审议稿	《刑法修正案（十一）》
"（一）生产、销售国务院药品监督管理部门禁止使用的药品的； "（二）未取得药品批准证明文件进口药品或者明知是上述药品而销售的； "（三）依法应当检验而未经检验即销售药品的； "（四）药品申请注册中提供虚假的证明、数据、资料、样品或者采取其他欺骗手段的； "（五）编造生产、检验记录的。 "有前款行为，同时又构成本法第一百四十一条、第一百四十二条规定之罪或者其他犯罪的，依照处罚较重的规定定罪处罚。"	"（一）生产、销售国务院药品监督管理部门禁止使用的药品的； "（二）未取得药品批准证明文件生产、进口药品或者明知是上述药品而销售的； "（三）药品申请注册中提供虚假的证明、数据、资料、样品或者采取其他欺骗手段的； "（四）编造生产、检验记录的。 "有前款行为，同时又构成本法第一百四十一条、第一百四十二条规定之罪或者其他犯罪的，依照处罚较重的规定定罪处罚。"	"（一）生产、销售国务院药品监督管理部门禁止使用的药品的； "（二）未取得药品相关批准证明文件生产、进口药品或者明知是上述药品而销售的； "（三）药品申请注册中提供虚假的证明、数据、资料、样品或者采取其他欺骗手段的； "（四）编造生产、检验记录的。 "有前款行为，同时又构成本法第一百四十一条、第一百四十二条规定之罪或者其他犯罪的，依照处罚较重的规定定罪处罚。"

在《刑法修正案（十一）（草案）》审议和征求意见过程中，根据有关方面的意见，立法工作机关在草案二次审议稿中作了较大调整，主要体现在如下三个方面：一是将"违反国家规定，未取得批准证明文件生产药品或者明知是上述药品而销售的"的情形，从草案一次审议稿的第一百四十一条第二款挪至本条第一款第二项，也就是对于"黑作坊"生产、销售药品的行为不依照生产、销售假药罪处罚，而是以妨害药品管理罪处罚；二是删除了一次审议稿中本条第一款第三项"依法应当检验而未经检验即销售药品的"，该内容属于 2015 年《药品管理法》规定的"按假药论处"的情形，删除后单纯的未经检验即销售药品的行为不再进行刑事处罚，但是依照《药品管理法》的规定应当予以行政处罚；三是在妨害药品管理罪的第一档刑罚中加入了单处罚金的规定，体现宽严相济的刑事政策。

三、修正前后条文对照

修正前《刑法》	修正后《刑法》
	第一百四十二条之一 【妨害药品管理罪】违反药品管理法规，有下列情形之一，足以严重危害人体健康的，处三年以下有期徒刑或者拘役，并处或者单处罚金；对人体健康造成严重危害或者有其他严重情节的，处三年以上七年以下有期徒刑，并处罚金： （一）生产、销售国务院药品监督管理部门禁止使用的药品的； （二）未取得药品相关批准证明文件生产、进口药品或者明知是上述药品而销售的； （三）药品申请注册中提供虚假的证明、数据、资料、样品或者采取其他欺骗手段的； （四）编造生产、检验记录的。 有前款行为，同时又构成本法第一百四十一条、第一百四十二条规定之罪或者其他犯罪的，依照处罚较重的规定定罪处罚。

四、修正后条文的理解与适用

（一）罪名确定

对本条规定的罪名确定，有意见提出，为更好体现罪状中"足以严重危害人体健康"的特征，建议罪名确定为"危害药品管理罪"。根据《罪名补充规定（七）》，本条罪名确定为"妨害药品管理罪"。主要考虑：（1）本条规定的行为属于违反药品管理法规的行为，实质在于妨害药品管理秩序，确定为"妨害药品管理罪"更为准确；（2）较之于生产、销售假药罪和生产、销售劣药罪，本条配置的刑罚较轻，而"妨害"也相对低于"危害"的程度,故使用"妨害"更贴合罪责刑相适应原则。

(二)犯罪客体

妨害药品管理罪侵犯的客体是复杂客体,不仅侵害了国家正常的药品生产、销售监管秩序,而且危及人民群众的生命、健康权利。

(三)犯罪客观方面

妨害药品管理罪的客观方面表现为违反国家药品管理法规,实施如下违反药品管理秩序的行为:(1)生产、销售国家禁止使用的药品;(2)没有取得药品批准证明文件生产、进口药品;(3)明知是没有取得批准证明文件的药品而进行销售;(4)药品申请注册中的造假行为,如提供虚假证明、数据、资料、样品或者采取其他欺骗手段;(5)药品生产过程中的造假行为,如编造生产、检验记录。此罪为具体危险犯,要求达到"足以严重危害人体健康的"才构成犯罪。

(四)犯罪主体

妨害药品管理罪的犯罪主体为一般主体,凡年满十六周岁、具有刑事责任能力的自然人均可以构成本罪。单位也可以成为本罪的主体,单位犯本罪的,对单位判处罚金,并对其直接负责的主管人员和其他直接责任人员,依照刑法的规定处罚。

(五)犯罪主观方面

妨害药品管理罪的主观方面只能是故意,即明知自己的行为违反国家药品管理法规,妨害药品管理秩序,仍希望或者放任其发生的。

(六)刑事责任

根据修正后《刑法》第一百四十二条之一的规定,犯妨害药品管理罪,处三年以下有期徒刑或者拘役,并处或者单处罚金;对人体健康造成严重危害或者有其他严重情节的,处三年以上七年以下有期徒刑,并处罚金。构成妨害药品管理罪,同时又构成其他犯罪的,依照处罚较重的规定定罪处罚。

依照《刑法》第一百五十条的规定，单位犯罪的，对单位判处罚金，并对其直接负责的主管人员和其他直接责任人员，依照本条第一款的规定处罚。

五、司法适用中需要注意的问题

（一）妨害药品管理罪的适用

《药品管理法》第一百二十四条规定："违反本法规定，有下列行为之一的，没收违法生产、进口、销售的药品和违法所得以及专门用于违法生产的原料、辅料、包装材料和生产设备，责令停产停业整顿，并处违法生产、进口、销售的药品货值金额十五倍以上三十倍以下的罚款；货值金额不足十万元的，按十万元计算；情节严重的，吊销药品批准证明文件直至吊销药品生产许可证、药品经营许可证或者医疗机构制剂许可证，对法定代表人、主要负责人、直接负责的主管人员和其他责任人员，没收违法行为发生期间自本单位所获收入，并处所获收入百分之三十以上三倍以下的罚款，十年直至终身禁止从事药品生产经营活动，并可以由公安机关处五日以上十五日以下的拘留：（一）未取得药品批准证明文件生产、进口药品；（二）使用采取欺骗手段取得的药品批准证明文件生产、进口药品；（三）使用未经审评审批的原料药生产药品；（四）应当检验而未经检验即销售药品；（五）生产、销售国务院药品监督管理部门禁止使用的药品；（六）编造生产、检验记录；（七）未经批准在药品生产过程中进行重大变更。""销售前款第一项至第三项规定的药品，或者药品使用单位使用前款第一项至第五项规定的药品的，依照前款规定处罚；情节严重的，药品使用单位的法定代表人、主要负责人、直接负责的主管人员和其他责任人员有医疗卫生人员执业证书的，还应当吊销执业证书。""未经批准进口少量境外已合法上市的药品，情节较轻的，可以依法减轻或者免予处罚。"鉴此，《药品管理法》在生产、销售假药及生产、销售劣药之外单独列明了对妨害药品管理违法行为的处罚规定，为了与《药品管理法》第一百二十四条衔接，《刑法修正案（十一）》在生产、销售、提供假药罪及生产、销售、提供劣药罪之外单列妨害药品管理罪，对于《药品管理法》第一百二十四条所列部分行为，"足以严重危害人体健康的",构成犯罪,追究刑事责任。同时,司法适用中应当注意的是,根据《药品管理法》第一百二十四条第三款规定的"未经批准进口少量境外已合法上市的药品,情节较轻的,可以依法减轻或者免予处罚"的精神,对于对未经批准进口少量境外已合法上市的药品,一般也不应作为犯罪进行刑事处罚。

(二)定罪升档标准的把握

修正后《刑法》第一百四十二条之一规定的妨害药品管理罪,以"足以严重危害人体健康"为入罪要件,即实施本条第一款规定的四种行为,达到"足以严重危害人体健康"的危险时,才构成妨害药品管理罪,本罪为具体危险犯。对于"足以严重危害人体健康"的把握,应当从违反国家药品管理法规,生产、销售药品的数量、货值、违法所得金额以及可能造成贻误诊治后果等方面综合考量,注意与《药品管理法》第一百二十四条的区别和衔接。

对于"对人体健康造成严重危害或者有其他严重情节"的把握,可以参照《药品解释》的相关规定,但作为新的罪名,有些情形的确定有待司法实践继续进一步探索、总结。所谓"对人体健康造成严重危害",可认为包括:造成轻伤或者重伤的;造成轻度残疾或者中度残疾的;造成器官组织损伤导致一般功能障碍或者严重功能障碍的;其他对人体健康造成严重危害的情形。所谓"其他严重情节",可认为包括:造成较大突发公共卫生事件的;生产、销售的金额巨大的;综合考虑生产、销售的时间、数量、药品种类等,应当认定为情节严重的等等。

(三)竞合问题

修正后《刑法》第一百四十二条之一第二款规定:"有前款行为,同时又构成本法第一百四十一条、第一百四十二条规定之罪或者其他犯罪的,依照处罚较重的规定定罪处罚。"对于个人或者单位存在妨害药品管理的行为,同时又构成生产、销售、提供假药罪,生产、销售、提供劣药罪或者对于违规进口药品构成走私类罪名时,依照处罚较重的规定定罪处罚。从此次《刑法》修正后涉及药品的三个罪名的刑罚配置来看,妨害药品管理罪的刑罚配置是最轻的。根据司法实践情况，实施违反药品管理秩序的行为，一般伴随着生产、销售、提供假药或者生产、销售、提供劣药，如"黑作坊"生产药品，既属于妨害药品管理行为，又会产生生产、销售假药，生产、销售劣药的后果；对于违规进口药品，还可能产生违反进出口管理规定偷逃税款的后果，应认定为走私行为。在罪名竞合的情况下，根据法律规定应当择一重罪处罚。鉴此，在证据收集上，要注意广泛收集证据，特别是假药、劣药的质量检验结论或者药品监督管理部门出具的假药、劣药认定意见，以及海关计税凭证等。

第八条　修改欺诈发行股票、债券罪

【条文内容】

八、将刑法第一百六十条修改为:"在招股说明书、认股书、公司、企业债券募集办法等发行文件中隐瞒重要事实或者编造重大虚假内容,发行股票或者公司、企业债券、存托凭证或者国务院依法认定的其他证券,数额巨大、后果严重或者有其他严重情节的,处五年以下有期徒刑或者拘役,并处或者单处罚金;数额特别巨大、后果特别严重或者有其他特别严重情节的,处五年以上有期徒刑,并处罚金。

"控股股东、实际控制人组织、指使实施前款行为的,处五年以下有期徒刑或者拘役,并处或者单处非法募集资金金额百分之二十以上一倍以下罚金;数额特别巨大、后果特别严重或者有其他特别严重情节的,处五年以上有期徒刑,并处非法募集资金金额百分之二十以上一倍以下罚金。

"单位犯前两款罪的,对单位判处非法募集资金金额百分之二十以上一倍以下罚金,并对其直接负责的主管人员和其他直接责任人员,依照第一款的规定处罚。"

【条文主旨】

为惩治金融乱象,提高资本市场违法成本,本条修改了欺诈发行股票、债券罪,扩大了规制范围,取消对罚金的比例限制,增加一档法定刑,并增加一款作为第二款,专门规定了控股股东、实际控制人的刑事责任。

【理解与适用】

一、修法背景

欺诈发行证券，是随着证券市场的诞生和发展而出现的一种犯罪。对于欺诈发行股票、债券的行为，1979年《刑法》未作规定。1995年2月第八届全国人民代表大会常务委员会第十二次会议通过的《全国人民代表大会常务委员会关于惩治违反公司法的犯罪的决定》（已失效）第三条规定："制作虚假的招股说明书、认股书、公司债券募集办法发行股票或者公司债券，数额巨大、后果严重或者有其他严重情节的，处五年以下有期徒刑或者拘役，可以并处非法募集资金金额百分之五以下罚金。""单位犯前款罪的，对单位判处非法募集资金金额百分之五以下罚金，并对直接负责的主管人员和其他直接责任人员，依照前款的规定，处五年以下有期徒刑或者拘役。"1997年《刑法》第一百六十条吸收上述规定并进一步作出修改完善，规定："在招股说明书、认股书、公司、企业债券募集办法中隐瞒重要事实或者编造重大虚假内容，发行股票或者公司、企业债券，数额巨大、后果严重或者有其他严重情节的，处五年以下有期徒刑或者拘役，并处或者单处非法募集资金金额百分之一以上百分之五以下罚金。""单位犯前款罪的，对单位判处罚金，并对其直接负责的主管人员和其他直接责任人员，处五年以下有期徒刑或者拘役。"此后二十余年来，上述规定未作改动。近年来，随着资本市场不断发展和证券发行机制的不断优化，新形势、新任务对打击欺诈发行证券行为提出新要求，主要体现在：一是中央提出打好防范化解金融风险攻坚战，需要立法上跟进规制，特别是证券发行注册制改革之后，进一步强化上市公司如实披露信息的义务，提升证券犯罪成本，势在必行。二是司法实践中出现不以招股说明书、认股书、债券募集办法为文件形式的欺诈发行，其他在发行过程中起到重要作用的文件也被用于实施犯罪，例如，发行人关于本次证券发行的申请报告、发行人关于本次发行方案的论证分析报告、注册制施行后"问答"环节形成的文件、定向增发时涉及的相关文件，等等，需要加以规制。三是身处幕后的控股股东、实际控制人组织、指使欺诈发行的，社会危害性大，需要明确其刑事责任。2019年修订的《证券法》，已经降低了欺诈发行的处罚门槛，大幅提升了处罚力度，并对控股股东、实际控制人的行政责任作了完善。

在《刑法修正案（十一）（草案）》研拟过程中，根据有关方面意见，与修订后《证券法》相衔接，立法工作机关对《刑法》第一百六十条作出修改完善，主要涉及对规制范围和处罚力度的调整，从而形成草案一次审议稿第八条的写法。

二、审议过程

草案一次审议稿	草案二次审议稿	《刑法修正案（十一）》
八、将刑法第一百六十条修改为："在招股说明书、认股书、公司、企业债券募集办法等发行文件中隐瞒重要事实或者编造重大虚假内容，发行股票或者公司、企业债券，数额巨大、后果严重或者有其他严重情节的，处五年以下有期徒刑或者拘役，并处或者单处非法募集资金金额百分之一以上百分之五以下罚金；数额特别巨大、后果特别严重或者有其他特别严重情节的，处五年以上有期徒刑，并处罚金。 "控股股东、实际控制人组织、指使实施前款行为的，处五年以下有期徒刑或者拘役，并处或者单处非法募集资金金额百分之二十以上一倍以下罚金；数额特别巨大、后果特别严重或者有其他特别严重情节的，处五年以上有期徒刑，并处非法募集资金金额百分之二十以上一倍以下罚金。	八、将刑法第一百六十条修改为："在招股说明书、认股书、公司、企业债券募集办法等发行文件中隐瞒重要事实或者编造重大虚假内容，发行股票、公司债券、企业债券、存托凭证或者国务院依法认定的其他证券，数额巨大、后果严重或者有其他严重情节的，处五年以下有期徒刑或者拘役，并处或者单处罚金；数额特别巨大、后果特别严重或者有其他特别严重情节的，处五年以上有期徒刑，并处罚金。 "控股股东、实际控制人组织、指使实施前款行为的，处五年以下有期徒刑或者拘役，并处或者单处非法募集资金金额百分之二十以上一倍以下罚金；数额特别巨大、后果特别严重或者有其他特别严重情节的，处五年以上有期徒刑，并处非法募集资金金额百分之二十以上一倍以下罚金。	八、将刑法第一百六十条修改为："在招股说明书、认股书、公司、企业债券募集办法等发行文件中隐瞒重要事实或者编造重大虚假内容，发行股票或者公司、企业债券、存托凭证或者国务院依法认定的其他证券，数额巨大、后果严重或者有其他严重情节的，处五年以下有期徒刑或者拘役，并处或者单处罚金；数额特别巨大、后果特别严重或者有其他特别严重情节的，处五年以上有期徒刑，并处罚金。 "控股股东、实际控制人组织、指使实施前款行为的，处五年以下有期徒刑或者拘役，并处或者单处非法募集资金金额百分之二十以上一倍以下罚金；数额特别巨大、后果特别严重或者有其他特别严重情节的，处五年以上有期徒刑，并处非法募集资金金额百分之二十以上一倍以下罚金。

草案一次审议稿	草案二次审议稿	《刑法修正案（十一）》
"单位犯前两款罪的，对单位判处非法募集资金金额百分之二十以上一倍以下罚金，并对其直接负责的主管人员和其他直接责任人员，依照第一款的规定处罚。"	"单位犯前两款罪的，对单位判处非法募集资金金额百分之二十以上一倍以下罚金，并对其直接负责的主管人员和其他直接责任人员，依照第一款的规定处罚。"	"单位犯前两款罪的，对单位判处非法募集资金金额百分之二十以上一倍以下罚金，并对其直接负责的主管人员和其他直接责任人员，依照第一款的规定处罚。"

在《刑法修正案（十一）（草案）》审议和征求意见过程中，根据有关方面的意见，草案二次审议稿扩大本罪的规制范围，将"股票或者公司、企业债券"修改为"股票、公司债券、企业债券、存托凭证或者国务院依法认定的其他证券"。与草案二次审议稿第八条相比，《刑法修正案（十一）》第八条又作了文字调整。

三、修正前后条文对照

修正前《刑法》	修正后《刑法》
第一百六十条 【欺诈发行股票、债券罪】在招股说明书、认股书、公司、企业债券募集办法中隐瞒重要事实或者编造重大虚假内容，发行股票或者公司、企业债券，数额巨大、后果严重或者有其他严重情节的，处五年以下有期徒刑或者拘役，并处或者单处非法募集资金金额百分之一以上百分之五以下罚金。 单位犯前款罪的，对单位判处罚金，并对其直接负责的主管人员和其他直接责任人员，处五年以下有期徒刑或者拘役。	第一百六十条 【欺诈发行证券罪】在招股说明书、认股书、公司、企业债券募集办法**等发行文件**中隐瞒重要事实或者编造重大虚假内容，发行股票或者公司、企业债券、**存托凭证或者国务院依法认定的其他证券**，数额巨大、后果严重或者有其他严重情节的，处五年以下有期徒刑或者拘役，并处或者单处罚金；**数额特别巨大、后果特别严重或者有其他特别严重情节的，处五年以上有期徒刑，并处罚金。**

修正前《刑法》	修正后《刑法》
	控股股东、实际控制人组织、指使实施前款行为的，处五年以下有期徒刑或者拘役，并处或者单处非法募集资金金额百分之二十以上一倍以下罚金；数额特别巨大、后果特别严重或者有其他特别严重情节的，处五年以上有期徒刑，并处非法募集资金金额百分之二十以上一倍以下罚金。 单位犯前**两款**罪的，对单位判处非法募集资金金额百分之二十以上一倍以下罚金，并对其直接负责的主管人员和其他直接责任人员，**依照第一款的规定处罚**。

对比发现，《刑法修正案（十一）》第八条对《刑法》第一百六十条的修正主要涉及如下六个方面：一是扩大欺诈发行所利用的文件范围，增加"等发行文件"这一兜底性表述；二是扩大犯罪对象的范围，将"股票或者公司、企业债券"修改为"股票或者公司、企业债券、存托凭证或者国务院依法认定的其他证券"；三是第一款取消对罚金的比例限制，将"并处或者单处非法募集资金金额百分之一以上百分之五以下罚金"修改为"并处或者单处罚金"；四是第一款增加一档法定刑，规定"数额特别巨大、后果特别严重或者有其他特别严重情节的，处五年以上有期徒刑，并处罚金"；五是增加一款作为第二款，专门规定控股股东、实际控制人的刑事责任；六是对单位犯罪的，明确罚金幅度为"非法募集资金金额百分之二十以上一倍以下"，对其直接负责的主管人员和其他直接责任人员，依照第一款的规定处罚，也即除原规定的"判处五年以下有期徒刑或者拘役"外，还可以并处或者单处罚金，并且可能升档量刑。

四、修正后条文的理解与适用

（一）罪名确定

《刑法修正案（十一）》第八条将欺诈发行的对象由"股票或者公司、企业债券"扩大至"股票或者公司、企业债券、存托凭证或者国务院依法认定的其他证券"。根据修改情况，《罪名补充规定（七）》将本条的罪名调整为"欺诈发行证券罪"，取消原罪名"欺诈发行股票、债券罪"。

（二）犯罪客体

欺诈发行证券罪侵犯的客体是对公司、企业的管理秩序，以及投资者的合法权益。

（三）犯罪客观方面

欺诈发行证券罪的客观方面表现为以下两种类型。

1. 在招股说明书、认股书、公司、企业债券募集办法等发行文件中隐瞒重要事实或者编造重大虚假内容，发行股票或者公司、企业债券、存托凭证或者国务院依法认定的其他证券，达到数额巨大、后果严重或者有其他严重情节的程度。

根据《公司法》第一百三十四条的规定，公司经国务院证券监督管理机构核准公开发行新股时，必须公告新股招股说明书和财务会计报告，并制作认股书。根据《证券法》第十三条的规定，公司公开发行新股，应当报送募股申请和下列文件：公司营业执照；公司章程；股东大会决议；招股说明书或者其他公开发行募集文件；财务会计报告；代收股款银行的名称及地址。其中最核心的就是"招股说明书或者其他公开发行募集文件"，这也是欺诈发行所主要使用的造假载体。例如，"绿大地欺诈发行案"[①]，

[①] 参见王翁阳、魏文静：《云南绿大地公司欺诈发行股票案一审宣判——绿大地公司被判处罚金1040万元》，载中国法院网，https://www.chinacourt.org/article/detail/2013/02/id/895257.shtml，最后访问日期：2021年3月10日。

2004年至2007年6月，被告人何某葵、蒋某西、庞某星共同策划让被告单位云南绿大地公司发行股票并上市，由被告人赵某丽、赵某艳登记注册了一批由云南绿大地公司实际控制或者掌握银行账户的关联公司，并利用相关银行账户操控资金流转，采用伪造合同、发票、工商登记资料等手段，少付多列，将款项支付给其控制的公司，虚构交易业务、虚增资产7011.4万元、虚增收入逾2.961亿元。云南绿大地公司招股说明书中包含了上述虚假内容。2007年12月21日，被告单位云南绿大地公司在深圳证券交易所首次发行股票并上市，非法募集资金达3.4629亿元。法院认定绿大地公司的上述行为构成欺诈发行股票罪。

2. 控股股东、实际控制人组织、指使实施上述行为。控股股东、实际控制人组织、指使实施的，虽然根据原规定也可以作为共同犯罪予以制裁，但是无法体现精准打击的要求。《刑法修正案（十一）》对此类行为作出明确规定，目的在于精准惩处幕后实际操控者和实际受益人。

（四）犯罪主体

《刑法》第一百六十条的第一、二款是自然人主体，第三款是单位主体。根据《公司法》第二百一十六条的规定，"控股股东"是指其出资额占有限责任公司资本总额百分之五十以上或者其持有的股份占股份有限公司股本总额百分之五十以上的股东；出资额或者持有股份的比例虽然不足百分之五十，但依其出资额或者持有的股份所享有的表决权已足以对股东会、股东大会的决议产生重大影响的股东。"实际控制人"是指虽不是公司的股东，但通过投资关系、协议或者其他安排，能够实际支配公司行为的人。

需要注意的是，《刑法》与《证券法》的条文逻辑不完全一致。根据《证券法》第一百八十一条的规定，证券法上的违法主体是发行人和发行人的控股股东、实际控制人。从《刑法》规定和刑法理论看，自然人为实施欺诈发行证券犯罪而设立公司、企业，或者公司、企业设立后以实施欺诈发行证券犯罪为主要活动的，以及盗用单位名义实施欺诈发行犯罪，违法所得由实施犯罪的个人私分的，按照自然人犯罪处理。但是在证券法上，实施欺诈发行证券行为的主体一般是作为发行人的公司、企业；发行人的控股股东、实际控制人则既可能是公司、企业，也可能是自然人。

（五）犯罪主观方面

欺诈发行证券罪的主观方面表现为故意。欺诈发行证券罪属于诈骗犯罪的一个特殊条款，行为人在主观上具有通过虚构事实隐瞒真相实施欺诈的故意。

（六）刑事责任

根据修正后《刑法》第一百六十条的规定，犯欺诈发行证券罪的，处五年以下有期徒刑或者拘役，并处或者单处罚金；数额特别巨大、后果特别严重或者有其他特别严重情节的，处五年以上有期徒刑，并处罚金。控股股东、实际控制人犯欺诈发行证券罪的，处五年以下有期徒刑或者拘役，并处或者单处非法募集资金金额百分之二十以上一倍以下罚金；数额特别巨大、后果特别严重或者有其他特别严重情节的，处五年以上有期徒刑，并处非法募集资金金额百分之二十以上一倍以下罚金。单位犯罪的，对单位判处非法募集资金金额百分之二十以上一倍以下罚金，并对其直接负责的主管人员和其他直接责任人员，处五年以下有期徒刑或者拘役，并处或者单处罚金；数额特别巨大、后果特别严重或者有其他特别严重情节的，处五年以上有期徒刑，并处罚金。

需要注意的是，在对控股股东、实际控制人处以罚金（罚款）的基准上，《刑法》与《证券法》采取了不同的方案。根据《刑法》第一百六十条的规定，对控股股东、实际控制人的罚金是"非法募集资金金额"的一定倍比，而根据《证券法》第一百八十一条的规定，对发行人的罚款是"非法募集资金金额"的一定倍比，但对控股股东、实际控制人的罚款是"违法所得"的一定倍比。

另外，除需要承担刑事责任外，《证券法》在2019年修订时，第二十四条第二款还针对股票的欺诈发行新增了责令回购制度，即"股票的发行人在招股说明书等证券发行文件中隐瞒重要事实或者编造重大虚假内容，已经发行并上市的，国务院证券监督管理机构可以责令发行人回购证券，或者责令负有责任的控股股东、实际控制人买回证券"。刑事、民事、行政手段相互衔接、综合施策，能够更好地维护资本市场秩序、保护投资人合法权益。

五、司法适用中需要注意的问题

（一）欺诈发行的"证券"种类范围

修正前的《刑法》第一百六十条仅规定了"股票或者公司、企业债券"，《刑法修正案（十一）》增加规定了"存托凭证或者国务院依法认定的其他证券"。该规定扩展了本罪的规制范围，实现了与《证券法》的有序对接。具体而言，本罪中欺诈发行的"证券"包括：（1）股票。（2）公司、企业债券。（3）存托凭证，是指"存托人受基础证券发行人委托，以基础证券发行人发行上市的证券为基础，在本国（或地区）证券市场发行并流通转让的具有股权性质的证券"[①]。《国务院办公厅转发证监会关于开展创新企业境内发行股票或存托凭证试点若干意见的通知》（国办发〔2018〕21号）将存托凭证纳入证券范畴。（4）国务院依法认定的其他证券。考虑到证券市场的创新发展，该项作为兜底，授权国务院依法认定其他证券品种，为将来的新的证券品种适用本条预留空间。

需要注意的是，欺诈发行债券的，不仅包括公募债券，也包括私募债券，因为欺诈发行私募债券也同样具有严重的社会危害性。例如，"厦门圣达威欺诈发行私募债券案"[②]，2012年下半年，因资金紧张、经营困难，圣达威法定代表人章某与公司高管研究决定发行私募债券融资，并安排财务负责人胡某具体负责。为顺利发行债券，章某安排胡某对会计师事务所隐瞒公司经营情况及章某负债数千万元的重要事实，并提供虚假财务账表、凭证，通过虚构公司销售收入和应收款项、骗取审计询证等方式，致使会计师事务所的审计报告发生重大误差，并在募集说明书中引用审计报告。后圣达威在深圳证券交易所骗取5000万元中小企业私募债券发行备

[①] 参见郭锋等：《中华人民共和国证券法制度精义与条文评注》，中国法制出版社2020年版，第35页。

[②] 参见《全国首例私募债券欺诈发行案刑事判决落地》，载中国新闻网，https://www.chinanews.com/stock/2017/11-03/8367868.shtml，最后访问日期：2021年3月10日。

案，并在当年内分两期完成发行。圣达威获得募集资金后，未按约定用于公司生产经营，而是用于偿还公司及章某所欠银行贷款、民间借贷等，致使债券本金及利息无法到期偿付，造成投资者重大经济损失。法院认定圣达威法定代表人章某、原财务总监胡某犯欺诈发行债券罪。该案被称为"全国首例私募债券欺诈发行案"。

（二）对"隐瞒重要事实或者编造重大虚假内容"的把握

首先，隐瞒的是哪些事实，编造的是哪些内容？以《证券法》规定的证券发行为例，依照《证券法》第十二条的规定，公司首次公开发行新股，应当符合以下条件：具备健全且运行良好的组织机构；具有持续经营能力；最近三年财务会计报告被出具无保留意见审计报告；发行人及其控股股东、实际控制人最近三年不存在贪污、贿赂、侵占财产、挪用财产或者破坏社会主义市场经济秩序的刑事犯罪；经国务院批准的国务院证券监督管理机构规定的其他条件。上市公司发行新股，应当符合经国务院批准的国务院证券监督管理机构规定的条件，具体管理办法由国务院证券监督管理机构规定。公开发行存托凭证的，应当符合首次公开发行新股的条件以及国务院证券监督管理机构规定的其他条件。依照《证券法》第十五条的规定，公开发行公司债券，应当符合下列条件：具备健全且运行良好的组织机构；最近三年平均可分配利润足以支付公司债券一年的利息；国务院规定的其他条件。公开发行公司债券筹集的资金，必须按照公司债券募集办法所列资金用途使用；改变资金用途，必须经债券持有人会议作出决议。公开发行公司债券筹集的资金，不得用于弥补亏损和非生产性支出。上市公司发行可转换为股票的公司债券，除应当符合第一款规定的条件外，还应当遵守《证券法》第十二条第二款的规定。但是，按照公司债券募集办法，上市公司通过收购本公司股份的方式进行公司债券转换的除外。

其次，隐瞒、编造的应当是上述内容中的"重要事实""重大虚假内容"。从本罪的立法目的看，相关发行文件是向社会筹集资金的重要文件，发挥着使社会公众了解公司、企业情况，维护资本市场正常秩序的重要作用。如果其内容存在重大失实，其实质就是欺骗投资者，导致投资者在不明真相的情况下作出错误的投资决策,既是对投资者和社会公众的知情权、财产权的严重侵犯,也是对资本市场管理秩序的严重扰乱。因此,在判断行为人的欺诈行为是否达到犯罪程度时,一定要准确认识立法精神,把握"重要""重大"的内涵,结合涉案金额、所造成的后果和行为情节,审慎作出判断。例如,"丹东欣泰电气股份有限公司、温某乙等欺诈发行股票、违规披露重要信息案"[①],被告人温某乙、刘某胜合谋决定采取虚减应收账款、少计提坏账准备等手段,虚构有关财务数据,并在向证监会报送的首次公开发行股票并在创业板上市申请文件的定期财务报告中载入重大虚假内容。后证监会核准欣泰电气公司在创业板上市。随后欣泰电气公司在《首次公开发行股票并在创业板上市招股说明书》中亦载入了具有重大虚假内容的财务报告。欣泰电气公司股票在深圳证券交易所创业板挂牌上市后,首次以每股发行价16.31元的价格向社会公众公开发行1577.8万股,共募集资金2.57亿元。法院认定被告单位欣泰电气公司、被告人温某乙、刘某胜的上述行为均构成欺诈发行股票罪。

(三)在发行文件中隐瞒重要事实或者编造重大虚假内容但尚未成功发行证券行为的定性把握

对于这一问题,实践中形成两种观点:一种观点认为,《刑法》第一百六十条第一款明确写的是"发行股票或者公司、企业债券、存托凭证或者国务院依法认定的其他证券",即仅限于已经发行证券的情形;对于尚未发行或者未成功发行的,不构成犯罪。另一种观点则认为构成犯罪,属于犯罪未遂。经研究初步认为,似不宜一概否定此种情形的犯罪属性,主要理由是:其一,发行证券是一个过程,行为人具有欺诈发行的意图,实施欺诈发行的行为,最终因为意志以外原因未能成功发行的,应当属于犯罪未遂。其二,《证券法》第一百八十一条第一款规定:"发行人在其公告的证券发行文件中隐瞒重要事实或者编造重大虚假内容,尚未发行证券

[①] 参见最高人民法院2020年9月24日发布的"人民法院依法惩处证券、期货犯罪典型案例"之一:"丹东欣泰电气股份有限公司、温某乙等欺诈发行股票、违规披露重要信息案——欺诈发行股票,数额巨大;违规披露重要信息,严重损害股东利益"。

的，处以二百万元以上二千万元以下的罚款；已经发行证券的，处以非法所募资金金额百分之十以上一倍以下的罚款。对直接负责的主管人员和其他直接责任人员，处以一百万元以上一千万元以下的罚款。"可见，《证券法》对于尚未发行证券的，仍要处以高额罚款。虽然《刑法》规制范围要小于《证券法》，但是《证券法》上的高额罚款至少表明，尚未发行证券的行为也具有较高的违法违规程度，具有一定的社会危害性。因此，在发行文件中隐瞒重要事实或者编造重大虚假内容，尚未成功发行证券，后果严重或者有其他严重情节的，不排除追究刑事责任的可能性。当然，如果没有造成严重后果或者具有其他严重情节，则不宜以犯罪论处。

第九条　修改违规披露、不披露重要信息罪

【条文内容】

九、将刑法第一百六十一条修改为:"依法负有信息披露义务的公司、企业向股东和社会公众提供虚假的或者隐瞒重要事实的财务会计报告,或者对依法应当披露的其他重要信息不按照规定披露,严重损害股东或者其他人利益,或者有其他严重情节的,对其直接负责的主管人员和其他直接责任人员,处五年以下有期徒刑或者拘役,并处或者单处罚金;情节特别严重的,处五年以上十年以下有期徒刑,并处罚金。

"前款规定的公司、企业的控股股东、实际控制人实施或者组织、指使实施前款行为的,或者隐瞒相关事项导致前款规定的情形发生的,依照前款的规定处罚。

"犯前款罪的控股股东、实际控制人是单位的,对单位判处罚金,并对其直接负责的主管人员和其他直接责任人员,依照第一款的规定处罚。"

【条文主旨】

为进一步严密法网,加大对违规披露、不披露重要信息罪的惩治力度,本条提高违规披露、不披露重要信息罪的法定刑幅度,取消对罚金的比例限制,增加一档法定刑;同时,增加第二款、第三款,对控股股东、实际控制人相关行为的刑事责任作出明确。

第九条　修改违规披露、不披露重要信息罪

【理解与适用】

一、修法背景

1997年《刑法》修改时，将第一百六十一条的规定表述为："公司向股东和社会公众提供虚假的或者隐瞒重要事实的财务会计报告，严重损害股东或者其他人利益的，对其直接负责的主管人员和其他直接责任人员，处三年以下有期徒刑或者拘役，并处或者单处二万元以上二十万元以下罚金。"该条的罪名确定为提供虚假财会报告罪。考虑到该条文限制范围过窄，不能适应保护投资者和社会公众合法权益的需要，《刑法修正案（六）》作出修改完善，具体而言：（1）主体从"公司"修改为"依法负有信息披露义务的公司、企业"；（2）行为方式和犯罪对象增加"对依法应当披露的其他重要信息不按照规定披露"；（3）从结果犯扩张为情节犯，"有其他严重情节的"即可构成犯罪。近年来，我国全面推进以注册制为龙头的资本市场改革，从监管的角度而言，提出了两个方面的要求：一是信息披露的要求更高，违法违规所需承担责任更重，《刑法》第一百六十一条规定的刑罚已不能准确评价违规披露、不披露重要信息行为的严重社会危害性。二是法人治理的规范更严，要求信息披露义务人的控股股东、实际控制人必须约束自己的行为，《刑法》有必要对控股股东、实际控制人的刑事责任予以明示。在此背景下，需要立法予以跟进。2019年《证券法》的重大修改之一，就是在其第一百九十七条大幅提升信息披露违法的处罚幅度。

在《刑法修正案（十一）（草案）》研拟过程中，为了维护资本市场的良好秩序，构建行业监管、行政处罚、民事赔偿、刑事惩治一体化、相协调的治理格局，根据有关方面意见，与修订后《证券法》相衔接，立法工作机关对《刑法》第一百六十一条作出修改完善，涉及规制范围、法定刑幅度等多方面，从而形成草案一次审议稿第九条的写法。

二、审议过程

草案一次审议稿	草案二次审议稿	《刑法修正案（十一）》
九、将刑法第一百六十一条修改为："依法负有信息披露义务的公司、企业向股东和社会公众提供虚假的或者隐瞒重要事实的财务会计报告，或者对依法应当披露的其他重要信息不按照规定披露，严重损害股东或者其他人利益，或者有其他严重情节的，对其直接负责的主管人员和其他直接责任人员，处五年以下有期徒刑或者拘役，并处或者单处罚金；情节特别严重的，处五年以上十年以下有期徒刑，并处罚金。 "前款规定的公司、企业的控股股东、实际控制人组织、指使实施前款行为的，或者隐瞒重要事项导致前款规定的情形发生的，处五年以下有期徒刑或者拘役，并处或者单处罚金；情节特别严重的，处五年以上十年以下有期徒刑，并处罚金。 "单位犯前款罪的，对单位判处罚金，并对其直接负责的主管人员和其他直接责任人员，依照前款的规定处罚。"	九、将刑法第一百六十一条修改为："依法负有信息披露义务的公司、企业向股东和社会公众提供虚假的或者隐瞒重要事实的财务会计报告，或者对依法应当披露的其他重要信息不按照规定披露，严重损害股东或者其他人利益，或者有其他严重情节的，对其直接负责的主管人员和其他直接责任人员，处五年以下有期徒刑或者拘役，并处或者单处罚金；情节特别严重的，处五年以上十年以下有期徒刑，并处罚金。 "前款规定的公司、企业的控股股东、实际控制人实施或者组织、指使实施前款行为的，或者隐瞒相关事项导致前款规定的情形发生的，依照前款的规定处罚。 "犯前款罪的控股股东、实际控制人是单位的，对单位判处罚金，并对其直接负责的主管人员和其他直接责任人员，依照第一款的规定处罚。"	九、将刑法第一百六十一条修改为："依法负有信息披露义务的公司、企业向股东和社会公众提供虚假的或者隐瞒重要事实的财务会计报告，或者对依法应当披露的其他重要信息不按照规定披露，严重损害股东或者其他人利益，或者有其他严重情节的，对其直接负责的主管人员和其他直接责任人员，处五年以下有期徒刑或者拘役，并处或者单处罚金；情节特别严重的，处五年以上十年以下有期徒刑，并处罚金。 "前款规定的公司、企业的控股股东、实际控制人实施或者组织、指使实施前款行为的，或者隐瞒相关事项导致前款规定的情形发生的，依照前款的规定处罚。 "犯前款罪的控股股东、实际控制人是单位的，对单位判处罚金，并对其直接负责的主管人员和其他直接责任人员，依照第一款的规定处罚。"

第九条 修改违规披露、不披露重要信息罪

在《刑法修正案（十一）（草案）》审议和征求意见过程中，根据有关方面的意见，草案二次审议稿在本条第二款增加规定公司、企业的控股股东、实际控制人"实施"前款行为的情形，以使条文更加周延。其余方面仅作文字调整。此后立法工作机关对写法未再作出调整。《刑法修正案（十一）》第九条最后沿用了草案二次审议稿的写法。

三、修正前后条文对照

修正前《刑法》	修正后《刑法》
第一百六十一条 【违规披露、不披露重要信息罪】依法负有信息披露义务的公司、企业向股东和社会公众提供虚假的或者隐瞒重要事实的财务会计报告，或者对依法应当披露的其他重要信息不按照规定披露，严重损害股东或者其他人利益，或者有其他严重情节的，对其直接负责的主管人员和其他直接责任人员，处三年以下有期徒刑或者拘役，并处或者单处二万元以上二十万元以下罚金。	第一百六十一条 【违规披露、不披露重要信息罪】依法负有信息披露义务的公司、企业向股东和社会公众提供虚假的或者隐瞒重要事实的财务会计报告，或者对依法应当披露的其他重要信息不按照规定披露，严重损害股东或者其他人利益，或者有其他严重情节的，对其直接负责的主管人员和其他直接责任人员，处五年以下有期徒刑或者拘役，并处或者单处罚金；情节特别严重的，处五年以上十年以下有期徒刑，并处罚金。 前款规定的公司、企业的控股股东、实际控制人实施或者组织、指使实施前款行为的，或者隐瞒相关事项导致前款规定的情形发生的，依照前款的规定处罚。 犯前款罪的控股股东、实际控制人是单位的，对单位判处罚金，并对其直接负责的主管人员和其他直接责任人员，依照第一款的规定处罚。

对比发现，《刑法修正案（十一）》第九条对《刑法》第一百六十一条的修正主要涉及如下三个方面：一是提高法定刑幅度，并取消对罚金的比例限制，将"处三年以下有期徒刑或者拘役，并处或者单处二万元以上二十万元以下罚金"修改为"处五年以下有期徒刑或者拘役，并处或者单

处罚金";二是增加一档法定刑,即"情节特别严重的,处五年以上十年以下有期徒刑,并处罚金";三是明确控股股东、实际控制人的刑事责任,即增加规定第二款"前款规定的公司、企业的控股股东、实际控制人实施或者组织、指使实施前款行为的,或者隐瞒相关事项导致前款规定的情形发生的,依照前款的规定处罚"和第三款"犯前款罪的控股股东、实际控制人是单位的,对单位判处罚金,并对其直接负责的主管人员和其他直接责任人员,依照第一款的规定处罚"。

四、修正后条文的理解与适用

(一)犯罪客体

违规披露、不披露重要信息罪规定在《刑法》分则第三章第三节"妨害对公司、企业的管理秩序罪"中,其犯罪客体主要是对公司、企业的管理秩序。同时,违规披露、不披露重要信息也侵犯了投资者的知情权,对投资者的权益造成损害。

(二)犯罪客观方面

关于违规披露、不披露重要信息罪的犯罪客观方面,需要注意以下要点。

1. 对于依法负有信息披露义务的公司、企业而言,其犯罪客观方面表现为向股东和社会公众提供虚假的或者隐瞒重要事实的财务会计报告,或者对依法应当披露的其他重要信息不按照规定披露,严重损害股东或者其他人利益,或者有其他严重情节。

2. 对于公司、企业的控股股东、实际控制人而言,其犯罪客观方面除表现为直接向股东和社会公众提供虚假的或者隐瞒重要事实的财务会计报告,或者对依法应当披露的其他重要信息不按照规定披露外,还包括组织、指使实施上述行为,以及隐瞒相关事项。

3. 违规披露、不披露重要信息,达到"严重损害股东或者其他人利益,或者有其他严重情节"的,才追究刑事责任。例如,顾雏军虚报注册资本、违规披露、不披露重要信息、挪用资金案"①，最高人民法院再审判决认定，科龙电器在2002年至2004年间实施了虚增利润并将其编入财务会计报告予以披露的行为，违反了信息披露制度的真实性要求，但是在案证据不足以证实本案已达到"严重损害股东或者其他人利益"的标准，因而顾雏军等人不构成此罪。

（三）犯罪主体

违规披露、不披露重要信息罪的犯罪主体是特殊主体，包括两类：一是"依法负有信息披露义务的公司、企业"。该类主体是单位，不包括自然人。二是前述公司、企业的"控股股东、实际控制人"。该类主体既可能是单位，也可能是自然人。

（四）犯罪主观方面

违规披露、不披露重要信息罪的主观方面由故意构成。有一种观点认为，在特殊情形下，也不排除公司、企业的主观方面由过失构成。例如，因公司、企业相关人员隐瞒应当报告公司、企业的重要信息（如关于公司的董事、监事、高级管理人员持股数量的信息，或者涉嫌犯罪被依法采取强制措施的信息，等等），公司、企业疏于管理或者疏于审查，进而导致公司、企业对依法应当披露的重要信息未按照规定披露的，公司、企业的主观罪过认定为过失为宜。本书认为，此种情形下不宜追究单位及有关责任人员的刑事责任。

（五）刑事责任

根据修正后《刑法》第一百六十一条的规定，依法负有信息披露义务的公司、企业构成违规披露、不披露重要信息罪的，实行"单罚制"，对其直接负责的主管人员和其他直接责任人员，处五年以下有期徒刑或者拘

---

① 参见最高人民法院刑事判决书（2018）最高法刑再4号，载中国裁判文书网，https：//wenshu.court.gov.cn/website/wenshu/181107ANFZ0BXSK4/index.html?docId=be33126a42b84843bfd9aa3301144fc4，最后访问日期：2021年3月7日。

役，并处或者单处罚金；情节特别严重的，处五年以上十年以下有期徒刑，并处罚金。例如，"博元投资股份有限公司、余某妮等人违规披露、不披露重要信息案"①，公安机关以本罪将单位博元公司移送起诉，检察机关对单位直接负责的主管人员及其他直接责任人员提起公诉，对单位依法作出不起诉决定。

依法负有信息披露义务的公司、企业的控股股东、实际控制人构成违规披露、不披露重要信息罪的，如果控股股东、实际控制人是自然人，则处五年以下有期徒刑或者拘役，并处或者单处罚金；情节特别严重的，处五年以上十年以下有期徒刑，并处罚金。如果控股股东、实际控制人是单位，则实行"双罚制"，对单位判处罚金，并对其直接负责的主管人员和其他直接责任人员，处五年以下有期徒刑或者拘役，并处或者单处罚金；情节特别严重的，处五年以上十年以下有期徒刑，并处罚金。

五、司法适用中需要注意的问题

（一）对"虚假的或者隐瞒重要事实的财务会计报告"的把握

对"虚假的或者隐瞒重要事实的财务会计报告"的理解，重点把握以下两方面问题。

1. 关于"财务会计报告"。财务会计报告的范围，需要结合具体法律法规进行把握。例如，《公司法》要求披露年度财务会计报告，即第一百六十四条规定："公司应当在每一会计年度终了时编制财务会计报告，并依法经会计师事务所审计。""财务会计报告应当依照法律、行政法规和国务院财政部门的规定制作。"第一百六十五条规定："有限责任公司应当依照公司章程规定的期限将财务会计报告送交各股东。""股份有限公司的财务会计报告应当在召开股东大会年会的二十日前置备于本公司，供股东查阅；公开发行股票的股份有限公司必须公告其财务会计报告。"

---

① 参见最高人民检察院第十七批指导性案例之"博元投资股份有限公司、余某妮等人违规披露、不披露重要信息案（检例第66号）"，载最高人民检察院网站，https://www.spp.gov.cn/spp/jczdal/202003/t20200325_457287.shtml，最后访问日期：2021年3月7日。

再如,《证券法》要求披露年度财务会计报告以及半年度财务会计报告,即第七十九条规定:"上市公司、公司债券上市交易的公司、股票在国务院批准的其他全国性证券交易场所交易的公司,应当按照国务院证券监督管理机构和证券交易场所规定的内容和格式编制定期报告,并按照以下规定报送和公告:(一)在每一会计年度结束之日起四个月内,报送并公告年度报告,其中的年度财务会计报告应当经符合本法规定的会计师事务所审计;(二)在每一会计年度的上半年结束之日起二个月内,报送并公告中期报告。"在"丹东欣泰电气股份有限公司、温某乙等欺诈发行股票、违规披露重要信息案"①中,被告单位欣泰电气公司上市后,被告人温某乙、刘某胜采取虚减应收账款、少计提坏账准备等手段,虚构有关财务数据,向公众披露了具有重大虚假内容的 2013 年年度报告、2014 年半年度报告、2014 年年度报告等重要信息。法院认定被告人温某乙、刘某胜的行为构成违规披露重要信息罪。

2. 关于"虚假的或者隐瞒重要事实的"。虚假的财务会计报告,是指对所披露内容进行不真实记载,包括发生业务不入账、虚构业务不入账等等;隐瞒重要事实的财务会计报告,是指未按照有关重大事件或者重要事项信息披露要求披露信息,隐瞒重大事项。

(二)对"对依法应当披露的其他重要信息不按照规定披露"的把握

对"对依法应当披露的其他重要信息不按照规定披露"的理解,重点把握以下三方面问题。

1. 关于"依法应当披露的其他重要信息"。其内涵需要根据具体法律法规进行界定。例如,根据《证券法》和中国证监会《上市公司信息披露管理办法》,信息披露文件包括定期报告、临时报告、招股说明书、募集说明书、上市公告书、收购报告书等。关于"临时报告",根据《证券法》

---

① 参见最高人民法院 2020 年 9 月 24 日发布的"人民法院依法惩处证券、期货犯罪典型案例"之一:"丹东欣泰电气股份有限公司、温某乙等欺诈发行股票、违规披露重要信息案——欺诈发行股票,数额巨大;违规披露重要信息,严重损害股东利益"。

第八十条的规定,在股票市场中,需要临时报告的事件是指可能对上市公司、股票在国务院批准的其他全国性证券交易场所交易的公司的股票交易价格产生较大影响的重大事件,包括:(1)公司的经营方针和经营范围的重大变化;(2)公司的重大投资行为,公司在一年内购买、出售重大资产超过公司资产总额百分之三十,或者公司营业用主要资产的抵押、质押、出售或者报废一次超过该资产的百分之三十;(3)公司订立重要合同、提供重大担保或者从事关联交易,可能对公司的资产、负债、权益和经营成果产生重要影响;(4)公司发生重大债务和未能清偿到期重大债务的违约情况;(5)公司发生重大亏损或者重大损失;(6)公司生产经营的外部条件发生的重大变化;(7)公司的董事、三分之一以上监事或者经理发生变动,董事长或者经理无法履行职责;(8)持有公司百分之五以上股份的股东或者实际控制人持有股份或者控制公司的情况发生较大变化,公司的实际控制人及其控制的其他企业从事与公司相同或者相似业务的情况发生较大变化;(9)公司分配股利、增资的计划,公司股权结构的重要变化,公司减资、合并、分立、解散及申请破产的决定,或者依法进入破产程序、被责令关闭;(10)涉及公司的重大诉讼、仲裁,股东大会、董事会决议被依法撤销或者宣告无效;(11)公司涉嫌犯罪被依法立案调查,公司的控股股东、实际控制人、董事、监事、高级管理人员涉嫌犯罪被依法采取强制措施;(12)国务院证券监督管理机构规定的其他事项。根据该项的授权,中国证监会《上市公司信息披露管理办法》第二十二条又对"重大事件"进一步作了补充规定。根据《证券法》第八十一条的规定,需要临时报告的事件在债券市场中是指发生可能对上市交易公司债券的交易价格产生较大影响的重大事件,包括:(1)公司股权结构或者生产经营状况发生重大变化;(2)公司债券信用评级发生变化;(3)公司重大资产抵押、质押、出售、转让、报废;(4)公司发生未能清偿到期债务的情况;(5)公司新增借款或者对外提供担保超过上年末净资产的百分之二十;(6)公司放弃债权或者财产超过上年末净资产的百分之十;(7)公司发生超过上年末净资产百分之十的重大损失;(8)公司分配股利,作出减资、合并、分立、解散及申请破产的决定,或者依法进入破产程序、被责令关闭;(9)涉及公司的重大诉讼、仲裁;(10)公司涉嫌犯罪被依法立案调

第九条　修改违规披露、不披露重要信息罪

查，公司的控股股东、实际控制人、董事、监事、高级管理人员涉嫌犯罪被依法采取强制措施；(11) 国务院证券监督管理机构规定的其他事项。

需要注意的是，根据中国证监会《上市公司重大资产重组管理办法》第五十五条的规定，重大资产重组或者发行股份购买资产的交易对方未及时向上市公司或者其他信息披露义务人提供信息，或者提供的信息有虚假记载、误导性陈述或者重大遗漏的，也构成信息披露违法，涉嫌犯罪的，应当追究刑事责任。

2. 《证券法》在2019年修订时，在第八十四条第一款对"自愿披露"作出规定："除依法需要披露的信息之外，信息披露义务人可以自愿披露与投资者作出价值判断和投资决策有关的信息，但不得与依法披露的信息相冲突，不得误导投资者。"相应地，中国证监会《上市公司信息披露管理办法》第五条第二款要求："信息披露义务人自愿披露的信息应当真实、准确、完整。自愿性信息披露应当遵守公平原则，保持信息披露的持续性和一致性，不得进行选择性披露。"但是从《刑法》第一百六十一条的字面表述看，除财务会计报告以外，其他重要信息指的是"依法应当披露的"重要信息，似不包括依法未要求必须披露，但是当事人自愿披露的这一类信息。一般而言，违规披露此类信息虽然具有一定违法性，会对证券市场造成不当影响，但是与违规披露依法应当披露的重要信息相比，社会危害性往往相对较小，不宜轻易作犯罪处理。

3. 关于"不按照规定披露"。这也需要结合具体的法律法规进行理解。例如，根据《证券法》第一百九十七条的规定，未按照证券法规定报送有关报告或者履行信息披露义务，以及虽然报送了报告或者披露了信息，但是报送的报告或者披露的信息有虚假记载、误导性陈述或者重大遗漏的，均属于"不按照规定披露"。虚假记载是指对所披露内容进行不真实记载；误导性陈述是指在报告中作不完整、不准确陈述，致使投资者对投资行为发生错误判断；重大遗漏是指未按照有关重大事件或者重要事项信息披露要求披露信息，隐瞒重大事项。

(三) 对大宗持股的信息披露违法行为的定性

根据有关行政、商事法律的规定，信息披露义务人除有披露定期报

告、临时报告的义务外,还可能有其他场合需要按照规定进行信息披露。例如,《证券法》第六十三条第一款规定:"通过证券交易所的证券交易,投资者持有或者通过协议、其他安排与他人共同持有一个上市公司已发行的有表决权股份达到百分之五时,应当在该事实发生之日起三日内,向国务院证券监督管理机构、证券交易所作出书面报告,通知该上市公司,并予公告,在上述期限内不得再行买卖该上市公司的股票,但国务院证券监督管理机构规定的情形除外。"第二款规定:"投资者持有或者通过协议、其他安排与他人共同持有一个上市公司已发行的有表决权股份达到百分之五后,其所持该上市公司已发行的有表决权股份比例每增加或者减少百分之五,应当依照前款规定进行报告和公告,在该事实发生之日起至公告后三日内,不得再行买卖该上市公司的股票,但国务院证券监督管理机构规定的情形除外。"第三款规定:"投资者持有或者通过协议、其他安排与他人共同持有一个上市公司已发行的有表决权股份达到百分之五后,其所持该上市公司已发行的有表决权股份比例每增加或者减少百分之一,应当在该事实发生的次日通知该上市公司,并予公告。"可见,投资者大宗持股(持有一个上市公司已发行的有表决权股份达到百分之五)的、大宗持股后增减百分之一、增减百分之五的,均需按照规定进行信息披露。违反该规定的,构成行政法意义上的信息披露违法。鉴此,从行政管理角度,大宗持股信息变动显然属于"依法应当披露的其他重要信息"。但是,此种情形能否按照本罪追究刑事责任?经研究认为,此种信息披露的主体不一定是公司、企业,披露的载体也不是财务会计报告。如果此类信息系自然人大宗持股的信息,则因其不符合《刑法》第一百六十一条的主体要求,不能构成该罪;如果此类信息系公司、企业大宗持股信息变动,则不宜一概否认其属于本罪的规制范围。至于是否认定构成犯罪,还要根据具体行为的刑事违法性和社会危害性进行判断。对于负有该项信息披露义务的公司、企业对依法应当披露的上述信息不按照规定披露,确实严重损害股东或者其他人利益,或者有其他严重情节,其社会危害性与一般的违规披露、不披露重要信息罪相当的,应当对其直接负责的主管人员和其他直接责任人员按照本罪追究刑事责任。

第十条　修改非国家工作人员受贿罪

【条文内容】

十、将刑法第一百六十三条第一款修改为："公司、企业或者其他单位的工作人员，利用职务上的便利，索取他人财物或者非法收受他人财物，为他人谋取利益，数额较大的，处三年以下有期徒刑或者拘役，并处罚金；数额巨大或者有其他严重情节的，处三年以上十年以下有期徒刑，并处罚金；数额特别巨大或者有其他特别严重情节的，处十年以上有期徒刑或者无期徒刑，并处罚金。"

【条文主旨】

为进一步加大对民营企业内部侵害财产犯罪的惩治力度，落实产权平等保护的精神，本条提高非国家工作人员受贿罪的法定最高刑至无期徒刑，同时增加罚金刑；并调整了刑罚档次配置，与贪污受贿罪的规定相平衡。

【理解与适用】

一、修法背景

1979年《刑法》仅规定了以国家工作人员为犯罪主体的受贿罪，即国家工作人员利用职务上的便利，收受贿赂的，处五年以下有期徒刑或者拘役。随着受贿犯罪情况的变化，1988年《全国人民代表大会常务委员会关于惩治贪污罪贿赂罪的补充规定》（已失效）将受贿罪的犯罪主体由国家工作人员扩展至国家工作人员、集体经济组织工作人员或者其他从事公务的人员。1995年《全国人民代表大会常务委员会关于惩治违反公司法的犯罪的决定》（已失效）第九条规定："公司董事、监事或者职工利用职务上的便利，索取或者收受贿赂，数额较大的，处五年以下有期徒刑或者拘役；数额巨大的，处五年以上有期徒刑，可以并处没收财产。"针对市场经济条件下受贿犯罪主体的变化，规定了公司董事、监事或者职工的受贿罪。1997年修改《刑法》时，吸收上述规定的精神，将国家工作人员的受贿罪与公司、企业人员的受贿罪作了分别规定。

近年来，商业贿赂在一些领域和行业滋生繁衍并有愈演愈烈之势，严重危害了我国市场经济的健康发展，危害了党风廉政建设和社会风气。2006年初，中共中央办公厅、国务院办公厅印发《关于开展治理商业贿赂专项工作的意见》，治理商业贿赂专项工作由此展开。2006年6月29日，第十届全国人民代表大会常务委员会第二十二次会议通过了《刑法修正案（六）》，对本条作了第一次修改。《刑法修正案（六）》第七条对《刑法》第一百六十三条的犯罪主体作了扩大，由原来的"公司、企业的工作人员"扩大至"公司、企业的工作人员或者其他单位的工作人员"，罪名也相应调整为"非国家工作人员受贿罪"。2008年《商业贿赂刑事案件意见》进一步明确了作为商业贿赂犯罪之一的非国家工作人员受贿罪的具体适用，2016年《贪污贿赂解释》根据经济社会发展情况，进一步调整和明确了非国家工作人员受贿罪的定罪量刑标准。

2014年党的十八届四中全会通过的《全面推进依法治国决定》中要求"健全以公平为核心原则的产权保护制度，加强对各种所有制经济组织和自然人财产权的保护，清理有违公平的法律法规条款"，之后党的十九大报告、习近平总书记在三次依法治国委员会会议上的重要讲话中均有相应要求。2016年11月，中共中央、国务院《保护产权意见》，强调平等保护非公有制经济的产权，加大对非公有财产的刑法保护力度。有意见提出，平等保护在刑法上的表现就是"平等规制"。目前我国《刑法》对侵犯公有财产的处罚，涉及受贿罪、贪污罪、挪用公款罪，对民营企业的保护涉及非国家工作人员受贿罪、职务侵占罪、挪用资金罪，后三个罪名的刑罚配置相对前三个罪名要轻。目前的刑罚配置，既违背了"平等保护"，又违背了"平等规制"，建议落实党的十八届四中全会精神，为了体现平等保护，实现平等处罚，在刑罚幅度上统一起来。

在《刑法修正案（十一）（草案）》研拟过程中，根据中央精神和宽严相济刑事政策要求，立法工作机关吸收上述意见，对《刑法》第一百六十三条作出修改完善，主要涉及定罪量刑标准、法定刑档次调整和刑罚配置的提升，从而形成草案一次审议稿第十条的写法。

二、审议过程

草案一次审议稿	草案二次审议稿	《刑法修正案（十一）》
十、将刑法第一百六十三条第一款修改为："公司、企业或者其他单位的工作人员，利用职务上的便利，索取他人财物或者非法收受他人财物，为他人谋取利益，数额较大的，处三年以下有期徒刑或者拘役，并处罚金；数额巨大或者有其他严重情节的，处三年以上十年以下有期徒刑，并处罚金；数额特别巨大或者有其他特别严重情节的，处十年以上有期徒刑或者无期徒刑，并处罚金。"	十、将刑法第一百六十三条第一款修改为："公司、企业或者其他单位的工作人员，利用职务上的便利，索取他人财物或者非法收受他人财物，为他人谋取利益，数额较大的，处三年以下有期徒刑或者拘役，并处罚金；数额巨大或者有其他严重情节的，处三年以上十年以下有期徒刑，并处罚金；数额特别巨大或者有其他特别严重情节的，处十年以上有期徒刑或者无期徒刑，并处罚金。"	十、将刑法第一百六十三条第一款修改为："公司、企业或者其他单位的工作人员，利用职务上的便利，索取他人财物或者非法收受他人财物，为他人谋取利益，数额较大的，处三年以下有期徒刑或者拘役，并处罚金；数额巨大或者有其他严重情节的，处三年以上十年以下有期徒刑，并处罚金；数额特别巨大或者有其他特别严重情节的，处十年以上有期徒刑或者无期徒刑，并处罚金。"

在《刑法修正案（十一）（草案）》审议和征求意见过程中，本条未再作出调整。《刑法修正案（十一）》第十条沿用了草案一次审议稿的写法。

三、修正前后条文对照

修正前《刑法》	修正后《刑法》
第一百六十三条第一款　【非国家工作人员受贿罪】公司、企业或者其他单位的工作人员利用职务上的便利，索取他人财物或者非法收受他人财物，为他人谋取利益，数额较大的，处五年以下有期徒刑或者拘役；数额巨大的，处五年以上有期徒刑，可以并处没收财产。	第一百六十三条第一款　【非国家工作人员受贿罪】公司、企业或者其他单位的工作人员，利用职务上的便利，索取他人财物或者非法收受他人财物，为他人谋取利益，数额较大的，处三年以下有期徒刑或者拘役，并处罚金；数额巨大或者有其他严重情节的，处三年以上十年以下有期徒刑，并处罚金；数额特别巨大或者有其他特别严重情节的，处十年以上有期徒刑或者无期徒刑，并处罚金。

对比发现，《刑法修正案（十一）》第十条对本条的修正主要涉及三个方面：一是提高了本条规定的非国家工作人员受贿罪的法定刑，将法定最高刑提高到无期徒刑，增加罚金刑；二是调整了刑罚档次配置，与贪污受贿罪的规定平衡，实现罪责刑相适应；三是本罪升档的量刑标准采用了《刑法修正案（九）》中贪污受贿罪"数量＋情节"的模式，修改原条文单纯以犯罪金额评价的模式，更符合司法实践的情况。

四、修正后条文的理解与适用

（一）犯罪客体

非国家工作人员受贿罪侵犯的客体是公司、企业或者其他单位的正常管理活动和公平竞争的市场经济秩序。根据《贪污贿赂解释》第十二条的规定，犯罪对象为索取或者非法收受他人的财物，既包括货币、物品，也包括财产性利益。财产性利益包括可以折算为货币的物质利益如房屋装修、债务免除等，以及需要支付货币的其他利益如会员服务、旅游等。后者的犯罪数额，以实际支付或者应当支付的数额计算。

（二）犯罪客观方面

非国家工作人员受贿罪的客观方面表现为，利用职务上的便利，索取他人财物或者非法收受他人财物，为他人谋取利益，数额较大的行为。"利用职务上的便利"是指公司、企业或者其他单位的工作人员利用自己主管、经营或者参与公司、企业某项工作的便利条件。"索取他人财物"是指以为他人谋取利益为条件，索要财物的行为。"非法收受他人财物"是指利用职务上的便利或权力，接受他人主动给予的财物的行为。根据《贪污贿赂解释》第十三条的规定，"为他人谋取利益"包括如下情形：（1）实际或者承诺为他人谋取利益的；（2）明知他人有具体请托事项的；（3）履职时未被请托，但事后基于该履职事由收受他人财物的。

（三）犯罪主体

非国家工作人员受贿罪的犯罪主体为特殊主体，即公司、企业或者其他单位的工作人员。根据《商业贿赂刑事案件意见》第二条的规定，"其他单位"，既包括事业单位、社会团体、村民委员会、居民委员会、村民小组等常设性的组织，也包括为组织体育赛事、文艺演出或者其他正当活动而成立的组委会、筹委会、工程承包队等非常设性的组织。根据《商业贿赂刑事案件意见》第三条的规定，"公司、企业或者其他单位的工作人员"，包括国有公司、企业以及其他国有单位中的非国家工作人员。

关于犯罪主体，1997年《刑法》原条文中本罪的犯罪主体仅限于"公司、企业的工作人员"，后来实践发现对一些领域的商业贿赂行为难以纳入规制范围。例如，群众反映强烈的医疗、教育等民生领域。再如，在**体育比赛领域中裁判收受贿赂、政府组织的招标评标等临时性机构人员收受贿赂**等情形。鉴此，2006年《刑法修正案（六）》将本条的犯罪主体扩大到"公司、企业或者其他单位的工作人员"，以适应打击商业贿赂的实践需求，同时也使"其他单位"的认定问题成为认定公司、企业以外的其他单位工作人员的基础性问题。在具体认定中，由于单位的组织形式多样，对单位成立的要求不尽相同，那些完全具备单位的实质特征，只是由于没有依法登记或者没有经主管部门批准或备案，形式上存在瑕疵的，不影响对其属于"其他单位"的认定。

(四) 犯罪主观方面

非国家工作人员受贿罪的主观方面为故意,过失不构成本罪。

(五) 刑事责任

根据修正后《刑法》第一百六十三条第一款的规定,犯非国家工作人员受贿罪,处三年以下有期徒刑或者拘役,并处罚金;数额巨大或者有其他严重情节的,处三年以上十年以下有期徒刑,并处罚金;数额特别巨大或者有其他特别严重情节的,处十年以上有期徒刑或者无期徒刑,并处罚金。

同时,本条第二款规定,公司、企业或者其他单位的工作人员在经济往来中,利用职务上的便利,违反国家规定,收受各种名义的回扣、手续费,归个人所有的,依照前款的规定处罚。

五、司法适用中需要注意的问题

(一) 非国家工作人员与国家工作人员的界分

准确区分非国家工作人员与国家工作人员,是正确适用非国家工作人员受贿罪的关键问题之一。因单位性质、工作职责等原因,同一单位会有多种身份的人员,同一主体在履行不同职责时的《刑法》认定可能不同,因此司法实践中应当注意如下问题。

一是在国有公司、企业或者其他国有单位中的工作人员。《刑法》第一百六十三条第三款规定:"国有公司、企业或者其他国有单位中从事公务的人员和国有公司、企业或者其他国有单位委派到非国有公司、企业以及其他单位从事公务的人员有前两款行为的,依照本法第三百八十五条、第三百八十六条的规定定罪处罚。"据此,国有公司、企业或者其他国有单位中的工作人员并非全都属于国家工作人员,他们虽然拥有一定的职务,具有职务上的便利,但所从事的事务并非全都属于公务,其职务便利有履行公务的职务便利和非履行公务的职务便利之分,因而就主体身份而言,国有单位中还有一些工作人员属于非国家工作人员。《商业贿赂刑事案件意见》第三条规定:"刑法第一百六十三条、第一百六十四条规定的'公司、企业或者其他单位的工作人员',包括国有公司、企业以及其他国有单位中的非国家工作人员。"在国有公司、企业以及其他国有单位中的工作人员只有特定的情形才属于国家工作人员:一是国有公司、企业或者其他国有单位中从事公务的人员;二是国有公司、企业或者其他国有单位委派到非国有公司、企业以及其他单位从事公务的人员。是否属于国家工作人员,主要以是否"从事公务"来判断。关于"从事公务",最高人民法院印发的《全国法院审理经济犯罪案件工作座谈会纪要》(法发〔2003〕167号)第一条第四项规定:"从事公务,是指代表国家机关、国有公司、企业事业单位、人民团体等履行组织、领导、监督、管理等职责。公务主要表现为与职权相联系的公共事务以及监督、管理国有财产的职务活动。如国家机关工作人员依法履行职责,国有公司的董事、经理、监事、会计、出纳人员等管理、监督国有财产等活动,属于从事公务。那些不具备职权内容的劳务活动、技术服务工作,如售货员、售票员等所从事的工作,一般不认为是公务。"

二是在其他单位中依照法律从事公务的人员。实践中常见的基层自治组织人员协助人民政府从事行政管理时属于国家工作人员,《全国人民代表大会常务委员会关于〈中华人民共和国刑法〉第九十三条第二款的解释》(2009修正)规定:"村民委员会等村基层组织人员协助人民政府从事下列行政管理工作时,属于刑法第九十三条第二款规定的'其他依照法律从事公务的人员':(一)救灾、抢险、防汛、优抚、扶贫、移民、救济款物的管理;(二)社会捐助公益事业款物的管理;(三)国有土地的经营和管理;(四)土地征收、征用补偿费用的管理;(五)代征、代缴税款;(六)有关计划生育、户籍、征兵工作;(七)协助人民政府从事的其他行政管理工作。""村民委员会等村基层组织人员从事前款规定的公务,利用职务上的便利,非法占有公共财物、挪用公款、索取他人财物或者非法收受他人财物,构成犯罪的,适用刑法第三百八十二条和第三百八十三条贪污罪、第三百八十四条挪用公款罪、第三百八十五条和第三百八十六条受贿罪的规定。"此外,基层组织人员履行日常管理职责,在自治事项中虽然也有一定的管理权限，但是属于非国家工作人员。《商业贿赂刑事案件意见》对于医疗领域中商业贿赂、教育机构中商业贿赂犯罪的认定也进行了明确规定。

（二）对非国家工作人员受贿罪定罪升档标准的把握

《刑法修正案（十一）》对非国家工作人员受贿罪调整刑罚配置后的定罪升档标准，只原则规定了"数额较大""数额巨大或者有其他严重情节""数额特别巨大或者有其他特别严重情节"，对于犯罪的第二档、第三档量刑标准，考虑到实践中非国家工作人员受贿的情况比较复杂，在数额之外增加情节，并与《刑法修正案（九）》对贪污受贿罪定罪量刑标准的修改相衔接。根据《贪污贿赂解释》第十一条第一款规定，非国家工作人员受贿罪中的"数额较大""数额巨大"的数额起点，按照该解释关于受贿罪、贪污罪相对应的数额标准规定的二倍、五倍执行，过渡期内可以参照适用，综合考量。至于具体数额和情节标准，有待新的司法解释或者规范性文件作出明确规定。

需要说明的是，实践中对于本条具体刑罚的把握，应当注意准确理解立法精神，1997 年修订《刑法》增加本条规定和《刑法修正案（十一）》调整本条规定的法定刑，都是为了以刑法手段平等保护非公有制经济产权。在办理非公有制企业等单位中的贿赂犯罪时，要区分不同情况，把握好法律和政策界限，当严则严、当宽则宽。如对于建立了规范的法人治理结构，由职业经理人经营的企业，与股东兼任经营者的小型企业或者家族企业，在刑事政策掌握上应当有所区别。[①]

[①] 参见许永安主编：《中华人民共和国刑法修正案（十一）解读》，中国法制出版社 2021 年版，第 100 页。

第十一条 修改骗取贷款、票据承兑、金融票证罪

【条文内容】

十一、将刑法第一百七十五条之一第一款修改为:"以欺骗手段取得银行或者其他金融机构贷款、票据承兑、信用证、保函等,给银行或者其他金融机构造成重大损失的,处三年以下有期徒刑或者拘役,并处或者单处罚金;给银行或者其他金融机构造成特别重大损失或者有其他特别严重情节的,处三年以上七年以下有期徒刑,并处罚金。"

【条文主旨】

本条修改骗取贷款、票据承兑、金融票证罪入罪门槛的规定,对在融资过程中虽然有一些违规行为,但并没有诈骗目的,最后未给银行造成重大损失的,一般不作为犯罪处理。

【理解与适用】

一、修法背景

1997年《刑法》规范贷款类犯罪方面的罪名主要是贷款诈骗罪和高利转贷罪。但是在司法实践出现了一些情形,难以纳入贷款诈骗罪和高利转贷罪的规制范围。一些企业在贷款等融资过程中,伪造贷款的用途,或者改变投资的项目用途,对于贷得的贷款用于生产经营项目,只是由于经营不善、市场急剧变化或者决策失误,导致生产经营亏损,因而不能返还贷款。这类行为中没有获取贷款后转贷行为,因此不构成高利转贷罪。虽然有伪造贷款手续、材料或者贷款的去向用途使用不规范等行为,但是难以判断贷款人具有非法占有的目的,因此也难以认定为贷款诈骗罪。对于上

述行为,考虑到实践中以欺骗手段获取银行和其他金融机构贷款,有些虽然不具有非法占有目的,但的确给金融机构造成了损失,扰乱正常金融秩序,具有刑事处罚的必要。我国《刑法》中金融凭证诈骗、信用证诈骗的规定,从客观行为方式、主观非法占有的目的等方面与贷款诈骗罪具有相似性,均作为诈骗罪的特殊表现形式。因此上述问题在获取金融票证、信用证领域中也存在。但考虑到行为人没有"非法占有目的",刑罚应当比贷款诈骗罪轻一些。[①] 2006年6月29日《刑法修正案(六)》,在《刑法》第一百七十五条后增加一条,作为第一百七十五条之一:"以欺骗手段取得银行或者其他金融机构贷款、票据承兑、信用证、保函等,给银行或者其他金融机构造成重大损失或者有其他严重情节的,处三年以下有期徒刑或者拘役,并处或者单处罚金;给银行或者其他金融机构造成特别重大损失或者有其他特别严重情节的,处三年以上七年以下有期徒刑,并处罚金。""单位犯前款罪的,对单位判处罚金,并对其直接负责的主管人员和其他直接责任人员,依照前款的规定处罚。"确立骗取贷款罪后,在维护金融管理秩序犯罪上,形成了规范贷款目的与贷款手段双重规范的立法模式。

骗取贷款、票据承兑、金融票证罪设立以来,对于维护金融秩序发挥了重要作用。但实践中也出现了一些认识不统一的情形。因实践中贷款手续比较复杂,有的观点认为只要企业在贷款时提供的材料存在瑕疵的,不论是否有实际偿还能力,甚至已经偿还贷款的,都应该作为犯罪处理。如行为人在买卖商品房的贷款中,为获取优惠利率,伪造离婚证件,其贷款的用途并未发生变动,有房屋作为抵押贷款,银行金融安全也未受到影响,仍作为骗取贷款罪处理。有的观点认为虽然贷款过程中存在欺骗行为,但是对资金安全没有影响,也没有造成经济损失的,不应作为犯罪处理。以上罪与非罪认定的分歧就在于如何理解与把握"有其他严重情节"。针对行为人虽然具有骗取银行贷款的行为,但已提供足额担保的是否可认定为骗取贷款罪,最高人民法院在2011年7月20日答复广东省高级人民法院《关于被告人陈岩骗取贷款请示一案的批复》中指出:"被告人陈岩

---

① 参见黄太云:《〈刑法修正案(六)〉的理解与适用(下)》,载《人民检察》2006年第8期。

采用欺骗手段从银行获取贷款的数额特别巨大,但其提供了足额真实抵押,未给银行造成损失,不会危及金融安全。因此,陈岩的行为不属于《刑法》第一百七十五条之一规定的'有其他严重情节',不构成犯罪。"这一答复消除了骗取贷款罪认识上的一些分歧。但由于对"有其他严重情节"理解上存在分歧,认识不统一,导致司法实践中一些情形认定仍存在争议。例如,对于骗取数额巨大的贷款的行为,贷款到期后未造成损害的,是否认定为本罪;多次骗取贷款已经偿还的,或者多次骗取贷款以新还旧的情形下犯罪数额如何认定,有的主张应认定为情节显著轻微,不作为犯罪,有的主张虽然作为犯罪处理,这些情形应区别于典型的骗取贷款行为,可以定罪免予刑事处罚,对于以新还旧的,有的主张以实际未偿还的数额作为骗取贷款数额,有的主张应累积计算贷款数额,处罚更为严重。

对此,《刑法修正案(十一)(草案)》研拟过程中,立法工作机关根据有关方面意见,对骗取贷款、票据承兑、金融票证罪的入罪门槛作了调整,删除了"情节严重"的入罪条件,原则上要求给银行等金融机构造成一定损失才构成犯罪,以适当缩小打击面,同时保留第二档量刑中情节犯的规定,对特别严重的骗取贷款、票据承兑、金融票证的行为,还可依法惩处,从而形成了草案一次审议稿第十一条的写法。

二、审议过程

草案一次审议稿	草案二次审议稿	《刑法修正案(十一)》
十一、将刑法第一百七十五条之一第一款修改为:"以欺骗手段取得银行或者其他金融机构贷款、票据承兑、信用证、保函等,给银行或者其他金融机构造成重大损失的,处三年以下有期徒刑或者拘役,并处或者单处罚金;给银行或者其他金融机构造成特别重大损失或者有其他特别严重情节的,处三年以上七年以下有期徒刑,并处罚金。"	十一、将刑法第一百七十五条之一第一款修改为:"以欺骗手段取得银行或者其他金融机构贷款、票据承兑、信用证、保函等,给银行或者其他金融机构造成重大损失的,处三年以下有期徒刑或者拘役,并处或者单处罚金;给银行或者其他金融机构造成特别重大损失或者有其他特别严重情节的,处三年以上七年以下有期徒刑,并处罚金。"	十一、将刑法第一百七十五条之一第一款修改为:"以欺骗手段取得银行或者其他金融机构贷款、票据承兑、信用证、保函等,给银行或者其他金融机构造成重大损失的,处三年以下有期徒刑或者拘役,并处或者单处罚金;给银行或者其他金融机构造成特别重大损失或者有其他特别严重情节的,处三年以上七年以下有期徒刑,并处罚金。"

《刑法修正案（十一）》条文及配套《罪名补充规定（七）》理解与适用

在《刑法修正案（十一）（草案）》审议和征求意见过程中，各方普遍认为，修改骗取贷款、票据承兑、金融票证罪的入罪门槛，有利于更好维护金融秩序，赞同草案的写法。《刑法修正案（十一）》第十一条对写法未再作出调整，沿用了草案一次审议稿的写法。

三、修正前后条文对照

修正前《刑法》	修正后《刑法》
第一百七十五条之一 【骗取贷款、票据承兑、金融票证罪】以欺骗手段取得银行或者其他金融机构贷款、票据承兑、信用证、保函等，给银行或者其他金融机构造成重大损失或者有其他严重情节的，处三年以下有期徒刑或者拘役，并处或者单处罚金；给银行或者其他金融机构造成特别重大损失或者有其他特别严重情节的，处三年以上七年以下有期徒刑，并处罚金。	第一百七十五条之一 【骗取贷款、票据承兑、金融票证罪】以欺骗手段取得银行或者其他金融机构贷款、票据承兑、信用证、保函等，给银行或者其他金融机构造成重大损失的，处三年以下有期徒刑或者拘役，并处或者单处罚金；给银行或者其他金融机构造成特别重大损失或者有其他特别严重情节的，处三年以上七年以下有期徒刑，并处罚金。

对比发现，《刑法修正案（十一）》第十一条删除了《刑法》第一百七十五条之一骗取贷款、票据承兑、金融票证罪"有其他严重情节的"的入罪条件。

四、修正后条文的理解与适用

（一）犯罪客体

骗取贷款、票据承兑、金融票证罪的犯罪客体是金融秩序和金融安全，犯罪的对象是银行或者其他金融机构的贷款、票据承兑、信用证、保函等。[1]

---

[1] 参见周道鸾、张军主编：《刑法罪名精释》，人民法院出版社2013年版，第316页。

· 124 ·

（二）犯罪客观方面

骗取贷款、票据承兑、金融票证罪的犯罪客观方面表现为行为人采取欺骗的手段骗取银行或者其他金融机构的贷款及其他信贷资金、信用票证。

欺骗手段，是指行为人在取得银行或者其他金融机构的贷款、票据承兑、信用证、保函等信贷资金、信用时，采用的是虚构事实、隐瞒真相等手段，掩盖了客观事实，骗取了银行或者其他金融机构的信任。只要申请人在申请贷款的过程中有虚构事实、掩盖真相的情节，或者在申请贷款过程中，提供假证明、假材料，或者贷款资金没有按申请的用途去用，都符合这一条件。

银行是指中国人民银行和各类商业银行。其他金融机构，是指除银行以外的各种开展金融业务的机构，如证券、保险、期货、外汇、融资租赁、信托投资公司等。贷款，是指按照借款合同的约定贷款人向借款人提供的还本付息的货币资金。票据承兑，是指汇票付款人承诺在汇票到期日支付汇票金额的票据行为，其目的在于使承兑人依票据载明的义务承担支付票据金额的义务。信用证，是指开证银行根据客户（申请开证人）的请求或者自己主动向一方（受益人）所签发的一种书面约定，如果受益人满足了该书面约定的各项条款，开证银行即向受益人支付该书面约定的款项的凭证。实际上，信用证就是开证行有条件地向受益人付款的书面凭证。保函，是指银行以自身的信用为他人承担责任的担保文件，是重要的银行资信文件。

需要注意的是，给银行或者其他金融机构造成重大损失是区分是否构成本罪的界限。根据实践中出现的情况和打击此类严重犯罪的需要，本条对构成本罪规定了"给银行或者其他金融机构造成重大损失"。"给银行或者其他金融机构造成重大损失"，是指骗取贷款、票据承兑、金融票证的行为直接造成的经济损失，如贷款无法追回，银行由于出具的信用所承担的还款或者付款等实际经济损失。

（三）犯罪主体

骗取贷款、票据承兑、金融票证罪的犯罪主体是一般主体，既可以是个人，也可以是单位。

（四）犯罪主观方面

骗取贷款、票据承兑、金融票证罪犯罪主观方面是故意。

（五）刑事责任

根据修正后《刑法》第一百七十五条之一第一款的规定，犯骗取贷款、票据承兑、金融票证罪的，处三年以下有期徒刑或者拘役，并处或者单处罚金；给银行或者其他金融机构造成特别重大损失或者有其他特别严重情节的，处三年以上七年以下有期徒刑，并处罚金。

根据修正后《刑法》第一百七十五条之一第二款的规定，单位犯骗取贷款、票据承兑、金融票证罪的，对单位判处罚金，并对其直接负责的主管人员和其他直接责任人员，依照修正后《刑法》第一百七十五条之一第一款的规定处罚。

五、司法适用中需要注意的问题

（一）入罪条件的理解与把握

关于骗取贷款罪入罪条件，修正后《刑法》第一百七十五条之一规定必须"给银行或者其他金融机构造成重大损失的"。在重大损失的认定上，应限定于直接经济损失。直接经济损失必须是对于信贷资金实际已经发生的损失，且损失的数额仅限于信贷资金的本金，对于信贷资金预期利息等间接损失不应认定在内，防止因金融机构报案早晚对犯罪认定造成影响。

《刑法修正案（十一）》删除了骗取贷款罪中"情节严重"的入罪标准要件，对以往在司法实践中存在的一些争议情形不作为犯罪处理：

第一，对于金融资产安全的危险已经消除，未造成实际损害的，不再作为犯罪处理。这类情形主要是实践中有些行为人"以新还旧""以贷还贷"的情况，之前的贷款或者融资借款已经归还，没有造成经济损失的，不应作为犯罪处理。如果行为人在多次骗取贷款后，"以新还旧""以贷还贷"应以最后造成实际损失的数额为准。

第二，不会对金融资产安全产生危险、实际损害的行为。这类情形主要是针对行为人贷款、票据承兑或者出具金融票证等融资行为过程中虽然手续具有瑕疵，但不影响资金安全的，不应认定为犯罪。如行为人虽然具有骗取贷款的行为，但具有足额的真实、有效担保，即使贷款没有收回，通过担保追偿仍然可以追回资金，不会造成损失。

第三，虽然对金融资产安全造成了一定的危险，但实际损失是否发生尚处于不确定状态的。这类情况主要是行为人具有骗取贷款的行为，但贷款尚未到期，行为的经营状况明显恶化，已经不具有偿还能力，因实际损失尚未发生，金融贷款还未到期，仍然存在可以按时偿还可能性，也不宜作为犯罪处理。

需要注意的是，对于重大损失认定并不要求必须穷尽一切法律手段为前提。对于判断时点和标准不能过于拘泥，如行为人采取欺骗手段骗取贷款，不能按期归还资金，也没有提供有效担保，就可以认定为给银行等金融机构造成重大损失，而不能要求银行等在采取诉讼等法律手段追偿行为人房产等财产不能清偿之后，才判定其遭到重大损失。对于后期在判决前通过法律手段获得清偿的，可酌定从宽处罚。①

（二）"其他特别严重情节"的理解与把握

《刑法修正案（十一）》颁布前，骗取贷款罪基本犯罪形态包括给银行或者其他金融机构造成重大损失和情节严重两种形态，加重形态包括给银行或者其他金融机构造成特别重大损失或者有其他特别严重情节两种形态。在《刑法修正案（十一）》研拟过程中，也有观点提出，既然《刑法修正案（十一）》已将情节严重删除，不再作为骗取贷款罪的入罪条件，那么在加重情节中也对应删除"其他特别严重情节"，以确保罪刑责相适用。但立法工作机关最后未采纳相关建议，在加重处罚情节中保持了"其他特别严重情节"的规定。

为避免刑事处罚的不平衡，防止以情节因素单独入罪，在加重情节的

---

① 参见许永安主编：《中华人民共和国刑法修正案（十一）解读》，中国法制出版社2021年版，第106页。

理解和把握上，原则上以构成基本犯为前提，即以造成重大损失为前提，再具有其他情节的，可认定为"其他特别严重情节"。《最高人民法院关于审理拒不支付劳动报酬刑事案件适用法律若干问题的解释》（法释〔2013〕3号）对加重情节的理解也采取此类方式，第五条规定："拒不支付劳动者的劳动报酬，符合本解释第三条的规定，并具有下列情形之一的，应当认定为《刑法》第二百七十六条之一第一款规定的'造成严重后果'：（一）造成劳动者或者其被赡养人、被扶养人、被抚养人的基本生活受到严重影响、重大疾病无法及时医治或者失学的；（二）对要求支付劳动报酬的劳动者使用暴力或者进行暴力威胁的；（三）造成其他严重后果的。"本罪中"其他特别严重情节"一般表现为侵犯本罪法益之外，还侵犯了其他法益的行为或者反映行为违法性的其他情节。在司法实践中常见的类型包括：在骗取贷款过程中伪造相关的公文、证件的；在扶贫救灾等特定领域内骗取贷款的；骗取贷款等从事违法犯罪活动的。另外，不宜对多次实施骗取贷款行为直接认定为"其他特别严重情节"，加重处罚。骗取贷款罪中每一次骗取行为都不一定对信贷资金的安全构成威胁，次数并不反映直接违反信贷资金的安全性。多次骗取贷款造成损失的，应对造成的损失累积计算，因此"多次"不宜作为评价性要素。

但在一些特殊情形下，如具有欺骗手段特别严重或者涉嫌数额极其巨大，给国家金融安全造成特别重大风险，没有造成实际损失的，也可以认定为"其他特别严重情节"依法追究刑事责任。[①]

（三）骗取贷款罪与贷款诈骗罪的区别

《刑法》增设骗取贷款罪的初衷在于弥补实务中贷款诈骗罪适用上的不足。不仅如此，1997年《刑法》在贷款诈骗罪之外再设置骗取贷款、票据承兑、金融票证犯罪，主要的目的在于加大对骗取银行等金融机构贷款（资金）行为的打击力度。两罪的犯罪对象相同，均为银行或者金融机构的信贷资金；在客观方面，两罪的行为表现也比较相似，即都采用了欺骗

---

① 参见许永安主编：《中华人民共和国刑法修正案（十一）解读》，中国法制出版社2021年版，第106页。

的手段，且该欺骗手段并无实质上的明显区别；在客体要件上两罪也非常相近，均为复杂的双重客体。但是两罪存在明显的不同：

其一，从犯罪客体上进行区分。骗取贷款罪所侵犯的犯罪客体首先是国家的金融管理秩序，其次才是银行或者金融机构对贷款的金融安全。而贷款诈骗罪侵犯的主要客体是银行或者金融机构对贷款的所有权，也侵犯了国家的金融管理秩序。

其二，从犯罪目的上进行区分。金融诈骗犯罪都是以非法占有为目的的犯罪，贷款诈骗罪具有以非法占有为目的，而骗取贷款罪不具有非法占有为目的。在司法实践中，认定是否具有非法占有为目的，应当坚持主客观相一致的原则，既要避免单纯根据损失结果客观归罪，对于有证据证明行为人不具有非法占有目的的，不能单纯以财产不能归还就认定具有非法占有的目的，也不能仅凭被告人供述而认定，而应当根据案件具体情况具体分析。根据《金融犯罪纪要》规定，对于行为人通过诈骗的方法非法获取资金，造成数额较大资金不能归还，并具有下列情形之一的，可以认定为具有非法占有的目的：（1）明知没有归还能力而大量骗取资金的；（2）非法获取资金后逃跑的；（3）肆意挥霍骗取资金的；（4）使用骗取的资金进行违法犯罪活动的；（5）抽逃、转移资金、隐匿财产，以逃避返还资金的；（6）隐匿、销毁账目，或者搞假破产、假倒闭，以逃避返还资金的；（7）其他非法占有资金、拒不返还的行为。当然在司法实践中，也不排除行为人在骗取贷款行为时不具有非法占有的目的，骗取贷款后又具有非法占有目的的，这种情况下可构成贷款诈骗罪。

其三，犯罪主体不同。贷款诈骗的犯罪主体只能是自然人，单位不能构成贷款诈骗罪。根据《刑法》第三十条和第一百九十三条的规定，单位不构成贷款诈骗罪。对于单位实施的贷款诈骗行为，不能以贷款诈骗罪定罪处罚，也不能以贷款诈骗罪追究直接负责的主管人员和其他直接责任人员的刑事责任。但是，在司法实践中，对于单位十分明显地以非法占有为目的，利用签订、履行借款合同诈骗银行或其他金融机构贷款的，根据《金融犯罪纪要》意见，符合合同诈骗罪构成要件的，应以合同诈骗罪定罪处罚。即对单位判处罚金，并对单位直接负责的主管人员和其他直接责任人员判处相应刑罚。① 骗取贷款罪犯罪主体可以是自然人，也可以是单位，单位犯罪的直接适用双罚制即可。

（四）与骗取贷款相关联的银行工作人员责任认定

有的银行等金融机构的工作人员在贷款等过程中，为了完成自己的考核业绩或者因收受贿赂等原因出于私情私利动机，明知行为人在申请贷款等行为过程中提供了虚假的材料，仍然为其申报，甚至是主动出主意、想办法，以便在形式上符合申请的要求。对于这种情形下，银行等金融机构工作人员的行为如何认定，可以根据案件具体情况予以分析。

一类是银行等金融机构普通工作人员为了完成工作任务，帮助贷款人伪造贷款的相关材料的行为。这种情形下，银行等金融机构的工作人员不具有决策权的，其目的是个人获取利益，不是为了银行等金融机构获取利益，而是与申请贷款人串通损害本单位的利益，可以构成骗取贷款罪的共犯。

另一类是银行等金融机构内部的具有决策、审批权限的工作人员。对于行为人伪造的材料审查不严，甚至明知材料存在虚假情形，仍然予以审批，数额巨大或者造成重大损失的，根据发放的对象不同，可能构成违法发放贷款罪、违规出具金融票证罪等犯罪。

---

① 有的观点认为，依照2014年《全国人民代表大会常务委员会关于〈中华人民共和国刑法〉第三十条的解释》的规定，对于单位实施刑法规定的危害社会的行为，刑法分则和其他法律未规定追究单位的刑事责任的，对组织、策划、实施该危害社会行为的人依法追究刑事责任。即对单位实施贷款诈骗，数额较大的，虽然单位不构成贷款诈骗罪，但对组织、策划、实施贷款诈骗的人依法追究贷款诈骗罪的刑事责任。实际在贷款诈骗罪中往往采取签订合同的方式，贷款属于合同诈骗行为发生的行业领域，故贷款诈骗罪相对于合同诈骗罪属于特殊性规定，符合贷款诈骗罪的当然也构成合同诈骗罪。以此理解与立法解释并不存在矛盾。

第十二条 修改非法吸收公众存款罪

【条文内容】

十二、将刑法第一百七十六条修改为:"非法吸收公众存款或者变相吸收公众存款,扰乱金融秩序的,处三年以下有期徒刑或者拘役,并处或者单处罚金;数额巨大或者有其他严重情节的,处三年以上十年以下有期徒刑,并处罚金;数额特别巨大或者有其他特别严重情节的,处十年以上有期徒刑,并处罚金。

"单位犯前款罪的,对单位判处罚金,并对其直接负责的主管人员和其他直接责任人员,依照前款的规定处罚。

"有前两款行为,在提起公诉前积极退赃退赔,减少损害结果发生的,可以从轻或者减轻处罚。"

【条文主旨】

针对实践中不法分子借互联网金融名义从事非法集资,严重扰乱经济金融秩序和极大侵害人民群众财产权益的情况,本条将非法吸收公众存款罪的法定最高刑由十年有期徒刑提高到十五年,加大对非法集资犯罪的惩处力度。

【理解与适用】

一、修法背景

为依法惩治非法吸收公众存款的行为,1995年6月30日第八届全国人民代表大会常务委员会通过的《全国人民代表大会常务委员会关于惩治破坏金融秩序犯罪的决定》将非法吸收公众存款或者变相吸收公众存款，扰乱金融秩序的行为规定为犯罪。吸收上述规定的基础上，1997年《刑法》第一百七十六条第一款规定："非法吸收公众存款或者变相吸收公众存款，扰乱金融秩序的，处三年以下有期徒刑或者拘役，并处或者单处二万元以上二十万元以下罚金；数额巨大或者有其他严重情节的，处三年以上十年以下有期徒刑，并处五万元以上五十万元以下罚金。"

近年来，非法吸收公众存款等非法集资案件呈现"双高"态势，案件数量不断增长，涉案数额逐年增加。尤其是一些网络非法金融行为，因面向的群体更广、推广便利，参与人数众多，人数动辄达以万计，数额以亿计，与传统口口相传的非法集资行为相比社会危害性更大；利用网络非法集资的犯罪形式以及手段也不断翻新，伪装为合法平台，有一些P2P公司，假借网络信贷信息中介业务的名义，名为根据金融信息撮合个人之间借款，实际上吸收不特定人投资形成资金池，进行控制、分配资金，并向参与人承诺保本付息等，本质上属于非法吸收公众存款的行为，成为非法集资犯罪的新形态。有意见提出要对非法吸收公众存款等非法集资犯罪进行严惩，通过提高法定刑加大处罚力度。

另外，从立法技术上分析，1997年《刑法》规定的罚金刑也存在不尽合理之处：（1）各量刑幅度的罚金刑标准不相互衔接。不同量刑幅度内罚金刑数额的交叉重合。主刑是三年以下有期徒刑的，罚金最高为二十万元，而主刑是三年以上十年以下有期徒刑的，罚金最低为五万元，导致实践中罚金刑裁量难以拉开差距、体现梯度。（2）有限罚金数额面临的最大问题是罚金刑的惩罚力度会随着社会和经济的发展而日益下降。立法之初，我国有学者认为在有限罚金数额立法中罚金数额总体上较高甚至是偏高，如1997年的二万元至二十万元，就当时中国职工的平均工资看，其最低限比一个职工一年的平均工资还高，其最高限是一个职工的三十年工资。可见其总体数额是相当高的。随着经济社会发展，1997年《刑法》规定的罚金数额已经难以实现罪当其罚效果，不足以起到预防与惩罚作用。另外，对于非法吸收公众存款罪也不宜简单采用倍比罚金制。倍比罚金制是指《刑法》规定依照犯罪分子非法所得金额、可能得到的金额，或者造成损失和可能造成损失的金额来确定罚金数额的罚金制度。但是规定了罚金的比例幅度,也会带来缺少灵活性的问题,导致罪刑不均衡的现象。例如,有的非法吸收公众存款的案件中,涉及的数额巨大或者特别巨大,上千万或者上亿元的,但违法所得很少甚至没有,按照比例原则适用的罚金数额也将水涨船高,数额较大,会造成与判处的主刑不匹配,不符合罪责刑相适应原则。因此,对于罚金数额的规定方式也有必要予以调整。

为进一步防范金融风险,维护金融秩序,在《刑法修正案(十一)(草案)》研拟过程中,立法工作机关根据有关方面的意见,对1997年《刑法》第一百七十六条的规定作出修改,对法定刑以及罚金数额等规定进行了完善,从而形成草案一次审议稿第十二条的写法。

二、审议过程

草案一次审议稿	草案二次审议稿	《刑法修正案(十一)》
十二、将刑法第一百七十六条第一款修改为:"非法吸收公众存款或者变相吸收公众存款,扰乱金融秩序的,处三年以下有期徒刑或者拘役,并处或者单处罚金;数额巨大或者有其他严重情节的,处三年以上十年以下有期徒刑,并处罚金;数额特别巨大或者有其他特别严重情节的,处十年以上有期徒刑,并处罚金。"	十五、将刑法第一百七十六条修改为:"非法吸收公众存款或者变相吸收公众存款,扰乱金融秩序的,处三年以下有期徒刑或者拘役,并处或者单处罚金;数额巨大或者有其他严重情节的,处三年以上十年以下有期徒刑,并处罚金;数额特别巨大或者有其他特别严重情节的,处十年以上有期徒刑,并处罚金。 "单位犯前款罪的,对单位判处罚金,并对其直接负责的主管人员和其他直接责任人员,依照前款的规定处罚。	十五、将刑法第一百七十六条修改为:"非法吸收公众存款或者变相吸收公众存款,扰乱金融秩序的,处三年以下有期徒刑或者拘役,并处或者单处罚金;数额巨大或者有其他严重情节的,处三年以上十年以下有期徒刑,并处罚金;数额特别巨大或者有其他特别严重情节的,处十年以上有期徒刑,并处罚金。 "单位犯前款罪的,对单位判处罚金,并对其直接负责的主管人员和其他直接责任人员,依照前款的规定处罚。

草案一次审议稿	草案二次审议稿	《刑法修正案（十一）》
	"有前两款行为，在提起公诉前积极退赃，减少损害结果发生的，可以从轻或者减轻处罚。"	"有前两款行为，在提起公诉前积极退赃退赔，减少损害结果发生的，可以从轻或者减轻处罚。"

在《刑法修正案（十一）（草案）》审议和征求意见过程中，各方普遍认为，有必要提高非法公众存款罪的法定刑，加大惩处力度，赞同草案一次审议稿的写法。草案二次审议稿在一次审议稿规定基础上，又增加了第三款的规定，即"明确了在提起公诉前积极退赃，减少损害结果发生的，可以从轻或者减轻处罚"。在经济犯罪尤其是涉众型犯罪中，为化解社会矛盾，为集资参与人挽回损失，增加上述规定作为非法吸收公众存款罪的特殊量刑情节。《刑法修正案（十一）》第十五条在二次审议稿基础上，又将该款中"退赃"修改为"退赃退赔"。

三、修正前后条文对照

修正前《刑法》	修正后《刑法》
第一百七十六条 【非法吸收公众存款罪】非法吸收公众存款或者变相吸收公众存款，扰乱金融秩序的，处三年以下有期徒刑或者拘役，并处或者单处二万元以上二十万元以下罚金；数额巨大或者有其他严重情节的，处三年以上十年以下有期徒刑，并处五万元以上五十万元以下罚金。 单位犯前款罪的，对单位判处罚金，并对其直接负责的主管人员和其他直接责任人员，依照前款的规定处罚。	第一百七十六条 【非法吸收公众存款罪】非法吸收公众存款或者变相吸收公众存款，扰乱金融秩序的，处三年以下有期徒刑或者拘役，并处或者单处罚金；数额巨大或者有其他严重情节的，处三年以上十年以下有期徒刑，并处罚金；数额特别巨大或者有其他特别严重情节的，处十年以上有期徒刑，并处罚金。 单位犯前款罪的，对单位判处罚金，并对其直接负责的主管人员和其他直接责任人员，依照前款的规定处罚。 有前两款行为，在提起公诉前积极退赃退赔，减少损害结果发生的，可以从轻或者减轻处罚。

对比发现,《刑法修正案(十一)》第十二条对《刑法》第一百七十六条的修改主要涉及三个方面:一是对非法吸收公众存款罪的法定刑档次以及最高法定刑均进行了调整。由原两档修改为三档,增加了第三档规定,对数额特别巨大或者有其他特别严重情节的,处十年以上有期徒刑,并处罚金。这样既体现了对金融犯罪的严惩,法定最高刑由十年有期徒刑提高至十五年,又规定了多档次的法定刑幅度,有利于区分不同情节的社会危害性,实现罪刑均衡。二是罚金数额立法方式由有限罚金数额修改为无限罚金制。三是设定了特殊的从宽情节,规定"在提起公诉前积极退赃退赔,减少损害结果发生的,可以从轻或者减轻处罚"。

四、修正后条文的理解与适用

(一)犯罪客体

非法吸收公众存款罪侵犯的客体是国家金融管理秩序。

(二)犯罪客观方面

非法吸收公众存款罪客观方面表现为违反国家金融管理法律规定,向社会公众吸收资金,扰乱金融秩序的行为。根据《非法集资解释》第一条第一款的规定,非法吸收公众存款行为具有四个方面的特征,分别是:(1)未经有关部门依法批准或者借用合法经营的形式吸收资金;(2)通过媒体、推介会、传单、手机短信等途径向社会公开宣传;(3)承诺在一定期限内以货币、实物、股权等方式还本付息或者给付回报;(4)向社会公众即社会不特定对象吸收资金。该四个特征可以简单概括为非法性、公开性、利诱性和社会性。

《非法集资解释》在第一条对非法吸收公众存款的基本概念和特征要件作出规定的基础上,还于第二条对各种多发易发的非法吸收公众存款行为进行了梳理甄别,根据发生领域和行为特点规定了十种非法吸收公众存款的具体行为,即:(1)不具有房产销售的真实内容或者不以房产销售为主要目的,以返本销售、售后包租、约定回购、销售房产份额等方式非法吸收资金的;(2)以转让林权并代为管护等方式非法吸收资金的;(3)以代种植（养殖）、租种植（养殖）、联合种植（养殖）等方式非法吸收资金的；（4）不具有销售商品、提供服务的真实内容或者不以销售商品、提供服务为主要目的，以商品回购、寄存代售等方式非法吸收资金的；（5）不具有发行股票、债券的真实内容，以虚假转让股权、发售虚构债券等方式非法吸收资金的；（6）不具有募集基金的真实内容，以假借境外基金、发售虚构基金等方式非法吸收资金的；（7）不具有销售保险的真实内容，以假冒保险公司、伪造保险单据等方式非法吸收资金的；（8）以投资入股的方式非法吸收资金的；（9）以委托理财的方式非法吸收资金的；（10）利用民间"会""社"等组织非法吸收资金的。同时，考虑到非法吸收公众存款行为的复杂性，为了防止挂一漏万，《非法集资解释》还规定了一个兜底条款，即"其他非法吸收资金的行为"。

（三）犯罪主体

非法吸收公众存款罪的主体为一般主体，包括自然人和单位。

（四）犯罪主观方面

非法吸收公众存款罪主观方面是直接故意。间接故意和过失不构成犯罪。

（五）刑事责任

依照修正后《刑法》第一百七十六条第一款规定，对于犯非法吸收公众存款罪的，处三年以下有期徒刑或者拘役，并处或者单处罚金；数额巨大或者有其他严重情节的，处三年以上十年以下有期徒刑，并处罚金；数额特别巨大或者有其他特别严重情节的，处十年以上有期徒刑，并处罚金。

《非法集资解释》第三条对于非法吸收公众存款罪的定罪标准以及"数额巨大或者有其他严重情节的"的量刑标准具有明确规定，在司法解释没有修订或者尚未有新的司法解释出台之前，可以参考《非法集资解释》规定。

对于"数额特别巨大或者有其他特别严重情节"的情形，尚未有司法解释加以明确规定，可以在参考现行司法解释的规定基础上，结合社会、经济发展形势，考虑非法吸收公众存款的数额、存款对象人数、造成直接经济损失数额以及是否存在其他特别严重的情节等因素，总体把握，依法处罚，确保罪责刑相适应。考虑到非法吸收公众存款罪是非法集资犯罪的基础罪名，不具有非法占有的目的，社会危害性相比其他罪名较轻，《刑法》为体现对不同犯罪评价的差异化，对非法吸收公众存款罪法定最高刑不应持平甚至超过集资诈骗罪的最高法定刑无期徒刑，规定为有期徒刑十五年。在具体量刑时也应贯彻这一思路，一般不判处法定最高刑；同等集资数额的犯罪中，非法吸收公众存款罪的量刑也应低于其他非法集资犯罪的刑罚，以保持非法集资罪名体系整体罪刑结构的均衡性。

依照修正后《刑法》第一百七十六条第二款规定，单位犯前款罪的，对单位判处罚金，并对其直接负责的主管人员和其他直接责任人员，依照修正后《刑法》第一百七十六条第一款的规定处罚。

依照修正后《刑法》第一百七十六条第三款的规定，有前两款行为，在提起公诉前积极退赃退赔，减少损害结果发生的，可以从轻或者减轻处罚。

五、司法适用中需要注意的问题

（一）关于罚金数额的把握与适用问题

依照修正后《刑法》第一百七十六条关于非法吸收公众存款罪罚金数额，由有限罚金数额改为无限罚金数额，一方面，这有利于根据案件的具体情况对罚金数额进行灵活把握，实现案件的惩罚效果；但另一方面，由于没有具体的罚金数额适用标准，无法直接按照比例、倍数、数额等方式确定罚金数额，容易导致司法适用不统一、罚金数额可能高低不平，甚至个别地方司法机关对罚金数额判处过高过低。因此，罚金刑等附加刑罪刑均衡问题也值得关注。针对无限罚金数额标准如何确定和把握的问题，可以考虑以下因素：

1. 无限额罚金的底限和上限数额。关于罚金数额的底限，依照《适用财产刑规定》第二条规定，《刑法》没有明确规定罚金数额标准的，罚金的最低数额不能少于一千元，对未成年人犯罪的，罚金的最低数额不能少于五百元。关于无限额罚金的上限最高数额，目前《刑法》没有明确规定。但是，从法定刑轻重的角度而言，无限额罚金的上限不能超过被告人个人全部财产。主要考虑如下：其一，根据《刑法》规定和通行法理，罚金刑的严厉程度轻于没收个人全部财产。而如果对被告人判处超过其个人全部财产的罚金，则在强制缴纳其个人全部财产后还需要随时缴纳未执行完毕的罚金，这明显不合理。其二，此种不合理的数额的罚金判处，会进一步导致罚金刑的执行难和"空判"。实际上，通过追缴被告人全部财产后，再执行剩余的罚金，基本上没有可能，这样的判决势必陷入"空判"。

2. 具体罚金数额确定上，可以根据犯罪情节以及经济状况等考虑罚金数额。犯罪情节是确定罚金数额的基础。根据《刑法》第五十二条的规定，判处罚金，应当根据犯罪情节决定罚金数额。对于这里规定的"犯罪情节"，主要是指罪行的严重程度、主观恶性、人身危险性的大小、手段是否恶劣、非法所得多少、后果是否严重等。具体在非法吸收公众存款罪主要体现为非法吸收的资金体量大小、资金的投资用途是否符合法律规定、集资参与人的人数、行为造成的经济损失、行为人的违法所得等一系列综合的犯罪情节。

3. 单位犯罪中罚金刑的适用。实践中罚金刑的"空判"主要是针对自然人犯罪而言，对于单位犯罪判处罚金刑的力度还不够。因此单位犯罪中对于单位判处的罚金应结合单位犯罪的情节、自身经济情况判处罚金，因单位犯罪中对单位只能适用罚金刑，因此罚金数额相对于自然人犯罪应整体调高，以实现罪刑均衡。

在单位犯罪中，对直接负责的主管人员和其他直接责任人员的罚金数额确定上，应以对单位判处的罚金作基准，低于对单位判处的罚金。这是因为在单位犯罪中，尤其是非法吸收公众存款罪这类经济犯罪中，直接负责的主管人员和其他直接责任人员行为是为了谋取单位的利益而非个人的利益，其犯罪所得也是有限的，而从罚金刑的本质来思考，其主要是为了惩罚犯罪人通过犯罪获取非法经济利益，剥夺其再犯罪的经济能力。从该角度出发，对于非法获利较少的单位犯罪直接负责的主管人员和其他直接责任人员，自然应当少判罚金。基于此，《金融犯罪纪要》规定："对直接负责的主管人员和其他直接责任人员判处罚金的数额，应当低于对单位判处罚金的数额。"这一原则不仅适用于单位金融犯罪领域，在其他单位犯罪案件中对直接负责的主管人员和其他直接责任人员确定罚金数额时也应当遵循。

（二）"在提起公诉前积极退赃退赔，减少损害结果发生的"理解与把握

修正后《刑法》第一百七十六条第三款的规定："有前两款行为，在提起公诉前积极退赃退赔，减少损害结果发生的，可以从轻或者减轻处罚。"因为非法吸收公众存款罪涉及的参与人众多，对于集资款追缴难度也较大，因此，为了挽回集资参与人的损失，有效化解社会矛盾，基于经济犯罪特殊的刑事政策的考虑，特别设置了从宽处罚的规定。对此规定的理解与把握上，主要考虑以下几点：

第一，犯罪人的积极退赃退赔、减少损害结果发生必须在提起公诉以前。提起公诉，是指人民检察院对侦查终结移送起诉的案件，经审查，认为犯罪事实已经查清，证据确实、充分，依法应当追究刑事责任的，按照审判管辖的规定，提交人民法院审判的诉讼活动。提起公诉表明案件事实和证据已经查清楚，可以依法对该犯罪人进行审判。在立法过程中，也有观点提出可以考虑对退赃的时间节点不作限定或者限定为"在一审开庭审理前"，以鼓励行为人积极退还资金，有利于挽回损失。立法未采纳上述意见，主要是考虑：将退还资金时间限定在提起公诉前便于实践操作，也防止行为人提起公诉后，根据检察机关的量刑建议再决定是否退赃，换取法律上从宽，并非真诚地认罪悔罪，从而有损法律的严肃性。

第二，在客观上必须有积极退赃退赔的行为，并且达到了减少损害结果发生的实际效果。积极退赃，是指行为人积极主动退还非法吸收的财物，或者通过变卖自己的财产退赔的也可以实现同样的法律效果。

第三，在从宽幅度的把握上，可以从轻或者减轻处罚。针对犯罪的不同程度，退赃以及减少损害结果发生的程度，决定是否可以从宽，以及从宽幅度是从轻处罚还是减轻处罚，以充分体现宽严相济的刑事政策，确保罪责刑相适应。

第十三条 修改操纵证券、期货市场罪

【条文内容】

十三、将刑法第一百八十二条第一款修改为:"有下列情形之一,操纵证券、期货市场,影响证券、期货交易价格或者证券、期货交易量,情节严重的,处五年以下有期徒刑或者拘役,并处或者单处罚金;情节特别严重的,处五年以上十年以下有期徒刑,并处罚金:

"(一)单独或者合谋,集中资金优势、持股或者持仓优势或者利用信息优势联合或者连续买卖的;

"(二)与他人串通,以事先约定的时间、价格和方式相互进行证券、期货交易的;

"(三)在自己实际控制的帐户之间进行证券交易,或者以自己为交易对象,自买自卖期货合约的;

"(四)不以成交为目的,频繁或者大量申报买入、卖出证券、期货合约并撤销申报的;

"(五)利用虚假或者不确定的重大信息,诱导投资者进行证券、期货交易的;

"(六)对证券、证券发行人、期货交易标的公开作出评价、预测或者投资建议,同时进行反向证券交易或者相关期货交易的;

"(七)以其他方法操纵证券、期货市场的。"

【条文主旨】

为进一步加强对操纵证券、期货市场行为的惩治,实现与修订后《证券法》的有序衔接,本条修改完善了操纵证券、期货市场罪的罪状,将

第十三条 修改操纵证券、期货市场罪

"虚假申报操纵""蛊惑交易操纵""抢帽子操纵"等三类行为增加规定为构成操纵证券、期货市场罪的情形,并将"影响证券、期货交易价格或者证券、期货交易量"调整为各项情形统一的入罪条件。

【理解与适用】

一、修法背景

1997年《刑法》修订时,第一百八十二条的表述为:"有下列情形之一,操纵证券交易价格,获取不正当利益或者转嫁风险,情节严重的,处五年以下有期徒刑或者拘役,并处或者单处违法所得一倍以上五倍以下罚金:(一)单独或者合谋,集中资金优势、持股优势或者利用信息优势联合或者连续买卖,操纵证券交易价格的;(二)与他人串通,以事先约定的时间、价格和方式相互进行证券交易或者相互买卖并不持有的证券,影响证券交易价格或者证券交易量的;(三)以自己为交易对象,进行不转移证券所有权的自买自卖,影响证券交易价格或者证券交易量的;(四)以其他方法操纵证券交易价格的。""单位犯前款罪的,对单位判处罚金,并对其直接负责的主管人员和其他直接责任人员,处五年以下有期徒刑或者拘役。"该条的罪名确定为操纵证券交易价格罪。

此后,随着经济社会发展和相关行政法律法规的修改,该条作了相应调整。为同步规制期货市场,惩治期货交易中的同类犯罪行为,《刑法修正案》第五条将"操纵证券交易价格"修改为"操纵证券、期货价格",并在具体行为方式中增加了关于操纵期货价格的相关表述。《刑法修正案(六)》本着严密法网的精神,进一步作了以下两方面调整:一是扩大规制范围,包括:将第一款中的"操纵证券、期货交易价格"修改为"操纵证券、期货交易市场";删去"获取不正当利益或者转嫁风险"的限制性规定;将第一款第三项中的"以自己为交易对象,进行不转移证券所有权的自买自卖"修改为"在自己实际控制的账户之间进行证券交易";等等。二是提升刑罚力度,包括:将第一款中的"处一倍以上五倍以下罚金"修改为"罚金",并对情节特别严重的,增加一档刑罚;对单位犯罪的直接负责的主管人员和其他直接责任人员增处罚金。

自《刑法修正案（六）》于 2006 年 6 月施行以来，随着证券、期货市场不断发展，操纵行为也花样翻新，手法更加多样化，一些行为方式不能被第一款前三项所涵盖，只能适用第四项兜底条款"以其他方法操纵证券、期货市场的"。《立案追诉标准（二）》第三十九条明确，除《刑法》第一百八十二条第一款前三项规定的情形外，虚假申报操纵、"抢帽子"操纵达到一定标准的，也要按照操纵证券、期货市场罪立案追诉。《操纵证券、期货市场解释》进一步明确，蛊惑交易操纵、虚假申报操纵、"抢帽子"操纵属于《刑法》第一百八十二条第一款第四项规定的"以其他方法操纵证券、期货市场"。2019 年《证券法》修订时，也在第五十五条增加了这三种操纵方法。可见，上述操纵行为的违法性已经成为共识。在此背景下，也需要相应地对《刑法》第一百八十二条第一款的罪状表述作出修改完善，实现行刑有序衔接。

二、审议过程

草案一次审议稿	草案二次审议稿	《刑法修正案（十一）》
	十三、将刑法第一百八十二条第一款修改为："有下列情形之一，操纵证券、期货市场，影响证券、期货交易价格或者证券、期货交易量，情节严重的，处五年以下有期徒刑或者拘役，并处或者单处罚金；情节特别严重的，处五年以上十年以下有期徒刑，并处罚金： "（一）单独或者合谋，集中资金优势、持股或者持仓优势或者利用信息优势联合或者连续买卖的；	十三、将刑法第一百八十二条第一款修改为："有下列情形之一，操纵证券、期货市场，影响证券、期货交易价格或者证券、期货交易量，情节严重的，处五年以下有期徒刑或者拘役，并处或者单处罚金；情节特别严重的，处五年以上十年以下有期徒刑，并处罚金： "（一）单独或者合谋，集中资金优势、持股或者持仓优势或者利用信息优势联合或者连续买卖的；

第十三条　修改操纵证券、期货市场罪

草案一次审议稿	草案二次审议稿	《刑法修正案（十一）》
	"（二）与他人串通，以事先约定的时间、价格和方式相互进行证券、期货交易的； "（三）在自己实际控制的帐户之间进行证券交易，或者以自己为交易对象，自买自卖期货合约的； "（四）不以成交为目的，频繁或者大量申报买入、卖出证券、期货合约并撤销申报的； "（五）利用虚假或者不确定的重大信息，诱导投资者进行证券、期货交易的； "（六）对证券、证券发行人、期货交易标的公开作出评价、预测或者投资建议，同时进行反向证券交易或者相关期货交易的； "（七）以其他方法操纵证券、期货市场的。"	"（二）与他人串通，以事先约定的时间、价格和方式相互进行证券、期货交易的； "（三）在自己实际控制的帐户之间进行证券交易，或者以自己为交易对象，自买自卖期货合约的； "（四）不以成交为目的，频繁或者大量申报买入、卖出证券、期货合约并撤销申报的； "（五）利用虚假或者不确定的重大信息，诱导投资者进行证券、期货交易的； "（六）对证券、证券发行人、期货交易标的公开作出评价、预测或者投资建议，同时进行反向证券交易或者相关期货交易的； "（七）以其他方法操纵证券、期货市场的。"

　　《刑法修正案（十一）（草案）》一次审议稿未涉及操纵证券、期货市场罪的修改完善问题。根据有关方面的意见，草案二次审议稿第十三条对《刑法》第一百八十二条第一款作出修改，主要涉及在罪状表述上与修订后《证券法》衔接。《刑法修正案（十一）》第十三条最终沿用了草案二次审议稿的写法。

三、修正前后条文对照

修正前《刑法》	修正后《刑法》
第一百八十二条第一款 【操纵证券、期货市场罪】有下列情形之一，操纵证券、期货市场，情节严重的，处五年以下有期徒刑或者拘役，并处或者单处罚金；情节特别严重的，处五年以上十年以下有期徒刑，并处罚金： （一）单独或者合谋，集中资金优势、持股或者持仓优势或者利用信息优势联合或者连续买卖，操纵证券、期货交易价格或者证券、期货交易量的； （二）与他人串通，以事先约定的时间、价格和方式相互进行证券、期货交易，影响证券、期货交易价格或者证券、期货交易量的； （三）在自己实际控制的帐户之间进行证券交易，或者以自己为交易对象，自买自卖期货合约，影响证券、期货交易价格或者证券、期货交易量的； （四）以其他方法操纵证券、期货市场的。	第一百八十二条第一款 【操纵证券、期货市场罪】有下列情形之一，操纵证券、期货市场，影响证券、期货交易价格或者证券、期货交易量，情节严重的，处五年以下有期徒刑或者拘役，并处或者单处罚金；情节特别严重的，处五年以上十年以下有期徒刑，并处罚金： （一）单独或者合谋，集中资金优势、持股或者持仓优势或者利用信息优势联合或者连续买卖的； （二）与他人串通，以事先约定的时间、价格和方式相互进行证券、期货交易的； （三）在自己实际控制的帐户之间进行证券交易，或者以自己为交易对象，自买自卖期货合约的； （四）不以成交为目的，频繁或者大量申报买入、卖出证券、期货合约并撤销申报的； （五）利用虚假或者不确定的重大信息，诱导投资者进行证券、期货交易的； （六）对证券、证券发行人、期货交易标的公开作出评价、预测或者投资建议，同时进行反向证券交易或者相关期货交易的； （七）以其他方法操纵证券、期货市场的。

对比发现，《刑法修正案（十一）》第十三条对《刑法》第一百八十二条第一款的修改主要涉及如下两个方面：（1）完善罪状表述，对原来分散在各项中规定的"影响证券、期货交易价格或者证券、期货交易量"的

入罪条件在本条罪状中作统一规定；（2）将"虚假申报操纵""蛊惑交易操纵""抢帽子交易操纵"等三种操纵证券、期货市场的行为明确规定为犯罪。① 以上两处修改均与现行《证券法》的相关规定基本保持一致。

四、修正后条文的理解与适用

（一）犯罪客体

操纵证券、期货市场罪规定在《刑法》分则第三章第四节"破坏金融管理秩序罪"中，行为人扭曲证券、期货交易价格、影响交易量，诱导投资者盲目跟进操作，既侵犯了证券、期货市场秩序，同时也侵犯了投资者的合法权益。

（二）犯罪客观方面

操纵证券、期货市场罪的客观方面表现为操纵证券、期货市场，影响证券、期货交易价格或者证券、期货交易量，情节严重的行为。具体而言，表现为采取以下七种行为方式，并且达到影响证券、期货交易价格或者证券、期货交易量，情节严重的程度。

1. 联合或者连续买卖操纵。即单独或者合谋，集中资金优势、持股或者持仓优势或者利用信息优势联合或者连续买卖。此类操纵行为同时具备两个要件：一是集中资金优势、持股或者持仓优势或者利用信息优势；二是联合或者连续买卖。根据《操纵证券、期货市场解释》规定，操纵证券市场，持有或者实际控制证券的流通股份数量达到该证券的实际流通股份总量百分之十以上，连续十个交易日的累计成交量达到同期该证券总成交量百分之二十以上的，或者操纵期货市场，实际控制的账户合并持仓连续十个交易日的最高值超过期货交易所限仓标准的二倍，累计成交量达到同期该期货合约总成交量百分之二十以上，且期货交易占用保证金数额在五百万元以上的，可以按照操纵证券、期货市场罪定罪处罚。

---

① 参见许永安主编：《中华人民共和国刑法修正案（十一）解读》，中国法制出版社2021年版，第116~117页。

2. 对倒操纵。即与他人串通，以事先约定的时间、价格和方式相互进行证券、期货交易。

3. 洗售操纵。即在自己实际控制的帐户之间进行证券交易，或者以自己为交易对象，自买自卖期货合约。

根据《操纵证券、期货市场解释》规定，对倒操纵或者洗售操纵，在证券市场上，连续十个交易日的累计成交量达到同期该证券总成交量百分之二十以上的，或者在期货市场上，实际控制的账户连续十个交易日的累计成交量达到同期该期货合约总成交量百分之二十以上，且期货交易占用保证金数额在五百万元以上的，可以按照操纵证券、期货市场罪定罪处罚。

4. 虚假申报操纵（也称"幌骗交易操纵"）。即不以成交为目的，频繁或者大量申报买入、卖出证券、期货合约并撤销申报。根据《操纵证券、期货市场解释》规定，当日累计撤回申报量达到同期该证券、期货合约总申报量百分之五十以上，且证券撤回申报额在一千万元以上、撤回申报的期货合约占用保证金数额在五百万元以上的，可以按照操纵证券、期货市场罪定罪处罚。例如"唐汉博等操纵证券市场案"，[①] 2012年5月至2013年1月，行为人先后利用控制账户组大额撤回申报买入"华资实业""京投银泰"股票，撤回买入量分别占各股票当日总申报买入量的50%以上，撤回申报额为0.9亿余元至3.5亿余元；撤回申报卖出"银基发展"股票，撤回卖出量占该股票当日总申报卖出量的50%以上，撤回申报额1.1亿余元，并通过实施与虚假申报相反的交易行为，违法所得共计2581.21万余元。法院经审理认定行为人构成操纵证券市场罪。

5. 蛊惑交易操纵。即利用虚假或者不确定的重大信息，诱导投资者进行证券、期货交易。

6. "抢帽子"操纵。对证券、证券发行人、期货交易标的公开作出评价、预测或者投资建议，同时进行反向证券交易或者相关期货交易。

[①] 参见最高人民法院2020年9月24日发布的《人民法院依法惩处证券、期货犯罪典型案例》之二："唐汉博等操纵证券市场案——不以成交为目的，频繁申报、撤单或者大额申报、撤单操纵证券市场，情节特别严重"。

根据《操纵证券、期货市场解释》规定,蛊惑交易操纵或者"抢帽子"操纵,在证券市场上,证券交易成交额在一千万元以上的,或者在期货市场上实际控制的账户连续十个交易日的累计成交量达到同期该期货合约总成交量百分之二十以上,且期货交易占用保证金数额在五百万元以上的,可以按照操纵证券、期货市场罪定罪处罚。例如,"汪建中操纵证券市场案",[1] 被告人汪建中是北京首放投资顾问有限公司法定代表人,其先买入工商银行、中国联通等38只股票,后利用首放公司名义通过新浪网、搜狐网、上海证券报、证券时报等媒介对外推荐其先期买入的股票,并在股票交易时抢先卖出相关股票,人为影响上述股票的交易价格,获取个人非法利益。据统计,在首放公司推荐股票的内容发布后,相关38只股票交易量在整体上出现了较为明显的上涨:个股开盘价、当日均价明显提高;集合竞价成交量、开盘后1小时成交量成倍放大;全天成交量大幅增长;当日换手率明显上升;参与买入账户明显增多;新增买入账户成倍增加。汪建中采取上述方式操纵证券市场55次,累计买入成交额人民币52.6亿余元,累计卖出成交额人民币53.8亿余元,非法获利共计人民币1.25亿余元归个人所有。法院认定汪建中的上述行为构成操纵证券市场罪。

7. 以其他方法操纵证券、期货市场的。例如"张家港保税区伊世顿国际贸易有限公司、金文献等操纵期货市场案",[2] 2013年6月起至2015年7月间,被告单位伊世顿公司、被告人金文献等人违反有关规定,隐瞒实际控制伊世顿账户组、大量账户从事高频程序化交易等情况,规避中金所对风险控制的监管措施,将自行研发的报单交易系统非法接入中金所交易系统,利用以逃避期货公司资金和持仓验证等非法手段获取的交易速度优势,大量交易中证500股指期货主力合约、沪深300股指期货主力合约合计377.44万手,影响期货交易价格或者期货交易量,从中非法获利人民币3.893亿余元。法院经审理认定属于"以其他方法操纵证券、期货市场的"

---

[1] 参见何靖:《"股市黑嘴"汪建中操纵证券市场一审被判七年》,载中国法院网,https://www.chinacourt.org/article/detail/2011/08/id/459538.shtml,最后访问日期:2021年3月3日。

[2] 参见最高人民法院2020年9月24日发布的《人民法院依法惩处证券、期货犯罪典型案例》之三:"张家港保税区伊世顿国际贸易有限公司、金文献等操纵期货市场案——非法利用技术优势操纵期货市场,情节特别严重"。

情形，行为人构成操纵期货市场罪。

另外，根据《操纵证券、期货市场解释》规定，如能认定行为人确实实施了操纵证券、期货市场行为，即使不符合上述比例标准，如果违法所得数额在一百万元以上，也可以认定为"情节严重"，按照操纵证券、期货市场罪定罪处罚。具有《操纵证券、期货市场解释》第三条规定的七种情形之一的，违法所得数额在五十万元以上即可认定为"情节严重"。

（三）犯罪主体

操纵证券、期货市场罪的主体是一般主体。单位构成本罪的，对单位判处罚金，并对其直接负责的主管人员和其他直接责任人员，依照第一百八十二条第一款的规定处罚。

（四）犯罪主观方面

操纵证券、期货市场罪的主观方面是故意。即不仅要有客观行为，而且主观上要有操纵证券、期货市场，影响证券、期货交易价格或者证券、期货交易量的意图。其犯罪动机一般是反向卖出获利，也可能是所管理的资产管理产品净值，或者避免穿仓风险，等等。但动机不影响本罪的成立。

（五）刑事责任

根据修正后《刑法》第一百八十二条的规定，构成操纵证券、期货市场罪的，处五年以下有期徒刑或者拘役，并处或者单处罚金；情节特别严重的，处五年以上十年以下有期徒刑，并处罚金。单位构成本罪的，对单位判处罚金，并对其直接负责的主管人员和其他直接责任人员，处五年以下有期徒刑或者拘役，并处或者单处罚金；情节特别严重的，处五年以上十年以下有期徒刑，并处罚金。

五、司法适用中需要注意的问题

（一）利用信息优势操纵和蛊惑交易操纵的界分

《刑法》第一百八十二条第一款第一项中的"利用信息优势联合或者连续买卖"，与《刑法修正案（十一）》新增的第一款第五项中"利用虚假或者不确定的重大信息，诱导投资者进行证券、期货交易"，均是利用信息实施操纵，其区别何在？学界、实务界均有不同认识。经研究初步认为：第一款第一项的利用信息优势操纵，其本质是交易型操纵，重点是联合或者连续买卖。衡量该行为是否构成犯罪，重点是评价其交易量情况。而第一款第五项的本质是信息型操纵，其所利用的是虚假或者不确定的重大信息，在交易方面不要求具有"联合或者连续买卖"的特征。

（二）"抢帽子"操纵入罪标准的把握

《立案追诉标准（二）》第三十九条第七项规定"证券公司、证券投资咨询机构、专业中介机构或者从业人员，违背有关从业禁止的规定，买卖或者持有相关证券，通过对证券或者其发行人、上市公司公开作出评价、预测或者投资建议，在该证券的交易中谋取利益，情节严重的"，应予立案追诉。据此，对"抢帽子"操纵限定了主体范围，只有证券公司、证券投资咨询机构、专业中介机构或者从业人员可以构成"抢帽子"操纵犯罪。但当前实践中，随着自媒体技术发展，一些荐股"黑嘴"并不具有特定主体身份，其行为恶性和危害后果则如出一辙，因此，《操纵证券、期货市场解释》第一条第二项并未对"抢帽子"操纵限定主体，《刑法修正案（十一）》也没有作此限定。从实践来看，对于发生在2010年《立案追诉标准（二）》出台之后、2019年《操纵证券、期货市场解释》出台之前的行为，行为人不具有特定主体身份的，应否追究刑事责任，存在不同认识。

经研究认为：（1）《立案追诉标准（二）》虽然不是司法解释而是规范性文件，但对于刑事侦查和审查起诉具有拘束力，在刑事审判中也可以参照适用。故而，如果在《操纵证券、期货市场解释》出台前，依据《刑法》和《立案追诉标准（二）》认为相关"抢帽子"操纵证券市场行为不构成犯罪，进而予以行政处罚，符合当时的规定，并无不妥。（2）刑法溯及力包括刑事司法解释时间效力问题的理论根基是"不知不为罪"。在新的司法解释出台后，如果新的司法解释严于行为时的司法解释，行为人由于无法预知自己行为的不利后果，不能对行为人适用新的司法解释。《立案追诉标准（二）》将"抢帽子"操纵证券市场行为的主体明确为特殊主体（证券公司、证券投资咨询机构、专业中介机构或者从业人员），而《操纵证券、期货市场解释》将"抢帽子"操纵证券市场行为的主体明确为一般主体。基于刑事司法解释溯及力原理，不宜对行为人适用新的司法解释。

（三）账户控制关系的认定

《操纵证券、期货市场解释》第五条规定："下列账户应当认定为刑法第一百八十二条中规定的'自己实际控制的账户'：（一）行为人以自己名义开户并使用的实名账户；（二）行为人向账户转入或者从账户转出资金，并承担实际损益的他人账户；（三）行为人通过第一项、第二项以外的方式管理、支配或者使用的他人账户；（四）行为人通过投资关系、协议等方式对账户内资产行使交易决策权的他人账户；（五）其他有证据证明行为人具有交易决策权的账户。""有证据证明行为人对前款第一项至第三项账户内资产没有交易决策权的除外。"根据该条的精神，认定账户控制关系的核心在于行为人对账户是否具有交易决策权。判断是否具有交易决策权存在疑难时，需要从以下方面综合认定：涉案账户之间的资金关联；涉案账户之间的IP、MAC地址或者其他软硬件关联；涉案账户交易的趋同性；投资关系、协议、融资安排或者其他安排；行为人自认；账户名义所有人等人员指认等。

（四）违法所得的计算

《操纵证券、期货市场解释》第九条第一款规定："本解释所称'违法所得'，是指通过操纵证券、期货市场所获利益或者避免的损失。"违法所得的认定一般应当遵循以下几个基本规则：一是获利或者避损可以归因于操纵犯罪行为，即违法所得应当与操纵行为有因果关系。二是计算违法所得一般要扣除买入成本和合理税费，包括印花税、交易佣金、过户费、股息红利税等因交易涉案证券直接实际产生的费用。但是行为人为实施违法行为而支付的融资费用、组织交易活动的开支等非因交易直接产生的费用不予扣除。三是违法所得是指操纵犯罪的获利或者避损，至于所获利益或者避免的损失是否最终归行为人所有或者支配，在所不问。

第十四条　修改洗钱罪

【条文内容】

十四、将刑法第一百九十一条修改为："为掩饰、隐瞒毒品犯罪、黑社会性质的组织犯罪、恐怖活动犯罪、走私犯罪、贪污贿赂犯罪、破坏金融管理秩序犯罪、金融诈骗犯罪的所得及其产生的收益的来源和性质，有下列行为之一的，没收实施以上犯罪的所得及其产生的收益，处五年以下有期徒刑或者拘役，并处或者单处罚金；情节严重的，处五年以上十年以下有期徒刑，并处罚金：

"（一）提供资金帐户的；

"（二）将财产转换为现金、金融票据、有价证券的；

"（三）通过转帐或者其他支付结算方式转移资金的；

"（四）跨境转移资产的；

"（五）以其他方法掩饰、隐瞒犯罪所得及其收益的来源和性质的。

"单位犯前款罪的，对单位判处罚金，并对其直接负责的主管人员和其他直接责任人员，依照前款的规定处罚。"

【条文主旨】

本条修改了洗钱罪的构成要件。将"自洗钱"行为以及地下钱庄洗钱行为作为犯罪处理。作上述修改以后，我国《刑法》对"自洗钱"也可单独定罪，为有关部门有效预防、惩治洗钱违法犯罪以及境外追逃追赃提供充足的法律保障。

【理解与适用】

一、修法背景

回顾《刑法》立法和修法过程，洗钱犯罪经历了多次修改完善。1997年《刑法》前，我国没有关于洗钱罪的专门罪名，仅在毒品犯罪领域有所规定，1990年12月28日颁布的《全国人民代表大会常务委员会关于禁毒的决定》明确规定了"掩饰、隐瞒毒赃性质、来源罪"。1997年《刑法》借鉴了国际洗钱犯罪的规定，将洗钱罪的上游犯罪从毒品犯罪，扩大到黑社会性质的组织犯罪、走私罪，规定单位也是洗钱犯罪的犯罪主体。2001年《刑法修正案（三）》修改了《刑法》第一百九十一条，将恐怖主义犯罪列为洗钱犯罪的上游犯罪，并对单位犯洗钱罪增加了情节严重的规定，提高了单位犯罪的法定刑；第一百二十条增加了"资助恐怖活动罪"，规定个人和单位都可以构成该罪的犯罪主体。2006年《刑法修正案（六）》将贪污贿赂犯罪、破坏金融管理秩序犯罪、金融诈骗犯罪规定为《刑法》第一百九十一条洗钱罪的上游犯罪，并修改了第三百一十二条窝藏罪的构成要件，将罪名修改为窝藏、转移、收购、销售赃物罪。2007年《反洗钱法》通过并实施，其中第二条规定："本法所称反洗钱，是指为了预防通过各种方式掩饰、隐瞒毒品犯罪、黑社会性质的组织犯罪、恐怖活动犯罪、走私犯罪、贪污贿赂犯罪、破坏金融管理秩序犯罪、金融诈骗犯罪等犯罪所得及其收益的来源和性质的洗钱活动，依照本法规定采取相关措施的行为。"根据这一规定，洗钱罪中上游犯罪的范围与《反洗钱法》规定保持了一致，实现了洗钱罪刑事立法与行政立法的行刑衔接。我国洗钱犯罪的立法也受到国际反洗钱制度的推动。2005年1月，中国成为"金融行动特别工作组"（FATF）的观察员，FATF制定的反洗钱"40项建议"和反恐融资"9项特别建议"作为国家反洗钱和反恐融资领域中最著名的指导性文件，日益得到联合国安理会、国际货币基金组织、世界银行等国际组织的广泛认可，已经成为国际公认的反洗钱国际标准和规范。2006年11月，我国接受了FATF对反洗钱制度的全面评估，2007年6月28日成为正式成员。为了让各成员严格执行这些规范，FATF还有较高的评估标准，通过严格的评估程序，督促和推动反洗钱立法。

可以说，我国洗钱犯罪的刑事立法不断完善。但近年来洗钱犯罪司法适用中也反映出一些情况，主要是洗钱罪案件数量太少，难以发挥直接惩治的作用。例如，全国法院审理的一审洗钱案件约为 3500～5000 件，以 2019 年为例，全国人民法院依法一审审结洗钱案件 5734 起，生效判决 13878 人。其中，以"洗钱罪"审结案件 77 起，生效判决 83 人；以"掩饰、隐瞒犯罪所得、犯罪所得收益罪"审结案件 5623 起，生效判决 13700 人；以"窝藏、转移、隐瞒毒品、毒赃罪"审结案件 34 起，生效判决 95 人。① 虽然相关案件数量不少，但是洗钱罪的案件数量却很少。其他年度审结案件的罪名分布情况也基本相似，其中，从 2016 年全国法院审结一审洗钱罪案件及生效判决数量而言，2016 年为 28 件，生效判决 17 人；2017 年为 32 件，生效判决 20 人；2018 年为 47 件，生效判决 52 人。② 为进一步加强对洗钱犯罪的惩治力度，有关部门建议将"自洗钱"行为也纳入洗钱犯罪予以打击。

关于是否规定"自洗钱"入罪。在立法过程中存在不同认识，反对的观点认为"自洗钱"入罪，会导致与上游犯罪实行数罪并罚，涉及法律修改后，影响《刑法》的结构体系、刑罚执行等一系列问题，影响面过大，建议进一步加强调研。主要考虑：其一，涉及罪名分布广，案件体量过大。洗钱犯罪相关联的上游犯罪包括六类：毒品犯罪（12 个罪名）、黑社会性质的组织犯罪（3 个罪名）、恐怖活动犯罪（7 个罪名）、走私犯罪（10 个罪名）、贪污贿赂犯罪（14 个罪名）、破坏金融管理秩序犯罪（29 个罪名）、金融诈骗犯罪（8 个罪名），共涉及相关罪名 83 个。其二，将"自洗钱"入罪与上游犯罪实行数罪并罚，导致量刑幅度提高，且压缩了缓刑适用的空间。一方面，数罪并罚后合并执行刑罚一般在三年以上有期徒刑的，不符合缓刑适用条件；另一方面，数罪并罚合并执行三年以下有

---

① 参见《2019 年中国反洗钱报告》，载中国人民银行网站，http://www.pbc.gov.cn/fanxiqianju/135153/135282/index.html，最后访问日期：2021 年 1 月 21 日。

② 参见《2016 年中国反洗钱报告》《2017 年中国反洗钱报告》《2018 年中国反洗钱报告》，载中国人民银行银行网站，http://www.pbc.gov.cn/fanxiqianju/135153/135282/index.html，最后访问日期：2021 年 1 月 21 日。

期徒刑的,适用缓刑,也不利于案件的社会效果。其三,"自洗钱"入罪导致与其他犯罪事后处置赃物行为的处罚不平衡。根据《洗钱犯罪司法解释》规定,广义的洗钱犯罪包括《刑法》第一百九十一条洗钱罪,第三百一十二条掩饰、隐瞒犯罪所得、犯罪所得收益罪,第三百四十九条窝藏、转移、隐瞒毒品、毒赃罪以及第一百二十条资助恐怖活动犯罪。如果将"自洗钱"行为按照《刑法》第一百九十一条洗钱罪规定定罪处罚,实行数罪并罚,而财产犯罪等处置赃物的作为事后不可罚的行为,不认定为犯罪,会导致刑事处罚上的不平衡。针对当前洗钱犯罪案件数量过少的情况,可以在下一步行刑执法领域衔接中,扩大预防、监控犯罪反洗钱活动的范围,强化线索移送和案件协查,进一步完善可疑交易线索移送和案件协查工作机制,优化打击犯罪的合作机制,维护金融秩序和社会稳定。而支持"自洗钱"行为入罪的观点认为:其一,基于反洗钱犯罪的特殊性,不宜简单认为洗钱行为属于事后不可罚行为。事后不可罚是犯罪人事后保持违法状态,洗钱行为后续又破坏了金融监管秩序,形成了新的犯罪。其二,从国际立法的趋势上分析,也主张将"自洗钱"入罪。从国外的立法比较上,除了英美法系国家根据"一行为一个罪名"的传统,将"自洗钱"行为规定为犯罪,俄罗斯、德国等也有关于"自洗钱"作为犯罪处理的规定。德国自1992年洗钱罪被制定以来,根据新形势的发展需要,又对《德国刑法典》第261条进行了十余次的修订,主要集中在上游犯罪的扩大适用、将实施上游犯罪的行为人纳入洗钱罪的主体范围、修改法定刑的刑度等方面。[①] 德国刑法第261条第1款规定,洗钱罪是指行为人将源于特定违法行为所得之物品加以隐藏,掩饰其来源,或者阻碍或危害对该物品来源的调查、发现、追缴、没收或查封此等物品之行为。此外,依据第261条第2款的规定,如果行为人对于源于特定违法行为所得之物品,为自己或为第三人而获取,或者在得到该物品时已经知悉其来源,而加以保管、为自己或为第三人而使用的,也视为洗钱罪。《国务院办公厅关于完善反洗钱、反恐怖融资、反逃税监管体制机制的意见》(国办函〔2017〕

[①] 参见王新:《德国反洗钱刑事立法评述及借鉴》,载《河南财经政法大学学报》2012年第1期。

84号)也提出按照我国参加的国际公约和明确承诺执行的国际标准要求,推动完善相关刑事立法,修改惩治洗钱犯罪相关规定,将上游犯罪的行为人本人纳入洗钱罪主体范围。其三,当前洗钱犯罪案件数量少,更有必要修改法律,"自洗钱"单独定罪,为有关部门有效预防、惩治洗钱违法犯罪以及境外追逃追赃提供充足的法律保障。从行为性质上我国《刑法》规定的洗钱罪在行为方式上都是协助型的行为类型,将"自洗钱"行为入罪后,在侦办案件中与上游犯罪同步办理,更有利于打击犯罪。立法过程中还有建议,要进一步扩大"洗钱罪"上游犯罪的范围。将《刑法》规定的所有严重犯罪列为"洗钱罪"上游犯罪,不限定具体的罪名范围。将上游犯罪范围扩大后的第一百九十一条修改为符合国际标准的"洗钱罪",将第三百一十二条、第三百四十九条修改为传统的"窝赃罪"。扩大后的洗钱罪行为再单独定罪,实行数罪并罚。①

在《刑法修正案(十一)(草案)》研拟过程中,综合各方意见,立法工作机关在草案二次审议稿中增加了对洗钱罪修改完善的内容,将"自洗钱"行为入罪。因"自洗钱"入罪调整了洗钱犯罪的结构体系,可能会对我国刑罚执行的整体情况带来影响,草案二次审议稿没有明确对于上游犯罪与下游"自洗钱"行为是否实行数罪并罚。另外,根据实践中反映洗钱犯罪出现了一些新情况,草案二次审议稿也对应进行了修改完善:是一些"地下钱庄"协助资金转移的,在第三项中增加了以其他"支付"方式协助资金转移的规定。涉及跨境洗钱的行为,既可能是在境内犯罪转移资产到境外,也可能是在境外犯罪转移资产到国内,资产在形式上不仅是资金,也可能是利用物品等,因此对应将第四项内容进行了修改完善;为进一步加大惩处力度,适应司法实践需要,还对洗钱罪的刑罚进行了完善,将"洗钱数额百分之五以上百分之二十以下罚金"修改为无限额罚金,有利于司法机关根据案件具体情况灵活把握和处理。对单位犯罪中直接责任人员的处罚增加规定了罚金刑。

---

① 《全国人大代表陈建华:建议修改刑法"洗钱罪"相关条款》,载中国金融新闻网,https://www.financialnews.com.cn/zt/2020lh/taya/202005/t20200526_191771.html,最后访问日期:2021年2月4日。

二、审议过程

草案一次审议稿	草案二次审议稿	《刑法修正案（十一）》
	十二、将刑法第一百九十一条修改为："为掩饰、隐瞒毒品犯罪、黑社会性质的组织犯罪、恐怖活动犯罪、走私犯罪、贪污贿赂犯罪、破坏金融管理秩序犯罪、金融诈骗犯罪的所得及其产生的收益的来源和性质，有下列行为之一的，没收实施以上犯罪的所得及其产生的收益，处五年以下有期徒刑或者拘役，并处或者单处罚金；情节严重的，处五年以上十年以下有期徒刑，并处罚金： "（一）提供资金帐户的； "（二）将财产转换为现金、金融票据、有价证券的； "（三）通过转帐或者其他支付结算方式转移资金的； "（四）跨境转移资产的； "（五）以其他方法掩饰、隐瞒犯罪所得及其收益的来源和性质的。"单位犯前款罪的，对单位判处罚金，并对其直接负责的主管人员和其他直接责任人员，依照前款的规定处罚。"	十四、将刑法第一百九十一条修改为："为掩饰、隐瞒毒品犯罪、黑社会性质的组织犯罪、恐怖活动犯罪、走私犯罪、贪污贿赂犯罪、破坏金融管理秩序犯罪、金融诈骗犯罪的所得及其产生的收益的来源和性质，有下列行为之一的，没收实施以上犯罪的所得及其产生的收益，处五年以下有期徒刑或者拘役，并处或者单处罚金；情节严重的，处五年以上十年以下有期徒刑，并处罚金： "（一）提供资金帐户的； "（二）将财产转换为现金、金融票据、有价证券的； "（三）通过转帐或者其他支付结算方式转移资金的； "（四）跨境转移资产的； "（五）以其他方法掩饰、隐瞒犯罪所得及其收益的来源和性质的。"单位犯前款罪的，对单位判处罚金，并对其直接负责的主管人员和其他直接责任人员，依照前款的规定处罚。"

在《刑法修正案（十一）（草案）》审议和征求意见过程中，对于是否将"自洗钱"行为纳入洗钱罪有过争议，立法工作机关经过反复研究，最终采纳了将"自洗钱"行为入罪的方案。《刑法修正案（十一）》第十四条沿用了草案二次审议稿的写法。

三、修正前后条文对照

修正前《刑法》	修正后《刑法》
第一百九十一条 【洗钱罪】明知是毒品犯罪、黑社会性质的组织犯罪、恐怖活动犯罪、走私犯罪、贪污贿赂犯罪、破坏金融管理秩序犯罪、金融诈骗犯罪的所得及其产生的收益，为掩饰、隐瞒其来源和性质，有下列行为之一的，没收实施以上犯罪的所得及其产生的收益，处五年以下有期徒刑或者拘役，并处或者单处洗钱数额百分之五以上百分之二十以下罚金；情节严重的，处五年以上十年以下有期徒刑，并处洗钱数额百分之五以上百分之二十以下罚金： （一）提供资金账户的； （二）协助将财产转换为现金、金融票据、有价证券的； （三）通过转账或者其他结算方式协助资金转移的； （四）协助将资金汇往境外的； （五）以其他方法掩饰、隐瞒犯罪所得及其收益的来源和性质的。 单位犯前款罪的，对单位判处罚金，并对其直接负责的主管人员和其他直接责任人员，处五年以下有期徒刑或者拘役；情节严重的，处五年以上十年以下有期徒刑。	第一百九十一条 【洗钱罪】为掩饰、隐瞒毒品犯罪、黑社会性质的组织犯罪、恐怖活动犯罪、走私犯罪、贪污贿赂犯罪、破坏金融管理秩序犯罪、金融诈骗犯罪的所得及其产生的收益的来源和性质，有下列行为之一的，没收实施以上犯罪的所得及其产生的收益，处五年以下有期徒刑或者拘役，并处或者单处罚金；情节严重的，处五年以上十年以下有期徒刑，并处罚金： （一）提供资金帐户的； （二）将财产转换为现金、金融票据、有价证券的； （三）通过转帐或者其他支付结算方式转移资金的； （四）跨境转移资产的； （五）以其他方法掩饰、隐瞒犯罪所得及其收益的来源和性质的。 单位犯前款罪的，对单位判处罚金，并对其直接负责的主管人员和其他直接责任人员，依照前款的规定处罚。

对比发现，《刑法修正案（十一）》对第一百九十一条的修改涉及六个

方面内容：一是将"自洗钱"行为纳入洗钱罪处罚。删除了原"明知"的规定，不再将洗钱罪上游犯罪限定为他人实施的犯罪行为，直接修改为"为掩饰、隐瞒……"。二是对应"自洗钱"行为入罪，将各类行为中"协助"的表述删除。三是在第三项增加了"支付"方式。四是第四项内容由"协助将资金汇往国外"修改为"跨境转移资产"。五是完善了刑罚规定，将自然人犯罪中倍比罚金数额规定修改为抽象罚金数额规定。六是修改单位犯罪的刑罚，对直接负责的主管人员和其他直接责任人员所处的刑罚与自然人犯罪所处的刑罚保持一致，增加了关于罚金刑的规定。

四、修正后条文的理解与适用

（一）犯罪客体

洗钱罪的犯罪客体是金融管理秩序。洗钱行为破坏了金融管理秩序，金融管理秩序可能根据行为方式不同具体表现为资金流转的合法性、外汇管理制度等。

（二）犯罪客观方面

洗钱罪的犯罪客观方面是将毒品犯罪、黑社会性质的组织犯罪、恐怖活动犯罪、走私犯罪、贪污贿赂犯罪、破坏金融管理秩序犯罪、金融诈骗犯罪的所得及其产生的收益，由非法转化为形式上合法。在具体的行为方式上包括五种：提供资金账户的行为；将财产转换为现金、金融票据、有价证券的行为；通过转账或者其他支付结算方式转移资金的行为；跨境转移资产的行为；以其他方法掩饰、隐瞒犯罪所得及其收益的来源和性质的行为。

（三）犯罪主体

洗钱罪的犯罪主体是一般主体，既包括个人，也包括单位。

《刑法修正案（十一）》施行前，洗钱罪的犯罪主体不包括实施上游犯罪的行为人。根据修正后《刑法》规定，实施毒品犯罪、黑社会性质的组织犯罪、恐怖活动犯罪、走私犯罪、贪污贿赂犯罪、破坏金融管理秩序犯罪、金融诈骗犯罪的行为人，后续又实施洗钱犯罪的，可以单独构成洗钱罪。

（四）犯罪主观方面

洗钱罪的犯罪主观方面是故意，不包括过失。

（五）刑事责任

根据修正后《刑法》第一百九十一条第一款规定，犯洗钱罪的，处五年以下有期徒刑或者拘役，并处或者单处罚金；情节严重的，处五年以上十年以下有期徒刑，并处罚金。

根据修正后《刑法》第一百九十一条第二款规定，单位犯洗钱罪的，对单位判处罚金，并对其直接负责的主管人员和其他直接责任人员，依照根据修正后《刑法》第一百九十一条第一款规定处罚。

五、司法适用中需要注意的问题

（一）洗钱罪的罪名范围以及相近罪名区分

根据《洗钱犯罪司法解释》，广义的洗钱犯罪包括《刑法》第一百九十一条洗钱罪，第三百一十二条掩饰、隐瞒犯罪所得、犯罪所得收益罪，第三百四十九条窝藏、转移、隐瞒毒品、毒赃罪以及第一百二十条资助恐怖活动罪。根据对洗钱犯罪的罪名范围界定，资助恐怖活动罪具有特殊性，立法本意在于切断恐怖活动的资金来源，从根本上遏制恐怖活动的实施，规制的是资金的来源，而洗钱犯罪规制的是资金的去向。因此，在理论上将资助恐怖活动罪称为"反向洗钱"，即将资金用于违法犯罪的用途。

洗钱罪与掩饰、隐瞒犯罪所得、犯罪所得收益罪，窝藏、转移、隐瞒毒品、毒赃罪具有相似之处。特别是《刑法修正案（六）》后，关于掩饰、隐瞒犯罪所得、犯罪所得收益罪的行为方式有所淡化，在行为方式上与洗钱罪更为接近，有时候存在难以区分的情况。经研究认为，《刑法》第一百九十一条、第三百一十二条、第三百四十九条三个条文的规定均属洗钱犯罪，只是适用的范围不同，属于一般法和特殊法的关系。理论上有的主张属于想象竞合犯,因为洗钱犯罪也妨害了司法秩序,当洗钱行为同时构成掩饰、隐藏犯罪所得、犯罪所得受益的,按照想象竞合犯从一重处理。①经研究认为,这种观点难以成立,掩饰、隐瞒犯罪所得、犯罪所得收益罪的规定属于一般法规定,洗钱罪、窝藏、转移、隐瞒毒品、毒赃罪属于特别法规定,这在《刑法修正案(六)》的立法文件中有着清晰表述。"考虑到《刑法》第一百九十一条对洗钱罪的上游犯罪虽然有些扩大,但根据国际公约的要求,对于掩饰、隐藏犯罪所得赃物以及收益的行为都应当作为犯罪处理,在法律上也应当明确,因此,《刑法修正案(六)》适用范围扩大到了除了《刑法》第一百九十一条规定的上游以外的所有犯罪。"② 但是在《洗钱犯罪司法解释》中,为了进一步体现依法从严惩治洗钱犯罪,第三条规定:"明知是犯罪所得及其产生的收益而予以掩饰、隐瞒,构成《刑法》第三百一十二条规定的犯罪,同时又构成《刑法》第一百九十一条或者第三百四十九条规定的犯罪的,依照处罚较重的规定定罪处罚。"

另外,因洗钱罪上游犯罪规定了毒品犯罪,与窝藏、转移、隐瞒毒品、毒赃罪区分对于认定此罪与彼罪具有重要意义。根据法律规定,可以从以下方面进行区分。第一,从犯罪对象上区分,洗钱犯罪针对的对象是包括毒品犯罪在内的七类犯罪的犯罪所得及其收益,不一定直接涉及财物本身,而后者针对的是毒品、毒赃财物本身。第二,从行为方式上区分,洗钱犯罪表现为将上游犯罪所得及其收益通过提供账户、转移资产等使其表面合法化的行为,而后者主要是改变赃物的空间位置或者状态,对赃物进行藏匿或者转移,逃避司法机关查处。不涉及对毒赃的投资、清洗等活动。③

(二)"自洗钱"入罪后上下游犯罪的处罚

根据修正后《刑法》第一百九十一条规定,"自洗钱"行为入罪,是

---

① 参见张明楷:《刑法学》,法律出版社2016年版,第793页。
② 参见黄太云:《立法解读:刑法修正案及刑事立法解释》,人民法院出版社2006年版,第148页。
③ 参见陈伶俐、于同志、鲍艳:《金融犯罪前沿问题审判实务》,中国法制出版社2014年版,第199~200页。

对"自洗钱"单独评价定罪。"自洗钱"入刑后，与有关上游犯罪是实行数罪并罚，还是实行从一重罪处罚，需要进一步研究。从与其他犯罪相协调的角度看，本书倾向于认为，一般应实行从一重罪处罚。

"自洗钱"行为入罪后，上下游行为可能会面临处罚不平衡的问题，主要表现为洗钱罪上游行为不构成犯罪，而下游行为反而可能构成洗钱罪。因为洗钱犯罪的上游行为如走私犯罪、贪污贿赂犯罪、破坏金融管理秩序犯罪、金融诈骗犯罪等对于犯罪成立原则上要求具备特定的数额或者情节，现行司法解释对于洗钱罪的定罪标准并未明确，而依照最高人民检察院、公安部关于印发《立案追诉标准（二）》对洗钱罪立案标准的规定，实施洗钱行为即应立案追诉。因此，如果适用追诉标准可能就会导致上游行为不构成犯罪，下游行为构成洗钱犯罪，明显违背罪刑均衡的原则。针对这类问题在实践中要注意把握：第一，正确认识立案追诉标准只是参照适用，不具有司法解释的性质。《最高人民法院关于在经济犯罪审判中参照适用〈最高人民检察院、公安部关于公安机关管辖的刑事案件立案追诉标准的规定（二）〉的通知》明确指出，最高人民法院对相关经济犯罪的定罪量刑标准没有规定的，人民法院在审理经济犯罪案件时，可以参照适用《立案追诉标准（二）》的规定。各级人民法院在参照适用《立案追诉标准（二）》的过程中，如认为《立案追诉标准（二）》的有关规定不能适应案件审理需要的，要结合案件具体情况和本地实际，依法审慎稳妥处理好案件的法律适用和政策把握，争取更好的社会效果。第二，在入罪门槛上，原则上应把握在"一对一"上下游行为中，只有上游行为构成犯罪的，方能认定下游行为构成洗钱罪，否则会导致处罚的不平衡。这里上游行为构成犯罪是规范意义上的构成犯罪，按照《刑法》规定达到了犯罪的程度，并不是指上游犯罪经过审判属于已经宣告判决的犯罪，上游犯罪行为人不到案的不影响洗钱犯罪的认定。特殊情况下，如在"多对一"的上下游行为中，行为人实施了多个上游违法行为，虽然单个行为均不构成犯罪，但是数额累计计算较大的，下游洗钱行为也可能会构成洗钱罪。第三，在具体量刑幅度的把握上，洗钱犯罪刑罚原则上不应重于上游犯罪的刑罚，防止形成刑罚的"倒挂"现象。洗钱犯罪作为下游犯罪，其行为对象是由上游犯罪衍生而来，二者社会危害性也是紧密相连的，犯罪成立与否原则上依附于上游犯罪的社会危害性程度，处罚也不宜超过上游犯罪。例如，行为人上游犯罪实施贪污贿赂行为，属于数额较大或者有其他较重情节的，依照《刑法》第三百八十三条规定，应处三年以下有期徒刑或者拘役，并处罚金，那么其实施"自洗钱"的行为构成洗钱罪的，就不宜适用五年以上十年以下有期徒刑的量刑档，只能适用五年以下有期徒刑或者拘役，并处或者单处罚金的量刑档，并且在具体适用刑罚上不宜超过三年有期徒刑，防止超过贪污贿赂罪的刑罚，以此确保上下游犯罪处罚的量刑均衡，体现罪责刑相适应原则。

（三）关于洗钱罪故意的判断

1997年《刑法》明确规定行为人"明知"是毒品犯罪等七类犯罪的所得及其产生的收益，而予以洗钱的构成犯罪。对于"明知"的判断，《洗钱犯罪司法解释》第一条规定，应当结合被告人的认知能力，结合他人犯罪所得及其收益的情况，犯罪所得及其收益的种类、数额，犯罪所得及其收益的转换、转移方式以及被告人的供述等主、客观因素进行认定。司法解释在概括性规定的基础上，为方便司法操作还采用具体列举方式，列举了六种推定明知的情形，除有证据证明确实不知道的之外，均可以认定行为人对犯罪所得及其收益具有主观明知。

修正后《刑法》第一百九十一条洗钱罪删除了"明知"规定。有的观点提出，删除"明知"意味着本罪的主观方面也相应地进行了修改，会对犯罪认定带来负面影响。其一，容易产生客观归罪的情况。可能将行为人只要认为对方资金来路不明的间接故意、疏于审查资金来源的过失情形纳入刑事处罚范围，导致入罪门槛降低。其二，取消"明知"会加重金融机构的反洗钱义务，甚至面临刑事处罚的风险。我国《反洗钱法》第三条规定金融机构和按照规定应当履行反洗钱义务的特定非金融机构应履行反洗钱义务。删除"明知"会导致义务主体未履行相应反洗钱职责、未尽到合理注意义务的情形下，即可能构成犯罪，面临着刑事责任追究的风险。经研究认为，这种观点不能成立。洗钱罪为故意犯罪，必须要求明知是犯罪的违法所得及其产生的收益，仍为其洗钱的才构成犯罪。"掩饰、隐瞒"行为本身就带有故意实施相关行为的意思，在具体认定上，与"明知"要件存在一定程度的重复。在理解上，不再要求对某一种具体上游犯罪的罪名具备"明知"，如果犯罪所得及其收益确实来源于恐怖活动犯罪、走私犯罪、贪污贿赂犯罪等特定上游犯罪，最终不能以洗钱罪定罪处罚，将不能充分体现罚当其罪，与罪责刑相适应原则也不一致。[1]

---

[1] 参见许永安主编：《中华人民共和国刑法修正案（十一）解读》，中国法制出版社2021年版，第137页。

第十五条　修改集资诈骗罪
第十六条　修改集资诈骗罪单位犯罪处罚的规定

【条文内容】

十五、将刑法第一百九十二条修改为："以非法占有为目的，使用诈骗方法非法集资，数额较大的，处三年以上七年以下有期徒刑，并处罚金；数额巨大或者有其他严重情节的，处七年以上有期徒刑或者无期徒刑，并处罚金或者没收财产。

"单位犯前款罪的，对单位判处罚金，并对其直接负责的主管人员和其他直接责任人员，依照前款的规定处罚。"

十六、将刑法第二百条修改为："单位犯本节第一百九十四条、第一百九十五条规定之罪的，对单位判处罚金，并对其直接负责的主管人员和其他直接责任人员，处五年以下有期徒刑或者拘役，可以并处罚金；数额巨大或者有其他严重情节的，处五年以上十年以下有期徒刑，并处罚金；数额特别巨大或者有其他特别严重情节的，处十年以上有期徒刑或者无期徒刑，并处罚金。"

【条文主旨】

针对实践中不法分子借互联网金融名义从事网络非法集资，严重扰乱经济金融秩序和极大侵害人民群众财产的情况，《刑法修正案（十一）》调整集资诈骗罪的刑罚结构，加大对非法集资犯罪的惩处力度，修改集资诈骗罪单位犯罪处罚的规定，对集资诈骗罪单位犯罪作出单独规定。

《刑法修正案（十一）》条文及配套《罪名补充规定（七）》理解与适用

【理解与适用】

一、修法背景

近年来，集资诈骗罪作为非法集资犯罪中社会危害性最为严重的犯罪，也呈现出一些新的特点。其一，案件呈现高发态势。近年来，全国检察机关办理的涉嫌集资诈骗犯罪案件数量居高不下，2016年起诉1661人，2017年起诉1862人，2018年起诉1962人。① 其二，犯罪行为手段不断翻新，在犯罪主体上以单位犯罪居多，以公司形式包装或者以公司投资形式募集资金更具有迷惑性，也更容易吸引非法集资参与人；在非法集资的客观行为方式上，以P2P等互联网金融名义实施的集资诈骗也日益增多，因宣传更为便利，涉及集资参与人的人数众多，地域范围更广。其三，有的集资诈骗案件的涉案数额特别巨大，动辄上亿元人民币。2017年9月12日，北京市第一中级人民法院对"e租宝"主体案件作出判决，其中认定e租宝通过电视台、网络、散发传单等途径向社会公开宣传，吸收115万余人，资金共计762亿余元。② 2018年公安部公布的"非法集资十大典型案例"之一南京"钱宝"案件，于2019年由江苏省南京市中级人民法院依法公开开庭，以集资诈骗罪判处被告人张某雷有期徒刑十五年，并处没收个人财产人民币一亿元。张某雷当庭认罪、悔罪，表示服从法院判决，不上诉。据此前媒体报道，张某雷等人非法集资未兑付集资参与人的本金高达300亿元。③ 2020年上海市第一中级人民法院审理的"善林金融"案，涉非法集资近737亿元，截至案发尚有25万余名投资人共计217亿元

---

① 参见《检察机关办理非法集资犯罪案件数量逐年上升》，载人民网，http://legal.people.com.cn/n1/2019/0211/c42510-30617192.html，最后访问日期：2021年1月21日。
② 参见《E租宝案最终宣判：111人受审，罚金超20亿!》，载搜狐网，https://www.sohu.com/a/232454611_100097374，最后访问日期：2021年1月21日。
③ 参见《钱宝案宣判：主犯张小雷因自首、协助追赃获轻判15年》，载新浪网，https://finance.sina.com.cn/money/bank/dsfzf/2019-06-21/doc-ihytcitk6707757.shtml，最后访问日期：2021年1月21日。

第十六条 修改集资诈骗罪单位犯罪处罚的规定

未兑付。① 为遏制集资诈骗罪的高发态势，更好地体现罪责刑相适应原则，有必要加大惩处力度，对集资诈骗罪的法定刑作出调整。修改前《刑法》对罚金刑数额采取有限额罚金制方式，最高只能判处五十万元，难以适应社会经济生活发展，惩罚性不足，且各个罚金数额幅度内存在交叉，难以实现差异化评价。

对于集资诈骗罪严惩是否需要恢复死刑。《刑法修正案（九）》删除集资诈骗罪死刑是考虑到当时金融体制改革正在进行，加上当时很多民营企业在融资方面存在着一些困难，导致此类的集资行为多发。集资诈骗不是危害比较大的暴力性犯罪，为体现少杀慎杀的原则，删除了关于适用死刑的规定。经研究认为，死刑立法改革的成果必须坚持，尤其是经济性非暴力犯罪继续坚持逐步废除的宏观方向并未发生变化。集资诈骗罪死刑废除经历了一个历史演变的过程，废除死刑具有理论、法律和现实依据。1995年《全国人民代表大会常务委员会关于惩治破坏金融秩序犯罪的决定》将使用诈骗方法非法集资的犯罪，作为一种特殊的诈骗犯罪加以规定，并配置了死刑。1997《刑法》修订时，对集资诈骗罪保留了死刑规定，依照第一百九十九条的规定，犯集资诈骗罪，数额特别巨大并且给国家和人民利益造成特别重大损失的，处无期徒刑或者死刑，并处没收财产。《刑法修正案（八）》修法过程中取消了票据诈骗罪、金融凭证诈骗罪、信用证诈骗罪三个罪名的死刑，但是并未取消集资诈骗罪的死刑规定。主要考虑是：长期以来集资诈骗犯罪活动持续高发，严重危害市场经济秩序，损害人民群众利益，经常引发极端事例，严重影响社会治安稳定，当时尚不具备废除死刑的条件。《刑法修正案（八）》施行后，集资诈骗罪成为金融诈骗罪中唯一保留死刑规定的罪名。直至《刑法修正案（九）》修法过程中，将集资诈骗罪死刑废除。虽然当前集资诈骗罪呈现高发态势，但不宜恢复适用死刑的规定。主要考虑：其一，非法集资类案件高发具有多方面的原因，引发的原因较为复杂，与经济金融融资渠道不顺畅、投资渠道单一有

---

① 参见《25万人损失200多亿！善林金融案一审宣判周伯云获无期徒刑》，载新浪网，http://finance.sina.com.cn/money/bank/bank_hydt/2020-07-24/doc-iivhvpwx7300908.shtml，最后访问日期：2021年1月21日。

所关联。银行等金融机构对贷款设置门槛条件较高,导致许多民营企业向民间寻找融资渠道,自然也给犯罪可乘之机,而由于房地产市场投资的限制、银行经营理财产品收益较低、股票证券市场风险高等原因导致民间投资剩余的"热钱"无处投资,为寻求更高的利润,引发了非法集资案件的高发。其二,集资诈骗罪中被骗的集资参与人自身往往也有一定过错,集资参与人出于投机心理,追求高额的利润,但在经济金融市场环境下,收益与风险并存是自然的市场规律,因此虽然有些集资诈骗罪中数额巨大、特别巨大,但数额仅仅是作为判断集资诈骗罪社会危害性的一个重要因素,并不是唯一的因素。在大规模、数额特别巨大、收益明显畸高的集资诈骗犯罪案件中,集资参与人对于可能存在的损失也应有一定的认知,但其仍然参与投资,并且存在一定的侥幸心理,认为所谓的"爆雷"不能兑现的风险不会发生在自己身上,因此对于犯罪的发生存在一定的"过错"。对于犯罪发生有过错的,不适用死刑也符合司法的一贯立场。其三,恢复集资诈骗罪的死刑规定有损金融诈骗罪刑罚体系的整体协调。集资诈骗罪的行为方式、社会危害性与金融票证诈骗罪等其他金融诈骗罪没有本质性区别,恢复死刑规定与其他犯罪刑罚规定明显不协调。因此,集资诈骗罪作为非暴力的经济性犯罪,最高处以无期徒刑也可以做到罪刑相适应,不宜恢复死刑的规定,这也是落实党的十八届三中全会提出的"逐步减少适用死刑罪名"的要求。

基于此,《刑法修正案(十一)(草案)》研拟过程中,立法工作机关对集资诈骗罪刑罚进行了修改。主要体现为两个方面:其一,对主刑进行调整,由原来三档调整为两档,分别是"三年以上七年以下有期徒刑"和"七年以上有期徒刑或者无期徒刑",与其他金融诈骗犯罪的法定刑规定相比,起刑点更高,以体现严惩。其二,对附加刑进行修改,删除罚金数额的规定,修改为无限罚金制,抽象规定只适用罚金,具体罚金数额交由司法实践具体把握裁量。这样就形成了草案第十三条的写法。因草案一次审议稿对单位集资诈骗犯罪处罚未作调整,这样就会出现单位犯罪与自然人犯罪处罚不平衡的情况,自然人犯罪的刑罚分为两档,即三年以上七年以下有期徒刑、七年以上有期徒刑或者无期徒刑;而单位犯罪沿用原规定刑罚分为三档,即五年以下有期徒刑或者拘役、五年以上十年以下有期徒刑、十年以上有期徒刑或者无期徒刑。这样规定可能会导致有的行为人为规避处罚，恶意注册公司、企业等以单位形式实施犯罪，在司法实践中还要根据单位犯罪的具体组织行为作进一步判断，是属于以单位名义实施集资诈骗犯罪的作为单位犯罪处理，还是属于组织者、策划者、实施者利用单位名义实施的自然人犯罪，增加了司法适用的困难。因此在二次审议稿中，对1997年《刑法》第二百条进行了修改，将集资诈骗罪单位处罚规定作为第一百九十二条第二款，对于集资诈骗罪单位犯罪与自然人犯罪作同等处罚，避免了集资诈骗罪中自然人犯罪和单位犯罪的法定刑配置不统一。这样就形成了草案二次审议稿第十六条的写法。

二、审议过程

草案一次审议稿	草案二次审议稿	《刑法修正案（十一）》
十三、将刑法第一百九十二条修改为："以非法占有为目的，使用诈骗方法非法集资，数额较大的，处三年以上七年以下有期徒刑，并处罚金；数额巨大或者有其他严重情节的，处七年以上有期徒刑或者无期徒刑，并处罚金或者没收财产。"	十五、将刑法第一百九十二条修改为："以非法占有为目的，使用诈骗方法非法集资，数额较大的，处三年以上七年以下有期徒刑，并处罚金；数额巨大或者有其他严重情节的，处七年以上有期徒刑或者无期徒刑，并处罚金或者没收财产。""单位犯前款罪的，对单位判处罚金，并对其直接负责的主管人员和其他直接责任人员，依照前款的规定处罚。"	十五、将刑法第一百九十二条修改为："以非法占有为目的，使用诈骗方法非法集资，数额较大的，处三年以上七年以下有期徒刑，并处罚金；数额巨大或者有其他严重情节的，处七年以上有期徒刑或者无期徒刑，并处罚金或者没收财产。""单位犯前款罪的，对单位判处罚金，并对其直接负责的主管人员和其他直接责任人员，依照前款的规定处罚。"

草案一次审议稿	草案二次审议稿	《刑法修正案（十一）》
	十六、将刑法第二百条修改为："单位犯本节第一百九十四条、第一百九十五条规定之罪的，对单位判处罚金，并对其直接负责的主管人员和其他直接责任人员，处五年以下有期徒刑或者拘役，可以并处罚金；数额巨大或者有其他严重情节的，处五年以上十年以下有期徒刑，并处罚金；数额特别巨大或者有其他特别严重情节的，处十年以上有期徒刑或者无期徒刑，并处罚金。"	十六、将刑法第二百条修改为："单位犯本节第一百九十四条、第一百九十五条规定之罪的，对单位判处罚金，并对其直接负责的主管人员和其他直接责任人员，处五年以下有期徒刑或者拘役，可以并处罚金；数额巨大或者有其他严重情节的，处五年以上十年以下有期徒刑，并处罚金；数额特别巨大或者有其他特别严重情节的，处十年以上有期徒刑或者无期徒刑，并处罚金。"

在《刑法修正案（十一）（草案）》审议和征求意见过程中，各方普遍认为，调整集资诈骗罪刑罚，有利于加大惩治力度、维护金融安全，赞同草案一次审议稿的写法。草案二次审议稿第十五条又增加了对单位犯罪处罚的规定，第十六条对应作出了调整。《刑法修正案（十一）》第十五条、第十六条最后沿用了草案二次审议稿的写法。

三、修正前后条文对照

修正前《刑法》	修正后《刑法》
第一百九十二条　【集资诈骗罪】 以非法占有为目的，使用诈骗方法非法集资，数额较大的，处五年以下有期徒刑或者拘役，并处二万元以上二十万元以下罚金；数额巨大或者有其他严重情节的，处五年以上十年以下有期徒刑，并处五万元以上五十万元以下罚金；数额特别巨大或者有其他特别严重情节的，处十年以上有期徒刑或者无期徒刑，并处五万元以上五十万元以下罚金或者没收财产。	**第一百九十二条　【集资诈骗罪】** 以非法占有为目的，使用诈骗方法非法集资，数额较大的，处三年以上七年以下有期徒刑，并处罚金；数额巨大或者有其他严重情节的，处七年以上有期徒刑或者无期徒刑，并处罚金或者没收财产。 单位犯前款罪的，对单位判处罚金，并对其直接负责的主管人员和其他直接责任人员，依照前款的规定处罚。
第二百条　【单位犯金融诈骗罪的处罚规定】 单位犯本节第一百九十二条、第一百九十四条、第一百九十五条规定之罪的，对单位判处罚金，并对其直接负责的主管人员和其他直接责任人员，处五年以下有期徒刑或者拘役，可以并处罚金；数额巨大或者有其他严重情节的，处五年以上十年以下有期徒刑，并处罚金；数额特别巨大或者有其他特别严重情节的，处十年以上有期徒刑或者无期徒刑，并处罚金。	**第二百条　【单位犯金融诈骗罪的处罚规定】** 单位犯本节第一百九十四、第一百九十五条规定之罪的，对单位判处罚金，并对其直接负责的主管人员和其他直接责任人员，处五年以下有期徒刑或者拘役，可以并处罚金；数额巨大或者有其他严重情节的，处五年以上十年以下有期徒刑，并处罚金；数额特别巨大或者有其他特别严重情节的，处十年以上有期徒刑或者无期徒刑，并处罚金。

对比发现，《刑法修正案（十一）》第十五条、第十六条对《刑法》第一百九十二条、第二百条关于集资诈骗罪的刑罚进行了修改，主要涉及两个方面：一是将原来刑罚三档修改为两档，并对罚金数额的立法方式进行修改，由原来的有限罚金数额修改为抽象罚金数额；二是修改单位犯罪的处罚规定，单独作出了规定，对单位犯罪中直接负责的主管人员和其他直接责任人员刑罚与自然人犯罪的保持一致。

四、修正后条文的理解与适用

(一) 犯罪客体

集资诈骗罪的犯罪客体是国家的金融管理秩序和公私财产的所有权。

(二) 犯罪客观方面

集资诈骗罪的犯罪客观方面表现为使用虚构事实或者隐瞒真相诈骗的方法非法集资,数额较大的行为。

(三) 犯罪主体

集资诈骗罪的犯罪主体为一般主体,既可以是自然人,也可以是单位。

(四) 犯罪主观方面

集资诈骗罪的犯罪主观方面是直接故意,并且具有非法占有集资款的目的。间接故意和过失不可能构成犯罪。

(五) 刑事责任

修正后《刑法》第一百九十二条第一款规定,犯集资诈骗罪的,处三年以上七年以下有期徒刑,并处罚金;数额巨大或者有其他严重情节的,处七年以上有期徒刑或者无期徒刑,并处罚金或者没收财产。

修正后《刑法》第一百九十二条第二款规定,单位犯集资诈骗罪的,对单位判处罚金,并对其直接负责的主管人员和其他直接责任人员,依照修正后《刑法》第一百九十二条第一款的规定处罚。

2010年《非法集资司法解释》,对自然人、单位犯集资诈骗罪中"数额较大""数额巨大"均有规定,上述规定的数额标准可以参考执行。关于法定刑升档要件中的"其他严重情节",目前尚无相关司法解释规定,实践中可以参考2011年《最高人民法院、最高人民检察院关于办理诈骗刑事案件具体应用法律问题的解释》第二条的有关规定,从诈骗的财物性质、被骗人情况、有无造成其他严重危害后果等进行具体认定,比如是否诈骗救济、医疗款物,被骗人是否残疾人、老年人或者丧失劳动能力的人,是否造成被害人自杀、精神失常、群体性事件等。另外,需要注意的是,集资诈骗罪的第二档刑罚为"七年以上有期徒刑或者无期徒刑",与其他金融诈骗犯罪的法定刑规定相比,刑罚跨度较大,集资诈骗罪案件情况较为复杂,有些案件数额特别巨大。因此,在司法适用中需要根据案件的具体情况确定具体刑罚,注重把握同类案件的量刑平衡。

五、司法适用中需要注意的问题

(一) 关于涉案财物的处理方式

近年来,有的非法集资案件数额特别巨大,往往涉及集资参与人众多。如何妥善处理涉案财物也成为司法实践中较为关注的问题。

1. 关于涉案财物的处置程序。根据2014年《非法集资司法解释》的规定,集资参与人的损害赔偿应当通过刑事追赃、退赔的方式解决。对于提起附带民事诉讼,或者另行提起民事诉讼请求返还被非法占有、处置的财产的,人民法院不予受理。上述规定适用于包括集资诈骗罪在内的非法集资案件。因非法集资涉及参与人众多,实践中司法机关往往以公告形式,对涉案财物处置情况进行说明。

2. 关于涉案财物的处理范围。非法集资案件中涉及财产众多,对于刑事诉讼程序中具体裁判方式,《刑事诉讼法解释》第四百四十四条作出了明确规定:"对查封、扣押、冻结的财物及其孳息,应当在判决书中写明名称、金额、数量、存放地点及其处理方式等。涉案财物较多,不宜在判决主文中详细列明的,可以附清单。判决追缴违法所得或者责令退赔的,应当写明追缴、退赔的金额或者财物的名称、数量等情况;已经发还的,应当在判决书中写明。"

3. 对于涉案财物漏判的处理规则。对于涉众型犯罪案件或者其他涉案财物情况复杂的案件,财物的处置可能存在遗漏等情况,《刑事诉讼法解释》为保障相关权利,对此专门作出了规定,第四百四十六条规定:"第二审期间,发现第一审判决未对随案移送的涉案财物及其孳息作出处理的，可以裁定撤销原判，发回原审人民法院重新审判，由原审人民法院依法对涉案财物及其孳息一并作出处理。""判决生效后，发现原判未对随案移送的涉案财物及其孳息作出处理的，由原审人民法院依法对涉案财物及其孳息另行作出处理。"第一款规定，二审期间对一审判决未对随案移送的涉案财物及其孳息作出处理的，可以裁定撤销原判，发回原审人民法院重新审判，由原审人民法院依法对涉案财物及其孳息一并作出处理。此种情形不违反上诉不加刑原则的要求。第二款规定，判决生效后对原判漏判涉案财物的处理规则。这两种情形对于涉案财物处理仅限于"随案移送的涉案财物及其孳息"。

（二）本罪与相关诈骗犯罪的界分

金融诈骗是诈骗犯罪的一种，集资诈骗罪又属于金融诈骗罪的一种，两者存在种属关系，集资诈骗罪是根据诈骗的手段、发生的领域对诈骗犯行为作出的特殊性规定。因此，符合集资诈骗罪构成要件的，也符合诈骗罪构成要件。按照法条竞合的适用原则，可以按照特殊法优先于一般法处理。集资诈骗罪客观上也实施了以虚构事实、隐瞒真相的方法骗取他人财物的行为，但是采取非法集资的手段，针对社会不特定人实施的，还侵犯了金融管理秩序，应认定为集资诈骗罪。目前，刑法理论中主张对于法条竞合应适用重法优于轻法原则。

第十七条　修改假冒注册商标罪

【条文内容】

十七、将刑法第二百一十三条修改为:"未经注册商标所有人许可,在同一种商品、服务上使用与其注册商标相同的商标,情节严重的,处三年以下有期徒刑,并处或者单处罚金;情节特别严重的,处三年以上十年以下有期徒刑,并处罚金。"

【条文主旨】

本条与修改后《商标法》等衔接,增加侵犯服务商标犯罪规定,并适当提高假冒注册商标罪的刑罚,进一步加大惩治力度。

【理解与适用】

一、修法背景

1979年《刑法》第一百二十七条规定:"违反商标管理法规,工商企业假冒其他企业已经注册的商标的,对直接责任人员,处三年以下有期徒刑、拘役或者罚金。"本条规定的犯罪主体限于工商企业,侵犯的对象限定为其他企业已经注册的商标。由此导致1979年《刑法》适用中,对假冒注册商标罪的主体和对象范围存在争议。为解决上述争议,并与《商标法》规定衔接,1993年《全国人民代表大会常务委员会关于惩治假冒注册商标犯罪的补充规定》第一条第一款规定:"未经注册商标所有人许可,在同一种商品上使用与其注册商标相同的商标,违法所得数额较大或者有其他严重情节的,处三年以下有期徒刑或者拘役,可以并处或者单处罚金;违法所得数额巨大的,处三年以上七年以下有期徒刑,并处罚金。"

第三条规定"企业事业单位"也可以构成本罪。1997年《刑法》吸收上述规定并略作调整，在第二百一十三条规定："未经注册商标所有人许可，在同一种商品上使用与其注册商标相同的商标，情节严重的，处三年以下有期徒刑或者拘役，并处或者单处罚金；情节特别严重的，处三年以上七年以下有期徒刑，并处罚金。"

1997年《刑法》实施以来，关于知识产权保护的理念、形势、政策等都发生了变化。2020年11月30日，习近平总书记在中央政治局第二十五次集体学习时强调："知识产权保护工作关系国家治理体系和治理能力现代化，关系高质量发展，关系人民生活幸福，关系国家对外开放大局，关系国家安全。全面建设社会主义现代化国家，必须从国家战略高度和进入新发展阶段要求出发，全面加强知识产权保护工作，促进建设现代化经济体系，激发全社会创新活力，推动构建新发展格局。"2019年11月，中共中央办公厅、国务院办公厅印发的《关于强化知识产权保护的意见》明确规定："加强刑事司法保护，推进刑事法律和司法解释的修订完善。加大刑事打击力度，研究降低侵犯知识产权犯罪入罪标准，提高量刑处罚力度，修改罪状表述，推动解决涉案侵权物品处置等问题。强化打击侵权假冒犯罪制度建设，探索完善数据化打假情报导侦工作机制，开展常态化专项打击行动，持续保持高压严打态势。"正是在此背景之下，《刑法修正案（十一）》将修改完善知识产权犯罪作为重点内容之一，针对实践中侵犯知识产权犯罪出现的新情况、新问题作出修改完善，通过加大对知识产权的保护力度、保护创新，促进经济社会更好地发展。

具体就假冒注册商标罪而言，一方面，1997年《刑法》保护的对象仅限于商品商标，未包括服务商标，在《商标法》对商品商标与服务商标实行同等保护的背景下亟须作出调整完善；另一方面，对假冒注册商标罪的法定刑有待适当提升，以进一步加大对假冒注册商标犯罪的惩治力度，提升刑事司法保护水平。

二、审议过程

草案一次审议稿	草案二次审议稿	《刑法修正案（十一）》
		十七、将刑法第二百一十三条修改为："未经注册商标所有人许可，在同一种商品、服务上使用与其注册商标相同的商标，情节严重的，处三年以下有期徒刑，并处或者单处罚金；情节特别严重的，处三年以上十年以下有期徒刑，并处罚金。"

《刑法修正案（十一）（草案）》一次审议稿和二次审议稿均未涉及假冒注册商标罪的修改完善问题。但是，最终通过的《刑法修正案（十一）》第十七条对《刑法》第二百一十三条作了较大幅度的修改完善，主要涉及行为对象调整和法定刑的提升两个方面。

三、修正前后条文对照

修正前《刑法》	修正后《刑法》
第二百一十三条 【假冒注册商标罪】未经注册商标所有人许可，在同一种商品上使用与其注册商标相同的商标，情节严重的，处三年以下有期徒刑或者拘役，并处或者单处罚金；情节特别严重的，处三年以上七年以下有期徒刑，并处罚金。	第二百一十三条 【假冒注册商标罪】未经注册商标所有人许可，在同一种商品、服务上使用与其注册商标相同的商标，情节严重的，处三年以下有期徒刑，并处或者单处罚金；情节特别严重的，处三年以上十年以下有期徒刑，并处罚金。

对比发现，《刑法修正案（十一）》第十七条对《刑法》第二百一十三条的修正主要涉及两个方面：一是对行为对象作了扩展，由原规定的商品注册商标扩展为商品商标和服务商标；二是对法定刑进行了修改，将第

一档法定刑由"三年以下有期徒刑或者拘役,并处或者单处罚金"调整为"三年以下有期徒刑,并处或者单处罚金",将第二档法定刑由"三年以上七年以下有期徒刑,并处罚金"调整为"三年以上十年以下有期徒刑,并处罚金"。

四、修正后条文的理解与适用

(一)犯罪客体

假冒注册商标罪的犯罪客体是注册商标的专用权以及国家对注册商标的管理制度。

(二)犯罪客观方面

假冒注册商标罪的犯罪客观方面表现为未经注册商标所有人许可,在同一种商品、服务上使用与其注册商标相同的商标,情节严重的。具体而言,包括以下三个要件:

其一,未经注册商标所有人许可。注册商标所有人即注册人,未经许可即没有经过同意使用,侵犯了商标所有人的商标专用权。《商标法》第四十三条规定:"商标注册人可以通过签订商标使用许可合同,许可他人使用其注册商标。"据此,注册商标许可他人使用的必须采用书面形式,这是行政管理规范性要求,对于犯罪认定而言,注册商标所有人许可判断的本质在于是否取得授权、同意,许可的方式不论是口头的还是书面的,都可以阻却犯罪成立,未采取书面形式许可的只是许可形式不规范,不属于本罪的行为方式。

其二,在同一种商品、服务上使用与其注册商标相同的商标。这里的"注册商标"必须是经注册并在保护期内的商标。未经注册的商标不属于本罪的保护对象。注册商标必须有效,对超过有效期未办理续展的,则不属于本罪的保护对象。《商标法》第三十九条规定:"注册商标的有效期为十年,自核准注册之日起计算。"第四十条规定:"注册商标有效期满,需要继续使用的,商标注册人应当在期满前十二个月内按照规定办理续展手续;在此期间未能办理的,可以给予六个月的宽展期。每次续展注册的有效期为十年，自该商标上一届有效期满次日起计算。期满未办理续展手续的，注销其注册商标。"注册商标种类既可以是商品商标，也可以是服务商标。《商标法》第四条第二款规定："本法有关商品商标的规定，适用于服务商标。"商品商标和服务商标仅仅是使用的项目不同，法律性质、法律保护上都没有任何差异性，因此，本次修法明确将商品商标、服务商标一并纳入保护。

行为方式是在同一种商品、服务上使用与其注册商标相同的商标。首先，关于"同一种商品、服务"的判断，依据《侵犯知识产权犯罪意见》的规定，名称相同的商品以及名称不同但指同一事物的商品，可以认定为"同一种商品"。"名称"是指国家工商行政管理总局商标局在商标注册工作中对商品使用的名称，通常即《商标注册用商品和服务国际分类》中规定的商品名称。"名称不同但指同一事物的商品"是指在功能、用途、主要原料、消费对象、销售渠道等方面相同或者基本相同，相关公众一般认为是同一种事物的商品。认定"同一种商品"，应当在权利人注册商标核定使用的商品和行为人实际生产销售的商品之间进行比较。

其次，关于"使用与其注册商标相同的商标"的认定，《侵犯知识产权犯罪解释》第八条规定："刑法第二百一十三条规定的'相同的商标'，是指与被假冒的注册商标完全相同，或者与被假冒的注册商标在视觉上基本无差别、足以对公众产生误导的商标。""刑法第二百一十三条规定的'使用'，是指将注册商标或者假冒的注册商标用于商品、商品包装或者容器以及产品说明书、商品交易文书，或者将注册商标或者假冒的注册商标用于广告宣传、展览以及其他商业活动等行为。"《侵犯知识产权犯罪解释（三）》第一条进一步规定："具有下列情形之一的，可以认定为刑法第二百一十三条规定的'与其注册商标相同的商标'：（一）改变注册商标的字体、字母大小写或者文字横竖排列，与注册商标之间基本无差别的；（二）改变注册商标的文字、字母、数字等之间的间距，与注册商标之间基本无差别的；（三）改变注册商标颜色，不影响体现注册商标显著特征的；（四）在注册商标上仅增加商品通用名称、型号等缺乏显著特征要素，不影响体现注册商标显著特征的；（五）与立体注册商标的三维标志及平面要素基本无差别的；（六）其他与注册商标基本无差别、足以对公众产生误导的商标。"

其三，情节严重。根据修正后《刑法》第二百一十三条的规定，假冒注册商标，必须达到"情节严重"的，才构成犯罪。根据《侵犯知识产权犯罪解释》第一条规定，具有下列情形之一的，属于"情节严重"：①（1）非法经营数额在五万元以上或者违法所得数额在三万元以上的；（2）假冒两种以上注册商标，非法经营数额在三万元以上或者违法所得数额在二万元以上的；（3）其他情节严重的情形。

（三）犯罪主体

假冒注册商标罪的犯罪主体是一般主体，既包括个人，也包括单位。

（四）犯罪主观方面

假冒注册商标罪的犯罪主观方面由故意构成。

（四）刑事责任

根据修正后《刑法》第二百一十三条规定，犯假冒注册商标罪的，处三年以下有期徒刑，并处或者单处罚金。情节特别严重的，处三年以上十年以下有期徒刑，并处罚金。

根据修正后《刑法》第二百二十条规定，单位犯假冒注册商标罪的，对单位判处罚金，对其直接负责的主管人员和其他直接责任人员，根据修正后《刑法》第二百一十三条的规定处罚。

司法适用中，应当注意以下问题：②

1. 根据《侵犯知识产权犯罪解释（三）》第八条的规定，具有下列情形之一的，可以酌情从重处罚，一般不适用缓刑：（1）主要以侵犯知识产权为业的；（2）因侵犯知识产权被行政处罚后再次侵犯知识产权构成犯罪的；（3）在重大自然灾害、事故灾难、公共卫生事件期间，假冒抢险救

---

① 本条虽然是针对修正前《刑法》第二百一十三条作出的规定，但可以参照适用于修正后《刑法》第二百一十三条的规定。

② 需要注意的是，相关规定不仅适用于假冒注册商标罪案件，还适用于其他侵犯知识产权犯罪。篇幅所限，对于后文所涉侵犯知识产权犯罪不再赘述相关内容。

灾、防疫物资等商品的注册商标的；(4) 拒不交出违法所得的。

2. 根据《侵犯知识产权犯罪解释（三）》第九条的规定，具有下列情形之一的，可以酌情从轻处罚：(1) 认罪认罚的；(2) 取得权利人谅解的；(3) 具有悔罪表现的；(4) 以不正当手段获取权利人的商业秘密后尚未披露、使用或者允许他人使用的。

3. 根据《侵犯知识产权犯罪解释（三）》第十条的规定，对于侵犯知识产权犯罪的，应当综合考虑犯罪违法所得数额、非法经营数额、给权利人造成的损失数额、侵权假冒物品数量及社会危害性等情节，依法判处罚金。

罚金数额一般在违法所得数额的一倍以上五倍以下确定。违法所得数额无法查清的，罚金数额一般按照非法经营数额的百分之五十以上一倍以下确定。违法所得数额和非法经营数额均无法查清，判处三年以下有期徒刑并处或者单处罚金的，一般在三万元以上一百万元以下确定罚金数额；判处三年以上有期徒刑的，一般在十五万元以上五百万元以下确定罚金数额。

《刑法修正案（十一）》条文及配套《罪名补充规定（七）》理解与适用

第十八条　修改销售假冒注册商标的商品罪

【条文内容】

十八、将刑法第二百一十四条修改为："销售明知是假冒注册商标的商品，违法所得数额较大或者有其他严重情节的，处三年以下有期徒刑，并处或者单处罚金；违法所得数额巨大或者有其他特别严重情节的，处三年以上十年以下有期徒刑，并处罚金。"

【条文主旨】

本条将销售假冒注册商标的商品罪的定罪量刑标准由违法所得数额修改为违法所得数额加情节，并适当提高法定刑，进一步加大对销售假冒注册商标的商品罪的惩治力度。

【理解与适用】

一、修法背景

从销售假冒注册商标的商品罪的立法沿革可以看出，该罪系从假冒注册商标罪中分立出来的。1979年《刑法》没有对销售假冒注册商标的商品的行为刑事处罚的规定。对此，《人民检察院直接受理的经济检察案件立案标准的规定（试行）》规定，有意销售假冒注册商标的商品的，应当以假冒注册商标罪立案。对于销售假冒注册商标的商品的行为认定为假冒注册商标罪。但是这两类行为毕竟具有差异，不宜认定为同一罪名。1993年2月《全国人民代表大会常务委员会关于惩治假冒注册商标犯罪的补充规定》第一条第二款规定："销售明知是假冒注册商标的商品，违法所得数额较大的，处三年以下有期徒刑或者拘役，可以并处或者单处罚金；违法所得数额巨大的,处三年以上七年以下有期徒刑,并处罚金。"

1997年《刑法》第二百一十四条基本吸纳了上述规定并略作调整,规定:"销售明知是假冒注册商标的商品,销售金额数额较大的,处三年以下有期徒刑或者拘役,并处或者单处罚金;销售金额数额巨大的,处三年以上七年以下有期徒刑,并处罚金。"从现行《刑法》规定来看,侵犯知识产权七种犯罪的入罪标准不一致。在定罪量刑标准上,假冒注册商标罪、非法制造、销售非法制造的注册商标标识罪和假冒专利罪规定的是"情节严重",侵犯著作权罪是"违法所得数额较大或者有其他严重情节",销售侵权复制品罪是"违法所得数额巨大",侵犯商业秘密罪是"给权利人造成重大损失"。对比发现,只有销售假冒注册商标的商品罪是"销售金额数额较大"。因此,确有必要对销售假冒注册商标的商品罪的定罪量刑标准作出调整,以实现基本协调一致;同时,为体现严惩的精神,确有必要调整法定刑,进一步提升刑罚配置水平。

二、审议过程

草案一次审议稿	草案二次审议稿	《刑法修正案(十一)》
		十八、将刑法第二百一十四条修改为:"销售明知是假冒注册商标的商品,违法所得数额较大或者有其他严重情节的,处三年以下有期徒刑,并处或者单处罚金;违法所得数额巨大或者有其他特别严重情节的,处三年以上十年以下有期徒刑,并处罚金。"

《刑法修正案(十一)(草案)》一次审议稿和二次审议稿均未涉及销售假冒注册商标的商品罪的修改完善问题。但是,最终通过的《刑法修正案(十一)》第十八条对《刑法》第二百一十四条作了较大幅度的修改完

善，既涉及定罪量刑标准的调整，又涉及提升法定刑配置的修改，体现了对商标权加大保护力度的要求。

三、修正前后条文对照

修正前《刑法》	修正后《刑法》
第二百一十四条 【销售假冒注册商标的商品罪】销售明知是假冒注册商标的商品，销售金额数额较大的，处三年以下有期徒刑或者拘役，并处或者单处罚金；销售金额数额巨大的，处三年以上七年以下有期徒刑，并处罚金。	第二百一十四条 【销售假冒注册商标的商品罪】销售明知是假冒注册商标的商品，违法所得数额较大或者有其他严重情节的，处三年以下有期徒刑，并处或者单处罚金；违法所得数额巨大或者有其他特别严重情节的，处三年以上十年以下有期徒刑，并处罚金。

对比发现，《刑法修正案（十一）》第十八条对《刑法》第二百一十四条的修正主要涉及两个方面：一是将入罪门槛由"销售金额数额较大"调整为"违法所得数额较大或者有其他严重情节"，将升档量刑标准由"销售金额数额巨大"调整为"违法所得数额巨大或者有其他特别严重情节"。二是对法定刑进行了修改，将第一档刑由"三年以下有期徒刑或者拘役，并处或者单处罚金"调整为"三年以下有期徒刑，并处或者单处罚金"，将第二档刑由"三年以上七年以下有期徒刑，并处罚金"调整为"三年以上十年以下有期徒刑，并处罚金"。

四、修正后条文的理解与适用

（一）犯罪客体

销售假冒注册商标的商品罪的犯罪客体是注册商标的专用权以及国家对注册商标的管理制度。

（二）犯罪客观方面

销售假冒注册商标的商品罪的犯罪客观方面表现为销售假冒注册商标的商品，违法所得数额较大或者有其他严重情节的行为。销售包括产品销售的各个环节,具体而言包括批发、零售、代售、贩卖等各个销售环节。行为对象是假冒注册商标的商品,也就是通俗意义上所称的冒牌产品,而且这些假冒注册商标的商品是由别人生产、提供的。

(三)犯罪主体

销售假冒注册商标的商品罪的犯罪主体是一般主体,既包括个人,也包括单位。

(四)犯罪主观方面

销售假冒注册商标的商品罪的犯罪主观方面由故意构成,且限于直接故意。行为人主观上必须明知是假冒他人注册商标的商品。根据《侵犯知识产权犯罪解释》第九条第二款的规定,具有下列情形之一的,应当认定为属于《刑法》第二百一十四条规定的"明知":(1)知道自己销售的商品上的注册商标被涂改、调换或者覆盖的;(2)因销售假冒注册商标的商品受到过行政处罚或者承担过民事责任、又销售同一种假冒注册商标的商品的;(3)伪造、涂改商标注册人授权文件或者知道该文件被伪造、涂改的;(4)其他知道或者应当知道是假冒注册商标的商品的情形。

(五)刑事责任

根据修正后《刑法》第二百一十四条规定,犯销售假冒注册商标的商品罪的,处三年以下有期徒刑,并处或者单处罚金;违法所得数额巨大或者有其他特别严重情节的,处三年以上十年以下有期徒刑,并处罚金。

根据修正后《刑法》第二百二十条规定,单位犯销售假冒注册商标的商品罪的,对单位判处罚金,并对其直接负责的主管人员和其他直接责任人员,依照修正后《刑法》第二百一十四条的规定处罚。

五、司法适用中需要注意的问题

(一)关于罪与非罪的界限

根据修正后《刑法》第二百一十四条规定,销售假冒注册商标的商品罪以"违法所得数额较大或者有其他严重情节"为入罪条件。需要注意的是，这一修改并非抛弃了原规定的"销售金额数额较大"入罪的情形；相反，"销售金额数额较大"仍然可以解释为"其他严重情节"的情形之一。①

《侵犯知识产权犯罪解释》第九条第一款规定："刑法第二百一十四条规定的'销售金额'，是指销售假冒注册商标的商品后所得和应得的全部违法收入。"根据《侵犯知识产权犯罪解释》第二条的规定，销售金额在五万元以上的，可以构成销售假冒注册商标的商品罪。根据《侵犯知识产权犯罪意见》第八条的规定，销售明知是假冒注册商标的商品，具有下列情形之一的，依照《刑法》第二百一十四条的规定，以销售假冒注册商标的商品罪（未遂）定罪处罚：（1）假冒注册商标的商品尚未销售，货值金额在十五万元以上的；（2）假冒注册商标的商品部分销售，已销售金额不满五万元，但与尚未销售的假冒注册商标的商品的货值金额合计在十五万元以上的。

根据修正后《刑法》第二百一十四条规定，"违法所得数额巨大或者有其他特别严重情节"是销售假冒注册商标的商品罪的法定刑升档情节。对于"其他特别严重情节"，需要根据侵权行为持续的时间长短、销售能力和销售规模的大小、犯罪的组织化程度、违法所得的大小等因素综合进行判断。其中，销售金额属于具体情形之一。② 根据《侵犯知识产权犯罪解释》第二条的规定，销售金额在二十五万元以上的，属于"有其他特别严重情节"。根据《侵犯知识产权犯罪意见》第八条的规定，假冒注册商标的商品尚未销售，货值金额分别达到十五万元以上不满二十五万元、二十五万元以上的，分别依照《刑法》第二百一十四条规定的各法定刑幅度定罪处罚。销售金额和未销售货值金额分别达到不同的法定刑幅度或者均达到同一法定刑幅度的，在处罚较重的法定刑或者同一法定刑幅度内酌情从重处罚。

---

① 参见许永安主编：《中华人民共和国刑法修正案（十一）解读》，中国法制出版社2021年版，第175页。

② 参见许永安主编：《中华人民共和国刑法修正案（十一）解读》，中国法制出版社2021年版，第175~176页。

（二）关于关联行为的罪名认定

司法实践中，有的行为人实施了假冒注册商标罪，为获取经济利益，必然对假冒注册商标的商品进行销售，又可能构成销售假冒注册商标的商品罪，从犯罪行为整体性上看，这是假冒注册商标罪后的延续行为，应整体评价为一罪，以假冒注册商标罪定罪处罚。

第十九条 修改非法制造、销售非法制造的注册商标标识罪

【条文内容】

十九、将刑法第二百一十五条修改为:"伪造、擅自制造他人注册商标标识或者销售伪造、擅自制造的注册商标标识,情节严重的,处三年以下有期徒刑,并处或者单处罚金;情节特别严重的,处三年以上十年以下有期徒刑,并处罚金。"

【条文主旨】

本条适当提高了非法制造、销售非法制造的注册商标标识罪的刑罚,进一步加大惩治力度。

【理解与适用】

一、修法背景

1979年《刑法》第一百二十七条规定了假冒注册商标罪。当时,对于非法制造、销售非法制造的注册商标标识的行为,多以假冒注册商标罪定罪处罚。1993年2月《全国人民代表大会常务委员会关于惩治假冒注册商标犯罪的补充规定》第二条第二款规定:"伪造、擅自制造他人注册商标标识或者销售伪造、擅自制造的注册商标标识,违法所得数额较大或者有其他严重情节的,依照第一条第一款的规定处罚。"这一规定增设了非法制造、销售非法制造的注册商标标识罪。1997年《刑法》吸纳了上述规定并对入罪要件和刑罚略作调整,在第二百一十五条规定:"伪造、擅自制造他人注册商标标识或者销售伪造、擅自制造的注册商标标识,情节严重

的，处三年以下有期徒刑、拘役或者管制，并处或者单处罚金；情节特别严重的，处三年以上七年以下有期徒刑，并处罚金。"

从近年来的司法实践来看，非法制造、销售非法制造的注册商标标识的行为在侵犯注册商标犯罪中不仅提供帮助，而是具有侵权源头性的作用。而且，整个非法制造、销售非法制造的注册商标标识行为与其他商标犯罪相互配合，形成了关联紧密的犯罪链条，亟须加以有力规制。为了进一步加大对商标权的保护力度，保持与侵犯知识产权其他犯罪的刑罚均衡，确有必要对非法制造、销售非法制造的注册商标标识罪的法定刑作适当提升。

二、审议过程

草案一次审议稿	草案二次审议稿	《刑法修正案（十一）》
		十九、将刑法第二百一十五条修改为："伪造、擅自制造他人注册商标标识或者销售伪造、擅自制造的注册商标标识，情节严重的，处三年以下有期徒刑，并处或者单处罚金；情节特别严重的，处三年以上十年以下有期徒刑，并处罚金。"

《刑法修正案（十一）（草案）》一次审议稿和二次审议稿均未涉及非法制造、销售非法制造的注册商标标识罪的修改完善问题。但是，最终通过的《刑法修正案（十一）》第十九条对《刑法》第二百一十五条作了较大幅度的修改完善，主要涉及两档法定刑的提升。

三、修正前后条文对照

修正前《刑法》	修正后《刑法》
第二百一十五条 【非法制造、销售非法制造的注册商标标识罪】伪造、擅自制造他人注册商标标识或者销售伪造、擅自制造的注册商标标识，情节严重的，处三年以下有期徒刑、拘役或者管制，并处或者单处罚金；情节特别严重的，处三年以上七年以下有期徒刑，并处罚金。	第二百一十五条 【非法制造、销售非法制造的注册商标标识罪】伪造、擅自制造他人注册商标标识或者销售伪造、擅自制造的注册商标标识，情节严重的，处三年以下有期徒刑，并处或者单处罚金；情节特别严重的，处三年以上十年以下有期徒刑，并处罚金。

对比发现，《刑法修正案（十一）》第十九条对《刑法》第二百一十五条的修正主要涉及两档法定刑的调整：将第一档法定刑由"三年以下有期徒刑、拘役或者管制，并处或者单处罚金"修改为"处三年以下有期徒刑，并处或者单处罚金"；将第二档法定刑由"三年以上七年以下有期徒刑，并处罚金"调整为"三年以上十年以下有期徒刑，并处罚金"。

四、修正后条文的理解与适用

（一）犯罪客体

非法制造、销售非法制造的注册商标标识罪的犯罪客体是注册商标的专用权以及国家对注册商标的管理制度。这里所称的国家对注册商标的管理制度主要是对注册商标的制造、印制管理制度。

（二）犯罪客观方面

非法制造、销售非法制造的注册商标标识罪的犯罪客观方面表现为伪造、擅自制造他人注册商标标识或者销售伪造、擅自制造的注册商标标识，情节严重的行为。

行为方式包括伪造、擅自制造他人注册商标标识以及销售伪造、擅自制造的注册商标标识两类行为。伪造是没有经过注册商标所有人的委托、

第十九条 修改非法制造、销售非法制造的注册商标标识罪

授权制造注册商标标识,并非是"无中生有"的制造行为;擅自制造他人注册商标标识是虽然经过注册商标所有人的委托、授权,但是超过数额数量进行印制;销售伪造、擅自制造的注册商标标识的行为,包括批发、零售、贩卖等多种形式。行为对象是注册商标标识。

根据修正后《刑法》第二百一十五条的规定,伪造、擅自制造他人注册商标标识或者销售伪造、擅自制造的注册商标标识,达到"情节严重"的,才构成非法制造、销售非法制造的注册商标标识罪。根据《侵犯知识产权犯罪解释》第三条规定,伪造、擅自制造他人注册商标标识或者销售伪造、擅自制造的注册商标标识,具有下列情形之一的,属于《刑法》第二百一十五条规定的"情节严重",应当以非法制造、销售非法制造的注册商标标识罪判处三年以下有期徒刑,并处或者单处罚金:(1)伪造、擅自制造或者销售伪造、擅自制造的注册商标标识数量在二万件以上,或者非法经营数额在五万元以上,或者违法所得数额在三万元以上的;(2)伪造、擅自制造或者销售伪造、擅自制造两种以上注册商标标识数量在一万件以上,或者非法经营数额在三万元以上,或者违法所得数额在二万元以上的;(3)其他情节严重的情形。

(三)犯罪主体

非法制造、销售非法制造的注册商标标识罪的犯罪主体是一般主体,既包括个人,也包括单位。

(四)犯罪主观方面

非法制造、销售非法制造的注册商标标识罪的犯罪主观方面由故意构成。

(五)刑事责任

根据修正后《刑法》第二百一十五条的规定,犯非法制造、销售非法制造的注册商标标识罪的,处三年以下有期徒刑,并处或者单处罚金;情节特别严重的,处三年以上十年以下有期徒刑,并处罚金。

根据修正后《刑法》第二百二十条的规定,单位犯非法制造、销售非

法制造的注册商标标识罪的,对单位判处罚金,并对其直接负责的主管人员和其他直接责任人员,依照修正后《刑法》第二百一十五条的规定处罚。

五、司法适用中需要注意的问题

(一)关于犯罪未遂的认定

根据《侵犯知识产权犯罪意见》的规定,销售他人伪造、擅自制造的注册商标标识,具有下列情形之一的,依照《刑法》第二百一十五条的规定,以销售非法制造的注册商标标识罪(未遂)定罪处罚:(1)尚未销售他人伪造、擅自制造的注册商标标识数量在六万件以上的;(2)尚未销售他人伪造、擅自制造的两种以上注册商标标识数量在三万件以上的;(3)部分销售他人伪造、擅自制造的注册商标标识,已销售标识数量不满二万件,但与尚未销售标识数量合计在六万件以上的;(4)部分销售他人伪造、擅自制造的两种以上注册商标标识,已销售标识数量不满一万件,但与尚未销售标识数量合计在三万件以上的。

(二)关于"情节特别严重"的认定

根据修正后《刑法》第二百一十五条的规定,伪造、擅自制造他人注册商标标识或者销售伪造、擅自制造的注册商标标识,情节特别严重的,处三年以上十年以下有期徒刑,并处罚金。

根据《侵犯知识产权犯罪解释》第三条规定,具有下列情形之一的,属于"情节特别严重":(1)伪造、擅自制造或者销售伪造、擅自制造的注册商标标识数量在十万件以上,或者非法经营数额在二十五万元以上,或者违法所得数额在十五万元以上的;(2)伪造、擅自制造或者销售伪造、擅自制造两种以上注册商标标识数量在五万件以上,或者非法经营数额在十五万元以上,或者违法所得数额在十万元以上的;(3)其他情节特别严重的情形。

第二十条　修改侵犯著作权罪

【条文内容】

二十、将刑法第二百一十七条修改为："以营利为目的，有下列侵犯著作权或者与著作权有关的权利的情形之一，违法所得数额较大或者有其他严重情节的，处三年以下有期徒刑，并处或者单处罚金；违法所得数额巨大或者有其他特别严重情节的，处三年以上十年以下有期徒刑，并处罚金：

"（一）未经著作权人许可，复制发行、通过信息网络向公众传播其文字作品、音乐、美术、视听作品、计算机软件及法律、行政法规规定的其他作品的；

"（二）出版他人享有专有出版权的图书的；

"（三）未经录音录像制作者许可，复制发行、通过信息网络向公众传播其制作的录音录像的；

"（四）未经表演者许可，复制发行录有其表演的录音录像制品，或者通过信息网络向公众传播其表演的；

"（五）制作、出售假冒他人署名的美术作品的；

"（六）未经著作权人或者与著作权有关的权利人许可，故意避开或者破坏权利人为其作品、录音录像制品等采取的保护著作权或者与著作权有关的权利的技术措施的。"

【条文主旨】

本条与修改后《著作权法》等衔接，完善侵犯著作权中的作品种类、侵权情形、有关表演权等邻接权的规定，并适当提高侵犯著作权罪的刑罚，进一步加大惩治力度。

【理解与适用】

一、修法背景

1990 年《著作权法》规定了各类侵犯著作权的行为，但是在法律责任上仅限于民事责任以及行政责任，没有规定刑事责任。而且，1979 年《刑法》对侵犯著作权行为也没有明确规定为犯罪。针对侵犯著作权的"盗版""盗印"行为，1987 年 11 月《最高人民法院、最高人民检察院关于依法严惩非法出版犯罪活动的通知》规定以"口袋罪"投机倒把罪定罪处罚。1994 年 7 月《全国人大常委会关于惩治侵犯著作权的犯罪的决定》对侵犯著作权罪进行了单独规定。《最高人民法院关于适用〈全国人民代表大会常务委员会关于惩治侵犯著作权的犯罪的决定〉若干问题的解释》（法发〔1995〕1 号），对相关定罪量刑的标准进行了明确。1997 年《刑法》吸纳上述规定，在第二百一十七条对侵犯著作权罪作了专门规定。

1997 年《刑法》施行后，1990 年《著作权法》历经多次修改：2001 年 10 月 27 日第九届全国人大常委会第二十四次会议第一次修正；2010 年 2 月 26 日第十一届全国人大常委会第十三次会议第二次修正；2020 年 11 月 11 日第十三届全国人大常委会第二十三次会议第三次修正。2020 年《著作权法》修正，对作品范围、视听作品的著作权以及著作权的邻接权等作了修改完善。《著作权法》是侵犯著作权罪的前置法律，在其作出修改完善的前提下，确有必要对《刑法》第二百一十七条的规定作出相应修改。

二、审议过程

草案一次审议稿	草案二次审议稿	《刑法修正案（十一）》
		二十、将刑法第二百一十七条修改为："以营利为目的，有下列侵犯著作权或者与著作权有关的权利的情形之一，违法所得数额较大或者有其他严重情节的，处三年以下有期徒刑，并处或者单处罚金；违法所得数额巨大或者有其他特别严重情节的，处三年以上十年以下有期徒刑，并处罚金： "（一）未经著作权人许可，复制发行、通过信息网络向公众传播其文字作品、音乐、美术、视听作品、计算机软件及法律、行政法规规定的其他作品的； "（二）出版他人享有专有出版权的图书的； "（三）未经录音录像制作者许可，复制发行、通过信息网络向公众传播其制作的录音录像的； "（四）未经表演者许可，复制发行录有其表演的录音录像制品，或者通过信息网络向公众传播其表演的； "（五）制作、出售假冒他人署名的美术作品的；

草案一次审议稿	草案二次审议稿	《刑法修正案（十一）》
		"（六）未经著作权人或者与著作权有关的权利人许可，故意避开或者破坏权利人为其作品、录音录像制品等采取的保护著作权或者与著作权有关的权利的技术措施的。"

《刑法修正案（十一）（草案）》一次审议稿和二次审议稿均未涉及侵犯著作权罪的修改完善问题。但是，最终通过的《刑法修正案（十一）》第二十条对《刑法》第二百一十七条作了较大幅度的修改完善，既涉及与《著作权法》的衔接修改，又涉及提升法定性配置的修改，体现了对著作权加大保护力度的要求。

三、修正前后条文对照

修正前《刑法》	修正后《刑法》
第二百一十七条 【侵犯著作权罪】以营利为目的，有下列侵犯著作权情形之一，违法所得数额较大或者有其他严重情节的，处三年以下有期徒刑或者拘役，并处或者单处罚金；违法所得数额巨大或者有其他特别严重情节的，处三年以上七年以下有期徒刑，并处罚金： （一）未经著作权人许可，复制发行其文字作品、音乐、电影、电视、录像作品、计算机软件及其他作品的； （二）出版他人享有专有出版权的图书的； （三）未经录音录像制作者许可，复制发行其制作的录音录像的； （四）制作、出售假冒他人署名的美术作品的。	第二百一十七条 【侵犯著作权罪】以营利为目的，有下列侵犯著作权或者与著作权有关的权利的情形之一，违法所得数额较大或者有其他严重情节的，处三年以下有期徒刑，并处或者单处罚金；违法所得数额巨大或者有其他特别严重情节的，处三年以上十年以下有期徒刑，并处罚金： （一）未经著作权人许可，复制发行、通过信息网络向公众传播其文字作品、音乐、美术、视听作品、计算机软件及法律、行政法规规定的其他作品的； （二）出版他人享有专有出版权的图书的；

修正前《刑法》	修正后《刑法》
	（三）未经录音录像制作者许可，复制发行、通过信息网络向公众传播其制作的录音录像的；（四）未经表演者许可，复制发行录有其表演的录音录像制品，或者通过信息网络向公众传播其表演的； （五）制作、出售假冒他人署名的美术作品的； （六）未经著作权人或者与著作权有关的权利人许可，故意避开或者破坏权利人为其作品、录音录像制品等采取的保护著作权或者与著作权有关的权利的技术措施的。

对比发现，《刑法修正案（十一）》第二十条对《刑法》第二百一十七条的修正主要涉及如下两个方面：一是与《著作权法》相衔接，增加了与著作权有关的权利的表述，完善了作品的类型，在犯罪情形中增加了侵犯表演者权利，以及避开或者破坏技术保护措施的两种侵权行为方式，并增加了通过信息网络向公众传播作品、录音录像制品、表演的规定。二是提高法定刑，将第一档刑罚由"三年以下有期徒刑或者拘役，并处或者单处罚金"调整为"三年以下有期徒刑，并处或者单处罚金"，将第二档刑罚由"三年以上七年以下有期徒刑，并处罚金"调整为"处三年以上十年以下有期徒刑，并处罚金"。

四、修正后条文的理解与适用

（一）犯罪客体

侵犯著作权罪侵犯的客体是著作权人的著作权和与著作权有关的权利以及国家的著作权管理制度。著作权是指作者对其创作的文学、艺术和科学作品所享有的占有、使用、收益、处分的专有权利，是重要的民事权利。根据《著作权法》的规定，著作权人包括作者和其他依照《著作权法》享有著作权的公民、法人或者其他组织。著作权包括下列人身权和财产权：（1）发表权，即决定作品是否公之于众的权利；（2）署名权，即表明作者身份，在作品上署名的权利；（3）修改权，即修改或者授权他人修改作品的权利；（4）保护作品完整权，即保护作品不受歪曲、篡改的权利；（5）复制权，即以印刷、复印、拓印、录音、录像、翻录、翻拍、数字化等方式将作品制作一份或者多份的权利；（6）发行权，即以出售或者赠与方式向公众提供作品的原件或者复制件的权利；（7）出租权，即有偿许可他人临时使用视听作品、计算机软件的原件或者复制件的权利，计算机软件不是出租的主要标的的除外；（8）展览权，即公开陈列美术作品、摄影作品的原件或者复制件的权利；（9）表演权，即公开表演作品，以及用各种手段公开播送作品的表演的权利；（10）放映权，即通过放映机、幻灯机等技术设备公开再现美术、摄影、视听作品等的权利；（11）广播权，即以有线或者无线方式公开传播或者转播作品，以及通过扩音器或者其他传送符号、声音、图像的类似工具向公众传播广播的作品的权利，但不包括下述第十二项规定的权利；（12）信息网络传播权，即以有线或者无线方式向公众提供，使公众可以在其选定的时间和地点获得作品的权利；（13）摄制权，即以摄制视听作品的方法将作品固定在载体上的权利；（14）改编权，即改变作品，创作出具有独创性的新作品的权利；（15）翻译权，即将作品从一种语言文字转换成另一种语言文字的权利；（16）汇编权，即将作品或者作品的片段通过选择或者编排，汇集成新作品的权利；（17）应当由著作权人享有的其他权利。著作权人可以许可他人行使前款第五项至第十七项规定的权利，并依照约定或者本法有关规定获得报酬。著作权人可以全部或者部分转让前款第五项至第十七项规定的权利，并依照约定或者本法有关规定获得报酬。

按照法律规定，著作权属于作者。"作者"，是指创作作品的自然人；由法人或者非法人组织主持，代表法人或者非法人组织意志创作，并由法人或者非法人组织承担责任的作品，法人或者非法人组织视为作者。

侵犯著作权罪的犯罪对象为作品。所谓作品，是指文学、艺术和科学领域内具有独创性并能以一定形式表现的智力成果。这些形式包括：（1）文字作品；（2）口述作品；（3）音乐、戏剧、曲艺、舞蹈、杂技艺术作品；(4) 美术、建筑作品；(5) 摄影作品；(6) 视听作品；(7) 工程设计图、产品设计图、地图、示意图等图形作品和模型作品；(8) 计算机软件；(9) 符合作品特征的其他智力成果。法律规定，中国公民、法人或者非法人组织的作品，不论是否发表，均依照《著作权法》享有著作权。外国人、无国籍人的作品，根据其作者所属国或者经常居住地国同中国签订的协议或者共同参加的国际条约享有的著作权，受《著作权法》保护。外国人、无国籍人的作品首先在中国境内出版的，依照《著作权法》享有著作权。未与中国签订协议或者共同参加国际条约的国家的作者以及无国籍人的作品首次在中国参加的国际条约的成员国出版的，或者在成员国和非成员国同时出版的，受《著作权法》保护。

我国只对合法的著作权给予刑事保护，对下列作品则不受刑事保护：(1) 依法禁止出版、传播的作品，包括内容淫秽、反动的作品。(2) 超过保护期限的作品。根据《著作权法》的规定，公民的作品，其发表权、使用权和获得报酬权的保护期为作者终身及其死亡后五十年，截止于作者死亡后第五十年的 12 月 31 日；如果是合作作品，截止于最后死亡的作者死亡后第五十年的 12 月 31 日。法人或者非法人组织的作品、著作权（署名权除外）由法人或者非法人组织享有的职务作品，其发表权、使用权和获得报酬权的保护期为五十年，截止于作品首次发表后第五十年的 12 月 31 日。但作品自创作完成后五十年内未发表的，法律不再保护。电影作品和以类似摄制电影的方法创作的作品、摄影作品，其发表权及《著作权法》第十条第一款第五项至第十七项规定的权利的保护期为五十年，截止于作品首次发表后第五十年的 12 月 31 日，但作品自创作完成后五十年内未发表的，法律不再保护。总之，超过保护期的作品进入社会，即成为公众作品。(3) 依法应当由民事、行政法律规范调整的侵权行为。严重侵犯著作权的犯罪行为，破坏著作权的管理制度，不仅侵犯作者的著作权和与著作权有关的权益，妨碍科学文化事业的发展，而且影响对外科学文化的交流与合作以及经济贸易的发展，必须予以刑事制裁。

(二) 犯罪客观方面

侵犯著作权罪的犯罪客观方面表现为违反我国著作权法规，侵犯著作权的行为。根据《刑法》第二百一十七条的规定，具体表现为：（1）未经著作权人许可，复制发行、通过信息网络向公众传播其文字作品、音乐、美术、视听作品、计算机软件及法律、行政法规规定的其他作品的；（2）出版他人享有专有出版权的图书的；（3）未经录音录像制作者许可，复制发行、通过信息网络向公众传播其制作的录音录像的；（4）未经表演者许可，复制发行录有其表演的录音录像制品，或者通过信息网络向公众传播其表演的；（5）制作、出售假冒他人署名的美术作品的；（6）未经著作权人或者与著作权有关的权利人许可，故意避开或者破坏权利人为其作品、录音录像制品等采取的保护著作权或者与著作权有关的权利的技术措施的。

根据《侵犯知识产权犯罪解释（三）》第二条的规定，在《刑法》第二百一十七条规定的作品、录音制品上以通常方式署名的自然人、法人或者非法人组织，应当推定为著作权人或者录音制作者，且该作品、录音制品上存在着相应权利，但有相反证明的除外。

法律只要求行为人具有其中一种行为即构成本罪；具有两种或者两种以上行为的，也只以一罪处罚，不实行数罪并罚，但可作为量刑的具体情节予以考虑。

（三）犯罪主体

侵犯著作权罪的犯罪主体是一般主体，既包括个人，也包括单位。

（四）犯罪主观方面

侵犯著作权罪的犯罪主观方面由故意构成，并且以营利为目的。"以营利为目的"，是构成本罪在主观方面必须具备的要件。按照《侵犯知识产权犯罪意见》的规定，除销售外，具有下列情形之一的，应认定为"以营利为目的"：（1）以在他人作品中刊登收费广告、捆绑第三方作品等方式直接或者间接收取费用的；（2）通过信息网络传播他人作品，或者利用他人上传的侵权作品，在网站或者网页上提供刊登收费广告服务，直接或者间接收取费用的；（3）以会员制方式通过信息网络传播他人作品，收取会员注册费或者其他费用的；（4）其他利用他人作品牟利的情形。如果行为人是出于教学、科研或者观赏的目的而复制他人的作品或者音像制品，没有将它作为商品进入流通领域，这种行为虽然也是侵权行为，但由于其主观上不是以营利为目的，因而不构成犯罪。间接故意和过失不构成本罪。

根据《刑法》第二百一十七条的规定，侵犯著作权的行为，除需具备以上构成要件外，只有达到"违法所得数额较大或者有其他严重情节的"，才构成犯罪。

(五) 刑事责任

根据修正后《刑法》第二百一十七条的规定，犯侵犯著作权罪的，处三年以下有期徒刑，并处或者单处罚金；违法所得数额巨大或者有其他特别严重情节的，处三年以上十年以下有期徒刑，并处罚金。

根据修正后《刑法》第二百二十条的规定，单位犯侵犯著作权罪的，对单位判处罚金，并对其直接负责的主管人员和其他直接责任人员，依照《刑法》第二百一十七条的规定处罚。

根据《侵犯知识产权犯罪解释》和《侵犯知识产权犯罪解释（二）》的规定，以营利为目的，实施《刑法》第二百一十七条所列侵犯著作权行为之一，违法所得在三万元以上的，属于"违法所得数额较大"；未经著作权人许可，复制发行其文字作品、音乐、电影、电视、录像作品、计算机软件及其他作品，复制品数量合计在五百张（份）以上的，属于"有其他严重情节"。违法所得数额在十五万元以上，属于"违法所得数额巨大"。具有下列情形之一的，属于"有其他特别严重情节"：（1）非法经营数额在二十五万元以上的；（2）未经著作权人许可，复制发行其文字作品、音乐、电影、电视、录像作品、计算机软件及其他作品，复制品数量合计在二千五百张（份）以上的；（3）其他特别严重情节的情形。

根据《侵犯知识产权犯罪意见》的规定，以营利为目的，未经著作权人许可，通过信息网络向公众传播他人文字作品、音乐、电影、电视、美术、摄影、录像作品、录音录像制品、计算机软件及其他作品，具有下列情形之一的，属于《刑法》第二百一十七条规定的"其他严重情节"：（1）非法经营数额在五万元以上的；（2）传播他人作品的数量合计在五百件（部）以上的；（3）传播他人作品的实际被点击数达到五万次以上的；（4）以会员制方式传播他人作品，注册会员达到一千人以上的；（5）数额或者数量虽未达到第一项至第四项规定标准，但分别达到其中两项以上标准一半以上的；（6）其他严重情节的情形。

实施上述行为，数额或者数量达到第一项至第五项规定标准五倍以上的，属于《刑法》第二百一十七条规定的"其他特别严重情节"。

五、司法适用中需要注意的问题

（一）著作权人众多情形下"未经著作权人许可"的认定

根据《侵犯著作权犯罪解释》第十一条的规定，"未经著作权人许可"，是指没有得到著作权人授权或者伪造、涂改著作权人授权许可文件或者超出授权许可范围的情形。根据《侵犯知识产权解释（三）》第二条的规定，在涉案作品、录音制品种类众多且权利人分散的案件中，有证据证明涉案复制品系非法出版、复制发行，且出版者、复制发行者不能提供获得著作权人、录音制作者许可的相关证据材料的，可以认定为《刑法》第二百一十七条规定的"未经著作权人许可""未经录音制作者许可"。但是，有证据证明权利人放弃权利、涉案作品的著作权或者录音制品的有关权利不受我国《著作权法》保护、权利保护期限已经届满的除外。

随着信息网络的发展，很多侵犯著作权的行为都发生在信息网络环境下，信息网络传播手段决定着这类侵权行为方便快捷、成本低、传播面广且涉及作品的数量大，有的几百部（件），甚至达到万件。例如被告人马某予、马某松侵犯著作权案件中，从2016年6月开始，被告人马某予、马某松以营利为目的，未经著作权人许可，使用高清技术手段复制盗版影片，制作水印进行技术加密，并组织人员向下线影院销售，从中牟取利益。2019年春节前，被告人马某予、马某松、文某杰等人分别采用前述手段，复制发行《流浪地球》等多部春节档盗版影片，导致上述影片在互联网流传。截至2019年2月，马某予、马某松复制发行盗版影片四百余部，非法经营数额共计人民币七百七十七万余元，马某予违法所得四百零四万余元，马某松违法所得五十五万余元。最终法院以侵犯著作权罪判处被告人马某予有期徒刑六年,并处罚金五百五十万元;判处被告人马某松有期徒刑四年,并处罚金六十万元。① 在上述的盗版影片认定上,因涉及电影作品数量众多,且涉及版权方较多,无法进行一一取证,共对七十多部电影作品授权、许可情况进行了取证,证明两被告人未取得授权许可,综合全案证据两被告人自始至终未取得任何电影制作、发行方许可,发行方式采取非正常途径等方式,足以认定上述所有作品未取得著作权人许可。

(二) 复制发行录音录像制品的定罪量刑数量标准

《侵犯知识产权犯罪解释》公布施行后,部分高级人民法院和省级人民检察院就办理侵犯著作权刑事案件中涉及录音录像制品的数量标准,是否适用上述解释第五条第二项规定的数量标准问题向最高人民法院、最高人民检察院请示。为此,最高人民法院、最高人民检察院于2005年10月13日作出《最高人民法院、最高人民检察院关于办理侵犯著作权刑事案件中涉及录音录像制品有关问题的批复》,明确规定,以营利为目的,未经录音录像制作者许可,复制发行其制作的录音录像制品的行为,复制品的数量标准,分别适用《侵犯知识产权犯罪解释》第五条第一款第二项、第二款第二项的规定。结合《侵犯知识产权犯罪解释(二)》第一条对侵犯著作权罪定罪量刑的数量标准的修改,以营利为目的,未经著作权人许可,复制发行其文字作品、音乐、电影、电视、录像作品、计算机软件及其他作品,复制品数量合计在五百张(份)以上的,属于"有其他严重情节";复制品数量合计在二千五百张(份)以上的,属于"有其他特别严重情节"。

---

① 参见《扬州4人侵犯〈流浪地球〉等8部电影著作权获刑》,载腾讯新闻,https://new.qq.com/rain/a/20200926A03FB000,最后访问日期:2021年3月8日。

《刑法修正案（十一）》条文及配套《罪名补充规定（七）》理解与适用

第二十一条　修改销售侵权复制品罪

【条文内容】

二十一、将刑法第二百一十八条修改为："以营利为目的，销售明知是本法第二百一十七条规定的侵权复制品，违法所得数额巨大或者有其他严重情节的，处五年以下有期徒刑，并处或者单处罚金。"

【条文主旨】

本条将销售侵权复制品罪的定罪量刑标准由违法所得数额修改为违法所得数额加情节，并适当提高法定刑，进一步加大对销售侵权复制品犯罪的惩治力度。

【理解与适用】

一、修法背景

作为侵犯著作权罪的关联罪名，对于销售侵权复制品的行为，1979年《刑法》没有明确规定为犯罪。1987年11月《最高人民法院、最高人民检察院关于依法惩处非法出版犯罪活动的通知》规定："以牟取暴利为目的，从事非法出版物的出版、印刷、发行、销售活动，非法经营或者非法获利的数额较大，情节严重的，以投机倒把罪论处。"实践中，对销售侵权复制品的行为多以投机倒把罪定罪处罚。1990年《著作权法》对销售侵权复制品的行为也仅限于民事责任以及行政责任，没有规定刑事责任。

1994年7月《全国人民代表大会常务委员会关于惩治侵犯著作权的犯罪的决定》对销售侵权复制品罪进行了单独规定。其中，第二条规定："以营利为目的，销售明知是第一条规定的侵权复制品，违法所得数额较大的，处二年以下有期徒刑、拘役，单处或者并处罚金；违法所得数额巨大的，处二年以上五年以下有期徒刑，并处罚金。"第三条对单位犯罪的处罚规则进行了规定。1997年《刑法》第二百一十八条在吸收上述规定基础上，规定："以营利为目的，销售明知是本法第二百一十七条规定的侵权复制品，违法所得数额巨大的，处三年以下有期徒刑或者拘役，并处或者单处罚金。"

随着我国经济社会的快速发展，当前知识产权的重要性和对知识产权的保护意识不断提升，亟须进一步加大对侵犯知识产权犯罪的惩治力度，不断提升对知识产权的刑事司法保护水平。从司法实践来看，《侵犯知识产权犯罪解释》规定了违法所得数额十万元作为入罪标准，但不少案件对违法所得数额难以查证。这其中，既可能是行为人虽然非法销售侵权复制品数量巨大，但由于某种原因并没有获利；也可能是行为人在销售侵权复制品时通过不做账或做假账的手段，导致无法计算其成本和收入，当然最终也无法计算出行为人的获利数额。[①]《立案追诉标准（一）》规定，违法所得数额虽未达到十万元标准，但尚未销售的侵权复制品货值金额达到三十万元以上的，也作为犯罪处理。这样规定与现行《刑法》规定的本罪的入罪标准是违法所得数额存在逻辑上的矛盾，根本的解决方案是取消销售侵权复制品罪构成要件中的"违法所得数额巨大"的规定。[②] 因此，有必要将销售数额、销售侵权复制品数量等情节作为入罪条件，增设"情节严重"的入罪条件。另外，为体现严惩的精神，确有必要调整法定刑，进一步提升刑罚配置水平。

[①] 参见胡云腾、刘科：《知识产权刑事司法解释若干问题研究》，载《中国法学》2004年第6期。

[②] 参见刘蔚文：《销售侵权复制品罪的弃用现象与启用路径研究》，载《政治与法律》2013年第5期。

二、审议过程

草案一次审议稿	草案二次审议稿	《刑法修正案（十一）》
		二十一、将刑法第二百一十八条修改为："以营利为目的，销售明知是本法第二百一十七条规定的侵权复制品，违法所得数额巨大或者有其他严重情节的，处五年以下有期徒刑，并处或者单处罚金。"

《刑法修正案（十一）（草案）》一次审议稿和二次审议稿均未涉及销售侵权复制品罪的修改完善问题。但是，最终通过的《刑法修正案（十一）》第二十一条对《刑法》第二百一十八条作了较大幅度的修改完善，既涉及定罪量刑标准的调整，又涉及提升法定刑配置的修改，体现了对著作权加大保护力度的要求。

三、修正前后条文对照

修正前《刑法》	修正后《刑法》
第二百一十八条 【销售侵权复制品罪】以营利为目的，销售明知是本法第二百一十七条规定的侵权复制品，违法所得数额巨大的，处三年以下有期徒刑或者拘役，并处或者单处罚金。	第二百一十八条 【销售侵权复制品罪】以营利为目的，销售明知是本法第二百一十七条规定的侵权复制品，违法所得数额巨大或者有其他严重情节的，处五年以下有期徒刑，并处或者单处罚金。

对比发现，《刑法修正案（十一）》第二十一条对本条的修正主要涉及两个方面：一是在入罪门槛由"违法所得数额巨大"调整为"违法所得数额巨大或者有其他严重情节"；二是对法定刑进行了修改，由原来的"三年以下有期徒刑或者拘役，并处或者单处罚金"修改为"五年以下有期徒

刑,并处或者单处罚金"。

四、修正后条文的理解与适用

(一)犯罪客体

销售侵权复制品罪侵犯的客体是著作权人的著作权、与著作权有关的权益以及国家对著作权管理的制度。与侵犯著作权罪侵犯著作权人的著作权、与著作权有关的权益相比,本罪侵权具有间接性,作为侵犯著作权罪的关联犯罪。

销售侵权复制品罪的对象必须是《刑法》第二百一十七条规定的侵权复制品,即侵犯著作权形成的复制品。

(二)犯罪客观方面

销售侵权复制品罪的犯罪客观方面表现为销售《刑法》第二百一十七条规定的侵权复制品,违法所得数额巨大或者具有其他严重情节。关于销售的具体行为方式,可以是批发、零售、贩卖等销售的各个环节。

根据修正后《刑法》第二百一十八条的规定,销售侵权复制品,必须达到"违法所得数额巨大或者具有其他严重情节的",才构成犯罪。依据《侵犯知识产权犯罪解释》规定,违法所得数额在十万元以上的,属于"违法所得数额巨大"。关于"其他严重情节","可以包括非法经营数额巨大,销售金额巨大,销售的侵权复制品的数量多,给权利人造成很大的损失等情形,具体认定时,可以根据侵权行为持续的时间长短、销售能力和销售规模的大小、犯罪的组织化程度等综合进行判断"。[①]

(三)犯罪主体

销售侵权复制品罪的犯罪主体是一般主体,既包括个人,也包括单位。

---

① 参见许永安主编:《中华人民共和国刑法修正案(十一)解读》,中国法制出版社2021年版,第201页。

(四) 犯罪主观方面

销售侵权复制品罪的犯罪主观方面由故意构成，并且以营利为目的。在故意内容上，必须要求行为人明知是侵权复制品，具体可以从侵权复制品的批发、进货渠道、买卖的价格是否异常、交货时间地点方式是否异常、涉及著作权的知名程度以及行为人的经历、认知程度等综合判断，行为人是否明知行为对象为侵权复制品。

(五) 刑事责任

根据修正后《刑法》第二百一十八条的规定，犯销售侵权复制品罪的，处五年以下有期徒刑，并处或者单处罚金。

依照修正后《刑法》第二百二十条规定，单位犯销售侵权复制品罪的，对单位判处罚金，并对其直接负责的主管人员和其他直接责任人员，依照《刑法》第二百一十八条的规定处罚。

第二十二条 修改侵犯商业秘密罪

【条文内容】

二十二、将刑法第二百一十九条修改为:"有下列侵犯商业秘密行为之一,情节严重的,处三年以下有期徒刑,并处或者单处罚金;情节特别严重的,处三年以上十年以下有期徒刑,并处罚金:

"(一)以盗窃、贿赂、欺诈、胁迫、电子侵入或者其他不正当手段获取权利人的商业秘密的;

"(二)披露、使用或者允许他人使用以前项手段获取的权利人的商业秘密的;

"(三)违反保密义务或者违反权利人有关保守商业秘密的要求,披露、使用或者允许他人使用其所掌握的商业秘密的。

"明知前款所列行为,获取、披露、使用或者允许他人使用该商业秘密的,以侵犯商业秘密论。

"本条所称权利人,是指商业秘密的所有人和经商业秘密所有人许可的商业秘密使用人。"

【条文主旨】

为进一步优化营商环境,加强企业产权保护,本条对侵犯商业秘密罪作了完善,适当提高侵犯商业秘密罪的刑罚,完善商业秘密的刑事保护。

【理解与适用】

一、修法背景

商业秘密是宝贵的社会财富,对个人权利、经济秩序乃至国家安全具有重要意义。由于历史原因,1979年《刑法》没有规定侵犯商业秘密罪。法律对"商业秘密"的系统规定,最早是1993年《反不正当竞争法》,该法第十条规定:"经营者不得采用下列手段侵犯商业秘密:(一)以盗窃、利诱、胁迫或者其他不正当手段获取权利人的商业秘密;(二)披露、使用或者允许他人使用以前项手段获取的权利人的商业秘密;(三)违反约定或者违反权利人有关保守商业秘密的要求,披露、使用或者允许他人使用其所掌握的商业秘密。""第三人明知或者应知前款所列违法行为,获取、使用或者披露他人的商业秘密,视为侵犯商业秘密。""本条所称的商业秘密,是指不为公众所知悉、能为权利人带来经济利益、具有实用性并经权利人采取保密措施的技术信息和经营信息。"

为满足商业秘密刑事保护的迫切需要,1992年,最高人民法院、最高人民检察院发布《关于办理盗窃案件具体应用法律的若干问题的解释》(法发〔1992〕43号),将"重要技术成果"明确为盗窃罪的犯罪对象,规定盗窃重要技术成果的,可以以盗窃罪依法追究刑事责任,从而将部分侵犯商业秘密的行为纳入刑事保护范围。但是,由于盗窃罪以"秘密窃取"为成立条件,而侵犯商业秘密的手段远远不止"秘密窃取","商业秘密"与盗窃罪的犯罪对象"财物"也有很大不同,以盗窃罪保护商业秘密存在"先天不足"。

立法工作机关一直对商业秘密的刑事保护问题给予较多关注。例如,在1997年《刑法》修订研拟过程中,1988年的有关稿本,既将"科技成果"或者"智力成果"作为盗窃罪的犯罪对象,又将"故意泄露企业、事业单位的秘密"规定为犯罪,1996年的有关稿本,将"擅自使用、泄露、出卖所知悉的商业秘密"规定为犯罪。为保持法律之间的协调和一致,1997年《刑法》基本上是以1993年《反不正当竞争法》第十条为模板,规定了侵犯商业秘密罪。[①]

2019年11月,中共中央办公厅、国务院办公厅印发《关于强化知识产权保护的意见》,要求"强化制度约束,确立知识产权严保护政策导

---

① 高铭暄:《中华人民共和国刑法的孕育诞生和发展完善》,北京大学出版社2012年版,第432~435页、第485~486页。

向"，明确提出"探索加强对商业秘密、保密商务信息及其源代码等的有效保护。加强刑事司法保护，推进刑事法律和司法解释的修订完善。加大刑事打击力度，研究降低侵犯知识产权犯罪入罪标准，提高量刑处罚力度，修改罪状表述，推动解决涉案侵权物品处置等问题。"

在《刑法修正案（十一）（草案）》的研拟过程中，立法工作机关对《刑法》第二百一十九条作出完善，形成草案一次审议稿第十四条的写法。

二、审议过程

草案一次审议稿	草案二次审议稿	《刑法修正案（十一）》
十四、将刑法第二百一十九条修改为："有下列侵犯商业秘密行为之一，情节严重的，处三年以下有期徒刑或者拘役，并处或者单处罚金；情节特别严重的，处三年以上十年以下有期徒刑，并处罚金： "（一）以盗窃、利诱、欺诈、胁迫、电子侵入或者其他不正当手段获取权利人的商业秘密的； "（二）披露、使用或者允许他人使用以前项手段获取的权利人的商业秘密的； "（三）违反保密义务或者违反权利人有关保守商业秘密的要求，披露、使用或者允许他人使用其所掌握的商业秘密的。 "明知或者应知前款所列行为，获取、使用或者披露他人的商业秘密的，以侵犯商业秘密论。	十七、将刑法第二百一十九条修改为："有下列侵犯商业秘密行为之一，情节严重的，处三年以下有期徒刑或者拘役，并处或者单处罚金；情节特别严重的，处三年以上十年以下有期徒刑，并处罚金： "（一）以盗窃、利诱、欺诈、胁迫、电子侵入或者其他不正当手段获取权利人的商业秘密的； "（二）披露、使用或者允许他人使用以前项手段获取的权利人的商业秘密的； "（三）违反保密义务或者违反权利人有关保守商业秘密的要求，披露、使用或者允许他人使用其所掌握的商业秘密的。 "明知或者应知前款所列行为，获取、披露、使用或者允许他人使用该商业秘密的，以侵犯商业秘密论。	二十二、将刑法第二百一十九条修改为："有下列侵犯商业秘密行为之一，情节严重的，处三年以下有期徒刑或者拘役，并处或者单处罚金；情节特别严重的，处三年以上十年以下有期徒刑，并处罚金： "（一）以盗窃、贿赂、欺诈、胁迫、电子侵入或者其他不正当手段获取权利人的商业秘密的； "（二）披露、使用或者允许他人使用以前项手段获取的权利人的商业秘密的； "（三）违反保密义务或者违反权利人有关保守商业秘密的要求，披露、使用或者允许他人使用其所掌握的商业秘密的。 "明知前款所列行为，获取、披露、使用或者允许他人使用该商业秘密的，以侵犯商业秘密论。

草案一次审议稿	草案二次审议稿	《刑法修正案（十一）》
"本条所称商业秘密，是指不为公众所知悉、具有商业价值并经权利人采取相应保密措施的技术信息、经营信息等商业信息。 "本条所称权利人，是指商业秘密的所有人和经商业秘密所有人许可的商业秘密使用人。"	"本条所称权利人，是指商业秘密的所有人和经商业秘密所有人许可的商业秘密使用人。"	"本条所称权利人，是指商业秘密的所有人和经商业秘密所有人许可的商业秘密使用人。"

在《刑法修正案（十一）（草案）》审议和征求意见过程中，主要有以下意见：（1）有意见提出，"等商业信息"的兜底性规定，缺乏确定性，容易形成"口袋罪"，沦为不正当竞争的工具，并为滥用商业秘密刑事保护制度打击竞争对手以及公权力干预经济纠纷留下漏洞，建议进一步斟酌。还有意见提出，《反不正当竞争法》已对"商业秘密"作了规定，而且《反不正当竞争法》修改频繁，建议不作明确规定。立法工作机关经研究，在草案二次审议稿中删除了第三款。（2）有意见提出，建议保持与《反不正当竞争法》的协调和一致，对有关表述作出调整。立法工作机关经研究，在草案二次、三次审议稿中，采用了《反不正当竞争法》的有关表述，将第一款第一项规定的"利诱"修改为"贿赂"，将第二款规定的"获取、使用或者披露他人的商业秘密"修改为"获取、披露、使用或者允许他人使用该商业秘密"。（3）根据有关方面的意见，进一步提高刑事惩处力度，增强法律的可适用性，《刑法修正案（十一）》删除了"拘役""或者应当明知"等。

三、修正前后条文对照

修正前《刑法》	修正后《刑法》
第二百一十九条 【侵犯商业秘密罪】有下列侵犯商业秘密行为之一，给商业秘密的权利人造成重大损失的，处三年以下有期徒刑或者拘役，并处或者单处罚金；造成特别严重后果的，处三年以上七年以下有期徒刑，并处罚金： （一）以盗窃、利诱、胁迫或者其他不正当手段获取权利人的商业秘密的； （二）披露、使用或者允许他人使用以前项手段获取的权利人的商业秘密的； （三）违反约定或者违反权利人有关保守商业秘密的要求，披露、使用或允许他人使用其所掌握的商业秘密的。 明知或者应知前款所列行为，获取、使用或者披露他人的商业秘密的，以侵犯商业秘密论。 本条所称商业秘密，是指不为公众所知悉，能为权利人带来经济利益，具有实用性并经权利人采取保密措施的技术信息和经营信息。 本条所称权利人，是指商业秘密的所有人和经商业秘密所有人许可的商业秘密使用人。	第二百一十九条 【侵犯商业秘密罪】有下列侵犯商业秘密行为之一，情节严重的，处三年以下有期徒刑，并处或者单处罚金；情节特别严重的，处三年以上十年以下有期徒刑，并处罚金： （一）以盗窃、贿赂、欺诈、胁迫、电子侵入或者其他不正当手段获取权利人的商业秘密的； （二）披露、使用或者允许他人使用以前项手段获取的权利人的商业秘密的； （三）违反保密义务或者违反权利人有关保守商业秘密的要求，披露、使用或者允许他人使用其所掌握的商业秘密的。 明知前款所列行为，获取、披露、使用或者允许他人使用该商业秘密的，以侵犯商业秘密论。 本条所称权利人，是指商业秘密的所有人和经商业秘密所有人许可的商业秘密使用人。

对比发现，《刑法修正案（十一）》第二十二条对《刑法》第二百一十九条的修正主要涉及如下四个方面：一是调整定罪量刑标准。将入罪门槛从"给商业秘密的权利人造成重大损失"修改为"情节严重"，将法定刑升档标准从"造成特别严重后果"调整为"情节特别严重"。二是适当提高法定刑，将侵犯商业秘密罪的法定最低刑从拘役提高至有期徒刑，法定最高刑从七年有期徒刑调整为十年有期徒刑。三是与《反不正当竞争法》协调，对具体行为方式作了完善。四是删除《刑法》第二百一十九条

原第三款。

四、修正后条文理解与适用

（一）犯罪客体

侵犯商业秘密罪的客体是商业秘密权利人的权利和市场的公平竞争秩序。侵犯商业秘密的行为会导致企业丧失竞争力，破坏了市场公平竞争秩序，也会给商业秘密权利人造成经济损失。

（二）犯罪客观方面

侵犯商业秘密罪的客观方面是侵犯商业秘密的行为。侵犯商业秘密的行为包括三类：（1）以盗窃、贿赂、欺诈、胁迫、电子侵入或者其他不正当手段获取权利人的商业秘密的；（2）披露、使用或者允许他人使用以前项手段获取的权利人的商业秘密的；（3）违反保密义务或者违反权利人有关保守商业秘密的要求，披露、使用或者允许他人使用其所掌握的商业秘密的。另外，明知非法获取的商业秘密，获取、披露、使用或者允许他人使用该商业秘密的，也以侵犯商业秘密论。行为社会危害性程度需要达到情节严重的，才构成犯罪。

（三）犯罪主体

侵犯商业秘密罪的主体是一般主体，既可以是自然人，也可以是单位。

（四）犯罪主观方面

侵犯商业秘密罪的主观方面是故意。

（五）刑事责任

根据修正后《刑法》第二百一十九条的规定，犯侵犯商业秘密罪的，处三年以下有期徒刑，并处或者单处罚金；情节特别严重的，处三年以上十年以下有期徒刑，并处罚金。

第二十三条　增设为境外窃取、刺探、收买、非法提供商业秘密罪

【条文内容】

二十三、在刑法第二百一十九条后增加一条，作为第二百一十九条之一："为境外的机构、组织、人员窃取、刺探、收买、非法提供商业秘密的，处五年以下有期徒刑，并处或者单处罚金；情节严重的，处五年以上有期徒刑，并处罚金。"

【条文主旨】

为进一步完善对商业秘密的刑事保护，本条将为境外的机构、组织、人员窃取、刺探、收买、非法提供商业秘密的行为，规定为犯罪。

【理解与适用】

一、修法背景

本罪处罚的是"商业间谍"行为。随着我国对外开放水平的不断提高，商业间谍也日益活跃，威胁到我国的国家经济安全，造成的损失巨大，对相关行业整体的健康发展产生严重负面影响。其中，比较典型的是"力拓案"。

对"商业间谍"行为应当适用《刑法》予以打击，对此并无大的争议，争议的焦点在于适用何种罪名。在《刑法修正案（十一）》之前，可供适用的罪名主要是为境外窃取、刺探、收买、非法提供国家秘密、情报罪和侵犯商业秘密罪，但适用这两个罪名均有不足。适用为境外窃取、刺探、收买、非法提供国家秘密、情报罪的问题，主要有两个：其一，将有

关信息一律认定为"国家秘密",按照《保守国家秘密法》进行管理,既与通常理解的"国家秘密"有差距,而且也不利于正常的商业来往;其二,商业秘密与国家秘密的范围不完全相同,对于不属于国家秘密的商业秘密,不能适用为境外窃取、刺探、收买、非法提供国家秘密、情报罪。适用侵犯商业秘密罪,同样存在两个难以解决的问题:其一,侵犯商业秘密罪的法定刑(主刑)为七年[《刑法修正案(十一)》调整至十年]以下有期徒刑或者拘役,在一些情况下可能罚不当罪;其二,侵犯商业秘密罪是结果犯或者情节犯,如果"商业间谍"行为情节不严重或者未造成后果,则难以处理。事实上,上述争议在"力拓案"的处理过程中表现得尤为明显,"力拓案涉案人员从涉嫌为境外窃取、刺探、收买、非法提供国家秘密、情报被刑事拘留,到涉嫌侵犯商业秘密罪被批准逮捕,涉案罪名上的降格,反映出我国在经济安全的立法方面有很大的缺陷与漏洞……触及了中国经济安全方面的软肋,为中国经济安全方面的立法敲响了警钟。"[①] 从国际上看,将"商业间谍"行为规定为单独罪名的做法比较常见。例如,美国1996年《反经济间谍法》,将经济间谍行为作为惩处重点;德国《反不正当竞争法》第十七条规定:"前两项秘密的泄露……明知将在国外被利用或自己准备在国外加以利用者,处五年以下监禁或并科罚金。"奥地利《刑法》第一百二十四条规定了为外国刺探商业或产业秘密罪。[②]

在《刑法修正案(十一)(草案)》研拟过程中,为进一步加强对商业秘密的刑事保护,立法工作机关在《刑法》第二百一十九条后增加一条,作为第二百一十九条之一,对为境外窃取、刺探、收买、非法提供商业秘密犯罪作出专门规定,从此形成草案一次审议稿第十五条的写法。

[①] 陈龙鑫:《侵犯商业秘密犯罪现状与立法完善——以力拓案为切入点》,载《犯罪研究》2009年第5期。

[②] 杨正鸣、倪铁主编:《刑事法治视野中的商业秘密保护——以刑事保护为中心》,复旦大学出版社2011年版,第161页。

第二十三条 增设为境外窃取、刺探、收买、非法提供商业秘密罪

二、审议过程

草案一次审议稿	草案二次审议稿	《刑法修正案（十一）》
十五、在刑法第二百一十九条后增加一条，作为第二百一十九条之一："为境外的机构、组织、人员窃取、刺探、收买、非法提供商业秘密的，处五年以下有期徒刑或者拘役，并处或者单处罚金；情节严重的，处五年以上有期徒刑，并处罚金。"	十八、在刑法第二百一十九条后增加一条，作为第二百一十九条之一："为境外的机构、组织、人员窃取、刺探、收买、非法提供商业秘密的，处五年以下有期徒刑或者拘役，并处或者单处罚金；情节严重的，处五年以上有期徒刑，并处罚金。"	二十三、在刑法第二百一十九条后增加一条，作为第二百一十九条之一："为境外的机构、组织、人员窃取、刺探、收买、非法提供商业秘密的，处五年以下有期徒刑或者拘役，并处或者单处罚金；情节严重的，处五年以上有期徒刑，并处罚金。"

三、修正前后条文对照

修正前《刑法》	修正后《刑法》
	第二百一十九条之一 【为境外窃取、刺探、收买、非法提供商业秘密罪】为境外的机构、组织、人员窃取、刺探、收买、非法提供商业秘密的，处五年以下有期徒刑，并处或者单处罚金；情节严重的，处五年以上有期徒刑，并处罚金。

四、修正条文的理解与适用

（一）罪名确定

对本条规定的罪名确定，有意见提出，为简洁好记，易于为公众周知，从而更好地发挥罪名的行为规范功能，建议将本罪罪名确定为"商业间谍罪"。经研究，《罪名补充规定（七）》将本条罪名确定为"为境外窃

· 217 ·

取、刺探、收买、非法提供商业秘密罪"主要考虑是：（1）"商业间谍"并不是规范的法律用语，其内涵定义不明确，且范围过于宽泛，以此确定罪名，不利于贯彻罪刑法定原则。（2）"商业间谍罪"虽然听起来更简洁，但并未明确犯罪行为的本质，仅阐述了结论，体现了轻行为方式而重罪名外观的倾向。对比而言，"为境外窃取、刺探、收买、非法提供商业秘密罪"则更为准确地揭示了该罪的行为方式。（3）已有"为境外窃取、刺探、收买、非法提供国家秘密、情报罪"（《刑法》第一百一十一条）和"为境外窃取、刺探、收买、非法提供军事秘密罪"（《刑法》第四百三十一条第二款），本条罪名确定为"为境外窃取、刺探、收买、非法提供商业秘密罪"，符合罪名确定的惯例，有利于罪名体系的整体协调。

（二）犯罪客体

与《刑法》第二百一十九条侵犯商业秘密罪一样，为境外窃取、刺探、收买、非法提供商业秘密罪的客体是商业秘密权利人的权利和市场的公平竞争秩序。如果有关商业秘密同时也是国家秘密，则实施本罪行为，可能同时构成为境外窃取、刺探、收买、非法提供国家秘密、情报罪和《刑法》第三百九十八条规定的故意泄露国家秘密罪、过失泄露国家秘密罪，应择一重罪处罚。

（三）犯罪客观方面

为境外窃取、刺探、收买、非法提供商业秘密罪的客观方面表现为为境外的机构、组织、人员窃取、刺探、收买、非法提供商业秘密的行为。为境外窃取、刺探、收买、非法提供商业秘密罪的罪状，除犯罪对象外，与为境外窃取、刺探、收买、非法提供国家秘密、情报罪一致。"境外机构"，是指中华人民共和国国（边）境以外的国家或者地区的机构，如政府、军队及其在中国境内的代表机构或者分支机构，如外国驻华使领馆；"境外组织"，是指中华人民共和国国、边境以外的国家或者地区的政党、社会团体和其他企事业单位及其在中国境内的分支机构。"窃取"，是指以文件窃密、照相机窃密、电磁波窃密、电脑窃密等具体形式秘密获取；"刺探"，是指用探听或者一定的专门技术获取；"收买"，是指用利益去换

第二十三条 增设为境外窃取、刺探、收买、非法提供商业秘密罪

取;"非法提供",是指违反法律规定而提供。窃取、刺探、收买都是没有合法掌握商业秘密的人所采取的获取商业秘密的手段;而非法提供则是合法掌握商业秘密的人违反规定,向境外的机构、组织、人员提供。窃取、刺探、收买和非法提供者通过互联网将商业秘密非法发送给境外的机构、组织、个人的,也构成本罪。按照法律规定,只要实施了为境外的机构、组织、人员窃取、刺探、收买、非法提供其中一种行为,就构成本罪;实施两种以上行为的,仍为一罪,不实行并罚。①

（四）犯罪主体

为境外窃取、刺探、收买、非法提供商业秘密罪的主体是一般主体,凡是十六周岁以上、具有刑事责任能力的自然人,均可构成本罪。根据修正后《刑法》第二百二十条的规定,单位也可以构成为境外窃取、刺探、收买、非法提供商业秘密罪。

（五）犯罪的主观方面

为境外窃取、刺探、收买、非法提供商业秘密罪的主观方面是故意,行为人明知对方是境外机构、组织、人员而为其进行窃取、刺探、收买、非法提供商业秘密。如果行为人不明知对方是境外机构、组织、人员而实施的,不构成本罪,但可以构成侵犯商业秘密罪。行为人的动机比较复杂,有的可能是为了获取报酬,有的可能是出于报复权利人等,具体动机不影响定罪,可以作为量刑的考虑因素。

（六）刑事责任

根据修正后《刑法》第二百一十九条之一的规定,犯为境外窃取、刺探、收买、非法提供商业秘密罪的,处五年以下有期徒刑,并处或者单处罚金;情节严重的,处五年以上有期徒刑,并处罚金。

---

① 参见周道鸾、张军主编:《刑法罪名精释（上册）》,人民法院出版社2013年版,第64~65页。

第二十四条 修改关于知识产权单位犯罪

【条文内容】

二十四、将刑法第二百二十条修改为:"单位犯本节第二百一十三条至第二百一十九条之一规定之罪的,对单位判处罚金,并对其直接负责的主管人员和其他直接责任人员,依照本节各该条的规定处罚。"

【条文主旨】

本条完善知识产权单位犯罪的处罚规定。

【理解与适用】

一、修法背景

1997年修订《刑法》时,明确知识产权各类犯罪主体,既可以是自然人,也可以是单位。《刑法》第二百二十条规定:"单位犯本节第二百一十三条至第二百一十九条规定之罪的,对单位判处罚金,并对其直接负责的主管人员和其他直接责任人员,依照本节各该条的规定处罚。"

为惩治商业间谍行为,《刑法修正案(十一)(草案)》增加规定了为境外窃取、刺探、收买、非法提供商业秘密犯罪,作为《刑法》第二百一十九条之一。为境外窃取、刺探、收买、非法提供商业秘密犯罪和其他侵犯知识产权犯罪一样,犯罪主体同样可以为单位。基于此,需要对《刑法》第二百二十条关于侵犯知识产权单位犯罪的规定作出修改,以明确为境外窃取、刺探、收买、非法提供商业秘密罪的主体可以由单位构成。

二、审议过程

草案一次审议稿	草案二次审议稿	《刑法修正案（十一）》
		二十四、将刑法第二百二十条修改为："单位犯本节第二百一十三条至第二百一十九条之一规定之罪的，对单位判处罚金，并对其直接负责的主管人员和其他直接责任人员，依照本节各该条的规定处罚。"

《刑法修正案（十一）（草案）》一次审议稿和二次审议稿均未涉及侵犯知识产权单位犯罪条款的修改完善问题。但是，最终通过的《刑法修正案（十一）》第二十四条对《刑法》第二百二十条作了微调，明确修正后《刑法》第二百一十九条之一规定的犯罪可以由单位构成。

三、修正前后条文对照

修正前《刑法》	修正后《刑法》
第二百二十条　单位犯本节第二百一十三条至第二百一十九条规定之罪的，对单位判处罚金，并对其直接负责的主管人员和其他直接责任人员，依照本节各该条的规定处罚。	第二百二十条　单位犯本节第二百一十三条至第二百一十九条之一规定之罪的，对单位判处罚金，并对其直接负责的主管人员和其他直接责任人员，依照本节各该条的规定处罚。

对比发现，《刑法修正案（十一）》第二十四条对本条的修正主要对适用罪名范围进行完善规定。具体而言，本条明确修正后《刑法》第二百一十九条之一规定的犯罪可以由单位构成，单位犯为境外窃取、刺探、收买、非法提供商业秘密罪的，对单位判处罚金，并对其直接负责的主管人员和其他直接责任人员，依照《刑法》第二百一十九条之一的规定处罚。

四、修正后条文的理解与适用

根据修正后《刑法》第二百二十条的规定,《刑法》分则第三章第七节规定的各类侵犯知识产权的犯罪,犯罪主体既可以是自然人,也可以是单位。具体罪名范围包括《刑法》第二百一十三条规定的假冒注册商标罪、第二百一十四条规定的销售假冒注册商标的商品罪、第二百一十五条规定的非法制造、销售非法制造的注册商标标识罪、第二百一十六条规定的假冒专利罪、第二百一十七条规定的侵犯著作权罪、第二百一十八条规定的销售侵权复制品罪、第二百一十九条规定的侵犯商业秘密罪、第二百一十九条之一规定的为境外窃取、刺探、收买、非法提供商业秘密罪。

单位实施的侵犯知识产权犯罪的入罪标准,与自然人犯罪保持一致。《侵犯知识产权犯罪解释(二)》第六条规定:"单位实施刑法第二百一十三条至第二百一十九条规定的行为,按照《最高人民法院、最高人民检察院关于办理侵犯知识产权刑事案件具体应用法律若干问题的解释》和本解释规定的相应个人犯罪的定罪量刑标准定罪处罚。"因此,单位犯罪的,按照个人犯罪的定罪量刑标准定罪处罚。

第二十五条 修改提供虚假证明文件罪、出具证明文件重大失实罪

【条文内容】

二十五、将刑法第二百二十九条修改为:"承担资产评估、验资、验证、会计、审计、法律服务、保荐、安全评价、环境影响评价、环境监测等职责的中介组织的人员故意提供虚假证明文件,情节严重的,处五年以下有期徒刑或者拘役,并处罚金;有下列情形之一的,处五年以上十年以下有期徒刑,并处罚金:

"(一)提供与证券发行相关的虚假的资产评估、会计、审计、法律服务、保荐等证明文件,情节特别严重的;

"(二)提供与重大资产交易相关的虚假的资产评估、会计、审计等证明文件,情节特别严重的;

"(三)在涉及公共安全的重大工程、项目中提供虚假的安全评价、环境影响评价等证明文件,致使公共财产、国家和人民利益遭受特别重大损失的。

"有前款行为,同时索取他人财物或者非法收受他人财物构成犯罪的,依照处罚较重的规定定罪处罚。

"第一款规定的人员,严重不负责任,出具的证明文件有重大失实,造成严重后果的,处三年以下有期徒刑或者拘役,并处或者单处罚金。"

【条文主旨】

为压实中介组织责任,充分发挥其"看门人"作用,本条增加明确列

举的提供虚假证明文件罪、出具证明文件重大失实罪的主体，对特定情形增加一档法定刑，并完善了牵连犯罪的处罚规则。

【理解与适用】

一、修法背景

市场经济的健康发展，离不开中介组织的依法依规履责。1997年修订《刑法》时规定了第二百二十九条提供虚假证明文件罪、出具证明文件重大失实罪，此后历次《刑法》修正均未涉及该条款。1997年《刑法》实施以来，2009年《最高人民检察院关于公证员出具公证书有重大失实行为如何适用法律问题的批复》、2009年《最高人民法院、最高人民检察院关于办理妨害信用卡管理刑事案件具体应用法律若干问题的解释》、2015年《最高人民检察院关于地质工程勘测院和其他履行勘测职责的单位及其工作人员能否成为刑法第二百二十九条规定的有关犯罪主体的批复》、2016年《最高人民法院、最高人民检察院关于办理环境污染刑事案件适用法律若干问题的解释》、2017年《最高人民法院、最高人民检察院关于办理药品、医疗器械注册申请材料造假刑事案件适用法律若干问题的解释》等司法解释和规范性文件陆续对《刑法》第二百二十九条在一些具体中介组织领域的适用作出明确，以更好地指导司法实践。在此基础上，为适应形势发展变化、精准打击犯罪行为，亟须通过《刑法》修正的方式明确列举承担保荐、安全评价、环境影响评价、环境监测职责的中介组织的人员为本罪主体，以明确体现《刑法》对出具此类虚假、失实的证明文件行为的否定性评价。

近年来，随着市场经济的快速发展和政府简政放权，一系列"放管服"政策推动各行业领域监管体系发生结构性调整，传统上由政府机关履行的一些监管职能逐步下放到中介组织，由中介组织依法履职、各负其责，确保市场主体依法依规良性运转。因此，中介组织所发挥的作用越来越凸显。同时，也暴露出不少中介组织人员滥用职权或者不负责任导致严重后果发生的情况。特别是在资本市场，承担资产评估、会计、审计、法律服务、保荐等职能的中介组织，是证券市场的"看门人"，能有效平衡

第二十五条 修改提供虚假证明文件罪、出具证明文件重大失实罪

证券市场各主体之间的信息不对称，是形成公开、公平、公正市场环境的必备要素。2019年《证券法》修订时，为适应注册制改革和证券市场发展需要，对证券公司、证券服务机构等中介组织的职责作出重大调整；2020年出台的《国务院关于进一步提高上市公司质量的意见》（国发〔2020〕14号）强调"督促中介机构归位尽责。健全中介机构执业规则体系，明确上市公司与各类中介机构的职责边界，压实中介机构责任。相关中介机构要严格履行核查验证、专业把关等法定职责，为上市公司提供高质量服务。相关部门和机构要配合中介机构依法依规履职，及时、准确、完整地提供相关信息"，并明确要求"对涉案证券公司、证券服务机构等中介机构及从业人员一并查处，情节严重、性质恶劣的，依法采取暂停、撤销、吊销业务或从业资格等措施"。相应地，《刑法》也需要通过修正的方式，实现与修订后《证券法》及有关规定的衔接。

此外，有意见提出，对中介组织人员在证券发行、重大资产交易活动以及涉及公共安全的重大工程、项目中出具有关虚假证明文件，情节特别严重的行为，应当增设更重的一档刑罚，予以严厉惩处。而且，对于中介组织人员索取他人财物或者非法收受他人财物，又提供虚假证明文件，构成犯罪的，《刑法》原第二百二十九条第二款规定构成虚假证明文件罪。这一条款在实践中有时会导致《刑法》条文之间不协调、罪刑不相适应，故应当一并作出调整。

在《刑法修正案（十一）（草案）》研拟过程中，根据有关方面的意见，立法工作机关对《刑法》第二百二十九条作出修改完善，增设升档量刑情节，并对中介组织的人员受贿的，明确依照处罚较重的规定定罪处罚，从而形成草案一次审议稿第十六条的写法。

二、审议过程

草案一次审议稿	草案二次审议稿	《刑法修正案（十一）》
十六、将第二百二十九条修改为："承担资产评估、验资、验证、会计、审计、法律服务、保荐等职责的中介组织的人员故意提供虚假证明文件，情节严重的，处五年以下有期徒刑或者拘役，并处罚金；有下列情形之一的，处五年以上十年以下有期徒刑，并处罚金： "（一）提供与证券发行相关的虚假的资产评估、会计、审计、保荐等证明文件，情节特别严重的； "（二）提供与重大资产交易相关的虚假的资产评估、会计、审计等证明文件，情节特别严重的； "（三）在涉及公共安全的重大工程、项目中提供虚假的安全评价、环境影响评价证明文件，致使公共财产、国家和人民利益遭受特别重大损失的。 "前款规定的人员，索取他人财物或者非法收受他人财物，同时构成其他犯罪的，依照处罚较重的规定定罪处罚。	十九、将刑法第二百二十九条修改为："承担资产评估、验资、验证、会计、审计、法律服务保荐、**安全评价、环境影响评价、环境监测**等职责的中介组织的人员故意提供虚假证明文件，情节严重的，处五年以下有期徒刑或者拘役，并处罚金；有下列情形之一的，处五年以上十年以下有期徒刑，并处罚金： "（一）提供与证券发行相关的虚假的资产评估、会计、审计、**法律服务**、保荐等证明文件，情节特别严重的； "（二）提供与重大资产交易相关的虚假的资产评估、会计、审计等证明文件，情节特别严重的； "（三）在涉及公共安全的重大工程、项目中提供虚假的安全评价、环境影响评价证明文件，致使公共财产、国家和人民利益遭受特别重大损失的。 "前款规定的人员，索取他人财物或者非法收受他人财物，同时构成其他犯罪的，依照处罚较重的规定定罪处罚。	二十五、将刑法第二百二十九条修改为："承担资产评估、验资、验证、会计、审计、法律服务、保荐、安全评价、环境影响评价、环境监测等职责的中介组织的人员故意提供虚假证明文件，情节严重的，处五年以下有期徒刑或者拘役，并处罚金；有下列情形之一的，处五年以上十年以下有期徒刑，并处罚金： "（一）提供与证券发行相关的虚假的资产评估、会计、审计、法律服务、保荐等证明文件，情节特别严重的； "（二）提供与重大资产交易相关的虚假的资产评估、会计、审计等证明文件，情节特别严重的； "（三）在涉及公共安全的重大工程、项目中提供虚假的安全评价、环境影响评价等证明文件，致使公共财产、国家和人民利益遭受特别重大损失的。 "**有前款行为**，同时索取他人财物或者非法收受他人财物构成犯罪的，依照处罚较重的规定定罪处罚。

第二十五条　修改提供虚假证明文件罪、出具证明文件重大失实罪

草案一次审议稿	草案二次审议稿	《刑法修正案（十一）》
"第一款规定的人员，严重不负责任，出具的证明文件有重大失实，造成严重后果的，处三年以下有期徒刑或者拘役，并处或者单处罚金。"	"第一款规定的人员，严重不负责任，出具的证明文件有重大失实，造成严重后果的，处三年以下有期徒刑或者拘役，并处或者单处罚金。"	"第一款规定的人员，严重不负责任，出具的证明文件有重大失实，造成严重后果的，处三年以下有期徒刑或者拘役，并处或者单处罚金。"

在《刑法修正案（十一）（草案）》审议和征求意见过程中，根据有关方面的意见，草案二次审议稿在犯罪主体方面对承担安全评价、环境影响评价、环境监测职责的中介组织的人员予以增加列举，在加重情节方面对提供与证券发行相关的虚假的法律服务证明文件予以明确列举。《刑法修正案（十一）》第二十三条最后基本沿用了草案二次审议稿的写法，仅对个别表述作了微调。

三、修正前后条文对照

修正前《刑法》	修正后《刑法》
第二百二十九条【提供虚假证明文件罪】承担资产评估、验资、验证、会计、审计、法律服务等职责的中介组织的人员故意提供虚假证明文件，情节严重的，处五年以下有期徒刑或者拘役，并处罚金。 前款规定的人员，索取他人财物或者非法收受他人财物，犯前款罪的，处五年以上十年以下有期徒刑，并处罚金。 【出具证明文件重大失实罪】第一款规定的人员，严重不负责任，出具的证明文件有重大失实，造成严重后果的，处三年以下有期徒刑或者拘役，并处或者单处罚金。	第二百二十九条【提供虚假证明文件罪】承担资产评估、验资、验证、会计、审计、法律服务、**保荐**、**安全评价**、**环境影响评价**、**环境监测**等职责的中介组织的人员故意提供虚假证明文件，情节严重的，处五年以下有期徒刑或者拘役，并处罚金；有下列情形之一的，处五年以上十年以下有期徒刑，并处罚金： （一）提供与证券发行相关的虚假的资产评估、会计、审计、法律服务、保荐等证明文件，情节特别严重的； （二）提供与重大资产交易相关的虚假的资产评估、会计、审计等证明文件，情节特别严重的；

· 227 ·

修正前《刑法》	修正后《刑法》
	（三）在涉及公共安全的重大工程、项目中提供虚假的安全评价、环境影响评价证明文件，致使公共财产、国家和人民利益遭受特别重大损失的。 有前款行为，同时索取他人财物或者非法收受他人财物构成犯罪的，依照处罚较重的规定定罪处罚。 【出具证明文件重大失实罪】第一款规定的人员，严重不负责任，出具的证明文件有重大失实，造成严重后果的，处三年以下有期徒刑或者拘役，并处或者单处罚金。

对比发现，《刑法修正案（十一）》第十九条对《刑法》第二百二十九条的修改主要涉及如下三个方面：一是在犯罪主体方面，对承担保荐、安全评价、环境影响评价、环境监测职责的中介组织的人员予以明确列举；二是增加一档法定刑，对中介组织人员在证券发行、重大资产交易活动以及涉及公共安全的重大工程、项目中出具有关虚假证明文件，情节特别严重的行为，规定适用更高一档刑罚；三是对中介组织的人员受贿的，明确依照处罚较重的规定定罪处罚。

四、修正后条文的理解与适用

（一）犯罪客体

提供虚假证明文件罪和出具证明文件重大失实罪的客体是国家的工商管理制度，以及社会公众或者相关人员的知情权、财产权等相关权利。

（二）犯罪客观方面

提供虚假证明文件罪的客观方面表现为故意提供虚假证明文件，情节严重；出具证明文件重大失实罪的客观方面表现为严重不负责任，出具的

第二十五条　修改提供虚假证明文件罪、出具证明文件重大失实罪

证明文件有重大失实，造成严重后果。

（三）犯罪主体

提供虚假证明文件罪和出具证明文件重大失实罪的主体是特殊主体，仅限于承担资产评估、验资、验证、会计、审计、法律服务、保荐、安全评价、环境影响评价、环境监测等职责的中介组织的人员。事实上，因为《刑法》第二百二十九条采取"多项列举+等字兜底"的表述方式，此二罪的主体已经相当宽泛，基本可以涵盖在市场经济中承担中介职能的各种组织的人员。

按照《刑法》第二百三十一条的规定，单位也可以构成本罪。需要注意的是：此二罪的主体与《证券法》上对同类行为的处罚主体略有差异。例如，根据《证券法》第二百一十三条第三款的规定，未勤勉尽责，所制作、出具的文件有虚假记载、误导性陈述或者重大遗漏的，受罚的主体是证券服务机构，即单位；自然人只会作为单位的直接负责的主管人员和其他直接责任人员而受罚。

（四）犯罪主观方面

提供虚假证明文件罪的主观方面是故意，出具证明文件重大失实罪的主观方面是过失，这也是两罪的区别所在。

（五）刑事责任

根据修正后《刑法》第二百二十九条的规定，中介组织人员故意提供虚假证明文件，情节严重的，处五年以下有期徒刑或者拘役，并处罚金；有下列情形之一的，处五年以上十年以下有期徒刑，并处罚金：（1）提供与证券发行相关的虚假的资产评估、会计、审计、法律服务、保荐等证明文件，情节特别严重的；（2）提供与重大资产交易相关的虚假的资产评估、会计、审计等证明文件，情节特别严重的；（3）在涉及公共安全的重大工程、项目中提供虚假的安全评价、环境影响评价证明文件，致使公共财产、国家和人民利益遭受特别重大损失的。

中介组织人员严重不负责任，出具的证明文件有重大失实，造成严重

后果的，处三年以下有期徒刑或者拘役，并处或者单处罚金。

单位犯本条规定之罪的，对单位判处罚金，并对其直接负责的主管人员和其他直接责任人员依照上述规定处罚。

五、司法适用中需要注意的问题

（一）"证明文件"的范围

"证明文件"具体指哪些，需要根据相关行政、商事法律规定来认定。例如，对于证券服务机构，《证券法》第一百六十三条规定："证券服务机构为证券的发行、上市、交易等证券业务活动制作、出具审计报告及其他鉴证报告、资产评估报告、财务顾问报告、资信评级报告或者法律意见书等文件，应当勤勉尽责，对所依据的文件资料内容的真实性、准确性、完整性进行核查和验证……"以从事证券服务业务的会计师事务所及注册会计师为例，其出具证明文件一般包括：（1）审查财务报表，出具审计报告；（2）审验净资产、实收资本（股本），出具验资报告；（3）审核盈利预测报告，出具盈利预测审核报告；（4）执行内部控制审计工作，出具内部控制审计报告；（5）办理企业合并、分立、清算事宜中的审计业务，出具相关报告等。

（二）中介组织人员受贿后提供虚假证明文件行为的处断

根据《刑法》原第二百二十九条第二款的规定，中介组织人员索取他人财物或者非法收受他人财物，又提供虚假证明文件，构成犯罪的，仍然认定为虚假证明文件罪，在更高一档量刑，即把受贿情节作为本罪的一个加重情节来考虑。该规定存在的主要问题是：（1）根据《刑法》第一百六十三条第一款的规定，公司、企业或者其他单位的工作人员，利用职务上的便利，索取他人财物或者非法收受他人财物，为他人谋取利益，数额较大的，处三年以下有期徒刑或者拘役，并处罚金；数额巨大或者有其他严重情节的，处三年以上十年以下有期徒刑，并处罚金；数额特别巨大或者有其他特别严重情节的，处十年以上有期徒刑或者无期徒刑，并处罚金。两相对照，《刑法》原第二百二十九条第二款的规定与第一百六十三条的

第二十五条　修改提供虚假证明文件罪、出具证明文件重大失实罪

规定不协调。(2) 根据《刑法》第三百九十九条第四款的规定，司法工作人员收受贿赂，有徇私枉法、民事、行政枉法裁判、执行判决、裁定失职、执行判决、裁定滥用职权行为，同时构成受贿罪的，依照处罚较重的规定定罪处罚。《刑法》原第二百二十九条第二款的规定与此不一致，不符合刑法理论对牵连犯的一般认识。故而，《刑法修正案（十一）》将第二百二十九条第二款修改为"有前款行为，同时索取他人财物或者非法收受他人财物构成犯罪的，依照处罚较重的规定定罪处罚。"

需要注意的是，中介组织人员受贿后故意提供虚假证明文件，还有可能构成相关犯罪的共同犯罪。例如，中介组织人员明知他人实施欺诈发行证券行为，不仅故意提供虚假证明文件，而且积极与他人进行沟通、联络，具体参与进行欺诈发行的，可能构成欺诈发行证券罪的共同犯罪。此种情形下，仍应当依照处罚较重的规定定罪处罚。

（三）"严重不负责任"的把握

出具证明文件重大失实罪的要件之一是中介组织人员"严重不负责任"。"不负责任"是与"勤勉尽责"相对而言的。例如，根据《证券法》第一百六十三条的规定，证券服务机构为证券的发行、上市、交易等证券业务活动制作、出具审计报告及其他鉴证报告、资产评估报告、财务顾问报告、资信评级报告或者法律意见书等文件，应当勤勉尽责，对所依据的文件资料内容的真实性、准确性、完整性进行核查和验证。至于如何判断"没有勤勉尽责"乃至达到"严重不负责任"的程度，需要结合中介组织的性质和承担的具体责任来判断。以从事证券服务业务的会计师事务所和注册会计师为例，下列情形可以认定为未勤勉尽责：（1）未按规定编制审计工作底稿；（2）未充分了解被审计单位及其环境，风险识别与评估程序明显不到位，识别的重大错报风险领域明显不恰当，或者重要性水平确定明显不合理；（3）风险应对措施设计明显不合理；（4）风险应对的必要审计程序执行明显不到位等。未勤勉尽责达到一定严重程度的，应当认定为"严重不负责任"。

需要注意的是，在一个市场行为中，可能有多个中介组织从事中介服务、出具证明文件。并非该市场行为构成违法违规乃至犯罪，所有中介组

织一律承担责任。以证券发行为例,《证券法》第十九条第一款规定"发行人报送的证券发行申请文件,应当充分披露投资者作出价值判断和投资决策所必需的信息,内容应当真实、准确、完整",第二款规定"为证券发行出具有关文件的证券服务机构和人员,必须严格履行法定职责,保证所出具文件的真实性、准确性和完整性"。如果发行人涉嫌欺诈发行,追究中介组织及其人员刑事责任的前提是:首先,相关证券服务机构及其人员在其职责范围内出具了证明文件;其次,其出具证明文件严重不负责任,有重大失实。对于上述出具证明文件的行为,其他证券服务机构及人员没有过错的,不承担责任。因此,司法实践中,要注意厘清不同证券服务机构在证券发行活动中的责任边界。

第二十六条　修改强奸罪

【条文内容】

二十六、将刑法第二百三十六条修改为:"以暴力、胁迫或者其他手段强奸妇女的,处三年以上十年以下有期徒刑。

"奸淫不满十四周岁的幼女的,以强奸论,从重处罚。

"强奸妇女、奸淫幼女,有下列情形之一的,处十年以上有期徒刑、无期徒刑或者死刑:

"(一)强奸妇女、奸淫幼女情节恶劣的;

"(二)强奸妇女、奸淫幼女多人的;

"(三)在公共场所当众强奸妇女、奸淫幼女的;

"(四)二人以上轮奸的;

"(五)奸淫不满十周岁的幼女或者造成幼女伤害的;

"(六)致使被害人重伤、死亡或者造成其他严重后果的。"

【条文主旨】

本条修改强奸罪的规定,对奸淫不满十周岁的幼女或者造成幼女伤害等严重情形,明确适用更重刑罚。

【理解与适用】

一、修法背景

1997年《刑法》修订以来,为体现对幼女的特殊保护,《刑法》关于奸淫幼女行为相关规定发生了一系列调整完善。

第一，对奸淫幼女行为罪名进行了调整。1997年《刑法》第二百三十六条第二款规定："奸淫不满十四周岁的幼女的，以强奸论，从重处罚。"根据《确定罪名规定》（已废止）将本款罪名确定为奸淫幼女罪。而根据《罪名补充规定》，取消奸淫幼女罪罪名，将本款规定作为强奸罪行为方式之一。之所以取消奸淫幼女罪罪名，主要是基于罪刑均衡的考虑。其一，具有限制刑事责任的已满十四周岁不满十六周岁的人，根据《刑法》第十七条规定，犯强奸罪的，承担刑事责任，对于奸淫幼女单独定罪，是否承担刑事责任存在争议。其二，强奸罪和奸淫幼女行为性质相同，行为人实施强奸行为与奸淫幼女的，如果按照两个罪名分别定罪处罚，实行数罪并罚，还是从一重处罚，在理论和实践上也存在争议。因此，为减少理论和实践中争论，方便案件处理，取消了奸淫幼女罪的罪名，仅保留了强奸罪。[①]

第二，取消了嫖宿幼女罪规定。对于嫖宿幼女的行为，1997年《刑法》第三百六十条第二款规定"嫖宿不满十四周岁的幼女的，处五年以上有期徒刑，并处罚金"。单独规定了嫖宿幼女罪。《刑法》将嫖宿幼女的行为单独定罪，当时主要考虑从法律上明确嫖宿幼女行为人的刑事责任，严厉打击这种犯罪，以五年有期徒刑作为起点刑，在刑法分则各罪中属于较高的，体现了对幼女的特殊保护。[②] 但是，在嫖宿幼女罪适用中也存在着与刑法体系不协调之处，在法定刑上没有配置无期徒刑，嫖宿幼女多人与奸淫幼女多人具有相似的社会危害性，法定刑与强奸罪相比明显偏轻，无法进行严惩。在司法适用中，可能会导致对幼女的污名化，将幼女认定为"卖淫女"，不利于对幼女身心健康的保护，家属也会提出异议，还会引发社会的质疑。因此在《刑法修正案（九）》制定过程中，不论是刑法研究的理论上，还是社会层面，都有意见建议删除嫖宿幼女罪的规定，立法机关采纳了相关建议，在《刑法修正案（九）》第四十三条删除《刑法》第三百六十条第二款，取消嫖宿幼女罪，将嫖宿幼女的行为按强奸罪定罪处罚。

---

① 参见《司法解释理解与适用全集·刑事卷》(2)，人民法院出版社2019年版，第1103页。
② 参见《立法原意是对幼女给予特殊保护——高铭暄教授讲述嫖宿幼女罪的立法经过》，载《检察日报》2012年7月17日。

第二十六条　修改强奸罪

　　上述的罪名调整与法律修改，主要是解决了对奸淫幼女的行为定罪的问题。只要是与不满十四周岁的幼女发生性关系的行为，就应按照强奸罪处理。这充分体现了对幼女的特殊保护，以不满十四周岁作为判断幼女的统一标准，而不是根据发育成熟来判断。由于幼女身心发育不成熟，缺乏辨别是非的能力，不理解性行为的后果与意义，也没有抗拒能力，因此，不论行为人采用什么手段，也不论幼女是否愿意，只要与幼女发生性关系的，就构成强奸罪，在一定程度上严密了法网。但是奸淫幼女的犯罪始终较为突出，社会关注度也较高。据统计，近年来在公开媒体报道中，儿童被性侵的话题始终处于舆论的关注点，平均每天报道1起。① 关于未成年人权益保护方面的调研也反映出，在侵害未成年人人身安全的犯罪中，奸淫幼女、猥亵儿童、拐卖儿童犯罪较为突出。② 但是在司法实践中，对于奸淫幼女，造成被害人怀孕、罹患性病等后果，是否属于"奸淫幼女情节恶劣"可以判处十年以上有期徒刑、无期徒刑或者死刑的情形，司法实践中认识和理解并不一致，影响了法律适用的统一以及量刑的均衡。《性侵意见》第二十五条规定："针对未成年人实施强奸、猥亵犯罪的，应当从重处罚，具有下列情形之一的，更要依法从严惩处：（1）对未成年人负有特殊职责的人员、与未成年人有共同家庭生活关系的人员、国家工作人员或者冒充国家工作人员，实施强奸、猥亵犯罪的；（2）进入未成年人住所、学生集体宿舍实施强奸、猥亵犯罪的；（3）采取暴力、胁迫、麻醉等强制手段实施奸淫幼女、猥亵儿童犯罪的；（4）对不满十二周岁的儿童、农村留守儿童、严重残疾或者精神智力发育迟滞的未成年人，实施强奸、猥亵犯罪的；（5）猥亵多名未成年人，或者多次实施强奸、猥亵犯罪的；（6）造成未成年被害人轻伤、怀孕、感染性病等后果的；（7）有强奸、猥亵犯罪前科劣迹的。"但是，对于从严的程度如何把握，是在三年以上十年以下有期徒刑一档法定刑内从重处罚，还是可以升档处罚，并没有明确

---

　　① 参见何玲：《儿童性侵害与解决对策研究——基于2013—2018年的相关数据》，载《中国青年社会科学》2019年第2期。
　　② 参见《全国人大常委会执法检查组关于检查〈中华人民共和国未成年人保护法〉实施情况的报告（2014）》，载法信网，http：//www.faxin.cn/lib/lfsf/LfContent.aspx？gid＝G21161，最后访问日期：2021年1月21日。

的规定。对此，有意见认为对强奸未成年人的，需要从犯罪主体、犯罪对象、犯罪地点、犯罪手段、犯罪后果等诸多方面，综合考虑上述所列某几项情形，认定为是否属于"情节恶劣"从重处罚。[①] 上述理解，虽然提出了可以从犯罪情节综合性评价认定"情节恶劣"，但对于具体情形没有明确。因此，在《刑法修正案（十一）（草案）》研拟过程中，有意见提出，为加大性侵未成年人行为的法律制裁力度，明确将奸淫幼女的特定情形作为加重处罚的情形，进一步体现对未成年人的优先保护。立法工作机关采纳相关建议，形成了二次审议稿第二十条的写法。

二、审议过程

草案一次审议稿	草案二次审议稿	《刑法修正案（十一）》
	二十、将刑法第二百三十六条修改为："以暴力、胁迫或者其他手段强奸妇女的，处三年以上十年以下有期徒刑。 "奸淫不满十四周岁的幼女的，以强奸论，从重处罚。 "强奸妇女、奸淫幼女，有下列情形之一的，处十年以上有期徒刑、无期徒刑或者死刑： "（一）强奸妇女、奸淫幼女情节恶劣的； "（二）强奸妇女、奸淫幼女多人的； "（三）在公共场所当众强奸妇女、奸淫幼女的； "（四）二人以上轮奸的；	二十六、将刑法第二百三十六条修改为："以暴力、胁迫或者其他手段强奸妇女的，处三年以上十年以下有期徒刑。 "奸淫不满十四周岁的幼女的，以强奸论，从重处罚。 "强奸妇女、奸淫幼女，有下列情形之一的，处十年以上有期徒刑、无期徒刑或者死刑： "（一）强奸妇女、奸淫幼女情节恶劣的； "（二）强奸妇女、奸淫幼女多人的； "（三）在公共场所当众强奸妇女、奸淫幼女的； "（四）二人以上轮奸的；

[①] 参见黄尔梅主编：《最高人民法院、最高人民检察院、公安部、司法部性侵害未成年人犯罪司法政策案例指导与理解适用》，人民法院出版社2014年版，第225页。

草案一次审议稿	草案二次审议稿	《刑法修正案（十一）》
	"（五）奸淫不满十周岁的幼女或者造成幼女伤害的； "（六）致使被害人重伤、死亡或者造成其他严重后果的。"	"（五）奸淫不满十周岁的幼女或者造成幼女伤害的； "（六）致使被害人重伤、死亡或者造成其他严重后果的。"

在《刑法修正案（十一）（草案）》审议和征求意见过程中，各方普遍认为，明确强奸罪加重情节情形，有利于维护女性特别是未成年女性的性权益，赞同草案二次审议稿的写法。此后对该写法未再作出调整，《刑法修正案（十一）》第二十六条最后沿用了草案二次审议稿的写法。

三、修正前后条文对照

修正前《刑法》	修正后《刑法》
第二百三十六条 【强奸罪】以暴力、胁迫或者其他手段强奸妇女的，处三年以上十年以下有期徒刑。 奸淫不满十四周岁的幼女的，以强奸论，从重处罚。 强奸妇女、奸淫幼女，有下列情形之一的，处十年以上有期徒刑、无期徒刑或者死刑： （一）强奸妇女、奸淫幼女情节恶劣的； （二）强奸妇女、奸淫幼女多人的； （三）在公共场所当众强奸妇女的； （四）二人以上轮奸的； （五）致使被害人重伤、死亡或者造成其他严重后果的。	第二百三十六条 【强奸罪】以暴力、胁迫或者其他手段强奸妇女的，处三年以上十年以下有期徒刑。 奸淫不满十四周岁的幼女的，以强奸论，从重处罚。 强奸妇女、奸淫幼女，有下列情形之一的，处十年以上有期徒刑、无期徒刑或者死刑： （一）强奸妇女、奸淫幼女情节恶劣的； （二）强奸妇女、奸淫幼女多人的； （三）在公共场所当众强奸妇女、**奸淫幼女的**； （四）二人以上轮奸的； （五）**奸淫不满十周岁的幼女或者造成幼女伤害的**； （六）致使被害人重伤、死亡或者造成其他严重后果的。

对比发现,《刑法修正案(十一)》第二十六条对《刑法》第二百三十六的修改内容,主要是对第三款规定的加重处罚情节进行了明确:一是将第三项"在公共场所当众强奸妇女的",修改为"在公共场所当众强奸妇女、奸淫幼女的";二是增加一项作为第五项,规定"奸淫不满十周岁的幼女或者造成幼女伤害的"。

四、修正后条文的理解与适用

(一)犯罪客体

强奸罪侵犯的客体是妇女性的不可侵犯的权利或者幼女的身心健康。

(二)犯罪客观方面

强奸罪客观方面表现为以暴力、胁迫或者其他使妇女不能抗拒、不敢抗拒、不知抗拒的手段,违背妇女意志,强行与妇女发生性关系的行为,以及奸淫幼女的行为。

"暴力",是指对被害妇女的人身进行殴打、按倒等压制反抗的方式,使得妇女不能反抗而发生性关系;"胁迫",是指对妇女进行威胁、恫吓等精神上的强制,使妇女不敢反抗而发生性关系,其他手段包括利用妇女熟睡、冒充治病等名义与其发生性关系的。强奸妇女判断的核心在于是否违背妇女意志与其发生性关系。由于幼女的身心发育尚未成熟,对性行为缺乏认识和辨认能力,因此,不论行为人采用什么手段,也不论被害幼女是否同意,只要与幼女发生性关系的,即构成强奸罪。

(三)犯罪主体

强奸罪的犯罪主体为一般主体,为年满十四周岁的男性。

(四)犯罪主观方面

强奸罪的主观方面是故意,只能是直接故意,并且具有强行奸淫的目的。间接故意和过失不构成本罪。

（五）刑事责任

根据修正后《刑法》第二百三十六条第一、二款规定，犯强奸罪，处三年以上十年以下有期徒刑。奸淫不满十四周岁的幼女的，从重处罚。

根据修正后《刑法》第二百三十六条第三款规定，具有下列情形之一的，处十年以上有期徒刑、无期徒刑或者死刑：强奸妇女、奸淫幼女情节恶劣的；强奸妇女、奸淫幼女多人的；在公共场所当众强奸妇女、奸淫幼女的；二人以上轮奸的；奸淫不满十周岁的幼女或者造成幼女伤害的；致使被害人重伤、死亡或者造成其他严重后果的。

五、司法适用中需要注意的问题

《刑法修正案（十一）》新增了"奸淫不满十周岁的幼女或者造成幼女伤害的"一项规定，作为加重处罚的情形，应判处十年以上有期徒刑、无期徒刑或者死刑。

"奸淫不满十周岁的幼女"情形的认定。对于年龄偏低的幼女侵害的，因幼女年龄过小毫无抵抗能力与自救能力，对于幼女的身心伤害也更为严重，因此，社会危害性更为严重，有必要加以严惩。立法过程中也有意见提出，对于奸淫幼女，以生殖器接触为既遂标准。奸淫不满十周岁幼女的一律升档处罚，判处十年以上有期徒刑、无期徒刑或者死刑，似过于严苛，会导致刑罚整体严厉程度大幅升高，可能会导致罪刑失衡。为体现对十周岁以下幼女的特殊保护，可以通过司法解释规定较高的刑罚点如七年、八年有期徒刑作为起刑点，更便于处理各种复杂情形。但立法工作机关未采纳相关建议。为体现对于年龄偏低的幼女特殊保护，对其实施奸淫的行为予以严惩，《刑法》明确对于奸淫不满十周岁的幼女，一律应判处十年以上有期徒刑、无期徒刑或者死刑。

对于"造成幼女伤害的"理解与把握。在立法过程中，有的建议提出，对于伤害的规定过于宽泛，奸淫幼女的必然会对幼女造成身心健康方面的伤害，伤害可能是轻伤、轻微伤，甚至是心理伤害，实践中可能存在着难以把握的情形。对于这类情形，造成的伤害既可能是身体的伤害，也可能是精神伤害，但必须具有特定的伤害结果。常见的有对因奸淫幼女导致的怀孕、感染性病、导致精神失常等情形，对于幼女身心伤害很大，甚至造成难以恢复的伤害，但无法认定为重伤或者其他严重后果，有必要予以严惩。

第二十七条　增设负有照护职责人员性侵罪

【条文内容】

二十七、在刑法第二百三十六条后增加一条，作为第二百三十六条之一："对已满十四周岁不满十六周岁的未成年女性负有监护、收养、看护、教育、医疗等特殊职责的人员，与该未成年女性发生性关系的，处三年以下有期徒刑；情节恶劣的，处三年以上十年以下有期徒刑。

"有前款行为，同时又构成本法第二百三十六条规定之罪的，依照处罚较重的规定定罪处罚。"

【条文主旨】

本条增设负有照护职责人员性侵罪，对负有监护、收养、看护、教育、医疗等特殊职责人员，与已满十四周岁不满十六周岁未成年女性发生性关系的，不论未成年人是否同意，都应追究刑事责任。

【理解与适用】

一、修法背景

有关部门的数据显示，近年来强奸案件受害人为未成年人的占四成以上，十四到十八岁的受害人约占百分之二十，十四岁以下的受害人约占百分之二十一。而熟人作案是性侵未成年人犯罪的一个突出特点。[1] 熟人性

---

[1] 参见《全国人大常委会分组审议刑法修正案（十一）草案　委员建议进一步完善个别下调刑责年龄相关规定》，载全国人大网，http://www.npc.gov.cn/npc/c30834/202010/702717bb9de04693919f24a2d551dd39.shtml，最后访问日期：2020年11月6日。

侵由于隐蔽性强,查处难度更大,持续的时间也较长。近期一些"熟人性侵"热点案件也引发了社会广泛的关注和讨论。例如鲍毓明案中,其养女李某举报行为人涉嫌与未成年养女发生性关系,持续时间长达三年之久,引起舆论哗然。虽然事后经最高人民检察院、公安部联合督导组调查通报情况,查明其养女李某年龄系伪造,初次结识时已满十八周岁,并不是未成年人,不构成犯罪。但也反映出有的案件中,行为人以收养为名,对未成年女性实施性侵、奸淫,特别是利用未成年女性对其经济、心理依赖等优势地位,恶意规避我国《刑法》中性同意年龄,与年满十四周岁的未成年女性发生性关系的情形,亟须法律加以修改完善,纳入处罚。

对于已满十四周岁的"熟人性侵"案件中,可否认定为强奸罪,一直是司法实践中认定的难点问题,因行为人与被害人长期生活在一起,发生性关系是否自愿难以判断,有的行为人也辩称被害人报案系对其管教行为的报复,发生性关系系双方自愿。理论中有的主张这种情形可以认定为强奸罪。因为基于上下级、师生、师徒、教养等关系,而且男方居于优势地位,男方利用这种优势地位迫使妇女就范而发生性关系的,在这种情形下,实际上妇女处于弱势地位,如不接受性行为就会招致难以承受的损失,妇女除了接受以外别无选择,这种性行为是违背妇女的真实意愿的,可以认定为强奸罪。相关司法规范性文件对此也作出过规定,1984年《最高人民法院、最高人民检察院、公安部关于办理强奸案件具体应用法律若干问题的解答》(已废止)中对利用特殊职责关系对妇女实施强奸的问题有类似规定,即利用教养关系、从属关系、职权以及孤立无援的环境条件,对妇女进行挟制、迫害,迫使妇女忍辱屈从,不敢抗拒的,视为"胁迫"。《性侵意见》第二十一条也规定,对幼女负有特殊职责的人员与幼女发生性关系的,以强奸罪论处。对已满十四周岁的未成年女性负有特殊职责的人员,利用其优势地位或者被害人孤立无援的境地,迫使未成年被害人就范,进而与其发生性关系的,以强奸罪定罪处罚。但这些规定仍然是立足于强奸罪构成要件进行的判断,需要对是否存在胁迫行为进行证明,或者对是否属于胁迫行为进行判断认定,存在证明难、判断难的问题。因未成年人在日常生活、学习、医疗和教育培训等方面对监护人、教师、医生等负有特殊职责的人员,往往存在一定的服从、依赖关系,发生性关系

第二十七条 增设负有照护职责人员性侵罪

是否系自愿难以判断，有时候即使是轻微的言语胁迫，未成年人也不敢、不会、不能反抗，而在事实认定中却难以有证据予以证明。更有甚者引诱未成年女性发生性关系的，不存在暴力或者胁迫行为，更难以认定为强奸罪。因此有必要通过刑事立法单独予以规定，方可实现对此类行为的有效惩治。

为保护未成年女性的身心健康，尤其是防止因过早发生性关系导致对未成年女性的身体伤害，各国刑法普遍设立了性同意年龄。女性只有达到一定年龄，对性行为的行为性质具有能力认识，同意发生性行为的承诺方具有效力。如果没有达到性同意年龄，行为人与其发生性关系的，原则上应一律认定为犯罪。关于女性性同意年龄的设置，不单纯是一个法律问题，既有社会政策的原因，也有文化传统因素。关于性同意年龄的立法模式可以分为两类：一是单一年龄的立法模式。即规定一个年龄作为性同意年龄，在性犯罪中具有普遍适用性。例如《日本刑法》第177条规定，性同意年龄为十三周岁。有些国家虽然采取了单一性同意年龄，但对奸淫年龄偏低的幼女或者采取强奸方式的，又规定了更为严厉的处罚。例如，《俄罗斯刑法》中规定性同意年龄为十六周岁，将奸淫幼女的作为加重罪名，第134条规定，年满十八周岁的人与明知是未满十六周岁的人实行性交、同性性交的，处三年以下的限制自由或者处四年以下的剥夺自由。同时第131条规定，对明知未满十四周岁的被害人实施强奸的，作为加重罪，处八年以上十五年以下剥夺自由。二是区分制年龄的立法模式。这种立法模式往往规定了一个最低性同意年龄，具有普遍适用性，再针对特殊职责人员规定一个或者两个性同意年龄，特殊性同意年龄往往比普遍性同意年龄高二至四岁。例如，《意大利刑法》采取两段区分制，根据行为人身份规定了两个性同意年龄。第609-4条规定了"与未成年人实施性行为罪"（仅限于非强制方式实施，强制方式实施的构成"性暴力罪"），根据犯罪主体的不同身份，分别予以规定。其中，任何人与不满十四周岁的未成年人实施性行为的，构成该罪，即将十四周岁作为普遍性同意年龄；未成年被害人不满十六周岁的，如果行为人是该未成年人的直系尊亲属、父亲、养父或上述人员的共同生活人、监护人或者由于照顾、教育、培养、监督或看管等原因而受托照管未成年人或者与其有共同生活关系的其他人，而与该未成年人发生性关系的，构成犯罪，即特殊性同意年龄为十六周岁。又如，德国刑事立法中性同意年龄采取三段区分制，根据行为人身份不同规定了十四、十六、十八周岁三个性同意年龄。根据《德国刑法》第176条对儿童性滥用罪规定，普遍性同意年龄为十四周岁；第174条对被保护人的性滥用罪规定，根据特殊职责人员身份不同对性同意年龄分为两类，针对受自己教育、培训或监护的，性同意年龄为十六周岁；针对与自己配偶、伴侣或者与婚姻或生活共同体相似之人的亲生子女或养子女的，以及教育、培训、照料机构具有特殊职责人员的，性同意年龄为十八周岁。我国1997年《刑法》对性同意年龄采取单一规定模式，以十四周岁作为性同意年龄。对不满十四周岁的幼女确立了特殊保护原则，不论其身心实际发育情况，发生性关系的，以强奸罪论。但实践中，已满十四周岁的未成年少女虽然比幼女的认知、判断能力有所增强，但其身心发育尚未完全成熟，对于生活中监护、收养、看护、教育、医疗等具有特殊职责人员，因为多少具有管理关系，也具有一定服从、依赖的心理，发生性关系往往带有一定非自愿性，而有的具有特殊职责人员甚至利用未成年女性身心未完全发育，认知不成熟以及对其依赖心理，或者以金钱、物品等物质性利益，或以成绩、升学机会等非物质性利益，引诱未成年女性主动与其发生性关系。为保护未成年女性身心权益，对于这类熟人性侵确有以刑事立法加以规制的必要。

在《刑法修正案（十一）（草案）》的研拟中，有的意见提出，针对"熟人性侵"的现象，有必要提高特定情形下性同意年龄，对负有监护、收养、看护、教育、医疗等特殊职责人员，与已满十四周岁不满十六周岁未成年女性发生性关系的，不论未成年人是否同意，都应追究刑事责任。有意见提出，还需要明确规定具有特殊职责的人"利用优势地位"，与已满十四周岁不满十六周岁未成年女性发生性关系的，认定为犯罪。经研究认为，具有特殊职责人员对于被害人而言，即具有优势地位，是一种客观事实，无须再单独加以规定，防止造成理解和认识的分歧，不利于惩治，故未予规定。还有意见提出将本条保护的对象扩大为已满十四周岁未满十八周岁，但这存在与降低刑事责任年龄不协调的问题。还有意见提出，这类犯罪中，鉴于受害人是未成年人，量刑起点应与强奸罪的法定刑保持一致,否则会出现受害人年龄低、犯罪人刑罚反而轻的悖论,与犯罪人行为的危害性不相符,也没有充分体现优先保护未成年人的原则,不利于遏制性侵未成年人犯罪。① 考虑到这种情况下,行为人没有采取暴力胁迫等方式,与强奸罪刑罚配置应有所区别,立法工作机关综合各方面意见,为打击、预防具有特殊职责人员性侵,保护未成年女性的身心健康,形成了草案二次审议稿第二十一条的写法。

二、审议过程

草案一次审议稿	草案二次审议稿	《刑法修正案(十一)》
	二十一、在刑法第二百三十六条后增加一条,作为第二百三十六条之一:"对已满十四周岁不满十六周岁的未成年女性负有监护、收养、看护、教育、医疗等特殊职责的人员,与该未成年女性发生性关系的,处三年以下有期徒刑;情节恶劣的,处三年以上十年以下有期徒刑。 "有前款行为,同时又构成本法第二百三十六条规定之罪的,依照该规定定罪处罚。"	二十七、在刑法第二百三十六条后增加一条,作为第二百三十六条之一:"对已满十四周岁不满十六周岁的未成年女性负有监护、收养、看护、教育、医疗等特殊职责的人员,与该未成年女性发生性关系的,处三年以下有期徒刑;情节恶劣的,处三年以上十年以下有期徒刑。 "有前款行为,同时又构成本法第二百三十六条规定之罪的,依照**处罚较重**的规定定罪处罚。"

在《刑法修正案(十一)(草案)》审议和征求意见过程中,各方普遍认为,为严密法网,体现对未成年女性的特殊保护,打击、预防具有特殊职责人员性侵,赞同草案二次审议稿的写法。《刑法修正案(十一)》第

---

① 参见《全国人大常委会分组审议刑法修正案(十一)草案 委员建议进一步完善个别下调刑责年龄相关规定》,载全国人大网,http://www.npc.gov.cn/npc/c30834/202010/702717bb9de04693919f24a2d551dd39.shtml,最后访问日期:2020年11月6日。

二十七条又对草案二次审议稿第二十一条第二款的表述作了微整,形成了现在写法。

三、修正前后条文对照

修正前《刑法》	修正后《刑法》
	第二百三十六条之一 【负有照护职责人员性侵罪】对已满十四周岁不满十六周岁的未成年女性负有监护、收养、看护、教育、医疗等特殊职责的人员,与该未成年女性发生性关系的,处三年以下有期徒刑;情节恶劣的,处三年以上十年以下有期徒刑。 有前款行为,同时又构成本法第二百三十六条规定之罪的,依照处罚较重的规定定罪处罚。

四、修正后条文的理解与适用

(一)罪名确定

根据罪状,《罪名补充规定(七)》将本条罪名确定为负有照护职责人员性侵罪。对本条规定的罪名确定,有意见建议将本条罪名确定为"准强奸罪"。经研究,确定为"负有照护职责人员性侵罪"。主要考虑:(1)"准强奸罪"内涵不够清晰,容易有歧义,也无法体现本条规定的核心要件。(2)本条规定旨在既提高未成年女性的性同意年龄,又不同于奸淫幼女中幼女的性同意一律无效的情形,而是根据犯罪主体的身份情况作出区分,体现其特殊主体身份,"负有照护职责人员性侵罪"更为准确,也能够与传统意义的"强奸罪"严格区别。(3)本条规定的"对已满十四周岁不满十六周岁的未成年女性负有监护、收养、看护、教育、医疗等特殊职责的人员",实际上是负有特定照护职责的人员。

（二）犯罪客体

负有照护职责人员性侵罪侵犯的客体是未成年女性的性权利的不可侵犯性和身心健康。依据《刑法》规定，普遍性同意年龄为十四周岁，为体现对未成年女性的特殊保护，部分提高性同意年龄，在特定情形下，已满十四周岁不满十六周岁的未成年女性同意发生性关系的承诺无效，因此本罪犯罪客体既包括未成年女性的身心健康，也包括未成年女性的性权利。

本罪被害人身份具有特定性，即已满十四周岁不满十六周岁的未成年女性。

（三）犯罪客观方面

负有照护职责人员性侵罪客观方面表现为与已满十四周岁不满十六周岁的未成年女性发生性关系。这里所称的"发生性关系"不论行为人是否使用暴力、胁迫或者其他强迫发生性关系的行为手段，也可能是从形式上双方"自愿"发生性关系。对于负有照护职责的人员来说，已满十四周岁不满十六周岁的未成年女性同意发生性行为的承诺无效，行为人构成性侵犯罪；如果被害人不同意发生性关系的，则构成强奸罪。根据修正后《刑法》第二百三十六条之一第二款的规定，有前款行为，同时又构成强奸罪的，依照处罚较重的规定定罪处罚。

（四）犯罪主体

负有照护职责人员性侵罪犯罪主体为特殊主体，即对已满十四周岁不满十六周岁的未成年女性负有监护、收养、看护、教育、医疗等特殊职责的人员。特殊职责包括生活上照顾、教育管理、医疗看护等保护未成年女性利益的职责。"监护"，是为保障无民事行为能力与限制民事行为能力人的合法权益，规定特定人员代被监护人行使民事行为的一项制度。《民法典》对监护制度中担任监护人的人员范围、顺序等都有规定，可以依照规定确定监护人员的范围。"收养"，是依法领养他人子女作为自己子女抚养的一项民事制度。看护人员是对未成年女性负有照顾职责的人员。"教育人员"，包括学校教育、教育培训机构等对未成年女性负有教育职责的人员。医疗职责人员往往是医院、康复中心等各类医疗机构内对未成年女性负有医疗职责的医生、护士等。这里的"特殊职责"有的是法律规定的法定职责，如民法中的监护关系、收养关系产生的职责，教育法规定的职责；有的是基于民事合同关系产生的职责，如培训机构产生的教育、看护职责，因生病、心理咨询产生的医疗职责，等等；还有的是基于生活事实关系产生的特殊职责，如邻居之间委托照顾未成年女性，等等。

（五）犯罪主观方面

负有照护职责人员性侵罪主观方面是直接故意。因本罪的主体是特殊主体，与被害人熟识，对未成年女性的年龄通常情况下也是明知的。

（六）刑事责任

根据修正后《刑法》第二百三十六条之一第一款的规定，犯负有照护职责人员性侵罪的，处三年以下有期徒刑；情节恶劣的，处三年以上十年以下有期徒刑。

根据修正后《刑法》第二百三十六条之一第二款的规定，有前款行为，同时又构成强奸罪的，依照处罚较重的规定定罪处罚。

五、司法适用中需要注意的问题

（一）罪与非罪的把握

本罪作为犯罪的情形仅限于对已满十四周岁不满十六周岁的未成年女性负有监护、收养、看护、教育、医疗等特殊职责的人员与该未成年女性发生性关系的情形。对于特殊职责之外的人与已满十四周岁不满十六周岁的未成年女性自愿发生性行为的，不应认定为犯罪。

(二) 既遂标准判断

根据我国通说，强奸犯罪以行为人性器官插入被害人性器官作为判断既遂标准；奸淫不满十四周岁幼女的，以行为人生殖器与幼女的生殖器接触作为认定既遂标准。本罪中被害人为已满十四周岁不满十六周岁的未成年女性，可以"插入说"为认定犯罪既遂的标准。

(三) 关于"情节恶劣"的认定

对于情节恶劣的具体情形，目前尚无司法解释作相应规定。实践中可以结合以下因素：

1. 性侵时间的长短。性侵时间的长短直接与被害人的身心健康损害程度相关联。如果是较短时间内或者偶尔发生性关系的，不宜认定为升档处罚的情形。

2. 发生性关系的次数和人数。如具有特殊职责的人员多次实施性侵的，或者对多名未成年女性性侵的，可以结合案件具体情况认定为"情节恶劣"。

3. 发生性关系导致的后果。与未成年女性发生性关系，常态都会带来身体或者精神上不同程度的损害。如果造成严重后果的，如导致身体伤害在轻伤以上、难以复原的身体损伤、感染性病、精神失常、怀孕甚至自杀的，可认定为"情节恶劣"。

(四) 与强奸罪的界分

如果具有监护、收养、看护、教育、医疗等特殊职责的人员，利用特殊职责迫使已满十四周岁不满十六周岁的未成年女性发生性关系的，构成本罪，同时还构成强奸罪，根据修正后《刑法》第二百三十六条之一第二款的规定，应当依照处罚较重的规定定罪处罚。根据《性侵意见》第二十一条第二款规定："对已满十四周岁的未成年女性负有特殊职责的人员，利用其优势地位或者被害人孤立无援的境地，迫使未成年被害人就范，而与其发生性关系的,以强奸罪定罪处罚。"其中,"利用优势地位",是指利用特殊职责关系,以不给、少给生活费、学费,或者不提供教育、培训、医疗等方式,以使未成年被害人的生活条件、受教育或训练的机会、接受救助或医疗等方面可能受到影响的方式,对未成年被害人施压迫使发生性关系。利用未成年人"孤立无援的境地",是指由于各种原因,未成年被害人处于不得不依赖于特殊职责人员的资助、抚育、照顾和救助等状况,而行为人利用此种状况,迫使未成年被害人发生性关系。这类情形中因特殊职责人员与未成年被害人发生性关系具有胁迫的性质,符合强奸罪构成要件。

第二十八条　修改猥亵儿童罪

【条文内容】

二十八、将刑法第二百三十七条第三款修改为:"猥亵儿童的,处五年以下有期徒刑;有下列情形之一的,处五年以上有期徒刑:

"(一)猥亵儿童多人或者多次的;

"(二)聚众猥亵儿童的,或者在公共场所当众猥亵儿童,情节恶劣的;

"(三)造成儿童伤害或者其他严重后果的;

"(四)猥亵手段恶劣或者有其他恶劣情节的。"

【条文主旨】

本条修改猥亵儿童罪,进一步明确猥亵儿童罪的升档处罚情形。

【理解与适用】

一、修法背景

1979年《刑法》第一百六十条规定了流氓罪:"聚众斗殴,寻衅滋事,侮辱妇女或者进行其他流氓活动,破坏公共秩序,情节恶劣的,处七年以下有期徒刑、拘役或者管制。""流氓集团的首要分子,处七年以上有期徒刑。"[1] 由于流氓罪规定的内容庞杂,行为多样,罪状模糊,特别是对

---

[1] 1983年9月2日《全国人大常委会关于严惩严重危害社会治安的犯罪分子的决定》对该条作了补充:流氓犯罪集团的首要分子或者携带凶器进行流氓犯罪活动,情节严重的,或者进行流氓犯罪活动危害特别严重的,可以在《刑法》规定的最高刑以上处刑,直至判处死刑。

"其他流氓活动"缺乏统一的法律认定标准,司法实践中适用任意性较大,成为典型的"口袋罪"。[①] 1997年《刑法》将流氓罪分解为猥亵、侮辱妇女罪、聚众淫乱罪、聚众斗殴罪和寻衅滋事罪。随着司法实践中反映的一些新问题,《刑法修正案(九)》对强制猥亵、侮辱妇女罪进行了立法完善,主要是为了解决性侵成年男性的行为,将升档处罚情节由"聚众或者在公共场所当众犯前款罪的"修改为"聚众或者在公共场所当众犯前款罪的,或者有其他恶劣情节的"。

近年来,猥亵儿童犯罪案件增幅比较明显,据最高人民检察院统计,2019年检察机关起诉猥亵儿童比2017年上升了114.6%。受害人低龄化趋势明显,2019年猥亵儿童案件中,十岁以下的儿童占59%,六岁以下的占19%。[②] 一些热点案件也备受社会关注。例如,2019年7月,新城控股公司时任董事长王某华因涉嫌猥亵九岁女童被刑事立案,2020年6月17日,一审法院上海市普陀区人民法院以猥亵儿童罪判决王振华有期徒刑五年。实际上,《刑法修正案(九)》为加大对性侵犯罪的惩处力度,将"有其他恶劣情节"增设为兜底性情节。但是,由于各方面对本条规定的"其他恶劣情节"的理解不够统一,导致司法实践中按这一加重情节处理的情况较少,因此有必要对一些情形进行明确。此外,在司法实践中也反映出一些问题,有些案件认定为猥亵儿童罪并无问题,但一旦认定为犯罪即须升档量刑,这使得一些案件的处理面临"两难"境地。例如,在公共交通工具上对儿童实施"咸猪手"行为,如果所涉部位并非生殖器或者持续时间较短,一旦入罪即属于"在公共场所当众"猥亵应当处五年以上有期徒刑,处罚恐过重,难以实现罪责刑相适应,从而导致有些案件只能作无罪处理,影响了《刑法》规定的有效适用。因此,《刑法修正案(十一)(草案)》在研拟过程中,为了进一步加强对未成年人的刑法保护,立法工作机关根据有关方面的意见,对猥亵儿童罪的规定作了修改完善,对猥亵

[①] 参见高铭暄:《中华人民共和国刑法的孕育诞生和发展完善》,北京大学出版社2012年版,第454页。

[②] 参见《全国人大常委会分组审议刑法修正案(十一)草案 委员建议进一步完善个别下调刑责年龄相关规定》,载全国人大网,http://www.npc.gov.cn/npc/c30834/202010/702717bb9de04693919f24a2d551dd39.shtml,最后访问日期:2020年11月6日。

儿童的"恶劣情节"作了明确列举式，进一步细化猥亵儿童罪从重处罚的情形，从而加大了对猥亵儿童行为的惩处力度。①

二、审议过程

草案一次审议稿	草案二次审议稿	《刑法修正案（十一）》
	二十二、将刑法第二百三十七条第三款修改为："猥亵儿童的，处五年以下有期徒刑；有下列情形之一的，处五年以上有期徒刑： "（一）猥亵儿童多人或者多次的； "（二）聚众或者在公共场所当众猥亵儿童的； "（三）造成儿童伤害或者其他严重后果的； "（四）猥亵手段恶劣或者有其他恶劣情节的。"	二十八、将刑法第二百三十七条第三款修改为："猥亵儿童的，处五年以下有期徒刑；有下列情形之一的，处五年以上有期徒刑： "（一）猥亵儿童多人或者多次的； "（二）聚众**猥亵儿童**的，或者在公共场所当众猥亵儿童，**情节恶劣**的； "（三）造成儿童伤害或者其他严重后果的； "（四）猥亵手段恶劣或者有其他恶劣情节的。"

在《刑法修正案（十一）（草案）》征求意见和审议过程中，有建议提出可以对我国性犯罪进行全面的修订和完善。有必要将"插入式猥亵"纳入强奸罪的规制范围，并取消对强奸对象限定为女性的规定，以更好地实现刑法评价与社会评价的一致，更好地维护群众性权益和加大对未成年人的保护力度。从世界范围来看，不少国家和地区对强奸的界定突破了性交这一狭义理解，开始将口交、肛交等其他性行为纳入强奸的范畴。例如，《日本刑法》第177条规定："对十三周岁以上者，适使用暴力或者胁迫实施性交、肛交或者口交行为（以下简称'性交等'）的，是强制性交罪，处五年以上有期惩役。""对不满十三周岁者实施性交等行为的，亦

---

① 参见许永安主编：《中华人民共和国刑法修正案（十一）解读》，中国法制出版社2021年版，第253页。

同。"《英国性犯罪法案2003》规定,如果行为人违背他人意志故意将阴茎插入他人的阴道、肛门或者口中,都可以构成强奸罪。我国台湾地区在1999年修改有关规定,明确将"插入式猥亵"定义为强奸犯罪进行处罚。而且,德国、法国、荷兰等不少国家的刑法对强奸主体和对象并无性别限制。但我国《刑法》关于强奸罪的解释中一直将强奸的方式限定为常见的生殖器结合,强奸的行为方式相对狭义。因此,只能将上述行为方式作为猥亵犯罪处理。但对于幼女性侵过程中,有的行为人采取其他手段插入式猥亵,对于幼女的身心伤害更为严重,但司法实践中对于上述行为方式是否认定为"情节恶劣",认识还不一致,作为猥亵犯罪处理处罚反而更轻。草案二次审议稿立足于修改完善猥亵儿童罪的方案,未采纳上述意见。《刑法修正案(十一)》第二十八条对草案二次审议稿第二十二条又进行了调整,将加重情节中"聚众或者在公共场所当众猥亵儿童的"的规定,修改为"聚众猥亵儿童的,或者在公共场所当众猥亵儿童,情节恶劣的"。

三、修正前后条文对照

修正前《刑法》	修正后《刑法》
第二百三十七条 【强制猥亵罪】【侮辱罪】以暴力、胁迫或者其他方法强制猥亵他人或者侮辱妇女的,处五年以下有期徒刑或者拘役。 聚众或者在公共场所当众犯前款罪的,或者有其他恶劣情节的,处五年以上有期徒刑。 【猥亵儿童罪】猥亵儿童的,依照前两款的规定从重处罚。	第二百三十七条 【强制猥亵罪】【侮辱罪】以暴力、胁迫或者其他方法强制猥亵他人或者侮辱妇女的,处五年以下有期徒刑或者拘役。 聚众或者在公共场所当众犯前款罪的,或者有其他恶劣情节的,处五年以上有期徒刑。 【猥亵儿童罪】猥亵儿童的,处五年以下有期徒刑;有下列情形之一的,处五年以上有期徒刑: (一)猥亵儿童多人或者多次的; (二)聚众猥亵儿童的,或者在公共场所当众猥亵儿童,情节恶劣的; (三)造成儿童伤害或者其他严重后果的; (四)猥亵手段恶劣或者有其他恶劣情节的。

对比发现,《刑法修正案(十一)》第二十八条对《刑法》第二百三十七条的修正内容是,明确了猥亵儿童加重处罚的规定。在原有规定基础上,明确规定了"猥亵儿童多人或者多次的""聚众猥亵儿童的,或者在公共场所当众猥亵儿童,情节恶劣的""造成儿童伤害或者其他严重后果的""猥亵手段恶劣或者有其他恶劣情节的"作为升档处罚的情形。

四、修正后条文的理解与适用

(一)犯罪客体

猥亵儿童罪的犯罪客体是儿童的身心健康。本罪的行为对象是未满十四周岁的男女儿童。考虑到未成年人身心发育的特殊性,对性行为等认知还不够清晰,本罪通过保护其性权利的不受侵犯进而保护儿童的身心健康。

(二)犯罪客观方面

猥亵儿童罪的客观方面表现为以淫秽下流的方法猥亵儿童的行为。对行为的具体类型并未作限定。从司法实践看,猥亵儿童的方法主要有:抠摸、搂抱、鸡奸、让儿童为其口淫、手淫,等等。

由于儿童对性的认识和辨别能力不足,因此其对性行为的同意、承诺都是无效的,所以,对于猥亵的行为手段,法律并不要求行为人实施了暴力、胁迫或者其他方法,无论同意与否、是否反抗,只要实施了猥亵行为,均可构成猥亵儿童罪。

(三)犯罪主体

猥亵儿童罪的主体为一般主体,即年满十六周岁具有刑事责任能力的人。

(四)犯罪主观方面

猥亵儿童罪的主观方面由故意构成,且为直接故意,往往具有追求性刺激、性满足的目的。间接故意和过失不构成本罪。

（五）刑事责任

根据修正后《刑法》第二百三十七条第三款的规定，犯猥亵儿童罪的，处五年以下有期徒刑。有下列情形之一的，处五年以上有期徒刑：猥亵儿童多人或者多次的；聚众猥亵儿童的，或者在公共场所当众猥亵儿童，情节恶劣的；造成儿童伤害或者其他严重后果的；猥亵手段恶劣或者有其他恶劣情节的。

五、司法适用中需要注意的问题

（一）猥亵儿童与奸淫幼女行为区分

我国司法实践中对于猥亵儿童与奸淫幼女的行为，一直以是否具有奸淫的目的以及客观行为进行区分。1957年《最高人民法院1955年以来奸淫幼女案件检查总结》中即提出要将犯罪者主观上的犯罪意思和客观上的犯罪行为结合起来考察。司法实践中，要注重查明行为人主观上是否具有奸淫的目的，客观上是否实施了奸淫的行为。所以，如果出于奸淫的目的而对不满十四周岁的幼女实施猥亵的，成立奸淫幼女的强奸罪（可能是未遂）而不再认定为本罪。但如果不是出于奸淫目的而对不满十四周岁的幼童实施猥亵的，则成立本罪。

（二）对"聚众猥亵儿童的，或者在公共场所当众猥亵儿童，情节恶劣的"的把握

对于"聚众或者在公共场所当众"强制猥亵他人、强制侮辱妇女、猥亵儿童，对被害人造成的伤害更大，社会影响更为恶劣，有必要予以严惩。为确保量刑均衡，做到罪责刑相适应，《刑法修正案（十一）》在原有规定基础上，将上述规定修改为"聚众猥亵儿童的，或者在公共场所当众猥亵儿童，情节恶劣的"。在具体理解上需要把握以下内容："聚众"是聚集多人。"公共场所"是可以自由出入的场所。依照《公共场所卫生管理条例》第二条规定，公共场所是指：（1）宾馆、饭馆、旅店、招待所、车马店、咖啡馆、酒吧、茶座；（2）公共浴室、理发店、美容店；（3）影剧

院、录像厅（室）、游艺厅（室）、舞厅、音乐厅；（4）体育场（馆）、游泳场（馆）、公园；（5）展览馆、博物馆、美术馆、图书馆；（6）商场（店）、书店；（7）候诊室、候车（机、船）室、公共交通工具。"当众"是指在公共场所内有多人在场。根据《性侵意见》规定的精神，在校园、游泳馆、儿童游乐场等公共场所对未成年人实施强奸、猥亵犯罪，只要有其他多人在场，不论在场人员是否实际看到，均可以认定为在公共场所"当众"强制猥亵他人、强制侮辱妇女、猥亵儿童。

需要注意的是，要注重把握猥亵儿童罪的入罪门槛与升档处罚要件之间的关系。例如，在对"公共场所当众猥亵儿童"的认定上，并非发生在公共场所的一律升档处罚，在具体认定中要结合猥亵儿童的手段、持续时间等认定属于"情节恶劣"的，才升档处罚，以确保刑罪相当。

（三）对"造成儿童伤害或者其他严重后果的"的把握

"造成儿童伤害"，既可能是身体的伤害，一般须达到轻伤以上伤害结果；也可能是精神伤害，须有一定的伤害后果，如造成儿童感染性病、精神失常等。"其他严重后果"，是可能导致儿童自杀等情形。

由于"造成儿童伤害"的范围较广，在猥亵、侮辱过程中可能会给被害人造成轻伤以上甚至是死亡的后果，涉及罪名竞合问题，应该根据案件具体情况，妥善处理猥亵、侮辱致使被害人伤害、死亡的案件。（1）实施猥亵、侮辱行为，造成轻伤以上后果的，同时符合《刑法》第二百三十四条或者第二百三十二条的规定，构成故意伤害罪、故意杀人罪的，依照处罚较重的规定定罪处罚。虽然猥亵、侮辱犯罪本身包含暴力、胁迫因素，特别是强制猥亵罪、侮辱罪以暴力、胁迫或者其他强制方法为客观要件，但由于猥亵、侮辱犯罪缺乏强奸罪中将"致使被害人重伤、死亡"明确为加重构成要件的规定，故不能认为猥亵、侮辱行为给被害人造成伤害或者死亡的后果已经包含在猥亵犯罪行为之中。因此，可以对伤害行为另行评价，比较其与猥亵、侮辱行为的刑罚轻重，择重罪处断。《性侵意见》第二十二条第二款规定："对已满十四周岁的未成年男性实施猥亵，造成被害人轻伤以上后果，符合《刑法》第二百三十四条或者第二百三十二条规定的，以故意伤害罪或者故意杀人罪定罪处罚。"这主要是考虑到当时对于猥亵已满十四周岁的男性的行为无法适用强制猥亵犯罪处理。根据修正后《刑法》，造成轻伤后果的，可以认定为猥亵儿童罪中"造成儿童伤害"，判处五年以上有期徒刑，造成重伤以上后果的，为体现罪责刑相适应，应当在强制猥亵罪与故意伤害罪中择一重罪处断。（2）对于行为人出于报复、灭口、逃跑等动机，在实施猥亵、侮辱行为后，又将被害人伤害或者杀害的，则应当分别认定为强制猥亵罪（或者强制侮辱罪、猥亵儿童罪）、故意杀人罪（或者故意伤害罪），按照数罪并罚的原则处理。此种情形下，行为人主观方面不仅有猥亵、侮辱的故意，而且有伤害或者杀人的故意；客观方面也不仅实施了猥亵、侮辱行为，还实施了伤害或者杀人行为。故基于主客观方面的情况，应当评价为两个行为，数罪并罚。

（四）对"猥亵手段恶劣或者有其他恶劣情节"的把握

《刑法修正案（九）》施行以来，司法实践中作为"恶劣情节"处理的情形包括：猥亵多人的；三次以上猥亵他人的；造成恶劣社会影响的。一些猥亵儿童的案件，造成了恶劣社会影响，引发了强烈民愤，可以认定为"有其他恶劣情节"。在司法实践中还有一些情形也可以考虑认定为"其他恶劣情节"的情形：例如，行为人以生殖器以外其他身体部位或者其他物体侵入儿童身体的；两人以上共同轮流实施猥亵的情形；并结合猥亵儿童的持续时间长短，次数等因素予以综合认定，以确保具体案件得到妥善处理。

第二十九条 修改职务侵占罪

【条文内容】

二十九、将刑法第二百七十一条第一款修改为:"公司、企业或者其他单位的工作人员,利用职务上的便利,将本单位财物非法占为己有,数额较大的,处三年以下有期徒刑或者拘役,并处罚金;数额巨大的,处三年以上十年以下有期徒刑,并处罚金;数额特别巨大的,处十年以上有期徒刑或者无期徒刑,并处罚金。"

【条文主旨】

为进一步优化营商环境,加强产权平等保护,本条调整了职务侵占罪的刑罚配置。

【理解与适用】

一、修法背景

1979年《刑法》对职务侵占罪未作规定。《惩治违反公司法的犯罪的决定》(已失效)第十条规定:"公司董事、监事或者职工利用职务或者工作上的便利,侵占本公司财物,数额较大的,处五年以下有期徒刑或者拘役;数额巨大的,处五年以上有期徒刑,可以并处没收财产。"对于公司董事、监事或者职工利用职务便利侵占公司财物的行为以侵占罪定罪处罚。1997年修订《刑法》时,对条文进行了修改,规定为职务侵占罪,犯罪主体为公司、企业或者其他单位的人员。《贪污、职务侵占案件解释》等司法解释进一步明确了职务侵占罪的具体适用,《贪污贿赂解释》根据经济社会发展情况,进一步调整和明确了职务侵占罪等贪污贿赂犯罪的定罪量刑标准。

2014年党的十八届四中全会通过的《全面推进依法治国决定》要求"健全以公平为核心原则的产权保护制度，加强对各种所有制经济组织和自然人财产权的保护，清理有违公平的法律法规条款"。2016年11月，中共中央、国务院《保护产权意见》，强调平等保护非公有制经济的产权，加大对非公有财产的刑法保护力度。在《刑法修正案（十一）（草案）》研拟过程中，根据中央精神和宽严相济刑事政策要求，立法工作机关对《刑法》第二百七十一条第一款作出修改完善，调整职务侵占罪的刑罚配置，从而形成草案一次审议稿第十八条的写法。

二、审议过程

草案一次审议稿	草案二次审议稿	《刑法修正案（十一）》
十八、将刑法第二百七十一条第一款修改为："公司、企业或者其他单位的工作人员，利用职务上的便利，将本单位财物非法占为己有，数额较大的，处三年以下有期徒刑或者拘役，并处罚金；数额巨大的，处三年以上十年以下有期徒刑，并处罚金；数额特别巨大的，处十年以上有期徒刑或者无期徒刑，并处罚金。"	二十三、将刑法第二百七十一条第一款修改为："公司、企业或者其他单位的工作人员，利用职务上的便利，将本单位财物非法占为己有，数额较大的，处三年以下有期徒刑或者拘役，并处罚金；数额巨大的，处三年以上十年以下有期徒刑，并处罚金；数额特别巨大的，处十年以上有期徒刑或者无期徒刑，并处罚金。"	二十九、将刑法第二百七十一条第一款修改为："公司、企业或者其他单位的工作人员，利用职务上的便利，将本单位财物非法占为己有，数额较大的，处三年以下有期徒刑或者拘役，并处罚金；数额巨大的，处三年以上十年以下有期徒刑，并处罚金；数额特别巨大的，处十年以上有期徒刑或者无期徒刑，并处罚金。"

在《刑法修正案（十一）（草案）》审议和征求意见过程中，立法工作机关形成草案第一次审议稿后，未再对内容作出调整。《刑法修正案（十一）》第二十九条沿用了草案一次审议稿的写法。

三、修正前后条文对照

修正前《刑法》	修正后《刑法》
第二百七十一条第一款 【职务侵占罪】公司、企业或者其他单位的人员，利用职务上的便利，将本单位财物非法占为己有，数额较大的，处五年以下有期徒刑或者拘役；数额巨大的，处五年以上有期徒刑，可以并处没收财产。	第二百七十一条第一款 【职务侵占罪】公司、企业或者其他单位的工作人员，利用职务上的便利，将本单位财物非法占为己有，数额较大的，处三年以下有期徒刑或者拘役，并处罚金；数额巨大的，处三年以上十年以下有期徒刑，并处罚金；数额特别巨大的，处十年以上有期徒刑或者无期徒刑，并处罚金。

对比发现，《刑法修正案（十一）》第二十九条对本条的修正主要涉及两个方面：一是将原条文的法定刑由两档调整为三档，第一档法定刑由原来的"五年以下"调整为"三年以下"，法定最高刑由原来的有期徒刑十五年提高至无期徒刑；二是调整了附加刑，对三档法定刑的财产刑均修改为"并处罚金"。[①]

[①] 需要注意的是，虽然法律应当平等保护公有制经济、非公有制经济等所有市场主体，但同时也要注意公有制经济和非公经济实际运行情况的差异，不能简单地将"平等保护"等同为"同等处罚"，以真正体现党中央提出的"以公平为核心原则"的要求。主要理由：一是根据法律规定，国家工作人员（包括以国家工作人员论的人员）和非国家工作人员实施类似行为的，部分情况下后者的法定最高刑低于前者。在刑法中，主体身份往往是影响定罪量刑的一个重要情节，因为行为主体身份不同，职责不同，实施类似犯罪行为的社会危害性和实际造成的危害后果会有大小、轻重之别，因此，在是否定罪、罪与非罪、量刑轻重上可能会需要有所区别，这也符合权责一致和罪刑相适应的原则。二是当前我国经济发展不平衡，大量的非公有制经济仍是个人企业、家族企业，企业产权不清晰、经营不规范、资产处置较为随意等问题较为普遍，公权力特别是刑事司法力量深度介入民营经济经营管理活动，是否符合当前我国非公有制经济发展的实际情况和特点，是否真正有利于产权保护和民营企业发展，能否划清罪与非罪的界限等，还需要深入调查研究，对此需谨慎对待。三是从刑事司法实践情况来看，与国有企业相比，对于民营企业涉及刑事诉讼的，查封、扣押、冻结措施的适用存在随意扩大、忽视民营企业可持续发展等问题，鉴此，对非公有制经济的平等保护，还需要体现在司法办案过程中对人的羁押性强制措施、对物的查封、扣押、冻结措施的合理使用，不能通过一味提高刑罚配置来解决。参见许永安主编：《中华人民共和国刑法修正案（十一）解读》，中国法制出版社2021年版，第260页。

四、修正后条文的理解与适用

（一）犯罪客体

职务侵占罪侵犯的客体是公私财产的所有权，因为公司、企业或者其他单位，既可能是集体所有，也可能是私人所有。本罪的犯罪对象为本单位的合法财物，单位依法负有保管、运输等义务以及享有占有、使用等权利的非本单位的财物，应以本单位财物论。

（二）犯罪客观方面

职务侵占罪的客观方面表现为利用职务上的便利，将本单位财物非法占为己有，数额较大的行为。"利用职务上的便利"，是指行为人利用自己在本单位所具有的职务，并因为这种职务所产生的便利条件，如管理、经手财物的便利。对于不是利用职务上的便利，而是利用工作上的便利，侵占本单位财物的行为，不能认定为职务侵占罪。实践中，侵占财物的手段包括侵吞、盗窃、诈骗等非法手段。

（三）犯罪主体

职务侵占罪的犯罪主体为特殊主体，即公司、企业或者其他单位的工作人员。国有公司、企业或者其他国有单位中从事公务的人员和国有公司、企业或者其他国有单位委派到非国有公司、企业以及其他单位从事公务的人员，不能成为本罪的犯罪主体。

（四）犯罪主观方面

职务侵占罪的主观方面是故意，犯罪目的是非法占有本单位的财产。过失不构成本罪。

（五）刑事责任

根据修正后《刑法》第二百七十一条第一款的规定，犯职务侵占罪，数额较大的，处三年以下有期徒刑或者拘役，并处罚金；数额巨大的，处三年以上十年以下有期徒刑，并处罚金；数额特别巨大的，处十年以上有期徒刑或者无期徒刑,并处罚金。

五、司法适用中需要注意的问题

(一)职务侵占罪升档量刑标准的把握

《刑法修正案(十一)》对职务侵占罪调整刑罚配置后的升档量刑标准,只规定了"数额较大""数额巨大""数额特别巨大",根据《贪污贿赂解释》第十一条第一款规定,职务侵占罪中的"数额较大""数额巨大"的数额起点,按照该解释关于受贿罪、贪污罪相对应的数额标准规定的二倍、五倍执行,在新的司法解释或规范性文件出台前,过渡期内对于升档量刑标准的把握,可以参照适用、综合考虑。

(二)职务侵占罪与盗窃罪的界分

职务侵占罪与盗窃罪在非法将财物占为己有的具体方法上有相同之处,比如实施职务侵占行为可能采取窃取的手段,但二者有本质区别:(1)行为方式不同,前者必须是利用职务上的便利,后者不是利用职务上的便利;(2)犯罪主体不同,前者的主体为公司、企业或者其他单位的人员,后者的主体为一般主体,即年满十六周岁的自然人均可实施;(3)犯罪对象不同,前者限于本单位的财产,后者可以是本单位以外的财物。

(三)贪污、职务侵占案件共同犯罪的认定问题

关于贪污、职务侵占案件如何认定共同犯罪,《贪污、职务侵占案件解释》作出了明确规定:(1)行为人与国家工作人员勾结,利用国家工作人员的职务便利,共同侵吞、窃取、骗取或者以其他手段非法占有公共财物的,以贪污罪共犯论处;(2)行为人与公司、企业或者其他单位的人员勾结,利用公司、企业或者其他单位人员的职务便利,共同将该单位财物非法占为己有,数额较大的,以职务侵占罪共犯论处;(3)公司、企业或者其他单位中,不具有国家工作人员身份的人与国家工作人员勾结,分别利用各自的职务便利,共同将本单位财物非法占为己有的,按照主犯的犯罪性质定罪。

第三十条　修改挪用资金罪

【条文内容】

三十、将刑法第二百七十二条修改为:"公司、企业或者其他单位的工作人员,利用职务上的便利,挪用本单位资金归个人使用或者借贷给他人,数额较大、超过三个月未还的,或者虽未超过三个月,但数额较大、进行营利活动的,或者进行非法活动的,处三年以下有期徒刑或者拘役;挪用本单位资金数额巨大的,处三年以上七年以下有期徒刑;数额特别巨大的,处七年以上有期徒刑。

"国有公司、企业或者其他国有单位中从事公务的人员和国有公司、企业或者其他国有单位委派到非国有公司、企业以及其他单位从事公务的人员有前款行为的,依照本法第三百八十四条的规定定罪处罚。

"有第一款行为,在提起公诉前将挪用的资金退还的,可以从轻或者减轻处罚。其中,犯罪较轻的,可以减轻或者免除处罚。"

【条文主旨】

为更好地保护民营企业财产权益,落实产权平等保护精神,本条调整了挪用资金罪的刑罚配置。另外,考虑到民营企业发展和内部治理的实际情况,规定实施挪用资金犯罪在被提起公诉前将挪用的资金退还的,可以从轻或者减轻处罚;犯罪较轻的,可以减轻或者免除处罚。

【理解与适用】

一、修法背景

1979年《刑法》对挪用资金罪未作规定。《惩治违反公司法犯罪的决定》（已失效）第十一条规定："公司董事、监事或者职工利用职务上的便利，挪用本单位资金归个人使用或者借贷给他人，数额较大、超过三个月未还的，或者虽未超过三个月，但数额较大、进行营利活动的，或者进行非法活动的，处三年以下有期徒刑或者拘役。挪用本单位资金数额较大不退还的，依照本决定第十条规定的侵占罪论处。"根据这一规定，对公司董事、监事或者职工挪用资金的行为以挪用资金罪定罪处罚。1997年《刑法》修订时，吸收了上述决定的精神，对罪状进行了修改，规定为挪用资金罪，犯罪主体为公司、企业或者其他单位的工作人员。

党的十八大以来，党中央高度重视产权保护和企业家权益保护工作。党的十八届四中全会要求，"健全以公平为核心原则的产权保护制度，加强对各种所有制经济组织和自然人财产权的保护，清理有违公平的法律法规条款"。2016年11月4日，中共中央、国务院《保护产权意见》对完善产权保护制度、推进产权保护法治化有关工作进行了全面部署。加大非公有制经济刑法保护力度，是贯彻落实中央要求、完善产权保护法律制度的重要内容。最高人民法院坚决贯彻落实中央全面依法治国方略和中央关于产权保护意见的重大举措，为从司法层面贯彻落实中央产权保护的重大决策部署，先后制定了《关于充分发挥审判职能作用切实加强产权司法保护的意见》（法发〔2016〕27号）、《关于为改善营商环境提供司法保障的若干意见》（法发〔2017〕23号）、《关于充分发挥审判职能作用为企业家创新创业营造良好法治环境的通知》（法〔2018〕1号）等规范性文件，明确要求加强产权司法保护，依法处理历史形成的产权申诉案件。2017年底，最高人民法院启动再审"张文中案""顾雏军案""李美兰与陈家荣、许荣华案"三起在全国有重大影响的涉产权案件，其中两起由最高人民法院提审。目前均已审结，"张文中案"被宣告无罪；"顾雏军案"得到大幅度的改判，六名原审被告人被宣告无罪；"李美兰与陈家荣、许荣华案"

依法判决撤销许荣华与陈家荣签订的股权转让协议,陈家荣、范天铭将案涉股权返还给许荣华。上述案件的再审改判,对于落实党中央部署、加强产权保护具有重大示范意义。及时向社会传递了党中央依法保护产权的政策导向,有助于增强企业家人身和财产安全感以及干事创业的信心。

有意见提出,随着近年来非公有制经济的快速发展,实践中挪用资金的涉案数额也由几万元升至上亿元,一些案件涉案金额甚至影响到公司的正常运转,给企业造成特别严重的损失。为此,有必要加大对此类侵害非公有制经济犯罪的惩处力度,落实党的十八届四中全会精神,体现对非公有制经济的平等保护。在《刑法修正案(十一)(草案)》研拟过程中,立法工作机关采纳上述意见,对《刑法》第二百七十二条作出修改完善,主要涉及提高挪用资金罪的刑罚配置,考虑到挪用非公有制经济主体资金的具体情况,为促进资金追回,增加了退还从宽的规定,从而形成草案一次审议稿第十九条的写法。

二、审议过程

草案一次审议稿	草案二次审议稿	《刑法修正案(十一)》
十九、将刑法第二百七十二条修改为:"公司、企业或者其他单位的工作人员,利用职务上的便利,挪用本单位资金归个人使用或者借贷给他人,数额较大、超过三个月未还,或者虽未超过三个月,但数额较大、进行营利活动的,或者进行非法活动的,处三年以下有期徒刑或者拘役;挪用本单位资金数额巨大的,处三年以上七年以下有期徒刑;数额特别巨大的,处七年以上有期徒刑。	二十四、将刑法第二百七十二条修改为:"公司、企业或者其他单位的工作人员,利用职务上的便利,挪用本单位资金归个人使用或者借贷给他人,数额较大、超过三个月未还,或者虽未超过三个月,但数额较大、进行营利活动的,或者进行非法活动的,处三年以下有期徒刑或者拘役;挪用本单位资金数额巨大的,处三年以上七年以下有期徒刑;数额特别巨大的,处七年以上有期徒刑。	三十、将刑法第二百七十二条修改为:"公司、企业或者其他单位的工作人员,利用职务上的便利,挪用本单位资金归个人使用或者借贷给他人,数额较大、超过三个月未还,或者虽未超过三个月,但数额较大、进行营利活动的,或者进行非法活动的,处三年以下有期徒刑或者拘役;挪用本单位资金数额巨大的,处三年以上七年以下有期徒刑;数额特别巨大的,处七年以上有期徒刑。

第三十条 修改挪用资金罪

草案一次审议稿	草案二次审议稿	《刑法修正案（十一）》
"国有公司、企业或者其他国有单位中从事公务的人员和国有公司、企业或者其他国有单位委派到非国有公司、企业以及其他单位从事公务的人员有前款行为的，依照本法第三百八十四条的规定定罪处罚。 "有第一款行为，在提起公诉前将挪用的资金退还的，可以从轻或者减轻处罚。"	"国有公司、企业或者其他国有单位中从事公务的人员和国有公司、企业或者其他国有单位委派到非国有公司、企业以及其他单位从事公务的人员有前款行为的，依照本法第三百八十四条的规定定罪处罚。 "有第一款行为，在提起公诉前将挪用的资金退还的，可以从轻或者减轻处罚。**其中，犯罪较轻的，可以减轻或者免除处罚。**"	"国有公司、企业或者其他国有单位中从事公务的人员和国有公司、企业或者其他国有单位委派到非国有公司、企业以及其他单位从事公务的人员有前款行为的，依照本法第三百八十四条的规定定罪处罚。 "有第一款行为，在提起公诉前将挪用的资金退还的，可以从轻或者减轻处罚。其中，犯罪较轻的，可以减轻或者免除处罚。"

在《刑法修正案（十一）（草案）》审议和征求意见过程中，草案二次审议稿增加了"犯罪较轻的，可以减轻或者免除处罚"的规定。《刑法修正案（十一）》第三十条沿用了草案二次审议稿的写法。

此外，还有意见提出，针对第三款的规定，挪用的资金退还的时间节点可以不作限定或者限定为"在一审开庭审理前"，这样可以鼓励行为人积极退还资金，挽回损失，且《挪用公款罪解释》已将退还资金的时间节点规定为"一审宣判前"，可以参照作出规定。立法机关未采纳相关意见，主要考虑：一是将退还资金时间限定在提起公诉前便于实践操作，也可以防止行为人在提起公诉后，根据量刑建议恶意规避法律；二是相关规范性文件关于挪用公款罪的规定不具有参照性。《最高人民法院、最高人民检察院关于办理职务犯罪案件严格适用缓刑、免予刑事处罚若干问题的意见》（法发〔2012〕17号）第三条第二款规定："……挪用公款进行营利活动或者超过三个月未还构成犯罪，一审宣判前已将公款归还，依法判处三年有期徒刑以下刑罚，符合刑法规定的缓刑适用条件的，可以适用缓刑；在案发前已归还，情节轻微，不需要判处刑罚的，可以免予刑事处罚。"据此,"一审宣判前已将公款归还"仅作为适用缓刑的参考因素之一,并未将其作为从轻或者减轻处罚的量刑情节。司法实践中,对于一审宣判前归还资金的,也可以作为认罪认罚或者悔罪的表现,作为酌情从宽处理的情节。

三、修正前后条文对照

修正前《刑法》	修正后《刑法》
第二百七十二条第一款 【挪用资金罪】公司、企业或者其他单位的工作人员,利用职务上的便利,挪用本单位资金归个人使用或者借贷给他人,数额较大、超过三个月未还的,或者虽未超过三个月,但数额较大、进行营利活动的,或者进行非法活动的,处三年以下有期徒刑或者拘役;挪用本单位资金数额巨大的,或者数额较大不退还的,处三年以上十年以下有期徒刑。	第二百七十二条第一款 【挪用资金罪】公司、企业或者其他单位的工作人员,利用职务上的便利,挪用本单位资金归个人使用或者借贷给他人,数额较大、超过三个月未还的,或者虽未超过三个月,但数额较大、进行营利活动的,或者进行非法活动的,处三年以下有期徒刑或者拘役;挪用本单位资金数额巨大的,处三年以上七年以下有期徒刑;数额特别巨大的,处七年以上有期徒刑。
第二百七十二条第二款 【挪用公款罪】国有公司、企业或者其他国有单位中从事公务的人员和国有公司、企业或者其他国有单位委派到非国有公司、企业以及其他单位从事公务的人员有前款行为的,依照本法第三百八十四条的规定定罪处罚。	第二百七十二条第二款 【挪用公款罪】国有公司、企业或者其他国有单位中从事公务的人员和国有公司、企业或者其他国有单位委派到非国有公司、企业以及其他单位从事公务的人员有前款行为的,依照本法第三百八十四条的规定定罪处罚。
	第二百七十二条第三款 有第一款行为,在提起公诉前将挪用的资金退还的,可以从轻或者减轻处罚。其中,犯罪较轻的,可以减轻或者免除处罚。

对比发现,《刑法修正案(十一)》第三十条对本条的修正主要涉及三个方面:一是删除了《刑法》本条原第一款作为升档处罚情节的"或者数额较大不退还"的规定。二是调整了第一款法定刑配置,由原来的两档修改为三档,将第二档法定刑调整为"处三年以上七年以下有期徒刑",增

加一档法定刑为"数额特别巨大的，处七年以上有期徒刑"，法定最高刑由原来的有期徒刑十年提升至十五年。三是增加了一款作为第三款，规定对于在提起公诉前将挪用的资金退还的，可以从轻或者减轻处罚。其中，犯罪较轻的，可以减轻或者免除处罚。

四、修正后条文的理解与适用

（一）犯罪客体

挪用资金罪侵犯的客体是公私财产的所有权，犯罪对象为本单位的资金。资金一般表现为货币形态，既有人民币、外币，又可以股票、债券等有价证券的形式存在，因此有价证券也可以成为本罪的犯罪对象。[①]

（二）犯罪客观方面

挪用资金罪客观方面表现为利用职务上的便利，挪用本单位的资金，具体包括：（1）挪用本单位资金归个人使用或者借贷给他人，数额较大、超过三个月未还的。（2）挪用本单位资金归个人使用或者借贷给他人，虽未超过三个月，但数额较大、进行营利活动的。"进行营利活动"，是指进行合法的营利活动，不包括非法的营利活动。此情形只要是挪用了数额较大的资金进行营利活动，无论是否归还，就可构成本罪。（3）挪用本单位资金归个人使用或者借贷给他人，进行非法活动的。"进行非法活动"，是指进行走私、赌博、嫖娼等活动，此情形没有挪用资金数额和时间的限制，也没有还与不还的条件，只要挪用资金进行非法活动，即构成本罪。

（三）犯罪主体

挪用资金罪的犯罪主体为特殊主体，即公司、企业或者其他单位的工作人员。国有公司、企业或者其他国有单位中从事公务的人员和国有公司、企业或者其他国有单位委派到非国有公司、企业以及其他单位的从事公务的人员，不能成为本罪的犯罪主体。

[①] 参见周道鸾、张军主编：《刑法罪名精释（下）》，人民法院出版社2013年版，第662页。

(四) 犯罪主观方面

挪用资金罪的主观方面为故意,即明知是本单位资金而挪用,目的是暂时非法取得本单位资金的使用权,一般是准备以后归还的。

(五) 刑事责任

根据修正后《刑法》第二百七十二条的规定,犯挪用资金罪,处三年以下有期徒刑或者拘役;挪用本单位资金数额巨大的,处三年以上七年以下有期徒刑;数额特别巨大的,处七年以上有期徒刑。

同时,本条第三款规定,有第一款行为,在提起公诉前将挪用的资金退还的,可以从轻或者减轻处罚。其中,犯罪较轻的,可以减轻或者免除处罚。

五、司法适用中需要注意的问题

(一) 罪与非罪的界限

《公司法》第一百四十八条规定:"董事、高级管理人员不得有下列行为:(一) 挪用公司资金;……董事、高级管理人员违反前款规定所得的收入应当归公司所有。"第一百四十九条规定:"董事、监事、高级管理人员执行公司职务时违反法律、行政法规或者公司章程的规定,给公司造成损失的,应当承担赔偿责任。"第一百五十二条规定:"董事、高级管理人员违反法律、行政法规或者公司章程的规定,损害股东利益的,股东可以向人民法院提起诉讼。"鉴此,挪用本单位的资金,并非一经挪用即构成犯罪,只有情节严重、危害较大的挪用行为才构成犯罪,并依法追究刑事责任。对情节轻微危害不大的挪用行为,可以作为一般违法和违反公司财经纪律的行为,通过民事途径解决。

挪用本单位资金是否构成犯罪,主要应考虑以下两个方面:第一,挪用资金的数额。挪用资金的数额大小是衡量挪用资金行为社会危害程度的关键因素。《立案追诉标准(二)》第八十五条第一款规定:"公司、企业或者其他单位的工作人员,利用职务上的便利,挪用本单位资金归个人使用或者借贷给他人，涉嫌下列情形之一的，应予立案追诉：（一）挪用本单位资金数额在一万元至三万元以上，超过三个月未还的；（二）挪用本单位资金数额在一万元至三万元以上，进行营利活动的；（三）挪用本单位资金数额在五千元至二万元以上，进行非法活动的。"按照上述规定，如果行为人挪用资金数额未达到追诉标准，显然不宜以犯罪论处。第二，挪用资金的时间。挪用时间的长短，是挪用资金行为社会危害性的重要体现之一。根据法律规定，挪用资金数额较大从事除非法活动、营利活动以外的其他活动的，挪用时间超过三个月才构成犯罪；如果未满三个月就归还的，不构成犯罪。挪用资金进行非法活动或者营利活动，《刑法》没有挪用时间的具体限制，但挪用时间的长短有时会影响其危害后果的程度，对定罪量刑有一定影响。如果挪用时间较短，确属情节显著轻微危害不大的，也可以不认为是犯罪。

（二）关于"数额较大、超过三个月未还"情形的具体把握

根据《刑法》第二百七十二条第一款的规定，挪用本单位资金归个人使用或者借贷给他人，数额较大、超过三个月未还的，属于构成挪用资金罪的情形之一。适用此种情况的前提是挪用本单位资金既不是进行营利活动，也不是进行非法活动，而是归个人使用或者借贷给他人。关于"归个人使用"的具体把握，根据《立案追诉标准（二）》第八十五条第二款的规定，包括以下几种情形：（1）将本单位资金供本人、亲友或者其他自然人使用的；（2）以个人名义将本单位资金供其他单位使用的；（3）个人决定以单位名义将本单位资金供其他单位使用，谋取个人利益的。关于"借贷给他人"，是指行为人将所挪用的资金借给其他自然人或者单位。关于"超过三个月未还"，是指挪用资金的时间自挪用行为发生之日已经超过三个月且未归还。此处包括案发时尚未归还挪用款项且时间已经超过三个月，也包括案发时已经归还、但归还时已经超过三个月两种情况。至于挪用资金超过三个月但在案发时已经归还的，可以作为一种从轻处罚情节加以考量。

(三) 挪用资金罪定罪升档标准的把握

《刑法修正案（十一）》对挪用资金罪调整刑罚配置后的定罪升档标准，只规定了"数额较大""数额巨大""数额特别巨大"，根据《贪污贿赂解释》第十一条第二款规定，挪用资金罪中的"数额较大""数额巨大"以及"进行非法活动"情形的数额起点，按照该解释关于挪用公款罪"数额较大""情节严重"以及"进行非法活动"的数额标准规定的二倍执行，在新的司法解释或规范性文件出台前，过渡期内对于定罪升档标准的把握，可以参照适用、综合考虑，但是对于"数额特别巨大"的把握，有待进一步探索调研。至于具体数额标准，以新的司法解释或者规范性文件的具体规定为准。

(四) 关于第三款从宽情节的具体适用

《刑法修正案（十一）》新增本条第三款关于挪用资金犯罪可以从宽处理的规定。对挪用资金犯罪从宽处理必须同时符合以下两个条件：一是时间是在提起公诉前，即人民检察院审查起诉完成前或者向人民法院起诉前；二是原则上要求行为人全部退还挪用的资金。在同时具备以上两个条件的前提下，根据本款的规定，可以从轻或者减轻处罚。其中，犯罪较轻的，可以减轻或者免除处罚。当然，实践情况较为复杂，也存在行为人因为经济困难等原因，积极退赔部分赃款，确实无力退还全部赃款的情形。对于退还部分赃款的，也可以根据上述规定的精神，结合案件具体情况，以行为人退赔金额的比例、对于减少损失的实际效果等因素，依法予以从宽处理，以体现罪责刑相适应。需要说明的是，本款关于退还挪用资金予以从宽处理的规定，是针对挪用资金犯罪所作的特别规定，是考虑到实践中追赃工作的实际情况和更有利于保护涉案企业财产权益的需要。[①]

[①] 参见许永安主编：《中华人民共和国刑法修正案（十一）解读》，中国法制出版社 2021 年版，第 273 页。

第三十一条　增设袭警罪

【条文内容】

三十一、将刑法第二百七十七条第五款修改为："暴力袭击正在依法执行职务的人民警察的，处三年以下有期徒刑、拘役或者管制；使用枪支、管制刀具，或者以驾驶机动车撞击等手段，严重危及其人身安全的，处三年以上七年以下有期徒刑。"

【条文主旨】

本条进一步加强对袭警行为的预防、惩治，修改《刑法》第二百七十七条第五款规定的"暴力袭击正在依法执行职务的人民警察"依照妨害公务罪从重处罚的规定，增加单独的法定刑。同时，针对使用枪支、管制刀具或者驾驶机动车撞击等严重暴力袭警行为，增加升档处罚的规定。

【理解与适用】

一、修法背景

关于《刑法》是否单独规定袭警罪，立法中一直存在争论。1997年《刑法》施行不久，即有人大代表主张单独设立袭警罪，认为妨害公务罪对暴力袭警的保护存在缺陷：（1）保护对象范围狭窄。《刑法》要求在"执行职务"时即公务时间内，但是警察在公务时间外可能受到报复或者受到袭击就无法得到有效保护。（2）行为方式规定不全面。《刑法》中构成妨害公务罪必须是以"暴力、威胁"方法，只有在妨碍执行国家安全工作任务时，才不要求采用暴力、威胁方法，所以仅规定暴力、威胁方法不够。（3）定罪量刑不协调。法律对于暴力袭警造成伤亡的没有规定。其他罪名如聚众斗殴致人重伤死亡的，法律规定依照故意伤害罪、故意杀人罪处罚。也有意见提出，我国《刑法》不需要单独规定袭警罪。主要理由是：（1）袭警也是以威胁、谩骂、殴打及围攻等方式阻碍警察执行公务，其本质与妨害公务行为相同，没有单独规定的必要。（2）大陆法系成文法的特点在于，刑法规定只针对具有普遍性的行为，袭警行为只是妨害公务的一种特殊表现形式，单独规定会导致罪名设置的叠床架屋，破坏罪刑关系的均衡性与协调性。（3）单独规定袭警罪主要是英美法系国家规定，我国可将袭警犯罪规定为加重处罚情形。在《刑法修正案（九）》的制定过程中，一些全国人大代表、全国人大常委会委员以及公安部等有关部门提出，针对当前暴力袭警犯罪多发的实际情况，建议在《刑法》中单独规定袭警罪，立法工作机关经充分调查研究，听取各方面意见，在《刑法修正案（九）》中没有专门规定袭警罪，而是在妨害公务罪中将"暴力袭警"行为明确加以列举，作为从重处罚的情形，这样有利于对执法机关依法执行职务的行为给予一体保护。《刑法修正案（九）》第二十一条在《刑法》第二百七十七条中增加一款作为第五款："暴力袭击正在依法执行职务的人民警察的，依照第一款的规定从重处罚。"

　　鉴于《刑法修正案（九）》虽然规定了暴力袭击人民警察的从重处罚，但并未规定为独立的犯罪。《刑法修正案（十一）（草案）》研拟过程中，一些全国人大代表、全国人大常委会委员以及公安部等有关部门又提出单独规定袭警罪。主要考虑：第一，妨害公务罪的外延虽然比袭警罪宽，涵盖了袭警行为，但是针对当前社会矛盾多发、暴力袭警案件时有发生的情况，目前的规定尚不足以对暴力袭警行为形成有效震慑。对暴力袭警行为明确作出规定，有利于更好地震慑和预防这类犯罪，为严惩袭警行为提供强有力的法律武器，在全社会营造敬畏法律的良好氛围。第二，单独规定袭警罪符合警察执法的特点。虽然除人民警察外，还有一些执法人员如工商管理、税收征管、城管等工作人员在履行职责时也直接面对群众，在执法过程中遭到暴力抗拒甚至被袭击的情况时有发生。但比较而言，警察执法主要面向的是违法犯罪人员，暴力抗法的程度更强，甚至还可能有生命危险。第三，单独设立袭警罪符合我国的国情。我国警察面临危险多，因公负伤、牺牲情况经常发生，具有单独保护的必要性。根据公开的数据统计,新中国成立以来,截至 2020 年,全国公安机关共有 1.6 万余名民警因公牺牲,其中 3700 余人被评为烈士。近十年,共有 3773 名民警因公牺牲,5 万余名民警因公负伤。① 根据对 2010 年至 2014 年数据的统计,公安民警因公负伤 20741 人(重伤 2643 人、轻伤 18098 人),平均每年约 4148 人。除 2012 年有所下降外,总体呈上升趋势。同违法犯罪分子作斗争是民警负伤首要原因。公安民警因同犯罪分子作斗争而遭受暴力袭击负伤 8880 人,占负伤民警总数的 42.8%,连续五年总体上升,其中 2014 年 2417 人,比 2013 年上升 24.1%。② 最终,立法工作机关对《刑法》第二百七十七条第五款进行了修改完善,规定了单独的法定刑,从而形成了草案二次审议稿第二十五条的写法。

二、审议过程

草案一次审议稿	草案二次审议稿	《刑法修正案(十一)》
	二十五、将刑法第二百七十七条第五款修改为:"暴力袭击正在依法执行职务的人民警察的,处三年以下有期徒刑、拘役或者管制;使用枪支、管制刀具或者驾驶机动车撞击等手段,严重危及其人身安全的,处三年以上七年以下有期徒刑。致人重伤、死亡,同时构成其他犯罪的,依照处罚较重的规定定罪处罚。"	三十一、将刑法第二百七十七条第五款修改为:"暴力袭击正在依法执行职务的人民警察的,处三年以下有期徒刑、拘役或者管制;使用枪支、管制刀具,或者以驾驶机动车撞击等手段,严重危及其人身安全的,处三年以上七年以下有期徒刑。"

---

① 参见《2020 年共有 480 名公安民警辅警因公牺牲》,载公安部网站,https://app.mps.gov.cn/gdnps/pc/content.jsp?id=7678070,最后访问日期:2021 年 3 月 6 日。

② 参见《全国公安 4 年因公牺牲 2129 人平均每年 425 人》,载中国网,http://www.china.com.cn/legal/2015-04/03/content_35235067.htm,最后访问日期:2021 年 3 月 4 日。

在《刑法修正案（十一）（草案）》审议和征求意见过程中，有建议提出，本条行为对象可以扩展为警察、检察官、法官，或者警察、检察人员、审判人员，考虑到司法实践中一线工作人员多为检察官助理、法官助理、书记员，可以一并纳入保护，有利于保护司法人员依法履职。但考虑到警察与检察人员、审判人员职业的差异性，仅规定了暴力袭击人民警察的犯罪。《刑法修正案（十一）》第三十一条对二次审议稿第二十五条作了较大调整，主要体现为删除了"致人重伤、死亡，同时构成其他犯罪的，依照处罚较重的规定定罪处罚"的规定，并对行为手段表述方式进行了完善。

三、修正前后条文对照

修正前《刑法》	修正后《刑法》
第二百七十七条第五款 【妨害公务罪】 暴力袭击正在依法执行职务的人民警察的，依照第一款的规定从重处罚。	第二百七十七条第五款 【袭警罪】 暴力袭击正在依法执行职务的人民警察的，处三年以下有期徒刑、拘役或者管制；使用枪支、管制刀具，或者驾驶机动车撞击等手段，严重危及其人身安全的，处三年以上七年以下有期徒刑。

对比发现，《刑法修正案（十一）》第三十一条对《刑法》第二百七十七条第五款的修正主要涉及两个方面：一是对暴力袭击正在依法执行职务的人民警察的犯罪规定了单独的法定刑，即三年以下有期徒刑、拘役或者管制。二是规定了升档处罚的情形，即使用枪支、管制刀具，或者以驾驶机动车撞击等手段，严重危及其人身安全的，处三年以上七年以下有期徒刑。

四、修正后条文的理解与适用

（一）罪名确定

根据罪状表述，《罪名补充规定（七）》将修正后《刑法》第二百七十七条第五款的罪名确定为"袭警罪"。

对本款规定的罪名确定,有意见提出,为突出该类行为的暴力性,建议确定为"暴力袭警罪";也有意见认为没有必要单设罪名,可以继续适用"妨害公务罪"。经研究,《罪名补充规定(七)》将本款罪名确定为"袭警罪"。主要考虑:(1)按照罪名确定的惯例,单独配置刑罚的条款,一般宜单独确定罪名。(2)"袭警"本身就含有暴力之意,且近年来在讨论增设该罪的过程中,各方普遍使用"袭警罪"的表述,已有广泛社会共识且更为精炼。

(二)犯罪客体

袭警罪的犯罪客体是复杂客体,包括国家正常管理秩序和人民警察的人身权益。人民警察执法代表了国家对社会的管理,暴力袭击正在执法的人民警察的,既妨害了国家正常社会管理秩序,还可能给执法的人民警察人身权益造成危险或者侵害。

(三)犯罪客观方面

袭警罪的客观方面是暴力袭击正在依法执行职务的人民警察。

1. 必须实施了暴力袭击行为,但不要求造成伤害后果。《最高人民法院、最高人民检察院、公安部关于依法惩治袭警违法犯罪行为的指导意见》第一条规定,对正在依法执行职务的民警实施下列行为的,属于《刑法》第二百七十七条第五款规定的"暴力袭击正在依法执行职务的人民警察":(1)实施撕咬、踢打、抱摔、投掷等,对民警人身进行攻击的;(2)实施打砸、毁坏、抢夺民警正在使用的警用车辆、警械等警用装备,对民警人身进行攻击的。因此,这里的"暴力"不仅仅是对人施加的强制力,也包括对物体实施的阻碍人民警察正常执行公务的强制力。

如果行为人实施的不是暴力袭击行为而是威胁行为,则不构成本款犯罪。即如果仅仅是以威胁方法阻碍警察依法执行职务的,只能构成一般妨害公务犯罪,依照第一款的规定处罚。另外,构成本款犯罪,不需要造成伤害后果。

2. 暴力袭击的对象必须是正在依法执行职务的人民警察。人民警察,包括治安警察、交通警察、司法警察等各类警察。如果行为人袭击的对象是其他国家机关工作人员，或者袭击的人民警察不是正在依法执行职务，都不构成袭警罪。如何正确认定是否"正在依法执行职务"，是在适用本款犯罪时应当注意的问题。《人民警察法》第六条规定："公安机关的人民警察按照职责分工，依法履行下列职责：（一）预防、制止和侦查违法犯罪活动；（二）维护社会治安秩序，制止危害社会治安秩序的行为；（三）维护交通安全和交通秩序，处理交通事故；（四）组织、实施消防工作，实行消防监督；（五）管理枪支弹药，管制刀具和易燃易爆、剧毒、放射性等危险物品；（六）对法律、法规规定的特种行业进行管理；（七）警卫国家规定的特定人员，守卫重要的场所和设施；（八）管理集会、游行、示威活动；（九）管理户政、国籍、入境出境事务和外国人在中国境内居留、旅行的有关事务；（十）维护国（边）境地区的治安秩序；（十一）对被判处拘役、剥夺政治权利的罪犯执行刑罚；（十二）监督管理计算机信息系统的安全保护工作；（十三）指导和监督国家机关、社会团体、企业事业组织和重点建设工程的治安保卫工作，指导治安保卫委员会等群众性组织的治安防范工作；（十四）法律、法规规定的其他职责。"依法执行职务需要在法律职责范围内，如果不在法律职责范围内不属于依法执行职务。警察属于特殊的执法主体，正在依法执行职务，既可能是在工作时间、工作场所内，也可能是在非工作时间，根据《人民警察法》第十九条"人民警察在非工作时间，遇有其职责范围内的紧急情况，应当履行职责"的规定，警察在下班后，遇有紧急情况，只要是履行警察职责（而不要求必须是其实际岗位职责范围内的事），就可以视为是在执行职务。

如果行为人暴力袭击的不是执行职务的警察，为了报复其执法行为而对警察实施暴力袭击、拦截、恐吓等行为，符合《刑法》第二百三十四条、第二百三十二条、第二百九十三条等规定的，应当以故意伤害罪、故意杀人罪、寻衅滋事罪等定罪。

（四）犯罪主体

袭警罪犯罪主体是一般主体，属于自然人犯罪。司法实践中经常发生有的单位负责人、直接责任人为了单位的利益，带头或者组织单位工作人员妨碍警察执法的行为，应按照自然人犯罪处理，追究单位负责人、直接责任人的刑事责任。

（五）犯罪主观方面

袭警罪的主观方面是故意。故意形态只能是直接故意，间接故意和过失不构成本罪，并且行为人明知对方是正在执行职务的人民警察。

（六）刑事责任

根据修正后《刑法》第二百七十七条第五款的规定，犯袭警罪的，处三年以下有期徒刑、拘役或者管制；使用枪支、管制刀具或者驾驶机动车撞击等手段，严重危及人民警察人身安全的，处三年以上七年以下有期徒刑。

因为致人轻伤的故意伤害罪，其法定刑与本罪相同，以袭警罪定罪处罚，更能体现国家维护公共秩序的立法目的。但如果造成警察重伤、死亡的，则显然应当以故意伤害罪、故意杀人罪处罚，不实行数罪并罚。

五、司法适用中需要注意的问题

（一）把握罪与非罪的界限

根据《治安管理处罚法》第五十条的规定，对于阻碍国家机关工作人员依法执行职务的，处警告或者二百元以下罚款；情节严重的，处五日以上十日以下拘留，可以并处五百元以下罚款，阻碍人民警察依法执行职务的，从重处罚。因此，对于袭警的行为并非一律作为犯罪处理，还需要结合行为手段、情节等作出综合性判断。在司法实践中，有的行为人对正在依法执行职务的人民警察只是辱骂，或者实施袭警情节轻微，如抓挠、一般的肢体冲突等，尚不构成犯罪，构成违反治安管理行为的，应当依法给予治安管理处罚。①

---

① 参见许永安主编：《中华人民共和国刑法修正案（十一）解读》，中国法制出版社2021年版，第291页。

（二）关于本罪与妨害公务罪的界分

本罪可以说是妨害公务罪的特殊罪名。与妨害公务罪相比，袭警罪的行为对象和手段行为具有特殊性，行为对象必须是正在依法执行职务的人民警察，手段行为具有特殊性是指妨害公务的手段必须具有暴力性质，并对使用枪支、管制刀具或者驾驶机动车撞击等手段从严处罚。按照上述规定，对于妨害人民警察依法执行职务的，并非一律认定为本罪，而应当根据具体情形进行确定。其一，对于以威胁的方法妨害人民警察依法执行公务的，应认定为妨害公务罪，威胁一般是指以告知对他人人身、财产等进行侵害或不利后果为手段，让人心理产生恐惧或者畏惧感。对于以威胁手段而非暴力妨害人民警察依法执行职务的，适用《刑法》第二百七十七条第一款的规定。其二，对于故意阻碍公安机关依法执行国家安全工作任务，未使用暴力、威胁方法，造成严重后果的，适用《刑法》第二百七十七条第三款的规定，认定为妨害公务罪。暴力、威胁之外的其他方法，主要表现为对于公安机关依法执行国家安全工作任务中应该予以配合的而不予配合，如拒绝提供应提供的证据、查阅的资料等情形。

另外，司法实践中还存在袭击辅警的情形。警务辅助人员不是人民警察，不具备执法主体资格，不能直接参与公安执法工作，应当在公安民警的指挥和监督下开展辅助性工作。因此，如果人民警察在场，辅警是配合警察依法执行职务的，对辅警进行袭击的，符合《刑法》第二百七十七条第一款规定的，可以认定为妨害公务罪。如果警察不在场，因辅警不具有执法主体资格，也不属于妨害公务罪的行为对象，对辅警袭击造成伤害结果的，可以适用《刑法》第二百三十四条的规定，认定为故意伤害罪。如果行为人在执法现场，既对依法执行职务的警察又对辅警袭击的，可以按照吸收犯原理，作为一罪处理，不实行数罪并罚。

（三）关联行为的罪名适用

对于使用暴力妨害人民警察依法执行公务的情形，根据使用暴力的方式和程度还可能涉及多个犯罪。

根据修正后《刑法》第二百七十七条第五款"使用枪支、管制刀具或者驾驶机动车撞击等手段，严重危及其人身安全的，处三年以上七年以下有期徒刑"的规定，行为人在袭警人民警察时使用了枪支、管制刀具或者驾驶机动车撞击等手段，并且达到了严重危及其人身安全的程度，如果上述行为危害公共安全或者民警生命、健康安全的还可能构成其他犯罪，依据《最高人民法院、最高人民检察院、公安部关于依法惩治袭警违法犯罪行为的指导意见》的规定，分别处理。驾车冲撞、碾轧、拖拽、剐蹭民警，或者挤别、碰撞正在执行职务的警用车辆，危害公共安全或者民警生命、健康安全，符合《刑法》第一百一十四条、第一百一十五条、第二百三十二条、第二百三十四条规定的，应当以以危险方法危害公共安全罪、故意杀人罪或者故意伤害罪定罪处罚。抢劫、抢夺民警枪支，符合《刑法》第一百二十七条第二款规定的，应当以抢劫枪支罪、抢夺枪支罪定罪处罚。

第三十二条 增设冒名顶替罪

【条文内容】

三十二、在刑法第二百八十条之一后增加一条，作为第二百八十条之二："盗用、冒用他人身份，顶替他人取得的高等学历教育入学资格、公务员录用资格、就业安置待遇的，处三年以下有期徒刑、拘役或者管制，并处罚金。

"组织、指使他人实施前款行为的，依照前款的规定从重处罚。

"国家工作人员有前两款行为，又构成其他犯罪的，依照数罪并罚的规定处罚。"

【条文主旨】

本条增设冒名顶替罪，规定对盗用、冒用他人身份，顶替他人取得的高等学历教育入学资格、公务员录用资格、就业安置待遇的，追究刑事责任，以切实维护人民群众"前途安全"。

【理解与适用】

一、修法背景

一段时期以来，山东等地陆续曝光陈春秀、王丽丽等多起被冒名顶替上大学事件，引发社会广泛关注。以山东省聊城市冠县陈春秀被冒名顶替事件为例，2004年陈艳萍高考成绩未达到专科一批录取分数线。陈艳萍父亲陈巨鹏和舅舅张峰请托时任冠县招生办主任冯秀振，帮助陈艳萍顶替他人上大学。冯秀振与陈巨鹏商定以陈春秀作为冒名顶替对象，并为陈巨鹏提供了陈春秀的准考证。其后，陈巨鹏从县邮政局截留陈春秀的录取通知书，并通过冯秀振、时任武训高级中学校长崔吉会等人伪造了姓名为陈春秀、照片及相关信息为陈艳萍的考生档案。张峰通过时任冠县公安局烟庄派出所所长任书坤、时任山东理工大学教务处处长助理杜言利等人，帮助陈艳萍伪造了新户籍、办理了入学手续。① 而且，山东等地开展高等教育学历清查工作，发现数百人存在冒名顶替的情况。河南、湖北等地也陆续曝光多起冒名顶替上大学事件。② 这些事件严重损害了教育公平公信，危害严重，亟须加以规制。

正如美国学者帕克论述所言，将特定行为作为犯罪，必须是"行为须是在大多数人看来有显著的社会危害性的行为；没有合理的刑事制裁替代措施来处理该行为"③。冒名顶替上学的行为被称为"偷窃他人的人生"，盗窃、诈骗犯罪让被害人失去的是财产，社会危害性可以通过财产价值加以衡量。而冒名顶替行为会给被顶替者造成难以逆转的人生境遇，不仅使其失去了受教育权，其后的工作机会、经济收入等生活状态都随之改变。因此，这种行为的社会危害性明显重于盗窃、诈骗等行为。

冒名顶替上大学，并非单一行为或者一人之力可以完成的，往往涉及一系列的行为。通过对相关事件的梳理，可以发现其基本有四个阶段：（1）获取被顶替者的录取通知书。有的案件中获取通知书的方式是冒充学生家长身份诓骗领取，有的案件中是通过与学校工作人员内外勾结，利用被顶替者自动放弃的入学机会获取录取通知书。这一阶段，行为人隐匿、非法开拆他人信件，截取他人录取通知书，符合《刑法》第二百五十二条规定的，构成侵犯通信自由罪。如果是通过邮政工作人员私自开拆或者隐匿寄送录取通知书的邮件，符合《刑法》第二百五十三条规定的，构成私自开拆、隐匿邮件罪，行为人与邮政工作人员通谋的，属于共同犯罪。（2）更改学校档案材料。为确保学籍、学校档案中姓名、身份信息相符，

---

① 参见《46人被处理！山东通报两起冒名顶替上学问题调查结果》，载中华网，https：//news.china.com/socialgd/10000169/20200630/38418417.html，最后访问日期：2021年3月3日。

② 参见许永安主编：《中华人民共和国刑法修正案（十一）解读》，中国法制出版社2021年版，第293页。

③ ［美］哈伯特L.帕克：《刑事制裁的界限》，梁根林等译，法律出版社2006年版，第293~294页。

以达到录取要求,行为人还需要对冒名者的档案材料进行编造、变造或者伪造。在这一阶段中,行为人如果通过伪造档案、印章,符合《刑法》第二百八十条第二款规定的,构成伪造事业单位印章罪。但有的案件中,如陈春秀被冒名顶替案件中,学校工作人员参与其中,虽然伪造高中毕业生登记表内容,但加盖了"武训高级中学"的真实印章,则难以认定为犯罪。(3)伪造户籍材料。主要是办理虚假的身份证件以及户口迁移材料以达到入学的目的。这一阶段中,具体的行为手段不尽相同。陈春秀、王丽丽等事件中,是通过请托公安机关的工作人员办理虚假的户口迁移证明材料和身份证件,有的案件中行为人假托因超生未办理户籍等借口,请托公安机关工作人员办理户籍,公安机关工作人员符合《刑法》第三百九十七条规定的,构成滥用职权罪。①(4)入学报到及资格审查入学。这一行为阶段中,操作者可能会对高等教学负有入学资格审查职责的人员进行说情、打招呼,让其放松审查,以让冒名顶替者顺利入学。这种情形属于招生录取等工作中严重不负责任或者滥用职权,符合《刑法》第一百六十八条规定的,构成国有事业单位人员失职罪、国有事业单位人员滥用职权罪。

通过对冒名顶替上大学案件的各个行为阶段特征以及定性分析可知,这类行为一般是由冒名顶替者的亲属组织实施,录取、调动档案、办理户籍资料、入学报到等环节均存在弄虚作假。但是,现行《刑法》对相关行为的规制存在困难:(1)对组织实施者难以直接惩罚,需要"迂回惩治"。虽然可以适用伪造、变造、买卖国家机关公文、证件、印章罪,伪造、变造、买卖身份证件罪,行贿罪等罪名,对于相关国家工作人员收受贿赂,

---

① 山东籍学生张某乙冒安徽灵璧的杨某甲之名上大学,请户籍警郭某办理户口迁移证明,为不影响杨某甲复读,给杨某甲办理新户口,请托人刘某、王某谎称其朋友家亲戚的小孩因超生未入户,请郭某帮忙入户。之后,王某在灵璧县灵城西关桥头附近,将刘某给的8000元及写有杨某甲的姓名、性别和出生年月的纸条交于郭某。同年9月11日,郭某违反规定在户籍系统上编造杨某甲虚假户籍信息,并打印户口本交给王某,王某交给刘某。参见安徽省宿州市中级人民法院刑事裁定书(2014)宿中刑终字第00403号。

2009年湖南罗彩霞事件中,冒名顶替者王佳俊的父亲王峥嵘私刻印章伪造户籍信息,符合《刑法》第二百八十条第一款的规定,构成伪造、变造国家机关公文、证件、印章罪,被判处有期徒刑二年。参见湖南省邵阳市北塔区人民法院刑事判决书(2009)北刑初字第46号。

构成渎职犯罪的,组织者还可能构成渎职类犯罪共同犯罪,但是对于策划、组织的冒名顶替行为不能直接适用《刑法》予以评价。(2)存在着一定的处罚漏洞。对于参与冒名顶替的学校工作人员制作盖有真实印章的学生登记材料,难以作为犯罪处理。(3)对于冒名顶替者难以定罪处罚。从当前实践来看,对于冒名顶替者,处理结果一般是注销其冒用的学籍、户籍,宣布其毕业证件无效,工作单位解除工作关系等,难以追究顶替者的刑事责任。冒名顶替者一般事前未直接参与其中,往往是亲友代为组织操作成功后告知其冒名报到入学,对于事前的伪造材料、请托行贿等活动并不知情,难以认定具有共同犯罪中的意思联络。① (4)罪刑规范的供给不足,对于冒名顶替的全链条行为无法实现全面评价。现行《刑法》虽然可以对冒名顶替的各个环节进行评价,但难以涵盖对整体行为的刑法评价。罪刑规范不仅是裁判规范,也是行为规范,没有独立的罪刑规范难以实现对冒名顶替行为的刑法评价,也不足以发挥对同类行为的预防作用。

《刑法修正案(十一)(草案一次审议稿)》未涉及增设冒名顶替犯罪。在初次审议和征求意见过程中,各方普遍认为,社会上发生的冒名顶替上大学等事件,严重损害他人利益,破坏教育公平和社会公平正义底线,应当专门规定为犯罪。② 2020年8月,全国人大常委会法制工作委员会新闻发言人就立法工作有关问题举行记者会,表示全国人大常委会法工委将根据全国人大常委会的审议意见和社会公众意见,积极研究冒名顶替行为入刑问题,进一步做好《刑法修正案(十一)(草案)》的修改完善

---

① 有观点认为,对于冒名顶替者冒用他人的姓名,修改或替换高中毕业生登记表、档案卡、户籍材料等行为,特别是使用被冒充者身份证的行为,完全符合"盗用他人的居民身份证等依法可以用于证明身份的证件"的特征,构成使用虚假身份证件、盗用身份证件罪。参见杨兴培:《冒名顶替上大学的刑罚规制与完善》,载《上海法治报》2020年7月8日。这种观点虽然具有一定道理,但在适用中仍然难以完全满足实际需要。首先,虚假身份证件、盗用身份证件罪的行为对象是身份证件,必须是能够证明身份的制式证件,对于证明身份的身份材料、身份信息等难以纳入该罪的规制范围;其次,该罪的客观方面限于依照国家规定应当提供身份证明的活动中,并非对任何使用行为均作为犯罪处理;最后,该罪为轻罪,根据《刑法》第二百八十条之一的规定,只能判处拘役或者管制,并处或者单处罚金,对其处罚也明显畸轻,难以罚当其罪。

② 参见《全国人民代表大会宪法和法律委员会关于〈中华人民共和国刑法修正案(十一)(草案)〉修改情况的汇报》,载中国人大网,http://www.npc.gov.cn/npc/c30834/202012/5f7b2d0e41ef44f6ba84ed6eda5cf6c3.shtml,最后访问日期:2021年3月3日。

工作。① 关于具体方案设计，围绕如下问题展开了讨论。

一是罪状如何设定。对于冒名顶替行为的具体罪名设定有四种观点。第一种观点主张设立冒名顶替上学、作弊罪，主要是惩罚冒名顶替行为以及参与帮助作弊的人员，维护社会公平底线。第二种观点主张设立妨碍高等教育考试录取公正罪。因为这类行为参与主体较多，对于参与其中的学校工作人员、户籍管理人员、教育主管人员等都可以纳入惩罚范围。第三种观点主张增设盗用、冒用他人信息罪，对于冒用他人身份的同类行为可以一并纳入惩治，并且可以从根本上解决冒名顶替行为。第四种观点主张增设侵害公民受教育权罪，对于以假冒他人身份侵害他人受教育权的行为作为犯罪处理。②

草案二次审议稿增设了冒名顶替罪，将盗用、冒用他人身份，顶替他人取得的高等学历教育入学资格、公务员录用资格、就业安置待遇的行为规定为犯罪，同时规定组织、指使他人实施的，从重处罚。本书认为，这一方案具有现实合理性和充分的理论基础：第一，罪状设置须对冒名顶替行为进行准确、完整考量。妨碍高等教育考试录取公正罪，不仅处罚的范围有限，而且侧重于对前端行为的处罚，难以体现对顶替行为的处罚。冒名顶替他人上学罪则范围过宽，教育的种类众多，既可能是学历教育，也可能是非学历的职业教育、培训教育等，并非所有的教育机会都需要刑法加以保护，"高等教育资源既是一种稀缺的社会资源，又是社会选拔优秀人才的一道关口，它是社会公众对社会公平格外珍视的一种希望寄托，所以更要加以严格规范和约束。"③ 因此，较为适宜的是，将高等教育入学资格纳入刑法保护范围。第二，从罪状设计的回应性与适度开放性考虑。在其他领域也存在冒名顶替事件，如冒用退伍军人档案以获取被安置的工作、顶替他人公务员录取资格等。因此，罪状设计应该具有适度的开放

---

① 参见《全国人大常委会法工委：将积极研究冒名顶替行为入刑问题》，载中国人大网，http://www.npc.gov.cn/npc/c30834/202008/9abe3cfe2b954fecb417cf49428891b8.shtml，最后访问日期：2021年3月3日。

② 参见王亦君：《多名全国人大常委会委员建议：增设"冒名顶替上学作弊罪"维护社会底线公平》，载《中国青年报》2020年7月3日。

③ 杨兴培：《冒名顶替上大学的刑罚规制与完善》，载《上海法治报》2020年7月8日。

性，对于顶替他人取得的高等学历教育入学资格、公务员录用资格、就业安置待遇的一并纳入考虑。第三，从犯罪保护的客体考虑罪状设计。在冒名顶替获取高等教育机会案件中，并非所有案件都侵害了特定公民的受教育权，如有的事件中，相关人员的身份信息被更改，成绩被他人使用，但其没有报考志愿，放弃报考机会选择了复读，受教育权没有受到侵害。第四，冒用他人身份与冒名顶替行为并不完全一致。《刑法》第二百八十条之一规定的使用虚假身份证件、盗用身份证件罪是在需要验证身份的场合，使用虚假的身份证件或者盗用他人身份证件情节严重的行为，使用的对象是制式身份证件，而非身份信息，单纯使用他人身份信息的行为如购买火车票等情况大量存在，有些甚至是基于生活应急需要，如果将其规定为犯罪，可能会造成打击面过宽。

二是关于冒名顶替罪在《刑法》分则的章节和具体条文位置。有的观点认为，冒名顶替行为主要侵害的是被冒名顶替者的权益，主要侵犯的是其受教育权，受教育权与民主权利性质相同，且与人身权益直接相关，故建议将本罪规定在《刑法》分则第四章"侵犯公民人身权利、民主权利罪"中更为合适。有观点主张，可以将冒名顶替规定在《刑法》第二百八十四条之一第三款"代替考试罪"后，或者对代替考试罪进行修改完善，增加冒名顶替上学的情形，将冒名顶替作弊获取他人高等学校入学资格作为作弊的一种方式。①

草案二次审议稿将冒名顶替罪规定在《刑法》分则第六章"妨害社会管理秩序罪"第一节"扰乱公共秩序罪"第二百八十条之一后，作为《刑法》第二百八十条之二。本书认为，上述罪名体系位置符合犯罪同类客体的归类。具体而言，如果把侵害被顶替者权益作为主要客体，则适合规定在《刑法》分则第四章"侵犯公民人身权利、民主权利罪"；如果把国家正常的高考录取秩序等作为主要客体，则适合规定在《刑法》分则第六章"妨害社会管理秩序罪"。由于冒名顶替并不必然侵害被顶替者的人身权益或者对人身权益造成重大影响，因此，归入妨害社会管理秩序类犯罪更为

---

① 参见杨兴培：《冒名顶替上大学的刑罚规制与完善》，载《上海法治报》2020年7月8日。

合适。从罪状设置上看,由于本条适用范围还涉及公务员录用、就业安置待遇等情形,故也不适宜与单纯的维护考试公正性的代替考试罪并列。此外,冒名顶替必然涉及使用他人的身份信息,将其与行为相似的使用虚假身份证件、盗用身份证件罪并列,更符合刑法罪名体系结构的要求。

二、审议过程

草案一次审议稿	草案二次审议稿	《刑法修正案（十一）》
	二十六、在刑法第二百八十条之一后增加一条,作为第二百八十条之二:"盗用、冒用他人身份,顶替他人取得的高等学历教育入学资格、公务员录用资格、就业安置待遇的,处三年以下有期徒刑、拘役或者管制,并处罚金。 "组织、指使他人实施前款行为的,依照前款的规定从重处罚。"	三十二、在刑法第二百八十条之一后增加一条,作为第二百八十条之二:"盗用、冒用他人身份,顶替他人取得的高等学历教育入学资格、公务员录用资格、就业安置待遇的,处三年以下有期徒刑、拘役或者管制,并处罚金。 "组织、指使他人实施前款行为的,依照前款的规定从重处罚。 "国家工作人员有前两款行为,又构成其他犯罪的,依照数罪并罚的规定处罚。"

在《刑法修正案（十一）（草案）》审议和征求意见过程中,各方普遍认为,增加冒名顶替犯罪,有利于切实维护教育公平和社会公平正义底线,赞同草案二次审议稿的写法。与草案二次审议稿第二十六条相比,草案三次审议稿增加第三款,规定"国家机关工作人员有前两款行为,又构成其他犯罪的,依照数罪并罚的规定处罚"。审议过程中,有的部门、专家提出,实践中"冒名顶替"也有高校管理人员等共同参与,同时构成其他犯罪的,也应数罪并罚。鉴此,将"国家机关工作人员"修改为"国家

工作人员",[①] 从而形成了《刑法修正案（十一）》第三十二条的写法。

三、修正前后条文对照

修正前《刑法》	修正后《刑法》
	第二百八十条之二　【冒名顶替罪】盗用、冒用他人身份，顶替他人取得的高等学历教育入学资格、公务员录用资格、就业安置待遇的，处三年以下有期徒刑、拘役或者管制，并处罚金。 组织、指使他人实施前款行为的，依照前款的规定从重处罚。 国家工作人员有前两款行为，又构成其他犯罪的，依照数罪并罚的规定处罚。

四、修正后条文的理解与适用

（一）罪名确定

根据《罪名补充规定（七）》，本条罪名确定为"冒名顶替罪"。主要考虑：既简单明了、有广泛社会共识，又能概括行为特征。

（二）犯罪客体

冒名顶替罪的客体是复杂客体，行为人不仅侵犯了关于高考招录、公务员招录以及就业安置待遇等方面的秩序，还可能侵犯了他人受教育权、就业权等。

（三）犯罪客观方面

冒名顶替罪的客观方面表现为盗用、冒用他人身份，顶替他人取得的

[①] 参见《全国人民代表大会宪法和法律委员会关于〈中华人民共和国刑法修正案（十一）（草案三次审议稿）〉修改意见的报告》，载中国人大网，http://www.npc.gov.cn/npc/c30834/202012/da46f7418eec4dc9b7f5573ee7e01427.shtml，最后访问日期：2021年3月3日。

高等学历教育入学资格、公务员录用资格、就业安置待遇的行为。具体而言，包括以下两个方面的要件。

其一，盗用、冒用他人身份。盗用、冒用他人身份，是行为人使用他人证明身份材料通过相关核实或者验证后，以他人名义从事社会经济活动，并获取相应的法律地位。用于证明、核实身份的材料，可能是证明身份的身份证、护照、驾驶证等国家机关依法发放的制式证件，也可能是证明身份的出生证明、户口迁移证、入学通知书、学籍档案等其他材料。

其二，顶替他人取得的高等学历教育入学资格、公务员录用资格、就业安置待遇。具体而言，顶替他人的资格待遇限定为以下三类。

第一类为高等学历教育入学资格，是指经考试成绩合格并经录用程序依法获得的专科、本科和研究生教育入学资格。《高等教育法》第十六条第一款规定："高等学历教育分为专科教育、本科教育和研究生教育。"随着我国教育水平的普遍提高，纳入刑法保护的仅限于高等学历教育入学资格，这类教育入学资格与受教育人后续获取工作机会、待遇等密切相关。

第二类为公务员录用资格，是指根据《公务员法》规定的公务员录用程序取得的公务员录用资格。《公务员法》第一百零九条规定："在公务员录用、聘任等工作中，有隐瞒真实信息、弄虚作假、考试作弊、扰乱考试秩序等行为的，由公务员主管部门根据情节作出考试成绩无效、取消资格、限制报考等处理；情节严重的，依法追究法律责任。"事业单位人员录用资格和程序主要依据《事业单位人事管理条例》，相关录用资格未纳入本罪规制范围。

第三类为就业安置待遇，是指根据法律法规和相关政策规定由政府对特殊主体予以安排就业、照顾就业等优待。我国关于就业安置的对象范围比较广，有的是由法律明确规定，如《退役军人保障法》对退役军人工作安置的规定。与之不同，有的就业安置待遇是行政法规、部门规章等规定的。例如，《国务院办公厅转发劳动保障部关于做好被征地农民就业培训和社会保障工作指导意见的通知》（国办发〔2006〕29号）规定："落实被征地农民就业安置责任。政府要积极开发公益性岗位安置就业困难的被征地农民就业，督促指导用地单位优先安置被征地农民就业"《国家体育总局关于进一步做好退役运动员就业安置工作有关问题的通知》（体人字

〔2014〕382号）关于退役运动员的就业安置。此外，有的就业安置待遇还可能是国家政策、当地政策规定的，如针对受灾群众、下岗人员、残疾人等特定群体人员的安置待遇。就业安置待遇以相对人具有特定身份为前提，故冒名顶替获取相关就业安置待遇的也应纳入本罪规制范围。需要说明的是，安置待遇中获取的利益范围较广，有可能获取的是工作机会、荣誉称号、税收减免等福利待遇，还可能获取的是特定的经济待遇、物质补偿等，本罪规制的范围仅限于就业安置待遇，即提供工作机会，如果通过冒名顶替获取其他安置待遇的，不构成本罪；构成其他犯罪的，依照相应犯罪论处。

需要注意的是，"高等学历教育入学资格、公务员录用资格、就业安置待遇"须为"他人取得的"，即相关资格和待遇与他人的身份一一对应。行为人要实施"顶替"他人取得的资格和待遇的行为，才能构成本罪。[①]

（三）犯罪主体

冒名顶替罪的主体是一般主体。

（四）犯罪主观方面

冒名顶替罪的主观方面是故意，出于何种动机，不影响本罪的成立。

（五）刑事责任

根据修正后《刑法》第二百八十条之二第一款的规定，犯冒名顶替罪的，处三年以下有期徒刑、拘役或者管制，并处罚金。

根据修正后《刑法》第二百八十条之二第二款的规定，组织、指使他人实施冒名顶替行为的，依照第二百八十条之二第一款的规定从重处罚。

根据修正后《刑法》第二百八十条之二第三款的规定，国家工作人员实施冒名顶替相关行为，又构成其他犯罪的，依照数罪并罚的规定处罚。

---

① 参见许永安主编：《中华人民共和国刑法修正案（十一）解读》，中国法制出版社2021年版，第298页。

五、司法适用中需要注意的问题

实践中，冒名顶替的典型行为样态是，顶替者在被冒名者根本不知情的情况下顶替他人资格。以冒名顶替高等学历教育入学资格为例，通常表现为通过截留录取通知、篡改学籍档案等方法，冒名顶替入学。此种情形下，受害人完全不知情。该类行为性质非常恶劣，不仅损害了高等教育的公平公信，还严重损害了受害人的受教育权，具有严重的社会危害性，应当成为惩治的重点。但是，冒名顶替所涉情形较为复杂多样，不宜搞"一刀切"，应当区分情况作出处理。

特别是，关于冒名不顶替的情形不宜以犯罪论处。该种情形系单纯冒名行为，如冒名者利用被冒名者退学的学籍取得普通高等学校入学考试资格，但并不冒用被冒名者的成绩；由于一些历史原因，在普通高等教育招录中曾要求，已被普通高等学校录取的学生，因故不能报到或者自动放弃入学资格的，不能再报名参加考试。一些高中生考取的成绩不理想或者考取的学校达不到预期的，按照政策不能复读，但个人为了争取更好的升学机会和人生际遇，学校为追求升学率，这些复读生往往以他人的名义再报名参加高考。这种情形下，行为人虽然有冒名行为，但其成绩是自己考取的，获取的入学资格是依靠自己真实水平取得的，并不存在顶替行为。同理，在公务员考试中，同样存在冒名但是成绩不作假的情形；在就业安置待遇方面，有的人冒用他人身份信息参军，服兵役后获取就业安置待遇资格的，均属于虽有冒名，但不存在顶替行为，不宜认定为本罪。

此外，对于冒名顶替他人放弃的资格，甚至取得被顶替者同意的情形，在入罪时也应当综合考虑。有的冒名顶替案件中，可能存在着被顶替者知情、同意甚至是主要配合的情形，有的是被顶替者出卖自己的成绩及取得的入学资格以换取物质利益，有的是基于亲友关系主动出让自己考取的资格。[1] 冒名顶替犯罪属于妨害社会管理秩序类犯罪，侵犯的是社会公

---

[1] 如实践中发生过兄弟间相互顶替的案件，唐某甲高考后因成绩未达到预期，主动出让给哥哥唐某乙，弟弟唐某甲再以其他身份参加高考。参见湖南省湘潭市雨湖区人民法院行政判决书（2018）湘 0302 行初 165 号。

共法益，不适用被害人承诺的理论。此种情形下，虽然被顶替的资格是他人自愿放弃的，甚至被顶替者同意、配合顶替，但是，"顶替行为让没有参加考试或者考试成绩较低的人可以直接入学，损害了考试招录制度的公平和公信力，同时让因他人弃权而按照规则能够递补录取的人员丧失了机会，又侵害了特定对象的利益。这种顶替他人放弃的入学资格的行为，也具有一定的社会危害性，也应予以惩处"。[①] 本书认为，对于上述情形在决定应否追究刑事责任时，应当综合案件情况具体考虑；确须追究刑事责任的，在刑罚裁量时也可以与典型的冒名顶替形态有所区别，以实现案件办理的良好效果。

[①] 参见许永安主编：《中华人民共和国刑法修正案（十一）解读》，中国法制出版社2021年版，第300、301页。

《刑法修正案（十一）》条文及配套《罪名补充规定（七）》理解与适用

第三十三条　增设高空抛物罪

【条文内容】

三十三、在刑法第二百九十一条之一后增加一条，作为第二百九十一条之二："从建筑物或者其他高空抛掷物品，情节严重的，处一年以下有期徒刑、拘役或者管制，并处或者单处罚金。

"有前款行为，同时构成其他犯罪的，依照处罚较重的规定定罪处罚。"

【条文主旨】

为依法惩治高空抛物行为，维护人民群众"头顶上的安全"，本条增设高空抛物罪，将从建筑物或者其他高空抛掷物品，情节严重的行为规定为犯罪。

【理解与适用】

一、修法背景

高空抛物与群众日常生活密切相关，引发的安全风险一直受到社会各界的高度关注。"天降横祸"成为严重损害人民群众安全感、影响社会和谐稳定的突出问题。各地高空抛物事件酿成的惨剧频繁见诸媒体，[1] 引发

---

[1] 例如，2000年5月10日深夜，重庆市郝某在街上被一只高楼上掉下的烟灰缸砸中头部，基本丧失生活自理能力。又如，2001年6月20日中午，孟某在济南市某单元楼入口处，被从楼上落下的菜板砸中，经抢救无效死亡。2006年5月31日傍晚，深圳市一名小学生在经过一幢居民楼时，被楼上坠落的玻璃砸中头部，当场死亡。在百度搜索引擎中输入"高空抛物致人死亡事件"，可查询到的信息记录多达120万条。

公众强烈愤慨，呼吁追究高空抛物者法律责任的声音愈发强烈。

2019年10月，为依法妥善审理高空抛物、坠物案件，切实维护人民群众"头顶上的安全"，最高人民法院印发《审理高空抛物案件意见》，在完善高空抛物民事侵权责任规则的同时，对有关刑事案件的法律适用问题作出规定，要求人民法院在刑事审判工作中，用足用好《刑法》现有规定，依法惩处构成犯罪的高空抛物、坠物行为，切实维护人民群众生命财产安全。其中，第五条规定："准确认定高空抛物犯罪。对于高空抛物行为，应当根据行为人的动机、抛物场所、抛掷物的情况以及造成的后果等因素，全面考量行为的社会危害程度，准确判断行为性质，正确适用罪名，准确裁量刑罚。""故意从高空抛弃物品，尚未造成严重后果，但足以危害公共安全的，依照刑法第一百一十四条规定的以危险方法危害公共安全罪定罪处罚；致人重伤、死亡或者使公私财产遭受重大损失的，依照刑法第一百一十五条第一款的规定处罚。为伤害、杀害特定人员实施上述行为的，依照故意伤害罪、故意杀人罪定罪处罚。"第七条规定："准确认定高空坠物犯罪。过失导致物品从高空坠落，致人死亡、重伤，符合刑法第二百三十三条、第二百三十五条规定的，依照过失致人死亡罪、过失致人重伤罪定罪处罚。在生产、作业中违反有关安全管理规定，从高空坠落物品，发生重大伤亡事故或者造成其他严重后果的，依照刑法第一百三十四条第一款的规定，以重大责任事故罪定罪处罚。"应该说，《审理高空抛物案件意见》及时回应社会关切、总结审判实践经验，对于充分发挥刑罚的威慑、教育功能，指导办案一线区分案件具体情形准确适用法律，具有十分积极的意义。

《民法典》完善了高空抛物的治理规则，第一千二百五十四条明确规定："禁止从建筑物中抛掷物品。从建筑物中抛掷物品或者从建筑物上坠落的物品造成他人损害的，由侵权人依法承担侵权责任；经调查难以确定具体侵权人的，除能够证明自己不是侵权人的外，由可能加害的建筑物使用人给予补偿。可能加害的建筑物使用人补偿后，有权向侵权人追偿。""物业服务企业等建筑物管理人应当采取必要的安全保障措施防止前款规定情形的发生；未采取必要的安全保障措施的，应当依法承担未履行安全保障义务的侵权责任。""发生本条第一款规定的情形的，公安等机关应当依法及时调查,查清责任人。"

　　治理高空抛(坠)物行为,需要多管齐下,综合运用包括《刑法》在内的各种法律手段。在《刑法修正案(十一)(草案)》研拟过程中,有意见提出,实践中将高空抛掷物品行为以以危险方法危害公共安全罪定罪处罚实乃"应急之策",从立法完善的角度,宜增设专门罪名。主要理由是:(1)高空抛掷物品与放火、决水、爆炸、投放危险物质等《刑法》明确列举的危害公共安全的行为不具有完全相当性。《刑法》第一百一十四条规定的"其他危险方法"应当是与放火、决水、爆炸、投放危险物质相同性质的危害公共安全行为,而高空抛掷物品虽然存在危害公共安全的可能性,即危害不特定多数人的生命、健康或重大公私财产安全,但不具有现实的、紧迫的高度危险性,现实中绝大多数高空抛掷物品行为并未造成危害后果,高空抛掷物品行为实际的危险性与放火、决水、爆炸、投放危险物质尚存一定差距。(2)行为人实施高空抛掷物品行为,既可能是故意也可能是过失,甚至可能是意外,且行为人主观上没有危害公共安全的故意;而行为人实施放火、决水、爆炸、投放危险物质行为,则主观上是故意的。(3)适用以危险方法危害公共安全罪,法定刑过高。《刑法》第一百一十四条规定的以危险方法危害公共安全罪起刑点为三年有期徒刑,对于高空抛掷物品尚未造成严重后果的,处刑过重。[1] 立法工作机关采纳上述意见,在《刑法》第一百一十四条中增加两款作为第二款、第三款,将从高空抛掷物品,危及公共安全的行为规定为专门犯罪,并明确同时构成其他犯罪的,依照处罚较重的规定定罪处罚,从而形成了草案一次审议稿第一条的写法。

---

[1] 参见许永安主编:《中华人民共和国刑法修正案(十一)解读》,中国法制出版社2021年版,第303、304页。

二、审议过程

草案一次审议稿	草案二次审议稿	《刑法修正案（十一）》
一、在刑法第一百一十四条中增加两款作为第二款、第三款："从高空抛掷物品，危及公共安全的，处拘役或者管制，并处或者单处罚金。 "有前款行为，致人伤亡或者造成其他严重后果，同时构成其他犯罪的，依照处罚较重的规定定罪处罚。"	二十七、在刑法第二百九十一条之一后增加一条，作为第二百九十一条之二："从建筑物或者其他高空抛掷物品，情节严重的，处一年以下有期徒刑、拘役或者管制，并处或者单处罚金。 "有前款行为，同时构成其他犯罪的，依照处罚较重的规定定罪处罚。"	三十三、在刑法第二百九十一条之一后增加一条，作为第二百九十一条之二："从建筑物或者其他高空抛掷物品，情节严重的，处一年以下有期徒刑、拘役或者管制，并处或者单处罚金。 "有前款行为，同时构成其他犯罪的，依照处罚较重的规定定罪处罚。"

在《刑法修正案（十一）（草案）》审议和征求意见过程中，关于本条的意见较多，主要涉及有无必要增设专门罪名和体系位置的问题。[①] 立法工作机关经与有关方面反复研究，考虑到高空抛掷物品行为具有一定的社会危害性，损害人民群众人身、财产安全，为保障人民群众安居乐业，不断增强人民群众幸福感、安全感，促进社会和谐稳定，积极回应社会关切，有必要将高空抛掷物品行为单独规定为犯罪。同时，草案二次审议稿将高空抛物犯罪由《刑法》分则第二章"危害公共安全罪"调整至第六章"妨害社会管理秩序罪"，将入罪要件由"危及公共安全"调整为"情节严重"，将法定刑配置由"处拘役或者管制，并处或者单处罚金"提升至

[①] 有意见建议将本条调整至《刑法》分则第六章"妨害社会管理秩序罪"。主要理由是：（1）从行为特征上，高空抛掷物品往往是人们违反城市居民生活守则或规范、违反社会公德所实施的行为，一般不具有毁坏财物、致人死伤的主观故意，即使致人死伤、毁损财物往往也是违背其意愿的，不具有犯故意致人死伤、毁损财物的恶性。（2）高空抛掷物品行为如果危及公共安全的话，本罪的法定刑又显得过轻，法定刑与秩序犯的危害性相称。（3）高空抛掷物品犯罪应当与以危险方法危害公共安全罪切割开来，从而避免两罪的界限难以划分，导致适用中困难。（4）设立高空抛掷物品罪，目的是让人们意识到单纯的高空抛掷物品行为，就是扰乱社会生活秩序的行为，不得实施，如果危及人身、财产安全，则构成侵犯人身、财物类犯罪。参见许永安主编：《中华人民共和国刑法修正案（十一）解读》，中国法制出版社2021年版，第305、306页。

《刑法修正案（十一）》条文及配套《罪名补充规定（七）》理解与适用

"处一年以下有期徒刑、拘役或者管制，并处或者单处罚金"；同时，对第二款删去了"致人伤亡或者造成其他严重后果"的表述。《刑法修正案（十一）》沿用了草案二次审议稿的写法。

三、修正前后条文对照

修正前《刑法》	修正后《刑法》
	第二百九十一条之二 【高空抛物罪】从建筑物或者其他高空抛掷物品，情节严重的，处一年以下有期徒刑、拘役或者管制，并处或者单处罚金。 有前款行为，同时构成其他犯罪的，依照处罚较重的规定定罪处罚。

四、修正后条文的理解与适用

（一）罪名确定

根据罪状表述，《罪名补充规定（七）》将本条罪名确定为"高空抛物罪"。主要考虑：（1）沿用《审理高空抛物案件意见》的有关表述。[①]（2）"高空抛物罪"通俗明了，易于理解。

（二）犯罪客体

高空抛物罪侵犯的客体是复杂客体，高空抛物行为不仅妨害正常社会管理秩序，还侵犯他人人身、财产权益，甚至危害公共安全。

（三）犯罪客观方面

高空抛物罪客观方面表现为从建筑物或者其他高空抛掷物品，情节严

[①] 同《刑法》罪名的确定一样，相关民事案由的修改也坚持了"高空抛物"的表述。《最高人民法院关于修改〈民事案件案由规定〉的决定》（法〔2020〕346号）对《民事案件案由规定》进行修改，变更"不明抛掷物、坠落物损害责任纠纷"为"高空抛物、坠物损害责任纠纷"。

重的行为。具体而言，包括两个方面的要件。

其一，从建筑物或者其他高空抛掷物品。对此可以从如下两个方面把握：（1）物品系从建筑物或者其他高空抛掷。从工程学的视角而言，"建筑物"指在地面上建造的，供人们进行生产、生活或者其他社会活动的房屋或者场所。不具备、不包含供人类居住功能的人工建造物，一般称为"构筑物"，诸如纪念碑、水塔等。关于修正后《刑法》第二百九十一条之二规定的"建筑物"范围，本书主张从广义上理解，除上述建筑外，还包括桥梁、电塔等构筑物；当然，对于后者，也可以考虑纳入"其他高空"的范畴。关于脚手架等临时作业设施，则可以理解为"其他高空"。（2）行为方式限于抛掷。具体而言，包括以投、扔动作丢弃、弃置物品的行为，不包括无意使物品从高空或者建筑物坠落的情形，也不包括因动物、自然力等原因致物品坠落的情形。实践中，建筑物特别是高层建筑的户外物体坠落的现象时有发生，[1] 需要注意区分抛物与坠物行为，准确把握高空抛物罪的行为方式。

其二，情节严重。根据修正后《刑法》第二百九十一条之二第一款的规定，高空抛物，只有达到"情节严重"程度的，才构成本罪。需要注意的是，"这里所说的'情节严重'，主要是指多次实施高空抛掷物品行为；高空抛掷物品数量较大的；在人员密集场所实施的；造成一定损害；等等，具体可以视情节依照相关规定处理。"[2] 司法适用中，对于"情节严重"，可以从以下几个方面加以判断：（1）抛物行为发生的时空环境。具体而言，包括抛物位置的具体高度是否使抛掷物具有严重的破坏力；抛物场所周边区域是否人员密集；抛物时间是否属于出行高峰；抛物时是否遇恶劣天气，如大风等增加危险发生的机率；等等。（2）抛掷物的具体情况。实践中，有的行为人抛掷菜刀、玻璃、花盆、建筑垃圾等，这些物品本身具有一定的危险性，从高处抛落更加容易造成严重的损害后果，应根据相关情况，考虑是否具有刑事追究的必要。（3）抛物行为造成或者可能

---

[1] 例如，飓风可能导致高层建筑的门窗玻璃以及广告匾额坠落；由于固定装置失去作用导致户外空调系统的主机坠落；高层建筑外加附属设备的金属部分老化损坏坠落。

[2] 许永安主编：《中华人民共和国刑法修正案（十一）解读》，中国法制出版社2021年版，第308页。

造成的危害后果，即造成人员伤害、财物损失的实际情况或者可能性。
(4) 抛物行为次数、动机、行为人前科情况等。

（四）犯罪主体

高空抛物罪的主体为一般主体。

（五）犯罪主观方面

高空抛物罪的主观方面表现为故意，包括直接故意和间接故意；过失不构成本罪。[①]

（六）刑事责任

根据修正后《刑法》第二百九十一条之二第一款的规定，犯高空抛物罪的，处一年以下有期徒刑、拘役或者管制，并处或者单处罚金。

根据修正后《刑法》第二百九十一条之二第二款的规定，实施高空抛物行为，同时构成其他犯罪的，依照处罚较重的规定定罪处罚。

五、司法适用中需要注意的问题

（一）关于"高空"的认定

根据修正后《刑法》第二百九十一条之二第一款的规定，高空抛物罪的客观行为表现为"从建筑物或者其他高空抛掷物品"。如前所述，对"建筑物"相对易于认定；但是，对于建筑物以外的"其他高空"，则须妥当把握。本书认为，宜根据"高空抛物罪"的立法目的，参照相关安全管理规范的规定，结合社会公众的一般认知和案件实际情况，准确认定"高空"。

[①] 在《刑法修正案（十一）（草案）》研拟过程中，有意见主张增设过失高空抛物罪，规定："过失导致物品从高空坠落，致人重伤、死亡或者使公私财产遭受重大损失的，处三年以上七年以下有期徒刑；情节较轻的，处三年以下有期徒刑或者拘役。"对于过失导致高空坠物致人重伤、死亡或者使公私财产遭受重大损失的行为有无必要入罪，存在不同认识。最终，《刑法修正案（十一）》未采纳上述建议。

其一，从立法目的上看，《刑法》增设高空抛物罪主要是为了预防和惩治高空抛物致人身、财产损害的行为，维护人民群众"头顶上的安全"，作为抛物场所理解的"高空"，对行为危害性的影响应与"建筑物"具有相当性。如果抛物地点与被抛掷物品的落点之间不具有一定的高度落差，则抛物行为的社会危害性程度一般难以达到入罪要求，从而没有进行刑事处罚的必要性。

其二，从相关安全管理规范上看，《高层建筑消防管理规则》[（86）公（消）字41号]第四条规定："本规则适用于建筑高度超过24米的宾馆、饭店、医院以及办公楼、广播楼、电信楼、商业楼、教学楼、科研楼等。""十层及十层以上的居住建筑，可由房产部门参照本规则实施消防管理。"根据《建筑设计防火规范》GB 50016—2014（2018年版），建筑高度大于27米的住宅建筑和建筑高度大于24米的非单层厂房、仓库和其他民用建筑属于高层建筑。《高处作业分级》（国家标准GB 3608—93）规定："凡在坠落高度基准面2米以上（含2米）有可能坠落的高处进行作业，都称为高处作业。"根据这一规定，在建筑业中涉及高处作业的范围较为广泛，如在2米以上的架子上进行操作即为高处作业。需要注意的是，现实中的抛物行为较为复杂，上述管理规范的内容，为判断相关行为的社会危害性提供了一定参照，但均难以作为认定"高空"的唯一依据。司法实践中，既要避免无视抛物的实际高度，单纯以危害结果入罪，使高空的认定过于抽象，违背社会公众的一般认知；也要注意防止仅依据"高度"认定高空的"唯高度论"，机械适用该罪、不当扩大打击范围。

（二）关于危害公共安全犯罪的适用空间

在《刑法修正案（十一）》之前，司法实践中，对高空抛物行为，最常适用的罪名是以危险方法危害公共安全罪。[①] 在修正后《刑法》第二百九十一条之二增设高空抛物罪之后，并不意味着高空抛物行为完全失去了适用危害公共安全犯罪的空间。根据《刑法》第二百九十一条之二第二款

---

① 截至2020年12月底，中国裁判文书网共收录涉高空抛物的刑事裁判文书84篇，其中适用最多的罪名是以危险方法危害公共安全罪，达41篇，占比达49%。

的规定,实施高空抛物行为,同时构成其他犯罪的,依照处罚较重的规定定罪处罚。对于高空抛物行为,同时构成过失以危险方法危害公共安全罪、以危险方法危害公共安全罪的,自然应当适用相应罪名。

如果将过失以危险方法危害公共安全罪、以危险方法危害公共安全罪所涉及的公共安全限制解释为"不特定多数人的"公共安全,则高空抛物行为在常态情况下不会危害公共安全。对此,司法实务应当充分考虑,让高空抛物罪有更多适用空间,而不能对所有高空抛物行为都径直认定为以危险方法危害公共安全罪,从而架空本次立法所设置的这个轻罪。① 但是实践中情况比较复杂。例如,明知楼下人群密集,仍然从高空抛掷出很多石块,也可能危及不特定多数人的安全。因此,应当综合考虑案件具体情况,对于确实危害公共安全的高空抛物案件,特别是造成实害后果,适用高空抛物罪难以罚当其罪的,可以考虑以过失以危险方法危害公共安全罪或者以危险方法危害公共安全罪论处。

(三) 关于致人伤亡情形的罪名适用

实践中,实施高空抛物行为可能会造成人员重伤、死亡的结果。根据修正后《刑法》第二百九十一条之二第二款的规定,此种情形下,应当择一重罪处断。根据行为人对造成人员重伤、死亡结果所持的心理态度,可分两种情况处理:② (1) 行为人对上述结果持排斥态度,即应当预见自己高空抛物的行为会发生致人重伤、死亡的后果,但由于疏忽大意没有预见,或者已经预见但轻信能够避免的,属于过失,应当分别依照《刑法》第二百三十五条规定的过失致人重伤罪、第二百三十三条规定的过失致人死亡罪定罪处罚。对于行为人是否为过失,应当结合抛物行为具体的时空环境、抛掷物情况等综合认定。例如,行为人在凌晨三点左右、学校放假期间的宿舍楼抛下书本,自以为不会有人经过,但砸中外出晚归的学生,造成重伤的,行为人不具有伤害该学生的故意,而致被害人重伤的结果又

---

① 参见周光权:《刑事立法进展与司法展望——〈刑法修正案(十一)〉总置评》,载《法学》2021年第1期。

② 当然,相关情形如果确实符合过失以危险方法危害公共安全罪、以危险方法危害公共安全罪的构成要件的,也可以以相应犯罪论处。

难以为高空抛物罪所评价，应以过失致人重伤罪定罪处罚。（2）如果行为人对造成人员重伤、死亡的结果抱有放任或者积极追求的心理状态，则为故意。在此情况下，应当分别依照《刑法》第二百三十四条规定的故意伤害罪、《刑法》第二百三十二条规定的故意杀人罪定罪处罚。高空抛物案件中，侵害特定人的直接故意情形并不常见，多为由于醉酒、泄愤，肆意抛掷物品、漠视他人生命健康安全的间接故意情形。

值得注意的是，在高空抛物致人轻伤的情况下，依法可在三年以下有期徒刑、拘役或者管制的量刑幅度内处罚，是否一律需转化为故意伤害罪宜根据具体量刑情况而定，如果"处一年以下有期徒刑、拘役或者管制，并处或者单处罚金"不足以罚当其罪的，则可以以故意伤害罪定罪处罚；反之，则宜以高空抛物罪论处，因为相对于故意伤害罪，高空抛物罪是对某一行为方式类型化的特殊规定，高空抛物罪更能准确评价行为特征和侵害的法益，在保证罪刑相当的情况下，应予优先适用。

第三十四条　增设催收非法债务罪

【条文内容】

三十四、在刑法第二百九十三条后增加一条，作为第二百九十三条之一："有下列情形之一，催收高利放贷等产生的非法债务，情节严重的，处三年以下有期徒刑、拘役或者管制，并处或者单处罚金：

"（一）使用暴力、胁迫方法的；

"（二）限制他人人身自由或者侵入他人住宅的；

"（三）恐吓、跟踪、骚扰他人的。"

【条文主旨】

为进一步规范民间借贷活动，保护人民群众利益，在总结扫黑除恶专项斗争实践经验的基础上，本条将采取暴力或者恐吓、跟踪、骚扰他人等"软暴力"手段催收高利放贷产生的债务及其他非法债务，情节严重的行为规定为犯罪。

【理解与适用】

一、修法背景

"催收"是一种古老的行为。顾名思义，其功能在于实现债权。合法的催收，是经济社会健康发展的重要环节。但是，经验表明，催收极易与违法犯罪相勾连，社会危害大，因此需要对"催收"作出限制，例如，美国的《公平债务催收法》，日本的《债权管理回收业特别措施法》等均有相关方面的规定。① 我国也不例外，例如，《商业银行互联网贷款管理暂行办法》第五十六条规定："商业银行不得委托有暴力催收等违法违规记录的第三方机构进行贷款清收。商业银行应明确与第三方机构的权责，要求其不得对与贷款无关的第三人进行清收。商业银行发现合作机构存在暴力催收等违法违规行为的，应当立即终止合作，并将违法违规线索及时移交相关部门。"

非法催收的危害主要有四个方面：一是"反哺"非法债权，助推上游非法行为，例如高利贷、赌博等坐大成势。二是采用非法手段，例如采用暴力、胁迫、恐吓、跟踪、骚扰等方式进行催收，危害他人人身、财产安全。三是溢出效应明显，例如形成黑恶势力、引发金融风险、妨害司法公正、破坏市场秩序等，危及国家安全和社会稳定。四是背离社会主义核心价值观，败坏社会风气，人民群众十分不满。实践证明，非法催收利益链条，一定程度上是高利贷、赌博、黑恶势力等违法犯罪和金融乱象的"七寸"。

随着民间借贷，特别是互联网金融的发展，非法催收产生了一些新的情况和特点。民间借贷，是一种广泛存在的民间资金融通活动，作为平等民事主体之间的经济互助行为，一定程度上满足了社会融资需求，对于促进经济发展起到有益补充作用。但由于其游离于正规金融体系之外，自身带有混乱、无序的弊端，故在逐利动机驱使下容易发生性质变异，并随之诱发一系列负面效应。②

近年来，一些民间借贷行为不再具有个体性、偶然性、互助性等特征，而是演化为出借人的经常性谋利手段，成为一种未经批准的非法放贷业务，进而衍生出所谓"职业放贷人"，他们为了确保收回本金和获取高额利润，往往采取暴力、威胁等非法方式进行催收，进而形成非法讨债团

---

① 参见谭曼、段时：《中国债务催收行业立法论纲》，载《湘潭大学学报（哲学社会科学版）》2019 年第 6 期。

② 参见朱和庆、周川、李梦龙：《〈关于办理非法放贷刑事案件若干问题的意见〉的理解与适用》，载《人民法院报》2019 年 11 月 28 日。

伙，还有一部分非法放贷人员，意识到了讨债过程中可能出现的违法、犯罪后果，刻意将讨债环节剥离，进一步催化职业讨债的发展。这些非法讨债人员、团伙，为获取高额回报，采取暴力、胁迫、拘禁、侮辱等极其恶劣的手段进行催收，严重损害他人的合法权益。有的被害人因此变卖房产、财物，家财散尽才得以安宁度日；有的不堪其扰，远走他乡，甚至酿成家破人亡的惨剧。可以说，非法讨债活动不仅造成金融混乱，还危及人民群众的人身、财产安全，影响社会稳定。更为恶劣的是，非法讨债团伙往往盘踞一方，具有一定的规模，而且互相勾结，甚至形成危害地区稳定、欺压百姓的黑恶势力。

2018年1月，中共中央、国务院印发《关于开展扫黑除恶专项斗争的通知》（以下简称《通知》）。《通知》强调，要聚焦涉黑涉恶问题突出的重点地区、重点行业、重点领域，把打击锋芒始终对准群众反应最强烈、最深恶痛绝的各类黑恶势力违法犯罪。2018年1月，最高人民法院、最高人民检察院、公安部、司法部印发《关于办理黑恶势力犯罪案件若干问题的指导意见》（法发〔2018〕1号），将"非法高利放贷、暴力讨债的黑恶势力"作为黑恶势力突出的重点领域之一，要求重点打击，同时明确"在民间借贷活动中，如有擅自设立金融机构、非法吸收公众存款、骗取贷款、套取金融机构资金发放高利贷以及为强索债务而实施故意杀人、故意伤害、非法拘禁、故意毁坏财物等行为的，应当按照具体犯罪侦查、起诉、审判。依法符合数罪并罚条件的，应当并罚"，还规定"对采用讨债公司、'地下执法队'等各种形式有组织地进行非法放贷讨债活动，符合黑社会性质组织、犯罪集团认定标准的，应当按照组织、领导、参加黑社会性质组织犯罪或者犯罪集团侦查、起诉、审判"。

随着扫黑除恶专项斗争深入推进，高利放贷、非法讨债案件进入司法程序，其社会危害越发清晰。媒体曝光的相关案件中，犯罪分子在讨债活动中所使用的暴力、胁迫、侮辱等非法手段极为恶劣，触目惊心。以天津市第一中级人民法院审理的全国第一起涉黑"套路贷"案件为例，以被告人穆嘉为首的黑社会性质组织经营非法小额贷款公司，涉案金额达2300余万元,直至审判阶段,仍有被害人向穆嘉组织的帐户中不断还款。该组织以虚增债务、肆意认定违约等手段,制造巨额债务,被害人无法还清时,即指令"公司"中的催收人员,采用拘禁、殴打、挟持、威胁、体罚、侮辱或者滋扰、威胁等手段进行非法讨债,有时甚至将被害人拘禁在豢养动物的铁笼中长达数日,逼迫被害人签订巨额虚假借款协议。为实现利益最大化,犯罪分子还会指使组织成员假扮成其他小额贷款公司人员,通过虚假"转单平帐"① 垒高债务,最后,把无力还款的被害人"转单"给其他小额贷款公司,再次榨取非法利益。②

根据扫黑除恶专项斗争工作的实践需要,为加大惩治非法讨债犯罪行为,最高人民法院会同有关部门相继出台了多个规范性文件,统一法律适用,2019年4月,最高人民法院、最高人民检察院、公安部、司法部印发《关于办理"套路贷"刑事案件若干问题的意见》(法发〔2019〕11号),明确"在被害人未偿还虚高'借款'的情况下,犯罪嫌疑人、被告人借助诉讼、仲裁、公证或者采用暴力、威胁以及其他手段向被害人或者被害人的特定关系人索取'债务'"的,属于"套路贷"的常见手法;《办理实施"软暴力"刑事案件意见》第十一条规定:"为强索不受法律保护的债务或者因其他非法目的,雇佣、指使他人采用'软暴力'手段非法剥夺他人人身自由构成非法拘禁罪,或者非法侵入他人住宅、寻衅滋事,构成非法侵入住宅罪、寻衅滋事罪的,对雇佣者、指使者,一般应当以共同犯罪中的主犯论处"。针对非法讨债常见的非法拘禁、侵入他人住宅的行为,第六条规定:"有组织地多次短时间非法拘禁他人的,应当认定为刑法第二百三十八条规定的'以其他方法非法剥夺他人人身自由'。非法拘禁他人三次以上、每次持续时间在四小时以上,或者非法拘禁他人累计时间在

---

① "转单"是指将"债权"转移给其他主体的行为。在非法放贷活动中,当借款人没有还款能力时,出借方向其他小额贷款公司或团伙、个人收取一定的"转单费",之后将其"债权"转让,由下家继续对借款人进行催收,这样的情形称为"转单平帐"。

② 参见《全国首例"套路贷"涉黑案宣判,主犯一审被判处有期徒刑二十四年》,载央广网,http://china.cnr.cn/xwwgf/20180926/t20180926-524370739.shtml,最后访问日期:2021年3月3日。

十二小时以上的,应当以非法拘禁罪定罪处罚。"第七条规定:"以'软暴力'手段非法进入或者滞留他人住宅的,应当认定为刑法第二百四十五条规定的'非法侵入他人住宅',同时符合其他犯罪构成要件的,应当以非法侵入住宅罪定罪处罚。"

司法实践证明,惩治非法讨债行为,对于维护社会稳定,保护人民群众合法权益,促进经济社会健康发展,具有重要作用。但随着实践发展,也日益暴露出一些亟待解决的问题,例如,有的性质恶劣的非法讨债行为,达不到有关罪名的法定入刑标准,难以定罪处罚;有的罪名,如寻衅滋事罪、非法经营罪等的界限不好掌握;等等。

为巩固扫黑除恶专项斗争工作成果,进一步惩治金融乱象,在《刑法修正案(十一)(草案)》研拟过程中,根据有关方面的意见,立法工作机关提出对催收非法债务的行为作出专门规定,完善对一些情节严重的非法讨债行为的刑事惩治手段。

二、审议过程

草案一次审议稿	草案二次审议稿	《刑法修正案(十一)》
二十、在刑法第二百九十三条后增加一条,作为第二百九十三条之一:"有下列情形之一,催收高利放贷产生的债务或者其他法律不予保护的债务,**并以此为业**的,处三年以下有期徒刑、拘役或者管制,并处或者单处罚金: "(一)使用暴力、胁迫方法的; "(二)限制他人人身自由或者侵入他人住宅,**情节较轻**的;	二十八、在刑法第二百九十三条后增加一条,作为第二百九十三条之一:"有下列情形之一,催收高利放贷产生的**债务或者其他法律不予保护**的债务,**情节严重**的,处三年以下有期徒刑、拘役或者管制,并处或者单处罚金: "(一)使用暴力、胁迫方法的; "(二)限制他人人身自由或者侵入他人住宅的;	三十四、在刑法第二百九十三条后增加一条,作为第二百九十三条之一:"有下列情形之一,催收高利放贷**等**产生的**非法债务**,情节严重的,处三年以下有期徒刑、拘役或者管制,并处或者单处罚金: "(一)使用暴力、胁迫方法的; "(二)限制他人人身自由或者侵入他人住宅的;

第三十四条　增设催收非法债务罪

草案一次审议稿	草案二次审议稿	《刑法修正案（十一）》
"（三）恐吓、跟踪、骚扰他人，情节严重的。 "有前款行为，同时构成其他犯罪的，依照处罚较重的规定定罪处罚。"	"（三）恐吓、跟踪、骚扰他人的。"	"（三）恐吓、跟踪、骚扰他人的。"

在《刑法修正案（十一）（草案）》审议和征求意见过程中，根据有关方面的意见，立法工作机关在草案二次审议稿中作了较大调整，主要体现在如下三个方面：（1）删去了对行为主体"以此为业"的限定，修改为以"情节严重"作为本罪的入罪条件；（2）删去了第二项及第三项中的"情节较轻"和"情节严重"；（3）删去罪名适用规则。《刑法修正案（十一）》将草案二次审议稿规定的"催收高利放贷产生的债务或者其他法律不予保护的债务"，修改为"催收高利放贷等产生的非法债务"，进一步明确了本罪规制的对象是以非法手段催收非法债务的行为。

三、修正前后条文对照

修正前《刑法》	修正后《刑法》
	第二百九十三条之一　【催收非法债务罪】有下列情形之一，催收高利放贷等产生的非法债务，情节严重的，处三年以下有期徒刑、拘役或者管制，并处或者单处罚金： （一）使用暴力、胁迫方法的； （二）限制他人人身自由或者侵入他人住宅的； （三）恐吓、跟踪、骚扰他人的。

本条是《刑法修正案（十一）》的新增罪名，针对催收非法债务的行为作了专门规定。近年来，随着经济社会的发展，民间融资需求逐步增多，"套路贷""高利贷"乱象频发，使用暴力、胁迫、骚扰等非法手段催

收非法债务，严重危及正常的金融秩序，并且向黑恶势力蔓延。本罪的设置，一方面，为依法惩治此类犯罪提供明确的法律依据；另一方面，巩固了扫黑除恶、维护金融安全等工作的成果，为持续有效打击此类违法犯罪行为提供刑法保障。

四、修正后条文的理解与适用

（一）罪名确定

关于本条规定的罪名确定，有意见建议确定为"非法讨债罪"。主要考虑：（1）本条是在总结扫黑除恶专项斗争实践经验的基础上，将采取暴力、"软暴力"等手段催收高利放贷等产生的非法债务规定为犯罪，确定为"非法讨债罪"可以准确反映立法精神。（2）罪名尽可能全面反映犯罪行为的核心特征，但这是相对的，不能过于绝对和机械。确定罪名只是统一标准，司法机关不可能只根据罪名认定犯罪。有些罪名尽管未能反映犯罪行为的全部特征，但简单精炼、通俗易懂、相沿成习，并无不妥。例如，《刑法》第三百零三条第一款规定的是"以营利为目的，聚众赌博或者以赌博为业的"行为，从条文看，规制的是聚众赌博或者以赌博为业，不是单纯的赌博行为，但长久以来，该条罪名一直是赌博罪，适用中并不存在问题。

经进一步研究认为，罪名确定要准确体现罪状表述，防止产生歧义，对本条规定的采用非法手段和催收非法债务两个核心要件需统筹考虑，准确确定罪名。具体而言，使用"非法讨债罪"的罪名，过于概括，不能充分反映该条罪状的内容，容易产生催讨合法债务的行为也要受到惩处的误解；使用"非法催收非法债务罪""非法催收不法债务罪"或者"违法催收非法债务罪"，固然能准确反映本罪成立的两个核心要件，但是冗长、拗口、重复。

经综合衡量，《罪名补充规定（七）》将本条罪名确定为"催收非法债务罪"。主要考虑：（1）从罪状表述来看，本条涉及的催收对象为"高利放贷等产生的非法债务"，在罪名中凸显"非法债务"的表述，可以使罪名更为准确。（2）本条置于《刑法》第二百九十三条寻衅滋事罪之后，结合寻衅滋事罪的行为方式本身具有非法性特征进行体系考量,"催收非法债务罪"罪名本身虽然没有直接体现行为手段的非法性,但通常不会产生歧义。而且,"催收非法债务罪"更为精炼。

(二)犯罪客体

催收非法债务罪的客体是复杂客体,与寻衅滋事罪的客体具有一致性。主要客体是社会公共秩序,行为人在实施非法讨债过程中具有的暴力、胁迫、非法拘禁等行为,尤其是上门滋扰、侵入住宅的行为,使被害人及其亲属、朋友、邻居等有关人员产生不安全感,严重扰乱社会秩序;同时,行为人采取的暴力、胁迫等具体行为,可能侵犯他人的人身权利、财产权利等。

(三)犯罪客观方面

催收非法债务罪的客观方面表现为使用暴力、胁迫方法,或者限制他人人身自由或者侵入他人住宅,或者恐吓、跟踪、骚扰他人,而催收高利放贷等产生的非法债务,情节严重的行为。

1. 关于"催收高利放贷等产生的非法债务"。关于"非法债务"的内涵,《民法典》第六百八十条第一款规定:"禁止高利放贷,借款的利率不得违反国家有关规定。"对于违反国家规定的借款利率,实施高利放贷产生的债务,就属于本条规定的非法债务。这里的"产生"既包括因高利放贷等非法行为直接产生,也包括由非法债务产生、延伸的所谓孳息、利息等。这里的"等",根据实践中的情况,包括赌债、毒债等违法犯罪行为产生的债务。[1]《最高人民法院、最高人民检察院、公安部、司法部关于办理非法放贷刑事案件若干问题的意见》(法发〔2019〕24号)第二条规定:"以超过36%的实际年利率实施符合本意见第一条规定的非法放贷行为,具有下列情形之一的,属于刑法第二百二十五条规定的'情节严重',但单次非法放贷行为实际年利率未超过36%的,定罪量刑时不得计入……"

---

[1] 参见许永安主编:《中华人民共和国刑法修正案(十一)解读》,中国法制出版社2021年版,第314页。

也就是将"超过36%的实际年利率"作为认定"非法放贷"的条件之一。另外,《最高人民法院关于审理民间借贷案件适用法律若干问题的规定》（法释〔2020〕17号）第二十五条规定:"出借人请求借款人按照合同约定利率支付利息的,人民法院应予支持,但是双方约定的利率超过合同成立时一年期贷款市场报价利率四倍的除外。""前款所称'一年期贷款市场报价利率',是指中国人民银行授权全国银行间同业拆借中心自2019年8月20日起每月发布的一年期贷款市场报价利率。"即"将民间借贷利率司法保护上限由年利率24%－36%调整为中国人民银行授权全国银行间同业拆借中心每月发布的'一年期贷款市场报价利率的4倍'。"[1]《最高人民法院关于新民间借贷司法解释适用范围问题的批复》（法释〔2020〕27号）规定:"地方金融监管部门监管的小额贷款公司、融资担保公司、区域性股权市场、典当行、融资租赁公司、商业保理公司、地方资产管理公司等七类地方金融组织,属于经金融监管部门批准设立的金融机构,其因从事相关金融业务引发的纠纷,不适用新民间借贷司法解释。"

在《刑法修正案（十一）》的审议过程中有意见提出,本罪只打击催收高利放贷产生的债务等非法债务的行为,但在索取合法债务的过程中,也可能采取类似的非法手段,这样的情形也应当被包含于本罪中。立法机关未采纳这一意见。因为债权人之所以采取非法方式催讨合法债务,往往与债务人怠于履行义务有关,不宜与催讨非法债务相提并论。对于使用非法手段催讨合法债务,符合非法拘禁罪、故意伤害罪等犯罪的构成条件的,可以以有关犯罪论处。

2. 关于"情节严重"。草案一次审议稿将行为人"以此为业"作为本罪的入罪条件之一,《刑法修正案（十一）》最终将"以此为业"修改为"情节严重"。原因如下:

考虑此类犯罪的一般模式,删去"以此为业"的限定条件更有利于对相关行为的惩处。从《刑法》规定看,"为业"并非本罪首创,《刑法》第三百零三条赌博罪就规定了"以赌博为业"。一般认为,认定以非法催

---

[1] 参见《最高法民一庭负责人就〈关于审理民间借贷案件适用法律若干问题的规定〉的修订答记者问》,载《人民法院报》2020年8月21日。

收为业，是指以非法催收的报酬或者由此获得的其他非法利益作为的主要经济来源，既包括单纯以非法催收为生的人，也包括那些虽然有其他职业或其他收入但是其经济收入的主要部分来自非法催收的人。从实际情况看，非法催收的行为人，相当一部分是社会闲散人员，不仅从事非法催收行为，而且也有其他职业或收入来源，既有数人常聚一处、时刻待命的情形，也有"随叫随到"、临时纠结的情形，如果将"以此为业"作为入罪条件，恐难以充分发挥本罪的作用。

需要特别说明的是，本罪中的"情节严重"是对行为人催收非法债务行为的整体评价，并非单独指行为人实施的某种催收行为具有情节恶劣等情形。

3. 关于行为方式。催收非法债务罪有三种行为方式：使用暴力、胁迫方法；限制他人人身自由或者侵入他人住宅；恐吓、跟踪、骚扰他人。对于"使用暴力、威胁方法"，法律并未对暴力、威胁的程度及造成的伤情、伤害程度作出规定，即只要使用暴力、威胁即可。"限制他人人身自由"是指在行为人在非法索债的过程中使用捆绑、关押、扣留等手段强制剥夺被害人人身自由；"侵入他人住宅"是指非法强行闯入他人住宅，或者经住宅主人要求其退出仍拒不退出的行为，一般包括行为人在催收时强行闯入或者滞留被害人家中。关于"住宅"的认定，在另有规定前，似可参考抢劫罪中"户"的标准。"恐吓、跟踪、骚扰他人"，均是非法讨债中常用的"软暴力"。

（四）犯罪主体

催收非法债务罪的主体为一般主体，凡年满十六周岁、具有刑事责任能力的自然人均可以构成本罪。

（五）犯罪主观方面

催收非法债务罪的主观方面是故意，即行为人明知是高利放贷等产生的非法债务，仍然采用本罪所规定的非法手段催收。对债务性质的明知，可以通过分析行为的时间、手段、违法所得、是否逃避处罚、个人经历等情节认定。

催收非法债务罪不要求行为人具有非法占有的目的。例如所谓"职业讨债人",主要是通过非法催收而获得报酬,而非非法占有债务。

(六)刑事责任

根据修正后《刑法》第二百九十三条之一的规定,犯催收非法债务罪的,处三年以下有期徒刑、拘役或者管制,并处或者单处罚金。

五、司法适用中需要注意的问题

(一)催收非法债务罪与相关犯罪的界分

1.与非法拘禁罪的关系。《刑法》第二百三十八条规定:"非法拘禁他人或者以其他方法非法剥夺他人人身自由的,处三年以下有期徒刑、拘役、管制或者剥夺政治权利。具有殴打、侮辱情节的,从重处罚。""犯前款罪,致人重伤的,处三年以上十年以下有期徒刑;致人死亡的,处十年以上有期徒刑。使用暴力致人伤残、死亡的,依照本法第二百三十四条、第二百三十二条的规定定罪处罚。为索取债务非法扣押、拘禁他人的,依照前两款的规定处罚。""国家机关工作人员利用职权犯前三款罪的,依照前三款的规定从重处罚。"非法拘禁罪客观上也包括非法剥夺他人人身自由,与催收非法债务罪存在相似之处。但是,非法拘禁罪与催收非法债务罪的区别还是比较明显的:(1)催收非法债务罪的行为方式除了限制他人人身自由以外,还包括"暴力""胁迫""侵入他人住宅""恐吓、跟踪、骚扰"等;(2)催收非法债务罪规制的是索取非法债务中的非法行为,而非法拘禁罪并无类似的限制,只要非法拘禁他人或者以其他方法非法剥夺他人人身自由,就可以成立;(3)两罪对人身自由限制的程度,也存在区别。一般认为,非法拘禁罪是持续犯,成立非法拘禁罪,需要剥夺他人人身自由的行为和状态持续一定的时间,对他人人身自由的剥夺需要达到一定程度,而成立催收非法债务罪没有类似的要求。关于非法拘禁罪的标准,《办理实施"软暴力"刑事案件意见》第六条规定:"有组织地多次短时间非法拘禁他人的,应当认定为《刑法》第二百三十八条规定的'以其他方法剥夺他人人身自由'。非法拘禁他人三次以上、每次持续时间在四小时以上，或者非法拘禁他人累计时间在十二小时以上的，应当以非法拘禁罪定罪处罚。"《最高人民检察院关于渎职侵权犯罪案件立案标准的规定》（高检发释字〔2006〕2号）规定："国家机关工作人员利用职权非法拘禁，涉嫌下列情形之一的，应予立案：1. 非法剥夺他人人身自由24小时以上的；2. 非法剥夺他人人身自由，并使用械具或者捆绑等恶劣手段，或者实施殴打、侮辱、虐待行为的；3. 非法拘禁，造成被拘禁人轻伤、重伤、死亡的；4. 非法拘禁，情节严重，导致被拘禁人自杀、自残造成重伤、死亡，或者精神失常的；5. 非法拘禁3人次以上的；6. 司法工作人员对明知是没有违法犯罪事实的人而非法拘禁的；7. 其他非法拘禁应予追究刑事责任的情形。"事实上，催收非法债务过程中对他人人身自由的限制，相当一部分达不到非法拘禁罪的入罪门槛，难以适用刑事手段进行惩治，《刑法修正案（十一）》增设催收非法债务罪的目的之一，就是将一部分不构成非法拘禁罪的催收非法债务行为，纳入刑法打击范围。

需要注意的是，《最高人民法院关于对为索取法律不予保护的债务非法拘禁他人行为如何定罪问题的解释》（法释〔2000〕19号）规定："行为人为索取高利贷、赌债等法律不予保护的债务，非法扣押、拘禁他人的，依照刑法第二百三十八条的规定定罪处罚。"据此，为索取高利贷、赌债等法律不予保护的债务，非法扣押、拘禁他人，同时构成非法拘禁罪和催收非法债务罪的，可以择一重罪处罚。

2. 与非法侵入住宅罪的关系。《刑法》第二百四十五条规定："非法搜查他人身体、住宅，或者非法侵入他人住宅的，处三年以下有期徒刑或者拘役。""司法工作人员滥用职权，犯前款罪的，从重处罚。"非法侵入住宅罪，是指未经住宅主人同意，非法强行闯入他人住宅，或者经要求其退出仍拒不退出的行为。非法侵入他人住宅或者强行在他人住宅滞留、滋扰、拒不退出是催收非法债务的常见手段之一，既影响他人的正常生活，也妨害了社会秩序。

催收非法债务罪与非法侵入住宅罪的区别，主要是非法侵入住宅罪既可能出于滋扰生事或者因琐事吵闹纠缠等，也可能出于其他原因，而催收非法债务罪是为了催收法律不予保护的债务。如果非法侵入住宅的行为同时构成催收非法债务罪与非法侵入住宅罪，可以择一重罪处罚。

另外,《办理实施"软暴力"刑事案件意见》第七条规定:"以'软暴力'手段非法进入或者滞留他人住宅的,应当认定为《刑法》第二百四十五条规定的'非法侵入他人住宅',同时符合其他犯罪构成要件的,应当以非法侵入住宅罪定罪处罚。"据此,以"软暴力"手段侵入住宅,只有同时符合《刑法》第二百四十五条所规定的其他构成要件的,才可以非法侵入住宅罪定罪处罚。实践中,应当结合案件的具体情形,在正确认定事实的基础上准确定性。

3. 与寻衅滋事罪的关系。催收非法债务罪与寻衅滋事罪的主要客体是一致的,行为方式上也有重合之处,具体而言,催收非法债务罪也可以表现为暴力殴打他人或者恐吓、辱骂等寻衅滋事方式。但是,催收非法债务罪与寻衅滋事罪也有明显区别,寻衅滋事罪系无理取闹、无事生非、借故生非,或者逞凶斗狠,而催收非法债务罪行为人是为了索要非法债务。

(二)"情节严重"的判断

根据修正后《刑法》第二百九十三条之一的规定,只有"情节严重"的,才构成催收非法债务罪。"情节严重"应理解为对催收非法债务的整体评价,不需要每个具体的催收行为都达到了引发严重后果或者造成恶劣影响的程度,而是对催收行为整体把握,作综合判断。例如,虽然每次限制他人人身自由的时间都较短,滞留被害人家中的时间不长,但是实施的次数较多或者在较短的时间段内反复侵入他人住宅,造成被害人的精神遭受伤害、日常生活遭受较大影响,或者激起民愤、造成其他后果等,或者针对与债务无关的债务人的亲友多次、反复实施的,对老年人、少年儿童实施的,在学校、居民社区等易造成群众恐慌的特殊区域实施的,采取堵门拉幅等恶劣手段实施的,以及其他侵害群众正常生活秩序的情形,可以作为认定是否"情节严重"的考量因素。

同时,还可以综合考虑行为人是否在较长的时间段内持续从事催收非法债务的违法犯罪行为,是否系以此作为生计的"职业索债人"等。此类人员为了从催收非法债务中获取非法收益,催收的方式、手段可能更为恶劣,造成的危害可能更大。

(三）作为犯罪对象的"他人"

催收非法债务罪的犯罪对象"他人"，可以是债务人，也可以是债务人的亲属、朋友等，甚至是无关的第三人。只要行为人实施了催收非法债务的行为，就可以以本罪定罪处罚，犯罪对象是债务人本人还是债务人本人以外的其他人，不影响犯罪成立。

第三十五条　增设侵犯英雄烈士名誉、荣誉罪

【条文内容】

三十五、在刑法第二百九十九条后增加一条，作为第二百九十九条之一："侮辱、诽谤或者以其他方式侵害英雄烈士的名誉、荣誉，损害社会公共利益，情节严重的，处三年以下有期徒刑、拘役、管制或者剥夺政治权利。"

【条文主旨】

为加强对英雄烈士的名誉、荣誉的保护，维护社会公共利益，本条将侮辱、诽谤或者以其他方式侵害英雄烈士的名誉、荣誉，损害社会公共利益，情节严重的行为，规定为犯罪。

【理解与适用】

一、修法背景

习近平总书记指出："实现我们的目标，需要英雄，需要英雄精神。我们要铭记一切为中华民族和中国人民作出贡献的英雄们，崇尚英雄，捍卫英雄，学习英雄，关爱英雄。"英雄烈士的事迹和精神是中华民族共同的历史记忆和宝贵的精神财富，是中国共产党领导中国各族人民近百年来不懈奋斗伟大历程、可歌可泣英雄史诗的缩影和代表，是实现中华民族伟大复兴的强大精神动力。然而，近年来，社会上"历史虚无主义"错误思潮和观点不断出现，有些人以"学术自由""还原历史""探究细节"等为名，通过网络、书刊等媒体歪曲历史，特别是近现代历史，各类歪曲、丑化、亵渎、诋毁英

雄烈士的行为沉渣泛起，造成恶劣社会影响，社会各界愤慨谴责。①

在《刑法修正案（十一）》之前，英雄烈士的名誉、荣誉的司法保护，主要是通过民事诉讼进行的。但是实践反映，如果仅用民事手段保护英雄烈士的名誉、荣誉，也存在保护力度不够、违法成本偏低、难以对一些危害严重的行为形成有力震慑等问题。2018年5月1日施行的《英雄烈士保护法》第二十六条规定："以侮辱、诽谤或者其他方式侵害英雄烈士的姓名、肖像、名誉、荣誉，损害社会公共利益的，依法承担民事责任；构成违反治安管理行为的，由公安机关依法给予治安管理处罚；构成犯罪的，依法追究刑事责任。"

在《刑法修正案（十一）（草案）》研拟过程中，立法工作机关提出在《刑法》第二百四十六条中增加一款作为第四款，具体写法是："侮辱、诽谤英雄烈士的，依照第一款的规定从重处罚。"对此，各方面基本认可，也有一些具体的意见，例如，建议增加"情节严重"的入罪条件，以与民事侵权、行政违法界分等。经综合各方面的意见，立法工作机关作了进一步完善，从而形成草案一次审议稿第十七条的写法。

二、审议过程

草案一次审议稿	草案二次审议稿	《刑法修正案（十一）》
十七、在刑法第二百四十六条后增加一条，作为第二百四十六条之一："侮辱、诽谤英雄烈士，损害社会公共利益，情节严重的，处三年以下有期徒刑、拘役、管制或者剥夺政治权利。"	二十九、在刑法第二百九十九条后增加一条，作为第二百九十九条之一："侮辱、诽谤或者以其他方式侵害英雄烈士的名誉、荣誉，损害社会公共利益，情节严重的，处三年以下有期徒刑、拘役、管制或者剥夺政治权利。"	三十五、在刑法第二百九十九条后增加一条，作为第二百九十九条之一："侮辱、诽谤或者以其他方式侵害英雄烈士的名誉、荣誉，损害社会公共利益，情节严重的，处三年以下有期徒刑、拘役、管制或者剥夺政治权利。"

---

① 参见全国人大常委会法制工作委员会副主任许安标：《关于中华人民共和国英雄烈士保护法（草案）的说明——2017年12月22日在第十二届全国人民代表大会常务委员会第三十一次会议上》。

在《刑法修正案（十一）（草案）》审议和征求意见过程中，主要有以下意见：（1）有意见提出，本条与《刑法》第二百四十六条规定的侮辱罪、诽谤罪的客体、对象不同，置于第二百四十六条之后，立法体例上不完全协调，建议调整至妨害社会管理秩序罪的适当位置。立法工作机关经研究，在草案二次审议稿中，将本条调整至侮辱国旗、国徽、国歌罪之后。（2）有意见提出，建议进一步加强与《英雄烈士保护法》的衔接。立法工作机关经研究，在草案二次审议稿中，增加"以其他方式侵害"的行为方式，犯罪对象进一步明确为"英雄烈士的名誉、荣誉"。

三、修正前后条文对照

修正前《刑法》	修正后《刑法》
	第二百九十九条之一　【侵害英雄烈士名誉、荣誉罪】侮辱、诽谤或者以其他方式侵害英雄烈士的名誉、荣誉，损害社会公共利益，情节严重的，处三年以下有期徒刑、拘役、管制或者剥夺政治权利。

四、修正条文的理解与适用

（一）罪名确定

根据《罪名补充规定（七）》，本条罪名确定为"侵害英雄烈士名誉、荣誉罪"。

（二）犯罪客体

侵犯英雄烈士名誉、荣誉罪的客体是国家对英雄烈士的名誉、荣誉的保护秩序，以及英雄烈士的人格利益。

《英雄烈士保护法》第二条第二款规定："近代以来，为了争取民族独立和人民解放，实现国家富强和人民幸福，促进世界和平和人类进步而毕生奋斗、英勇献身的英雄烈士，功勋彪炳史册，精神永垂不朽。"

第三十五条　增设侵犯英雄烈士名誉、荣誉罪

"'英雄'是重要的荣誉称号"。①"烈士"也有相对明确的标准。《烈士褒扬条例》第八条规定："公民牺牲符合下列情形之一的，评定为烈士：（一）在依法查处违法犯罪行为、执行国家安全工作任务、执行反恐怖任务和处置突发事件中牺牲的；（二）抢险救灾或者其他为了抢救、保护国家财产、集体财产、公民生命财产牺牲的；（三）在执行外交任务或者国家派遣的对外援助、维持国际和平任务中牺牲的；（四）在执行武器装备科研试验任务中牺牲的；（五）其他牺牲情节特别突出，堪为楷模的。""现役军人牺牲，预备役人员、民兵、民工以及其他人员因参战、参加军事演习和军事训练、执行军事勤务牺牲应当评定烈士的，依照《军人抚恤优待条例》的有关规定评定。"《军人抚恤优待条例》第八条规定："现役军人死亡，符合下列情形之一的，批准为烈士：（一）对敌作战死亡，或者对敌作战负伤在医疗终结前因伤死亡的；（二）因执行任务遭敌人或者犯罪分子杀害，或者被俘、被捕后不屈遭敌人杀害或者被折磨致死的；（三）为抢救和保护国家财产、人民生命财产或者执行反恐怖任务和处置突发事件死亡的；（四）因执行军事演习、战备航行飞行、空降和导弹发射训练、试航试飞任务以及参加武器装备科研试验死亡的；（五）在执行外交任务或者国家派遣的对外援助、维持国际和平任务中牺牲的；（六）其他死难情节特别突出，堪为楷模的。""现役军人在执行对敌作战、边海防执勤或者抢险救灾任务中失踪，经法定程序宣告死亡的，按照烈士对待。""批准烈士，属于因战死亡的，由军队团级以上单位政治机关批准；属于非因战死亡的，由军队军级以上单位政治机关批准；属于本条第一款第六项规定情形的，由中国人民解放军总政治部批准。"

相关部门公布了英雄烈士名录，例如，民政部或者退役军人事务部公布的《著名抗日英烈和英雄群体名录》等。2015年11月8日，全国政协第十二届全国委员会常务委员会第十三次会议通过的《关于举办纪念孙中山先生诞辰150周年活动的决定》，将孙中山先生确定为"伟大的民族英雄"。需要注意的是，"在《英雄烈士保护法》草案起草、审议过程中，有

---

① 最高人民法院民法典贯彻实施工作领导小组主编：《中华人民共和国民法典总则编理解与适用》，人民法院出版社2020年版，第185页。

的意见建议对英雄烈士的认定作出规定,向社会公布英雄烈士名录,以利于保护英雄烈士。在起草和审议过程中对此进行了反复研究。在中国民主革命、建设、改革各个历史时期,有2000万烈士英勇牺牲,但是经评定确认的烈士只有196万多名,绝大多数由于战争、历史条件等原因,没能留下姓名,现在也无从考证。制定英雄烈士名录,只能覆盖有名有姓的英雄烈士,英雄烈士的认定涉及历史等诸多复杂因素,不同历史时期的认定标准、情况也不同。对英雄烈士的评定,实际工作中有一套成熟的制度和办法,在法律实施中总结实践经验,不断加以完善。本法可以不作规定"。①

(三) 犯罪客观方面

侵犯英雄烈士名誉、荣誉罪的客观方面表现为侮辱、诽谤或者以其他方式侵害英雄烈士的名誉、荣誉,损害社会公共利益,情节严重的行为。

1. "侮辱"。侮辱的方式,《刑法》未作限制,但鉴于本罪犯罪对象的特殊性,难以对英雄烈士的名誉、荣誉直接采取暴力或者以暴力相威胁的方式进行侮辱。按照侮辱的载体不同,可以分为书面侮辱、言辞侮辱、多媒体侮辱或者动作侮辱。书面侮辱是指通过文字、图形等内容进行侮辱;言辞侮辱是指以口头语言进行的侮辱;多媒体侮辱是指以音频、视频或者音视频等方式进行的侮辱;动作侮辱是指通过行为进行的侮辱,如焚烧英雄烈士遗像、污损英雄烈士雕塑等。按照内容的不同,侮辱可以分为直接明确对特定英雄烈士的名誉、荣誉进行的侮辱,如对特定的英雄烈士指名道姓地谩骂,以及采取含沙射影等间接方式进行的侮辱。另外,与侮辱罪不同,侵犯英烈罪的侮辱无须"公然"进行,但是侮辱行为一般能够让第三人知晓,否则就难以"侵害社会公共利益"。

2. "诽谤",通常是指采取无中生有、捏造事实并予以散布的方式贬损英雄的名誉、荣誉的行为。诽谤的分类与侮辱相当。

3. "其他方式"是指侮辱、诽谤以外的贬损英雄烈士的名誉、荣誉的行为。根据《最高人民法院关于确定民事侵权精神损害赔偿责任若干问题

---

① 许安标、钱锋主编:《中华人民共和国英雄烈士保护法释义》,中国民主法制出版社2019年版,第47、48页。

· 322 ·

的解释》（法释〔2001〕7号）第三条第一项的规定，"其他方式"包括"贬损、丑化或者违反社会公共利益、社会公德的其他方式"。

4. "损害社会公共利益"是独立的构成要件，公诉机关应当举证证明。《最高人民法院关于发布第19批指导性案例的通知》（法〔2018〕338号）中，指导案例99号"葛长生诉洪振快名誉权、荣誉权纠纷案"，特别强调了"社会公共利益"作为独立要件，认为"民族的共同记忆、民族精神乃至社会主义核心价值观，无论是从我国的历史看，还是从现行法上看，都已经是社会公共利益的一部分""案涉文章通过刊物发行和网络传播，在全国范围内产生了较大影响……在一定范围和程度上伤害了社会公众的民族和历史情感。在我国，由于'狼牙山五壮士'的精神价值已经内化为民族精神和社会公共利益的一部分，因此，也损害了社会公共利益"。最高人民检察院指导性案例"曾云侵害英烈名誉案"（检例第51号）明确，公诉机关"除围绕侵权责任构成要件收集、固定证据外，还要就侵权行为是否损害社会公共利益这一结果要件进行调查取证"。

5. "情节严重"是区分本罪与一般民事侵权、行政违法行为的主要标准。实施本条规定的行为，但情节不严重的，不构成本罪，但要依法承担民事责任或者由公安机关依法给予治安管理处罚。"情节严重"主要是结合行为人的人身情况、故意内容、动机目的、行为方法、对象、时间、场所、造成的结果、事后的表现、社会环境等因素综合考虑后加以判断。另外，可以考虑权衡两个因素：（1）平衡保护英雄烈士的名誉、荣誉，以及公民的言论自由、学术自由等合法权利，处理好坚守底线、不逾红线与百花齐放、百家争鸣的关系；（2）正确把握《英雄烈士保护法》第二十六条规定的民事、行政、刑事措施的关系，提高法律适用的协同性，形成对英雄烈士的保护合力。

（四）犯罪主体

侵犯英雄烈士名誉、荣誉罪的主体为一般主体，凡年满十六周岁、具有刑事责任能力的自然人均可以构成本罪。

(五) 犯罪的主观方面

侵犯英雄烈士名誉、荣誉罪的主观方面是故意，而且通常具有侵害英雄烈士的名誉、荣誉，损害社会公共利益的目的。

(六) 刑事责任

根据修正后《刑法》第二百九十九条之一的规定，犯侵犯英雄烈士名誉、荣誉罪的，处三年以下有期徒刑、拘役、管制或者剥夺政治权利。

第三十六条　增设组织参与国（境）外赌博罪

【条文内容】

三十六、将刑法第三百零三条修改为："以营利为目的，聚众赌博或者以赌博为业的，处三年以下有期徒刑、拘役或者管制，并处罚金。

"开设赌场的，处五年以下有期徒刑、拘役或者管制，并处罚金；情节严重的，处五年以上十年以下有期徒刑，并处罚金。

"组织中华人民共和国公民参与国（境）外赌博，数额巨大或者有其他严重情节的，依照前款的规定处罚。"

【条文主旨】

本条调整开设赌场罪的刑罚配置，同时增加组织我国公民参与国（境）外赌博的犯罪，进一步体现对赌博犯罪的严惩。

【理解与适用】

一、修法背景

近年来，我国公民参与国（境）外赌博违法犯罪问题突出，致使大量资金外流，严重损害我国国家形象和经济安全。关于跨国（境）赌博现象，2000年以来司法实践中即有关注。2003年至2005年，云南省公安厅开展打击跨境赌博违法犯罪活动的专项活动。①《最高人民法院、最高人民检察院关于办理赌博刑事案件具体应用法律若干问题的解释》（法释〔2005〕3号）对于组织我国公民参与国（境）外赌博的情形也进行了规定，为依法惩治提供了法律依据。随着互联网的发展，利用信息网络手段组织跨国（境）赌博的情形也日益凸显，例如，担任国（境）外赌博网站的代理在境内召赌、利用网络传输数据组织我国公民在境内参与到国（境）外赌博活动中，对此专门出台了《最高人民法院、最高人民检察院、公安部关于办理网络赌博犯罪案件适用法律若干问题的意见》（公通字〔2010〕40号）。

近年来，跨国（境）赌博呈现出新的特点：其一，案件数量增长。根据公开的统计数据，2014年至2017年，公安部指挥侦破重大跨国（境）及网络赌博案件110余起，抓获犯罪团伙主要成员3200余人。② 2019年公安部开展"断链"行动以来，共督办各地公安机关侦破网络赌博刑事案件7200余起，抓获犯罪嫌疑人2.5万人，查扣冻结涉赌资金逾180亿元，打掉非法地下钱庄、网络支付等团伙300余个。③ 2020年2月至6月，公安部挂牌督办案件79起，各地公安机关侦破跨国（境）赌博案件257起，移送起诉1530余人；摧毁涉赌平台368个，打掉支付平台和地下钱庄187个，查扣涉案银行卡22万余张、冻结涉案帐户28100余个，查明涉案资金2290余亿元。④ 其二，重大跨国（境）赌博案件的涉案赌资数额呈现增长态势。例如，2017年广西侦破的网络跨国（境）赌博重大案件中涉案人数

---

① 2003年6月，云南省公安厅在全省8个边境州市组织了旨在打击跨境赌博违法犯罪活动的"利剑行动"，取得了显著战果，迫使境外赌场大部分关闭，边境治安秩序明显好转。2004年12月又开展了声势浩大的禁赌专项行动，打击跨境赌博犯罪活动。由于态度坚决、重点突出、目标明确、措施有力，云南省禁赌工作取得了显著成果。到2005年5月31日止，云南省共查获涉赌案件6004起，查处28380人；查处赌博团伙808个，取缔赌博窝点695个；取缔境外赌场在我国境内设立的接待、联络点21个；查获非法出境人员2353人，劝返境外赌场务工人员10040人；没收赌具10811台（件、套）；没收赌资2104万元，冻结赌资216余万元；扣押交通工具汽车79辆、摩托车17辆；取缔涉赌娱乐场所235个，整改涉赌娱乐场所615个。参见王晓平：《云南边境地区跨境赌博违法犯罪的治理对策》，载《云南警官学院学报》2005年第4期。

② 参见李忠勇：《斩断跨境网络赌博犯罪"链条"》，载《人民公安报》2017年4月6日。

③ 参见《公安部持续推进"断链"行动重拳打击跨境网络赌博犯罪》，载《信息网络安全》2020年第20期。

④ 参见《公安部公布打击跨境赌博犯罪十起典型案例》，载《中国防伪报道》2020年第7期。

29人，冻结涉案银行帐户1000余个、资金5800余万元。[①] 2020年公安部公布的打击跨国（境）赌博犯罪十起典型案例中，有五起涉案赌资数额超过亿元。其中，山东淄博侦破某境外网站对我国境内招赌案，服务器位于境外的某体育网站大肆在国内发展会员、组织赌博，许以重金诱惑，陆续在国内招募代理4000余名，涉及20余个省市，并通过代理发布广告推广网站链接，发展参赌人员数十万人，投注金额高达300多亿元。其三，跨国（境）赌博诱发了其他各类犯罪。不论是在我国境内招赌后组织跨国（境）赌博，还是国（境）外赌场对我国公民招赌吸赌，可能会引发非法拘禁、敲诈勒索、故意伤害、偷越国（边）境、洗钱和毒品交易等各类违法犯罪活动，严重危害我国的社会稳定、经济安全。其四，跨国（境）赌博中，线下、线上两种方式并存。组织、招募我国公民利用互联网、通讯终端等传输赌博视频、数据参与国（境）外赌博活动的情形高发。为此，2020年10月《最高人民法院、最高人民检察院、公安部办理跨境赌博犯罪案件若干问题的意见》通知（公通字〔2020〕14号）将司法实践中的一些情形，规定以"开设赌场"或者"聚众赌博"定罪处罚。

在《刑法修正案（十一）（草案）》研拟过程中，有关方面提出，为依法严惩出国（境）豪赌的行为，从源头上遏制中国公民出国（境）参赌问题，切实维护我国经济安全和社会稳定，有必要将组织、招揽中国公民出国（境）参赌数额巨大情形规定犯罪。立法工作机关采纳相关意见，增设了相关犯罪。[②] 此外，1997年《刑法》第三百零三条对以赌博为业、聚众赌博的行为和开设赌场的行为规定了相同的刑罚。但是开设赌场行为的社会危害性明显大于赌博行为，因此，2006年《刑法修正案（六）》作了修改完善，将开设赌场的犯罪从赌博罪中分离出来，单独进行规定，作为独立的罪名"开设赌场罪"，与赌博罪相比增加一档法定刑，法定最高刑由三年有期徒刑提高到十年有期徒刑，从而加大对开设赌场行为的惩处。《刑法修正案（十一）（草案）》研拟过程中有意见提出，有必要进一步严

[①] 参见《来宾侦破特大跨境网络赌博案》，载《中国防伪报道》2017年第8期。
[②] 参见许永安主编：《中华人民共和国刑法修正案（十一）解读》，中国法制出版社2021年版，第329页。

惩开设赌场的行为,立法工作机关采纳相关意见,对开设赌场罪的法定刑进行了调整,以有期徒刑五年作为两档刑罚的界分点。综合各方意见,形成了草案二次审议稿第三十条的写法。

二、审议过程

草案一次审议稿	草案二次审议稿	《刑法修正案(十一)》
	三十、将刑法第三百零三条修改为:"以营利为目的,聚众赌博或者以赌博为业的,处三年以下有期徒刑、拘役或者管制,并处罚金。 "开设赌场的,处五年以下有期徒刑、拘役或者管制,并处罚金;情节严重的,处五年以上十年以下有期徒刑,并处罚金。 "境外开设赌场人员、赌场管理人员或者受其指派的人员,组织、招揽中华人民共和国公民出境参与赌博,数额巨大或者有其他严重情节的,依照前款的规定处罚。"	三十六、将刑法第三百零三条修改为:"以营利为目的,聚众赌博或者以赌博为业的,处三年以下有期徒刑、拘役或者管制,并处罚金。 "开设赌场的,处五年以下有期徒刑、拘役或者管制,并处罚金;情节严重的,处五年以上十年以下有期徒刑,并处罚金。 "组织中华人民共和国公民参与国(境)外赌博,数额巨大或者有其他严重情节的,依照前款的规定处罚。"

在《刑法修正案(十一)(草案)》审议和征求意见过程中,关于本条的意见较多,主要涉及有无必要增设专门罪名的问题。有的观点提出,在《刑法》已规定有赌博罪、开设赌场罪的前提下,是否还有必要增设专门犯罪,似需进一步研究,可以分情况认定为开设赌场罪或者赌博罪。立法工作机关经与有关方面反复研究认为,对这种赌博形式进行单独规定,有利于遏制这类犯罪,发挥法律规范指引作用。有的意见提出,应慎重考虑本条的规定可能会对其他地区博彩业带来冲击。根据有关方面的意见,

第三十六条　增设组织参与国（境）外赌博罪

《刑法修正案（十一）》第三十六条对草案二次审议稿第三十条又作了较大调整，主要体现在如下三个方面：一是扩大了主体范围，对主体不作限制。删除草案二次审议稿规定的"境外开设赌场人员、赌场管理人员或者受其指派的人员"。二是明确适用的范围包括国外、境外，将二次审议稿中"出境"修改为"参与国（境）外"。三是对表述作了一些技术性调整，因"招揽"范围不宜界定，将"组织、招揽"修改为"组织"。

三、修正前后条文对照

修正前《刑法》	修正后《刑法》
第三百零三条第一款　【赌博罪】以营利为目的，聚众赌博或者以赌博为业的，处三年以下有期徒刑、拘役或者管制，并处罚金。	第三百零三条第一款　【赌博罪】以营利为目的，聚众赌博或者以赌博为业的，处三年以下有期徒刑、拘役或者管制，并处罚金。
第三百零三条第二款　【开设赌场罪】开设赌场的，处三年以下有期徒刑、拘役或者管制，并处罚金；情节严重的，处三年以上十年以下有期徒刑，并处罚金。	第三百零三条第二款　【开设赌场罪】开设赌场的，处五年以下有期徒刑、拘役或者管制，并处罚金；情节严重的，处五年以上十年以下有期徒刑，并处罚金。
	第三百零三条第三款　【组织参与国（境）外赌博罪】组织中华人民共和国公民参与国（境）外赌博，数额巨大或者有其他严重情节的，依照前款的规定处罚。

对比发现，《刑法修正案（十一）》第三十六条对《刑法》第三百零三条的修正主要涉及两个方面：一是调整开设赌场罪的法定刑幅度，对基本刑与升档刑幅度进行调整，对开设赌场犯罪进一步严惩；二是将组织中国公民参与国（境）外赌博的行为规定为犯罪。

四、修正后条文的理解与适用

（一）罪名确定

根据罪状《罪名补充规定（七）》，将修正后《刑法》第三百零三第三款的罪名确定为"组织参与国（境）外赌博罪"。

对于本款，起初考虑不单独确定罪名，根据"依照前款的规定处罚"的规定，适用本条第二款规定的开设赌场罪。主要理由是：该行为可以理解为开设赌场罪的共犯，量刑时可以适用共同犯罪的有关规定；如果单独入罪，反而不利于区别处理，其处罚甚至可能会重于赌场"老板"。也有意见提出，本条第二款规定的开设赌场罪与第三款有明显区别，建议将罪名确定为"组织跨境赌博罪"。

《罪名补充规定（七）》将本款罪名确定为"组织参与国（境）外赌博罪"。主要考虑：（1）本款的入罪门槛与《刑法》第三百零三条第二款有所不同，且本款规制的是组织中国公民参与国（境）外赌博的行为，该行为类型不能为开设赌场罪所涵盖。（2）本款罪状使用了"国（境）外"的表述，为准确反映罪状，不宜简化为"组织跨境赌博罪"。

（二）犯罪客体

组织参与国（境）外赌博罪的犯罪客体是复杂客体，既侵犯了社会管理秩序和良好的社会风尚，又侵犯了国家外汇管理制度。赌博会影响正常生产、工作和生活，往往还会引发其他犯罪，组织我国公民参与国（境）外赌博的，又造成了资金外流。

（三）犯罪客观方面

组织参与国（境）外赌博罪的客观方面是组织中国公民参与国（境）外赌博，数额巨大或者具有其他严重情节。

国（境）外包括国外和境外两种情形。国外是中国以外的其他国家，境外是我国的港、澳、台地区。一般认为，国外是国家与国家相对而言的，而境外是我国"一国两制"制度下，我国香港、澳门、台湾地区。组织行为具体表现形式多样，组织的对象必须是中国公民。组织参与赌博的形式，可能是通过纸质广告、口口相传、信息网络终端等形式先行招揽，以旅游等名义再安排出国（边）境参与赌博，也可能是临时在国（边）境招募人员。实践中，很多国外赌博网站的代理人，通过提供国外网站网址、信息网络的特殊通道或者视频数据等方式，招募我国公民参与赌博，实际并未出国（边）

境,仍然是"组织中华人民共和国公民参与国(境)外赌博"。

关于"数额巨大或者其他严重情节"的认定,数额巨大是指赌资数额巨大,其他严重情节主要是指多次组织、组织多人参与等情形,目前尚未有司法解释作出明确规定。为与开设赌场罪处罚保持平衡,可以参照《关于办理网络赌博犯罪案件适用法律若干问题的意见》(公通字〔2010〕40号)的规定:从境外赌场利润分成或者抽头渔利数额累计达到三万元以上的、赌资数额累计达到三十万元以上的、一次性组织中国公民十人以上赴国(境)外参与赌博的、招揽未成年人参与赴国(境)外参与赌博的、其他情节严重的情形等。

(四)犯罪主体

组织参与国(境)外赌博罪犯罪主体是一般主体,属于自然人犯罪。既可能是境外开设赌场的投资人员、实际控制人员、经营人员、管理人员,也可能是受国(境)外赌场或者相关人员指派的人员,还可能是为谋取经济利益自发组织中国公民赴国(境)外参与赌博的人员;既可能是中国公民,也可能是外国人。

(五)犯罪主观方面

组织参与国(境)外赌博罪犯罪主观方面表现为故意,过失不构成本罪。

(六)刑事责任

根据修正后《刑法》第三百零三第三款的规定,犯组织参与国(境)外赌博罪的,处五年以下有期徒刑、拘役或者管制,并处罚金;情节严重的,处五年以上十年以下有期徒刑,并处罚金。

五、司法适用中需要注意的问题

(一)关于罪与非罪的界分

实践中,有些旅行社、导游在我国公民赴国(境)外旅游过程中,会引导甚至是主动招揽游客参与国（境）外的赌博，是否可以认定为"有其他严重情节"，作为犯罪处理？本书认为，应区分情况：如果在国（境）外旅游活动中，仅仅将参与国（境）外赌博作为吸引游客的方式，且数额较小，导游人员没有收取赌场的好处费，或者仅收取少量介绍费用的，可以看作是旅游项目或者旅游过程中娱乐项目，不作为犯罪处理；如果组织我国公民赴国（境）外旅游，主要活动就是参与赌博，实际上旅游只是名义，实则属于组织参与国（境）外赌博。

（二）关于关联罪名的认定

在组织中国公民参与国（境）外赌博过程中，行为人还可能实施相关的其他行为，如对不符合出境条件的人员，组织偷越国（边）境的，或者出境后我国公民不愿意参与赌博，采取非法拘禁等手段强迫参与赌博的，以及为参赌人员提供资金结算等。根据《最高人民法院、最高人民检察院、公安部办理跨境赌博犯罪案件若干问题的意见》（公通字〔2020〕14号）规定，对于关联行为分情况进行认定：（1）在组织我国公民参与国（境）外赌博行为中又提供技术服务与资金结算等服务，为参赌人员提供资金、信用卡、资金结算等服务，构成本罪同时又构成非法经营罪，妨害信用卡管理罪，窃取、收买、非法提供信用卡信息罪，掩饰、隐瞒犯罪所得、犯罪所得收益罪等罪的，依照处罚较重的规定定罪处罚；为参赌人员或者国（境）外网站提供互联网接入、服务器托管、网络存储、通讯传输等技术支持，构成本罪同时又构成非法利用信息网络罪、帮助信息网络犯罪活动罪等罪的，依照处罚较重的规定定罪处罚。（2）组织我国公民参与国（境）外赌博，又妨害国（边）境管理，构成组织他人偷越国（边）境、运送他人偷越国（边）境、偷越国（边）境罪等罪的，应当依法数罪并罚。（3）组织我国公民参与国（境）外赌博，又为强行索要赌债，实施故意杀人、故意伤害、非法拘禁、故意毁坏财物、寻衅滋事等行为，构成犯罪的，应当依法数罪并罚。

第三十七条　修改妨害传染病防治罪

【条文内容】

三十七、将刑法第三百三十条第一款修改为："违反传染病防治法的规定，有下列情形之一，引起甲类传染病以及依法确定采取甲类传染病预防、控制措施的传染病传播或者有传播严重危险的，处三年以下有期徒刑或者拘役；后果特别严重的，处三年以上七年以下有期徒刑：

"（一）供水单位供应的饮用水不符合国家规定的卫生标准的；

"（二）拒绝按照疾病预防控制机构提出的卫生要求，对传染病病原体污染的污水、污物、场所和物品进行消毒处理的；

"（三）准许或者纵容传染病病人、病原携带者和疑似传染病病人从事国务院卫生行政部门规定禁止从事的易使该传染病扩散的工作的；

"（四）出售、运输疫区中被传染病病原体污染或者可能被传染病病原体污染的物品，未进行消毒处理的；

"（五）拒绝执行县级以上人民政府、疾病预防控制机构依照传染病防治法提出的预防、控制措施的。"

【条文主旨】

为强化公共卫生刑事法治保障，切实维护人民群众生命健康安全，本条总结新冠肺炎疫情防控经验和需要，进一步明确新冠肺炎等依法确定的采取甲类传染病管理措施的传染病，属于妨害传染病防治罪调整范围；同时，补充构成妨害传染病防治罪的情形，增加规定拒绝执行县级以上人民政府依法提出的预防控制措施，非法出售、运输疫区被污染物品等犯罪行为。

【理解与适用】

一、修法背景

传染病①是一类特殊的疾病,社会危害性大,防治复杂,未来发展不可预测。历史上大规模暴发的传染病,曾给人类社会带来巨大创痛,夺去了数以亿计人的生命,同时在短期内给社会经济造成严重破坏,② 是人类健康和社会发展的重大威胁。人类的进化史以及人类社会的发展史,某种程度上,就是人类与各类传染病对抗、斗争的历史。③ 在预防、控制和力图消灭传染病的过程中,包括刑事立法在内的法律制度④发挥了重要作用。

作为我国首部传染病防治法,1989年《传染病防治法》建立了预防、控制传染病的制度雏形,为切实预防和控制传染病、保障公共卫生安全提供了重要法律支撑。该法第三十七条规定:"有本法第三十五条所列行为

---

① 传染病是指由于具有传染性的致病微生物,如细菌、病毒、立克次体、寄生虫等侵入人体,发生使人体健康受到某种损害以至危及不特定的多数人生命健康甚至整体社会的疾病。参见达庆东、田侃主编:《卫生法学纲要》,复旦大学出版社2015年版,第251页。
② 参见周宏东:《从伦理学看传染病防治立法》,载《中国卫生事业管理》2007年第1期。
③ 近代史上,人类的主要杀手是天花、流行性感冒、肺结核、疟疾、瘟疫、麻疹和霍乱。第二次世界大战前,战争受害者死于战争引起的疾病的比死于战斗创伤的要多。参见[美]贾雷德·戴蒙德:《枪炮、病菌与钢铁——人类社会的命运》,谢延光译,上海译文出版社2006年版,第193页。
④ 从世界范围来看,最早的专门的卫生检疫法令出现于14世纪第二次鼠疫(Plague)世界大流行期间。威尼斯于1374年颁布法令,要求对所有来往船舶客商,无论是已受传染的或有感染嫌疑的,一律实施"检疫"。1951年,世界卫生组织会员国通过《国际公共卫生条例》,以提供一整套统一的规则来保护全世界避免当时称为"检疫传染病"的扩散。美国于1994年通过防范大规模流行性传染病的法律《公共卫生服务法》,各州分别有自己的公共卫生法律,如各州《传染病汇报法》。1999年,俄罗斯通过《联邦公民卫生流行病防疫法》,明确指出了公民卫生流行病防疫的基本原则、具体防治措施、联邦卫生防疫局的职能以及违反防疫法应负的法律责任。日本《关于感染症预防及感染症患者医疗的法律》将传染病分为四类,列入第一类的有埃博拉出血热、克里米亚刚果出血热、鼠疫、拉沙热、马尔堡病,该法规定对于新型感染症须迅速层层上报。韩国《传染病预防法》将传染病分为五类,传播速度快、危害性高的霍乱、痢疾等被划归第一类,此外,还对某些危害严重的传染病进行专项立法加以防治,如《结核病预防法》《后天性免疫系统缺失症预防法》《寄生虫疾病预防法》等。20世纪70年代以来,全世界新发现的病原体及相关传染病已近40种,如艾滋病、军团病、莱姆病、丙型肝炎、SARS、禽流感等,其中,在我国流行的有14种。参见郝广福:《新出现传染病与传染病控制国际法规》,载《中国国境卫生检疫杂志》2004年12期;苏玉菊主编:《卫生法学》,中国民主法制出版社2014年版,第339页。

之一，引起甲类传染病传播或者有传播严重危险的，比照刑法第一百七十八条的规定追究刑事责任。"该法第三十五条规定："违反本法规定，有下列行为之一的，由县级以上政府卫生行政部门责令限期改正，可以处以罚款；有造成传染病流行危险的，由卫生行政部门报请同级政府采取强制措施：（一）供水单位供应的饮用水不符合国家规定的卫生标准的；（二）拒绝按照卫生防疫机构提出的卫生要求，对传染病病原体污染的污水、污物、粪便进行消毒处理的；（三）准许或者纵容传染病病人、病原携带者和疑似传染病病人从事国务院卫生行政部门规定禁止从事的易使该传染病扩散的工作的；（四）拒绝执行卫生防疫机构依照本法提出的其他预防、控制措施的。"根据上述规定，对于实施妨害传染病防治行为的，比照1979年《刑法》第一百七十八条关于妨害国境卫生检疫罪的规定追究刑事责任。

根据社会形势的发展变化，针对原有立法的不足，1997年《刑法》增设妨害传染病防治罪，以进一步维护传染病预防、控制管理制度，保障社会公共卫生安全和人民群众生命健康安全。1997年《刑法》第三百三十条沿用《传染病防治法》对于本罪适用情形的描述，同时作出修改补充，一是配置独立法定刑，并根据犯罪危害后果的轻重程度设置了三年以下有期徒刑或者拘役、三年以上七年以下有期徒刑两个法定刑幅度。二是增加规定单位可以成为犯罪主体。[1] 实践中，妨害传染病防治犯罪案件在全部刑事案件中的占比并不高，[2] 但不容质疑的是，该罪对于依法惩治和有效震慑妨害传染病防治的行为，切实保障公共卫生安全，具有十分积极的意义。特别是在突发重大疫情期间，依法适用《刑法》关于妨害传染病防治罪的规定，对于保障疫情防控工作有序开展发挥了难以替代的作用。

2003年"非典"疫情期间，为保障疫情防控工作的顺利进行，切实维护人民群众生命健康安全，最高人民法院、最高人民检察院联合发布《妨

---

[1] 参见刘远主编：《危害公共卫生罪》，中国人民公安大学出版社2003年版，第20页。
[2] 经检索中国裁判文书网，截至2020年12月，共发布涉"妨害传染病防治罪"的刑事裁判文书72篇，且均为2020年作出。同属危害公共卫生罪的"非法行医罪"，自2003年至2020年间则共有10490篇刑事裁判文书发布，其中2020年发布818篇。与近年来全国法院年均120余万件一审刑事案件相比，妨害传染病防治犯罪案件在全部刑事案件中的占比不足万分之一。

害突发传染病防控刑事解释》（法释〔2003〕8 号），为依法惩治传染病疫情等灾害防治期间发生的各种犯罪活动提供了明确的法律适用依据。《妨害突发传染病防控刑事解释》未明确妨害传染病防治罪的适用，而是规定对患有突发传染病或者疑似突发传染病而拒绝接受检疫、强制隔离或者治疗，过失造成传染病传播，情节严重，危害公共安全的，按照过失以危险方法危害公共安全罪定罪处罚。这主要是由于我国《传染病防治法》一直规定甲类传染病只有鼠疫、霍乱两种；"非典"发生时《传染病防治法》尚无对乙类传染病可以按甲类预防、控制的规定，因此，适用妨害传染病防治罪存在障碍。① 此后，2004 年修改《传染病防治法》，增加规定对甲类传染病以外的传染病，可以采取甲类传染病的预防、控制措施。

2020 年暴发的新冠肺炎（COVID-19）② 疫情，是新中国成立以来在我国发生的传播速度最快、感染范围最广、防控难度最大的一次重大突发公共卫生事件。基于新冠肺炎病毒的高传染性、新冠肺炎疫情的严重性，③ 2020 年 1 月 20 日，经国务院批准，国家卫生健康委员会发布 2020 年第 1 号公告，决定"将新型冠状病毒感染的肺炎纳入《传染病防治法》规定的乙类传染病，并采取甲类传染病的预防、控制措施"。这为激活妨害传染病防治罪提供了规范依据。新冠肺炎疫情期间，绝大多数群众能够依照法律规定，自觉配合和支持有关部门采取的疫情防控措施，为阻断病毒扩散作出了重要贡献。但是，有的地方也出现了抗拒疫情防控措施的现象，不

---

① 参见孙航：《依法惩治妨害疫情防控违法犯罪 切实保障人民群众生命健康安全——最高人民法院研究室主任姜启波 最高人民检察院法律政策研究室主任高景峰联合答记者问》，载《人民法院报》2020 年 2 月 28 日。

② 2020 年 2 月 11 日，世界卫生组织总干事谭德塞在例行新闻通报会上宣布，新型冠状病毒引发的疾病正式名称为：2019 冠状病毒病（Corona Virus Disease 2019），英文缩写 COVID-19。

③ 国家卫生健康委员会官方网站"疫情通报"显示，截至 2020 年 1 月 20 日 24 时，收到国内 4 省（区、市）累计报告新型冠状病毒感染的肺炎确诊病例 291 例，其中湖北省 270 例；14 省（区、市）累计报告疑似病例 54 例。一年之后，截至 2021 年 1 月 30 日 24 时，据 31 个省（自治区、直辖市）和新疆生产建设兵团报告，累计治愈出院病例 83218 例，累计死亡病例 4636 例，累计报告确诊病例 89522 例。累计追踪到密切接触者 966100 人，尚在医学观察的密切接触者 38895 人。而根据媒体报道，同一时间（2021 年 1 月 30 日），海外新冠肺炎确诊病例已累计超过 1 亿例，达 102676155 例；累计死亡超过 200 万例，达 2213540 例。参见《新型冠状病毒肺炎疫情实时追踪》，载腾讯网，http://www.news.qq.com/zt2020/page/feiyan.htm#/global，最后访问日期：2021 年 1 月 31 日。

仅危害行为人自身的生命安全和身体健康，而且妨害传染病防治，危害公共卫生安全。特别是，个别人隐瞒在疫情高风险地区的居旅史，不执行相关隔离规定，频繁出入公共场所或者参加人员聚集活动，甚至继续违反规定从事餐饮经营。例如，2020年2月底至3月初，郭某某先后从河南省郑州市经北京到意大利米兰、法国巴黎旅行，后乘飞机回国。回到郑州后，郭某某故意隐瞒出入境情况，且未执行隔离规定，回单位上班。在出现咽痛、发热等症状后，仍多次乘坐公共交通工具，出入公共场所。同年3月11日，郭某某被确诊为新冠肺炎患者，与其密切接触的43人被集中隔离医学观察，其工作单位所在大厦全楼封闭七天。再如，2020年1月中旬，吴某某与丈夫刘某某驾车从广东省河源市回湖北省广水市老家，参加亲属的葬礼和婚礼。二人从广水市返回河源市后，社区工作人员前往吴某某住处，与其签订《健康告知书》和《实施医学观察告知书》，要求其居家隔离并停止经营餐饮店。吴某某继续经营餐饮店，同年2月7日被确诊为新冠肺炎患者。经排查，与吴某某直接、间接接触者574人，其中173人被不同程度隔离。① 此类行为，严重影响对病毒传播途径的有效阻断，人为增加了疫情扩散的风险，破坏了疫情防控工作的正常秩序。有的致使他人感染新冠病毒，或者引起新冠病毒传播的严重现实危险，引起公众的愤慨和一定程度的恐慌，具有严重的社会危害性。

2020年2月10日，最高人民法院、最高人民检察院、公安部、司法部联合发布《惩治妨害新冠肺炎疫情防控违法犯罪意见》（法发〔2020〕7号），明确规定："故意传播新型冠状病毒感染肺炎病原体，具有下列情形之一，危害公共安全的，依照刑法第一百一十四条、第一百一十五条第一款的规定，以以危险方法危害公共安全罪定罪处罚：1.已经确诊的新型冠状病毒感染肺炎病人、病原携带者，拒绝隔离治疗或者隔离期未满擅自脱离隔离治疗，并进入公共场所或者公共交通工具的；2.新型冠状病

---

① 2020年4月3日，河南省郑州市二七区人民法院以妨害传染病防治罪判处被告人郭某某有期徒刑一年六个月。2020年4月2日，广东省河源市源城区人民法院以妨害传染病防治罪判处被告人吴某某有期徒刑十个月。参见《人民法院依法惩处妨害疫情防控犯罪典型案例（第三批）》，载中国法院网，https：//www.chinacourt.org/article/detail/2020/04/id/4954377.shtml，最后访问日期：2021年3月3日。

毒感染肺炎疑似病人拒绝隔离治疗或者隔离期未满擅自脱离隔离治疗，并进入公共场所或者公共交通工具，造成新型冠状病毒传播的。""其他拒绝执行卫生防疫机构依照传染病防治法提出的防控措施，引起新型冠状病毒传播或者有传播严重危险的，依照刑法第三百三十条的规定，以妨害传染病防治罪定罪处罚。"

上述规定为依法惩治妨害传染病防治行为提供了明确依据，有力引导公众自觉履行报告义务、接受病毒检测以及配合隔离、诊疗措施，为依法维护疫情防控工作秩序，有效控制疫情扩散发挥了重要作用。在《刑法修正案（十一）（草案）》研拟过程中，为进一步加大对公共卫生安全的保护力度，立法工作机关总结新冠肺炎疫情防控经验，特别是吸收《惩治妨害新冠肺炎疫情防控违法犯罪意见》的上述规定，对《刑法》第三百三十条关于妨害传染病防治罪的规定作出修改，进一步明确新冠肺炎等依法确定的采取甲类传染病管理措施的新类型传染病，属于本罪调整范围；并补充完善罪状情形，增加规定"出售、运输疫区中被传染病病原体污染或者可能被传染病病原体污染的物品，未经消毒处理的""拒绝执行县以上人民政府、疾病预防控制机构依照传染病防治法提出的预防、控制措施的"情形，从而形成草案一次审议稿第二十一条的写法。

二、审议过程

草案一次审议稿	草案二次审议稿	《刑法修正案（十一）》
二十一、将刑法第三百三十条第一款修改为："违反传染病防治法的规定，有下列情形之一，引起甲类传染病以及依法确定采取甲类传染病预防、控制措施的传染病传播或者有传播严重危险的，处三年以下有期徒刑或者拘役；后果特别严重的，处三年以上七年以下有期徒刑：	三十一、将刑法第三百三十条第一款修改为："违反传染病防治法的规定，有下列情形之一，引起甲类传染病以及依法确定采取甲类传染病预防、控制措施的传染病传播或者有传播严重危险的，处三年以下有期徒刑或者拘役；后果特别严重的，处三年以上七年以下有期徒刑：	三十七、将刑法第三百三十条第一款修改为："违反传染病防治法的规定，有下列情形之一，引起甲类传染病以及依法确定采取甲类传染病预防、控制措施的传染病传播或者有传播严重危险的，处三年以下有期徒刑或者拘役；后果特别严重的，处三年以上七年以下有期徒刑：

第三十七条 修改妨害传染病防治罪

草案一次审议稿	草案二次审议稿	《刑法修正案（十一）》
"（一）供水单位供应的饮用水不符合国家规定的卫生标准的； "（二）拒绝按照疾病预防控制机构提出的卫生要求，对传染病病原体污染的污水、污物、粪便进行消毒处理的； "（三）准许或者纵容传染病病人、病原携带者和疑似传染病病人从事国务院卫生行政部门规定禁止从事的易使该传染病扩散的工作的； "（四）出售、运输疫区中被传染病病原体污染或者可能被传染病病原体污染的物品，未进行消毒处理的； "（五）拒绝执行县级以上人民政府、疾病预防控制机构依照传染病防治法提出的预防、控制措施的。"	"（一）供水单位供应的饮用水不符合国家规定的卫生标准的； "（二）拒绝按照疾病预防控制机构提出的卫生要求，对传染病病原体污染的污水、污物、粪便进行消毒处理的； "（三）准许或者纵容传染病病人、病原携带者和疑似传染病病人从事国务院卫生行政部门规定禁止从事的易使该传染病扩散的工作的； "（四）出售、运输疫区中被传染病病原体污染或者可能被传染病病原体污染的物品，未进行消毒处理的； "（五）拒绝执行县级以上人民政府、疾病预防控制机构依照传染病防治法提出的预防、控制措施的。"	"（一）供水单位供应的饮用水不符合国家规定的卫生标准的； "（二）拒绝按照疾病预防控制机构提出的卫生要求，对传染病病原体污染的污水、污物、**场所和物品**进行消毒处理的； "（三）准许或者纵容传染病病人、病原携带者和疑似传染病病人从事国务院卫生行政部门规定禁止从事的易使该传染病扩散的工作的； "（四）出售、运输疫区中被传染病病原体污染或者可能被传染病病原体污染的物品，未进行消毒处理的； "（五）拒绝执行县级以上人民政府、疾病预防控制机构依照传染病防治法提出的预防、控制措施的。"

在《刑法修正案（十一）（草案）》审议和征求意见过程中，有意见主张，本罪采空白罪状模式，删去关于构成妨害传染病防治罪具体适用情形的规定，以保持与未来《传染病防治法》的修改情况相协调。相关适用情形可在《传染病防治法》修改后，通过司法解释予以明确。有意见建议，进一步细化有关拒绝执行疫情防控预防、控制措施行为，如将确诊病人、疑似病人违反或不配合医疗管理等行为纳入其中，以利于司法实务中具体认定。此外，还有意见建议将"县级"修改为"省级"，以免打击面过大；同时，增加"医疗机构、疾病控制和卫生健康部门从业人员，国家工作人员不依法报告或者隐瞒、阻碍传染病报告"的规定等。从《刑法修

正案（十一）》第三十七条的规定来看，上述意见未获采纳，仅对草案一次审议稿和二次审议稿的个别表述作了微调。

三、修正前后条文对照

修正前《刑法》	修正后《刑法》
第三百三十条第一款 【妨害传染病防治罪】违反传染病防治法的规定，有下列情形之一，引起甲类传染病传播或者有传播严重危险的，处三年以下有期徒刑或者拘役；后果特别严重的，处三年以上七年以下有期徒刑： （一）供水单位供应的饮用水不符合国家规定的卫生标准的； （二）拒绝按照卫生防疫机构提出的卫生要求，对传染病病原体污染的污水、污物、粪便进行消毒处理的； （三）准许或者纵容传染病病人、病原携带者和疑似传染病病人从事国务院卫生行政部门规定禁止从事的易使该传染病扩散的工作的； （四）拒绝执行卫生防疫机构依照传染病防治法提出的预防、控制措施的。	第三百三十条第一款 【妨害传染病防治罪】违反传染病防治法的规定，有下列情形之一，引起甲类传染病以及依法确定采取甲类传染病预防、控制措施的传染病传播或者有传播严重危险的，处三年以下有期徒刑或者拘役；后果特别严重的，处三年以上七年以下有期徒刑： （一）供水单位供应的饮用水不符合国家规定的卫生标准的； （二）拒绝按照疾病预防控制机构提出的卫生要求，对传染病病原体污染的污水、污物、场所和物品进行消毒处理的； （三）准许或者纵容传染病病人、病原携带者和疑似传染病病人从事国务院卫生行政部门规定禁止从事的易使该传染病扩散的工作的； （四）出售、运输疫区中被传染病病原体污染或者可能被传染病病原体污染的物品，未进行消毒处理的； （五）拒绝执行县级以上人民政府、疾病预防控制机构依照传染病防治法提出的预防、控制措施的。

对比发现，《刑法修正案（十一）》第三十七条对《刑法》第三百三十条第一款的修正主要涉及如下三个方面：一是将传染病种类由"甲类传染病"修改为"甲类传染病以及依法确定采取甲类传染病预防、控制措施的传染病"；二是与《传染病防治法》相衔接，在"后果特别严重的"情形中增加一项作为第四项，即"出售、运输疫区中被传染病病原体污染或者可能被传染病病原体污染的物品，未进行消毒处理的"；三是根据有关

方面的意见，对表述作了调整，如将"卫生防疫机构"修改为"疾病预防控制机构""县级以上人民政府、疾病预防控制机构"，将"粪便"修改为"场所和物品"。

四、修正后条文的理解与适用

（一）犯罪客体

妨害传染病防治罪的客体为复杂客体，主要客体为国家关于传染病防治的管理制度，次要客体为公共卫生安全。《传染病防治法》对传染病的分类与管理作出了明确、科学并具操作性的规定，明确了各级政府在传染病防治监管方面的职责，以及有关单位和个人在防治传染病方面所应当承担的义务。国家建立、维护传染病防治的正常管理秩序，最终目的是预防、控制和消除传染病，保障广大人民群众的生命健康安全。妨害传染病防治罪不仅妨害国家关于传染病防治的管理制度，还对公共卫生造成重大威胁，属于对公共卫生安全的侵犯。[1]

（二）犯罪客观方面

妨害传染病防治罪的客观方面表现为违反传染病防治法的规定，[2]引起甲类传染病以及依法确定采取甲类传染病预防、控制措施的传染病传播

---

[1] 参见刘远主编：《危害公共卫生罪》，中国人民公安大学出版社2003年版，第21~24页。

[2] 需要注意的是，对于"传染病防治法"宜作广义理解，不限于字面上的《传染病防治法》本身，而是将其作为传染病防控的法律体系把握，其范围包括《传染病防治法》《突发事件应对法》《突发公共卫生事件应急条例》等一系列与疫情防控有关的法律法规和国务院有关规定。其中，《传染病防治法》是预防传染病、控制重大疫情以及监督保障应急防疫工作的基础性法律，是传染病防治的主要法律依据之一。同时，《突发事件应对法》《突发公共卫生事件应急条例》和《国家突发公共卫生事件应急预案》等法律法规和规范性文件，对各级政府和有关部门应对突发公共卫生事件的职责和措施也作了相应规定。实践中，对依法有序开展传染病防治特别是应对重大突发疫情发挥了重要的指引和规范作用，应当作为突发传染病防控的重要法律依据和来源。对于在疫情防控期间，地方政府和有关部门依据上述法律法规出台的疫情预防、控制措施，如无明显不当的，一般均可以认定为《刑法》第三百三十条第一款第五项中规定的"疾病预防控制机构依照传染病防治法提出的预防、控制措施"。参见孙航：《依法惩治妨害疫情防控违法犯罪 切实保障人民群众生命健康安全——最高人民法院研究室主任姜启波 最高人民检察院法律政策研究室主任高景峰联合答记者问》，载《人民法院报》2020年2月28日。

或者有传播严重危险的行为。具体而言,行为人实施了下列行为之一:

1. 供水单位供应的饮用水不符合国家规定的卫生标准的。"供水单位"主要指城乡自来水厂和厂矿、企业、学校、部队等有自备水源的集中式供水单位。目前我国城乡的主要饮用水源是集中式。"国家规定的卫生标准"主要指《传染病防治法实施办法》和《生活饮用水卫生标准》(GB 5749—2006)中规定的卫生标准。该标准对饮用水的细菌学、化学、毒理学指标和感官性状指标等都作了具体规定,是必须执行的强制性卫生标准。为了防止污染城乡自来水厂的集中式供水,《传染病防治法实施办法》还规定:"各单位自备水源,未经城市建设部门和卫生行政部门批准,一般不得与城镇集中式供水系统连接。"①

2. 拒绝按照疾病预防控制机构提出的卫生要求,对传染病病原体污染的污水、污物、场所和物品进行消毒处理的。《刑法修正案(十一)》对本项罪状表述作出两处修改,一是将原来"卫生防疫机构"修改为"疾病预防控制机构";二是将"粪便"修改为"场所和物品"。《传染病防治法》第二十七条规定:"对被传染病病原体污染的污水、污物、场所和物品,有关单位和个人必须在疾病预防控制机构的指导下或者按照其提出的卫生要求,进行严格消毒处理;拒绝消毒处理的,由当地卫生行政部门或者疾病预防控制机构进行强制消毒处理。"可见,修正后《刑法》第三百三十条的规定进一步实现了与《传染病防治法》的有序衔接。

根据《传染病防治法》第七十八条的规定,"疾病预防控制机构"是指从事疾病预防控制活动的疾病预防控制中心以及与上述机构业务活动相同的单位。根据该法第十七条、第十八条的规定,"各级疾病预防控制机构对传染病的发生、流行以及影响其发生、流行的因素,进行监测;对国外发生、国内尚未发生的传染病或者国内新发生的传染病,进行监测"。各级疾病预防控制机构在传染病预防控制中履行的职责包括:(1)实施传染病预防控制规划、计划和方案;(2)收集、分析和报告传染病监测信息,预测传染病的发生、流行趋势;(3)开展对传染病疫情和突发公共卫生事件的流行病学调查、现场处理及其效果评价;(4)开展传染病实验室

---

① 参见郎胜主编:《中华人民共和国刑法解读》,中国法制出版社2009年版,第629、630页。

检测、诊断、病原学鉴定；(5) 实施免疫规划，负责预防性生物制品的使用管理；(6) 开展健康教育、咨询，普及传染病防治知识；(7) 指导、培训下级疾病预防控制机构及其工作人员开展传染病监测工作；(8) 开展传染病防治应用性研究和卫生评价，提供技术咨询。其中，国家、省级疾病预防控制机构负责对传染病发生、流行以及分布进行监测，对重大传染病流行趋势进行预测，提出预防控制对策，参与并指导对暴发的疫情进行调查处理，开展传染病病原学鉴定，建立检测质量控制体系，开展应用性研究和卫生评价。设区的市和县级疾病预防控制机构负责传染病预防控制规划、方案的落实，组织实施免疫、消毒、控制病媒生物的危害，普及传染病防治知识，负责本地区疫情和突发公共卫生事件监测、报告，开展流行病学调查和常见病原微生物检测。

"消毒处理"，是指对传染病病人的排污所污染的以及因其他原因被传染病病原体所污染的环境、物品、空气、水源和可能被污染的物品、场所等都要同时、全面、彻底地进行消毒，即用化学、物理、生物的方法杀灭或者消除环境中的致病性微生物，达到无害化。例如，对鼠疫疫区进行的雨淋喷雾消毒、灭蚤和杀鼠。甲类传染病中鼠疫耶尔森氏菌侵入人体的途径是多样的，被感染的病人，由于病变的部位不同、病菌向外界排出的途径也不同，其对外界环境的污染范围是广泛而严重的。因此，为消除鼠疫、霍乱病人的排泄物对外界环境的污染，病人家属、单位必须无条件地接受疾病预防控制机构提出的消毒处理措施。[①]

3. 准许或者纵容传染病人、病原携带者和疑似传染病病人从事国务院卫生行政部门规定禁止从事的易使该传染病扩散的工作的。《传染病防治法》第十六条第二款规定："传染病病人、病原携带者和疑似传染病病人，在治愈前或者在排除传染病嫌疑前，不得从事法律、行政法规和国务院卫生行政部门规定禁止从事的易使该传染病扩散的工作。""传染病病人、疑似传染病病人"是指根据国务院卫生行政部门发布的《〈中华人民共和国传染病防治法〉规定管理的传染病诊断标准（试行）》，符合传染病病人和疑似传染病病人诊断标准的人。"病原携带者"指感染病原体无临床症状

---

① 参见郎胜主编：《中华人民共和国刑法解读》，中国法制出版社2009年版，第630页。

但能排出病原体的人。

"准许",是指传染病病人、病原携带者和疑似传染病病人的所在单位领导人员或主管人员明知某人为传染病病人、病原携带者和疑似传染病病人,仍批准其从事易使该传染病扩散的工作;或者明知上述传染病病人、病原携带者和疑似传染病病人违反规定从事易使传染病扩散的工作,而未采取调离其工作等措施,默许其继续从事易使传染病扩散的工作。但是,对于不知道该人为患病者或病原携带者和疑似传染病病人而同意其从事易使传染病扩散的工作的,不能视为本条规定的"准许"。"纵容",是指传染病病人、病原携带者和疑似传染病病人所在单位的领导人员和主管人员,明知其违反规定从事易使传染病扩散的工作,不仅不采取措施,而且为其提供方便条件,或听之任之放纵其继续从事这一工作。传染病病人、病原携带者和疑似传染病病人都能随时随地通过多种途径向外界环境排出和扩散该病的致病性微生物,而有可能感染接触过他们的健康人造成该种传染病的传播。因此,必须根据不同病种限制他们的活动,规定他们患病或携带病原期间,不得从事某些易使该种传染病扩散的工作。

根据有关规定,实践中,易使传染病扩散的工作主要有以下几类:[①](1)饮用水的生产、管理、供应等工作;(2)饮食服务行业的经营、服务等工作;(3)托幼机构的保育、教育等工作;(4)食品行业的生产、加工、销售、运输及保管等工作;(5)美容、整容等工作;(6)其他与人群接触密切的工作。

4. 出售、运输疫区中被传染病病原体污染或者可能被传染病病原体污染的物品,未进行消毒处理的。该项罪状为《刑法修正案(十一)》的新增规定,系吸收《传染病防治法》第七十三条第四项的规定。《传染病防治法》第七十三条规定:"违反本法规定,有下列情形之一,导致或者可能导致传染病传播、流行的,由县级以上人民政府卫生行政部门责令限期改正,没收违法所得,可以并处五万元以下的罚款;已取得许可证的,原发证部门可以依法暂扣或者吊销许可证;构成犯罪的,依法追究刑事责任:……(四)出售、运输疫区中被传染病病原体污染或者可能被传染病

---

① 参见郎胜主编:《中华人民共和国刑法解读》,中国法制出版社2009年版,第630~631页。

病原体污染的物品，未进行消毒处理的……"根据《传染病防治法》第七十八条的规定，疫区是指传染病在人群中暴发、流行，其病原体向周围播散时所能波及的地区。

5. 拒绝执行县级以上人民政府、疾病预防控制机构依照传染病防治法提出的预防、控制措施的。《刑法修正案（十一）》将本项原表述中的"卫生防疫机构"修改为"疾病预防控制机构"，并增加规定"县级以上人民政府"作为提出传染病预防、控制措施的主体。根据《传染病防治法》的相关规定，县级以上人民政府在传染病预防、控制工作中负有法定义务，行使法定职权；疾病预防控制机构主要负责相关技术性事务，是传染病防控工作的专业和科学保障，二者均有权依照传染病防治法提出相应的预防、控制措施。

"预防、控制措施"，是指疾病预防控制机构根据预防传染的需要采取的措施。主要包括:[①]（1）对甲类传染病病人和病原携带者，予以隔离治疗或对严重发病区采取隔离措施；（2）对疑似甲类传染病病人，在明确诊断前，在指定场所进行医学观察；（3）对传染病病人禁止从事与人群接触密切的工作；（4）对易感染人畜共患传染病的野生动物，未经当地或者接收地的政府畜牧兽医部门检疫，禁止出售或者运输；（5）对从事传染病预防、医疗、科研、教学的人员预先接种有关接触的传染病疫苗；（6）执行职务时穿防护服装；（7）对传染病病人、病原携带者、疑似传染病人污染的场所、物品和密切接触的人员，实施必要的卫生处理和预防措施等。

需要注意的是，构成妨害传染病防治罪，需要相关行为达到"引起甲类传染病以及依法确定采取甲类传染病预防、控制措施的传染病传播或者有传播严重危险"的程度。根据《传染病防治法》第三条的规定，甲类传染病是指：鼠疫、霍乱。乙类传染病是指：传染性非典型肺炎、艾滋病、病毒性肝炎、脊髓灰质炎、人感染高致病性禽流感、麻疹、流行性出血热、狂犬病、流行性乙型脑炎、登革热、炭疽、细菌性和阿米巴性痢疾、肺结核、伤寒和副伤寒、流行性脑脊髓膜炎、百日咳、白喉、新生儿破伤风、猩红热、布鲁氏菌病、淋病、梅毒、钩端螺旋体病、血吸虫病、疟

[①] 参见郎胜主编：《中华人民共和国刑法解读》，中国法制出版社2009年版，第631页。

疾。国务院卫生行政部门根据传染病暴发、流行情况和危害程度，可以决定增加、减少或者调整乙类、丙类传染病病种并予以公布。根据《传染病防治法》第四条的规定，对乙类传染病中传染性非典型肺炎、炭疽中的肺炭疽和人感染高致病性禽流感，采取甲类传染病的预防、控制措施。其他乙类传染病和突发原因不明的传染病需要采取甲类传染病的预防、控制措施的，由国务院卫生行政部门及时报经国务院批准后予以公布、实施。

（三）犯罪主体

妨害传染病防治罪的主体是一般主体，包括自然人和单位。

（四）犯罪主观方面

妨害传染病防治罪的主观方面表现为过失，即对自己的行为"引起甲类传染病以及依法确定采取甲类传染病预防、控制措施的传染病传播或者有传播严重危险"的危害结果，行为人应当预见但因为疏忽大意而没有预见，或者已经预见而轻信能够避免。至于行为人对自己违反《传染病防治法》规定的行为本身所持主观心理状态，则为明知。

（五）刑事责任

根据修正后《刑法》第三百三十条第一款的规定，犯妨害传染病防治罪的，处三年以下有期徒刑或者拘役；后果特别严重的，处三年以上七年以下有期徒刑。

根据《刑法》第三百三十条第二款的规定，单位犯妨害传染病防治罪的，对单位判处罚金，并对其直接负责的主管人员和其他直接责任人员，处三年以下有期徒刑或者拘役；后果特别严重的，处三年以上七年以下有期徒刑。

五、司法适用中需要注意的问题

（一）关于引起传染病"传播或者有传播严重危险"的认定

根据修正后《刑法》第三百三十条的规定，妨害传染病防治罪以"引

第三十七条 修改妨害传染病防治罪

起甲类传染病以及依法确定采取甲类传染病预防、控制措施的传染病传播或者有传播严重危险"作为入罪要件。因此，并非所有妨害传染病防治的行为都构成犯罪，司法适用中需要进一步判断是否造成引起甲类传染病以及依法确定采取甲类传染病预防、控制措施的传染病"传播或者有传播严重危险"。对于这一入罪要件应当准确把握，以对相关案作出审慎、恰当的处理。

1. 准确把握犯罪主体范围。根据《刑法》第三百三十条第一款第一项至第四项的规定，妨害传染病防治行为的主体一般为供水单位，对传染病病原体污染的污水、污物、场所和物品负有消毒处理义务的个人或单位，有准许、纵容传染病病人、疑似传染病病人和病原携带者从事易使该传染病扩散工作的权限、责任的人，出售、运输疫区被传染病病原体污染或者可能被污染物品的个人或单位，对此，实践中通常并无大的问题。但是，对于《刑法》第三百三十条第一款第五项规定的"拒绝执行县级以上人民政府、疾病预防控制机构依照传染病防治法提出的预防、控制措施"行为，则须准确把握主体的认定问题。

通常而言，此类拒不执行传染病防控措施行为的主体应当是在事后被确诊为"甲类传染病以及依法确定采取甲类传染病预防、控制措施的传染病"病人或者病原携带者。如果行为人先被确诊为上述传染病病人、病原携带者，其后抗拒隔离治疗，进入公共场所，则属"明知故犯"危害公共安全、构成犯罪的，宜适用以危险方法危害公共安全罪。如果行为人虽有拒绝执行疫情防控措施的行为，如拒不按照有关规定报告病情、旅行史、接触史，但其事后并未被确诊为相关传染病病人、病原携带者，则事实上不可能引起相关传染病传播或者有传播严重危险，不符合妨害传染病防治罪的入罪要件。必要时，可由行政机关给予行政处罚。

需要注意的是，以上针对的只是行为人本人拒不执行传染病防控措施的情形，这并不意味妨害传染病防治罪的主体只能是事后经确诊的相关传染病病人或者病原携带者。例如，老板发现员工系相关传染病病人或者出现相关症状，拒不按照有关规定报告，结果引起传染病病毒传播或者有传播严重危险的，即使老板本人在事后并未被确诊为相关传染病病人或者病原携带者，但其行为也属于"拒绝执行县级以上人民政府、疾病预防控制机构依照传染病防治法提出的预防、控制措施",依法也可以适用妨害传染病防治罪的规定。

2. "引起甲类传染病以及依法确定采取甲类传染病预防、控制措施的传染病传播",是指造成他人被确诊为甲类传染病以及依法确定采取甲类传染病预防、控制措施的传染病病人、病原携带者的情形。"引起甲类传染病以及依法确定采取甲类传染病预防、控制措施的传染病传播"涉及刑法理论上的"疫学因果关系",① 实际运用并不容易,需要结合案件具体情况综合认定。以拒不执行传染病防控措施行为为例,需要审查行为人与被感染者是否有密切接触,被感染者是否接触过其他传染病病人、病原携带者,感染时间是否在行为人与被感染者接触之后等因素,作出综合判断。如果综合案件证据情况无法确定他人是被行为人感染的,则只能依法不予认定。需要注意的是,根据《刑法》规定,构成妨害传染病防治罪,"引起传染病传播""有传播严重危险"两者居其一即可。如不能认定行为人引起传染病传播,但可以认定其行为有引起传播的严重危险的,仍可以妨害传染病防治罪论处。

3. 有引起甲类传染病以及依法确定采取甲类传染病预防、控制措施的传染病传播严重危险,是指虽未造成他人被确诊为上述传染病病人、病原携带者,但引发了传播的严重危险。对于此类情形,入罪应当严格限制在"严重"危险的情形,并且这种危险应当是现实、具体、明确的危险。实践中,对于"传播严重危险"的判断,同样应当坚持综合考量原则。仍以相关传染病的确诊病人、疑似病人拒不执行传染病防控措施引起相关传染病传播严重危险为例,需要重点审查行为人是否采取特定防护措施,进入公共场所、公共交通工具的频率、内部人员密集程度,密切接触的人员数量和区域,被诊断为相关传染病、疑似病人以及被采取病毒检验、隔离的

---

① 在某些公害犯罪案件因果关系判断中存在着科学法则缺位的问题,为此,学者们提出了疫学因果关系论,即认为某个因素与基于它的疾病之间的关系即使从医学、药理学等观点不能符合法则的证明,但是,根据统计的大量观察方法,肯定其间存在高度的盖然性时,就可以肯定因果关系。参见左袖阳:《疫学因果关系的刑事证明责任分析》,载《中国刑事法杂志》2013 年第 5 期。

人数及范围等,作出妥当认定。① 考虑到妨害传染病防治罪是危害公共卫生犯罪,因此对行为人仅造成共同生活的家人之间传播、感染的,一般不宜作为犯罪处理。②

（二）关于与相关犯罪的界分

1. 与以危险方法危害公共安全罪的界分。就危害公共卫生安全的结果或者危险而言,以危险方法危害公共安全罪与妨害传染病防治罪具有共性,但两罪仍存在明显的区别,应当注意从以下几个方面把握：（1）主观方面不同。以危险方法危害公共安全罪的主观方面为故意,即对自己行为危害不特定的多数人人身安全、重大公私财产安全的结果持追求或者放任的心理态度,如明知自己为新冠肺炎确诊病人,为泄愤或者报复社会故意频繁出入公共场所和公共交通工具,恶意向不特定多数人传播病毒；妨害传染病防治罪的主观方面为过失,即虽然可能明知自己行为违反《传染病防治法》等法律规定,但对于该行为引起甲类传染病以及依法确定采取甲类传染病预防、控制措施的传染病传播的后果或者有传播的严重危险,则持排斥态度,或为应当预见但由于疏忽大意没有预见,或为已经预见但轻信能够避免,如出于恐慌未如实报告疫区旅行史,逃避隔离,但外出采取必要防护措施的。（2）行为方式不同。前者的行为方式为"其他危险方法",且与放火、决水、爆炸以及投放危险物质在行为特征和危险性上具有相当性；后者的行为方式限于《刑法》第三百三十条第一款规定的五种情形。（3）入罪要件不同。《刑法》第一百一十四条规定的以危险方法危害公共安全罪系典型的危险犯,造成对不特定多数人人身和重大公私财产的具体危险,即成立犯罪；成立《刑法》第一百一十五条第一款规定的以危险方法危害公共安全罪,则要求致人重伤、死亡或者使公私财产遭受

---

① 参见徐日丹：《依法惩治妨害疫情防控违法犯罪、切实保障人民群众生命健康安全——最高人民法院研究室主任姜启波、最高人民检察院法律政策研究室主任高景峰联合答记者问（二）》,载《检察日报》2020年3月25日。

② 参见孙航：《依法惩治妨害疫情防控违法犯罪 切实保障人民群众生命健康安全——最高人民法院研究室主任姜启波 最高人民检察院法律政策研究室主任高景峰联合答记者问》,载《人民法院报》2020年2月28日。

重大损失。妨害传染病防治罪的入罪要件为"引起甲类传染病以及依法确定采取甲类传染病预防、控制措施的传染病传播或者有传播严重危险"。

需要注意的是,两罪主观罪过等方面存在明显的区别,不存在竞合的可能,实践中应注意区分把握,特别是在造成人员死亡等严重结果的场合,综合考量行为人的主观罪过、行为手段,根据主客观相统一的原则准确适用《刑法》规定,避免"唯结果论",确保实现罪责刑相适应。

2. 与妨害国境卫生检疫罪的界分。两罪侵犯的客体均为公共卫生安全,入罪要件均要求特定种类的传染病传播或者有传播严重危险,作为构成要件中客观要素的特定传染病也存在交叉:都包括鼠疫、霍乱和新冠肺炎。两罪的区别应当主要从以下几个方面把握:(1)《刑法》第三百三十条规定的妨害传染病防治罪针对的是违反《传染病防治法》《突发事件应对法》《突发公共卫生事件应急条例》等规定,拒绝执行疾控防疫机构依照传染病防治法提出的防控措施的行为,适用于在我国境内的疾病防控环节。《刑法》第三百三十二条规定的妨害国境卫生检疫罪针对的是违反《国境卫生检疫法》及其实施细则等规定,拒绝执行国境卫生检疫机关依照国境卫生检疫法提出的检疫措施的行为,适用于在出入我国国境时的卫生防控防疫环节。(2)妨害传染病防治罪中的"传染病"为甲类传染病以及依法确定采取甲类传染病预防、控制措施的传染病,根据《传染病防治法》的规定,目前,甲类传染病包括鼠疫和霍乱两种。根据《国境卫生检疫法》的规定,检疫传染病是指鼠疫、霍乱、黄热病以及国务院确定和公布的其他传染病。[①] 根据国家卫生健康委员会发布的相关公告,新冠肺炎属乙类传染病,采取甲类传染病的预防、控制措施;同时,纳入检疫传染病管理。

[①] 参见徐日丹:《依法惩治妨害疫情防控违法犯罪、切实保障人民群众生命健康安全——最高人民法院研究室主任姜启波、最高人民检察院法律政策研究室主任高景峰联合答记者问(二)》,载《检察日报》2020年3月25日。

第三十八条　增设非法采集人类遗传资源、走私人类遗传资源材料罪

【条文内容】

三十八、在刑法第三百三十四条后增加一条，作为第三百三十四条之一："违反国家有关规定，非法采集我国人类遗传资源或者非法运送、邮寄、携带我国人类遗传资源材料出境，危害公众健康或者社会公共利益，情节严重的，处三年以下有期徒刑、拘役或者管制，并处或者单处罚金；情节特别严重的，处三年以上七年以下有期徒刑，并处罚金。"

【条文主旨】

为有效保护我国人类遗传资源，维护国家生物安全，与《生物安全法》等相衔接，本条增设非法采集人类遗传资源、走私人类遗传资源材料罪，将违反国家规定，非法采集我国人类遗传资源或者非法运送、邮寄、携带我国人类遗传资源出境，危害公众健康或者社会公共利益，情节严重的行为规定为犯罪。

【理解与适用】

一、修法背景

人类遗传资源，包括人类遗传资源材料和人类遗传资源信息。人类遗传资源材料是指含有人体基因组、基因等遗传物质的器官、组织、细胞等遗传材料。人类遗传资源信息是指利用人类遗传资源材料产生的数据等信

息资料。① 随着生命科学的发展，人类遗传资源从一种特殊资源逐渐成为一种重要的战略资源。"人类遗传资源对于我们而言既是'说明书'，又是'密码'。我们已经了解的知识，可以通过它来解读。我们未知的领域，可以通过它来探索，人类遗传资源的重要性不言而喻。"② 从世界范围看，多个国家以立法的形式或出台明确规定，规范本国遗传资源的使用。例如，美国对获取人类遗传资源的审批条件、审批流程，获取过程中的隐私保护和数据储存等出台了具体的实施指南。③ 我国是多民族的人口大国，孕育了极其丰富的民族遗传资源和典型的疾病遗传资源，拥有大量特殊生态环境人群、地理隔离人群以及疾病核心家系等遗传资源，独特的人类遗传资源优势是我国生命科学技术自主创新的资源保障。④ 保护我国人类遗传资源不被非法采集，规制有关主体依法依规进行科研活动尤为重要。

我国人类遗传资源管理工作起步较早，1998年，中国人类遗传资源管理办公室成立，同年发布《人类遗传资源管理暂行办法》（国办发〔1998〕36号），对我国人类遗传资源的采集、收集、研究、开发、买卖、出口、出境等活动进行规范。2015年7月，科技部发布《人类遗传资源采集、收集、买卖、出口、出境审批行政许可事项服务指南》，进一步完善我国人类遗传资源利用的相关审批流程，强化全过程监管与服务。⑤ 上述规范对有效保护和合理利用我国人类遗传资源发挥了重要作用。

随着形势发展，我国人类遗传资源管理出现了一些新情况、新问题，包括：人类遗传资源非法外流不断发生；人类遗传资源的利用不够规范、缺乏统筹；利用我国人类遗传资源开展国际合作科学研究的有关制度不够完善；《人类遗传资源管理暂行办法》规定的法律责任不够完备，监管措施需要进一步完善；等等。特别是，随着基因编辑等生物新技术的不断进步，人类已经具备了认识、改造和利用自身生物信息的能力，从而使其成

---

① 参见《生物安全法》第八十五条。
② 王立铭：《巡山报告》，湖南科学技术出版社2020年版，第174页。
③ 参见王立铭：《巡山报告》，湖南科学技术出版社2020年版，第207页。
④ 参见李昕：《立法保护人类遗传资源正当其时》，载《光明日报》2019年8月22日。
⑤ 参见杨渊、池慧、殷环、杜然然、崔春舜、高东平：《美国人类遗传资源管理研究及对我国的启示》，载《生命科学》2019年第7期。

第三十八条　增设非法采集人类遗传资源、走私人类遗传资源材料罪

为一种内在资源,并使侵犯和破坏这一资源成为现实可能。[1] 实践中,不规范利用人类遗传资源的行为时有发生。例如,深圳某科技公司未经许可与英国牛津大学开展中国人类遗传资源国际合作研究,并将部分人类遗传资源信息从网上传递出境。2018年10月,科技部作出行政处罚决定书,责令该公司立即停止该研究工作的执行、销毁该研究工作中所有未出境的遗传资源材料及相关研究数据、停止涉及我国人类遗传资源的国际合作,整改验收合格后,再行开展等。[2]

党的十八大以来,党中央高度重视生物安全工作,把生物安全纳入国家安全战略,提出建立健全生物安全法律法规体系。2019年5月,国务院公布《人类遗传资源管理条例》,明确规定采集、保藏、利用、对外提供我国人类遗传资源,不得危害我国公众健康、国家安全和社会公共利益,应当符合伦理原则,保护人类遗传资源提供者的合法权益,遵守相应的技术规范。[3] 2020年10月,第十三届全国人大常委会第二十二次会议通过《生物安全法》,将人类遗传资源与生物资源安全单独作为一章进行规定,明确了国家对我国人类遗传资源和生物资源具有主权,并进一步明确采集、保藏、利用、对外提供我国人类遗传资源的原则、流程等内容。

在《刑法修正案(十一)(草案)》研拟过程中,立法工作机关根据各方意见,将非法采集、非法运送、邮寄、携带我国人类遗传资源出境的行为纳入《刑法》规制,将破坏我国人类遗传资源管理秩序,危害公众健康或公共利益,情节严重的行为作为犯罪处罚,以进一步促进我国人类遗传资源的有效保护和合理利用,维护国家安全和生物安全,实现与《生物安全法》《人类遗传资源管理条例》等法律法规的有序衔接,从而形成草案一次审议稿第二十二条的写法。

---

[1] 参见钱继磊:《论作为新兴权利的代际权利——从人类基因编辑事件切入》,载《政治与法律》2019年第5期。

[2] 参见《违规将部分信息传出境,华大基因被科技部处罚!》,载手机网易网,https://3g.163.com/all/article/DV22G0ER04178D6R.html,最后访问日期:2021年3月3日。

[3] 参见《司法部、科技部负责人就〈中华人民共和国人类遗传资源管理条例〉答记者问》,载中国政府法制信息网,http://www.chinalaw.gov.cn/news/content/2019-06/10/zcjd_236561.html,最后访问日期:2021年3月3日。

二、审议过程

草案一次审议稿	草案二次审议稿	《刑法修正案（十一）》
二十二、在刑法第三百三十四条后增加一条，作为第三百三十四条之一："违反国家有关规定，有下列情形之一，危害公众健康或者社会公共利益，情节严重的，处三年以下有期徒刑、拘役或者管制，并处或者单处罚金；情节特别严重的，处三年以上七年以下有期徒刑，并处罚金： "（一）非法采集国家人类遗传资源； "（二）非法运送、邮寄、携带人类遗传资源材料出境的； "（三）未经安全审查，将国家人类遗传资源信息向境外组织、个人及其设立或者实际控制的机构提供或者开放使用的。"	三十二、在刑法第三百三十四条后增加一条，作为第三百三十四条之一："违反国家有关规定，非法采集我国人类遗传资源或者非法运送、邮寄、携带我国人类遗传资源材料出境，危害公众健康或者社会公共利益，情节严重的，处三年以下有期徒刑、拘役或者管制，并处或者单处罚金；情节特别严重的，处三年以上七年以下有期徒刑，并处罚金。"	三十八、在刑法第三百三十四条后增加一条，作为第三百三十四条之一："违反国家有关规定，非法采集我国人类遗传资源或者非法运送、邮寄、携带我国人类遗传资源材料出境，危害公众健康或者社会公共利益，情节严重的，处三年以下有期徒刑、拘役或者管制，并处或者单处罚金；情节特别严重的，处三年以上七年以下有期徒刑，并处罚金。"

在《刑法修正案（十一）（草案）》审议和征求过程中，根据有关方面的意见，立法工作机关在草案二次审议稿第三十二条中作出调整，删去一次审议稿第二十二条第三项"未经安全审查，将国家人类遗传资源信息向境外组织、个人及其设立或者实际控制的机构提供或者开放使用的"[1]

---

[1] 《人类遗传资源管理条例》第二十八条第一、二款规定："将人类遗传资源信息向外国组织、个人及其设立或者实际控制的机构提供或者开放使用，不得危害我国公众健康、国家安全和社会公共利益；可能影响我国公众健康、国家安全和社会公共利益的，应当通过国务院科学技术行政部门组织的安全审查。""将人类遗传资源信息向外国组织、个人及其设立或者实际控制的机构提供或者开放使用的，应当向国务院科学技术行政部门备案并提交信息备份。"据此，只有在可能影响我国公众健康、国家安全和社会公共利益的情形下，向外国组织、个人及其设立或者实际控制的机构提供或者开放使用我国人类遗传资源信息，才需要进行安全审查。

第三十八条　增设非法采集人类遗传资源、走私人类遗传资源材料罪

的内容，并简化条款设置。《刑法修正案（十一）》第三十八条最终沿用二次审议稿的写法。

三、修正前后条文对照

修正前《刑法》	修正后《刑法》
	第三百三十四条之一　【非法采集人类遗传资源、走私人类遗传资源材料罪】违反国家有关规定，非法采集我国人类遗传资源或者非法运送、邮寄、携带我国人类遗传资源材料出境，危害公众健康或者社会公共利益，情节严重的，处三年以下有期徒刑、拘役或者管制，并处或者单处罚金；情节特别严重的，处三年以上七年以下有期徒刑，并处罚金。

四、修正后条文的理解与适用

（一）罪名确定

根据《罪名补充规定（七）》第三百三十四条之一罪名确定为非法采集人类遗传资源、走私人类遗传资源材料罪。

对第三百三十四条之一规定的罪名确定，有意见建议将罪名确定为"危害国家人类遗传资源安全罪"。经研究，《罪名补充规定（七）》将本条罪名确定为"非法采集人类遗传资源、走私人类遗传资源材料罪"。主要考虑：（1）"危害国家人类遗传资源安全罪"的罪名表述过于概括、笼统，易导致理解上的偏差；（2）本条规定包括两种行为方式，即"非法采集"和"非法运送、邮寄、携带……出境"，后一种行为方式可概括为"走私"，同时考虑非法采集的对象是"人类遗传资源"，走私的对象是"人类遗传资源材料"，故罪名确定为"非法采集人类遗传资源、走私人类遗传资源材料罪"，以准确概括罪状。

(二) 犯罪客体

非法采集人类遗传资源、走私人类遗传资源材料罪侵犯的客体是复杂客体，行为人不仅侵犯国家对我国人类遗传资源的管理制度，还可能侵犯我国生物安全及公众健康权益。

(三) 犯罪客观方面

非法采集人类遗传资源、走私人类遗传资源材料罪的客观方面表现为违反国家有关规定，非法采集我国人类遗传资源或者非法运送、邮寄、携带我国人类遗传资源材料出境，危害公众健康或者社会公共利益，情节严重的行为。具体而言，包括三个方面的要件。

1. 违反国家有关规定。这是成立非法采集人类遗传资源、走私人类遗传资源材料罪的前提条件。根据《刑法》第九十六条的规定，"国家规定"是指全国人民代表大会及其常务委员会制定的法律和决定，国务院制定的行政法规、规定的行政措施、发布的决定和命令。"国家有关规定"除了《刑法》第九十六条规定的"国家规定"情形外，还包括主管部门制定的部门规章。具体来说，包括全国人民代表大会及其常务委员会制定的法律和决定，国务院制定的行政法规、规定的行政措施、发布的决定和命令，还包括相关主管部门制定的条例、办法、指导意见等部门规章，与本条相关的国家有关规定主要是《生物安全法》《人类遗传资源管理条例》《人类遗传资源管理暂行办法》《重要遗传家系和特定地区人类遗传资源申报登记办法（暂行）》等。[①]

2. 非法采集我国人类遗传资源或者非法运送、邮寄、携带我国人类遗传资源材料出境。

(1) 非法采集我国人类遗传资源。此类行为的对象为我国人类遗传资源。根据《生物安全法》第八十五条第八项的规定："人类遗传资源，包括人类遗传资源材料和人类遗传资源信息。人类遗传资源材料是指含有人

[①] 参见许永安主编：《中华人民共和国刑法修正案（十一）解读》，中国法制出版社2021年版，第352页。

第三十八条 增设非法采集人类遗传资源、走私人类遗传资源材料罪

体基因组、基因等遗传物质的器官、组织、细胞等遗传材料。人类遗传资源信息是指利用人类遗传资源材料产生的数据等信息资料。"

此类行为违反国家有关采集我国人类遗传资源的管理规定，具有违法性。根据《生物安全法》第五十五条的规定："采集、保藏、利用、对外提供我国人类遗传资源，应当符合伦理原则，不得危害公众健康、国家安全和社会公共利益。"该法第五十六第四款还明确规定："境外组织、个人及其设立或者实际控制的机构不得在我国境内采集、保藏我国人类遗传资源，不得向境外提供我国人类遗传资源。"《人类遗传资源管理条例》第十一条规定："采集我国重要遗传家系、特定地区人类遗传资源或者采集国务院科学技术行政部门规定种类、数量的人类遗传资源的，应当符合下列条件，并经国务院科学技术行政部门批准：（一）具有法人资格；（二）采集目的明确、合法；（三）采集方案合理；（四）通过伦理审查；（五）具有负责人类遗传资源管理的部门和管理制度；（六）具有与采集活动相适应的场所、设施、设备和人员。"第十二条规定："采集我国人类遗传资源，应当事先告知人类遗传资源提供者采集目的、采集用途、对健康可能产生的影响、个人隐私保护措施及其享有的自愿参与和随时无条件退出的权利，征得人类遗传资源提供者书面同意。""在告知人类遗传资源提供者前款规定的信息时，必须全面、完整、真实、准确，不得隐瞒、误导、欺骗。"违反上述规定，非法采集我国人类遗传资源的，可能构成非法采集人类遗传资源罪。

（2）非法运送、邮寄、携带我国人类遗传资源材料出境。《生物安全法》第五十六条第一款规定："从事下列活动，应当经国务院科学技术主管部门批准：……（四）将我国人类遗传资源材料运送、邮寄、携带出境。"《人类遗传资源管理条例》第二十七条规定："利用我国人类遗传资源开展国际合作科学研究，或者因其他特殊情况确需将我国人类遗传资源材料运送、邮寄、携带出境的，应当符合下列条件，并取得国务院科学技术行政部门出具的人类遗传资源材料出境证明：（一）对我国公众健康、国家安全和社会公共利益没有危害；（二）具有法人资格；（三）有明确的境外合作方和合理的出境用途；（四）人类遗传资源材料采集合法或者来自合法的保藏单位；（五）通过伦理审查。""利用我国人类遗传资源开展

国际合作科学研究,需要将我国人类遗传资源材料运送、邮寄、携带出境的,可以单独提出申请,也可以在开展国际合作科学研究申请中列明出境计划一并提出申请,由国务院科学技术行政部门合并审批。""将我国人类遗传资源材料运送、邮寄、携带出境的,凭人类遗传资源材料出境证明办理海关手续。"可见,运送、邮寄、携带我国人类遗传资源材料出境,需要严格依照法律法规规定的条件和程序进行。不符合相关条件以及未经批准擅自运送、邮寄、携带出境的,可能构成走私人类遗传资源材料罪。需要注意的是,此类行为的对象限于我国人类遗传资源材料,即《生物安全法》规定的"含有人体基因组、基因等遗传物质的器官、组织、细胞等遗传材料",而不包括利用人类遗传资源材料产生的数据等人类遗传资源信息。

《刑法》保护的人类遗传资源和人类遗传资源材料都限定于"我国",对于在我国境内采集非我国种族遗传资源的行为,《刑法》并没有作出限定,不宜依照修正后《刑法》第三百三十四条之一的规定追究刑事责任。如果采集的程序、目的、方式等违反国家有关规定,符合行政处罚条件的,行政处罚即可。[1]

3. 危害公众健康或者社会公共利益,情节严重。非法采集人类遗传资源、走私人类遗传资源材料罪以"危害公众健康或者社会公共利益""情节严重"作为入罪要件。与传统的人身、财产犯罪不同,非法采集人类遗传资源及运送、邮寄、携带人类遗传资源材料出境的行为后果通常短期内很难立即显现,对于"危害公众健康或者社会公共利益"的理解和判断还要结合其具体情形来综合判断。[2]

(四)犯罪主体

非法采集人类遗传资源、走私人类遗传资源材料罪的主体为一般主体。根据修正后《刑法》第三百三十四条之一的规定,非法采集人类遗传

---

[1] 参见许永安主编:《中华人民共和国刑法修正案(十一)解读》,中国法制出版社2021年版,第356页。

[2] 参见许永安主编:《中华人民共和国刑法修正案(十一)解读》,中国法制出版社2021年版,第354页。

第三十八条　增设非法采集人类遗传资源、走私人类遗传资源材料罪

资源、走私人类遗传资源材料罪的主体不包括单位。

（五）犯罪主观方面

非法采集人类遗传资源、走私人类遗传资源材料罪的主观方面为故意，出于何种动机，不影响本罪的成立。

（六）刑事责任

根据修正后《刑法》第三百三十四条之一的规定，本罪具有两个量刑档次：非法采集我国人类遗传资源或者非法运送、邮寄、携带我国人类遗传资源材料出境，危害公众健康或者社会公共利益，情节严重的，处三年以下有期徒刑、拘役或者管制，并处或者单处罚金；情节特别严重的，处三年以上七年以下有期徒刑，并处罚金。

五、司法适用中需要注意的问题

（一）准确把握刑法与行政法规的关系

人类遗传资源在经济价值和国家战略方面都有独特的价值，相关产业和技术迅猛发展、日新月异，在制定各项规范的过程中，要注重平衡好利用我国人类遗传资源、发展围绕基因信息的相关技术与监管之间的关系。如果打击范围过大，架空行政处罚，必然会对相关产业的发展造成负面影响，但是若监管缺位，对造成严重后果的行为不加以严格规制，会对我国的生物安全和国家安全造成重大损失。在司法实践中，应准确把握刑罚与行政处罚的关系，对于尚未超出行政处罚范围的行为，不能认定为犯罪，不能以刑罚手段替代行政处罚，应为相关产业的创新发展和国际合作营造良好的环境。

（二）关于"情节严重"的认定

非法采集人类遗传资源或者非法运送、邮寄、携带我国人类遗传资源材料出境的行为，需要达到"情节严重"的程度，才能构成非法采集人类遗传资源、走私人类遗传资源材料罪。对于"情节严重"的认定，可以从

行为方式上判断,也可以从造成危害结果的角度考量,如非法采集人类遗传资源及运送、邮寄、携带人类遗传资源材料的样本数量、采集地区、采集的方式、采集目的和用途、采集的年龄段等,也包括造成被采集人身体伤害、感染疾病或身体功能异常,为境外非法组织或基于非法目的获取我国人类遗传资源信息而研制某些生物制剂等。①

---

① 参见许永安主编:《中华人民共和国刑法修正案(十一)解读》,中国法制出版社2021年版,第355页。

第三十九条　增设非法植入基因编辑、克隆胚胎罪

【条文内容】

三十九、在刑法第三百三十六条后增加一条，作为第三百三十六条之一："将基因编辑、克隆的人类胚胎植入人体或者动物体内，或者将基因编辑、克隆的动物胚胎植入人体内，情节严重的，处三年以下有期徒刑或者拘役，并处罚金；情节特别严重的，处三年以上七年以下有期徒刑，并处罚金。"

【条文主旨】

为进一步维护国家安全和生物安全，与《生物安全法》相衔接，本条增设非法植入基因编辑、克隆胚胎罪，规定将基因编辑、克隆的人类胚胎植入人体或者动物体内，或者将基因编辑、克隆的动物胚胎植入人体内，情节严重的行为构成犯罪。

【理解与适用】

一、修法背景

2018年11月26日，一篇名为《世界首例免疫艾滋病的基因编辑婴儿在中国诞生》的新闻在互联网刊载。据报道，在来自中国深圳的科学家贺建奎在第二届国际人类基因组编辑峰会召开前一天宣布，一对名为"露露"和"娜娜"的基因编辑婴儿于2018年11月在中国诞生。这对双胞胎的一个基因经过修改，使她们出生后即能天然抵抗艾滋病。根据贺建奎的解释，基因编辑手术比起常规试管婴儿多一个步骤，即在受精卵时期，把Cas9蛋白和特定的引导序列，用5微米、约头发二十分之一细的针注射到

还处于单细胞的受精卵里。他的团队采用"CRISPR/Cas9"基因编辑技术，这种技术能够精确定位并修改基因，也被称为"基因手术刀"。这次基因手术修改的是 CCR5 基因，而 CCR5 基因是 HIV 病毒入侵机体细胞的主要辅助受体之一。此前资料显示，在北欧人群里面有约 10% 的人天然存在 CCR5 基因缺失。拥有这种突变的人，能够关闭致病力最强的 HIV 病毒感染大门，使病毒无法入侵人体细胞，即能天然免疫 HIV 病毒。[①] 简而言之，贺建奎称其利用基因编辑技术，将受精卵中的 CCR5 基因破坏，使得"露露"和"娜娜"的 CCR5 基因缺失，天生获得了免疫艾滋病的能力。然而，这一看似攻克了艾滋病难题的案例，却蕴含着极其重大、严肃的医学伦理问题。事发当日，国内上百位科学家发出联署声明，表示"这项所谓研究的生物医学伦理审查形同虚设。直接进行人体实验，只能用疯狂形容"。当日晚间，深圳市科技创新委员会紧急回应称，经核查，深圳市科技创新委员会从未立项资助"CCR5 基因编辑""HIV 免疫基因 CCR5 胚胎基因编辑安全性和有效性评估"等自由探索项目，亦未资助贺建奎、覃金洲及深圳市某医疗机构在该领域的科技计划项目。该研究的临床注册信息上登载"经费或物资来源为深圳市科技创新自由探索项目"不属实。2018 年 11 月 27 日，中国科协生命科学学会联合体发表声明，坚决反对有违科学精神和伦理道德的所谓科学研究与生物技术应用。基因编辑婴儿事件实属违反伦理道德和有关规定，已严重扰乱科研秩序，对中国生命科学领域国际声誉造成严重损害。在基因编辑婴儿事件发生之后，广东省对涉事单位和人员进行了严肃处理和问责。卫生健康行政部门已将相关涉案人员列入人类生殖技术违法违规人员"黑名单"，终身禁止其从事人类辅助生殖技术服务工作。科技主管部门已对涉案人员作出终身禁止其申请我国人类遗传资源行政审批、终身禁止其申请财政资金支持的各级各类科研项目等行政处理。贺建奎等人被公安机关立案侦查，该案于 2019 年 12 月 30 日在深圳市南山区人民法院一审公开宣判。贺建奎、张仁礼、覃金洲等三名被告人因共同非法实施以生殖为目的的人类胚胎基因编辑和生殖医疗活动，

[①] 参见《世界首例免疫艾滋病的基因编辑婴儿在中国诞生》，载新浪网，https://tech.sina.com.cn/d/f/2018-11-26/doc-ihmutuec3688779.shtml，最后访问日期：2021 年 3 月 3 日。

构成非法行医罪。

法院审理查明，2016年以来，南方科技大学原副教授贺建奎得知人类胚胎基因编辑技术可获得商业利益，即与广东省某医疗机构张仁礼、深圳市某医疗机构覃金洲共谋，在明知违反国家有关规定和医学伦理的情况下，仍以通过编辑人类胚胎CCR5基因可以生育免疫艾滋病的婴儿为名，将安全性、有效性未经严格验证的人类胚胎基因编辑技术用于辅助生殖医疗。贺建奎等人伪造伦理审查材料，招募男方为艾滋病病毒感染者的多对夫妇实施基因编辑及辅助生殖，以冒名顶替、隐瞒真相的方式，由不知情的医生将基因编辑过的胚胎通过辅助生殖技术移植入人体内，致使两人怀孕，先后生下三名基因编辑婴儿。法院认为，三名被告人未取得医生执业资格，追名逐利，故意违反国家有关科研和医疗管理规定，逾越科研和医学伦理道德底线，贸然将基因编辑技术应用于人类辅助生殖医疗，扰乱医疗管理秩序，情节严重，其行为已构成非法行医罪。根据三名被告人的犯罪事实、性质、情节和对社会的危害程度，依法判处被告人贺建奎有期徒刑三年，并处罚金人民币三百万元；判处张仁礼有期徒刑二年，并处罚金人民币一百万元；判处覃金洲有期徒刑一年六个月，缓刑二年，并处罚金人民币五十万元。①

看似能够使人类彻底摆脱艾滋病的基因编辑人类胚胎技术为何受到了如此强烈的抵制，要从技术本身说起。CRISPR/Cas9技术在对大型哺乳动物细胞进行基因编辑时的效率并不高，同时还存在着脱靶的现象，即没有编辑掉目标基因，反而导致了其他非目标基因的失活，并且已有研究显示，使用CRISPR/Cas9技术编辑过的婴儿，可能会存在着癌症高发的风险，更为令人担心的是，这种风险具有可遗传性，基因编辑过的人类，可能会将异常的P53基因遗传给后代，从而降低人类后代的整体抗癌能力，削弱人类的健康和生存能力。②

使用基因编辑技术治疗艾滋病并非贺建奎首创，但是此前仅限于对患

---

① 参见《"基因编辑婴儿案"贺建奎因非法行医被判三年》，载中国法院网，https：//www.chinacourt.org/article/detail/2019/12/id/4750322.shtml，最后访问日期：2021年3月3日。

② 参见王月丹：《该谈谈如何应对两个基因编辑婴儿了》，载健康界网，https：//www.cn-healthcare.com/articlewm/20181128/content-1041608.html，最后访问日期：2021年3月3日。

者免疫细胞的修改，即使修改失败也不会影响患者生殖细胞，也不会影响患者的后代，而"露露"和"娜娜"所携带的被修改的基因，则会在日后逐渐进入人类的基因池，这些被修改的基因会对"露露"和"娜娜"自身及其后代造成何种风险，在何时、以何种方式显现出来，均具有不确定性。更需我们警惕的是，当改变人类基因的可能性被付诸实践，随着基因编辑等生物技术的迅猛发展和人类知识边界的不断扩展，别有用心的"野心家"们是否还会满足于治愈疾病和预防风险的目的，如果基因编辑人类胚胎具有现实可能，出于预防疾病的初衷而被编辑的"露露"和"娜娜"出现之后，是否会出现父母为增强下一代机能或改变面貌而被编辑的胎儿，那么人类后代的人格尊严将如何得到保障。更加难以设想的是，如果不加以严格规制，当这样的技术吸引了资本，乃至成为可以交易的产业，基因编辑技术带来的将是难以估量的恶果。放眼国际社会，基于各种各样的考虑，即使基因编辑技术在精准医疗等领域具有极大的发展空间，各国对此项技术，尤其是在基因编辑人类方面，均采取了严格的管控措施。

基因编辑婴儿事件发生之后，同为在生命技术领域引发广泛讨论的"克隆"技术问题，再一次引发了世人的关注。科学家把人工遗传操作动物繁殖的过程叫"克隆"，把这门生物技术叫"克隆技术"，其本身的含义是无性繁殖，即由同一个祖先细胞分裂繁殖而形成的纯细胞系，该细胞系中每个细胞的基因彼此相同。自1997年3月英国科学家宣布克隆羊"多利"培育成功之后，世界各国纷纷发布本国克隆技术的成果，以我国为例：2000年6月，中国西北农林科技大学利用成年山羊体细胞克隆出两只"克隆羊"；2012年3月18日，中国农业科学院北京畜牧兽医研究所产生了一头"克隆牛"。越来越多的研究成果表明，克隆技术能应用的场景非常广泛，比如克隆技术可以用于保护物种特别是珍稀、濒危物种；在医学技术领域，治疗性克隆技术借助细胞核置换技术产生胚胎，从胚胎中提取干细胞并通过技术引导胚胎干细胞发育成人类需要的器官或者组织，为解决器官移植中的排异问题提供了有效的思路；等等。但随着克隆技术的发展，"克隆人"的设想逐步变为可能，克隆伴随的医学伦理问题同样浮现在我们眼前。有的学者认为，克隆人技术可能会使得人类社会传统的家庭

第三十九条　增设非法植入基因编辑、克隆胚胎罪

关系遭到破坏，当一个人使用自己的细胞克隆出新的胚胎，在生物学的角度，二者之间拥有的基因一模一样，不能形成预期的父母子女之间的关系，使得人际关系混乱；克隆还可能导致人类的唯一性遭到破坏，当相同的客体被复制出来，人类个体将不再具有独特性，相同基因的翻版还可能减少人类基因的多样性，不利于人类进化。因此，世界各国对于克隆技术的应用都采取了较为严格的限制手段，我国卫生部也在 2001 年 11 月 19 日明确表示对克隆人持"不赞成、不支持、不允许、不接受任何克隆人实验"的坚决态度。

　　随着生物技术的不断进步，我国对于生物安全的重视程度与日俱增，但是上述关于生物安全的讨论同样应当引起我们的重视。一方面，我国关于基因编辑、克隆等生物技术的法律体系仍需要健全完善。虽然《生物安全法》的颁布施行填补了我国生物安全领域的法律空白，但目前我国关于基因编辑、克隆的相关规定大部分系部门规章，其法律位阶明显较低且部分规定的出台时间较早，内容上多以准则性质的规定为主。例如，科学技术部、卫生部于 2003 年出台了《人胚胎干细胞研究伦理指导原则》，国家卫生计生委和国家食品药品监管总局于 2015 年出台《干细胞临床研究管理办法（试行）》，为基因编辑技术等的应用明确了"遵循科学、规范、公开、符合伦理、充分保护受试者权益的原则"等基本准则；再如，国家科学委员会 1993 年颁布的《基因工程安全管理办法》（国家科学技术委员会令 17 号）、2016 年国家卫生计生委颁布的《涉及人的生物医学研究伦理审查办法》，① 基因编辑婴儿事件发生后出台的《人类遗传资源管理条例》等文件中尽管规定了行政责任，但其强制力和约束力也相对较低；而《生物安全法》作为一部基础性法律，不仅需要相应的行政法规明确有关人员和行为的行政责任，还需要刑事法律为其提供更为强大的约束力和更为严格的处罚。另一方面，现阶段对于从事生物技术涉嫌的犯罪行为，处罚依据有待明确。虽然现有法律法规的罚则部分大都涉及刑事处罚的内容，但是处罚依据存在空白，如《生物安全法》第八十二条规定："违反本法规定，构成犯罪的，依法追究刑事责任；造成人身、财产或者其他损害的，依法

---

① 参见侯宇：《基因编辑婴儿之法学反思》，载《甘肃政法学院学报》2020 年第 1 期。

承担民事责任。"再如,《人类遗传资源管理条例》第四十四条规定:"违反本条例规定,侵害他人合法权益的,依法承担民事责任;构成犯罪的,依法追究刑事责任。"但是纵观我国《刑法》,在《刑法修正案(十一)》之前并没有明确设置单独罪名规制基因编辑和克隆等生物技术的相关规定,这也是贺建奎等人非法行医案件的定性处理引发广泛讨论的原因之一。从域外立法来看,多个国家针对生物技术犯罪设置了专门罪名甚至专门章节。例如,《法国刑法典》第二卷第一编"反人种之重罪"中第一章"优生及克隆繁殖之重罪"第214—2条就规定了:"为使活着或死亡之人与他人的基因相同的儿童降生而实施某种手术的,处30年有期徒刑和750万欧元罚金。"2004年加拿大颁布的《人类辅助生殖法》中规定了"任何人不得故意使用任何技术创造克隆人类,或将克隆的人类移植到人类或任何非人类的生命形态或人工装置中""任何人不得故意改变人体细胞或体外胚胎的基因组,使得改变能够传递给后代""任何人不得故意将非人类生命形式的精子、卵子、胚胎或胎儿移植到人体内"等八项涉及生物技术的禁止性行为,并规定了最高为50万加元的罚金及最高为十年的监禁。

《刑法修正案(十一)》在广泛听取专家和群众意见的基础上,增设本罪,填补了生物安全方面的刑法规定空白,旨在严格规范从事有关活动的人员,在从事科研、医疗等有益于人民和社会发展、有益于人类进步的工作中,严格遵守科学道德和学术伦理规范,按照各类行为规范和审批流程进行。

二、审议过程

草案一次审议稿	草案二次审议稿	《刑法修正案（十一）》
二十三、在刑法第三百三十六条后增加一条，作为第三百三十六条之一："违反国家有关规定，将基因编辑的胚胎、克隆的胚胎植入人类或者动物体内，情节严重的，处三年以下有期徒刑或者拘役，并处罚金；情节特别严重的，处三年以上七年以下有期徒刑，并处罚金。"	三十三、在刑法第三百三十六条后增加一条，作为第三百三十六条之一："违反国家有关规定，将基因编辑、克隆的人类胚胎植入人体或者动物体内，或者将基因编辑、克隆的动物胚胎植入人体内，情节严重的，处三年以下有期徒刑或者拘役，并处罚金；情节特别严重的，处三年以上七年以下有期徒刑，并处罚金。"	三十九、在刑法第三百三十六条后增加一条，作为第三百三十六条之一："将基因编辑、克隆的人类胚胎植入人体或者动物体内，或者将基因编辑、克隆的动物胚胎植入人体内，情节严重的，处三年以下有期徒刑或者拘役，并处罚金；情节特别严重的，处三年以上七年以下有期徒刑，并处罚金。"

在《刑法修正案（十一）（草案）》审议和征求过程中，立法工作机关在草案二次审议稿中将本罪的罪状描述进行了较大的调整，主要是由于在审议过程中，有意见提出将基因编辑、克隆的动物胚胎植入动物体是科研活动的常见做法，不应作为犯罪处理，故而明确本罪针对的是"将基因编辑、克隆的人类胚胎植入人体或者动物体内，或者将基因编辑、克隆的动物胚胎植入人体内"的有悖医学伦理的行为，避免实践中的误读。在第三次审议稿中，删去了违反国家有关规定的前置条件，主要是因为生物技术飞速发展，相关国家规定的制定难免出现滞后和短暂的空白。

三、修正前后条文对照

修正前《刑法》	修正后《刑法》
	第三百三十六条之一 【非法植入基因编辑、克隆胚胎罪】将基因编辑、克隆的人类胚胎植入人体或者动物体内，或者将基因编辑、克隆的动物胚胎植入人体内，情节严重的，处三年以下有期徒刑或者拘役，并处罚金；情节特别严重的，处三年以上七年以下有期徒刑，并处罚金。

非法植入基因编辑、克隆胚胎罪是《刑法修正案（十一）》的新增罪名。首先，本罪填补了生物安全犯罪行为在刑法评价上的空白，避免了实践中生物安全领域无法可用的困境，统一了理论界和实务界的认识，为日后的司法实践操作和理论研究发展提供了路径。其次，本罪明确体现出刑法保护人类基因安全的意图。贺建奎案以非法行医罪定罪处罚，虽然对于贺建奎等人非法使用基因编辑技术进行了明确的否定评价，但是尚不足以显示出对生物安全领域的关注和保护，本罪的设置对于此类行为的评价更为周延。再次，与行政责任及民事责任相衔接。尤其是呼应了2021年起正式施行的《民法典》人格权编的相关规定，即《民法典》第一千零九条规定："从事与人体基因、人体胚胎等有关的医学和科研活动，应当遵守法律、行政法规和国家有关规定，不得危害人体健康，不得违背伦理道德，不得损害公共利益。"如此，形成了更加完备的法律体系。

四、修正后条文的理解与适用

（一）罪名确定

根据《罪名补充规定（七）》，将修正后《刑法》第三百三十六条之一的罪名确定为非法植入基因编辑、克隆胚胎罪。

（二）犯罪客体

非法植入基因编辑、克隆胚胎罪侵犯的客体是国家基因管理秩序和公民的身体健康与基因安全。

（三）犯罪客观方面

本罪的客观方面表现为行为人应用基因编辑、克隆生物技术，将基因编辑、克隆的人类胚胎植入人体或者动物体内，或者将基因编辑、克隆的动物胚胎植入人体内，情节严重的行为。本罪规制的是行为人逾越科研和医学伦理道德底线的行为，在科研实验中，将经过基因编辑的动物胚胎或者克隆的动物胚胎植入动物体内的行为不构成本罪。

"基因编辑"是一种靶向突变。"基因编辑"依赖于经过基因工程改造的核酸酶，也称"分子剪刀"，在基因组中特定位置产生位点特异性双链断裂（DSB），诱导生物体通过非同源末端连接（NHEJ）或同源重组（HR）来修复双链断裂（DSB），因为这个修复过程容易出错，从而导致靶向突变。

"克隆"是指生物体通过体细胞进行的无性繁殖，以及由无性繁殖形成的基因型完全相同的后代个体。通常是利用生物技术由无性生殖产生与原个体有完全相同基因的个体或种群。

"植入"即将体外培养的受精卵或者胚胎移植到子宫内的过程，是否着床或成功不影响"植入"行为的完成。①

（四）犯罪主体

本罪的主体为一般主体，凡年满十六周岁、具有刑事责任能力的自然人均可以构成本罪。与《刑法》第三百三十六条规定的非法行医罪不同的是，本罪行为人是否具备医师资格不影响本罪的构成，无论是否具有医师资格都可以本罪定罪处罚，并且应当注意到，基因编辑技术的操作方法简

---

① 参见许永安主编：《中华人民共和国刑法修正案（十一）解读》，中国法制出版社 2021 年版，第 366 页。

单,在有的国家,基因编辑工具及材料甚至可以向公众进行售卖,可能从事此类犯罪活动的人员范围在未来将不断扩张。

(五) 犯罪主观方面

本罪的主观方面表现为故意,行为人对于自己所操作的基因编辑或者克隆技术的对象和植入的受体均有明确的认知。行为人的主观动机不影响本罪的成立,不论行为人是否为了从中牟利,均可以构成本罪。

(六) 刑事责任

根据修正后《刑法》第三百三十六条之一的规定,犯非法基因编辑、克隆胚胎罪的,处三年以下有期徒刑或者拘役,并处罚金;情节特别严重的,处三年以上七年以下有期徒刑,并处罚金。

五、司法适用中需要注意的问题

(一) 入罪标准的问题

本罪是"情节犯",以情节严重为成立犯罪的条件。实践中,应当注意此处的情节严重并非仅是对于行为所造成的损害后果的评价,这是因为,如前文所述,应用基因编辑、克隆生物技术,由于技术本身就存在巨大风险和严重的医学伦理问题,行为人一旦进行操作就必然对行为对象乃至其后代产生深远影响,但是有的后果在一段时间内难以显现,如果仅以造成损害是否严重为入罪标准,既不符合此类行为的规律,又会给司法实践带来障碍。

判断"情节严重"是对相关联情节进行的整体评价。例如,行为的动机,是否为了追求高额回报,是否为追求科研突破而无视基本伦理等;是否履行了规定的伦理审查及批准程序,在按照规定接受审查、履行程序时是否有使用虚假材料、伪造文书的行为;进行操作前是否向行为对象完整阐述了其行为的性质和后果;行为是否造成了不良的国内、国际影响;行为对象的人数是否众多;等等。

（二）行为对象事前同意的问题

实践中，可能会出现类似贺建奎案件的情形，即行为对象对行为人的操作事前同意，甚至要求行为人为其进行操作。我们认为，本罪损害的是复杂客体，除行为对象本身的健康受损之外，国家基因管理秩序和基因安全均受到一定程度的损害，行为对象的同意不能阻断行为人构成犯罪。

第四十条 修改污染环境罪

【条文内容】

四十、将刑法第三百三十八条修改为："违反国家规定，排放、倾倒或者处置有放射性的废物、含传染病病原体的废物、有毒物质或者其他有害物质，严重污染环境的，处三年以下有期徒刑或者拘役，并处或者单处罚金；情节严重的，处三年以上七年以下有期徒刑，并处罚金；有下列情形之一的，处七年以上有期徒刑，并处罚金：

"（一）在饮用水水源保护区、自然保护地核心保护区等依法确定的重点保护区域排放、倾倒、处置有放射性的废物、含传染病病原体的废物、有毒物质，情节特别严重的；

"（二）向国家确定的重要江河、湖泊水域排放、倾倒、处置有放射性的废物、含传染病病原体的废物、有毒物质，情节特别严重的；

"（三）致使大量永久基本农田基本功能丧失或者遭受永久性破坏的；

"（四）致使多人重伤、严重疾病，或者致人严重残疾、死亡的。

"有前款行为，同时构成其他犯罪的，依照处罚较重的规定定罪处罚。"

【条文主旨】

本条加大对污染环境罪的惩治力度，将法定最高刑提高至十五年有期徒刑。根据《水污染防治法》《固体废物污染环境防治法》等相关规定，对情节特别严重的情形单独规定一档法定刑。

【理解与适用】

一、修法背景

1984年《水污染防治法》第四十三条、1996年《水污染防治法》第五十七条均规定:"违反本法规定,造成重大水污染事故,导致公私财产重大损失或者人身伤亡的严重后果的,对有关责任人员可以比照刑法第一百一十五条或者第一百八十七条的规定,追究刑事责任。"1989年《环境保护法》第四十三条规定:"违反本法规定,造成重大环境污染事故,导致公私财产重大损失或者人身伤亡的严重后果的,对直接责任人员依法追究刑事责任。"1995年《固体废物污染环境防治法》第七十二条规定:"违反本法规定,收集、贮存、处置危险废物,造成重大环境污染事故,导致公私财产重大损失或者人身伤亡的严重后果的,比照刑法第一百一十五条或者第一百八十七条的规定追究刑事责任。""单位犯本条罪的,处以罚金,并对直接负责的主管人员和其他直接责任人员依照前款规定追究刑事责任。"1997年《刑法》吸收上述规定,增设重大环境污染事故罪。起草过程中,最初拟规定"土地污染""水体污染""大气污染"三种犯罪,后考虑到以污染对象的性质区分规定的立法模式过于烦琐,故采用了统一规定,形成了《刑法》第三百三十八条的表述,[①] 即"违反国家规定,向土地、水体、大气排放、倾倒或者处置有放射性的废物、含传染病病原体的废物、有毒物质或者其他危险废物,造成重大环境污染事故,致使公私财产遭受重大损失或者人身伤亡的严重后果的,处三年以下有期徒刑或者拘役,并处或者单处罚金;后果特别严重的,处三年以上七年以下有期徒刑,并处罚金。"

[①] 参见高铭暄:《中华人民共和国刑法的孕育诞生和发展完善》,北京大学出版社2012年版,第561~562页。

1997年《刑法》施行后,重大环境污染事故刑事案件逐渐显现。① 应当说,这一时期是环境污染犯罪进入司法适用的初始阶段,取得了一定成效。但是,与重大环境污染事故频发的严峻形势相比,受到刑事追究的案件偏少,反差明显。② 据统计,1998年至2006年,全国每年审理的重大环境污染刑事案件均未超过10件,一直在个位数徘徊。

为进一步加大对环境污染犯罪的惩治力度,2011年5月1日起施行的《刑法修正案(八)》对1997年《刑法》第三百三十八条规定的重大环境污染事故罪作了三处修改完善:一是作了文字修改,删除了排放、倾倒、处置行为的对象,即"向土地、水体、大气"③;二是扩大污染物的范围,将"有放射性的废物、含传染病病原体的废物、有毒物质或者其他危险废物"修改为"有放射性的废物、含传染病病原体的废物、有毒物质或者其他有害物质";三是降低入罪门槛,将"造成重大环境污染事故,致使公私财产遭受重大损失或者人身伤亡的严重后果"修改为"严重污染环境"。修改后,罪名由原来的"重大环境污染事故罪"调整为"污染环境罪"。

1997年《刑法》施行以来,最高人民法院单独或者会同最高人民检察院,就环境污染犯罪先后三次出台专门司法解释。《环境污染刑事解释》

---

① 首例适用重大环境污染事故罪被追究刑事责任的案件为山西运城杨某某重大环境污染事故案。杨某某开办运城市天马文化用纸厂(年实际生产能力为2000吨),一直将含有挥发酚等物质的废水未经处理排到附近一个壕坑内。后因坑内废水超量存放决口,流入一条自然沟内,这条自然沟与引黄干渠仅有一个闸门分隔。1997年10月14日,杨某某安排工人修理闸门时,提起闸门,使造纸废水进入引黄干渠,废水随后通过引黄干渠流入樊村水库,致使41万立方米饮用水体污染,北城供水公司中断供水三天,造成直接经济损失42.9095万元。1998年9月17日,山西省运城市人民法院判决:被告人杨某某犯重大环境污染事故罪,判处有期徒刑二年,并处罚金人民币5万元。1998年12月7日,运城市中级人民法院二审裁定驳回上诉,维持原判。参见《国家环境保护总局关于山西省运城市天马文化用纸厂环境犯罪案有关情况的通报》(环发〔1998〕350号),载 http://www.110.com/fagui/law_94178.html,最后访问日期:2021年3月3日。

② 例如,1997年全国发生各类环境污染事故1992起,其中,重大事故77起,特大事故36起。而受到刑事追究的案件实属个别。参见《国家环境保护总局关于山西省运城市天马文化用纸厂环境犯罪案有关情况的通报》(环发〔1998〕350号),载 http://www.110.com/fagui/law_94178.html,最后访问日期:2021年3月3日。

③ 本书认为,立足当下,这一修改并无实质意义,仅是使表述更为精练。污染环境罪的对象无疑为环境,而环境要素基本上可以还原为土地、水体、大气。特别是,当下的污染环境罪涉及的污染物还不宜包括噪音、光辐射。在此情况下,基本上可以认为环境就是由土地、水体、大气构成的。当然,将来随着污染环境罪涉及的污染物范围不断扩充,上述论断可能作出适当调整。

第四十条 修改污染环境罪

自2017年1月1日起正式施行后,针对办理环境污染刑事案件中遇到的突出困难和问题,最高人民法院、最高人民检察院、公安部、司法部、生态环境部于2019年2月联合发布《环境污染刑事纪要》。这是习近平生态文明思想确立以来,"两高三部"第一次就办理环境污染刑事案件有关问题联合出台专门文件。各级公检法机关和环保部门依照法律、司法解释的有关规定,严格办理污染环境刑事案件,进一步加大惩治力度,为守护绿水青山蓝天、建设美丽中国提供了有力刑事司法保障。

习近平总书记指出,要"用最严格制度最严密法网保护生态环境,加快制度创新,强化制度执行,让制度成为刚性的约束和不可触碰的高压线"。在《刑法修正案(十一)(草案)》研拟过程中,根据有关方面的意见,为与《水污染防治法》《固体废物污染环境防治法》《水法》等的规定相衔接,有效解决司法实践反映的污染环境行为因果链条复杂、具体危害结果难以准确查实、部分严重污染环境犯罪的法定刑配置偏低等问题,立法工作机关对《刑法》第三百三十八条的规定作出修改,涉及定罪量刑标准调整、法定刑配置提升、犯罪竞合处理规则设置等,从而形成草案一次审议稿第二十四条的写法。[①]

[①] 参见许永安主编:《中华人民共和国刑法修正案(十一)解读》,中国法制出版社2021年版,第372~373页。

二、审议过程

草案一次审议稿	草案二次审议稿	《刑法修正案（十一）》
二十四、将刑法第三百三十八条修改为："违反国家规定，排放、倾倒或者处置有放射性的废物、含传染病病原体的废物、有毒物质或者其他有害物质，严重污染环境的，处三年以下有期徒刑或者拘役，并处或者单处罚金；后果严重的，处三年以上七年以下有期徒刑，并处罚金；有下列情形之一的，处七年以上有期徒刑： "（一）在饮用水水源保护区、自然保护区核心区排放、倾倒、处置有放射性的废物、含传染病病原体的废物、有毒物质，造成特别严重后果的； "（二）向国家确定的重要江河、湖泊水域排放、倾倒、处置有放射性的废物、含传染病病原体的废物、有毒物质，造成特别严重后果的； "（三）致使大量基本农田基本功能丧失或者遭受永久性破坏的； "（四）致人重伤、死亡的。 "有前款行为，同时构成其他犯罪的，依照处罚较重的规定定罪处罚。"	三十四、将刑法第三百三十八条修改为："违反国家规定，排放、倾倒或者处置有放射性的废物、含传染病病原体的废物、有毒物质或者其他有害物质，严重污染环境的，处三年以下有期徒刑或者拘役，并处或者单处罚金；情节严重的，处三年以上七年以下有期徒刑，并处罚金；有下列情形之一的，处七年以上有期徒刑，并处罚金： "（一）在饮用水水源保护区、自然保护区核心区等依法确定的国家重点生态保护区域排放、倾倒、处置有放射性的废物、含传染病病原体的废物、有毒物质，造成特别严重后果的； "（二）向国家确定的重要江河、湖泊水域排放、倾倒、处置有放射性的废物、含传染病病原体的废物、有毒物质，造成特别严重后果的； "（三）致使大量永久基本农田基本功能丧失或者遭受永久性破坏的； "（四）致使多人重伤、严重疾病，或者致人严重残疾、死亡的。 "有前款行为，同时构成其他犯罪的，依照处罚较重的规定定罪处罚。"	四十、将刑法第三百三十八条修改为："违反国家规定，排放、倾倒或者处置有放射性的废物、含传染病病原体的废物、有毒物质或者其他有害物质，严重污染环境的，处三年以下有期徒刑或者拘役，并处或者单处罚金；情节严重的，处三年以上七年以下有期徒刑，并处罚金；有下列情形之一的，处七年以上有期徒刑，并处罚金： "（一）在饮用水水源保护区、自然保护地核心保护区等依法确定的重点保护区域排放、倾倒、处置有放射性的废物、含传染病病原体的废物、有毒物质，情节特别严重的； "（二）向国家确定的重要江河、湖泊水域排放、倾倒、处置有放射性的废物、含传染病病原体的废物、有毒物质，情节特别严重的； "（三）致使大量永久基本农田基本功能丧失或者遭受永久性破坏的； "（四）致使多人重伤、严重疾病，或者致人严重残疾、死亡的。 "有前款行为，同时构成其他犯罪的，依照处罚较重的规定定罪处罚。"

第四十条　修改污染环境罪

在《刑法修正案（十一）（草案）》审议和征求意见过程中，各方普遍认为，加大对污染环境罪的惩治力度，体现了用最严格的制度、最严密的法治保护生态环境的要求，对于推进生态文明建设具有重要意义；同时，对具体条文设计也提出了修改完善意见。经综合各方意见，草案二次审议稿作了调整，主要有二：一是完善了第三档处罚情形，将第四项由"致人重伤、死亡的"调整为"致使多人重伤、严重疾病，或者致人严重残疾、死亡的"；二是完善第三档处罚情形的刑罚配置，增加规定"并处罚金"。与草案二次审议稿第三十四条相比，《刑法修正案（十一）》第四十条又作了较大幅度的调整，主要是将第三档处罚情形由"造成特别严重后果"调整为"情节特别严重"。

三、修正前后条文对照

修正前《刑法》	修正后《刑法》
第三百三十八条　【污染环境罪】违反国家规定，排放、倾倒或者处置有放射性的废物、含传染病病原体的废物、有毒物质或者其他有害物质，严重污染环境的，处三年以下有期徒刑或者拘役，并处或者单处罚金；后果特别严重的，处三年以上七年以下有期徒刑，并处罚金。	第三百三十八条　【污染环境罪】违反国家规定，排放、倾倒或者处置有放射性的废物、含传染病病原体的废物、有毒物质或者其他有害物质，严重污染环境的，处三年以下有期徒刑或者拘役，并处或者单处罚金；情节严重的，处三年以上七年以下有期徒刑，并处罚金；有下列情形之一的，处七年以上有期徒刑，并处罚金： （一）在饮用水水源保护区、自然保护地核心保护区等依法确定的重点保护区域排放、倾倒、处置有放射性的废物、含传染病病原体的废物、有毒物质，情节特别严重的； （二）向国家确定的重要江河、湖泊水域排放、倾倒、处置有放射性的废物、含传染病病原体的废物、有毒物质，情节特别严重的； （三）致使大量永久基本农田基本功能丧失或者遭受永久性破坏的； （四）致使多人重伤、严重疾病，或者致人严重残疾、死亡的。 有前款行为，同时构成其他犯罪的，依照处罚较重的规定定罪处罚。

对比发现，《刑法修正案（十一）》第四十条对《刑法》第三百三十八条的修改主要涉及如下三个方面：一是对第二档的入罪条件作了修改，将"后果特别严重"修改为"情节严重"；二是增加第三档刑罚，规定对部分严重污染环境犯罪"处七年以上有期徒刑，并处罚金"；三是增加第二款，规定"有前款行为，同时构成其他犯罪的，依照处罚较重的规定定罪处罚"。

四、修正后条文的理解与适用

（一）犯罪客体

污染环境罪的客体是国家对环境保护和污染防治的管理秩序。污染环境罪的对象具体表现为土地、水体、大气。虽然《刑法修正案（八）》将排放、倾倒或者处置行为的对象"土地、水体、大气"予以删除，但通常情况下仍然是向土地、水体、大气排放、倾倒或者处置有害物质。"土地"，包括耕地、林地、草地、荒地、山岭、滩涂、河滩地及其他陆地。"水体"，是指中华人民共和国领域内的江河、湖泊、运河、渠道、水库等地表水体以及地下水体，还包括内海、领海以及中华人民共和国管辖的一切其他海域。"大气"，是指包围地球的空气层总体。[①]

（二）犯罪客观方面

污染环境罪的客观方面表现为违反国家规定，排放、倾倒或者处置有放射性的废物、含传染病病原体的废物、有毒物质或者其他有害物质，严重污染环境的行为。具体而言，包括三个方面的要件。

1. 违反国家规定，即违反国家有关环境保护的法律、法规或者相关规定，如《环境保护法》《大气污染防治法》《水污染防治法》《海洋环境保护法》等。对于向环境排放、倾倒或者处置有害物质未违反有关国家规定的，属于对环境的合理利用，不构成犯罪。

---

① 参见全国人大常委会法制工作委员会刑法室编：《中华人民共和国刑法修正案（八）条文说明、立法理由及相关规定》，北京大学出版社2011年版，第177页。

2. 实施了排放、倾倒或者处置有放射性的废物、含传染病病原体的废物、有毒物质或者其他有害物质的行为。"排放",是指将有害物质向水体、土地、大气等排入的行为,包括泵出、溢出、泄出、喷出和倒出等行为。"倾倒",是指通过船舶、航空器、平台或者其他运载工具,向水体、土地、滩涂、森林、草原以及大气等处置有害物质的行为。"处置",主要是指以焚烧、填埋等方式处理有害物质的活动。行为人只要实施了向土地、水体、大气排放、倾倒或者处置有害物质的其中一种行为即可构成本罪;实施两种以上行为的,仍为一罪,不实行数罪并罚。

3. 严重污染环境。"严重污染环境",既包括发生了造成财产损失或者人身伤亡的环境污染事故,也包括虽然还未造成环境污染事故,但是已经使环境受到严重污染或者破坏的情形。[①] 根据《环境污染刑事解释》《环境污染刑事纪要》,实施《刑法》第三百三十八条规定的行为,具有下列情形之一的,应当认定为"严重污染环境":(1)在饮用水水源一级保护区、自然保护区核心区排放、倾倒、处置有放射性的废物、含传染病病原体的废物、有毒物质的;(2)非法排放、倾倒、处置危险废物三吨以上的;(3)排放、倾倒、处置含铅、汞、镉、铬、砷、铊、锑的污染物,超过国家或者地方污染物排放标准三倍以上的;(4)排放、倾倒、处置含镍、铜、锌、银、钒、锰、钴的污染物,超过国家或者地方污染物排放标准十倍以上的;(5)通过暗管、渗井、渗坑、裂隙、溶洞、灌注等逃避监管的方式排放、倾倒、处置有放射性的废物、含传染病病原体的废物、有毒物质的;(6)二年内[②]曾因违反国家规定,排放、倾倒、处置有放射性的废物、含传染病病原体的废物、有毒物质受过两次以上行政处罚,又实施前列行为的;(7)重点排污单位[③]篡改、伪造自动监测数据或者干扰自动监测设施,排放化学需氧量、氨氮、二氧化硫、氮氧化物等污染物的;(8)违

[①] 参见全国人大常委会法制工作委员会刑法室编:《中华人民共和国刑法修正案(八)条文说明、立法理由及相关规定》,北京大学出版社2011年版,第178页。

[②] "二年内",以第一次违法行为受到行政处罚的生效之日与又实施相应行为之日的时间间隔计算确定。

[③] "重点排污单位",是指设区的市级以上人民政府环境保护主管部门依法确定的应当安装、使用污染物排放自动监测设备的重点监控企业及其他单位。

法减少防治污染设施运行支出一百万元以上的;(9)违法所得①或者致使公私财产损失②三十万元以上的;(10)造成生态环境严重损害的;③(11)致使乡镇以上集中式饮用水水源取水中断十二小时以上的;(12)致使基本农田、防护林地、特种用途林地五亩以上,其他农用地十亩以上,其他土地二十亩以上基本功能丧失或者遭受永久性破坏的;(13)致使森林或者其他林木死亡五十立方米以上,或者幼树死亡二千五百株以上的;(14)致使疏散、转移群众五千人以上的;(15)致使三十人以上中毒的;(16)致使三人以上轻伤、轻度残疾或者器官组织损伤导致一般功能障碍的;(17)致使一人以上重伤、中度残疾或者器官组织损伤导致严重功能障碍的;(18)其他严重污染环境的情形④。

(三)犯罪主体

污染环境罪的主体为一般主体,包括自然人和单位。

(四)犯罪主观方面

1. 污染环境罪的主观方面通常由故意构成。具体而言,关于污染环境

---

① "违法所得",是指实施《刑法》第三百三十八条规定的行为所得和可得的全部违法收入。

② "公私财产损失",包括实施《刑法》第三百三十八条规定的行为直接造成财产损毁、减少的实际价值,为防止污染扩大、消除污染而采取必要合理措施所产生的费用,以及处置突发环境事件的应急监测费用。

③ "生态环境损害",包括生态环境修复费用,生态环境修复期间服务功能的损失和生态环境功能永久性损害造成的损失,以及其他必要合理费用。

④ 根据《环境污染案件纪要》的规定,对重污染天气预警期间,违反国家规定,超标排放二氧化硫、氮氧化物,受过行政处罚后又实施上述行为或者具有其他严重情节的,可以适用《环境污染罪解释》第一条第十八项规定的"其他严重污染环境的情形"追究刑事责任。当然,为了避免重复评价,此种情形不能再适用《环境污染刑事解释》第四条第三项的规定从重处罚。

罪的主观罪过形式①,本书主张混合罪过说,即污染环境罪的主观罪过通常是故意,但也可以由过失构成。主要考虑如下:

第一,根据《刑法修正案(八)》的修法精神,不宜否认污染环境罪可以由过失构成。在《刑法修正案(八)》施行前,刑法理论和司法实务通常主张《刑法》第三百三十八条可以由过失构成,即违反国家规定,过失造成重大环境污染事故,致使公私财产遭受重大损失或者人身伤亡的严重后果的,可以成立重大环境污染事故罪。而《刑法修正案(八)》对《刑法》第三百三十八条的修改,显然是为了更好地适应日益严峻的环境保护形势,增强《刑法》规定的可操作性。如果主张污染环境罪的主观方面不能由过失构成,则意味着在《刑法修正案(八)》之前可以重大环境污染事故罪论处的行为,在之后却不能以污染环境罪论处,可能会得出《刑法修正案(八)》关于《刑法》第三百三十八条的修改实际上提升了主观罪过门槛的结论。这显然不符合修法精神。

第二,从司法实践来看,不宜否认污染环境罪可以由过失构成。过失污染环境的案件时有发生,否认污染环境罪可以由过失构成,不符合实际。例如,违反操作规程处置污染物发生事故,违反相关规定盛放污染物发生泄漏等。上述案件中,行为人对污染物污染环境在主观上并非持希望或者放任的态度,不能认定为故意。如果否认过失可以成立污染环境罪,则意味着上述案件即使导致严重污染环境的实害后果的,也不能以污染环境罪论处,明显不合适。② 特别是,当前和今后一段时期是我国环境高风

---

① 在《刑法修正案(八)》将重大环境污染事故罪修改为污染环境罪后,关于污染环境罪的主观罪过形式存在较大争议:一是故意说。有观点认为,污染环境罪的主观方面为故意。参见张明楷:《刑法学》,法律出版社2016年版,第1131页。二是过失说。有观点认为,该罪的主观方面由过失构成,即行为人对于违反环境保护相关国家规定,排放、倾倒或者处置有害物质是明知的,但对于由此造成的严重后果并非行为人所希望。参见高铭暄、马克昌主编:《刑法学》,北京大学出版社、高等教育出版社2016年版,第582页。三是混合罪过说。有观点认为,污染环境罪的主观方面既包括故意,也包括过失。参见汪维才:《污染环境罪主客观要件问题研究——以〈中华人民共和国刑法修正案(八)〉为视角》,载《法学杂志》2011年第8期。

② 当然,有论者可能主张适用过失以危险方法危害公共安全罪等其他罪名。本书不赞同上述主张。主要考虑是:该类案件更为符合污染环境罪的规制目的,且可以通过合理解释污染环境罪主观罪过形式加以适用,没有必要适用其他罪名,而且,按照上述主张,可能加剧以危险方法危害公共安全罪等罪名的"口袋罪"趋势,导致罪名之间的界限愈加模糊。

险期,强调污染环境罪的过失罪过形式,对于促使有关单位和个人严格遵守环境保护相关国家规定,避免环境风险转化为实害后果,有重大现实意义。

第三,从国外的立法规定来看,污染环境犯罪的主观方面涵括故意和过失是通例。特别是,《德国刑法典》和《日本关于危害人体健康的公害犯罪制裁法》均是从故意犯罪和过失犯罪两个方面来规定污染环境犯罪的。例如,《德国刑法典》第324条规定:"(1)未经许可污染水域或对其品质作不利改变的,处五年以下自由刑或罚金刑。(2)犯本罪未遂的,亦应处罚。(3)过失犯本罪的,处三年以下自由刑或罚金刑。"[1] 其他关于污染土地、污染空气等环境犯罪的规定亦规定可以由过失构成。而我国《刑法》关于污染环境犯罪的规定主要集中在污染环境罪,宜主张其主观方面涵括故意和过失,以免人为限缩规制范围。

第四,从刑法体系协调的角度,主张污染环境罪的主观方面为复合罪过有先例可循。在我国,关于复合罪过的问题确有一定争议。需要说明的是,本书认为,不能以同一个条文涉及的两个罪名分别涉及故意和过失,而主张复合罪过在《刑法》中的存在。例如,《刑法》第三百九十七条虽然同时规定了滥用职权罪和玩忽职守罪(通常认为主观方面分别为故意和过失),但这是两个相对独立的罪名,与复合罪过并不相关。同样,《刑法》第三百九十八条规定的故意泄露国家秘密罪和过失泄露国家秘密罪,也不涉及复合罪过的问题。但是,在《刑法修正案(八)》之后,《刑法》中规定有复合罪过却是不争的事实。例如,《刑法》第四百零八条之一规定的食品、药品监管渎职罪涉及滥用职权和玩忽职守两种情形,无疑包括故意和过失在内,认定该罪系复合罪过并无问题。

综上,污染环境罪的主观方面为复合罪过,即包括故意和过失两种罪过形式。司法适用中需要注意的是,故意是通常的罪过形式,即污染环境罪通常由故意构成;过失是例外的罪过形式,即污染环境罪在一定条件下也可以由过失构成。而且,在过失污染环境的案件中,通常而言,行为人对于违反国家规定是明知故犯,而且限于造成实害后果的情形。此外,对

---

[1] 参见《德国刑法典》,徐久生、庄敬华译,中国方正出版社2004年版,第160页。

于共同犯罪，也限于共同故意犯罪，对于两人以上共同过失污染环境犯罪的，不以共同犯罪论处，应当负刑事责任的，按照他们所犯的罪分别处罚。

2. 鉴于司法实践中环境污染犯罪的主观罪过形式通常表现为故意，故《环境污染刑事纪要》对判断行为人是否具有环境污染犯罪的故意作出专门规定。

一是综合分析判断规则。《环境污染刑事纪要》规定："判断犯罪嫌疑人、被告人是否具有环境污染犯罪的故意，应当依据犯罪嫌疑人、被告人的任职情况、职业经历、专业背景、培训经历、本人因同类行为受到行政处罚或刑事追究情况以及污染物种类、污染方式、资金流向等证据，结合其供述，进行综合分析判断。"

二是主观故意推定规则。根据《环境污染刑事纪要》的规定，具有下列情形之一，犯罪嫌疑人、被告人不能作出合理解释的，可以认定其故意实施环境污染犯罪，但有证据证明确系不知情的除外：（1）企业没有依法通过环境影响评价，或者未依法取得排污许可证，排放污染物，或者已经通过环境影响评价并且防治污染设施验收合格后，擅自更改工艺流程、原辅材料，导致产生新的污染物质的；（2）不使用验收合格的防治污染设施或者不按规范要求使用的；（3）防治污染设施发生故障，发现后不及时排除，继续生产放任污染物排放的；（4）生态环境部门责令限制生产、停产整治或者予以行政处罚后，继续生产放任污染物排放的；（5）将危险废物委托第三方处置，没有尽到查验经营许可的义务，或者委托处置费用明显低于市场价格或者处置成本的；（6）通过暗管、渗井、渗坑、裂隙、溶洞、灌注等逃避监管的方式排放污染物的；（7）通过篡改、伪造监测数据的方式排放污染物的；（8）其他足以认定的情形。

（五）刑事责任

1. 根据修正后《刑法》第三百三十八条第一款的规定，犯污染环境罪的，处三年以下有期徒刑或者拘役，并处或者单处罚金；情节严重的①，处三年以上七年以下有期徒刑，并处罚金；有下列情形之一的，处七年以上有期徒刑，并处罚金：（1）在饮用水水源保护区②、自然保护地③核心保护区等依法确定的重点保护区域排放、倾倒、处置有放射性的废物、含传染病病原体的废物、有毒物质，情节特别严重的；（2）向国家确定的重要江河、湖泊水域④排放、倾倒、处置有放射性的废物、含传染病病原体的废物、有毒物质，情节特别严重的；（3）致使大量永久基本农田⑤基本功能丧失或者遭受永久性破坏的；（4）致使多人重伤、严重疾病，或者致人严重残疾、死亡的。

根据修正后《刑法》第三百三十八条第二款的规定，犯污染环境罪，同时构成其他犯罪的，依照处罚较重的规定定罪处罚。

根据《刑法》第三百四十六条的规定，单位犯污染环境罪的，对单位判处罚金，并对其直接负责的主管人员和其他直接责任人员，依照自然人犯污染环境罪的规定处罚。

2. 根据《环境污染刑事解释》《环境污染刑事纪要》的规定，实施《刑法》第三百三十八条规定的行为，具有下列情形之一的，应当从重处

---

① 所谓"情节严重"，是指在"严重污染环境"的基础上，情节更为严重的污染环境行为，既包括造成严重后果，也包括虽然尚未造成严重后果或者严重后果不易查证，但非法排放、倾倒、处置有害物质时间长、数量大等严重情节。参见许永安主编：《中华人民共和国刑法修正案（十一）解读》，中国法制出版社2021年版，第390页。

② 《水法》第三十三条规定："国家建立饮用水水源保护区制度。省、自治区、直辖市人民政府应当划定饮用水水源保护区，并采取措施，防止水源枯竭和水体污染，保证城乡居民饮用水安全。"

③ 《土壤污染防治法》第三十一条第三款规定："各级人民政府应当加强对国家公园等自然保护地的保护，维护其生态功能。"

④ 《水污染防治法》第十三条规定："国务院环境保护主管部门会同国务院水行政主管部门和有关省、自治区、直辖市人民政府，可以根据国家确定的重要江河、湖泊流域水体的使用功能以及有关地区的经济、技术条件，确定该重要江河、湖泊流域的省界水体适用的水环境质量标准，报国务院批准后施行。"

⑤ 《土地管理法》第三十四条规定："永久基本农田划定以乡（镇）为单位进行，由县级人民政府自然资源主管部门会同同级农业农村主管部门组织实施。永久基本农田应当落实到地块，纳入国家永久基本农田数据库严格管理。""乡（镇）人民政府应当将永久基本农田的位置、范围向社会公告，并设立保护标志。"《土壤污染防治法》第五十条规定："县级以上地方人民政府应当依法将符合条件的优先保护类耕地划为永久基本农田，实行严格保护。""在永久基本农田集中区域，不得新建可能造成土壤污染的建设项目；已经建成的，应当限期关闭拆除。"

罚：(1) 阻挠环境监督检查或者突发环境事件调查，尚不构成妨害公务等犯罪的；(2) 在医院、学校、居民区等人口集中地区及其附近，违反国家规定排放、倾倒、处置有放射性的废物、含传染病病原体的废物、有毒物质或者其他有害物质的；(3) 在重污染天气预警期间、突发环境事件处置期间或者被责令限期整改期间，违反国家规定排放、倾倒、处置有放射性的废物、含传染病病原体的废物、有毒物质或者其他有害物质的；(4) 具有危险废物经营许可证的企业违反国家规定排放、倾倒、处置有放射性的废物、含传染病病原体的废物、有毒物质或者其他有害物质的。

实施《刑法》第三百三十八条规定的行为，刚达到应当追究刑事责任的标准，但行为人及时采取措施，防止损失扩大、消除污染，全部赔偿损失，积极修复生态环境，且系初犯，确有悔罪表现的，可以认定为情节轻微，不起诉或者免予刑事处罚；确有必要判处刑罚的，应当从宽处罚。

具有下列情形之一的，一般不适用不起诉、缓刑或者免予刑事处罚：(1) 不如实供述罪行的；(2) 属于共同犯罪中情节严重的主犯的；(3) 犯有数个环境污染犯罪依法实行并罚或者以一罪处理的；(4) 曾因环境污染违法犯罪行为受过行政处罚或者刑事处罚的；(5) 其他不宜适用不起诉、缓刑、免予刑事处罚的情形。

人民法院审理环境污染刑事案件拟适用缓刑或者免予刑事处罚的，应当分析案发前后的社会影响和反映，注意听取控辩双方提出的意见。对于情节恶劣、社会反映强烈的环境污染犯罪，不得适用缓刑、免予刑事处罚。人民法院对判处缓刑的被告人，一般应当同时宣告禁止令，禁止其在缓刑考验期内从事与排污或者处置危险废物有关的经营活动。生态环境部门根据禁止令，对上述人员担任实际控制人、主要负责人或者高级管理人员的单位，依法不得发放排污许可证或者危险废物经营许可证。

五、司法适用中需要注意的问题

(一) 关于污染环境单位犯罪的认定

当前，一些地方办理环境污染犯罪案件，存在追究自然人犯罪多，追究单位犯罪少，单位犯罪认定难的问题。对此，《环境污染刑事纪要》作了专门规定。

一是依法合理把握追究刑事责任的范围。《环境污染刑事纪要》要求在办理单位环境污染刑事案件时贯彻宽严相济刑事政策的要求，依法合理把握追究刑事责任的范围，"重点打击出资者、经营者和主要获利者，既要防止不当缩小追究刑事责任的人员范围，又要防止打击面过大"。特别是，要合理把握单位犯罪中直接负责的主管人员和其他直接责任人员的范围。根据《环境污染刑事纪要》的规定，单位犯罪中的直接负责的主管人员，一般是指对单位犯罪起决定、批准、组织、策划、指挥、授意、纵容等作用的主管人员，包括单位实际控制人、主要负责人或者授权的分管负责人、高级管理人员等；其他直接责任人员，一般是指在直接负责的主管人员的指挥、授意下积极参与实施单位犯罪或者对具体实施单位犯罪起较大作用的人员。

二是单位犯罪的认定情形。根据《环境污染刑事纪要》的规定，为了单位利益，实施环境污染行为，并具有下列情形之一的，应当认定为单位犯罪：（1）经单位决策机构按照决策程序决定的；（2）经单位实际控制人、主要负责人或者授权的分管负责人决定、同意的；（3）单位实际控制人、主要负责人或者授权的分管负责人得知单位成员个人实施环境污染犯罪行为，并未加以制止或者及时采取措施，而是予以追认、纵容或者默许的；（4）使用单位营业执照、合同书、公章、印鉴等对外开展活动，并调用单位车辆、船舶、生产设备、原辅材料等实施环境污染犯罪行为的。

三是单位犯罪的补充起诉机制。《环境污染刑事纪要》规定："对于应当认定为单位犯罪的环境污染犯罪案件，公安机关未作为单位犯罪移送审查起诉的，人民检察院应当退回公安机关补充侦查。对于应当认定为单位犯罪的环境污染犯罪案件，人民检察院只作为自然人犯罪起诉的，人民法院应当建议人民检察院对犯罪单位补充起诉。"需要注意的是，根据《刑事诉讼法解释》第三百四十条的规定，在建议人民检察院对犯罪单位追加起诉的情形下，如果人民检察院仍以自然人犯罪起诉的，人民法院应当依法审理，按照单位犯罪中的直接负责的主管人员或者其他直接责任人员追究刑事责任，并援引《刑法》分则关于追究单位犯罪中直接负责的主管人员和其他直接责任人员刑事责任的条款。

（二）关于污染环境罪未遂的认定与处理

根据《环境污染刑事纪要》的规定，对于行为人已经着手实施非法排放、倾倒、处置有毒有害污染物的行为，由于有关部门查处或者其他意志以外的原因未得逞的情形，可以污染环境罪（未遂）追究刑事责任。

（三）关于对污染环境案件准确适用非法经营罪

修正后《刑法》第三百三十八条第二款规定："有前款行为，同时构成其他犯罪的，依照处罚较重的规定定罪处罚。"《环境污染刑事解释》第六条规定："无危险废物经营许可证从事收集、贮存、利用、处置危险废物经营活动，严重污染环境的，按照污染环境罪定罪处罚；同时构成非法经营罪的，依照处罚较重的规定定罪处罚。""实施前款规定的行为，不具有超标排放污染物、非法倾倒污染物或者其他违法造成环境污染的情形的，可以认定为非法经营情节显著轻微危害不大，不认为是犯罪；构成生产、销售伪劣产品等其他犯罪的，以其他犯罪论处。"[①]《环境污染刑事纪要》要求坚持全链条、全环节、全流程对非法排放、倾倒、处置、经营危险废物的产业链进行刑事打击，查清犯罪网络，深挖犯罪源头，斩断利益链条，不断挤压和铲除此类犯罪滋生蔓延的空间。特别是，针对《环境污染刑事解释》第六条规定的准确理解和适用，《环境污染刑事纪要》要求注意把握两项原则。

一是坚持实质判断原则，对行为人非法经营危险废物行为的社会危害性作实质性判断。《环境污染刑事解释》第六条确立了无危险废物经营许可证从事收集、贮存、利用、处置危险废物经营活动的入罪以违法造成环境污染为实质要件，未违法造成环境污染的，通常可以认定为情节显著轻微危害不大，不认为是犯罪。比如，一些单位或者个人虽未依法取得危险废物经营许可证，但其收集、贮存、利用、处置危险废物经营活动，没有

[①] 《环境污染刑事解释》第七条规定："明知他人无危险废物经营许可证，向其提供或者委托其收集、贮存、利用、处置危险废物，严重污染环境的，以共同犯罪论处。"第十七条第六款规定："本解释所称'无危险废物经营许可证'，是指未取得危险废物经营许可证，或者超出危险废物经营许可证的经营范围。"

违法造成环境污染情形的,则不宜以非法经营罪论处,也不宜以污染环境罪论处。需要注意的是,对于违法造成环境污染要件的判断应当采取相对宽泛的标准,即不要求一定达到《环境污染刑事解释》第一条第二项以外其他项规定的严重污染环境的具体情形。例如,未按照规定安装特定污染防治设施,处置过程中超过标准排放污染物(虽然未达到超过特定标准三倍以上),或者将处置剩余的污染物违反规定倾倒的,可以认定为具备违法造成环境污染的要件。

二要坚持综合判断原则,对行为人非法经营危险废物行为根据其在犯罪链条中的地位、作用综合判断其社会危害性。比如,有证据证明单位或者个人的无证经营危险废物行为属于危险废物非法经营产业链的一部分,并且已经形成了分工负责、利益均沾、相对固定的犯罪链条,如果行为人或者与其联系紧密的上游或者下游环节具有排放、倾倒、处置危险废物违法造成环境污染的情形,且交易价格明显异常的,对行为人可以根据案件具体情况,在污染环境罪和非法经营罪中择一重罪处断。

(四)关于对污染环境案件准确适用投放危险物质罪

修正后《刑法》第三百三十八条第二款规定:"有前款行为,同时构成其他犯罪的,依照处罚较重的规定定罪处罚。"《环境污染刑事解释》第八条规定:"违反国家规定,排放、倾倒、处置含有毒害性、放射性、传染病病原体等物质的污染物,同时构成污染环境罪、非法处置进口的固体废物罪、投放危险物质罪等犯罪的,依照处罚较重的规定定罪处罚。"在此基础上,《环境污染刑事纪要》对投放危险物质罪的适用作了专门规定。

一是用足用好《刑法》和《环境污染刑事解释》的规定。目前,我国一些地方环境违法犯罪活动高发多发,刑事处罚威慑力不强的问题仍然突出。因此,《环境污染刑事纪要》要求,现阶段在办理环境污染犯罪案件时必须坚决贯彻落实党中央领导同志关于重典治理污染的指示精神,把《刑法》和《环境污染刑事解释》的规定用足用好,形成对环境污染违法犯罪的强大震慑。

二是准确适用投放危险物质罪。司法适用中,对污染环境的行为应当原则上适用污染环境罪,适用投放危险物质罪的,应当特别慎重,准确查明主客观方面的情况。《环境污染刑事纪要》规定:"司法实践中对环境污染行为适用投放危险物质罪追究刑事责任时,应当重点审查判断行为人的主观恶性、污染行为恶劣程度、污染物的毒害性危险性、污染持续时间、污染结果是否可逆、是否对公共安全造成现实、具体、明确的危险或者危害等各方面因素。"而且,对污染环境行为适用投放危险物质罪,主要是基于罪责刑相适应的考虑,对此应当特别注意把握。基于此,《环境污染刑事纪要》专门规定,对于行为人明知其排放、倾倒、处置的污染物含有毒害性、放射性、传染病病原体等危险物质,仍实施环境污染行为放任其危害公共安全,造成重大人员伤亡、重大公私财产损失等严重后果,以污染环境罪论处明显不足以罚当其罪的,可以依照《环境污染刑事解释》第八条的规定,以投放危险物质罪定罪量刑。具体而言,实践中此类情形主要是向饮用水水源保护区,饮用水供水单位取水口和出水口,南水北调水库、干渠、涵洞等配套工程,重要渔业水体以及自然保护区核心区等特殊保护区域,排放、倾倒、处置毒害性极强的污染物,危害公共安全并造成严重后果的情形。

(五)关于非法排放、倾倒、处置行为的认定

根据《刑法》第三百三十八条的规定,污染环境罪的客观方面限于排放、倾倒、处置三种行为方式。司法实践中,一方面,要严格遵循罪刑法定原则的要求,避免将非法运输、贮存等其他行为不当以污染环境罪追究刑事责任;另一方面,也要准确认定非法排放、倾倒、处置行为,特别是防止名为运输、贮存,实为排放、倾倒、处置的行为逃脱刑事法律制裁。基于此,《环境污染刑事纪要》要求,应当根据《固体废物污染环境防治法》和《环境污染刑事解释》的有关规定精神准确认定非法排放、倾倒、处置行为,特别是应当"从其行为方式是否违反国家规定或者行业操作规范、污染物是否与外环境接触、是否造成环境污染的危险或者危害等方面进行综合分析判断。对名为运输、贮存、利用,实为排放、倾倒、处置的行为应当认定为非法排放、倾倒、处置行为,可以依法追究刑事责任。比如,未采取相应防范措施将没有利用价值的危险废物长期贮存、搁置,放任危险废物或者其有毒有害成分大量扬散、流失、泄漏、挥发,污染环境

的"。

此外，《环境污染刑事解释》第十六条还规定："无危险废物经营许可证，以营利为目的，从危险废物中提取物质作为原材料或者燃料，并具有超标排放污染物、非法倾倒污染物或者其他违法造成环境污染的情形的行为，应当认定为'非法处置危险废物'。"

（六）关于破坏国家环境质量监测系统行为的处理

《环境污染刑事解释》第十条规定："违反国家规定，针对环境质量监测系统实施下列行为，或者强令、指使、授意他人实施下列行为的，应当依照刑法第二百八十六条的规定，以破坏计算机信息系统罪论处：（一）修改参数或者监测数据的；（二）干扰采样，致使监测数据严重失真的；（三）其他破坏环境质量监测系统的行为。""重点排污单位篡改、伪造自动监测数据或者干扰自动监测设施，排放化学需氧量、氨氮、二氧化硫、氮氧化物等污染物，同时构成污染环境罪和破坏计算机信息系统罪的，依照处罚较重的规定定罪处罚。""从事环境监测设施维护、运营的人员实施或者参与实施篡改、伪造自动监测数据、干扰自动监测设施、破坏环境质量监测系统等行为的，应当从重处罚。"据此，对于破坏环境质量检测系统的行为，应当以破坏计算机信息系统罪定罪处罚。

（七）关于污染物的范围

构成污染环境罪，排放、倾倒或者处置的须为"有放射性废物、含传染病病原体的废物、有毒物质或者其他有害物质"。根据《环境污染刑事解释》《环境污染刑事纪要》的规定，应当注意下列问题。

1. 下列物质应当认定为"有毒物质"：（1）危险废物，是指列入国家危险废物名录，或者根据国家规定的危险废物鉴别标准和鉴别方法认定的，具有危险特性的废物；（2）《关于持久性有机污染物的斯德哥尔摩公约》附件所列物质；（3）含重金属的污染物；（4）其他具有毒性，可能污染环境的物质。

2. 鉴于其他有害物质的范围十分宽泛，交由司法实践裁量把握可以更好地适应具体案件的复杂情况，《环境污染刑事解释》未作明确界定。根据当前司法适用中的具体情况，《环境污染刑事纪要》对如何准确认定《刑法》第三百三十八条规定的其他有害物质作了专门规定：一是坚持主客观相一致原则。《环境污染刑事纪要》规定："办理非法排放、倾倒、处置其他有害物质的案件，应当坚持主客观相一致原则，从行为人的主观恶性、污染行为恶劣程度、有害物质危险性毒害性等方面进行综合分析判断，准确认定其行为的社会危害性。"二是把握常见的有害物质形式。根据《环境污染刑事纪要》的规定，实践中常见的有害物质主要有：工业危险废物以外的其他工业固体废物；未经处理的生活垃圾；有害大气污染物、受控消耗臭氧层物质和有害水污染物；在利用和处置过程中必然产生有毒有害物质的其他物质；国务院生态环境保护主管部门会同国务院卫生主管部门公布的有毒有害污染物名录中的有关物质；等等。

（八）关于危险废物的认定

根据《环境污染刑事解释》第十三条第一款、第十五条第一项的规定，危险废物是指列入国家危险废物名录，或者根据国家规定的危险废物鉴别标准和鉴别方法认定的，具有危险特性的废物。对国家危险废物名录所列的废物，可以依据涉案物质的来源、产生过程、被告人供述、证人证言以及经批准或者备案的环境影响评价文件等证据，结合环境保护主管部门、公安机关等出具的书面意见作出认定。[①] 具体适用中，对危险废物如何认定以及是否需要鉴定，仍存在不同认识。为统一司法适用，《环境污染刑事纪要》区分情况对此作出规定。

1. 对于列入国家危险废物名录的，如果来源和相应特征明确，司法人员根据自身专业技术知识和工作经验认定难度不大的，司法机关可以依据名录直接认定。国家危险废物名录对于废物类别、行业来源（危险废物的产生源）、废物代码、危险特性（指腐蚀性、毒性、易燃性、反应性和感染性）均有明确描述，特别是对废物系在何生产阶段产生均有叙述。因

[①] 《环境污染刑事解释》第十三条第二款还规定："对于危险废物的数量，可以综合被告人供述、涉案企业的生产工艺、物耗、能耗情况，以及经批准或者备案的环境影响评价文件等证据作出认定。"

此,实践中,如果根据涉案物品来源和相应特征可以认定确系列入名录的危险废物的,可以依据名录直接认定为危险废物。

2. 对于来源和相应特征不明确的,由生态环境部门、公安机关等出具书面意见,司法机关可以依据涉案物质的来源、产生过程、被告人供述、证人证言以及经批准或者备案的环境影响评价文件等证据,结合上述书面意见作出是否属于危险废物的认定。根据《环境污染刑事解释》第十三条第一款的规定,此种情形下应当由生态环境部门、公安机关等对涉案物品是否系危险废物出具书面意见。具体而言,对于需要生态环境部门、公安机关等出具书面认定意见的,区分下列情况分别处理。

(1) 对已确认固体废物产生单位,且产废单位环评文件中明确为危险废物的,根据产废单位建设项目环评文件和审批、验收意见、案件笔录等材料,可对照国家危险废物名录等出具认定意见。

(2) 对已确认固体废物产生单位,但产废单位环评文件中未明确为危险废物的,应进一步分析废物产生工艺,对照判断其是否列入国家危险废物名录。列入名录的可直接出具认定意见;未列入名录的,应根据原辅材料、产生工艺等进一步分析其是否具有危险特性,不可能具有危险特性的,不属于危险废物;可能具有危险特性的,抽取典型样品进行检测,并根据典型样品检测指标浓度,对照《危险废物鉴别标准》(GB 5085.1—7)出具认定意见。

(3) 对固体废物产生单位无法确定的,应抽取典型样品进行检测,根据典型样品检测指标浓度,对照《危险废物鉴别标准》(GB 5085.1—7)出具认定意见。对确需进一步委托有相关资质的检测鉴定机构进行检测鉴定的,生态环境部门或者公安机关按照有关规定开展检测鉴定工作。

(九) 关于环境污染专门性问题的认定

"鉴定难"是困扰环境污染刑事案件办理的难题之一。为解决这一实际困难,《环境污染刑事解释》第十四条规定:"对案件所涉的环境污染专门性问题难以确定的,依据司法鉴定机构出具的鉴定意见,或者国务院环境保护主管部门、公安部门指定的机构出具的报告,结合其他证据作出认定。"据此,对环境污染专门性问题确立了鉴定与检验"两条腿走路"的原则。

在此基础上,《环境污染刑事纪要》对环境污染犯罪案件的司法鉴定问题作出进一步规定。截至 2019 年 1 月底,全国经省级司法行政机关审核登记的环境损害司法鉴定机构达 109 家,鉴定人 2000 余名,基本实现省域全覆盖,环境损害司法鉴定的供给能力大大提升,为打击环境违法犯罪提供了有力支撑。

根据《环境污染刑事解释》和《环境污染刑事纪要》的规定,司法鉴定限于涉及案件定罪量刑的核心或关键专门性问题难以确定的情形。实践中,这类核心或关键专门性问题主要是案件具体适用的定罪量刑标准涉及的专门性问题,比如公私财产损失的数额、超过排放标准的倍数、污染物性质判断等。对案件的其他非核心或关键专门性问题,或者可鉴定也可不鉴定的专门性问题,一般不委托鉴定。比如,适用《环境污染刑事解释》第一条第二项"非法排放、倾倒、处置危险废物三吨以上"的规定对当事人追究刑事责任的,除可能适用公私财产损失第二档定罪量刑标准的以外,则不应再对公私财产损失数额或者超过排放标准倍数进行鉴定。涉及案件定罪量刑的核心或关键专门性问题难以鉴定或者鉴定费用明显过高的,司法机关可以结合案件其他证据,并参考生态环境部门意见、专家意见等作出认定。

(十)关于监测数据的证据资格

《环境污染刑事解释》第十二条第一款规定:"环境保护主管部门及其所属监测机构在行政执法过程中收集的监测数据,在刑事诉讼中可以作为证据使用。"《环境污染刑事纪要》进一步明确,地方生态环境部门及其所属监测机构委托第三方监测机构出具的监测报告,地方生态环境部门及其所属监测机构在行政执法过程中予以采纳的,其实质属于《环境污染刑事解释》第十二条规定的"环境保护主管部门及其所属监测机构在行政执法过程中收集的监测数据",在刑事诉讼中可以作为证据使用。

此外,《环境污染刑事解释》第十二条第二款规定:"公安机关单独或者会同环境保护主管部门,提取污染物样品进行检测获取的数据,在刑事诉讼中可以作为证据使用。"

第四十一条 增设非法猎捕、收购、运输、出售陆生野生动物罪

【条文内容】

四十一、在刑法第三百四十一条中增加一款作为第三款:"违反野生动物保护管理法规,以食用为目的非法猎捕、收购、运输、出售第一款规定以外的在野外环境自然生长繁殖的陆生野生动物,情节严重的,依照前款的规定处罚。"

【条文主旨】

为革除滥食野生动物陋习,保障人民群众生命健康安全,从源头上防范和控制重大公共卫生安全风险,本条增加规定非法猎捕、收购、运输、出售陆生野生动物罪,将以食用为目的非法猎捕、收购、运输、出售,除珍贵、濒危野生动物以外的在野外环境自然生长繁殖的陆生野生动物的行为规定为犯罪。

【理解与适用】

一、修法背景

野生动物是地球自然系统的重要组成部分,保护野生动物资源,对于保护生物多样性,维护生态平衡,实现经济、社会和文化的可持续发展,具有十分重要的意义。令人担忧的是,随着经济的高速发展,社会对野生动物资源的需求急剧增长,各类破坏野生动物资源的行为与日俱增,给野

第四十一条 增设非法猎捕、收购、运输、出售陆生野生动物罪

生动物资源带来严重威胁。① 为了合理利用野生动物资源，制止乱捕滥猎野生动物，我国在 1949 年以后制定了一些保护野生动物的行政法规。例如，在 20 世纪 50 年代末和 60 年代初，先后发布了《林业部关于积极开展狩猎事业的指示》《国务院关于积极保护和合理利用野生动物资源的指示》。这些规定对于引导和规范狩猎行为，依法利用野生动物资源，起到了积极作用。② 可以看到，这一时期对野生动物资源的政策导向以合理利用为主。

1979 年《刑法》没有设置保护珍贵、濒危野生动物犯罪的专门条款，但第一百三十条规定："违反狩猎法规，在禁猎区、禁猎期或者使用禁用的工具、方法进行狩猎，破坏珍禽、珍兽或者其他野生动物资源，情节严重的，处二年以下有期徒刑、拘役或者罚金。"适用中，无论是非法猎捕珍禽、珍兽，还是非法猎捕其他野生动物，凡需要追究刑事责任的，都应该以非法狩猎罪定罪处罚。

1987 年 7 月，最高人民法院发布《关于依法严惩猎杀大熊猫、倒卖走私大熊猫皮的犯罪分子的通知》，规定猎杀大熊猫并出卖大熊猫皮的，依照投机倒把罪定罪。1988 年 11 月《全国人民代表大会常务委员会关于惩治捕杀国家重点保护的珍贵、濒危野生动物犯罪的补充规定》规定："为了加强对国家重点保护的珍贵、濒危野生动物的保护，对刑法补充规定：非法捕杀国家重点保护的珍贵、濒危野生动物的，处七年以下有期徒刑或者拘役，可以并处或者单处罚金；非法出售倒卖、走私的，按投机倒把罪、走私罪处刑。"上述规定填补了当时惩治破坏珍贵、濒危野生动物犯罪的立法空缺，加大了对非法捕杀珍贵、濒危野生动物行为的打击力度。但是，由于投机倒把罪的"情节严重""情节特别严重"的认定均以"非法经营数额"或者"非法获利数额"为标准，而珍贵、濒危野生动物一般不具有商品意义上的价格或者价值，很难认定经营数额或者获利数额。因

---

① 到 21 世纪初，野生动植物在国际上已成为仅次于毒品的第二大非法贸易对象，年非法贸易额高达 50 亿美元以上。参见万自明、孟宪林、刘敏、闵钠等编著：《野生动植物执法》，中国林业出版社 2004 年版，前言。

② 参见张立保、闵钠编著：《破坏森林资源犯罪理念与实务》，中国计量出版社 2006 年版，第 86 页。

此，在实践中对非法出售、倒卖珍贵、濒危野生动物的行为定罪量刑很难操作。

1997年《刑法》第三百四十一条规定："非法猎捕、杀害国家重点保护的珍贵、濒危野生动物的，或者非法收购、运输、出售国家重点保护的珍贵、濒危野生动物及其制品的，处五年以下有期徒刑或者拘役，并处罚金；情节严重的，处五年以上十年以下有期徒刑，并处罚金；情节特别严重的，处十年以上有期徒刑，并处罚金或者没收财产。""违反狩猎法规，在禁猎区、禁猎期或者使用禁用的工具、方法进行狩猎，破坏野生动物资源，情节严重的，处三年以下有期徒刑、拘役、管制或者罚金。"2000年，最高人民法院发布《破坏野生动物资源刑事解释》，进一步明确了破坏野生动物资源的定罪量刑标准和有关法律适用问题。2014年4月24日，第十二届全国人大常委会第八次会议通过《刑法第三百四十一条、第三百一十二条立法解释》，明确："知道或者应当知道是国家重点保护的珍贵、濒危野生动物及其制品，为食用或者其他目的而非法购买的，属于刑法第三百四十一条第一款规定的非法收购国家重点保护的珍贵、濒危野生动物及其制品的行为。""知道或者应当知道是刑法第三百四十一条第二款规定的非法狩猎的野生动物而购买的，属于刑法第三百一十二条第一款规定的明知是犯罪所得而收购的行为。"

2020年新冠肺炎疫情暴发以来，对滥食野生动物严重威胁公共卫生安全问题，社会反映强烈。2020年2月24日，第十三届全国人大常委会第十六次会议通过《关于全面禁止非法野生动物交易、革除滥食野生动物陋习、切实保障人民群众生命健康安全的决定》，聚焦滥食野生动物等突出问题，确立了全面禁止非法食用野生动物的制度。其中，第一条第一款规定："凡《中华人民共和国野生动物保护法》和其他有关法律禁止猎捕、交易、运输、食用野生动物的，必须严格禁止。"第二条第一款、第二款规定："全面禁止食用国家保护的'有重要生态、科学、社会价值的陆生野生动物'以及其他陆生野生动物，包括人工繁育、人工饲养的陆生野生动物。""全面禁止以食用为目的的猎捕、交易、运输在野外环境自然生长繁殖的陆生野生动物。"上述规定在《野生动物保护法》的基础上，以全面禁止非法食用野生动物为导向，扩大了法律调整范围，从源头上防范和控

第四十一条　增设非法猎捕、收购、运输、出售陆生野生动物罪

制重大公共卫生安全风险。

《刑法》第三百四十一条第一款的对象是"国家重点保护的珍贵、濒危野生动物",第二款的对象是"三有动物",且构成犯罪要求"在禁猎区、禁猎期或者使用禁用的工具、方法"。《刑法第三百四十一条、第三百一十二条立法解释》也只明确对购买食用珍贵、濒危野生动物,以及购买食用来源于非法狩猎野生动物的行为可依法追究刑事责任。总体而言,"刑法的上述规定在禁止猎捕、禁止交易、禁止食用野生动物的范围和惩治力度上还存在不足,需要与全国人大常委会关于野生动物的决定进一步衔接,从防范公共卫生风险的角度,进一步加大惩治以食用为目的非法经营、交易、运输非珍贵、濒危的其他野生动物犯罪。"[①] 在《刑法修正案（十一）（草案）》研拟过程中,立法工作机关在《刑法》第三百四十一条中增加一款作为第三款,将以食用为目的非法猎捕、收购、运输、出售其他陆生野生动物的行为规定为犯罪,从而形成草案一次审议稿第二十五条的写法。

二、审议过程

草案一次审议稿	草案二次审议稿	《刑法修正案（十一）》
二十五、在刑法第三百四十一条中增加一款作为第三款："违反野生动物保护管理法规,以食用为目的非法猎捕、收购、运输、出售前两款规定以外的陆生野生动物,情节严重的,依照前款的规定处罚。"	三十五、在刑法第三百四十一条中增加一款作为第三款："违反野生动物保护管理法规,以食用为目的非法猎捕、收购、运输、出售第一款规定以外的陆生野生动物,情节严重的,依照前款的规定处罚。"	四十一、在刑法第三百四十一条中增加一款作为第三款："违反野生动物保护管理法规,以食用为目的非法猎捕、收购、运输、出售第一款规定以外的**在野外环境自然生长繁殖**的陆生野生动物,情节严重的,依照前款的规定处罚。"

在《刑法修正案（十一）（草案）》审议和征求意见过程中,有意见提出,关于非法猎捕、收购、运输、出售刑法第三百四十一条第一款规定

---

① 参见许永安主编:《中华人民共和国刑法修正案（十一）解读》,中国法制出版社2021年版,第385页。

以外的陆生野生动物的规定,是否包括人工繁育、人工饲养的情形,实践中不易准确把握,建议将犯罪对象限定为"在野外环境自然生长繁殖"的情形。考虑到我国野生动物种类繁多,本条规定对象的范围涉及有关政策落地、产业转移和人员安置问题,① 情况较为复杂,不宜"一刀切",《刑法修正案(十一)》最终采纳上述建议,增加"在野外环境自然生长繁殖"的表述。

三、修正前后条文对照

修正前《刑法》	修正后《刑法》
第三百四十一条第一款 【非法猎捕、杀害珍贵、濒危野生动物罪】【非法收购、运输、出售珍贵、濒危野生动物、珍贵、濒危野生动物制品罪】非法猎捕、杀害国家重点保护的珍贵、濒危野生动物的,或者非法收购、运输、出售国家重点保护的珍贵、濒危野生动物及其制品的,处五年以下有期徒刑或者拘役,并处罚金;情节严重的,处五年以上十年以下有期徒刑,并处罚金;情节特别严重的,处十年以上有期徒刑,并处罚金或者没收财产。 第三百四十一条第二款 【非法狩猎罪】违反狩猎法规,在禁猎区、禁猎期或者使用禁用的工具、方法进行狩猎,破坏野生动物资源,情节严重的,处三年以下有期徒刑、拘役、管制或者罚金。	第三百四十一条第一款 【危害珍贵、濒危野生动物罪】非法猎捕、杀害国家重点保护的珍贵、濒危野生动物的,或者非法收购、运输、出售国家重点保护的珍贵、濒危野生动物及其制品的,处五年以下有期徒刑或者拘役,并处罚金;情节严重的,处五年以上十年以下有期徒刑,并处罚金;情节特别严重的,处十年以上有期徒刑,并处罚金或者没收财产。 第三百四十一条第二款 【非法狩猎罪】违反狩猎法规,在禁猎区、禁猎期或者使用禁用的工具、方法进行狩猎,破坏野生动物资源,情节严重的,处三年以下有期徒刑、拘役、管制或者罚金。 第三百四十一条第三款 【非法猎捕、收购、运输、出售陆生野生动物罪】违反野生动物保护管理法规,以食用为目的非法猎捕、收购、运输、出售第一款规定以外的在野外环境自然生长繁殖的陆生野生动物,情节严重的,依照前款的规定处罚。

---

① 我国野生动物资源十分丰富,脊椎类野生动物就有 7300 种,列入保护范围的有 2000 余种,还有近 5000 种未列入各类保护名录,很多存在人工繁育、人工饲养的情况,且在很多地方为支柱产业。

第四十一条 增设非法猎捕、收购、运输、出售陆生野生动物罪

四、修正后条文的理解与适用

（一）罪名确定

关于本款的具体罪名确定，有"危害陆生野生动物罪""非法猎捕、收购、运输、出售陆生野生动物罪"两种意见，《罪名补充规定（七）》确定为"非法猎捕、收购、运输、出售陆生野生动物罪"。[①] 主要考虑：(1) 从立法精神看，增设本款不只是为了保护野生动物，更是为了防止滥食引发的公共卫生风险。故而，"危害陆生野生动物罪"未能准确反映立法意旨。(2)"非法猎捕、收购、运输、出售陆生野生动物罪"，可以充分体现选择性罪名的特征，也贯彻了确定罪名时应遵循的罪责刑相适应原则。

此外，《刑法》第三百四十一条第一款原规定了"非法猎捕、杀害珍贵、濒危野生动物罪""非法收购、运输、出售珍贵、濒危野生动物、珍贵、濒危野生动物制品罪"。《罪名补充规定（七）》将《刑法》第三百四十一条第一款罪名合并修改为"危害珍贵、濒危野生动物罪"，取消原罪名"非法猎捕、杀害珍贵、濒危野生动物罪"和"非法收购、运输、出售

---

① 关于修正后《刑法》第三百四十一条第三款，起初考虑不单独确定罪名，主要理由是：根据"依照前款的规定处罚"的规定，本款规定的行为属于广义的非法狩猎，可以适用《刑法》第三百四十一条第二款的非法狩猎罪。后经研究认为，该意见欠妥：一是新增条款的内容与非法狩猎罪有本质不同，不宜适用非法狩猎罪的罪名。二是本款的立法目的不是为了保护野生动物本身，而是为防止引发公共卫生方面的危险，这与前两款规定的立法目的有所不同，故有必要单独确定罪名。三是本款规定的构成要件与第二款的非法狩猎罪并不相同，除非法"猎捕"之外，还包括非法"收购、运输、出售"的行为类型，后三类行为难以为"狩猎"的概念所涵括。故而，如不单独确定罪名而适用非法狩猎罪，可能导致对非法"收购、运输、出售"作不当限缩理解，即限于对非法猎捕具有共同犯意的收购、运输、出售行为，才能适用第三款的规定。四是本款条文的罚则是"依照前款的规定处罚"，并不是"依照前款的规定定罪处罚"或者"以前款规定论处"；而且，本款的行为对象是《刑法》第三百四十一条第一款规定的珍贵、濒危野生动物以外的陆生野生动物。单独确定罪名后，能有效界定两者的调整对象的不同，便于一般人的理解，起到刑法罪名应有的一般预防或警示作用。

珍贵、濒危野生动物、珍贵、濒危野生动物制品罪"。[①] 主要考虑：（1）司法实践反映，原罪名过于复杂、繁冗。（2）非法猎捕、杀害珍贵、濒危野生动物的行为，往往伴随后续的非法收购、运输、出售珍贵、濒危野生动物、珍贵、濒危野生动物制品的行为。按照原罪名，司法适用中经常面临是否需要数罪并罚的争论。此外，对于涉及已死亡的野生动物尸体的案件，在罪名上究竟适用"野生动物"还是"野生动物制品"也常存在争论。（3）概括确定为"危害珍贵、濒危野生动物罪"简单明了，也能充分涵括各种行为方式和保护对象；而且，对于涉及多种行为方式、多个行为对象的，也可以根据情节裁量刑罚，实现对珍贵、濒危野生动物资源的有效刑事司法保护。

（二）犯罪客体

非法猎捕、收购、运输、出售陆生野生动物罪侵犯的客体为国家对陆生野生动物资源的管理制度和公共卫生安全。野生动物是许多疫病的自然宿主，食用野生动物存在风险和弊端。历史上，由于生产力水平低下、食物短缺等原因，捕食野生动物是获取食物的一种重要方式。随着现代社会物质生活的极大丰富，人类的食物来源充足多样，已经跨越了靠食用野生动物来维持生存的阶段。[②] 以食用为目的非法猎捕、收购、运输、出售陆生野生动物，使动物身上的病原体成功"跳"过物种屏障，成为威胁人民

[①] 关于该款规定的罪名是否需要整合概括，有意见建议维持目前比较具体的罪名，不作修改。主要理由是：实践中针对珍贵、濒危野生动物的犯罪呈现多层次的特点，修改后的整合罪名不利于区分上下游犯罪，而且简单地将两罪合并为一罪，可能导致原先应当数罪并罚的情形不复存在，客观上降低了对此类犯罪的惩处力度。而且，原有的两个罪名可以充分体现所侵犯的犯罪客体和对象，反映不同犯罪之间的差异和侧重，便于公众对有关犯罪行为的边界和区分有更直观的认知。

[②] 参见王晨：《依法全面禁止食用野生动物、保障人民群众生命健康安全》，载《中国人大（特稿）》2020年3月。

群众生命健康的潜在风险源,① 确有必要加以刑事规制。

(三) 犯罪客观方面

非法猎捕、收购、运输、出售陆生野生动物罪的客观方面表现为违反野生动物保护管理法规,非法猎捕、收购、运输、出售《刑法》第三百四十一条第一款规定以外的在野外环境自然生长繁殖的陆生野生动物,情节严重的行为。具体而言,包括三个方面的要件。

1. 违反野生动物保护管理法规。除《全国人民代表大会常务委员会关于全面禁止非法野生动物交易、革除滥食野生动物陋习、切实保障人民群众生命健康安全的决定》外,《野生动物保护法》及其实施条例等涉及野生动物保护的法律法规均属于"野生动物保护管理法规"。

2. 非法猎捕、收购、运输、出售《刑法》第三百四十一条第一款规定以外的在野外环境自然生长繁殖的陆生野生动物。具体而言,包括非法猎捕、收购、运输、出售四种行为方式。

3. 情节严重的。根据修正后《刑法》第三百四十一条第三款的规定,非法猎捕、收购、运输、出售陆生野生动物,只有达到"情节严重"程度的,才构成本罪。需要注意的是,"惩治的重点是以食用为目的而进行的规模化、手段恶劣的猎捕行为,以及针对野生动物的市场化、经营化、组织化的运输、交易行为,且定罪门槛上要求情节严重。对公民为自己食用而猎捕、购买一般的野生动物,或者对于个人在日常劳作生活中捕捉到少量野生动物并食用的,比如个人捕捉到的野兔、野猪、麻雀并食用的,不宜以本款罪论处。"② 司法适用中,对于"情节严重",可以从以下几个方面加以判断。

---

① 科学家在对艾滋病进行流行病学研究时发现,非洲绿猴携带的 SIV 与人类免疫缺陷病毒 HIV 相似,可能是当地居民饮猴血以强健身体时,SIV 适应人类,毒力变异后成为 HIV。疯牛病 (牛海绵状脑病) 与人类克雅病的关系密切。埃博拉出血热来自猴子;猫抓病来自猫科动物;莱姆病的病因来自鼠、鹿、兔、狐、狼等 30 余种野生哺乳动物和在多种家畜间传播的伯氏疏螺旋体。马来西亚尼巴病,就是由带有尼巴病毒的森林蝙蝠,将病毒传给猪又传给人引起的。参见郝广福:《新出现传染病与传染病控制国际法规》,载《中国国境卫生检疫杂志》2004 年第 12 期。
② 参见许永安主编:《中华人民共和国刑法修正案(十一)解读》,中国法制出版社 2021 年版,第 395 页。

(1) 涉案野生动物的数量、价值。行为对象的数量或者价值是行为人主观恶性和行为社会危害性的最直观体现,将涉案野生动物的数量、价值作为认定"情节严重"的标准,具有一定的操作性。实践中,可将涉案动物数量较少、价值较低的行为出罪,交由行政主管部门依法予以处罚,从而保证罪责刑相适应,同时实现刑事司法与行政执法的有序衔接。

(2) 对野生动物保护管理制度的破坏程度。以食用为目的非法猎捕、运输、交易陆生野生动物,首先是违反《野生动物保护法》的行政违法行为,本身破坏了法律法规确立的陆生野生动物的保护管理制度。对于一般违法行为可予以行政处罚;对于多次实施、公开实施、对多种野生动物实施的违法行为,或者涉案动物已经供多人食用、行为人违法获利数额巨大,甚至经处罚后仍拒不纠正的,对野生动物保护管理制度的破坏程度则相对更深,社会危害性相对更大,可以考虑作为"情节严重"的认定依据。

(3) 对野生动物野外种群的危害后果。在以"三有动物"和地方重点保护陆生野生动物为犯罪对象的情形,不仅侵害公共卫生安全,而且侵害野生动物资源,可将对相关动物野外种群的危害后果作为"情节严重"的认定依据之一。①

(4) 引发疫情等危害公共卫生安全的后果及风险。《刑法》增设非法猎捕、收购、运输、出售陆生野生动物罪的目的,就在于完善公共卫生法律体系,弥补重大疫情防控短板,在源头上防范因滥食野生动物引发的重大疫情风险。将引发疫情等危害公共卫生安全的后果及风险作为认定"情节严重"这一入罪条件的依据,符合本罪的立法目的。

---

① 需要注意的是,非法猎捕陆生野生动物罪与非法狩猎罪的犯罪对象存在交叉,同样是非法猎捕"三有动物"或者地方重点保护的陆生野生动物的行为,可能构成非法猎捕陆生野生动物罪,也可能构成非法狩猎罪。考虑到两罪的量刑均衡问题,在以"三有动物"或者地方重点保护的陆生野生动物为行为对象的情形,两罪的入罪条件宜保持均衡。申言之,在涉案行为以相关"三有动物"或者地方重点保护的陆生野生动物为对象的情况下,如果符合"两禁"条件时不能构成非法狩猎罪的,则在不符合"两禁"条件时,在对上述动物野外种群破坏程度相当的情况下,对该行为同样不宜以非法猎捕陆生野生动物罪论处。

第四十一条 增设非法猎捕、收购、运输、出售陆生野生动物罪

（四）犯罪主体

非法猎捕、收购、运输、出售陆生野生动物罪的主体为一般主体，包括自然人和单位。

（五）犯罪主观方面

非法猎捕、收购、运输、出售陆生野生动物罪的主观方面表现为故意，并要求以食用为犯罪目的，不以食用为目的的，不构成本罪。① 本书认为，这一主观目的的限定十分必要。具体而言：（1）增设本罪的目的主要是防范重大公共卫生风险，维护人民群众生命健康安全，而"非以食用为目的"的行为直接导致疫病传播、引发重大疫情风险的情况并不突出，立法必要性不足。（2）"非以食用为目的"危害珍贵、濒危野生动物以及"三有"、地方重点保护野生动物的行为，有《刑法》第三百四十一条第一款、第二款等相应的法律规定予以规制，不会形成野生动物刑事保护的立法漏洞。（3）根据相关规定，允许依法对野生动物进行非食用性利用。按照《野生动物保护法》《中医药法》《实验动物管理条例》《城市动物园管理规定》等法律法规和国家有关规定，因科研、药用、展示等特殊需要的，可以对野生动物进行非食用性利用。这既体现了贯彻全面从严禁食野生动物的要求，又从实际出发，保证了科学研究和社会正当需求。（4）我国野生动物种类繁多，未列入相关保护名录的野生动物占有很大比例，如不考虑行为的社会危害性，不加任何限定，一律将相关猎捕、运输、交易行为入罪，势必极大地扩大打击范围，既不符合刑法的谦抑原则，也有悖社会公众的一般认知，不利于精准发挥刑法的惩治和预防功能。

---

① 在《刑法修正案（十一）（草案）》审议和征求意见过程中，有意见提出，考虑到实践中很多非法猎捕、收购、运输、出售野生动物的行为，不仅是食用，更多的是为了牟利的情况，建议将"以食用为目的"修改为"以食用和牟利为目的"或者删除"以食用为目的"的规定，避免条文适用范围受限。同时，实践中如何认定"食用的目的"，也存在困难。此外，还有意见建议将以其他用途如药用、观赏用等非食用性利用为目的非法猎捕、交易等行为也纳入刑事制裁。经研究，《刑法修正案（十一）》未采纳上述意见。

(六) 刑事责任

根据修正后《刑法》第三百四十一条第三款的规定，犯非法猎捕、收购、运输、出售陆生野生动物罪的，处三年以下有期徒刑、拘役、管制或者罚金。

根据《刑法》第三百四十六条的规定，单位犯非法猎捕、收购、运输、出售陆生野生动物罪的，对单位判处罚金，并对其直接负责的主管人员和其他直接责任人员，处三年以下有期徒刑、拘役、管制或者罚金。

五、司法适用中需要注意的问题

(一) 关于非法猎捕、收购、运输、出售陆生野生动物罪的犯罪对象

根据修正后《刑法》第三百四十一条第三款的规定，非法猎捕、收购、运输、出售陆生野生动物罪的对象为《刑法》第三百四十一条第一款规定以外的在野外环境自然生长繁殖的陆生野生动物。具体而言，本罪的犯罪对象可以从以下几个层面把握。

1. 不包括《刑法》第三百四十一条第一款规定的"国家重点保护的珍贵、濒危野生动物"。国家重点保护的珍贵、濒危野生动物包括：(1) 列入国家重点保护野生动物名录的野生动物。根据2021年2月公布的国家重点保护野生动物名录，貉、梅花鹿、马鹿等63种国家重点保护的野生动物"仅限野外种群"，即人工繁育的上述动物不作为国家重点保护的野生动物管理，不属于《刑法》第三百四十一条第一款规定的犯罪对象。(2) 经国务院野生动物保护主管部门核准按照国家重点保护的野生动物管理的野生动物。对于《濒危野生动植物种国际贸易公约》附录一、附录二所列动物，作为国家保护的珍贵、濒危野生动物管理，需要同时满足两个条件：一是动物名录由国家濒危物种进出口管理机构制定、调整并公布；二是经国务院野生动物保护主管部门核准，按照国家重点保护的野生

动物管理。如相关主管部门在核准名录中注明对相关动物"暂不核准",[①]则按相应的保护级别管理缺乏法律依据,不宜再作为相应级别的保护动物对待。如相关动物被同时列入我国"三有动物""地方重点保护"名录的,可按"三有""地方重点保护"动物管理,在涉案行为以食用为目的的情形下,理论上有可能成为《刑法》第三百四十一条第三款规定犯罪的对象。

2. 限于"野外环境自然生长繁殖的",即野生动物的野外种群,不包括人工繁育、饲养的动物。一般来说,相较于野外环境自然生长繁殖的动物,人工繁育、饲养的动物依法需要接受定期检测、强制免疫、无害化处理等防疫措施,其感染疫病的风险相对较低。而野生动物的纯野外种群,繁殖、生长过程未经人工干预、控制,其栖息环境的卫生状况具有高度的不确定性,故感染疫病、寄生虫的风险更高。此外,考虑到捕捞鱼类等天然渔业资源是一种重要的农业生产方式,也是国际通行做法,《渔业法》等已有规范,除《野生动物保护法》等法律法规禁止食用的珍贵、濒危水生野生动物外,其他水生野生动物不在禁食范围内,[②] 不能作为本罪的犯罪对象。

3. "三有动物"(有重要生态、科学、社会价值的陆生野生动物)和地方重点保护野生动物。具体而言,针对"三有动物"和地方重点保护野生动物进行狩猎,构成非法狩猎罪,限于违反狩猎法规,在禁猎区、禁猎期或者使用禁用的工具、方法进行狩猎的情形。不具有上述法律禁止的情形,以食用为目的,非法猎捕"三有动物"和地方重点保护野生动物,不

[①] 1993年4月14日,《林业部关于核准部分濒危野生动物为国家重点保护野生动物的通知》(林护通字〔1993〕48号)发布,决定将《濒危野生动植物种国际贸易公约》附录一和附录二所列非原产我国的所有野生动物(如犀牛、食蟹猴、袋鼠、鸵鸟、非洲象、斑马等),分别核准为国家一级和国家二级保护野生动物。其后,《濒危野生动植物种国际贸易公约》附录一、附录二所列非原产我国的野生动物分别被作为国家一级和国家二级保护野生动物管理。2018年10月9日,农业农村部发布第69号公告,发布《濒危野生动植物种国际贸易公约附录水生物种核准为国家重点保护野生动物名录》,规定对于《濒危野生动植物种国际贸易公约》附录水生物种按照被核准的国家重点保护动物级别进行国内管理,已列入国家重点保护名录的物种不再单独进行核准。该名录对美洲大鲵(美国)等70个物种暂缓核准,对暹罗鳄等108个物种仅核准野外种群。目前,对于《濒危野生动植物种国际贸易公约》附录一、附录二所列非原产我国的陆生野生动物,主管部门尚未公布新的核准名录。

[②] 参见王晨:《依法全面禁止食用野生动物、保障人民群众生命健康安全》,载《中国人大(特稿)》2020年3月。

构成非法狩猎罪,但可能构成《刑法》第三百四十一条第三款规定的非法猎捕陆生野生动物罪。此外,以食用为目的,针对此类动物实施非法收购、运输、出售的行为,也构成《刑法》第三百四十一条第三款规定的非法收购、运输、出售陆生野生动物罪。

4. 其他陆生野生动物,既包括不具有重要生态、科学、社会价值的野生动物,也包括具有一定生态价值但不宜列入保护范围的动物,如部分鼠类、鸦类、蝙蝠等。以食用为目的,非法猎捕、收购、运输、出售此类野生动物,构成《刑法》第三百四十一条第三款规定的非法猎捕、收购、运输、出售陆生野生动物罪。此外,有意见提出:"从本款规定的重要目的是防范公共卫生风险这点考虑,这里的陆生野生动物主要是指陆生脊椎野生动物,对人类具有动物疫病传播风险的野生动物,对于昆虫等一般不宜认定为本款规定的野生动物。"①

(二)关于"以食用为目的"的认定

根据修正后《刑法》第三百四十一条第三款的规定,非法猎捕、收购、运输、出售陆生野生动物罪以"食用为目的"作为主观要件。对于"以食用为目的",应当综合涉案动物及其制品的来源、用途,根据相关动物标识、证明,被查获的地点,加工、包装情况,以及其他证据作出认定。一般来说,判断涉案行为是否"以食用为目的",可以从以下几个方面入手:(1)相关标识,有的标识、证明可以说明涉案动物及其制品的来源、用途,应当着重查明;(2)查获地点,有的涉案野生动物在食品销售场所或者运输途中被查获;(3)加工、包装情况,有的加工、包装明显是为了食用,甚至标识了食用价值或者方法;(4)是否将相关野生动物及其制品在餐饮单位、饮食摊点、超市等场所作为食品销售或者运往上述场所;(5)是否通过包装、说明书、广告等介绍相关野生动物及其制品的食用价值或者方法。

需要注意的是,实践中,非法猎捕、收购、运输、出售陆生野生动物

---

① 参见许永安主编:《中华人民共和国刑法修正案(十一)解读》,中国法制出版社2021年版,第393页。

第四十一条　增设非法猎捕、收购、运输、出售陆生野生动物罪

的行为较为复杂，对于"以食用为目的"的认定，应严格坚持证据裁判的原则，对于没有充分证据证明或者有相反证据足以排除的，不能认定为相关猎捕、收购、运输、出售行为系"以食用为目的"。

（三）关于与非法狩猎罪的界分

非法猎捕、收购、运输、出售陆生野生动物罪与非法狩猎罪的法定刑相同。而且，两罪的犯罪对象存在交叉，前者的范围除包含后者所涉的"三有动物"和地方重点保护陆生野生动物外，还包括其他未列入相关保护名录的陆生野生动物。当然，两罪也存在明显的区别：（1）最明显的区别在于是否要求具有"以食用为目的"的主观要素。非法猎捕、收购、运输、出售陆生野生动物罪以"以食用为目的"作为主观要件，非法狩猎罪对此则并无明确要求。需要注意的是，"以食用为目的"并非排除非法狩猎罪适用的充分条件，非法狩猎罪的行为人也可能具有"食用"目的，区分两罪还需要进一步考察猎捕相关动物的行为是否具有在"禁猎区""禁猎期"、使用"禁用工具""禁用方法"等情形。（2）两罪的本质区别在于侵犯的犯罪客体不同。非法狩猎罪侵害的是野生动物资源，表现为对野生动物保护法律法规确立的狩猎制度的违反，如对"禁猎区""禁猎期""禁用工具""禁用方法"等制度的破坏，严重危害野生动物资源野外种群的维系和发展。非法猎捕、收购、运输、出售陆生野生动物罪则主要侵害公共卫生安全，其行为可归结为滥食，其危害主要在于"病从口入"，其功能主要在于"关口前移"预防重大疫情，该罪的保护对象侧重于公共卫生安全和公众生命健康利益。（3）两罪的行为方式存在差别。非法狩猎罪的行为方式限于猎捕，相关收购、运输、出售行为不适用该罪处罚；猎捕、收购、运输、出售陆生野生动物罪则涉及猎捕、收购、运输、出售等整个行为链条，包括四类行为。

此外，需要注意的是："两罪存在少量情形的交叉，法定刑相同，这种情况按照非法狩猎罪处罚似更为合适。"[①]

[①] 参见许永安主编：《中华人民共和国刑法修正案（十一）解读》，中国法制出版社2021年版，第395页。

（四）关于与掩饰、隐瞒犯罪所得罪的界分

对于猎捕野生动物犯罪的后续收购、销赃行为，属于掩饰、隐瞒犯罪所得罪的情形。但是，如果《刑法》对此种掩饰、隐瞒行为作了特别规定的，可根据"特别法优于一般法"的法理，优先适用特别规定。例如，对非法收购、出售国家重点保护的珍贵、濒危野生动物及其制品的行为，适用危害珍贵、濒危野生动物罪，则对此类销赃行为不再适用掩饰、隐瞒犯罪所得罪的规定。因此，在《刑法修正案（十一）》已经将收购、运输、出售国家重点保护的珍贵、濒危野生动物以外的其他陆生野生动物的行为规定为专门犯罪，并限定为"以食用为目的"的情况下，对于以食用为目的收购、贩卖非法狩猎犯罪所得猎获物的情形，宜适用非法收购、出售陆生野生动物罪。

但是，对于不以食用为目的，实施上述收购、出售行为的，无法构成非法收购、出售陆生野生动物罪；但是，能否适用掩饰、隐瞒犯罪所得罪，则存在不同认识：（1）否定说认为，不能再适用掩饰、隐瞒犯罪所得罪。否则，一方面，可能导致按照择一重罪处断原则对相关行为大多适用掩饰、隐瞒犯罪所得罪，使修正后《刑法》第三百四十一条第三款的规定难以适用；另一方面，可能导致不以食用为目的的行为适用刑罚更重的掩饰、隐瞒犯罪所得罪，与以食用为目的的行为相比形成罪刑倒挂。（2）肯定说认为，在《刑法修正案（十一）》施行后，《刑法第三百四十一条、第三百一十二条立法解释》关于"知道或者应当知道是刑法第三百四十一条第二款规定的非法狩猎的野生动物而购买的，属于刑法第三百一十二条第一款规定的明知是犯罪所得而收购的行为"的规定继续有效，对"三有动物"、地方重点保护野生动物的收购行为，在不以食用为目的的情况下，可以适用掩饰、隐瞒犯罪所得罪。本书倾向于肯定说。[①]

[①] 有论者提出："知道或者应当知道是非法狩猎的野生动物而购买的，且属于'以食用为目的'的购买，同时构成掩饰、隐瞒犯罪所得罪和本条第三款非法收购陆生野生动物罪，根据案件具体情况，依照《刑法》第三百一十二条和本条及有关司法解释定罪量刑的规定，确定从一重罪处断。掩饰、隐瞒犯罪所得罪有两档法定刑，最高为七年有期徒刑，因此以食用为目的购买、运输、出售非法狩猎的野生动物可以判处比本条第三款法定刑更重的刑罚。"参见许永安主编：《中华人民共和国刑法修正案（十一）解读》，中国法制出版社2021年版，第396页。

第四十一条 增设非法猎捕、收购、运输、出售陆生野生动物罪

对掩饰、隐瞒犯罪所得的陆生野生动物及其收益行为的定罪量刑标准，应当适用《掩饰、隐瞒犯罪所得罪解释》的规定。需要特别注意的是：（1）《掩饰、隐瞒犯罪所得罪解释》第八条第一款规定："认定掩饰、隐瞒犯罪所得、犯罪所得收益罪，以上游犯罪事实成立为前提。"据此，对于掩饰、隐瞒犯罪所得的野生动物及其产生收益行为的入罪以非法狩猎行为构成犯罪为前提。对于上游行为未达到入罪标准的，即使后续的掩饰、隐瞒行为达到入罪标准，也不能认定为犯罪。（2）对于掩饰、隐瞒犯罪所得的野生动物及其产生的收益行为的量刑，应当注意与作为上游犯罪的非法狩猎罪的量刑平衡，也要注意与非法收购、运输、出售陆生野生动物罪保持协调。

<table>
<tr><td colspan="4" align="center">危害陆生野生动物行为罪名适用表</td></tr>
<tr><td rowspan="2">行为目的</td><td rowspan="2">行为类型</td><td colspan="2" align="center">适用罪名</td></tr>
<tr><td>"三有动物"/地方重点保护野生动物</td><td>其他陆生野生动物</td></tr>
<tr><td rowspan="4">食用</td><td rowspan="2">猎捕</td><td>具有"两禁"情形 | 非法狩猎罪</td><td rowspan="2">非法猎捕陆生野生动物罪</td></tr>
<tr><td>不具有"两禁"情形 | 非法猎捕陆生野生动物罪</td></tr>
<tr><td rowspan="2">交易、运输</td><td>上游犯罪为非法狩猎 | 非法收购、运输、出售陆生野生动物罪与掩饰、隐瞒犯罪所得、犯罪所得收益罪择一重罪处罚</td><td rowspan="2">非法收购、运输、出售陆生野生动物罪</td></tr>
<tr><td>上游犯罪为非法猎捕陆生野生动物 | 非法收购、运输、出售陆生野生动物罪</td></tr>
<tr><td rowspan="3">其他</td><td rowspan="2">猎捕</td><td>具有"两禁"情形 | 非法狩猎罪</td><td rowspan="2">不构成犯罪</td></tr>
<tr><td>不具有"两禁"情形 | 不构成犯罪</td></tr>
<tr><td>交易、运输</td><td>上游行为构成非法狩猎罪 | 掩饰、隐瞒犯罪所得、犯罪所得收益罪</td><td>不构成犯罪</td></tr>
</table>

第四十二条 增设破坏自然保护地罪

【条文内容】

四十二、在刑法第三百四十二条后增加一条,作为第三百四十二条之一:"违反自然保护地管理法规,在国家公园、国家级自然保护区进行开垦、开发活动或者修建建筑物,造成严重后果或者有其他恶劣情节的,处五年以下有期徒刑或者拘役,并处或者单处罚金。

"有前款行为,同时构成其他犯罪的,依照处罚较重的规定定罪处罚。"

【条文主旨】

本条增加破坏自然保护地罪,规定在国家公园、国家级自然保护区内,非法开垦、开发或者修建建筑物等严重破坏自然保护地生态资源的,构成犯罪。

【理解与适用】

一、修法背景

党的十八大站在历史和全局的战略高度,对推进新时代"五位一体"总体布局作了全面部署。把生态文明建设纳入中国特色社会主义事业总体布局,使生态文明建设的战略地位更加明确。从经济、政治、文化、社会、生态文明五个方面,制定了新时代统筹推进"五位一体"总体布局的战略目标。因经济利益驱动,个别地方对生态经济破坏行为查处不严,甚至屡禁不止。如秦岭违建别墅案件。秦岭自然保护区群是秦岭生物多样性的精华所在,有着典型代表性,秦岭自然保护区群的植物资源丰富、起源古老、区系复杂，分布典型。这里既有华北、华中区系植物，也有东北和青藏高原地区植物，是我国南北植物的交会过渡地带。近年来，在秦岭自然保护区群内违建别墅的行为，一直禁而不止。经新闻报道后，备受社会关注。对此，习近平总书记对秦岭生态环境保护和秦岭违建别墅严重破坏生态问题先后六次作出重要批示指示。2018年6月，中央、省、市三级打响秦岭保卫战，秦岭北麓西安段共有1194栋违建别墅被列为查处整治对象。

为进一步推进生态文明建设，党的十九大报告指出要"建立以国家公园为主体的自然保护地体系"，据此，自然保护地的概念也得以确定。《中共中央办公厅、国务院办公厅关于建立以国家公园为主体的自然保护地体系的指导意见》（2019年6月26日）首次对自然保护地加以明确，并提出了建设的纲要。其中明确规定："自然保护地是由各级政府依法划定或确认，对重要的自然生态系统、自然遗迹、自然景观及其所承载的自然资源、生态功能和文化价值实施长期保护的陆域或海域。"

根据《中共中央办公厅、国务院办公厅关于建立以国家公园为主体的自然保护地体系的指导意见》的规定，按照自然生态系统原真性、整体性、系统性及其内在规律，依据管理目标与效能并借鉴国际经验，将自然保护地按生态价值和保护强度高低依次分为三类。第一类是国家公园：是指以保护具有国家代表性的自然生态系统为主要目的，实现自然资源科学保护和合理利用的特定陆域或海域，是我国自然生态系统中最重要、自然景观最独特、自然遗产最精华、生物多样性最富集的部分，保护范围大，生态过程完整，具有全球价值、国家象征，国民认同度高。第二类是自然保护区：是指保护典型的自然生态系统、珍稀濒危野生动植物种的天然集中分布区、有特殊意义的自然遗迹的区域。具有较大面积，确保主要保护对象安全，维持和恢复珍稀濒危野生动植物种群数量及赖以生存的栖息环境。第三类是自然公园：是指保护重要的自然生态系统、自然遗迹和自然景观，具有生态、观赏、文化和科学价值，可持续利用的区域。确保森林、海洋、湿地、水域、冰川、草原、生物等珍贵自然资源，以及所承载的景观、地质地貌和文化多样性得到有效保护。包括森林公园、地质公园、海洋公园、湿地公园等各类自然公园。

《刑法修正案（十一）》条文及配套《罪名补充规定（七）》理解与适用

在自然地保护体系中以国家公园为主体，国家公园是我国自然保护地最重要类型之一，属于全国主体功能区规划中的禁止开发区域，纳入全国生态保护红线区域管控范围，实行最严格的保护，自然应纳入保护范围。2013年十八届三中全会第一次提出"建立国家公园体制"。2015年1月，国家发改委联合十二个部门通过了《建立国家公园体制试点方案》，选定北京、吉林、云南等九省市开展国家公园试点。2018年，《国家公园法》被第十三届全国人大常委会列入二类立法规划。目前，公布的首批10个国家公园体制试点包括三江源国家公园、东北虎豹国家公园、大熊猫国家公园、祁连山国家公园、长城国家公园、湖北神农架国家公园、武夷山国家公园、钱江源百山祖国家公园、湖南南山国家公园、云南普达措国家公园。①

自然保护区，是指对有代表性的自然生态系统、珍稀濒危野生动植物物种的天然集中分布区、有特殊意义的自然遗迹等保护对象所在的陆地、陆地水体或者海域，依法划出一定面积予以特殊保护和管理的区域。根据《环境保护法》第二条的规定，环境要素包括自然保护区。自然保护区是生物多样性保护的核心区域，在涵养水源、保持土壤、防风固沙、调节气候和保护珍稀特有物种资源、典型生态系统及珍贵自然遗迹等方面具有重要作用。自1956年第一个自然保护区——广东鼎湖山自然保护区建立以来，我国已基本形成类型比较齐全、布局基本合理、功能相对完善的自然保护区体系。截至目前，全国已建立2740处自然保护区，总面积达147万平方公里，位居世界第二，仅次于美国。其中，陆地面积达142万平方公里，约占我国陆地国土面积的14.8%，高于12.7%的世界平均水平。国家级自然保护区446处，总面积达97万平方公里；地方级自然保护区2294处，总面积达50万平方公里。全国超过90%的陆地自然生态系统都建有代表性的自然保护区，89%的国家重点保护野生动植物种类遗迹、大多数重要自然遗迹在自然保护区内得到保护，部分珍稀濒危物种野外种群逐步恢复。自然保护区是为了保护特殊的自然资源而划定的特殊区域。换言

---

① 参见《十大国家公园体制试点公布：最严格保护 给子孙留遗产》，载中国青年网，http://news.youth.cn/gn/201709/t20170927_10788667.htm，最后访问日期：2021年3月4日。

第四十二条 增设破坏自然保护地罪

之,建立自然保护区的目的就在于对这一区域的各种活动进行适度限制,从而使得区域内的保护对象得以保持无人干预的自然发展状况。国务院于1994年颁布《自然保护区条例》,建立了环境保护主管部门综合管理与林业、农业、国土资源、水利、海洋等行业管理相结合的管理体制,明确分级分区等管理制度。自然保护区在自然保护地体系中也具有重要地位。

关于自然保护地的分类划定标准,与现有的自然资源保护措施等并不直接对应。按照工作计划,主管部门将制定自然保护地分类划定标准,对现有的自然保护区、风景名胜区、地质公园、森林公园、海洋公园、湿地公园、冰川公园、草原公园、沙漠公园、草原风景区、水产种质资源保护区、野生植物原生境保护区(点)、自然保护区、野生动物重要栖息地等各类自然保护地开展综合评价,按照保护区域的自然属性、生态价值和管理目标进行梳理调整和归类,逐步形成以国家公园为主体、自然保护区为基础、各类自然公园为补充的自然保护地分类系统。对此,《中共中央办公厅、国务院办公厅关于建立以国家公园为主体的自然保护地体系的指导意见》明确指出:"完善法律法规体系。加快推进自然保护地相关法律法规和制度建设,加大法律法规立改废释工作力度。修改完善自然保护区条例,突出以国家公园保护为主要内容,推动制定出台自然保护地法,研究提出各类自然公园的相关管理规定。在自然保护地相关法律、行政法规制定或修订前,自然保护地改革措施需要突破现行法律、行政法规规定的,要按程序报批,取得授权后施行。"

《刑法修正案(十一)(草案)》研拟过程中,有意见提出,为进一步加强环境资源保护,加大对破坏自然保护地行为的惩治力度,并与有关政策法规衔接,基于国家公园、自然保护地在自然保护地体系中地位以及具有的自然生态系统功能,有必要对其保护专门作出规定。立法工作机关采纳相关意见,形成了草案一次审议稿第二十七条的写法。

二、审议过程

草案一次审议稿	草案二次审议稿	《刑法修正案（十一）》
二十七、在刑法第三百四十五条后增加一条，作为第三百四十五条之一："违反自然保护区管理法规，在国家级自然保护区进行开垦、开发活动或者修建建筑物，造成严重后果或者有其他恶劣情节的，处五年以下有期徒刑或者拘役，并处或者单处罚金。 "有前款行为，同时构成其他犯罪的，依照处罚较重的规定定罪处罚。"	三十七、在刑法第三百四十五条后增加一条，作为第三百四十五条之一："违反自然保护地管理法规，在**国家公园**、国家级自然保护区进行开垦、开发活动或者修建建筑物，造成严重后果或者有其他恶劣情节的，处五年以下有期徒刑或者拘役，并处或者单处罚金。 "有前款行为，同时构成其他犯罪的，依照处罚较重的规定定罪处罚。"	四十二、在刑法第三百四十二条后增加一条，作为第三百四十二条之一："违反自然保护地管理法规，在国家公园、国家级自然保护区进行开垦、开发活动或者修建建筑物，造成严重后果或者有其他恶劣情节的，处五年以下有期徒刑或者拘役，并处或者单处罚金。 "有前款行为，同时构成其他犯罪的，依照处罚较重的规定定罪处罚。"

在《刑法修正案（十一）（草案）》审议和征求意见过程中，各方普遍认为，增加破坏自然保护地罪，有利于保护自然保护地生态环境资源，并对条文提出了具体修改意见。草案二次审议稿第三十七条对一次审议稿第二十七条作了较大调整：一是将前置性法规范围进行了调整，由"自然保护区管理法规"修改为"自然保护地管理法规"；二是行为对象增加了"国家公园"，保护的范围调整为"国家公园、国家级自然保护区"。《刑法修正案（十一）》第四十二条沿用了草案二次审议稿的写法，但在法律条文位置上由《刑法》第三百四十五条之一调整为第三百四十二条之一，规定在《刑法》第三百四十二条非法占用农用地罪后。

三、修正前后条文对照

修正前《刑法》	修正后《刑法》
	第三百四十二条之一 【破坏自然保护地罪】违反自然保护地管理法规，在国家公园、国家级自然保护区进行开垦、开发活动或者修建建筑物，造成严重后果或者有其他恶劣情节的，处五年以下有期徒刑或者拘役，并处或者单处罚金。 有前款行为，同时构成其他犯罪的，依照处罚较重的规定定罪处罚。

四、修正后条文的理解与适用

（一）罪名确定

《罪名补充规定（七）》将本条罪名确定为"破坏自然保护地罪"。主要考虑：（1）本条罪状为"违反自然保护地管理法规，在国家公园、国家级自然保护区进行开垦、开发活动或者修建建筑物，造成严重后果或者有其他恶劣情节"。显而易见，本条规制的是对"国家公园、国家级自然保护区"的破坏行为。（2）根据中共中央办公厅、国务院办公厅印发的《关于建立以国家公园为主体的自然保护地体系的指导意见》和生态环境部印发的《自然保护地生态环境监管工作暂行办法》（环生态〔2020〕72号）的规定，国家公园、国家级自然保护区属于自然保护地，且国家公园是自然保护地体系的主体。

（二）犯罪客体

破坏自然保护地罪侵犯的客体是国家对自然保护地的管理秩序。国家通过对自然保护地的管理，实现对生态资源中生物多样性、自然遗产和生态安全的保障，通过对管理秩序的保护实现对生态资源的保护。

本罪的行为对象即破坏的生态资源的载体是国家公园和国家级自然保护区。根据建设自然保护地的工作规划，按照自然生态系统原真性、整体性、系统性及其内在规律，依据管理目标与效能并借鉴国际经验，自然保护地按生态价值和保护强度高低依次分为国家公园、自然保护区和自然公园三类。依照中共中央办公厅、国务院办公厅《建立国家公园体制总体方案》（2017年9月26日）规定，国家公园是指由国家批准设立并主导管理，边界清晰，以保护具有国家代表性的大面积自然生态系统为主要目的，实现自然资源科学保护和合理利用的特定陆地或海洋区域。《自然保护区条例》第二条规定，自然保护区是指对有代表性的自然生态系统、珍稀濒危野生动植物物种的天然集中分布区、有特殊意义的自然遗迹等保护对象所在的陆地、陆地水体或者海域，依法划出一定面积予以特殊保护和管理的区域。自然保护区分为国家级自然保护区和地方级自然保护区。

（三）犯罪客观方面

破坏自然保护地罪客观方面表现为违反自然保护地管理法规，在国家公园、国家级自然保护区进行开垦、开发活动或者修建建筑物，造成严重后果或者有其他恶劣情节的行为。

关于"自然保护地管理法规"的范围。破坏环境资源类犯罪属于行政犯，因此行为首先具有行政违法性，表现为违反自然保护地管理法规。与自然保护地的类型对应前置的管理法规，一类是国家公园的管理法规。我国对国家公园尚未有专门的立法，仅有中共中央办公厅、国务院办公厅《建立国家公园体制总体方案》的规定，《国家公园法》被第十三届全国人大常委会列入二类立法规划。有观点主张，《风景名胜区条例》属于实质上国家公园法，属于国家公园的管理法规范围。因为在实践中，由于专门性的国家公园法的缺失，而国家级风景名胜区在我国保护地体系归类中其实已经相当于国际上的国家公园，实质意义上的国家公园主要是依靠我国《风景名胜区条例》等相关法规予以规制。现行关于风景名胜区保护的专门立法有2006年9月6日国务院通过的《风景名胜区条例》以及1993年建设部发布的《风景名胜区建设管理规定》。我们认为，自然保护地是对自然保护的新机制，与现行自然资源保护措施等并不直接对应，还需要重

第四十二条 增设破坏自然保护地罪

新评定生态价值后再行确定保护强度和等级。根据《风景名胜区条例》第二条第二款规定："本条例所称风景名胜区,是指具有观赏、文化或者科学价值,自然景观、人文景观比较集中,环境优美,可供人们游览或者进行科学、文化活动的区域。"风景名胜区采取分级保护的方式,按景物的观赏、文化、科学价值和环境质量、规模大小、游览条件等,划分为两级:国家级风景名胜区、省级风景名胜区。可见,其内涵不能与由国家批准设立并主导管理的国家公园完全对应。第二类关于自然保护区的管理法规,主要是《自然保护区条例》。

具体的行为方式有三种类型:开垦行为、进行开发活动和修建建筑物。开垦表现为改变原土地生态状态后变为农田等进行农业生产,种植粮食作物、经济作物、林木、放牧等行为。开垦行为会导致自然生态体系破坏或者退化。进行开发活动的范围比较广,可能是生产经营活动,也可能是科学研究、科学实验等活动,常见有修路、采伐林木、挖土、采矿、采砂、采石、放牧、捕猎、捕捞、采药等。修建建筑物,是指建造住房、厂房等。关于"造成严重后果或者有其他恶劣情节"的判断。"造成严重后果"主要表现为开垦行为、进行开发活动和修建建筑物占用自然保护地达到一定的面积、导致自然保护地内的森林、其他林木、幼苗、野生动物死亡、对自然保护地的修复费用达到一定数额或者造成经济损失的情况。"其他恶劣情节",主要表现为违法所得或者经营规模达到一定规模或者数额,在自然保护地内禁止人为活动的核心区内从事开垦、开发或者修建建筑物的情形。

(四)犯罪主体

破坏自然保护地罪犯罪主体为一般主体,包括自然人和单位。

(五)犯罪主观方面

破坏自然保护地罪犯罪主观方面是故意。

(六)刑事责任

根据修正后《刑法》第三百四十二条之一的规定,犯破坏自然保护地罪的，处五年以下有期徒刑或者拘役，并处或者单处罚金。

根据修正后《刑法》第三百四十六条的规定，单位犯破坏自然保护地罪的，对单位判处罚金，对其直接负责的主管人员和其他直接责任人员依照修正后《刑法》第三百四十二条之一的规定处罚。

五、司法适用中需要注意的问题

（一）关于罪与非罪的界分

在罪与非罪的界限上，本罪认定中需要注意以下几个方面问题。

其一，国家公园、国家级自然保护区并非完全禁止被开发利用，而是根据保护的级别进行区分管理。违反自然保护地管理法规主要是行为人在禁止人为活动区进行活动或者在控制区未经批准进行活动。《中共中央办公厅、国务院办公厅关于建立以国家公园为主体的自然保护地体系的指导意见》规定："实行自然保护地差别化管控。根据各类自然保护地功能定位，既严格保护又便于基层操作，合理分区，实行差别化管控。国家公园和自然保护区实行分区管控，原则上核心保护区内禁止人为活动，一般控制区内限制人为活动。自然公园原则上按一般控制区管理，限制人为活动。结合历史遗留问题处理，分类分区制定管理规范。"《自然保护区条例》第十八条规定："自然保护区可以分为核心区、缓冲区和实验区。自然保护区内保存完好的天然状态的生态系统以及珍稀、濒危动植物的集中分布地，应当划为核心区，禁止任何单位和个人进入；除依照本条例第二十七条的规定经批准外，也不允许进入从事科学研究活动。核心区外围可以划定一定面积的缓冲区，只准进入从事科学研究观测活动。缓冲区外围划为实验区，可以进入从事科学试验、教学实习、参观考察、旅游以及驯化、繁殖珍稀、濒危野生动植物等活动……"因此，经过批准的符合法律规定的行为，如在自然保护地内为休憩、观光、科教、调查等设置的座椅、临时休息场所的，属于对自然保护地的合理利用。

其二，对于历史遗留原因在自然保护地内居住生活的居民，进行生活所需要的开垦、开发活动以及修建建筑物的活动不宜作为犯罪处理。由于历史遗留问题，我国很多自然保护地，包括国家公园、自然保护区内都有居民生活。《中共中央办公厅、国务院办公厅关于建立以国家公园为主体的自然保护地体系的指导意见》规定:"分类有序解决历史遗留问题。对自然保护地进行科学评估,将保护价值低的建制城镇、村屯或人口密集区域、社区民生设施等调整出自然保护地范围。结合精准扶贫、生态扶贫,核心保护区内原住居民应实施有序搬迁,对暂时不能搬迁的,可以设立过渡期,允许开展必要的、基本的生产活动,但不能再扩大发展。依法清理整治探矿采矿、水电开发、工业建设等项目,通过分类处置方式有序退出;根据历史沿革与保护需要,依法依规对自然保护地内的耕地实施退田还林还草还湖还湿。"因此,对于这类行为不宜作为犯罪处理。

(二) 关于关联行为的罪名认定

本罪属于对自然保护地的自然资源的特殊保护,对于自然保护地进行开垦、开发活动和修建建筑物过程中,可能会对自然保护地内的生态环境各种载体进行破坏,如盗伐林木、狩猎、捕捞、采矿、采砂等可能涉及环境资源犯罪中盗伐林木罪、非法狩猎罪、非法采矿罪等;对整体环境造成严重污染或者破坏,甚至发生造成财产损失或者人身伤亡的环境事故的,还可能构成污染环境罪。《刑法》第三百四十二条之一第二款规定:"有前款行为,同时构成其他犯罪的,依照处罚较重的规定定罪处罚。"

第四十三条　增设非法引进、释放、丢弃外来入侵物种罪

【条文内容】

四十三、在刑法第三百四十四条后增加一条，作为第三百四十四条之一："违反国家规定，非法引进、释放或者丢弃外来入侵物种，情节严重的，处三年以下有期徒刑或者拘役，并处或者单处罚金。"

【条文主旨】

为切实维护生物多样性和生态环境安全，本条增设非法引进、释放、丢弃外来入侵物种罪，将违反国家规定，非法引进、释放或者丢弃外来入侵物种，情节严重的行为规定为犯罪。

【理解与适用】

一、修法背景

（一）外来物种入侵的主要危害

外来物种（alien species）是相对于本地物种而言的，是指出现在其自然分布范围（过去或现在）和分布位置以外（即在原分布范围以外自然定殖的，或者没有直接或者间接引进，或没有人类活动就不能定殖）的一种物种、亚种或低级分类群，包括这些物种能生存和繁殖的任何部分、配子或繁殖体。依照世界自然保护联盟于2000年公布的《防止外来入侵物种导致生物多样性丧失的指南》的解释，外来入侵物种（invasive alien species）是指在自然、半自然生态系统或生态环境中，建立种群并影响和威

第四十三条 增设非法引进、释放、丢弃外来入侵物种罪

胁到本地生物多样性①的外来物种。②

外来物种入侵的途径，最初依靠动物的迁徙本能，或者风力、河流等自然力，随着人类改造自然能力的增强，特别是由于交通运输技术的进步，人有意或无意行为逐渐占据外来物种入侵的主导地位。在当代经济全球化背景之下，世界各国之间的贸易往来日渐频繁，进一步加剧了物种在世界范围内的迁移或流动。无论是农业、林业和养殖业的引种，还是农产品的进出口，或者通过国际邮购或者跨境旅游携带等，都可能造成外来物种入侵。③当今，外来物种空前的入侵速度对本地物种造成的威胁已成为全球性问题，其严重性仅次于栖息地流失。④甚至，南极也正被一些不受欢迎的物种侵袭。据统计，每年造访南极洲的人数将近 3.3 万人，这些人带来的非本地植物的种子超过 7 万粒。⑤值得注意的是，外来入侵物种对环境的破坏及对生态系统的威胁是长期的、持久的，对其控制或清除往往十分困难。而且，这些物种会通过与当地物种竞争食物、分泌释放化学物质、形成大面积单优群落等方式，影响本地物种生存。⑥外来物种入侵，影响生态系统，改变生态系统结构和遗传多样性，且可能导致传染病通过物种入侵而广泛传播，进而严重威胁人类健康。

---

① 一般认为，生物多样性是生物及其与环境形成的生态复合体，以及与此相关的各种生态过程的总和，包括数以百万计的动物、植物、微生物和它们所拥有的基因以及它们与其生存环境形成的复杂的生态系统，是生命系统的基本特征。生物多样性是人类社会赖以生存和发展的基础，保护生物多样性才能保证生物资源的永续利用。参见信春鹰主编：《中华人民共和国环境保护法释义》，法律出版社 2014 年版，第 107 页。

② 参见汪劲：《环境法学》，北京大学出版社 2018 年版，第 251 页。

③ 参见李宏、陈锋编著：《警惕外来物种入侵》，重庆出版集团重庆出版社 2017 年版，第 1、19 页。

④ 参见管松：《〈控制和管理船舶压载水和沉积物国际公约〉研究》，载《中国海洋法学评论》2008 年第 1 期。

⑤ 科学家在南极拔起的第一棵杂草是一株来自南美洲的非洲菊；被无意间带到南极附近的早熟禾已经取代了当地的草，并使一种甲虫因为无法消化新物种而数量锐减。随着人类造访的增加，外来的细菌、苔藓、无脊椎动物和植物等将在南极土地扎根。这些入侵生物，比当地生物适应能力更强，而本地生物由于长期缺乏威胁，无法和这些外来物种进行竞争，即将遭受灭顶之灾。过多的人类活动，使南极正在不断升温，气温上升更适宜这些种子生根发芽。参见王辰越：《外来物种入侵南极》，载《中国经济周刊》2012 年 5 月 7 日。

⑥ 参见杨会英、刘丽霞：《我国城市园林绿化引进外来物种的法律思考》，载《河北法学》2005 年第 10 期。

(二) 我国受外来物种影响现状

外来物种的引进在我国具有悠久的历史，作为城市行道树种的二球悬铃木（法国梧桐）是1500多年前引种到中国的，雪松、大叶黄杨、刺槐、南洋杉等城市绿化树种是在19世纪中叶以后引进的。北京市仅在2000年就从国内外引进了517种植物，为2008年的绿色奥运提供了丰富的树种资源。不可否认，外来物种对我国的文明发展有过重大的贡献。但是，自21世纪初，我国外来物种入侵的形势日益严峻，生物多样性和生态环境遭受严重破坏，而且危害范围还在不断扩大，程度也在不断加重，有些物种已经难以控制。

根据2008年《中国履行生物多样性公约第四次报告》，世界自然保护联盟公布的100种恶性外来入侵物种中，已有一半以上入侵中国。外来入侵物种对我国造成的经济和环境损失高达每年1198.76亿元。[①]《中国生态环境状况公报（2019年）》显示，我国已发现660多种外来入侵物种。其中，71种对自然生态系统已造成或具有潜在威胁并被列入《中国外来入侵物种名单》。67个国家级自然保护区外来入侵物种调查结果表明，215种外来入侵物种已入侵国家级自然保护区，其中48种外来入侵物种被列入《中国外来入侵物种名单》。如不采取有力措施予以预防和遏制，我国的生物多样性和生态环境将会遭到更为严重的破坏。加强外来入侵物种管理十分必要，也非常紧迫。

(三) 我国对外来物种的法律规制

早在20世纪50年代，我国政府就确立了国内不同地区之间引入农业物种的管理规则。[②] 1992年6月，联合国环境与发展大会通过了《生物多样性公约》，公约第8条第h款要求缔约方尽可能"防止引进、控制或消除那些威胁到生态系统、生境或物种的外来物种"。同年年底，我国加入《生物多样性公约》，履行公约义务、防治和控制外来入侵物种成为我国应

[①] 参见耿国彪：《从柳州食人鱼事件看外来物种入侵》，载《绿色中国》2012年第15期。
[②] 参见汪劲：《抵御外来入侵：我国立法模式的合理选择》，载《现代法学》2007年第2期。

第四十三条　增设非法引进、释放、丢弃外来入侵物种罪

尽的责任。为积极履行国际公约义务，应对外来物种入侵问题，我国在多部法律法规中对外来物种的管理控制作出规定，主要包括《渔业法》《农业法》《对外贸易法》《货物进出口管理条例》《进出境动植物检疫法》《海洋环境保护法》《动物防疫法》《国境卫生检疫法》《植物检疫条例》《农业转基因生物安全管理条例》《陆生野生动物保护实施条例》等。

例如，《植物检疫条例》第十二条第一款规定："从国外引进种子、苗木，引进单位应当向所在地的省、自治区、直辖市植物检疫机构提出申请，办理检疫审批手续。但是，国务院有关部门所属的在京单位从国外引进种子、苗木，应当向国务院农业主管部门、林业主管部门所属的植物检疫机构提出申请，办理检疫审批手续。具体办法由国务院农业主管部门、林业主管部门制定。"又如，《渔业法》第十七条规定："水产苗种的进口、出口必须实施检疫，防止病害传入境内和传出境外，具体检疫工作按照有关动植物进出境检疫法律、行政法规的规定执行。""引进转基因水产苗种必须进行安全性评价，具体管理工作按照国务院有关规定执行。"再如，《海洋环境保护法》第二十五条规定："引进海洋动植物种，应当进行科学论证，避免对海洋生态系统造成危害。"

上述法律法规及监管体系主要集中在人类健康、病虫害及与杂草检疫有关的方面，并没有充分包含入侵物种对生物多样性或生态环境破坏的相关内容，与从生物多样性保护角度控制外来物种的目标还相差甚远。为了保护生态环境和生物多样性，保障我国的生态安全，实现物种资源的可持续利用，建立完善的控制外来物种的法律体系十分紧迫而必要。[①] 作为一种重要管理措施，外来入侵物种名单的制定和发布工作开始被提上日程。2003年1月10日，国家环境保护总局发布《中国第一批外来入侵物种名单》（环发〔2003〕11号），将紫茎泽兰、豚草、薇甘菊、互花米草等16个危害十分严重的物种列入首批外来入侵物种名单，名单对所列物种的危害和分布作了简要说明，以对未被入侵的地区起到预警作用。[②] 2000年1

[①] 参见吴勇：《我国防止外来物种入侵的法律制度构建》，载《甘肃政法学院学报》2005年第7期。

[②] 此后，经科学论证，我国环境保护主管部门联合中国科学院分别于2010年、2014年和2016年公布第二批至第四批外来入侵物种名录。这为准确认定外来入侵物种的范围提供了规范依据。

月29日，在加拿大召开的《生物多样性公约》缔约方大会上通过的《卡塔赫纳生物安全议定书》，系在《生物多样性公约》下为解决转基因生物安全问题而制定的有法律约束力的国际文件。[1] 该议定书主要目标是保证转基因生物及其产品的安全性、尽量减少其潜在的可能对生物多样性和人体健康的损害，在缺乏足够科学依据的情况下，可以对转基因生物采取严格的管理措施。[2] 2010年，国务院通过《中国生物多样性保护战略与行动计划（2011—2030年）》。该计划阐述了我国生物多样性保护工作的成效、问题和挑战，明确了生物多样性保护战略，确定了生物多样性保护优先区域，列举了生物多样性保护优先领域与行动，具体包括开展生物多样性调查、评估与监测，加强生物多样性就地保护，促进生物遗传资源及相关传统知识的合理利用与惠益共享，加强外来入侵物种和转基因生物安全管理等。[3]

随着对外来入侵物种致害问题的认识逐渐深化，我国相关立法也不断完善。《环境保护法》第三十条第二款规定："引进外来物种以及研究、开发和利用生物技术，应当采取措施，防止对生物多样性的破坏"。《野生动物保护法》第十二条第三款规定："禁止或者限制在相关自然保护区域内引入外来物种、营造单一纯林、过量施洒农药等人为干扰、威胁野生动物生息繁衍的行为。"《生物安全法》将防范外来物种入侵与保护生物多样性作为维护生物资源安全的重要内容，第六十条明确规定："国家加强对外来物种入侵的防范和应对，保护生物多样性。国务院农业农村主管部门会同国务院其他有关部门制定外来入侵物种名录和管理办法。""国务院有关部门根据职责分工，加强对外来入侵物种的调查、监测、预警、控制、评估、清除以及生态修复等工作。""任何单位和个人未经批准，不得擅自引进、释放或者丢弃外来物种。"

在《刑法修正案（十一）（草案）》研拟过程中，为进一步加强保护我国生物安全，维护我国生物多样性和生态系统平衡，与《生物安全法》

---

[1] 我国于2000年8月8日签署该议定书，并于2005年4月27日获国务院批准。
[2] 参见《我国正式成为〈卡塔赫纳生物安全议定书〉缔约方》，载中国政府网，http://www.gov.cn/ztzl/2005-09/11/content-31174.htm，最后访问日期：2021年1月23日。
[3] 参见信春鹰主编：《中华人民共和国环境保护法释义》，法律出版社2014年版，第107页。

第四十三条 增设非法引进、释放、丢弃外来入侵物种罪

等规定衔接，立法工作机关在《刑法》第三百四十四条后增加一条，作为第三百四十四条之一，对非法引进、释放、丢弃外来入侵物种的犯罪作出规定，从而形成草案一次审议稿第二十六条的写法。

二、审议过程

草案一次审议稿	草案二次审议稿	《刑法修正案（十一）》
二十六、在刑法第三百四十四条后增加一条，作为第三百四十四条之一："违反国家规定，非法引进、释放或者丢弃外来入侵物种，情节严重的，处三年以下有期徒刑或者拘役，并处或者单处罚金。"	三十六、在刑法第三百四十四条后增加一条，作为第三百四十四条之一："违反国家规定，非法引进、释放或者丢弃外来入侵物种，情节严重的，处三年以下有期徒刑或者拘役，并处或者单处罚金。"	四十三、在刑法第三百四十四条后增加一条，作为第三百四十四条之一："违反国家规定，非法引进、释放或者丢弃外来入侵物种，情节严重的，处三年以下有期徒刑或者拘役，并处或者单处罚金。"

在《刑法修正案（十一）（草案）》审议和征求意见过程中，有意见建议将"外来入侵物种"修改为"非当地栖息地原生物种或具有危害公共卫生安全、生态安全、公共秩序等高风险物种"或者"外来物种"。实际上，后两者的范围较为宽泛，实践中不易把握，《刑法修正案（十一）》第四十三条沿用了草案一次审议稿的写法。

三、修正前后条文对照

修正前《刑法》	修正后《刑法》
	第三百四十四条之一 【非法引进、释放、丢弃外来入侵物种罪】违反国家规定，非法引进、释放或者丢弃外来入侵物种，情节严重的，处三年以下有期徒刑或者拘役，并处或者单处罚金。

四、修正后条文的理解与适用

（一）罪名确定

关于本条规定的罪名确定，有意见提出，为避免罪名冗长，建议将罪名确定为"非法处置外来入侵物种罪"。经研究，《罪名补充规定（七）》将本条罪名确定为"非法引进、释放、丢弃外来入侵物种罪"。主要考虑：（1）"处置"的含义较为宽泛，将"引进"概括为"处置"不够准确。（2）表述为"引进、释放、丢弃"与罪状表述一致，更加贴切，也有利于与《生物安全法》的条文表述相衔接。

（二）犯罪客体

非法引进、释放、丢弃外来入侵物种罪侵犯的客体是生物多样性和生态安全。目前，国际社会已将外来入侵物种列为除生态环境破坏以外，生物多样性丧失的第二大因素。[1] 非法引进、释放、丢弃外来入侵物种，危及本地物种生存，加快生物多样性和遗传多样性的丧失，破坏生态系统的结构和功能，造成巨大的生态环境和经济损失。

（三）犯罪客观方面

非法引进、释放、丢弃外来入侵物种罪客观方面表现为违反国家规定，非法引进、释放或者丢弃外来入侵物种，情节严重的行为。具体而言，包括三个方面的要件。

1. 违反国家规定。违反国家规定是构成非法引进、释放、丢弃外来入侵物种罪的前提条件。目前，我国管控外来入侵物种的法律制度虽然初步建立，但仍缺少具体的法律规定。《生物安全法》关于管控外来入侵物种的规定仍显原则、概括。除《生物安全法》外，有关管控外来物种的规定散见于相关法律法规中。就自境外引进外来物种的行为而言，我国相关法律确立了审批制度，要求在经过检疫或科学论证后才准予引入，并且应当

---

[1] 参见汪劲：《环境法学》，北京大学出版社2018年版，第251页。

第四十三条　增设非法引进、释放、丢弃外来入侵物种罪

采取相应的安全措施。①违反相关规定自境外引进外来入侵物种的，属于违反国家规定非法引进外来入侵物种。例如，《进出境动植物检疫法》第五条规定："国家禁止下列各物进境：（一）动植物病原体（包括菌种、毒种等）、害虫及其他有害生物；（二）动植物疫情流行的国家和地区的有关动植物、动植物产品和其他检疫物；……因科学研究等特殊需要引进本条第一款规定的禁止进境物的，必须事先提出申请，经国家动植物检疫机关批准……"又如，《草原法》第二十九条第二款规定："新草品种必须经全国草品种审定委员会审定，由国务院草原行政主管部门公告后方可推广。从境外引进草种必须依法进行审批。"再如，《农业法》第六十四条第一款规定："国家建立与农业生产有关的生物物种资源保护制度，保护生物多样性，对稀有、濒危、珍贵生物资源及其原生地实行重点保护。从境外引进生物物种资源应当依法进行登记或者审批，并采取相应安全控制措施。"还如，《种子法》第十一条规定："国家对种质资源享有主权，任何单位和个人向境外提供种质资源，或者与境外机构、个人开展合作研究利用种质资源的，应当经省、自治区、直辖市人民政府农业、林业行政主管部门提出申请，并提交国家共享惠益的方案；受理申请的农业、林业主管部门经审核，报国务院农业、林业主管部门批准。""从境外引进种质资源的，依照国务院农业、林业行政主管部门的有关规定办理。"

2. 非法引进、释放或者丢弃外来入侵物种。具体而言，非法引进、释放、丢弃外来入侵物种罪的行为方式包括非法引进、释放和丢弃三类。

（1）引进外来入侵物种，是指行为人从境外进口或者通过携带、邮寄和运输等方式向境内输入该物种。对从境外引进的野生动物物种，引进的单位或者个人、繁育养殖的单位或者个人要采取有效措施，防止或者避免逃到野外，更不能随意放至野外，避免造成生态系统的危害。确需将其放归野外的，要按照国家有关规定执行。②例如，《生物安全法》第二十三条规定："国家建立首次进境或者暂停后恢复进境的动植物、动植物产品、

---

① 参见汪劲：《抵御外来物种入侵：我国立法模式的合理选择——基于国际社会与外国法律规制模式的比较分析》，载《现代法学》2007年第3期。

② 参见王鸿举主编：《中华人民共和国野生动物保护法解读》，法制出版社2016年版，第153页。

高风险生物因子国家准入制度。""进出境的人员、运输工具、集装箱、货物、物品、包装物和国际航行船舶压舱水排放等应当符合我国生物安全管理要求。""海关对发现的进出境和过境生物安全风险,应当依法处置。经评估为生物安全高风险的人员、运输工具、货物、物品等,应当从指定的国境口岸进境,并采取严格的风险防控措施。"

(2)释放外来入侵物种,是指行为人主动解除对某一外来入侵物种的控制、封闭状态,使其不被阻挡地逃逸到开放的生态环境中。近年来,巴西龟、虎皮鹦鹉、小葵花鹦鹉等外来物种交易在宠物交易市场较为活跃,宠物逃逸或者弃养宠物后随意放生的现象突出,带来生物和生态安全隐患。对此,《陆生野生动物保护实施条例》第二十二条规定:"从国外或者外省、自治区、直辖市引进野生动物进行驯养繁殖的,应当采取适当措施,防止其逃至野外;需要将其放生于野外的,放生单位应当向所在省、自治区、直辖市人民政府林业行政主管部门提出申请,经省级以上人民政府林业行政主管部门指定的科研机构进行科学论证后,报国务院林业行政主管部门或者其授权的单位批准。""擅自将引进的野生动物放生于野外或者因管理不当使其逃至野外的,由野生动物行政主管部门责令限期捕回或者采取其他补救措施。"

(3)丢弃外来入侵物种,是指行为人随意抛弃外来入侵物种,放任其进入外部环境的行为。丢弃与释放的行为方式具有相似性,二者的区别主要包括两个方面:一是行为对象,释放行为一般针对具有自主行动能力的动物物种;而丢弃行为一般针对植物物种的种子、苗木,或者是动物死体、幼崽、雏鸟、卵、蛋等缺乏自主行动能力的物种载体。二是行为动机,释放行为一般是为了物种"自生自灭",往往对被释放物种进入的环境具有一定的选择性,例如释放鱼、虾等水生动物会选择河流、池塘等水域环境;丢弃行为则更具随意性,对物种未来的生存状态没有明显的预期,对于被丢弃物种可能进入的环境一般不具有选择性。

3. 情节严重的。根据修正后《刑法》第三百四十四条之一的规定,非法引进、释放、丢弃外来入侵物种,达到"情节严重"程度的,才构成犯罪。综合司法实践的具体情况,可以从以下几个方面认定"情节严重":(1)非法引进、释放或者丢弃外来入侵物种的数量。相较非法引进、处置

第四十三条 增设非法引进、释放、丢弃外来入侵物种罪

少量外来入侵物种的行为，非法引进、释放或者丢弃外来入侵物种数量较大的，对生物多样性和生态安全的危害更大，行为的社会危害性更加严重，应当作为认定"情节严重"的重要考虑因素。（2）造成经济损失的数额。从实践来看，给林业、渔业等领域造成的巨大经济损失，一直是外来入侵物种的突出危害。将造成经济损失的数额作为非法引进、释放、丢弃外来入侵物种罪的入罪标准之一，符合预防和惩治犯罪的实践需要，且具有可操作性。（3）引起传染病传播或者传播严重风险的。考虑非法处置外来入侵物种可能造成传染病传播，将"引起传染病传播或者有传播严重危险的"作为认定情节严重的标准之一，有助于防范重大公共卫生风险、最大限度地维护人民群众生命健康安全。（4）对生物多样性和生态安全的破坏程度。如果实施非法处置外来物种行为的地点处于自然保护区、生态脆弱区，或者行为造成国家重点保护植物或者珍贵、濒危野生动物资源遭受严重损害的，可以认定为"情节严重"。

（四）犯罪主体

非法引进、释放、丢弃外来入侵物种罪的主体为一般主体，包括自然人和单位。

（五）犯罪主观方面

非法引进、释放、丢弃外来入侵物种罪的主观方面表现为故意，包括直接故意和间接故意。过失不构成本罪。[①]

（六）刑事责任

根据《刑法》第三百四十四条之一的规定，犯非法引进、释放、丢弃外来入侵物种罪的，处三年以下有期徒刑或者拘役，并处或者单处罚金。

根据《刑法》第三百四十六条的规定，单位犯非法引进、释放、丢弃外来入侵物种罪的，对单位判处罚金，并对其直接负责的主管人员和其他

[①] 在《刑法修正案（十一）（草案）》审议和征求意见过程中，对于非法引进、释放、丢弃外来入侵物种行为，有意见主张增加过失犯罪的规定。《刑法修正案（十一）》未予采纳。

直接责任人员，处三年以下有期徒刑或者拘役，并处或者单处罚金。

五、司法适用中需要注意的问题

（一）关于"外来入侵物种"的认定

"外来入侵物种"的范围，直接影响非法引进、释放、丢弃外来入侵物种罪在司法实践中的正确适用。根据《生物安全法》第六十条第一款的规定，"国务院农业农村主管部门会同国务院其他有关部门制定外来入侵物种名录和管理办法"，外来入侵物种实行名录管理制度。实践中，可以依据有关行政主管部门制定的名录，① 依法确定外来入侵物种的范围。

需要注意的是，"外来入侵物种"不仅包括相关物种的活体，还包括植物物种的种子、苗木，以及动物物种的卵、蛋以及胚胎等其他繁殖材料。主要考虑：（1）从入侵风险看，除外来入侵物种的活体（植株）外，植物物种种子、苗木、动物物种的卵、蛋、胚胎以及其他繁殖材料，也具有入侵本地生态环境、造成危害的现实风险。外来入侵物种对本地生态环境通常具有很强的适应性，植物种子、寄生的虫卵一旦扩散至本地环境中，其生长、繁殖迅速，竞争能力强，将对其他相邻种群形成明显抑制效应，从而严重威胁生物多样性和生态安全。（2）从外来物种的入侵历史看，植物种子、昆虫以及水生动物的卵是外来物种扩散、入侵的常见载体，例如，钻形紫菀可产生大量瘦果，果具冠毛随风散布入侵；假臭草为其他作物引种过程中种子混杂或随观赏植物盆钵携带进行长距离传播入侵；湿地松粉蚧于1988年随湿地松无性系繁殖材料进入广东省台山；松材

---

① 目前，我国环境保护主管部门已经联合中国科学院先后分四批公布了共计71个外来入侵物种，其中植物物种40个、动物物种31个。具体包括：（1）2003年，原国家环境保护总局和中国科学院联合发布《中国第一批外来入侵物种名单》，将16个危害十分严重的物种列入外来入侵物种名单，包括茎泽兰、豚草、薇甘菊、互花米草等9个植物物种和蔗扁蛾、湿地松粉蚧等7个动物物种。（2）2010年，《中国第二批外来入侵物种名单》公布的19个外来入侵物种，包括马缨丹、三裂叶豚草、大藻等10个植物物种和桉树枝瘿姬小蜂、椰心叶甲等9个动物物种。（3）2014年，《中国外来入侵物种名单（第三批）》发布的18个外来入侵物种，包括反枝苋、三叶鬼针草、小蓬草等10个植物物种，巴西龟、尼罗罗非鱼等8个动物物种。（4）2016年，《中国自然生态系统外来入侵物种名单（第四批）》发布的18个外来入侵物种，包括长芒苋、垂序商陆、五爪金瓜等11个植物物种，食蚊鱼、德国小蠊等7个动物物种。

线虫远距离主要靠人为调运疫区的苗木、松材、松木包装箱等进行传播；等等。(3) 从相关管控外来物种的法律规定看，正是考虑到了上述入侵风险和现实危害，常常将外来物种的种子、卵、蛋、胚胎等也作为规范对象。例如，《植物检疫条例》第十二条第二款规定："从国外引进、可能潜伏有危险性病、虫的种子、苗木和其他繁殖材料，必须隔离试种，植物检疫机构应进行调查、观察和检疫，证明确实不带危险性病、虫的，方可分散种植。"2015 年《动物防疫法》第四十六条第一款规定："跨省、自治区、直辖市引进乳用动物、种用动物及其精液、胚胎、种蛋的，应当向输入地省、自治区、直辖市动物卫生监督机构申请办理审批手续，并依照本法第四十二条的规定取得检疫证明。"《引进陆生野生动物外来物种种类及数量审批管理办法》第三条规定："本办法所称陆生野生动物外来物种，是指自然分布在境外的陆生野生动物活体及繁殖材料。"基于此，外来入侵物种不仅包括处于存活状态的"物"，还包括具有繁殖潜力、扩散风险的"种"。

(二) 关于无意引进外来入侵物种行为的定性

"无意引进"是指一个物种通过人类或人类的传播运输系统扩散到其自然分布区域之外，即非人为的引进。据统计，在致害性外来入侵物种中，40%属有意引进、50%属无意引进，经自然扩散进入中国境内的外来入侵物种不到 10%。[①] 例如，20 世纪中后期，为提高渔业产量，中国云南众多高原湖泊大量引种外来鱼类，食蚊鱼随着其他鱼类引种被无意引入。食蚊鱼通过捕食浮游动物、土著鱼类的鱼卵或鱼苗、两栖类的卵或幼体，造成当地部分土著种的濒危和灭绝，进而改变入侵地水生物种群落结构，影响水生生态系统功能，被纳入全球 100 种最具威胁的外来入侵种之一。2016 年，食蚊鱼被列入《中国自然生态系统外来入侵物种名单（第四批）》。目前，食蚊鱼在中国长江以南（包括我国台湾地区）的各地小水体中均有分布，甚至在中国国家级自然保护区已经发现食蚊鱼的分布。所谓"无意"，一般为超出预期、对行为后果持排斥的态度，故"无意引进"外

[①] 参见汪劲：《环境法学》，北京大学出版社 2018 年版，第 252 页。

来入侵物种行为通常不存在主观故意。本罪为故意犯罪，"无意引进"外来入侵物种一般不能构成本罪，造成损害后果的，行为人应当依法承担行政或民事责任。但行为人如事后发现无意引进了外来入侵物种，仍不履行法定义务，采取及时、必要防范措施，放任其扩散、进入外部生态环境中，则有"明知故犯"之嫌，有可能因非法释放或者丢弃外来入侵物种构成本罪。

第四十四条　增设妨害兴奋剂管理罪

【条文内容】

四十四、在刑法第三百五十五条后增加一条，作为第三百五十五条之一："引诱、教唆、欺骗运动员使用兴奋剂参加国内、国际重大体育竞赛，或者明知运动员参加上述竞赛而向其提供兴奋剂，情节严重的，处三年以下有期徒刑或者拘役，并处罚金。

"组织、强迫运动员使用兴奋剂参加国内、国际重大体育竞赛的，依照前款的规定从重处罚。"

【条文主旨】

为维护体育竞赛的公平竞争，保护运动员的身心健康，本条将组织、强迫、引诱、教唆、欺骗运动员使用兴奋剂参加国内、国际重大体育竞赛，或者明知运动员参加上述竞赛而向其提供兴奋剂，情节严重的行为，规定为犯罪。

【理解与适用】

一、修法背景

兴奋剂在英语中称"Dope"，原义为"供赛马使用的一种鸦片麻醉混合剂"。早期，运动员为提高体育成绩而使用物质大多属于刺激剂，后来也使用并不具有兴奋性（如利尿剂）甚至具有抑制性（如 β-阻断剂）的物质。因此，通常所说的兴奋剂不单指起兴奋作用的物质，还包括其他类型的禁用物质以及禁用方法（如血液回输）。

19 世纪中期至 1896 年希腊雅典举行第一届现代奥林匹克运动会期间，

已有关于比赛选手服用兴奋剂的报道。20世纪20年代以来，体育比赛中使用兴奋剂的现象已经相当普遍和严重。最初只有自行车、田径、拳击等少数几个项目涉及，到90年代几乎所有的体育项目都出现了兴奋剂问题，不仅职业选手使用，业余选手和体育爱好者也广泛使用。1960年的罗马奥运会上，丹麦运动员努德·詹森在参加100公里自行车计时赛时突然摔倒死亡。经尸体解剖，发现是因服用过量的苯丙胺和酒精的混合剂导致的猝死。此事震动了整个体育界，人们开始意识到兴奋剂的严重性和危害性。

科学研究证明，正常人使用兴奋剂会对身心健康甚至生命安全造成不同程度的损害，主要有：第一，药物依赖；第二，细胞和器官功能异常；第三，过敏反应，损害免疫力；第四，各种感染（如肝炎等）；第五，严重的性格变化；第六，死亡。兴奋剂的许多有害作用在数年之后才能表现出来，而且所造成的损害很多都是不可逆转的，例如造成"早熟性"身材矮小，甚至成为侏儒，或者引发癌症和胎儿先天畸形，等等。在体育运动中使用兴奋剂，还影响体育比赛的公平性和纯洁性，败坏社会风气。

20世纪60年代，国际奥委会率先在奥林匹克运动中开展反兴奋剂行动。国际社会的反兴奋剂行动大体包括三个阶段：第一阶段是从1960年至1988年，主要是国际奥委会的行动。第二阶段是从1988年至1998年，各国政府开始参与反兴奋剂斗争。第三阶段是从1999年至今，形成了世界反兴奋剂机构领导下的全球反兴奋剂新格局。1999年11月，世界反兴奋剂机构（WADA）正式成立，独立于国际奥委会之外自主负责全球反兴奋剂工作。国际组织开展反兴奋剂行动的同时，美国、俄罗斯、德国、法国、意大利等体育发达国家还颁布实施了反兴奋剂相关法律法规。

自20世纪80年代，随着我国对外体育交流的增多，兴奋剂问题开始波及我国，严重危害我国体育事业的健康发展，并且向学生、残疾人等群体蔓延。中国政府和中国奥委会始终旗帜鲜明地反对使用兴奋剂，坚持"严令禁止、严格检查、严肃处理"的方针和"零容忍"的态度，并形成了我国反兴奋剂制度体系：（1）法律。《体育法》第三十三条第二款规定，在体育运动中严禁使用禁用的药物和方法。从而确立了我国反兴奋剂制度体系的法律基础。（2）行政法规。2003年12月31日，国务院第三十三次常务会议通过《反兴奋剂条例》，明确了反兴奋剂工作的总体要求、兴奋剂管理、反兴奋剂义务、兴奋剂的检查与检测以及相关法律责任,标志着我国反兴奋剂工作正式纳入法制轨道。《反兴奋剂条例》于2011年、2014年以及2018年共进行了三次修订。(3)部门规章。国家体育总局1998年制定了《关于严格禁止在体育运动中使用兴奋剂行为的规定(暂行)》(国家体育总局令第1号,2014年废止),2014年制定了《反兴奋剂管理办法》(国家体育总局第20号令)等,对反兴奋剂工作职责、宣传教育、兴奋剂检查与调查、兴奋剂检测、结果管理与处罚、处分与奖励、药品营养品食品管理等反兴奋剂工作各方面均作了更为细致规定。(4)其他规范性文件。包括《体育运动中兴奋剂管制通则》《兴奋剂违规行为听证规则》以及国家体育总局每年会同相关部门联合印发的《兴奋剂目录》等。我国反兴奋剂工作的水平和质量不断提高,兴奋剂检测实验室检测水平处于世界前列,兴奋剂检查数量逐年递增,反兴奋剂法制建设日趋完善,反兴奋剂行动和成效有目共睹。

近年来,反兴奋剂工作也面临一些新的形势和要求。国际上,国际体育组织因兴奋剂问题,禁止相关国家以及特定项目部分或全体运动员参加国际赛事,反映出兴奋剂问题不再是运动员个人问题,还会严重影响国家利益、形象和声誉。例如,2014年至今的俄罗斯兴奋剂事件,严重损害俄罗斯国家利益。2015年11月9日,WADA公布调查结果,称俄罗斯田径界存在"有组织的"使用兴奋剂的情况,同月13日,国际田联宣布对俄罗斯田径项目实行全面禁赛。2016年7月18日,麦克拉伦(调查俄罗斯兴奋剂事件的加拿大律师)调查报告显示,俄罗斯在索契冬奥会期间有组织地使用了兴奋剂,WADA随后建议国际奥委会全面禁止俄罗斯参加里约奥运会及残奥会。同月24日,国际奥委会宣布不会全面禁止俄罗斯体育代表团参加里约奥运会,但俄罗斯运动员是否参赛交由各国际单项体育组织自行裁定。最终,俄罗斯田径、赛艇、皮划艇、现代五项、帆船、游戏、自由式摔跤、举重等项目的100多位运动员被禁止参加里约奥运会,并被全面禁止参加里约残奥会。2020年12月17日23时,国际体育仲裁法庭宣布,认定俄罗斯反兴奋剂中心违规,对俄罗斯处以禁赛两年的处罚,意味着2020年12月17日至2022年12月16日之间,俄罗斯将无法派出代表团或者国家队,参加北京冬奥会、东京奥运会、卡塔尔世界杯及各项目世界锦标赛等一系列体育赛事,也不得申办、主办各大体育赛事。目前,围绕俄罗斯兴奋剂事件的角力仍未结束,但不可否认的是,俄罗斯的体育事业受到重创。"近年来,我国兴奋剂违法违规问题屡禁不止。有的参加奥运会等重大国际体育比赛的我国运动员被查出兴奋剂违规遭到处罚,严重损害了国家形象和荣誉。兴奋剂违法违规还呈现低龄化、社会化的特征,向食品药品、教育考试等领域蔓延,危害社会公众特别是青少年的身心健康。"[1]

习近平总书记高度重视反兴奋剂工作,多次作出重要指示批示。2020年9月22日,习近平总书记在教育文化卫生体育领域专家代表座谈会上再次强调要坚决推进反兴奋剂斗争,强化拿道德的金牌、风格的金牌、干净的金牌意识,坚决做到兴奋剂问题"零出现""零容忍"。

为促进反兴奋剂斗争,彰显我国作为负责任大国树立依法治体的国际形象,亟须对《刑法》作出相应修改完善,增设兴奋剂犯罪的专门规定,从而为严厉打击兴奋剂犯罪提供了有力的法治保障。

二、审议过程

草案一次审议稿	草案二次审议稿	《刑法修正案(十一)》
	三十八、在刑法第三百五十五条后增加一条,作为第三百五十五条之一:"引诱、教唆、欺骗运动员使用兴奋剂参加国内、国际重大体育竞赛,或者明知运动员参加上述竞赛而向其提供兴奋剂,情节严重的,处三年以下有期徒刑、拘役或者管制,并处罚金。	四十四、在刑法第三百五十五条后增加一条,作为第三百五十五条之一:"引诱、教唆、欺骗运动员使用兴奋剂参加国内、国际重大体育竞赛,或者明知运动员参加上述竞赛而向其提供兴奋剂,情节严重的,处三年以下有期徒刑**或者**拘役,并处罚金。

---

[1] 参见许永安主编:《中华人民共和国刑法修正案(十一)解读》,中国法制出版社2021年版,第410页。

第四十四条 增设妨害兴奋剂管理罪

草案一次审议稿	草案二次审议稿	《刑法修正案（十一）》
	"组织、强迫运动员使用兴奋剂的，依照前款的规定从重处罚。"	"组织、强迫运动员使用兴奋剂**参加国内、国际重大体育竞赛**的，依照前款的规定从重处罚。"

《刑法修正案（十一）（草案）》一次审议稿未涉及妨害兴奋剂管理罪的增设问题。根据草案一次审议稿审议情况和各方面意见，立法工作机关提出在《刑法》第三百五十五条后增加一条，作为第三百五十五条之一，对妨害兴奋剂管理罪作出专门规定，初步方案为："组织、强迫、引诱、教唆、欺骗运动员使用兴奋剂参加国内、国际重大体育竞赛，或者明知运动员参加上述竞赛而向其提供兴奋剂，情节严重的，处三年以下有期徒刑、拘役或者管制，并处罚金。""有前款行为，同时构成其他犯罪的，依照处罚较重的规定定罪处罚。"对此，有关方面主要提出如下意见：（1）第二款是罪名适用规则，实践中争议不大，可不作规定；（2）组织、强迫行为，危害性大于引诱、教唆和欺骗，建议对组织、强迫行为作出单独规定。经综合各方面的意见，立法工作机关作了进一步完善，从而形成草案二次审议稿第三十八条的写法。

在《刑法修正案（十一）（草案）》审议和征求意见过程中，有意见提出，第二款是否限于"参加国内、国际重大体育竞赛"，可能有不同理解。《刑法修正案（十一）》第四十四条增加了"参加国内、国际重大体育竞赛"的表述；同时，根据有关方面的意见，对法定刑作了完善，删除了"管制"。

三、修正前后条文对照

修正前《刑法》	修正后《刑法》
	第三百五十五条之一 【妨害兴奋剂管理罪】引诱、教唆、欺骗运动员使用兴奋剂参加国内、国际重大体育竞赛，或者明知运动员参加上述竞赛而向其提供兴奋剂，情节严重的，处三年以下有期徒刑或者拘役，并处罚金。 组织、强迫运动员使用兴奋剂参加国内、国际重大体育竞赛的，依照前款的规定从重处罚。

四、修正条文的理解与适用

（一）罪名确定

根据《罪名补充规定（七）》，本条罪名确定为"妨害兴奋剂管理罪"。

（二）犯罪客体

妨害兴奋剂管理罪的客体是兴奋剂管理秩序，具体表现为，通过使用兴奋剂侵犯体育竞赛的纯洁性，也可能对运动员身心健康造成伤害，甚至损害国家形象。

（三）犯罪客观方面

妨害兴奋剂管理罪的客观方面主要有三种形式：（1）引诱、教唆、欺骗运动员使用兴奋剂参加国内、国际重大体育竞赛；（2）明知运动员参加上述竞赛而向其提供兴奋剂；（3）组织、强迫运动员使用兴奋剂参加国内、国际重大体育竞赛。"引诱"，是指以各种利益，如金钱等，诱使运动员使用兴奋剂。"教唆"，是指唆使运动员使用兴奋剂。"欺骗"，是指虚构、捏造兴奋剂的性质或者作用等方式，使运动员在不知情的情况下使用兴奋剂。"运动员"，《国家体育总局关于修订〈体育运动中兴奋剂管制通则〉的通知》（体规字〔2018〕4号）第三条第二款规定："适用本通则的运动员包括：（一）参加国际级或国家级比赛的运动员；（二）参加全国性体育社会团体及其会员单位举办或授权举办的比赛的运动员；（三）在全国性体育社会团体及其会员单位注册的运动员；（四）参加政府资助的比赛的运动员；（五）如赛事组织机构授权或委托反兴奋剂中心实施兴奋剂检查，参加该比赛的运动员。""组织"是指使多名运动员有组织地使用兴奋剂。"强迫"是指迫使运动员违背本人意愿使用兴奋剂。[1]

（四）犯罪主体

妨害兴奋剂管理罪的主体为一般主体，主要是运动员辅助人员，即教练员、队医、领队、科研人员等为运动员参加体育竞赛提供帮助、指导的人员，以及体育社会团体、运动员管理单位等组织中负有责任的主管人员和其他直接责任人员。

使用兴奋剂的运动员本人，通常不是本罪的犯罪主体。这是因为：（1）与《反兴奋剂条例》等规定衔接。《反兴奋剂条例》第三十九条、第四十条规定了刑事责任衔接条款，其主体主要是运动员辅助人员、体育社会团体、运动员管理单位负有责任的主管人员和其他直接责任人员。（2）符合实际情况。运动员辅助人员，虽然不直接参加比赛，但是能够从体育竞赛中获得利益。运动员竞技成绩越好，运动员辅助人员等的利益就越大。运动员辅助人员等与运动员朝夕相处，具有特殊的优势地位和身份，许多运动员对运动员辅助人员等的信任、依赖、服从非常强烈，在一些情况下，例如运动员是未成年人等，运动员辅助人员等甚至可能具有绝对权威，运动员对他们言听计从。实际上，受专业能力限制，运动员独立获取、使用兴奋剂是比较困难的，大多是在运动员辅助人员等的推动下进行。因此，打击兴奋剂犯罪，重点是打击运动员辅助人员等人员，而非运

---

[1] 参见许永安主编：《中华人民共和国刑法修正案（十一）解读》，中国法制出版社2021年版，第411页。

动员本人。另外，现有的行业处分、行政处罚等措施，例如禁赛、取消成绩等，足以对使用兴奋剂的运动员本人形成有效威慑。(3) 国际上普遍不对使用兴奋剂的运动员本人进行刑事处罚。例如，2021年《世界反兴奋剂条例》就指出，参与对运动员使用兴奋剂或包庇使用兴奋剂的人员，应当受到比兴奋剂检查结果呈阳性的运动员更为严厉的处罚，因此把这些辅助人员通报给主管部门（从而给予更为严厉的处罚），是遏制使用兴奋剂的重要措施。

（五）犯罪的主观方面

妨害兴奋剂管理罪的主观方面是故意。

（六）刑事责任

根据修正后《刑法》第三百五十五条之一的规定，犯妨害兴奋剂管理罪，处三年以下有期徒刑或者拘役，并处罚金。

五、司法适用中需要注意的问题

妨害兴奋剂管理罪是《刑法修正案（十一）》新规定的犯罪，《兴奋剂解释》是针对其他罪名所作的解释，妨害兴奋剂管理罪与《兴奋剂解释》的关系，本质上是与走私、非法经营、虐待被监护、看护人、组织考试作弊等罪名的关系。《刑法修正案（十一）》施行后，《兴奋剂解释》继续有效。

（一）走私兴奋剂目录所列物质的定罪量刑标准

《兴奋剂解释》第一条规定："运动员、运动员辅助人员走私兴奋剂目录所列物质，或者其他人员以在体育竞赛中非法使用为目的走私兴奋剂目录所列物质，涉案物质属于国家禁止进出口的货物、物品，具有下列情形之一的，应当依照刑法第一百五十一条第三款的规定，以走私国家禁止进出口的货物、物品罪定罪处罚：（一）一年内曾因走私被给予二次以上行政处罚后又走私的；（二）用于或者准备用于未成年人运动员、残疾人运动员的；（三）用于或者准备用于国内、国际重大体育竞赛的；（四）其他造成严重恶劣社会影响的情形。""实施前款规定的行为,涉案物质不属于国家禁止进出口的货物、物品,但偷逃应缴税额一万元以上或者一年内曾因走私被给予二次以上行政处罚后又走私的,应当依照刑法第一百五十三条的规定,以走私普通货物、物品罪定罪处罚。""对于本条第一款、第二款规定以外的走私兴奋剂目录所列物质行为,适用《最高人民法院、最高人民检察院关于办理走私刑事案件适用法律若干问题的解释》(法释〔2014〕10号)规定的定罪量刑标准。"

1. 关于小额多次走私兴奋剂目录所列物质。根据《刑法》规定,小额多次走私的兴奋剂目录所列物质属于普通货物、物品的,可以构成走私普通货物、物品罪。但对于小额多次走私的兴奋剂目录所列物质,属于国家禁止进出口的货物、物品的,能否构成走私国家禁止进出口的货物、物品罪,存在争议;为此,《兴奋剂解释》第一条第一款第一项明确,按照走私国家禁止进出口的货物、物品罪定罪处罚。

2. 运动员、运动员辅助人员走私,可以认为具有在体育运动中非法使用的目的。此种情形以及其他人员以在体育运动中非法使用为目的走私的,社会危害性相较于其他的走私行为更大,因此,设置了不同于走私其他货物、物品的入罪标准。尤其是《兴奋剂解释》第一条第二款规定的偷逃应缴税额"一万元以上"的入罪标准,对《办理走私案件解释》第十六条规定的"十万元"作了大幅度下调,以体现对走私兴奋剂的坚决从严惩处的决心。

3. 对于其他走私兴奋剂行为,《兴奋剂解释》第一条第三款专门规定,适用《办理走私案件解释》的规定定罪处罚。

(二)非法经营罪的适用

《兴奋剂解释》第二条规定:"违反国家规定,未经许可经营兴奋剂目录所列物质,涉案物质属于法律、行政法规规定的限制买卖的物品,扰乱市场秩序,情节严重的,应当依照刑法第二百二十五条的规定,以非法经营罪定罪处罚。"作此规定,主要是因为一些药品生产企业、化工企业、医疗机构或者科研单位等,违反有关规定,非法研制、生产、经营兴奋剂目录所列禁用物质,成为兴奋剂流入体育竞赛的重要渠道。

虽然《反兴奋剂条例》第七条规定"国家对兴奋剂目录所列禁用物质实行严格管理,任何单位和个人不得非法生产、销售、进出口",但对于《兴奋剂目录》所列物质并未单独列管,而且此类物质不少也是化工原料或者医药中间体,并未实行批准文号管理,因此对于非法经营兴奋剂目录所列物质的行为一律适用非法经营罪,明显不妥。只有违反国家规定,未经许可经营兴奋剂目录所列物质,涉案物质属于限制买卖的物品的,才适用非法经营罪定罪处罚。

(三)虐待被监护、看护人罪的适用

《兴奋剂解释》第三条规定:"对未成年人、残疾人负有监护、看护职责的人组织未成年人、残疾人在体育运动中非法使用兴奋剂,具有下列情形之一的,应当认定为刑法第二百六十条之一规定的'情节恶劣',以虐待被监护、看护人罪定罪处罚:(一)强迫未成年人、残疾人使用的;(二)引诱、欺骗未成年人、残疾人长期使用的;(三)其他严重损害未成年人、残疾人身心健康的情形。"

很多运动员自幼离开家庭、校园,在教练、队医、领队等运动员辅助人员或者有关单位的监督、管理下生活。为此,《兴奋剂解释》第三条明确,强迫、引诱、欺骗未成年人、残疾人非法使用兴奋剂的,以虐待被监护、看护人罪定罪处罚。需要注意以下问题:(1)《兴奋剂解释》第一条、第二条规定的是走私、非法经营,其对象只能是兴奋剂目录所列物质,但是,《兴奋剂解释》第三条和第四条所针对的是"使用"环节,故既可能涉及兴奋剂目录所列物质,也可能包括禁用方法。(2)本条所称的"未成年人""残疾人",根据《未成年人保护法》《残疾人保障法》的规定,主要是指不满十八周岁的人,以及心理、生理、人体结构上,某种组织、功能丧失或者不正常,全部或者部分丧失以正常方式从事某种活动能力的人。(3)关于"负有监护、看护职责的人",根据《反兴奋剂条例》的规定,主要是指教练、队医、领队等运动员辅助人员。

同时,符合妨害兴奋剂管理罪和虐待被监护、看护人罪犯罪构成的,应择一重罪处罚。

（四）组织考试作弊罪的适用

《兴奋剂解释》第四条规定："在普通高等学校招生、公务员录用等法律规定的国家考试涉及的体育、体能测试等体育运动中，组织考生非法使用兴奋剂的，应当依照刑法第二百八十四条之一的规定，以组织考试作弊罪定罪处罚。""明知他人实施前款犯罪而为其提供兴奋剂的，依照前款的规定定罪处罚。"作此规定，主要是因为，在普通高等学校招生、公务员录用等考试中，针对体育、体能设置了相对不同的招录标准和程序。组织参加体育测试的考生非法使用兴奋剂的行为客观存在，破坏公平竞争的人才选拔制度，败坏社会风气。

（五）兴奋剂等专门性问题的认定程序

根据《反兴奋剂条例》第三十六条第一款"受检样本由国务院体育主管部门确定的符合兴奋剂检测条件的检测机构检测"的规定，《兴奋剂解释》第八条规定："对于是否属于本解释规定的'兴奋剂''兴奋剂目录所列物质''体育运动''国内、国际重大体育竞赛'等专门性问题，应当依据《中华人民共和国体育法》《反兴奋剂条例》等法律法规，结合国务院体育主管部门出具的认定意见等证据材料作出认定。"据此，兴奋剂等专门性问题的认定，需要由国家体育总局出具认定意见。

第四十五条　修改食品、药品监管渎职罪

【条文内容】

四十五、将刑法第四百零八条之一第一款修改为:"负有食品药品安全监督管理职责的国家机关工作人员,滥用职权或者玩忽职守,有下列情形之一,造成严重后果或者有其他严重情节的,处五年以下有期徒刑或者拘役;造成特别严重后果或者有其他特别严重情节的,处五年以上十年以下有期徒刑:

"(一)瞒报、谎报食品安全事故、药品安全事件的;

"(二)对发现的严重食品药品安全违法行为未按规定查处的;

"(三)在药品和特殊食品审批审评过程中,对不符合条件的申请准予许可的;

"(四)依法应当移交司法机关追究刑事责任不移交的;

"(五)有其他滥用职权或者玩忽职守行为的。"

【条文主旨】

本条增设药品监管渎职罪,进一步细化了食品、药品监管渎职罪的表现形式,提高可操作性和针对性、适用性,以加大对食品、药品安全的保护力度。

【理解与适用】

一、修法背景

食品、药品安全事关人民群众的身体健康和生命安全。关于食品监管

第四十五条 修改食品、药品监管渎职罪

失职、渎职行为,2009年《食品安全法》第七十五条规定:"调查食品安全事故,除了查明事故单位的责任,还应当查明负有监督管理和认证职责的监督管理部门、认证机构的工作人员失职、渎职情况。"但是,2010年的河南双汇"瘦肉精"案等一系列食品安全事件反映,食品安全问题有愈演愈烈之势。有意见提出,各地频发食品安全事件,政府有关部门食品安全监督失职问题应当受到重视。某些职能部门的不作为让食品安全监管几乎形同虚设,一些负有食品安全监管职责的国家机关工作人员,尽管涉嫌玩忽职守或者滥用职权,却很少被追究刑事责任。确保百姓的餐桌安全,单靠处罚相关企业显然不够,必须把失职的监管部门工作人员一并纳入处罚范围,对监管失职人员追究法律责任。① 为此,《刑法修正案(八)》增加了食品监管渎职罪,第四十九条规定:"负有食品安全监督管理职责的国家机关工作人员,滥用职权或者玩忽职守,导致发生重大食品安全事故或者造成其他严重后果的,处五年以下有期徒刑或者拘役;造成特别严重后果的,处五年以上十年以下有期徒刑。""徇私舞弊犯前款罪的,从重处罚。"

这一规定,对于强化食品监管人员责任意识,督促食品监管人员依法履职,确保食品安全形势的总体稳定,发挥了重要作用。但在法律的实施过程中,也出现了一些新的情况和问题:(1)药品监管渎职形势严峻,亟须纳入《刑法》惩治范围。《刑法修正案(八)》之后,连续发生了一些影响重大的药品安全案件,比较典型的有"山东济南非法经营疫苗系列案"和"吉林长春长生公司问题疫苗案件",社会反映强烈。这些案件反映出药品监管人员失职渎职的情况比较严重。例如,"山东济南非法经营疫苗系列案"中,有关部门依法依纪对国家食品药品监督管理总局、国家卫生和计划生育委员会和山东等17个省(区、市)相关责任人予以问责,有关方面先行对357名公职人员等予以撤职、降级等处分,② 立案查处失

---

① 参见高铭暄:《中华人民共和国刑法的孕育诞生和发展完善》,北京大学出版社2012年版,第631页。
② 参见《山东济南非法经营疫苗系列案件部门联合调查组通报调查进展情况》,载http://www.gov.cn/xinwen/2016-04/14/content_5063848.htm,最后访问时间:2020年12月15日。

职渎职等职务犯罪174人。①"吉林长春长生公司问题疫苗案件"发生后,中央纪委国家监委对6名中管干部作出免职、责令辞职、要求引咎辞职等处理,对涉嫌职务犯罪的国家食品药品监督管理总局时任党组成员、副局长吴某给予开除党籍处分并移送检察机关依法审查起诉。(2)《刑法修正案(八)》于2011年5年1日施行后,《食品安全法》分别于2015年4月24日、2018年12月29日作了修订、修正,《药品管理法》分别于2013年12月28日、2015年4月24日和2019年8月26日作了修正、修订,相比2011年《刑法修正案(八)》施行时,食品、药品的监管要求发生了很大变化。例如,2019年《药品管理法》对药品监管职责作了进一步明确,细化并加重对监管人员等的处分措施,将2015年《药品管理法》规定的"已取得《药品生产许可证》《药品经营许可证》的企业生产、销售假药、劣药的,除依法追究该企业的法律责任外,对有失职、渎职行为的药品监督管理部门直接负责的主管人员和其他直接责任人员依法给予行政处分",修改为"查处假药、劣药违法行为有失职、渎职行为的,对药品监督管理部门直接负责的主管人员和其他直接责任人员依法从重给予处分"。《刑法修正案(八)》的规定与食品、药品监管的实际情况之间,不协调、不一致的情况时有出现,有必要对《刑法》作出调整,以保持法律之间的一致。(3)《刑法修正案(八)》的规定比较原则,需要结合食品、药品监管特点做进一步细化。例如,虽然实践中对"滥用职权或者玩忽职守"有一套比较成熟的认定规则和做法,但难以适应食品监管链条长、环节多、范围广等特点,运用一般规则判断食品、药品监管中的哪些不当行为属于"滥用职权或者玩忽职守",存在困难和争议。又如,《刑法修正案(八)》将本罪规定为结果犯,成立本罪需要"导致发生重大食品安全事故或者造成其他严重后果",但是《食品安全法》未对"重大食品安全事故"等的认定标准作出明确规定,而且如何认定"滥用职权或者玩忽职守"与"重大食品安全事故或者造成其他严重后果"之间的因果关系、区分不同监管

---

① 参见《最高人民检察院工作报告——2017年3月12日在第十二届全国人民代表大会第五次会议上》,载 http://www.npc.gov.cn/npc/c12435/201703/ce0a959e5cd148269413b54c32afc584.shtml,最后访问时间:2020年12月15日。

第四十五条 修改食品、药品监管渎职罪

环节之间的作用大小，认识也不完全一致。

为进一步强化食品、药品安全，保护人民群众安全，与《食品安全法》《药品管理法》等法律做好衔接，增强法律的可操作性，在《刑法修正案（十一）（草案）》研拟过程中，根据有关方面的意见，立法工作机关对《刑法》第四百零八条之一第一款作出完善，从而形成草案一次审议稿第二十八条的写法。

二、审议过程

草案一次审议稿	草案二次审议稿	《刑法修正案（十一）》
二十八、将刑法第四百零八条之一第一款修改为："负有食品药品安全监督管理职责的国家机关工作人员，滥用职权或者玩忽职守，有下列情形之一的，处五年以下有期徒刑或者拘役；造成特别严重后果的，处五年以上十年以下有期徒刑： "（一）瞒报、谎报、漏报食品药品安全事件，情节严重的； "（二）对发现的严重食品药品安全违法行为未及时查处的； "（三）未及时发现监督管理区域内重大食品药品安全隐患的； "（四）对不符合条件的申请准予许可，情节严重的； "（五）依法应当移交司法机关追究刑事责任不移交的。"	三十九、将刑法第四百零八条之一第一款修改为："负有食品药品安全监督管理职责的国家机关工作人员，滥用职权或者玩忽职守，有下列情形之一，造成严重后果或者有其他严重情节的，处五年以下有期徒刑或者拘役；造成特别严重后果或者有其他特别严重情节的，处五年以上十年以下有期徒刑： "（一）瞒报、谎报食品安全事故、药品安全事件； "（二）对发现的严重食品药品安全违法行为未按规定查处的； "（三）在药品和婴幼儿配方食品等特殊食品审批审评过程中，对不符合条件的申请准予许可的； "（四）依法应当移交司法机关追究刑事责任不移交的； "（五）有其他滥用职权或者玩忽职守行为的。"	四十五、将刑法第四百零八条之一第一款修改为："负有食品药品安全监督管理职责的国家机关工作人员，滥用职权或者玩忽职守，有下列情形之一，造成严重后果或者有其他严重情节的，处五年以下有期徒刑或者拘役；造成特别严重后果或者有其他特别严重情节的，处五年以上十年以下有期徒刑： "（一）瞒报、谎报食品安全事故、药品安全事件的； "（二）对发现的严重食品药品安全违法行为未按规定查处的； "（三）在药品和特殊食品审批审评过程中，对不符合条件的申请准予许可的； "（四）依法应当移交司法机关追究刑事责任不移交的； "（五）有其他滥用职权或者玩忽职守行为的。"

在《刑法修正案（十一）（草案）》审议和征求意见过程中，主要有以下意见：（1）有意见提出，对"未及时发现监督管理区域内重大食品药品安全隐患"的规定，建议进一步完善。未及时发现隐患，既可能有主观因素，也可能有客观因素，例如受认识程度、判断标准、理解能力以及其他客观条件的限制而没有及时发现隐患，与其他项规定的情形的危害性有所区别。立法工作机关经研究，在草案二次审议稿中删除了"未及时发现监督管理区域内重大食品药品安全隐患"。（2）有意见提出，建议与其他渎职犯罪的法律标准保持一致，做好与《药品管理法》等的衔接，将本罪规定为结果犯或者情节犯。立法工作机关经研究，在草案二次审议稿中规定了"造成严重后果或者有其他严重情节"的入罪标准。（3）有意见提出，食品、药品监管渎职的行为方式较多，难以一一列举，可以增加兜底条款。立法工作机关经研究，在草案二次审议稿中增加了第五项，规定"有其他滥用职权或者玩忽职守行为的"。（4）有意见提出，《食品安全法》第七十四条规定："国家对保健食品、特殊医学用途配方食品和婴幼儿配方食品等特殊食品实行严格监督管理。"据此，"婴幼儿配方食品"的法律地位已明确为特殊食品，本条可不单独列明。《刑法修正案（十一）》中删除了"婴幼儿配方食品等"的表述。

三、修正前后条文对照

修正前《刑法》	修正后《刑法》
第四百零八条之一 【食品监管渎职罪】负有食品安全监督管理职责的国家机关工作人员，滥用职权或者玩忽职守，导致发生重大食品安全事故或者造成其他严重后果的，处五年以下有期徒刑或者拘役；造成特别严重后果的，处五年以上十年以下有期徒刑。 徇私舞弊犯前款罪的，从重处罚。	第四百零八条之一 【食品、药品监管渎职罪】负有食品药品安全监督管理职责的国家机关工作人员，滥用职权或者玩忽职守，有下列情形之一，造成严重后果或者有其他严重情节的，处五年以下有期徒刑或者拘役；造成特别严重后果或者有其他特别严重情节的，处五年以上十年以下有期徒刑： （一）瞒报、谎报食品安全事故、药品安全事件的； （二）对发现的严重食品药品安全违法行为未按规定查处的；

修正前《刑法》	修正后《刑法》
	（三）在药品和特殊食品审批审评过程中，对不符合条件的申请准予许可的； （四）依法应当移交司法机关追究刑事责任不移交的； （五）有其他滥用职权或者玩忽职守行为的。 　　徇私舞弊犯前款罪的，从重处罚。

四、修正后条文的理解与适用

（一）罪名确定

根据《罪名补充规定（五）》，《刑法》第四百零八条之一的罪名确定为食品监管渎职罪。根据《罪名补充规定（七）》，本条的罪名调整为"食品、药品监管渎职罪"，取消原罪名"食品监管渎职罪"。

（二）犯罪客体

食品、药品监管渎职罪的客体是国家关于食品安全、药品管理的监管制度，食品安全制度、药品管理制度主要由《食品安全法》《药品管理法》规定。

（三）犯罪客观方面

食品、药品监管渎职罪的客观方面表现为滥用职权或者玩忽职守，具有第一款规定的五种情形之一。

1."滥用职权或者玩忽职守"。"职权"，是指职务范围以内的权力。职务的范围和权力由《食品安全法》《药品管理法》等规定。"滥用"，是指超越限定的范围或者胡乱、随意地使用权力。"滥用职权"的行为在客观上有两种情形：（1）不认真地运用权力，即在履行职务的过程中，未尽到注意义务，在其职务范围内随便、随意或者马虎地行使权力。（2）过度地运用权力，即在履行职务的过程中，超越职务范围去行使权力，或者在职务范围内超越权力运用的前提、条件（如时间、地点、对象等）、程序、内容等要求而行使权力。上述两种情形均属不正确地履行职责：前者是不认真地履行职责，后者则是超越限度或者没有限度地履行职责，因而滥用职权在客观上以作为的方式表现出来。"玩忽职守"的"玩"字，有"用不严肃的态度来对待"的意思；"忽"字则有"不注意、不重视"之义，即疏忽。前者反映了一种不严肃的心理态度，后者是漫不经心的心理表现。"玩忽"与"职守"相连，是指马虎、漫不经心、不认真地对待职责和义务。"玩忽职守"的行为在客观上有两种类型：（1）不履行职务型，即行为人应该履行且能够履行，但没有履行其职务。这种类型一般表现为不作为，具体包括以下几种情形：擅离职守，即违反职守中关于时间和空间的明确要求，在特定时间里擅自离开特定场所，以致没有能够履行其职务，如在抢险、救灾中擅自离开现场，以及未履行职守，即虽然在工作岗位上，但没有按照法律、法规和规章所规定的职守要求行事，以致没有履行其职务，如拒绝履行职守、放弃履行职守或者不及时履行职守。（2）不正确履行职务型，即行为人应该履行且能够履行，但不严肃认真地对待其职守，以致错误地履行了职务，主要表现为履行职务不尽心、不得力。[①]

2. 五种行为方式。本条所列五种情形，是比较常见、危害较大的食品、药品监管渎职行为，《食品安全法》《药品管理法》等作了更为明确的规定，可以参考。（1）"瞒报、谎报食品安全事故、药品安全事件的"。《食品安全法》第一百四十二条、第一百四十四条、《药品管理法》第一百四十八条、第一百四十九条等分别规定了"隐瞒、谎报、缓报食品安全事故""瞒报、谎报、缓报、漏报药品安全事件"的法律责任。从条文表述看，《刑法》没有规定"缓报食品安全事故""缓报、漏报药品安全事件"。"食品安全事故"的认定，可以参照《国家食品安全事故应急预案》等有关规定。《药品管理法》规定的"药品安全事件"的认定，主管部门也有一套比较成熟的制度和办法。（2）"对发现的严重食品药品安全违法行为未按规定查处的"。《食品安全法》第一百四十四条、第一百四十五条分别规定了"未按规定查处食品安全事故，或者接到食品安全事故报告未

[①] 参见张军主编：《刑法（分则）及配套规定新释新解（下）》，人民法院出版社2013年版，第1849～1850页。

及时处理，造成事故扩大或者蔓延""不履行法定职责，对查处食品安全违法行为不配合，或者滥用职权、玩忽职守、徇私舞弊"的法律责任，《药品管理法》第一百四十九条规定了"对发现的药品安全违法行为未及时查处"的法律责任。从条文表述看，相较于《食品安全法》《药品管理法》的相关规定，本条第二项规定了"严重"二字，没有规定《食品安全法》中的"未及时处理""对查处食品安全违法行为不配合"等。从法律衔接的角度看，本条第二项规定的"食品安全违法行为"，可以认为与《食品安全法》第一百四十四条规定的"食品安全事故"可作同一理解。(3)"在药品和特殊食品审批审评过程中，对不符合条件的申请准予许可的"。药品的审批审评，具体由《药品管理法》等规定。《药品管理法》第一百四十七条规定了"不符合条件而批准进行药物临床试验""对不符合条件的药品颁发药品注册证书""对不符合条件的单位颁发药品生产许可证、药品经营许可证或者医疗机构制剂许可证"的法律责任。特殊食品，根据《食品安全法》第七十四条的规定，包括保健食品、特殊医学用途配方食品和婴幼儿配方食品等，《食品安全法》第一百四十四条规定了"对不符合条件的申请人准予许可，或者超越法定职权准予许可"的法律责任。(4)"依法应当移交司法机关追究刑事责任不移交的"。《食品安全法》第一百二十一条、《药品管理法》第一百一十三条规定了有关部门将发现的涉嫌犯罪案件移送公安机关的职责，《食品安全法》第一百四十四条、《药品管理法》第一百四十九条分别规定了"不履行食品安全监督管理职责，导致发生食品安全事故""其他不履行药品监督管理职责，造成严重不良影响或者重大损失"的法律责任。(5)"有其他滥用职权或者玩忽职守行为的"，属于兜底条款。

3."后果""情节"。判断是否严重以及严重程度，可以参照适用《渎职解释（一）》的规定，也可以参考《食品安全法》《药品管理法》等法律、法规的规定。需要说明的是，实践中，一些地方制定的食品、药品事故处置工作预案等地方性规定，可能涉及"后果""情节"的认定标准，有观点认为，这些地方性规定，可以作为判断"后果""情节"是否严重以及严重程度的参考。① 但是，将地方性规定作为定罪量刑的参考，既难以操作，也可能造成《刑法》适用的不一致。例如，食品、药品有跨地域流动的特点，适用何地的地方性规定，可能难以操作。故而，有国家规定的，适用国家规定；没有国家规定的，按照司法实践的经验做法，综合判断。

（四）犯罪主体

食品、药品监管渎职罪是特殊主体，即负有食品、药品安全监督管理职责的国家机关工作人员。在具体认定时，注意以下方面：（1）负有食品、药品安全监督管理职责的国家机关，主要规定在《食品安全法》第四条、第五条以及《药品管理法》第八条、第九条。（2）依照《全国人民代表大会常务委员会关于〈中华人民共和国刑法〉第九章渎职罪主体适用问题的解释》以及《渎职解释（一）》第七条等规定，食品、药品监管渎职罪的主体还包括依法或者受委托行使食品、药品安全监督管理职权的单位的有关人员。（3）不同部门、不同人员的监督管理职责有别，根据行为方式的不同，可以参照《食品安全法》《药品管理法》等规定，确定主体范围。例如，"对发现的严重药品安全违法行为未及时查处"的行为主体，一般是《药品管理法》第一百四十九条规定的"药品监督管理等部门"的人员。

（五）犯罪的主观方面

食品、药品监管渎职罪的主观方面既包括故意，也包括过失。滥用职权型的食品、药品监管渎职一般由过失构成，即行为人应当预见自己滥用职权的行为可能造成严重后果或者其他严重情节，因为疏忽大意而没有预见，或者已经预见而轻信能够避免，但也不排除间接故意；而玩忽职守型的食品、药品监管渎职只能由过失构成。如果行为人出于徇私、徇情的动机，在食

---

① 参见孟庆华：《"食品监管渎职罪"客观要件的理解适用》，载《中国纪检监察报》2011年6月17日。

品、药品安全监督管理活动中滥用职权或者玩忽职守，也构成本罪。①

(六) 刑事责任

根据修正后《刑法》第四百零八条之一的规定，犯食品、药品监管渎职罪的，处五年以下有期徒刑或者拘役；造成特别严重后果或者有其他特别严重情节的，处五年以上十年以下有期徒刑。

依照本条第二款规定，徇私舞弊犯食品、药品监管渎职罪的，从重处罚。

---

① 参见周道鸾、张军主编：《刑法罪名精释》，人民法院出版社2013年版，第1141页。

第四十六条 修改为境外窃取、刺探、收买、非法提供军事秘密罪

【条文内容】

四十六、将刑法第四百三十一条第二款修改为:"为境外的机构、组织、人员窃取、刺探、收买、非法提供军事秘密的,处五年以上十年以下有期徒刑;情节严重的,处十年以上有期徒刑、无期徒刑或者死刑。"

【条文主旨】

为进一步适应军事斗争的需要,完善为境外窃取、刺探、收买、非法提供军事秘密罪的刑罚配置,增加一档法定刑,即"五年以上十年以下有期徒刑"。

【理解与适用】

一、修法背景

军事秘密是关系国家军事利益,依照规定的权限和程序确定,在一定时间内只限一定范围的人员知悉的事项,不能对外公开并直接关系到国防安全和军事利益的事项。根据《中国人民解放军保密条例》有关规定,军事秘密承载着国防力量和武装力量建设规划、实施、军事部署、军事情报来源、国防动员计划等重要事项。对军事秘密的保护关乎国家安全和国防安全。党的十八大以来,习近平总书记创造性提出总体国家安全观,成为国家安全的行动纲领和科学指南。党的十九大将坚持总体国家安全观纳入新时代坚持和发展中国特色社会主义的基本方略,并写入党章。国土安全

第四十六条　修改为境外窃取、刺探、收买、非法提供军事秘密罪

作为国家安全工作的重点领域，与国家能否繁荣息息相关。国土不受外来侵略，资源不因战争或预防战争过分消耗，国家才能稳定发展，人民才能安居乐业。[1] 当前，我国正处于全面建成小康社会的决胜期和实现"两个一百年"奋斗目标的历史交汇期，已行至民族复兴的关键一程，我国社会的主要矛盾发生变化，世界正经历百年未有之大变局，国际形势日趋波云诡谲，个别国家仍对我国恶意揣度，造成外交工作的重重障碍；周边环境越发复杂敏感，边境摩擦冲突爆发；改革发展稳定任务艰巨繁重，公共卫生领域面临巨大挑战[2]，保护好我军事秘密、防范军事领域的重大风险，重要而紧迫。

我国长期重视对军事秘密的保护和对相关犯罪的惩治。新中国成立之后，分别于1951年、1955年制定《中国人民解放军暂行军法条例》《中国人民解放军军事刑罚暂行条例（草案）》，但由于历史原因，没有规定为境外窃取、刺探、收买、非法提供军事秘密的犯罪。[3] 由于1979年《刑法》没有对军事刑法作出规定，而是决定另行制定单行条例[4]，1981年，全国人民代表大会常务委员会颁布了《惩治军人违反职责罪暂行条例》，设置了有关军人违反职责、武器装备肇事、泄露军事秘密、为敌人或者外国人窃取、刺探、提供军事机密、擅离、玩忽军事职守等二十余个罪名，其中第四条第三款规定："为敌人或者外国人窃取、刺探、提供军事机密的，处十年以上有期徒刑、无期徒刑或者死刑"。随着现实情况的不断变化，这一规定暴露出一定的局限性，例如"为敌人或者外国人窃取、刺探、提供军事机密"，难以适用于为既非敌对的亦非外国人的我国港、澳、台地区人员窃取、刺探、提供军事秘密的，或者用收买方法获取军事秘密的等情形。为进一步强化对军事秘密安全的刑法保护，1997年《刑法》第四百三十一条第二款作了完善，规定："为境外的机构、组织、人员窃取、刺探、收买、非法提供军事秘密的，处十年以上有期徒刑、无期徒刑或者死刑。"

---

[1] 参见《习近平新时代中国特色社会主义思想三十讲》，学习出版社2018年版，第258页。
[2] 自2020年年初起，新型冠状肺炎疫情逐步在全球范围内蔓延，我国最先发现了这一疾病。
[3] 参见樊亮生：《为境外窃取、刺探、收买、非法提供军事秘密罪研究》，广西民族大学2017年硕士学位论文。
[4] 参见田友芳：《军事刑法若干问题的理论探讨》，载《当代法学》2004年第1期。

在《刑法修正案十一(草案)》研拟过程中,有意见提出,《中国人民解放军内务条令(试行)》《中国人民解放军保密条例》等文件中均规定了军人较一般公民更为严格的保密职责,军人犯本罪,严重侵害国家国防利益和军事利益,应当予以严惩;并且军人是我国军事力量的重要组成部分,提高军人素质,确保军人严守军事秘密,对于维护军队稳定和国家安全有着重要意义。基于此,《刑法》将本罪规定为行为犯,并且将法定刑规定为"十年以上有期徒刑、无期徒刑直至死刑"。实践表明,这一法定刑幅度,体现了军法从严、治军从严的精神,但是也存在过于刚性、弹性不足的问题。例如,不管为境外窃取、刺探、收买、非法提供的军事秘密有几份,密级有多高,只要从事了上述行为,起刑点都是十年有期徒刑,不利于罪责刑相适应原则的贯彻和体现宽严相济的刑事政策。尤其是犯本罪的被告人中多数为年轻的普通战士,一些人系因交友不慎、一时糊涂而向境外提供军事秘密,主观恶性不大,所提供的军事秘密密级不高,危害性并非特别严重,若一律判处十年以上有期徒刑,反而不利于军队安全。

在《刑法修正案(十一)(草案)》研拟过程中,根据有关方面的意见,立法工作机关提出对为境外窃取、刺探、收买、非法提供军事秘密罪作出完善,从而形成草案一次审议稿的写法。

二、审议过程

草案一次审议稿	草案二次审议稿	《刑法修正案(十一)》
二十九、将刑法第四百三十一条第二款修改为:"为境外的机构、组织、人员窃取、刺探、收买、非法提供军事秘密的,处五年以上十年以下有期徒刑;情节严重的,处十年以上有期徒刑、无期徒刑或者死刑;情节较轻的,处五年以下有期徒刑。"	四十、将刑法第四百三十一条第二款修改为:"为境外的机构、组织、人员窃取、刺探、收买、非法提供军事秘密的,处五年以上十年以下有期徒刑;情节严重的,处十年以上有期徒刑、无期徒刑或者死刑。"	四十六、将刑法第四百三十一条第二款修改为:"为境外的机构、组织、人员窃取、刺探、收买、非法提供军事秘密的,处五年以上十年以下有期徒刑;情节严重的,处十年以上有期徒刑、无期徒刑或者死刑。"

第四十六条 修改为境外窃取、刺探、收买、非法提供军事秘密罪

在《刑法修正案（十一）（草案）》审议和征求过程中，有意见提出，军人为境外窃取、刺探、收买、非法提供军事秘密的危害极为严重，有必要维持一定的惩处力度。立法工作机关经研究，在草案二次审议稿中将"情节较轻"的量刑幅度删去。

三、修正前后条文对照

修正前《刑法》	修正后《刑法》
第四百三十一条第二款 【为境外窃取、刺探、收买、非法提供军事秘密罪】为境外的机构、组织、人员窃取、刺探、收买、非法提供军事秘密的，处十年以上有期徒刑、无期徒刑、或者死刑。	第四百三十一条第二款 【为境外窃取、刺探、收买、非法提供军事秘密罪】为境外的机构、组织、人员窃取、刺探、收买、非法提供军事秘密的，处五年以上十年以下有期徒刑；情节严重的，处十年以上有期徒刑、无期徒刑或者死刑。

对比发现，《刑法修正案（十一）》第二十九条对《刑法》第四百三十一条第二款的修正主要在于刑罚结构方面，将法定刑幅度由"十年以上有期徒刑、无期徒刑或者死刑"，调整为两个量刑幅度，即"五年以上十年以下有期徒刑"和"十年以上有期徒刑、无期徒刑或者死刑"。

四、修正后条文的理解与适用

（一）犯罪客体

为境外窃取、刺探、收买、非法提供军事秘密罪的客体是复杂客体，既包括军事秘密的安全，也包括国防安全。[1]

如前所述，《惩治军人违反职责罪暂行条例》第四条第三款规定了为敌人或者外国人窃取、刺探、提供军事机密罪。但对为非敌对的我国港、澳、台地区人员窃取、刺探、提供军事秘密的，或者用收买方法为敌人或者外国人获取军事秘密的，都无法适用该款规定定罪处罚。所以1997年修

---

[1] 参见周道鸾、张军主编：《刑法罪名精释》，人民法院出版社2013年版，第1203~1204页。

订《刑法》时将罪状改为"为境外的机构、组织、人员窃取、刺探、收买、非法提供军事秘密的",以便扩大适用范围,加强对军事秘密的保护。为境外的机构、组织、人员窃取、刺探、收买和非法提供军事秘密,不仅严重危害军事秘密的安全,而且危害国防安全,所以本罪侵犯的是复杂客体。

(二)犯罪客观方面

为境外窃取、刺探、收买、非法提供军事秘密罪的客观方面表现为为境外的机构、组织、人员窃取、刺探、收买、非法提供军事秘密的行为。

"境外的机构、组织、人员",是指外国的或者境外地区的机构、组织、人员。法律没有对境外的机构、组织、人员的性质进行限制,因此,只要是为境外的机构、组织、人员窃取、刺探、收买、非法提供军事秘密,该机构、组织、人员是否与我国为敌、意图如何,不影响犯罪成立。境外的机构、组织、人员,既包括设置在境外的机构、组织和居住在境外的人员,也包括境外机构、组织设置在境内的分支机构和居住在境内的人员。[①]

"窃取、刺探、收买"是获取军事秘密的方式,具体而言,所谓"窃取",是指通过盗取文件、秘密复制文件或者利用计算机、窃听、窃照等器械秘密取得国家秘密或者情报的行为。所谓"刺探",是指暗中打听、观察、探知、搜集等。所谓"收买",是指利用金钱、物质或者其他利益换取国家秘密或者情报的行为。这是几种最常见的非法手段,其他一些非法手段,如骗取、敲诈等,从广义上看也属窃取行为。所谓"非法提供",是指军事秘密的持有人,违反《保守国家秘密法》和军队有关保密法规的规定,未经事先批准,将自己知悉、管理、持有的军事秘密以各种方法,通过各种渠道将军事秘密提供给不应知悉该秘密的境外机构、组织、个人的行为。

[①] 参见高铭暄、马克昌主编:《刑法学》,北京大学出版社2011年版,第336页。

第四十六条 修改为境外窃取、刺探、收买、非法提供军事秘密罪

(三) 犯罪主体

为境外窃取、刺探、收买、非法提供军事秘密罪的主体是特殊主体,即具有军职人员身份的自然人。根据《刑法修正案(十一)》第四十七条的规定,包括"中国人民解放军的现役军官、文职干部、士兵及具有军籍的学员和中国人民武装警察部队的现役警官、文职干部、士兵及具有军籍的学员以及文职人员、执行军事任务的预备役人员和其他人员"。需要注意的是,为境外非法提供军事秘密罪中,要求犯罪主体是合法掌握军事秘密的人员;如果向境外提供的军事秘密是采用非法手段取得的,则根据其取得军事秘密的手段认定具体罪名,如行为人利用窃取手段取得军事秘密之后又向境外提供的,应认定的罪名是为境外窃取、非法提供军事秘密罪。

(四) 犯罪主观方面

为境外窃取、刺探、收买、非法提供军事秘密罪的主观方面是故意,即行为人明知为境外的机构、组织、人员窃取、刺探、收买、非法提供军事秘密,会造成危害军事秘密安全和国防安全的结果,却希望或者放任发生这种危害结果。行为人的犯罪动机不论是为了危害国防安全还是为了达到个人目的,都不影响本罪主观故意的成立。①

为境外窃取、刺探、收买、非法提供军事秘密罪要求行为人"明知对方是境外的机构、组织、人员"还是"明知对方可能是境外的机构、组织、人员",存在不同理解。经研究认为,只要行为人意识到对方可能是境外的机构、组织、人员就可以构成本罪。原因在于,行为人意识到了这种可能性,仍然将军事秘密提供给对方的行为,足以表明其主观上放任甚至积极追求军事秘密将流向境外的结果。

(五) 刑事责任

根据修正后《刑法》第四百三十一条第二款的规定,犯为境外收买、

---

① 参见周道鸾、张军主编:《刑法罪名精释》,人民法院出版社2013年版,第1203~1204页。

窃取、刺探、非法提供军事秘密罪的，处五年以上十年以下有期徒刑；情节严重的，处十年以上有期徒刑、无期徒刑或者死刑。

五、司法适用中需要注意的问题

（一）"境外"的范围

"境外机构"，是指我国境外的国家和地区的机构，如政府、军队以及其他由政府设置的机构，也包括外国驻我国的使领馆及办事处等。"境外组织"，主要是指我国境外的国家和地区的政党、社会团体等，也包括企业等经济组织以及宣传组织。

（二）"军事秘密"的范围

"军事秘密"是本罪的犯罪对象，在有关案件的审理中如何确认涉案的事项属于军事秘密至关重要，可以参考《军人违反职责罪案件立案标准的规定》及《中国人民解放军保密条例》中的规定进行说明，实践中进行妥善把握。

军事秘密分为绝密、机密、秘密三个等级。"绝密"是最重要的军事秘密，泄露会使国防和军队的安全与利益遭受特别严重的损害。"机密"是重要的军事秘密，泄露会使国防和军队的安全与利益遭受严重的损害。"秘密"是重要的军事秘密，泄露会使国防和军队的安全与利益遭受损害。本罪中的"军事秘密"包括以上三个等级的军事秘密。为境外窃取、刺探、收买、非法提供其他未按照有关定密程序确定密级的事项，例如有关国防安全、军事安全的情报、信息等，均不能成立本罪。为境外窃取、刺探、收买、非法提供的事项，曾经是军事秘密，但是行为发生时已经经过保密期或者已经不再是军事秘密的，也不能认定为本罪。

2011年5月1日起施行的《中国人民解放军保密条例》第二条规定："军事秘密是关系国家军事利益，依照规定的权限和程序确定，在一定时间内只限一定范围的人员知悉的事项。军事秘密是国家秘密的重要组成部分。"第八条规定："军事秘密包括符合本例第二条规定的下列事项：（一）国防和武装力量建设规划及其实施情况；（二）军事部署，作战和其

第四十六条　修改为境外窃取、刺探、收买、非法提供军事秘密罪

他重要军事行动的计划及其实施情况；（三）战备演习、军事训练计划及其实施情况；（四）军事情报及其来源，通信、电子对抗和其他特种状态等基本情况，军以下部队及特殊单位的番号；（五）武装力量的组织编制，部队的任务、实力、素质、状态等基本情况，军以下部队及特殊单位番号；（六）国防动员计划及实施情况；（七）武器装备的研制、生产、配备情况和补充、维修能力，特种军事装备的战术技术性能；（八）军事学术、国防科学技术研究的重要项目、成果及其应用情况；（九）军队政治工作中不宜公开的事项；（十）国防费的分配和使用，军事物资的筹措、生产、供应和储备等情况；（十一）军事设施及军事设施保护情况；（十二）军援、军贸和其他对外军事交往活动中的有关情况；（十三）其他需要保密的事项。"第九条规定："军事秘密分为绝密、机密、秘密三个等级……"

2013年2月26日，最高人民检察院、解放军总政治部印发的《军人违反职责罪案件立案标准的规定》（政检〔2013〕1号）第十二条规定："……军事秘密，是关系国防安全和军事利益，依照规定的权限和程序确定，在一定时间内只限一定范围的人员知悉的事项。内容包括：（一）国防和武装力量建设规划及其实施情况；（二）军事部署，作战、训练以及处置突发事件等军事行动中需要控制知悉范围的事项；（三）军事情报及其来源，军事通信、信息对抗以及其他特种业务的手段、能力，密码以及有关资料；（四）武装力量的组织编制，部队的任务、实力、状态等情况中需要控制知悉范围的事项，特殊单位以及师级以下部队的番号；（五）国防动员计划及其实施情况；（六）武器装备的研制、生产、配备情况和补充、维修能力，特种军事装备的战术技术性能；（七）军事学术和国防科学技术研究的重要项目、成果及其应用情况中需要控制知悉范围的事项；（八）军队政治工作中不宜公开的事项；（九）国防费分配和使用的具体事项，军事物资的筹措、生产、供应和储备等情况中需要控制知悉范围的事项；（十）军事设施及其保护情况中不宜公开的事项；（十一）对外军事交流与合作中不宜公开的事项；（十二）其他需要保密的事项……"

第四十七条 修改军人违反职责罪适用主体范围

【条文内容】

四十七、将刑法第四百五十条修改为:"本章适用于中国人民解放军的现役军官、文职干部、士兵及具有军籍的学员和中国人民武装警察部队的现役警官、文职干部、士兵及具有军籍的学员以及文职人员、执行军事任务的预备役人员和其他人员。"

【条文主旨】

为适应军队改革情况,对军人违反职责犯罪的主体范围作出完善,明确军队文职人员适用军人违反职责罪的规定。

【理解与适用】

一、修法背景

1997年《刑法》第四百五十条对军人违反职责罪适用的主体范围规定为:"本章适用于中国人民解放军的现役军官、文职干部、士兵及具有军籍的学员和中国人民武装警察部队的现役警官、文职干部、士兵及具有军籍的学员以及执行军事任务的预备役人员和其他人员。"2013年2月26日最高人民检察院、解放军总政治部印发的《军人违反职责罪案件立案标准的规定》第三十二条规定:"本规定适用于中国人民解放军的现役军官、文职干部、士兵及具有军籍的学员和中国人民武装警察部队的现役警官、文职干部、士兵及具有军籍的学员,以及执行军事任务的预备役人员和其他人员涉嫌军人违反职责犯罪的案件。"因此,军人违反职责罪只能适用于现役军人和军内在编职工。

第四十七条 修改军人违反职责罪适用主体范围

关于军队文职人员，国务院、中央军委《中国人民解放军文职人员条例》（2005年6月23日中华人民共和国国务院、中华人民共和国中央军事委员会令第438号公布）第二条规定："本条例所称文职人员，是指按照规定的编制聘用到军队工作，履行现役军官（文职干部）同类岗位相应职责的非现役人员。"为适应改革强军的需要，2017年9月27日，中华人民共和国国务院、中华人民共和国中央军事委员会令第689号对《中国人民解放军文职人员条例》修订后重新颁布，其中第二条规定："本条例所称文职人员，是指在军民通用、非直接参与作战且社会化保障不宜承担的军队编制岗位从事管理工作和专业技术工作的非现役人员，是军队人员的组成部分。"为配套管理，经中央军委批准，中央军委办公厅印发《军队文职人员管理若干规定（试行）》（2019年1月1日起施行）。因此，根据修订后《中国人民解放军文职人员条例》，扩大文职人员编配范围，文职人员在军队中使用更为广泛。根据军队改革要求，调整军队人员分类，将文职人员与军官、士官、义务兵共同作为军队人员构成的基本类别。根据2017年修订的《中国人民解放军文职人员条例》第十条第七项对文职人员的义务规定，文职人员"根据需要，参加军事训练和非战争军事行动，承担相应的作战支援保障任务，依法服现役"，因此，《刑法修正案（十一）（草案）》研拟过程中，有意见提出，对于军队文职人员违反职责的行为，有必要纳入军人违反职责罪予以处理，立法工作机关采纳相关意见，从而形成草案一次审议稿第三十条的写法。

二、审议过程

草案一次审议稿	草案二次审议稿	《刑法修正案（十一）》
三十、将刑法第四百五十条修改为："本章适用于中国人民解放军的现役军官、文职干部、士兵及具有军籍的学员和中国人民武装警察部队的现役警官、文职干部、士兵及具有军籍的学员以及文职人员、执行军事任务的预备役人员和其他人员。"	四十一、将刑法第四百五十条修改为："本章适用于中国人民解放军的现役军官、文职干部、士兵及具有军籍的学员和中国人民武装警察部队的现役警官、文职干部、士兵及具有军籍的学员以及文职人员、执行军事任务的预备役人员和其他人员。"	四十七、将刑法第四百五十条修改为："本章适用于中国人民解放军的现役军官、文职干部、士兵及具有军籍的学员和中国人民武装警察部队的现役警官、文职干部、士兵及具有军籍的学员以及文职人员、执行军事任务的预备役人员和其他人员。"

在《刑法修正案（十一）（草案）》审议和征求意见过程中，各方普遍认为，明确军人违反职责罪适用主体范围，有利于确保法律准确实施，赞成草案第三十条的写法。在《刑法修正案（十一）（草案）》审议过程中，对写法未再作出调整。《刑法修正案（十一）》第四十七条沿用了草案一次审议稿的写作，增加了"文职人员"一类主体。

三、修正前后条文对照

修正前《刑法》	修正后《刑法》
第四百五十条　【本章适用的主体范围】本章适用于中国人民解放军的现役军官、文职干部、士兵及具有军籍的学员和中国人民武装警察部队的现役警官、文职干部、士兵及具有军籍的学员以及执行军事任务的预备役人员和其他人员。	第四百五十条　【本章适用的主体范围】本章适用于中国人民解放军的现役军官、文职干部、士兵及具有军籍的学员和中国人民武装警察部队的现役警官、文职干部、士兵及具有军籍的学员以及**文职人员**、执行军事任务的预备役人员和其他人员。

对比发现，《刑法修正案（十一）》第四十七条对《刑法》第四百五十条进行修改，在《刑法》分则第十章军人违反职责罪适用的主体范围中增加了文职人员一类。

四、修正后条文的理解与适用

1997年《刑法》修订时吸收了《惩治军人违反职责罪暂行条例》（1981年6月10日颁布，1982年1月1日起实施）的规定，加以补充完善，作为专门一章，即《刑法》分则第十章军人违反职责罪。根据《刑法》规定，军人同一行为既违反了军人违反职责罪一章的规定，又违反了《刑法》分则其他章的规定，应该根据特殊法优先适用的原则，适用《刑法》分则第十章军人违反职责罪的规定，而不再适用普通法的规定。因此，认定"军人"的身份，对于准确适用法律，尤其是准确认定罪名具有重要的意义。

根据修正后《刑法》第四百五十条的规定，军人违反职责罪的主体可以分为两类：

1. 现役军人，即中国人民解放军和中国人民武装警察部队的正在服役的军官、警官、文职干部、士兵以及具有军籍的学员。"现役军人"的资格应当从公民依法参军之日即被兵役机关正式批准入伍之日起算，至其被部队批准退役、退休、离休或因受处分被除名、开除军籍之日终止。

2. 文职人员、执行军事任务的预备役人员和其他人员。预备役人员是指服预备役的人员；其他人员是指军内职工等。执行军事任务是指执行作战、支前、战场救护等任务。

关于文职人员认定，需要注意，文职人员身份，依照《中国人民解放军文职人员条例》第二条规定，是在军民通用、非直接参与作战且社会化保障不宜承担的军队编制岗位从事管理工作和专业技术工作的非现役人员。文职人员不是现役军人，没有军籍，但属于军队规定的在编制岗位工作的人员，是军队力量构成的重要组成部分。

第四十八条　明确《刑法修正案（十一）》施行时间

【条文内容】

四十八、本修正案自2021年3月1日起施行。

【条文主旨】

本条明确《刑法修正案（十一）》自2021年3月1日起施行。

【理解与适用】

《刑法修正案（十一）》由第十三届全国人民代表大会常务委员会第二十四次会议于2020年12月26日通过，当日公布，自2021年3月1日起施行。之所以这样规定，主要是考虑到《刑法修正案（十一）》涉及的内容较多，多数内容是新增加的规定或者是对原规定作出的比较重大的修改，部分条文还涉及对《刑法》总则规定的修改。在《刑法修正案（十一）》通过以后经过一定期限再开始施行，一方面，有利于最高人民法院、最高人民检察院、公安部等部门相应修改相关司法解释或者规范性文件，培训司法工作人员和执法人员，为《刑法修正案（十一）》的施行做好必要的准备；另一方面，也有利于对《刑法修正案（十一）》的内容进行宣传教育，使广大人民群众在《刑法修正案（十一）》施行前对其内容有必要的了解。因此，《刑法修正案（十一）》延续了《刑法修正案（八）》《刑法修正案（九）》的做法，未规定自公布之日起施行，而是自通过之日起经过两个多月后才生效。

司法实践中，对于《刑法修正案（十一）》所涉及的条文，应当依照《刑法》第十二条关于刑法溯及力的规定来确定法律适用问题。

附录一 《刑法修正案（十一）》立法资料

关于《中华人民共和国刑法修正案（十一）（草案）》的说明

——2020年6月28日在第十三届全国人民代表大会常务委员会第二十次会议上

全国人大常委会法制工作委员会副主任 李 宁

委员长、各位副委员长、秘书长、各位委员：

我受委员长会议的委托，作关于《中华人民共和国刑法修正案（十一）（草案）》的说明。

一、修改刑法的必要性

刑法是国家的基本法律，在中国特色社会主义法律体系中居于基础性、保障性地位，对于打击犯罪、维护国家安全、社会稳定和保护人民群众生命财产安全具有重要意义。党中央和全国人大常委会历来十分重视刑法的修改和完善工作。1997年全面修订刑法以来先后通过了一个决定、十个刑法修正案和十三个有关刑法的法律解释，及时对刑法作出修改、补充和明确适用。总体看，现行刑法适应当前我国经济社会发展总体情况和预防、惩治犯罪的需要。同时，也需要根据新任务、新要求、新情况对刑法作出局部调整。一是落实党中央决策部署的要求。党的十八大以来，党中央对安全生产、产权保护、金融市场秩序、食品药品安全、生态环境、公共卫生安全等领域的刑法治理和保护提出了明确要求。二是适应国内国际形势变化和当前面临的新情况新斗争需要，与疫情防控相关的公共卫生安

· 467 ·

全、生物安全，以及知识产权领域等法律的制定修改进一步衔接，需要刑法作出相应调整，以增强法律规范的系统性、完整性、协同性。三是近年来司法实践中出现了一些新情况新问题，全国人大代表、中央政法机关和有关部门、地方等都提出了一些修改刑法的意见建议需要修改刑法予以明确和解决，回应关切。

二、修改刑法的总体思路

本届全国人大常委会以来，全国人大常委会法制工作委员会按照党中央决策部署和全国人大常委会立法规划安排，认真学习贯彻党中央有关要求，研究落实具体方案，针对实践中的新情况、新问题和各方面提出的意见建议，深入调查研究，会同中央依法治国办、中央政法委、最高人民法院、最高人民检察院、公安部、司法部以及国务院有关部门反复研究沟通，广泛听取各方面意见，对主要问题取得共识，形成了《中华人民共和国刑法修正案（十一）（草案）》。

这次刑法修改的总体思路：一是坚决贯彻落实党中央决策部署，将党中央决策转化为法律制度。紧紧围绕保障党和国家重大战略目标实现、保障改革开放成果和建设法治中国、平安中国的要求，更加注重统筹发挥好刑法对经济社会生活的规范保障、引领推动作用。二是坚持以人民为中心，适应新时代人民群众日益增长的美好生活需要，围绕坚决打好"三大攻坚战"，加强保护人民群众生命财产安全，特别是有关安全生产、食品药品、环境、公共卫生等涉及公共、民生领域的基本安全、重大安全。三是进一步贯彻宽严相济刑事政策，适应国家治理体系和治理能力现代化的要求，把握犯罪产生、发展和预防惩治的规律，注重社会系统治理和综合施策。对社会危害严重的犯罪保持高压态势，对一些社会危害较轻，或者有从轻情节的犯罪，留下从宽处置的余地和空间；对能够通过行政、民事责任和经济社会管理等手段有效解决的矛盾，不作为犯罪处理，防止内部矛盾激化，避免不必要的刑罚扩张。四是坚持问题导向，针对实践中反映的突出问题，及时对刑法作出调整。坚持"立得住、行得通、真管用"，避免偏离实践导向的修改，维护法律的权威和严肃有效执行。同时，坚持从我国国情出发，立足我国社会治理实践。

三、草案的主要内容

这次修正案涉及六个方面，共修改补充刑法 30 条。

（一）加大对安全生产犯罪的预防惩治

为进一步强化对劳动者生命安全的保障，维护生产安全，拟对刑法作出以下修改补充：

一是对社会反映突出的高空抛物、妨害公共交通工具安全驾驶的犯罪进一步作出明确规定，维护人民群众"头顶上的安全"和"出行安全"。

二是提高重大责任事故类犯罪的刑罚，对明知存在重大事故隐患而拒不排除，仍冒险组织作业，造成严重后果的事故类犯罪加大刑罚力度。

三是刑事处罚阶段适当前移，针对实践中的突出情况，规定对具有导致严重后果发生的现实危险的三项多发易发安全生产违法违规情形，追究刑事责任。

（二）完善惩治食品药品犯罪规定

为进一步强化食品药品安全，保护人民群众安全，与药品管理法等法律作好衔接，拟对刑法作以下修改完善：

一是在药品管理法对假劣药的范围做出调整以后，保持对涉药品犯罪惩治力度不减，考虑到实践中"黑作坊"生产、销售药品的严重危害，规定与生产、销售假药罪同等处罚。

二是总结长春长生疫苗事件等案件经验教训，与修改后的药品管理法进一步衔接，将一些此前以假药论的情形以及违反药品生产质量管理规范的行为等单独规定为一类犯罪。

三是修改食品监管渎职犯罪，增加药品监管渎职犯罪，进一步细化食品药品渎职犯罪情形，增强操作性和适用性。

（三）完善破坏金融秩序犯罪规定

为进一步防范化解金融风险，保障金融改革，维护金融秩序，保护人民群众利益，拟进一步完善刑法有关规定：

一是完善证券犯罪规定。与以信息披露为核心的证券发行注册制改革相适应，保障注册制改革顺利推进，维护证券市场秩序和投资者利益，提高欺诈发行股票、债券罪和违规披露、不披露重要信息罪的刑罚，明确控股股东、实际控制人的刑事责任，同时加大对保荐等中介机构在证券发行、重大资产交易中提供虚假证明文件等犯罪的惩治力度，提高资本市场违法违规成本。

二是从严惩处非法集资犯罪。针对实践中不法分子借互联网金融名义从事网络非法集资，严重扰乱经济金融秩序和极大侵害人民群众财产的情况，将非法吸收公众存款罪的法定最高刑由十年有期徒刑提高到十五年，调整集资诈骗罪的刑罚结构，加大对非法集资犯罪的惩处力度。

三是严厉惩处非法讨债行为。总结"扫黑除恶"专项斗争实践经验，将采取暴力、"软暴力"等手段催收高利放贷产生的债务以及其他法律不予保护的债务，并以此为业的行为规定为犯罪。

（四）加强企业产权刑法保护

为进一步加强企业产权保护和优化营商环境，拟对刑法作出以下修改：

一是加大惩治民营企业内部发生的侵害民营企业财产的犯罪。进一步提高和调整职务侵占罪、非国家工作人员受贿罪、挪用资金罪的刑罚配置，落实产权平等保护精神。另外，总结实践中依法纠正的企业产权保护案件经验，考虑到民营企业发展和内部治理的实际情况，规定挪用资金在被提起公诉前退还的，可以从轻或者减轻处罚。

二是修改骗取贷款、票据承兑、金融票证罪入罪门槛规定，对由于"融资门槛高""融资难"等原因，民营企业因生产经营需要，在融资过程中虽然有一些违规行为，但并没有诈骗目的，最后未给银行造成重大损失的，一般不作为犯罪处理。

三是修改侵犯商业秘密罪入罪门槛，进一步提高刑罚，加强对侵犯商业秘密犯罪的惩处。同时，增加规定商业间谍犯罪。

（五）强化公共卫生刑事法治保障

为保护公共卫生安全，总结新冠肺炎疫情防控经验和需要，与野生动物保护法、生物安全法、传染病防治法等法律的修改制定相衔接，拟对刑法作出以下修改补充：

一是修改妨害传染病防治罪，进一步明确新冠肺炎等依法确定的采取甲类传染病管理措施的传染病，属于本罪调整范围，补充完善构成犯罪的情形，增加规定了拒绝执行人民政府依法提出的预防控制措施，非法出售、运输疫区被污染物品等犯罪行为。

二是维护国家安全和生物安全，防范生物威胁，与生物安全法衔接，增加规定了三类犯罪行为：非法从事人体基因编辑、克隆胚胎的犯罪；严重危害国家人类遗传资源安全的犯罪；非法处置外来入侵物种的犯罪等。

三是将以食用为目的非法猎捕、收购、运输、出售除珍贵、濒危野生动物和"三有野生动物"以外的陆生野生动物，情节严重的行为增加规定为犯罪，从源头上防范和控制重大公共卫生安全风险。

（六）其他修改完善

一是维护社会主义核心价值观，保护英雄烈士名誉，与英雄烈士保护法相衔接，将侮辱、诽谤英雄烈士的行为明确规定为犯罪。

二是加大对污染环境罪的惩处力度，增加规定在国家级自然保护区非法开垦、开发或者修建建筑物等严重破坏自然保护区生态环境资源的犯罪。

三是适应军队改革情况，对军人违反职责罪的主体范围作出完善，明确军队文职人员适用军人违反职责罪规定。另外，根据军事犯罪审判实践和需要，进一步调整为境外窃取、刺探、收买、非法提供军事秘密罪的刑罚结构，保持罪刑均衡。

在调研和征求意见过程中，有关方面还提出了其他一些修改刑法的建议。考虑到这些问题，有的各方面认识还不一致，需要进一步研究论证；有的可以适用刑法其他规定惩处；有的可以在法律适用中进一步明确，未列入本草案。

刑法修正案（十一）草案和以上说明是否妥当，请审议。

全国人民代表大会宪法和法律委员会
关于《中华人民共和国刑法修正案(十一)(草案)》修改情况的汇报

(2020年10月13日)

全国人民代表大会常务委员会:

常委会第二十次会议对刑法修正案(十一)草案进行了初次审议。会后,法制工作委员会将草案印发各省(自治区、直辖市)人大常委会、中央有关部门和部分高等院校、研究机构、基层立法联系点等征求意见。在中国人大网全文公布草案征求社会公众意见。法制工作委员会到广西、浙江进行调研,通过视频方式听取湖南、湖北、吉林等地有关方面的意见,对草案进行了修改完善。同时,就一些重要问题与中央有关部门反复沟通研究,在取得初步共识的基础上,又增加了一些新的犯罪规定。宪法和法律委员会于9月16日召开会议,根据常委会组成人员的审议意见和各方面意见,对草案进行了逐条审议。中央政法委、司法部有关负责同志列席了会议。9月29日,宪法和法律委员会召开会议,再次进行了审议。现将草案主要问题修改情况汇报如下:

一、一些常委会组成人员、全国人大代表、部门、地方和社会公众提出,实践中低龄未成年人实施犯罪、性侵害未成年人等涉未成年人犯罪案件较为突出,引发社会关切,建议修改刑法相关规定。宪法和法律委员会经研究,建议对草案作以下两个方面补充完善:一是修改有关法定最低刑事责任年龄和收容教养的规定。拟在特定情形下,经特别程序,对法定最低刑事责任年龄作个别下调,在刑法第十七条中规定:已满十二周岁不满十四周岁的人，犯故意杀人、故意伤害罪，致人死亡，情节恶劣的，经最高人民检察院核准，应当负刑事责任。同时，统筹考虑刑法修改和预防未成年人犯罪法修改相关问题，将收容教养修改为专门矫治教育（草案二次审议稿第一条）。二是针对司法实践中反映的问题，加强对未成年人的刑法保护。（1）修改奸淫幼女犯罪，对奸淫不满十周岁的幼女或者造成幼女伤害等严重情形明确适用更重刑罚（草案二次审议稿第二十条）。（2）增加特殊职责人员性侵犯罪，对负有监护、收养、看护、教育、医疗等特殊职责人员，与已满十四周岁不满十六周岁未成年女性发生性关系的，不论未成年人是否同意，都应追究刑事责任（草案二次审议稿第二十一条）。（3）修改猥亵儿童罪，进一步明确对猥亵儿童罪适用更重刑罚的具体情形（草案二次审议稿第二十二条）。

二、一些常委会组成人员、部门和地方提出，应进一步发挥刑法对防范化解金融风险、维护金融秩序的重要作用，加大对有关金融犯罪惩治力度。宪法和法律委员会经同有关方面研究，建议对草案作以下修改补充：一是针对新情况，补充完善了操纵证券、期货市场罪的情形，进一步严密刑事法网（草案二次审议稿第十三条）。二是修改洗钱罪，将实施一些严重犯罪后的"自洗钱"明确为犯罪，同时完善有关洗钱行为方式，增加地下钱庄通过"支付"结算方式洗钱等。作上述修改以后，我国刑法第一百九十一条、第三百一十二条等规定的洗钱犯罪的上游犯罪包含所有犯罪，"自洗钱"也可单独定罪，为有关部门有效预防、惩治洗钱违法犯罪以及境外追逃追赃提供充足的法律保障（草案二次审议稿第十四条）。三是在刑法第一百九十二条中增加一款规定，加大对单位犯集资诈骗罪的处罚力度，并相应修改刑法第二百条规定（草案二次审议稿第十五条、第十六条）。

三、有的常委委员、部门建议从法律上进一步加强对袭警行为的预防、惩治，修改刑法第二百七十七条第五款规定的"暴力袭击正在依法执行职务的人民警察"依照妨害公务罪从重处罚的规定，增加单独的法定刑。同时，针对使用枪支、管制刀具或者驾驶机动车撞击等严重暴力袭警行为，增加规定更重的处罚。宪法和法律委员会经研究，建议采纳上述意见。（草案二次审议稿第二十五条）

四、一些常委会组成人员、部门、地方和社会公众提出，社会上发生的冒名顶替上大学等事件，严重损害他人利益，破坏教育公平和社会公平正义底线，应当专门规定为犯罪。宪法和法律委员会经研究，建议采纳上述意见，在刑法第二百八十条之一后增加一条，将盗用、冒用他人身份，顶替他人取得的高等学历教育入学资格、公务员录用资格、就业安置待遇的行为规定为犯罪，同时规定组织、指使他人实施的，从重处罚。（草案二次审议稿第二十六条）

五、草案第十七条规定，侮辱、诽谤英雄烈士，损害社会公共利益，情节严重的，追究刑事责任。有的地方、专家提出，侮辱、诽谤英雄烈士的行为方式应当列举涵盖得更全面一些；有的常委委员、地方、专家和社会公众建议调整本条规定的章节位置，更加准确体现树立社会主义核心价值观和维护社会秩序的目的。宪法和法律委员会经研究，建议采纳上述意见，将本条作为刑法第二百九十九条之一，修改为：侮辱、诽谤或者以其他方式侵害英雄烈士的名誉、荣誉，损害社会公共利益，情节严重的，追究刑事责任。（草案二次审议稿第二十九条）

六、有的部门提出，近年来跨境赌博违法犯罪严重，致使大量资金外流等，严重损害国家形象和经济安全，建议修改赌博犯罪规定，加大处罚力度。宪法和法律委员会经研究，建议对刑法第三百零三条作出修改，进一步调整开设赌场罪的刑罚配置，同时增加境外赌场人员组织、招揽我国公民出境赌博犯罪。（草案二次审议稿第三十条）

七、草案第二十三条规定，非法将基因编辑的胚胎、克隆的胚胎植入人类或者动物体内，情节严重的，追究刑事责任。有的常委会组成人员建议进一步修改犯罪情形，不应包括出于科研目的将基因编辑的动物胚胎植入动物体内的实验活动。宪法和法律委员会经研究，建议采纳上述意见，对草案作相应修改。（草案二次审议稿第三十三条）

八、有的部门提出，有关兴奋剂违规行为严重损害国家形象，破坏体育竞赛公平竞争，严重损害运动员身心健康，建议将组织、强迫运动员使用兴奋剂，以及引诱、教唆、欺骗运动员使用兴奋剂参加国内、国际重大体育竞赛，或者向其提供兴奋剂等严重情形规定为犯罪。宪法和法律委员会经研究，建议采纳上述意见，在刑法第三百五十五条后增加一条，作相应规定。（草案二次审议稿第三十八条）

此外，还对草案作了一些文字修改。

全国人民代表大会宪法和法律委员会
关于《中华人民共和国刑法修正案（十一）（草案）》审议结果的报告

（2020年12月22日）

全国人民代表大会常务委员会：

　　常委会第二十二次会议对刑法修正案（十一）草案进行了二次审议。会后，法制工作委员会在中国人大网全文公布草案，再次征求社会公众意见。宪法和法律委员会、法制工作委员会就一些重要问题会同有关方面加强沟通研究，到四川等地调研听取意见，联合召开座谈会听取中央有关部门、全国人大代表和专家的意见。宪法和法律委员会于11月26日召开会议，根据常委会组成人员的审议意见和各方面意见，对草案进行了逐条审议。司法部的负责同志列席了会议。12月11日，宪法和法律委员会召开会议，再次进行审议。宪法和法律委员会认为，草案经过两次审议修改，已经比较成熟。同时，提出以下主要修改意见：

　　一、草案二次审议稿第一条第三款规定，"已满十二周岁不满十四周岁的人，犯故意杀人、故意伤害罪，致人死亡，情节恶劣的，经最高人民检察院核准，应当负刑事责任。"有的常委会组成人员、全国人大代表提出，本款规定限于致人死亡的情形，对使用特别残忍手段致人重伤造成严重残疾的，也应追究刑事责任。宪法和法律委员会经研究，建议采纳上述意见，修改为"已满十二周岁不满十四周岁的人，犯故意杀人、故意伤害罪，致人死亡或者以特别残忍手段致人重伤造成严重残疾，情节恶劣，经最高人民检察院核准追诉的，应当负刑事责任。"

二、有的部门提出，为贯彻落实党中央关于进一步强化知识产权保护的要求，根据当前实践需要，与修改后的著作权法、商标法等衔接，有必要对刑法有关知识产权犯罪的规定作进一步修改完善。宪法和法律委员会经会同有关方面研究，建议对刑法第二百一十三条假冒注册商标罪、第二百一十四条销售假冒注册商标的商品罪、第二百一十五条非法制造、销售非法制造的注册商标标识罪、第二百一十七条侵犯著作权罪、第二百一十八条销售侵权复制品罪等有关规定作出修改完善：一是适当提高五个犯罪的刑罚，进一步加大惩治力度。二是根据实践需要，与修改后的著作权法、商标法等衔接，增加侵犯服务商标犯罪规定，完善侵犯著作权罪中作品种类、侵权情形、有关表演者权等邻接权的规定。三是完善有关犯罪门槛规定，将销售假冒注册商标的商品罪、销售侵权复制品罪定罪量刑的标准修改为违法所得数额加情节。此外，对草案二次审议稿第十七条有关侵犯商业秘密罪的规定作了进一步修改完善；增加单位实施商业间谍犯罪刑事责任的规定。

三、草案二次审议稿第二十六条增加了盗用、冒用他人身份，顶替他人取得的高等学历教育入学资格、公务员录用资格、就业安置待遇的犯罪。有的常委会组成人员建议对国家机关工作人员组织、指使或者帮助实施冒名顶替的行为进一步明确法律适用和从严惩处。宪法和法律委员会经研究，建议增加一款，规定：国家机关工作人员有前两款行为，又构成其他犯罪的，依照数罪并罚的规定处罚。

四、草案二次审议稿第三十条第三款规定："境外开设赌场人员、赌场管理人员或者受其指派的人员，组织、招揽中华人民共和国公民出境参与赌博，数额巨大或者有其他严重情节的，依照前款的规定处罚。"一些常委委员、有关方面建议慎重研究，进一步精准打击跨境赌博犯罪。宪法和法律委员会经会同有关方面共同研究，建议将上述规定修改为："组织中华人民共和国公民前往国（境）外参与赌博，数额巨大或者有其他严重情节的，依照前款的规定处罚。"

五、草案二次审议稿第三十四条修改了污染环境罪，提高法定刑，并明确了适用情形。有的地方提出，适用第一款第一项、第二项要求"造成特别严重后果"，该两项列举的都是很严重的污染环境行为，实践中造成特别严重后果有时不好认定,建议修改为"情节特别严重",进一步加大保护生态环境。宪法和法律委员会经研究,建议采纳上述意见,作相应修改。

还有一个问题需要汇报。关于刑法文本问题。1997年修订刑法以后,对刑法的修改主要采取了修正案的方式。修正案通过后,以主席令形式公布的是修正案文本,没有将修正案内容放入刑法作重新公布。为了保证刑法文本的统一,便于学习宣传和贯彻实施刑法,参照以往有关做法,建议本次常委会通过刑法修正案(十一)后,由法制工作委员会根据全国人大常委会通过的刑法修正案、刑法修改的决定等,对刑法作相应的修正,并编辑公布1997年修订的刑法原文、全国人大常委会有关刑法修改的决定、历次刑法修正案和修正后的刑法文本,并在常务委员会公报上刊登。

此外,还对草案二次审议稿作了一些文字修改。

12月11日,法制工作委员会召开会议,邀请中央有关部门、全国人大代表和专家学者,就草案的可行性、出台时机、实施的社会效果和可能出现的问题等进行评估。普遍认为,草案贯彻落实党中央决策部署,坚持以人民为中心的立法理念,较好地回应了社会关切,进一步完善了刑法的规定,可以适应现阶段预防和惩治犯罪的需要,更好地发挥刑法对经济社会生活的规范保障和引领推动作用。草案经过两次审议已比较成熟,具有较强的针对性和可操作性,现在出台是必要的、适时的。同时,还对草案提出了一些具体修改意见,宪法和法律委员会进行了认真研究,对有的意见予以采纳。

草案三次审议稿已按上述意见作了修改,宪法和法律委员会建议提请本次常委会会议审议通过。

草案三次审议稿和以上报告是否妥当,请审议。

全国人民代表大会宪法和法律委员会
关于《中华人民共和国刑法修正案（十一）（草案三次审议稿）》修改意见的报告

（2020年12月25日）

全国人民代表大会常务委员会：

本次常委会会议于12月22日下午对刑法修正案（十一）草案三次审议稿进行了分组审议。普遍认为，草案已经比较成熟，建议进一步修改后，提请本次会议通过。同时，有些常委会组成人员还提出了一些修改意见。宪法和法律委员会于12月22日晚召开会议，逐条研究了常委会组成人员的审议意见，对草案进行了审议。最高人民法院、最高人民检察院、司法部的有关负责同志列席了会议。宪法和法律委员会认为，草案是可行的，同时，提出以下修改意见：

草案三次审议稿第三十二条规定了"冒名顶替"的犯罪，其中第三款规定："国家机关工作人员有前两款行为，又构成其他犯罪的，依照数罪并罚的规定处罚。"有的部门、专家提出，实践中"冒名顶替"也有高校管理人员等共同参与，同时构成其他犯罪的，也应数罪并罚。宪法和法律委员会经研究，建议将上述规定中的"国家机关工作人员"修改为"国家工作人员"。

经研究，建议将本修正案的施行时间确定为2021年3月1日。

此外，根据常委会组成人员的审议意见，还对草案三次审议稿作了个别文字修改。

草案建议表决稿已按上述意见作了修改，宪法和法律委员会建议本次常委会会议通过。

草案建议表决稿和以上报告是否妥当，请审议。

附录二 中华人民共和国刑法

中华人民共和国刑法[*]

（1979年7月1日第五届全国人民代表大会第二次会议通过 1997年3月14日第八届全国人民代表大会第五次会议修订 根据1998年12月29日第八届全国人民代表大会常务委员会第六次会议通过的《关于惩治骗购外汇、逃汇和非法买卖外汇犯罪的决定》、1999年12月25日第九届全国人民代表大会常务委员会第十三次会议通过的《中华人民共和国刑法修正案》、2001年8月31日第九届全国人民代表大会常务委员会第二十三次会议通过的《中华人民共和国刑法修正案（二）》、2001年12月29日第九届全国人民代表大会常务委员会第二十五次会议通过的《中华人民共和国刑法修正案（三）》、2002年12月28日第九届全国人民代表大会常务委员会第三十一次会议通过的《中华人民共和国刑法修正案（四）》、2005年2月28日第十届全国人民代表大会常务委员会第十四次会议通过的《中华人民共和国刑法修正案（五）》、2006年6月29日第十届全国人民代表大会常务委员会第二十二次会议通过的《中华人民共和国刑法修正案（六）》、2009年2月28日第十一届全国人民代表大会常务委员会第七次会议通过的《中华人民共和国刑法修正案（七）》、2009年8月27日第十一届全国人民代表大会常务委员会第十次会议通过的《全国人民代表大会常务委员会关于修改部分法律的决定》、2011年2月25日第十一届全国人民代表大会常务委员会第十九次会议通过的《中华人民共和国刑法修正案（八）》、2015年8月29日第十二届全国人民代表大会常务委员会第十六次会议通过的《中华人民共和国刑法修正案

---

[*] 为便于读者了解历次《刑法》修改的脉络，特以脚注形式记录了相关条文的沿革情况。为方便查阅、使用，还在条文前加入条文主旨或所涉罪名。——编者注

（九）》、2017 年 11 月 4 日第十二届全国人民代表大会常务委员会第三十次会议通过的《中华人民共和国刑法修正案（十）》、2020 年 12 月 26 日第十三届全国人民代表大会常务委员会第二十四次会议通过的《中华人民共和国刑法修正案（十一）》修正）

目　录

第一编　总　则

第一章　刑法的任务、基本原则和适用范围

第二章　犯　罪

　第一节　犯罪和刑事责任

　第二节　犯罪的预备、未遂和中止

　第三节　共同犯罪

　第四节　单位犯罪

第三章　刑　罚

　第一节　刑罚的种类

　第二节　管　制

　第三节　拘　役

　第四节　有期徒刑、无期徒刑

　第五节　死　刑

　第六节　罚　金

　第七节　剥夺政治权利

　第八节　没收财产

第四章　刑罚的具体运用

　第一节　量　刑

　第二节　累　犯

　第三节　自首和立功

　第四节　数罪并罚

　第五节　缓　刑

　第六节　减　刑

　第七节　假　释

　第八节　时　效

第五章　其他规定

第二编　分　则

第一章　危害国家安全罪

第二章　危害公共安全罪

第三章　破坏社会主义市场经济秩序罪

　第一节　生产、销售伪劣商品罪

　第二节　走私罪

　第三节　妨害对公司、企业的管理秩序罪

　第四节　破坏金融管理秩序罪

　第五节　金融诈骗罪

　第六节　危害税收征管罪

　第七节　侵犯知识产权罪

　第八节　扰乱市场秩序罪

第四章　侵犯公民人身权利、民主权利罪

第五章　侵犯财产罪

第六章　妨害社会管理秩序罪

　第一节　扰乱公共秩序罪

　第二节　妨害司法罪

　第三节　妨害国（边）境管理罪

　第四节　妨害文物管理罪

　第五节　危害公共卫生罪

　第六节　破坏环境资源保护罪

　第七节　走私、贩卖、运输、制造毒品罪

　第八节　组织、强迫、引诱、容留、介绍卖淫罪

　第九节　制作、贩卖、传播淫秽物品罪

第七章　危害国防利益罪

第八章　贪污贿赂罪

第九章　渎职罪

第十章　军人违反职责罪

附　则

第一编 总 则

第一章 刑法的任务、基本原则和适用范围

第一条 【立法目的和根据】① 为了惩罚犯罪，保护人民，根据宪法，结合我国同犯罪作斗争的具体经验及实际情况，制定本法。

第二条 【刑法任务】 中华人民共和国刑法的任务，是用刑罚同一切犯罪行为作斗争，以保卫国家安全，保卫人民民主专政的政权和社会主义制度，保护国有财产和劳动群众集体所有的财产，保护公民私人所有的财产，保护公民的人身权利、民主权利和其他权利，维护社会秩序、经济秩序，保障社会主义建设事业的顺利进行。

第三条 【罪刑法定原则】 法律明文规定为犯罪行为的，依照法律定罪处刑；法律没有明文规定为犯罪行为的，不得定罪处刑。

第四条 【法律面前人人平等原则】 对任何人犯罪，在适用法律上一律平等。不允许任何人有超越法律的特权。

第五条 【罪责刑相适应原则】 刑罚的轻重，应当与犯罪分子所犯罪行和承担的刑事责任相适应。

第六条 【属地管辖】 凡在中华人民共和国领域内犯罪的，除法律有特别规定的以外，都适用本法。

凡在中华人民共和国船舶或者航空器内犯罪的，也适用本法。

犯罪的行为或者结果有一项发生在中华人民共和国领域内的，就认为是在中华人民共和国领域内犯罪。

第七条 【属人管辖】 中华人民共和国公民在中华人民共和国领域外犯本法规定之罪的，适用本法，但是按本法规定的最高刑为三年以下有期徒刑的，可以不予追究。

中华人民共和国国家工作人员和军人在中华人民共和国领域外犯本法规定之罪的，适用本法。

第八条 【保护管辖】 外国人在中华人民共和国领域外对中华人民

---

① 总则部分条文主旨为编者所拟。

共和国国家或者公民犯罪，而按本法规定的最低刑为三年以上有期徒刑的，可以适用本法，但是按照犯罪地的法律不受处罚的除外。

第九条　【普遍管辖】　对于中华人民共和国缔结或者参加的国际条约所规定的罪行，中华人民共和国在所承担条约义务的范围内行使刑事管辖权的，适用本法。

第十条　【域外刑事判决的消极承认】　凡在中华人民共和国领域外犯罪，依照本法应当负刑事责任的，虽然经过外国审判，仍然可以依照本法追究，但是在外国已经受过刑罚处罚的，可以免除或者减轻处罚。

第十一条　【外交豁免】　享有外交特权和豁免权的外国人的刑事责任，通过外交途径解决。

第十二条　【刑法的溯及力】　中华人民共和国成立以后本法施行以前的行为，如果当时的法律不认为是犯罪的，适用当时的法律；如果当时的法律认为是犯罪的，依照本法总则第四章第八节的规定应当追诉的，按照当时的法律追究刑事责任，但是如果本法不认为是犯罪或者处刑较轻的，适用本法。

本法施行以前，依照当时的法律已经作出的生效判决，继续有效。

第二章　犯　罪

第一节　犯罪和刑事责任

第十三条　【犯罪概念】　一切危害国家主权、领土完整和安全，分裂国家、颠覆人民民主专政的政权和推翻社会主义制度，破坏社会秩序和经济秩序，侵犯国有财产或者劳动群众集体所有的财产，侵犯公民私人所有的财产，侵犯公民的人身权利、民主权利和其他权利，以及其他危害社会的行为，依照法律应当受刑罚处罚的，都是犯罪，但是情节显著轻微危害不大的，不认为是犯罪。

第十四条　【故意犯罪】　明知自己的行为会发生危害社会的结果，并且希望或者放任这种结果发生，因而构成犯罪的，是故意犯罪。

故意犯罪，应当负刑事责任。

第十五条　【过失犯罪】　应当预见自己的行为可能发生危害社会的

结果，因为疏忽大意而没有预见，或者已经预见而轻信能够避免，以致发生这种结果的，是过失犯罪。

过失犯罪，法律有规定的才负刑事责任。

第十六条　【不可抗力和意外事件】　行为在客观上虽然造成了损害结果，但是不是出于故意或者过失，而是由于不能抗拒或者不能预见的原因所引起的，不是犯罪。

第十七条①　**【刑事责任年龄】**　已满十六周岁的人犯罪，应当负刑事责任。

已满十四周岁不满十六周岁的人，犯故意杀人、故意伤害致人重伤或者死亡、强奸、抢劫、贩卖毒品、放火、爆炸、投放危险物质罪的，应当负刑事责任。

已满十二周岁不满十四周岁的人，犯故意杀人、故意伤害罪，致人死亡或者以特别残忍手段致人重伤造成严重残疾，情节恶劣，经最高人民检察院核准追诉的，应当负刑事责任。

对依照前三款规定追究刑事责任的不满十八周岁的人，应当从轻或者减轻处罚。

因不满十六周岁不予刑事处罚的，责令其父母或者其他监护人加以管教；在必要的时候，依法进行专门矫治教育。

第十七条之一②　**【老年人从宽处罚】**　已满七十五周岁的人故意犯罪的，可以从轻或者减轻处罚；过失犯罪的，应当从轻或者减轻处罚。

第十八条　【精神病人、醉酒的人犯罪的刑事责任】　精神病人在不能辨认或者不能控制自己行为的时候造成危害结果，经法定程序鉴定确认的，不负刑事责任，但是应当责令他的家属或者监护人严加看管和医疗；

---

① 本条经 2020 年 12 月 26 日《刑法修正案（十一）》第一条修改。

1997 年《刑法》第十七条原规定："已满十六周岁的人犯罪，应当负刑事责任。

"已满十四周岁不满十六周岁的人，犯故意杀人、故意伤害致人重伤或者死亡、强奸、抢劫、贩卖毒品、放火、爆炸、投毒罪的，应当负刑事责任。

"已满十四周岁不满十八周岁的人犯罪，应当从轻或者减轻处罚。

"因不满十六周岁不予刑事处罚的，责令他的家长或者监护人加以管教；在必要的时候，也可以由政府收容教养。"

② 本条为 2011 年 2 月 25 日《刑法修正案（八）》第一条增加。

在必要的时候，由政府强制医疗。

间歇性的精神病人在精神正常的时候犯罪，应当负刑事责任。

尚未完全丧失辨认或者控制自己行为能力的精神病人犯罪的，应当负刑事责任，但是可以从轻或者减轻处罚。

醉酒的人犯罪，应当负刑事责任。

第十九条　【又聋又哑的人、盲人犯罪的刑事责任】　又聋又哑的人或者盲人犯罪，可以从轻、减轻或者免除处罚。

第二十条　【正当防卫】　为了使国家、公共利益、本人或者他人的人身、财产和其他权利免受正在进行的不法侵害，而采取的制止不法侵害的行为，对不法侵害人造成损害的，属于正当防卫，不负刑事责任。

正当防卫明显超过必要限度造成重大损害的，应当负刑事责任，但是应当减轻或者免除处罚。

对正在进行行凶、杀人、抢劫、强奸、绑架以及其他严重危及人身安全的暴力犯罪，采取防卫行为，造成不法侵害人伤亡的，不属于防卫过当，不负刑事责任。

第二十一条　【紧急避险】　为了使国家、公共利益、本人或者他人的人身、财产和其他权利免受正在发生的危险，不得已采取的紧急避险行为，造成损害的，不负刑事责任。

紧急避险超过必要限度造成不应有的损害的，应当负刑事责任，但是应当减轻或者免除处罚。

第一款中关于避免本人危险的规定，不适用于职务上、业务上负有特定责任的人。

第二节　犯罪的预备、未遂和中止

第二十二条　【犯罪预备】　为了犯罪，准备工具、制造条件的，是犯罪预备。

对于预备犯，可以比照既遂犯从轻、减轻处罚或者免除处罚。

第二十三条　【犯罪未遂】　已经着手实行犯罪，由于犯罪分子意志以外的原因而未得逞的，是犯罪未遂。

对于未遂犯，可以比照既遂犯从轻或者减轻处罚。

第二十四条 【犯罪中止】 在犯罪过程中,自动放弃犯罪或者自动有效地防止犯罪结果发生的,是犯罪中止。

对于中止犯,没有造成损害的,应当免除处罚;造成损害的,应当减轻处罚。

第三节 共同犯罪

第二十五条 【共同犯罪】 共同犯罪是指二人以上共同故意犯罪。

二人以上共同过失犯罪,不以共同犯罪论处;应当负刑事责任的,按照他们所犯的罪分别处罚。

第二十六条 【主犯和犯罪集团及其处罚】 组织、领导犯罪集团进行犯罪活动的或者在共同犯罪中起主要作用的,是主犯。

三人以上为共同实施犯罪而组成的较为固定的犯罪组织,是犯罪集团。

对组织、领导犯罪集团的首要分子,按照集团所犯的全部罪行处罚。

对于第三款规定以外的主犯,应当按照其所参与的或者组织、指挥的全部犯罪处罚。

第二十七条 【从犯及其处罚】 在共同犯罪中起次要或者辅助作用的,是从犯。

对于从犯,应当从轻、减轻处罚或者免除处罚。

第二十八条 【胁从犯及其处罚】 对于被胁迫参加犯罪的,应当按照他的犯罪情节减轻处罚或者免除处罚。

第二十九条 【教唆犯及其处罚】 教唆他人犯罪的,应当按照他在共同犯罪中所起的作用处罚。教唆不满十八周岁的人犯罪的,应当从重处罚。

如果被教唆的人没有犯被教唆的罪,对于教唆犯,可以从轻或者减轻处罚。

第四节 单位犯罪

第三十条 【单位犯罪】 公司、企业、事业单位、机关、团体实施的危害社会的行为,法律规定为单位犯罪的,应当负刑事责任。

第三十一条 【单位犯罪的处罚】 单位犯罪的,对单位判处罚金,并对其直接负责的主管人员和其他直接责任人员判处刑罚。本法分则和其他法律另有规定的,依照规定。

第三章 刑　罚

第一节　刑罚的种类

第三十二条 【刑罚种类】 刑罚分为主刑和附加刑。

第三十三条 【主刑种类】 主刑的种类如下:

(一) 管制;

(二) 拘役;

(三) 有期徒刑;

(四) 无期徒刑;

(五) 死刑。

第三十四条 【附加刑种类】 附加刑的种类如下:

(一) 罚金;

(二) 剥夺政治权利;

(三) 没收财产。

附加刑也可以独立适用。

第三十五条 【驱逐出境】 对于犯罪的外国人,可以独立适用或者附加适用驱逐出境。

第三十六条 【赔偿经济损失与民事优先原则】 由于犯罪行为而使被害人遭受经济损失的,对犯罪分子除依法给予刑事处罚外,并应根据情况判处赔偿经济损失。

承担民事赔偿责任的犯罪分子,同时被判处罚金,其财产不足以全部支付的,或者被判处没收财产的,应当先承担对被害人的民事赔偿责任。

第三十七条 【非刑罚处置措施】 对于犯罪情节轻微不需要判处刑罚的,可以免予刑事处罚,但是可以根据案件的不同情况,予以训诫或者责令具结悔过、赔礼道歉、赔偿损失,或者由主管部门予以行政处罚或者行政处分。

第三十七条之一① 【从业禁止】 因利用职业便利实施犯罪,或者实施违背职业要求的特定义务的犯罪被判处刑罚的,人民法院可以根据犯罪情况和预防再犯罪的需要,禁止其自刑罚执行完毕之日或者假释之日起从事相关职业,期限为三年至五年。

被禁止从事相关职业的人违反人民法院依照前款规定作出的决定的,由公安机关依法给予处罚;情节严重的,依照本法第三百一十三条的规定定罪处罚。

其他法律、行政法规对其从事相关职业另有禁止或者限制性规定的,从其规定。

第二节 管 制

第三十八条② 【管制的期限与执行】 管制的期限,为三个月以上二年以下。

判处管制,可以根据犯罪情况,同时禁止犯罪分子在执行期间从事特定活动,进入特定区域、场所,接触特定的人。

对判处管制的犯罪分子,依法实行社区矫正。

违反第二款规定的禁止令的,由公安机关依照《中华人民共和国治安管理处罚法》的规定处罚。

第三十九条 【被管制罪犯的义务与权利】 被判处管制的犯罪分子,在执行期间,应当遵守下列规定:

(一)遵守法律、行政法规,服从监督;

(二)未经执行机关批准,不得行使言论、出版、集会、结社、游行、示威自由的权利;

(三)按照执行机关规定报告自己的活动情况;

(四)遵守执行机关关于会客的规定;

(五)离开所居住的市、县或者迁居,应当报经执行机关批准。

---

① 本条为 2015 年 8 月 29 日《刑法修正案(九)》第一条增加。
② 本条经 2011 年 2 月 25 日《刑法修正案(八)》第二条修改。
1997 年《刑法》第三十八条原规定:"管制的期限,为三个月以上二年以下。
"被判处管制的犯罪分子,由公安机关执行。"

对于被判处管制的犯罪分子，在劳动中应当同工同酬。

第四十条　【管制的解除】　被判处管制的犯罪分子，管制期满，执行机关应即向本人和其所在单位或者居住地的群众宣布解除管制。

第四十一条　【管制刑期的计算和折抵】　管制的刑期，从判决执行之日起计算；判决执行以前先行羁押的，羁押一日折抵刑期二日。

第三节　拘　役

第四十二条　【拘役期限】　拘役的期限，为一个月以上六个月以下。

第四十三条　【拘役的执行】　被判处拘役的犯罪分子，由公安机关就近执行。

在执行期间，被判处拘役的犯罪分子每月可以回家一天至两天；参加劳动的，可以酌量发给报酬。

第四十四条　【拘役刑期的计算和折抵】　拘役的刑期，从判决执行之日起计算；判决执行以前先行羁押的，羁押一日折抵刑期一日。

第四节　有期徒刑、无期徒刑

第四十五条　【有期徒刑的期限】　有期徒刑的期限，除本法第五十条、第六十九条规定外，为六个月以上十五年以下。

第四十六条　【有期徒刑与无期徒刑的执行】　被判处有期徒刑、无期徒刑的犯罪分子，在监狱或者其他执行场所执行；凡有劳动能力的，都应当参加劳动，接受教育和改造。

第四十七条　【有期徒刑刑期计算与折抵】　有期徒刑的刑期，从判决执行之日起计算；判决执行以前先行羁押的，羁押一日折抵刑期一日。

第五节　死　刑

第四十八条　【死刑的适用条件和核准程序】　死刑只适用于罪行极其严重的犯罪分子。对于应当判处死刑的犯罪分子，如果不是必须立即执行的，可以判处死刑同时宣告缓期二年执行。

死刑除依法由最高人民法院判决的以外，都应当报请最高人民法院核准。死刑缓期执行的,可以由高级人民法院判决或者核准。

第四十九条① 【死刑适用对象的限制】 犯罪的时候不满十八周岁的人和审判的时候怀孕的妇女,不适用死刑。

审判的时候已满七十五周岁的人,不适用死刑,但以特别残忍手段致人死亡的除外。

第五十条② 【死缓变更情形、死缓限制减刑】 判处死刑缓期执行的,在死刑缓期执行期间,如果没有故意犯罪,二年期满以后,减为无期徒刑;如果确有重大立功表现,二年期满以后,减为二十五年有期徒刑;如果故意犯罪,情节恶劣的,报请最高人民法院核准后执行死刑;对于故意犯罪未执行死刑的,死刑缓期执行的期间重新计算,并报最高人民法院备案。

对被判处死刑缓期执行的累犯以及因故意杀人、强奸、抢劫、绑架、放火、爆炸、投放危险物质或者有组织的暴力性犯罪被判处死刑缓期执行的犯罪分子,人民法院根据犯罪情节等情况可以同时决定对其限制减刑。

第五十一条 【死缓期间的计算及死缓减为有期徒刑刑期的计算】 死刑缓期执行的期间,从判决确定之日起计算。死刑缓期执行减为有期徒刑的刑期,从死刑缓期执行期满之日起计算。

---

① 本条第二款为2011年2月25日《刑法修正案(八)》第三条增加。

② 本条经2011年2月25日《刑法修正案(八)》第四条、2015年8月29日《刑法修正案(九)》第二条两次修改。

1997年《刑法》第五十条原规定:"判处死刑缓期执行的,在死刑缓期执行期间,如果没有故意犯罪,二年期满以后,减为无期徒刑;如果确有重大立功表现,二年期满以后,减为十五年以上二十年以下有期徒刑;如果故意犯罪,查证属实,由最高人民法院核准,执行死刑。"

《刑法修正案(八)》第四条将1997年《刑法》第五十条修改为:"判处死刑缓期执行的,在死刑缓期执行期间,如果没有故意犯罪,二年期满以后,减为无期徒刑;如果确有重大立功表现,二年期满以后,减为二十五年有期徒刑;如果故意犯罪,查证属实,由最高人民法院核准,执行死刑。"

"对被判处死刑缓期执行的累犯以及因故意杀人、强奸、抢劫、绑架、放火、爆炸、投放危险物质或者有组织的暴力性犯罪被判处死刑缓期执行的犯罪分子,人民法院根据犯罪情节等情况可以同时决定对其限制减刑。"

《刑法修正案(九)》第二条对本条第一款作了再次修改。

第六节 罚 金

第五十二条 【罚金数额的确定】 判处罚金,应当根据犯罪情节决定罚金数额。

第五十三条① 【罚金的缴纳】 罚金在判决指定的期限内一次或者分期缴纳。期满不缴纳的,强制缴纳。对于不能全部缴纳罚金的,人民法院在任何时候发现被执行人有可以执行的财产,应当随时追缴。

由于遭遇不能抗拒的灾祸等原因缴纳确实有困难的,经人民法院裁定,可以延期缴纳、酌情减少或者免除。

第七节 剥夺政治权利

第五十四条 【剥夺政治权利的内容】 剥夺政治权利是剥夺下列权利:

(一)选举权和被选举权;

(二)言论、出版、集会、结社、游行、示威自由的权利;

(三)担任国家机关职务的权利;

(四)担任国有公司、企业、事业单位和人民团体领导职务的权利。

第五十五条 【剥夺政治权利的期限】 剥夺政治权利的期限,除本法第五十七条规定外,为一年以上五年以下。

判处管制附加剥夺政治权利的,剥夺政治权利的期限与管制的期限相等,同时执行。

第五十六条 【剥夺政治权利的适用对象】 对于危害国家安全的犯罪分子应当附加剥夺政治权利;对于故意杀人、强奸、放火、爆炸、投毒、抢劫等严重破坏社会秩序的犯罪分子,可以附加剥夺政治权利。

独立适用剥夺政治权利的,依照本法分则的规定。

第五十七条 【对死刑、无期徒刑罪犯剥夺政治权利的适用】 对于

---

① 本条经 2015 年 8 月 29 日《刑法修正案(九)》第三条修改。
1997 年《刑法》第五十三条原规定:"罚金在判决指定的期限内一次或者分期缴纳。期满不缴纳的,强制缴纳。对于不能全部缴纳罚金的,人民法院在任何时候发现被执行人有可以执行的财产,应当随时追缴。如果由于遭遇不能抗拒的灾祸缴纳确实有困难的,可以酌情减少或者免除。"

被判处死刑、无期徒刑的犯罪分子,应当剥夺政治权利终身。

在死刑缓期执行减为有期徒刑或者无期徒刑减为有期徒刑的时候,应当把附加剥夺政治权利的期限改为三年以上十年以下。

第五十八条 【剥夺政治权利的刑期计算、效力与执行】 附加剥夺政治权利的刑期,从徒刑、拘役执行完毕之日或者从假释之日起计算;剥夺政治权利的效力当然施用于主刑执行期间。

被剥夺政治权利的犯罪分子,在执行期间,应当遵守法律、行政法规和国务院公安部门有关监督管理的规定,服从监督;不得行使本法第五十四条规定的各项权利。

第八节 没收财产

第五十九条 【没收财产的范围】 没收财产是没收犯罪分子个人所有财产的一部或者全部。没收全部财产的,应当对犯罪分子个人及其扶养的家属保留必需的生活费用。

在判处没收财产的时候,不得没收属于犯罪分子家属所有或者应有的财产。

第六十条 【犯罪分子所负正当债务的偿还】 没收财产以前犯罪分子所负的正当债务,需要以没收的财产偿还的,经债权人请求,应当偿还。

第四章 刑罚的具体运用

第一节 量 刑

第六十一条 【量刑的一般原则】 对于犯罪分子决定刑罚的时候,应当根据犯罪的事实、犯罪的性质、情节和对于社会的危害程度,依照本法的有关规定判处。

第六十二条 【从重处罚与从轻处罚】 犯罪分子具有本法规定的从重处罚、从轻处罚情节的,应当在法定刑的限度以内判处刑罚。

第六十三条[①] 【减轻处罚】 犯罪分子具有本法规定的减轻处罚情节的,应当在法定刑以下判处刑罚;本法规定有数个量刑幅度的,应当在法定量刑幅度的下一个量刑幅度内判处刑罚。

犯罪分子虽然不具有本法规定的减轻处罚情节,但是根据案件的特殊情况,经最高人民法院核准,也可以在法定刑以下判处刑罚。

第六十四条 【涉案财物的处理】 犯罪分子违法所得的一切财物,应当予以追缴或者责令退赔;对被害人的合法财产,应当及时返还;违禁品和供犯罪所用的本人财物,应当予以没收。没收的财物和罚金,一律上缴国库,不得挪用和自行处理。

第二节 累 犯

第六十五条[②] 【一般累犯】 被判处有期徒刑以上刑罚的犯罪分子,刑罚执行完毕或者赦免以后,在五年以内再犯应当判处有期徒刑以上刑罚之罪的,是累犯,应当从重处罚,但是过失犯罪和不满十八周岁的人犯罪的除外。

前款规定的期限,对于被假释的犯罪分子,从假释期满之日起计算。

第六十六条[③] 【特殊累犯】 危害国家安全犯罪、恐怖活动犯罪、黑社会性质的组织犯罪的犯罪分子,在刑罚执行完毕或者赦免以后,在任何时候再犯上述任一类罪的,都以累犯论处。

---

① 本条第一款经 2011 年 2 月 25 日《刑法修正案（八）》第五条修改。

1997 年《刑法》第六十三条第一款原规定:"犯罪分子具有本法规定的减轻处罚情节的,应当在法定刑以下判处刑罚。"

② 本条第一款经 2011 年 2 月 25 日《刑法修正案（八）》第六条修改。

1997 年《刑法》第六十五条第一款原规定:"被判处有期徒刑以上刑罚的犯罪分子,刑罚执行完毕或者赦免以后,在五年以内再犯应当判处有期徒刑以上刑罚之罪的,是累犯,应当从重处罚,但是过失犯罪除外。"

③ 本条经 2011 年 2 月 25 日《刑法修正案（八）》第七条修改。

1997 年《刑法》第六十六条原规定:"危害国家安全的犯罪分子在刑罚执行完毕或者赦免以后,在任何时候再犯危害国家安全罪的,都以累犯论处。"

第三节 自首和立功

第六十七条[①] 【自首和坦白】 犯罪以后自动投案，如实供述自己的罪行的，是自首。对于自首的犯罪分子，可以从轻或者减轻处罚。其中，犯罪较轻的，可以免除处罚。

被采取强制措施的犯罪嫌疑人、被告人和正在服刑的罪犯，如实供述司法机关还未掌握的本人其他罪行的，以自首论。

犯罪嫌疑人虽不具有前两款规定的自首情节，但是如实供述自己罪行的，可以从轻处罚；因其如实供述自己罪行，避免特别严重后果发生的，可以减轻处罚。

第六十八条[②] 【立功】 犯罪分子有揭发他人犯罪行为，查证属实的，或者提供重要线索，从而得以侦破其他案件等立功表现的，可以从轻或者减轻处罚；有重大立功表现的，可以减轻或者免除处罚。

第四节 数罪并罚

第六十九条[③] 【数罪并罚的一般规定】 判决宣告以前一人犯数罪的，除判处死刑和无期徒刑的以外，应当在总和刑期以下、数刑中最高刑

[①] 本条第三款为 2011 年 2 月 25 日《刑法修正案（八）》第八条增加。

[②] 本条经 2011 年 2 月 25 日《刑法修正案（八）》第九条修改。

1997 年《刑法》第六十八条原规定两款，其中第二款规定："犯罪后自首又有重大立功表现的，应当减轻或者免除处罚。"《刑法修正案（八）》第九条删去该款。

[③] 本条经 2011 年 2 月 25 日《刑法修正案（八）》第十条、2015 年 8 月 29 日《刑法修正案（九）》第四条两次修改。

1997 年《刑法》第六十九条原规定："判决宣告以前一人犯数罪的，除判处死刑和无期徒刑的以外，应当在总和刑期以下、数刑中最高刑期以上，酌情决定执行的刑期，但是管制最高不能超过三年，拘役最高不能超过一年，有期徒刑最高不能超过二十年。

"如果数罪中有判处附加刑的，附加刑仍须执行。"

《刑法修正案（八）》第十条将 1997 年《刑法》第六十九条修改为："判决宣告以前一人犯数罪的，除判处死刑和无期徒刑的以外，应当在总和刑期以下、数刑中最高刑期以上，酌情决定执行的刑期，但是管制最高不能超过三年，拘役最高不能超过一年，有期徒刑总和刑期不满三十五年的，最高不能超过二十年，总和刑期在三十五年以上的，最高不能超过二十五年。

"数罪中有判处附加刑的，附加刑仍须执行，其中附加刑种类相同的，合并执行，种类不同的，分别执行。"

《刑法修正案（九）》第四条对本条作了再次修改，增加一款为第二款，原第二款作为第三款。

期以上，酌情决定执行的刑期，但是管制最高不能超过三年，拘役最高不能超过一年，有期徒刑总和刑期不满三十五年的，最高不能超过二十年，总和刑期在三十五年以上的，最高不能超过二十五年。

数罪中有判处有期徒刑和拘役的，执行有期徒刑。数罪中有判处有期徒刑和管制，或者拘役和管制的，有期徒刑、拘役执行完毕后，管制仍须执行。

数罪中有判处附加刑的，附加刑仍须执行，其中附加刑种类相同的，合并执行，种类不同的，分别执行。

第七十条　【判决宣告后发现漏罪的并罚】　判决宣告以后，刑罚执行完毕以前，发现被判刑的犯罪分子在判决宣告以前还有其他罪没有判决的，应当对新发现的罪作出判决，把前后两个判决所判处的刑罚，依照本法第六十九条的规定，决定执行的刑罚。已经执行的刑期，应当计算在新判决决定的刑期以内。

第七十一条　【判决宣告后又犯新罪的并罚】　判决宣告以后，刑罚执行完毕以前，被判刑的犯罪分子又犯罪的，应当对新犯的罪作出判决，把前罪没有执行的刑罚和后罪所判处的刑罚，依照本法第六十九条的规定，决定执行的刑罚。

第五节　缓　刑

第七十二条[①]　【缓刑的条件】　对于被判处拘役、三年以下有期徒刑的犯罪分子，同时符合下列条件的，可以宣告缓刑，对其中不满十八周岁的人、怀孕的妇女和已满七十五周岁的人，应当宣告缓刑：

（一）犯罪情节较轻；

（二）有悔罪表现；

（三）没有再犯罪的危险；

（四）宣告缓刑对所居住社区没有重大不良影响。

[①] 本条经 2011 年 2 月 25 日《刑法修正案（八）》第十一条修改。

1997 年《刑法》第七十二条原规定："对于被判处拘役、三年以下有期徒刑的犯罪分子，根据犯罪分子的犯罪情节和悔罪表现，适用缓刑确实不致再危害社会的，可以宣告缓刑。

"被宣告缓刑的犯罪分子，如果被判处附加刑，附加刑仍须执行。"

宣告缓刑，可以根据犯罪情况，同时禁止犯罪分子在缓刑考验期限内从事特定活动，进入特定区域、场所，接触特定的人。

被宣告缓刑的犯罪分子，如果被判处附加刑，附加刑仍须执行。

第七十三条 【缓刑考验期限】 拘役的缓刑考验期限为原判刑期以上一年以下，但是不能少于二个月。

有期徒刑的缓刑考验期限为原判刑期以上五年以下，但是不能少于一年。

缓刑考验期限，从判决确定之日起计算。

第七十四条① **【累犯、犯罪集团首要分子不适用缓刑】** 对于累犯和犯罪集团的首要分子，不适用缓刑。

第七十五条 【被宣告缓刑的犯罪分子应当遵守的规定】 被宣告缓刑的犯罪分子，应当遵守下列规定：

（一）遵守法律、行政法规，服从监督；

（二）按照考察机关的规定报告自己的活动情况；

（三）遵守考察机关关于会客的规定；

（四）离开所居住的市、县或者迁居，应当报经考察机关批准。

第七十六条② **【对缓刑犯实行社区矫正和缓刑考验期满的处理】** 对宣告缓刑的犯罪分子，在缓刑考验期限内，依法实行社区矫正，如果没有本法第七十七条规定的情形，缓刑考验期满，原判的刑罚就不再执行，并公开予以宣告。

第七十七条③ **【缓刑的撤销】** 被宣告缓刑的犯罪分子，在缓刑考验期限内犯新罪或者发现判决宣告以前还有其他罪没有判决的，应当撤销

---

① 本条经2011年2月25日《刑法修正案（八）》第十二条修改。
1997年《刑法》第七十四条原规定："对于累犯，不适用缓刑。"

② 本条经2011年2月25日《刑法修正案（八）》第十三条修改。
1997年《刑法》第七十六条原规定："被宣告缓刑的犯罪分子，在缓刑考验期限内，由公安机关考察，所在单位或者基层组织予以配合，如果没有本法第七十七条规定的情形，缓刑考验期满，原判的刑罚就不再执行，并公开予以宣告。"

③ 本条第二款经2011年2月25日《刑法修正案（八）》第十四条修改。
1997年《刑法》第七十七条第二款原规定："被宣告缓刑的犯罪分子，在缓刑考验期限内，违反法律、行政法规或者国务院公安部门有关缓刑的监督管理规定，情节严重的，应当撤销缓刑，执行原判刑罚。"

缓刑，对新犯的罪或者新发现的罪作出判决，把前罪和后罪所判处的刑罚，依照本法第六十九条的规定，决定执行的刑罚。

被宣告缓刑的犯罪分子，在缓刑考验期限内，违反法律、行政法规或者国务院有关部门关于缓刑的监督管理规定，或者违反人民法院判决中的禁止令，情节严重的，应当撤销缓刑，执行原判刑罚。

第六节 减 刑

第七十八条[①] 【减刑的条件和最低刑期】 被判处管制、拘役、有期徒刑、无期徒刑的犯罪分子，在执行期间，如果认真遵守监规，接受教育改造，确有悔改表现的，或者有立功表现的，可以减刑；有下列重大立功表现之一的，应当减刑：

（一）阻止他人重大犯罪活动的；

（二）检举监狱内外重大犯罪活动，经查证属实的；

（三）有发明创造或者重大技术革新的；

（四）在日常生产、生活中舍己救人的；

（五）在抗御自然灾害或者排除重大事故中，有突出表现的；

（六）对国家和社会有其他重大贡献的。

减刑以后实际执行的刑期不能少于下列期限：

（一）判处管制、拘役、有期徒刑的，不能少于原判刑期的二分之一；

（二）判处无期徒刑的，不能少于十三年；

（三）人民法院依照本法第五十条第二款规定限制减刑的死刑缓期执行的犯罪分子，缓期执行期满后依法减为无期徒刑的，不能少于二十五年，缓期执行期满后依法减为二十五年有期徒刑的，不能少于二十年。

第七十九条 【减刑的程序】 对于犯罪分子的减刑，由执行机关向中级以上人民法院提出减刑建议书。人民法院应当组成合议庭进行审理，对确有悔改或者立功事实的，裁定予以减刑。非经法定程序不得减刑。

[①] 本条第二款经 2011 年 2 月 25 日《刑法修正案（八）》第十五条修改。
1997 年《刑法》第七十八条第二款原规定："减刑以后实际执行的刑期，判处管制、拘役、有期徒刑的，不能少于原判刑期的二分之一；判处无期徒刑的，不能少于十年。"

第八十条 【无期徒刑的计算】 无期徒刑减为有期徒刑的刑期，从裁定减刑之日起计算。

第七节 假 释

第八十一条① 【假释的条件】 被判处有期徒刑的犯罪分子，执行原判刑期二分之一以上，被判处无期徒刑的犯罪分子，实际执行十三年以上，如果认真遵守监规，接受教育改造，确有悔改表现，没有再犯罪的危险的，可以假释。如果有特殊情况，经最高人民法院核准，可以不受上述执行刑期的限制。

对累犯以及因故意杀人、强奸、抢劫、绑架、放火、爆炸、投放危险物质或者有组织的暴力性犯罪被判处十年以上有期徒刑、无期徒刑的犯罪分子，不得假释。

对犯罪分子决定假释时，应当考虑其假释后对所居住社区的影响。

第八十二条 【假释的程序】 对于犯罪分子的假释，依照本法第七十九条规定的程序进行。非经法定程序不得假释。

第八十三条 【假释考验期限】 有期徒刑的假释考验期限，为没有执行完毕的刑期；无期徒刑的假释考验期限为十年。

假释考验期限，从假释之日起计算。

第八十四条 【被宣告假释的犯罪分子应当遵守的规定】 被宣告假释的犯罪分子，应当遵守下列规定：

（一）遵守法律、行政法规，服从监督；

（二）按照监督机关的规定报告自己的活动情况；

（三）遵守监督机关关于会客的规定；

（四）离开所居住的市、县或者迁居，应当报经监督机关批准。

---

① 本条经2011年2月25日《刑法修正案（八）》第十六条修改。
1997年《刑法》第八十一条原规定："被判处有期徒刑的犯罪分子，执行原判刑期二分之一以上，被判处无期徒刑的犯罪分子，实际执行十年以上，如果认真遵守监规，接受教育改造，确有悔改表现，假释后不致再危害社会的，可以假释。如果有特殊情况，经最高人民法院核准，可以不受上述执行刑期的限制。"
"对累犯以及因杀人、爆炸、抢劫、强奸、绑架等暴力性犯罪被判处十年以上有期徒刑、无期徒刑的犯罪分子，不得假释。"

第八十五条① 【假释考验期满的处理】 对假释的犯罪分子，在假释考验期限内，依法实行社区矫正，如果没有本法第八十六条规定的情形，假释考验期满，就认为原判刑罚已经执行完毕，并公开予以宣告。

第八十六条② 【假释的撤销】 被假释的犯罪分子，在假释考验期限内犯新罪，应当撤销假释，依照本法第七十一条的规定实行数罪并罚。

在假释考验期限内，发现被假释的犯罪分子在判决宣告以前还有其他罪没有判决的，应当撤销假释，依照本法第七十条的规定实行数罪并罚。

被假释的犯罪分子，在假释考验期限内，有违反法律、行政法规或者国务院有关部门关于假释的监督管理规定的行为，尚未构成新的犯罪的，应当依照法定程序撤销假释，收监执行未执行完毕的刑罚。

第八节 时 效

第八十七条 【追诉期限】 犯罪经过下列期限不再追诉：

（一）法定最高刑为不满五年有期徒刑的，经过五年；

（二）法定最高刑为五年以上不满十年有期徒刑的，经过十年；

（三）法定最高刑为十年以上有期徒刑的，经过十五年；

（四）法定最高刑为无期徒刑、死刑的，经过二十年。如果二十年以后认为必须追诉的，须报请最高人民检察院核准。

第八十八条 【不受追诉期限限制的情形】 在人民检察院、公安机关、国家安全机关立案侦查或者在人民法院受理案件以后，逃避侦查或者审判的，不受追诉期限的限制。

被害人在追诉期限内提出控告，人民法院、人民检察院、公安机关应当立案而不予立案的，不受追诉期限的限制。

---

① 本条经 2011 年 2 月 25 日《刑法修正案（八）》第十七条修改。
1997 年《刑法》第八十五条原规定："被假释的犯罪分子，在假释考验期限内，由公安机关予以监督，如果没有本法第八十六条规定的情形，假释考验期满，就认为原判刑罚已经执行完毕，并公开予以宣告。"

② 本条第三款经 2011 年 2 月 25 日《刑法修正案（八）》第十八条修改。
1997 年《刑法》第八十六条第三款原规定："被假释的犯罪分子，在假释考验期限内，有违反法律、行政法规或者国务院公安部门有关假释的监督管理规定的行为，尚未构成新的犯罪的，应当依照法定程序撤销假释，收监执行未执行完毕的刑罚。"

第八十九条　【追诉期限的计算】　追诉期限从犯罪之日起计算；犯罪行为有连续或者继续状态的，从犯罪行为终了之日起计算。

在追诉期限以内又犯罪的，前罪追诉的期限从犯后罪之日起计算。

第五章　其他规定

第九十条　【民族自治地方的变通规定】　民族自治地方不能全部适用本法规定的，可以由自治区或者省的人民代表大会根据当地民族的政治、经济、文化的特点和本法规定的基本原则，制定变通或者补充的规定，报请全国人民代表大会常务委员会批准施行。

第九十一条　【公共财产的范围】　本法所称公共财产，是指下列财产：

（一）国有财产；

（二）劳动群众集体所有的财产；

（三）用于扶贫和其他公益事业的社会捐助或者专项基金的财产。

在国家机关、国有公司、企业、集体企业和人民团体管理、使用或者运输中的私人财产，以公共财产论。

第九十二条　【公民私人所有财产的范围】　本法所称公民私人所有的财产，是指下列财产：

（一）公民的合法收入、储蓄、房屋和其他生活资料；

（二）依法归个人、家庭所有的生产资料；

（三）个体户和私营企业的合法财产；

（四）依法归个人所有的股份、股票、债券和其他财产。

第九十三条　【国家工作人员的含义】　本法所称国家工作人员，是指国家机关中从事公务的人员。

国有公司、企业、事业单位、人民团体中从事公务的人员和国家机关、国有公司、企业、事业单位委派到非国有公司、企业、事业单位、社会团体从事公务的人员，以及其他依照法律从事公务的人员，以国家工作人员论。

第九十四条　【司法工作人员的含义】　本法所称司法工作人员，是指有侦查、检察、审判、监管职责的工作人员。

第九十五条 【重伤的规定】 本法所称重伤，是指有下列情形之一的伤害：

（一）使人肢体残废或者毁人容貌的；

（二）使人丧失听觉、视觉或者其他器官机能的；

（三）其他对于人身健康有重大伤害的。

第九十六条 【违反国家规定的含义】 本法所称违反国家规定，是指违反全国人民代表大会及其常务委员会制定的法律和决定，国务院制定的行政法规、规定的行政措施、发布的决定和命令。

第九十七条 【首要分子的含义】 本法所称首要分子，是指在犯罪集团或者聚众犯罪中起组织、策划、指挥作用的犯罪分子。

第九十八条 【告诉才处理的含义】 本法所称告诉才处理，是指被害人告诉才处理。如果被害人因受强制、威吓无法告诉的，人民检察院和被害人的近亲属也可以告诉。

第九十九条 【以上、以下、以内的含义】 本法所称以上、以下、以内，包括本数。

第一百条[①] 【前科报告义务及例外规定】 依法受过刑事处罚的人，在入伍、就业的时候，应当如实向有关单位报告自己曾受过刑事处罚，不得隐瞒。

犯罪的时候不满十八周岁被判处五年有期徒刑以下刑罚的人，免除前款规定的报告义务。

第一百零一条 【总则的适用】 本法总则适用于其他有刑罚规定的法律，但是其他法律有特别规定的除外。

第二编 分 则

第一章 危害国家安全罪

第一百零二条 【背叛国家罪】 勾结外国，危害中华人民共和国的主权、领土完整和安全的，处无期徒刑或者十年以上有期徒刑。

[①] 本条第二款为2011年2月25日《刑法修正案（八）》第十九条增加。

与境外机构、组织、个人相勾结，犯前款罪的，依照前款的规定处罚。

第一百零三条 【分裂国家罪】 组织、策划、实施分裂国家、破坏国家统一的，对首要分子或者罪行重大的，处无期徒刑或者十年以上有期徒刑；对积极参加的，处三年以上十年以下有期徒刑；对其他参加的，处三年以下有期徒刑、拘役、管制或者剥夺政治权利。

【煽动分裂国家罪】 煽动分裂国家、破坏国家统一的，处五年以下有期徒刑、拘役、管制或者剥夺政治权利；首要分子或者罪行重大的，处五年以上有期徒刑。

第一百零四条 【武装叛乱、暴乱罪】 组织、策划、实施武装叛乱或者武装暴乱的，对首要分子或者罪行重大的，处无期徒刑或者十年以上有期徒刑；对积极参加的，处三年以上十年以下有期徒刑；对其他参加的，处三年以下有期徒刑、拘役、管制或者剥夺政治权利。

策动、胁迫、勾引、收买国家机关工作人员、武装部队人员、人民警察、民兵进行武装叛乱或者武装暴乱的，依照前款的规定从重处罚。

第一百零五条 【颠覆国家政权罪】 组织、策划、实施颠覆国家政权、推翻社会主义制度的，对首要分子或者罪行重大的，处无期徒刑或者十年以上有期徒刑；对积极参加的，处三年以上十年以下有期徒刑；对其他参加的，处三年以下有期徒刑、拘役、管制或者剥夺政治权利。

【煽动颠覆国家政权罪】 以造谣、诽谤或者其他方式煽动颠覆国家政权、推翻社会主义制度的，处五年以下有期徒刑、拘役、管制或者剥夺政治权利；首要分子或者罪行重大的，处五年以上有期徒刑。

第一百零六条 【与境外勾结的从重处罚】 与境外机构、组织、个人相勾结，实施本章第一百零三条、第一百零四条、第一百零五条规定之罪的，依照各该条的规定从重处罚。

第一百零七条[①] 【资助危害国家安全犯罪活动罪】 境内外机构、

---

① 本条经 2011 年 2 月 25 日《刑法修正案（八）》第二十条修改。
1997 年《刑法》第一百零七条原规定："境内外机构、组织或者个人资助境内组织或者个人实施本章第一百零二条、第一百零三条、第一百零四条、第一百零五条规定之罪的，对直接责任人员，处五年以下有期徒刑、拘役、管制或者剥夺政治权利；情节严重的，处五年以上有期徒刑。"

组织或者个人资助实施本章第一百零二条、第一百零三条、第一百零四条、第一百零五条规定之罪的,对直接责任人员,处五年以下有期徒刑、拘役、管制或者剥夺政治权利;情节严重的,处五年以上有期徒刑。

第一百零八条 【投敌叛变罪】 投敌叛变的,处三年以上十年以下有期徒刑;情节严重或者带领武装部队人员、人民警察、民兵投敌叛变的,处十年以上有期徒刑或者无期徒刑。

第一百零九条[①] 【叛逃罪】 国家机关工作人员在履行公务期间,擅离岗位,叛逃境外或者在境外叛逃的,处五年以下有期徒刑、拘役、管制或者剥夺政治权利;情节严重的,处五年以上十年以下有期徒刑。

掌握国家秘密的国家工作人员叛逃境外或者在境外叛逃的,依照前款的规定从重处罚。

第一百一十条 【间谍罪】 有下列间谍行为之一,危害国家安全的,处十年以上有期徒刑或者无期徒刑;情节较轻的,处三年以上十年以下有期徒刑:

(一) 参加间谍组织或者接受间谍组织及其代理人的任务的;

(二) 为敌人指示轰击目标的。

第一百一十一条 【为境外窃取、刺探、收买、非法提供国家秘密、情报罪】 为境外的机构、组织、人员窃取、刺探、收买、非法提供国家秘密或者情报的,处五年以上十年以下有期徒刑;情节特别严重的,处十年以上有期徒刑或者无期徒刑;情节较轻的,处五年以下有期徒刑、拘役、管制或者剥夺政治权利。

第一百一十二条 【资敌罪】 战时供给敌人武器装备、军用物资资敌的,处十年以上有期徒刑或者无期徒刑;情节较轻的,处三年以上十年以下有期徒刑。

[①] 本条经 2011 年 2 月 25 日《刑法修正案(八)》第二十一条修改。

1997 年《刑法》第一百零九条原规定:"国家机关工作人员在履行公务期间,擅离岗位,叛逃境外或者在境外叛逃,危害中华人民共和国国家安全的,处五年以下有期徒刑、拘役、管制或者剥夺政治权利;情节严重的,处五年以上十年以下有期徒刑。

"掌握国家秘密的国家工作人员犯前款罪的,依照前款的规定从重处罚。"

第一百一十三条 【危害国家安全罪适用死刑、没收财产的规定】 本章上述危害国家安全罪行中,除第一百零三条第二款、第一百零五条、第一百零七条、第一百零九条外,对国家和人民危害特别严重、情节特别恶劣的,可以判处死刑。

犯本章之罪的,可以并处没收财产。

第二章 危害公共安全罪

第一百一十四条[①] 【放火罪】【决水罪】【爆炸罪】【投放危险物质罪】【以危险方法危害公共安全罪】 放火、决水、爆炸以及投放毒害性、放射性、传染病病原体等物质或者以其他危险方法危害公共安全,尚未造成严重后果的,处三年以上十年以下有期徒刑。

第一百一十五条[②] 【放火罪】【决水罪】【爆炸罪】【投放危险物质罪】【以危险方法危害公共安全罪】 放火、决水、爆炸以及投放毒害性、放射性、传染病病原体等物质或者以其他危险方法致人重伤、死亡或者使公私财产遭受重大损失的,处十年以上有期徒刑、无期徒刑或者死刑。

【失火罪】【过失决水罪】【过失爆炸罪】【过失投放危险物质罪】【过失以危险方法危害公共安全罪】 过失犯前款罪的,处三年以上七年以下有期徒刑;情节较轻的,处三年以下有期徒刑或者拘役。

第一百一十六条 【破坏交通工具罪】 破坏火车、汽车、电车、船只、航空器,足以使火车、汽车、电车、船只、航空器发生倾覆、毁坏危险,尚未造成严重后果的,处三年以上十年以下有期徒刑。

第一百一十七条 【破坏交通设施罪】 破坏轨道、桥梁、隧道、公路、机场、航道、灯塔、标志或者进行其他破坏活动,足以使火车、汽车、电车、船只、航空器发生倾覆、毁坏危险,尚未造成严重后果的,处

[①] 本条经2001年12月29日《刑法修正案(三)》第一条修改。

1997年《刑法》第一百一十四条原规定:"放火、决水、爆炸、投毒或者以其他危险方法破坏工厂、矿场、油田、港口、河流、水源、仓库、住宅、森林、农场、谷场、牧场、重要管道、公共建筑物或者其他公私财产,危害公共安全,尚未造成严重后果的,处三年以上十年以下有期徒刑。"

[②] 本条第一款经2001年12月29日《刑法修正案(三)》第二条修改。

1997年《刑法》第一百一十五条第一款原规定:"放火、决水、爆炸、投毒或者以其他危险方法致人重伤、死亡或者使公私财产遭受重大损失的,处十年以上有期徒刑、无期徒刑或者死刑。"

三年以上十年以下有期徒刑。

第一百一十八条 【破坏电力设备罪】【破坏易燃易爆设备罪】 破坏电力、燃气或者其他易燃易爆设备，危害公共安全，尚未造成严重后果的，处三年以上十年以下有期徒刑。

第一百一十九条 【破坏交通工具罪】【破坏交通设施罪】【破坏电力设备罪】【破坏易燃易爆设备罪】 破坏交通工具、交通设施、电力设备、燃气设备、易燃易爆设备，造成严重后果的，处十年以上有期徒刑、无期徒刑或者死刑。

【过失损坏交通工具罪】【过失损坏交通设施罪】【过失损坏电力设备罪】【过失损坏易燃易爆设备罪】 过失犯前款罪的，处三年以上七年以下有期徒刑；情节较轻的，处三年以下有期徒刑或者拘役。

第一百二十条[①] **【组织、领导、参加恐怖组织罪】** 组织、领导恐怖活动组织的，处十年以上有期徒刑或者无期徒刑，并处没收财产；积极参加的，处三年以上十年以下有期徒刑，并处罚金；其他参加的，处三年以下有期徒刑、拘役、管制或者剥夺政治权利，可以并处罚金。

犯前款罪并实施杀人、爆炸、绑架等犯罪的，依照数罪并罚的规定处罚。

---

① 本条经 2001 年 12 月 29 日《刑法修正案（三）》第三条、2015 年 8 月 29 日《刑法修正案（九）》第五条两次修改。

1997 年《刑法》第一百二十条原规定："组织、领导和积极参加恐怖活动组织的，处三年以上十年以下有期徒刑；其他参加的，处三年以下有期徒刑、拘役或者管制。

"犯前款罪并实施杀人、爆炸、绑架等犯罪的，依照数罪并罚的规定处罚。"

《刑法修正案（三）》第三条将 1997 年《刑法》第一百二十条第一款修改为："组织、领导恐怖活动组织的，处十年以上有期徒刑或者无期徒刑；积极参加的，处三年以上十年以下有期徒刑；其他参加的，处三年以下有期徒刑、拘役、管制或者剥夺政治权利。"

《刑法修正案（九）》第五条对本条作了再次修改。

第一百二十条之一① 　【帮助恐怖活动罪】　资助恐怖活动组织、实施恐怖活动的个人的，或者资助恐怖活动培训的，处五年以下有期徒刑、拘役、管制或者剥夺政治权利，并处罚金；情节严重的，处五年以上有期徒刑，并处罚金或者没收财产。

为恐怖活动组织、实施恐怖活动或者恐怖活动培训招募、运送人员的，依照前款的规定处罚。

单位犯前两款罪的，对单位判处罚金，并对其直接负责的主管人员和其他直接责任人员，依照第一款的规定处罚。

第一百二十条之二② 　【准备实施恐怖活动罪】　有下列情形之一的，处五年以下有期徒刑、拘役、管制或者剥夺政治权利，并处罚金；情节严重的，处五年以上有期徒刑，并处罚金或者没收财产：

（一）为实施恐怖活动准备凶器、危险物品或者其他工具的；

（二）组织恐怖活动培训或者积极参加恐怖活动培训的；

（三）为实施恐怖活动与境外恐怖活动组织或者人员联络的；

（四）为实施恐怖活动进行策划或者其他准备的。

有前款行为，同时构成其他犯罪的，依照处罚较重的规定定罪处罚。

第一百二十条之三③ 　【宣扬恐怖主义、极端主义、煽动实施恐怖活动罪】　以制作、散发宣扬恐怖主义、极端主义的图书、音频视频资料或者其他物品，或者通过讲授、发布信息等方式宣扬恐怖主义、极端主义的，或者煽动实施恐怖活动的，处五年以下有期徒刑、拘役、管制或者剥夺政治权利，并处罚金；情节严重的，处五年以上有期徒刑，并处罚金或者没收财产。

---

① 　本条为2001年12月29日《刑法修正案（三）》第四条增加，经2015年8月29日《刑法修正案（九）》第六条修改。

《刑法修正案（三）》第四条规定："刑法第一百二十条后增加一条，作为第一百二十条之一：'资助恐怖活动组织或者实施恐怖活动的个人的，处五年以下有期徒刑、拘役、管制或者剥夺政治权利，并处罚金；情节严重的，处五年以上有期徒刑，并处罚金或者没收财产。

'单位犯前款罪的，对单位判处罚金，并对其直接负责的主管人员和其他直接责任人员，依照前款的规定处罚。'"

《刑法修正案（九）》第六条对本条作了再次修改。

② 　本条为2015年8月29日《刑法修正案（九）》第七条增加。

③ 　本条为2015年8月29日《刑法修正案（九）》第七条增加。

第一百二十条之四① 【利用极端主义破坏法律实施罪】 利用极端主义煽动、胁迫群众破坏国家法律确立的婚姻、司法、教育、社会管理等制度实施的，处三年以下有期徒刑、拘役或者管制，并处罚金；情节严重的，处三年以上七年以下有期徒刑，并处罚金；情节特别严重的，处七年以上有期徒刑，并处罚金或者没收财产。

第一百二十条之五② 【强制穿戴宣扬恐怖主义、极端主义服饰、标志罪】 以暴力、胁迫等方式强制他人在公共场所穿着、佩戴宣扬恐怖主义、极端主义服饰、标志的，处三年以下有期徒刑、拘役或者管制，并处罚金。

第一百二十条之六③ 【非法持有宣扬恐怖主义、极端主义物品罪】 明知是宣扬恐怖主义、极端主义的图书、音频视频资料或者其他物品而非法持有，情节严重的，处三年以下有期徒刑、拘役或者管制，并处或者单处罚金。

第一百二十一条 【劫持航空器罪】 以暴力、胁迫或者其他方法劫持航空器的，处十年以上有期徒刑或者无期徒刑；致人重伤、死亡或者使航空器遭受严重破坏的，处死刑。

第一百二十二条 【劫持船只、汽车罪】 以暴力、胁迫或者其他方法劫持船只、汽车的，处五年以上十年以下有期徒刑；造成严重后果的，处十年以上有期徒刑或者无期徒刑。

第一百二十三条 【暴力危及飞行安全罪】 对飞行中的航空器上的人员使用暴力，危及飞行安全，尚未造成严重后果的，处五年以下有期徒刑或者拘役；造成严重后果的，处五年以上有期徒刑。

第一百二十四条 【破坏广播电视设施、公用电信设施罪】 破坏广播电视设施、公用电信设施，危害公共安全的，处三年以上七年以下有期徒刑；造成严重后果的，处七年以上有期徒刑。

【过失损坏广播电视设施、公用电信设施罪】 过失犯前款罪的，处

---

① 本条为2015年8月29日《刑法修正案（九）》第七条增加。
② 本条为2015年8月29日《刑法修正案（九）》第七条增加。
③ 本条为2015年8月29日《刑法修正案（九）》第七条增加。

三年以上七年以下有期徒刑；情节较轻的，处三年以下有期徒刑或者拘役。

第一百二十五条① 【非法制造、买卖、运输、邮寄、储存枪支、弹药、爆炸物罪】 非法制造、买卖、运输、邮寄、储存枪支、弹药、爆炸物的，处三年以上十年以下有期徒刑；情节严重的，处十年以上有期徒刑、无期徒刑或者死刑。

【非法制造、买卖、运输、储存危险物质罪】 非法制造、买卖、运输、储存毒害性、放射性、传染病病原体等物质，危害公共安全的，依照前款的规定处罚。

单位犯前两款罪的，对单位判处罚金，并对其直接负责的主管人员和其他直接责任人员，依照第一款的规定处罚。

第一百二十六条 【违规制造、销售枪支罪】 依法被指定、确定的枪支制造企业、销售企业，违反枪支管理规定，有下列行为之一的，对单位判处罚金，并对其直接负责的主管人员和其他直接责任人员，处五年以下有期徒刑；情节严重的，处五年以上十年以下有期徒刑；情节特别严重的，处十年以上有期徒刑或者无期徒刑：

（一）以非法销售为目的，超过限额或者不按照规定的品种制造、配售枪支的；

（二）以非法销售为目的，制造无号、重号、假号的枪支的；

（三）非法销售枪支或者在境内销售为出口制造的枪支的。

第一百二十七条② 【盗窃、抢夺枪支、弹药、爆炸物、危险物质罪】 盗窃、抢夺枪支、弹药、爆炸物的，或者盗窃、抢夺毒害性、放射性、传染病病原体等物质，危害公共安全的，处三年以上十年以下有期徒刑；

---

① 本条第二款经2001年12月29日《刑法修正案（三）》第五条修改。
1997年《刑法》第一百二十五条第二款原规定："非法买卖、运输核材料的，依照前款的规定处罚。"

② 本条经2001年12月29日《刑法修正案（三）》第六条修改。
1997年《刑法》第一百二十七条原规定："盗窃、抢夺枪支、弹药、爆炸物的，处三年以上十年以下有期徒刑；情节严重的，处十年以上有期徒刑、无期徒刑或者死刑。
"抢劫枪支、弹药、爆炸物或者盗窃、抢夺国家机关、军警人员、民兵的枪支、弹药、爆炸物的，处十年以上有期徒刑、无期徒刑或者死刑。"

情节严重的，处十年以上有期徒刑、无期徒刑或者死刑。

【抢劫枪支、弹药、爆炸物、危险物质罪】 抢劫枪支、弹药、爆炸物的，或者抢劫毒害性、放射性、传染病病原体等物质，危害公共安全的，或者盗窃、抢夺国家机关、军警人员、民兵的枪支、弹药、爆炸物的，处十年以上有期徒刑、无期徒刑或者死刑。

第一百二十八条 【非法持有、私藏枪支、弹药罪】 违反枪支管理规定，非法持有、私藏枪支、弹药的，处三年以下有期徒刑、拘役或者管制；情节严重的，处三年以上七年以下有期徒刑。

【非法出租、出借枪支罪】 依法配备公务用枪的人员，非法出租、出借枪支的，依照前款的规定处罚。

依法配置枪支的人员，非法出租、出借枪支，造成严重后果的，依照第一款的规定处罚。

单位犯第二款、第三款罪的，对单位判处罚金，并对其直接负责的主管人员和其他直接责任人员，依照第一款的规定处罚。

第一百二十九条 【丢失枪支不报罪】 依法配备公务用枪的人员，丢失枪支不及时报告，造成严重后果的，处三年以下有期徒刑或者拘役。

第一百三十条 【非法携带枪支、弹药、管制刀具、危险物品危及公共安全罪】 非法携带枪支、弹药、管制刀具或者爆炸性、易燃性、放射性、毒害性、腐蚀性物品，进入公共场所或者公共交通工具，危及公共安全，情节严重的，处三年以下有期徒刑、拘役或者管制。

第一百三十一条 【重大飞行事故罪】 航空人员违反规章制度，致使发生重大飞行事故，造成严重后果的，处三年以下有期徒刑或者拘役；造成飞机坠毁或者人员死亡的，处三年以上七年以下有期徒刑。

第一百三十二条 【铁路运营安全事故罪】 铁路职工违反规章制度，致使发生铁路运营安全事故，造成严重后果的，处三年以下有期徒刑或者拘役；造成特别严重后果的，处三年以上七年以下有期徒刑。

第一百三十三条 【交通肇事罪】 违反交通运输管理法规，因而发生重大事故，致人重伤、死亡或者使公私财产遭受重大损失的，处三年以下有期徒刑或者拘役；交通运输肇事后逃逸或者有其他特别恶劣情节的，处三年以上七年以下有期徒刑；因逃逸致人死亡的，处七年以上有期徒刑。

第一百三十三条之一① 【危险驾驶罪】 在道路上驾驶机动车,有下列情形之一的,处拘役,并处罚金:

(一)追逐竞驶,情节恶劣的;

(二)醉酒驾驶机动车的;

(三)从事校车业务或者旅客运输,严重超过额定乘员载客,或者严重超过规定时速行驶的;

(四)违反危险化学品安全管理规定运输危险化学品,危及公共安全的。

机动车所有人、管理人对前款第三项、第四项行为负有直接责任的,依照前款的规定处罚。

有前两款行为,同时构成其他犯罪的,依照处罚较重的规定定罪处罚。

第一百三十三条之二② 【妨害安全驾驶罪】 对行驶中的公共交通工具的驾驶人员使用暴力或者抢控驾驶操纵装置,干扰公共交通工具正常行驶,危及公共安全的,处一年以下有期徒刑、拘役或者管制,并处或者单处罚金。

前款规定的驾驶人员在行驶的公共交通工具上擅离职守,与他人互殴或者殴打他人,危及公共安全的,依照前款的规定处罚。

有前两款行为,同时构成其他犯罪的,依照处罚较重的规定定罪处罚。

---

① 本条为2011年2月25日《刑法修正案(八)》第二十二条增加,经2015年8月29日《刑法修正案(九)》第八条修改。

《刑法修正案(八)》第二十二条规定:"在刑法第一百三十三条后增加一条,作为第一百三十三条之一:'在道路上驾驶机动车追逐竞驶,情节恶劣的,或者在道路上醉酒驾驶机动车的,处拘役,并处罚金。

'有前款行为,同时构成其他犯罪的,依照处罚较重的规定定罪处罚。'"

《刑法修改正案(九)》第八条对本条作了修改。

② 本条为2020年12月26日《刑法修正案(十一)》第二条增加。

第一百三十四条① 【重大责任事故罪】 在生产、作业中违反有关安全管理的规定，因而发生重大伤亡事故或者造成其他严重后果的，处三年以下有期徒刑或者拘役；情节特别恶劣的，处三年以上七年以下有期徒刑。

【强令、组织他人违章冒险作业罪】 强令他人违章冒险作业，或者明知存在重大事故隐患而不排除，仍冒险组织作业，因而发生重大伤亡事故或者造成其他严重后果的，处五年以下有期徒刑或者拘役；情节特别恶劣的，处五年以上有期徒刑。

第一百三十四条之一② 【危险作业罪】 在生产、作业中违反有关安全管理的规定，有下列情形之一，具有发生重大伤亡事故或者其他严重后果的现实危险的，处一年以下有期徒刑、拘役或者管制：

（一）关闭、破坏直接关系生产安全的监控、报警、防护、救生设备、设施，或者篡改、隐瞒、销毁其相关数据、信息的；

（二）因存在重大事故隐患被依法责令停产停业、停止施工、停止使用有关设备、设施、场所或者立即采取排除危险的整改措施，而拒不执行的；

（三）涉及安全生产的事项未经依法批准或者许可，擅自从事矿山开采、金属冶炼、建筑施工，以及危险物品生产、经营、储存等高度危险的生产作业活动的。

---

① 本条经2006年6月29日《刑法修正案（六）》第一条、2020年12月26日《刑法修正案（十一）》第三条两次修改。

1997年《刑法》第一百三十四条原规定："工厂、矿山、林场、建筑企业或者其他企业、事业单位的职工，由于不服管理、违反规章制度，或者强令工人违章冒险作业，因而发生重大伤亡事故或者造成其他严重后果的，处三年以下有期徒刑或者拘役；情节特别恶劣的，处三年以上七年以下有期徒刑。"

《刑法修正案（六）》第一条将1997年《刑法》第一百三十四条修改为："在生产、作业中违反有关安全管理的规定，因而发生重大伤亡事故或者造成其他严重后果的，处三年以下有期徒刑或者拘役；情节特别恶劣的，处三年以上七年以下有期徒刑。

"强令他人违章冒险作业，因而发生重大伤亡事故或者造成其他严重后果的，处五年以下有期徒刑或者拘役；情节特别恶劣的，处五年以上有期徒刑。"

《刑法修正案（十一）》第三条对本条第二款作了再次修改。

② 本条为2020年12月26日《刑法修正案（十一）》第四条增加。

第一百三十五条① 【重大劳动安全事故罪】 安全生产设施或者安全生产条件不符合国家规定,因而发生重大伤亡事故或者造成其他严重后果的,对直接负责的主管人员和其他直接责任人员,处三年以下有期徒刑或者拘役;情节特别恶劣的,处三年以上七年以下有期徒刑。

第一百三十五条之一② 【大型群众性活动重大安全事故罪】 举办大型群众性活动违反安全管理规定,因而发生重大伤亡事故或者造成其他严重后果的,对直接负责的主管人员和其他直接责任人员,处三年以下有期徒刑或者拘役;情节特别恶劣的,处三年以上七年以下有期徒刑。

第一百三十六条 【危险物品肇事罪】 违反爆炸性、易燃性、放射性、毒害性、腐蚀性物品的管理规定,在生产、储存、运输、使用中发生重大事故,造成严重后果的,处三年以下有期徒刑或者拘役;后果特别严重的,处三年以上七年以下有期徒刑。

第一百三十七条 【工程重大安全事故罪】 建设单位、设计单位、施工单位、工程监理单位违反国家规定,降低工程质量标准,造成重大安全事故的,对直接责任人员,处五年以下有期徒刑或者拘役,并处罚金;后果特别严重的,处五年以上十年以下有期徒刑,并处罚金。

第一百三十八条 【教育设施重大安全事故罪】 明知校舍或者教育教学设施有危险,而不采取措施或者不及时报告,致使发生重大伤亡事故的,对直接责任人员,处三年以下有期徒刑或者拘役;后果特别严重的,处三年以上七年以下有期徒刑。

第一百三十九条 【消防责任事故罪】 违反消防管理法规,经消防监督机构通知采取改正措施而拒绝执行,造成严重后果的,对直接责任人员,处三年以下有期徒刑或者拘役;后果特别严重的,处三年以上七年以下有期徒刑。

---

① 本条经 2006 年 6 月 29 日《刑法修正案(六)》第二条修改。
1997 年《刑法》第一百三十五条原规定:"工厂、矿山、林场、建筑企业或者其他企业、事业单位的劳动安全设施不符合国家规定,经有关部门或者单位职工提出后,对事故隐患仍不采取措施,因而发生重大伤亡事故或者造成其他严重后果的,对直接责任人员,处三年以下有期徒刑或者拘役;情节特别恶劣的,处三年以上七年以下有期徒刑。"

② 本条为 2006 年 6 月 29 日《刑法修正案(六)》第三条增加。

第一百三十九条之一[①]　【不报、谎报安全事故罪】　在安全事故发生后，负有报告职责的人员不报或者谎报事故情况，贻误事故抢救，情节严重的，处三年以下有期徒刑或者拘役；情节特别严重的，处三年以上七年以下有期徒刑。

第三章　破坏社会主义市场经济秩序罪

第一节　生产、销售伪劣商品罪

第一百四十条　【生产、销售伪劣产品罪】　生产者、销售者在产品中掺杂、掺假，以假充真，以次充好或者以不合格产品冒充合格产品，销售金额五万元以上不满二十万元的，处二年以下有期徒刑或者拘役，并处或者单处销售金额百分之五十以上二倍以下罚金；销售金额二十万元以上不满五十万元的，处二年以上七年以下有期徒刑，并处销售金额百分之五十以上二倍以下罚金；销售金额五十万元以上不满二百万元的，处七年以上有期徒刑，并处销售金额百分之五十以上二倍以下罚金；销售金额二百万元以上的，处十五年有期徒刑或者无期徒刑，并处销售金额百分之五十以上二倍以下罚金或者没收财产。

第一百四十一条[②]　【生产、销售、提供假药罪】　生产、销售假药

---

① 本条为2006年6月29日《刑法修正案（六）》第四条增加。

② 本条经2011年2月25日《刑法修正案（八）》第二十三条、2020年12月26日《刑法修正案（十一）》第五条两次修改。

1997年《刑法》第一百四十一条原规定："生产、销售假药，足以严重危害人体健康的，处三年以下有期徒刑或者拘役，并处或者单处销售金额百分之五十以上二倍以下罚金；对人体健康造成严重危害的，处三年以上十年以下有期徒刑，并处销售金额百分之五十以上二倍以下罚金；致人死亡或者对人体健康造成特别严重危害的，处十年以上有期徒刑、无期徒刑或者死刑，并处销售金额百分之五十以上二倍以下罚金或者没收财产。

"本条所称假药，是指依照《中华人民共和国药品管理法》的规定属于假药和按假药处理的药品、非药品。"

《刑法修正案（八）》第二十三条将1997年《刑法》第一百四十一条第一款修改为："生产、销售假药的，处三年以下有期徒刑或者拘役，并处罚金；对人体健康造成严重危害或者有其他严重情节的，处三年以上十年以下有期徒刑，并处罚金；致人死亡或者有其他特别严重情节的，处十年以上有期徒刑、无期徒刑或者死刑，并处罚金或者没收财产。"

《刑法修正案（十一）》第五条对本条作了再次修改。

的，处三年以下有期徒刑或者拘役，并处罚金；对人体健康造成严重危害或者有其他严重情节的，处三年以上十年以下有期徒刑，并处罚金；致人死亡或者有其他特别严重情节的，处十年以上有期徒刑、无期徒刑或者死刑，并处罚金或者没收财产。

药品使用单位的人员明知是假药而提供给他人使用的，依照前款的规定处罚。

第一百四十二条① 【生产、销售、提供劣药罪】生产、销售劣药，对人体健康造成严重危害的，处三年以上十年以下有期徒刑，并处罚金；后果特别严重的，处十年以上有期徒刑或者无期徒刑，并处罚金或者没收财产。

药品使用单位的人员明知是劣药而提供给他人使用的，依照前款的规定处罚。

第一百四十二条之一② 【妨害药品管理罪】 违反药品管理法规，有下列情形之一，足以严重危害人体健康的，处三年以下有期徒刑或者拘役，并处或者单处罚金；对人体健康造成严重危害或者有其他严重情节的，处三年以上七年以下有期徒刑，并处罚金：

（一）生产、销售国务院药品监督管理部门禁止使用的药品的；

（二）未取得药品相关批准证明文件生产、进口药品或者明知是上述药品而销售的；

（三）药品申请注册中提供虚假的证明、数据、资料、样品或者采取其他欺骗手段的；

（四）编造生产、检验记录的。

有前款行为，同时又构成本法第一百四十一条、第一百四十二条规定之罪或者其他犯罪的，依照处罚较重的规定定罪处罚。

---

① 本条经 2020 年 12 月 26 日《刑法修正案（十一）》第六条修改。

1997 年《刑法》第一百四十二条原规定："生产、销售劣药，对人体健康造成严重危害的，处三年以上十年以下有期徒刑，并处销售金额百分之五十以上二倍以下罚金；后果特别严重的，处十年以上有期徒刑或者无期徒刑，并处销售金额百分之五十以上二倍以下罚金或者没收财产。

"本条所称劣药，是指依照《中华人民共和国药品管理法》的规定属于劣药的药品。"

② 本条为 2020 年 12 月 26 日《刑法修正案（十一）》第七条增加。

第一百四十三条① 【生产、销售不符合安全标准的食品罪】 生产、销售不符合食品安全标准的食品,足以造成严重食物中毒事故或者其他严重食源性疾病的,处三年以下有期徒刑或者拘役,并处罚金;对人体健康造成严重危害或者有其他严重情节的,处三年以上七年以下有期徒刑,并处罚金;后果特别严重的,处七年以上有期徒刑或者无期徒刑,并处罚金或者没收财产。

第一百四十四条② 【生产、销售有毒、有害食品罪】 在生产、销售的食品中掺入有毒、有害的非食品原料的,或者销售明知掺有有毒、有害的非食品原料的食品的,处五年以下有期徒刑,并处罚金;对人体健康造成严重危害或者有其他严重情节的,处五年以上十年以下有期徒刑,并处罚金;致人死亡或者有其他特别严重情节的,依照本法第一百四十一条的规定处罚。

第一百四十五条③ 【生产、销售不符合标准的医用器材罪】 生产不符合保障人体健康的国家标准、行业标准的医疗器械、医用卫生材料,或者销售明知是不符合保障人体健康的国家标准、行业标准的医疗器械、

---

① 本条经 2011 年 2 月 25 日《刑法修正案(八)》第二十四条修改。

1997 年《刑法》第一百四十三条原规定:"生产、销售不符合卫生标准的食品,足以造成严重食物中毒事故或者其他严重食源性疾患的,处三年以下有期徒刑或者拘役,并处或者单处销售金额百分之五十以上二倍以下罚金;对人体健康造成严重危害的,处三年以上七年以下有期徒刑,并处销售金额百分之五十以上二倍以下罚金;后果特别严重的,处七年以上有期徒刑或者无期徒刑,并处销售金额百分之五十以上二倍以下罚金或者没收财产。"

② 本条经 2011 年 2 月 25 日《刑法修正案(八)》第二十五条修改。

1997 年《刑法》第一百四十四条原规定:"在生产、销售的食品中掺入有毒、有害的非食品原料的,或者销售明知掺有有毒、有害的非食品原料的食品的,处五年以下有期徒刑或者拘役,并处或者单处销售金额百分之五十以上二倍以下罚金;造成严重食物中毒事故或者其他严重食源性疾患,对人体健康造成严重危害的,处五年以上十年以下有期徒刑,并处销售金额百分之五十以上二倍以下罚金;致人死亡或者对人体健康造成特别严重危害的,依照本法第一百四十一条的规定处罚。"

③ 本条经 2002 年 12 月 28 日《刑法修正案(四)》第一条修改。

1997 年《刑法》第一百四十五条原规定:"生产不符合保障人体健康的国家标准、行业标准的医疗器械、医用卫生材料,或者销售明知是不符合保障人体健康的国家标准、行业标准的医疗器械、医用卫生材料,对人体健康造成严重危害的,处五年以下有期徒刑,并处销售金额百分之五十以上二倍以下罚金;后果特别严重的,处五年以上十年以下有期徒刑,并处销售金额百分之五十以上二倍以下罚金,其中情节特别恶劣的,处十年以上有期徒刑或者无期徒刑,并处销售金额百分之五十以上二倍以下罚金或者没收财产。"

医用卫生材料,足以严重危害人体健康的,处三年以下有期徒刑或者拘役,并处销售金额百分之五十以上二倍以下罚金;对人体健康造成严重危害的,处三年以上十年以下有期徒刑,并处销售金额百分之五十以上二倍以下罚金;后果特别严重的,处十年以上有期徒刑或者无期徒刑,并处销售金额百分之五十以上二倍以下罚金或者没收财产。

第一百四十六条 【生产、销售不符合安全标准的产品罪】 生产不符合保障人身、财产安全的国家标准、行业标准的电器、压力容器、易燃易爆产品或者其他不符合保障人身、财产安全的国家标准、行业标准的产品,或者销售明知是以上不符合保障人身、财产安全的国家标准、行业标准的产品,造成严重后果的,处五年以下有期徒刑,并处销售金额百分之五十以上二倍以下罚金;后果特别严重的,处五年以上有期徒刑,并处销售金额百分之五十以上二倍以下罚金。

第一百四十七条 【生产、销售伪劣农药、兽药、化肥、种子罪】 生产假农药、假兽药、假化肥,销售明知是假的或者失去使用效能的农药、兽药、化肥、种子,或者生产者、销售者以不合格的农药、兽药、化肥、种子冒充合格的农药、兽药、化肥、种子,使生产遭受较大损失的,处三年以下有期徒刑或者拘役,并处或者单处销售金额百分之五十以上二倍以下罚金;使生产遭受重大损失的,处三年以上七年以下有期徒刑,并处销售金额百分之五十以上二倍以下罚金;使生产遭受特别重大损失的,处七年以上有期徒刑或者无期徒刑,并处销售金额百分之五十以上二倍以下罚金或者没收财产。

第一百四十八条 【生产、销售不符合卫生标准的化妆品罪】 生产不符合卫生标准的化妆品,或者销售明知是不符合卫生标准的化妆品,造成严重后果的,处三年以下有期徒刑或者拘役,并处或者单处销售金额百分之五十以上二倍以下罚金。

第一百四十九条 【对生产销售伪劣商品行为的法条适用】 生产、销售本节第一百四十一条至第一百四十八条所列产品,不构成各该条规定的犯罪,但是销售金额在五万元以上的,依照本节第一百四十条的规定定罪处罚。

生产、销售本节第一百四十一条至第一百四十八条所列产品,构成各该条规定的犯罪,同时又构成本节第一百四十条规定之罪的,依照处罚较重的规定定罪处罚。

第一百五十条 【单位犯罪的规定】 单位犯本节第一百四十条至第一百四十八条规定之罪的,对单位判处罚金,并对其直接负责的主管人员和其他直接责任人员,依照各该条的规定处罚。

第二节 走私罪

第一百五十一条① 【走私武器、弹药罪】【走私核材料罪】【走私假币罪】 走私武器、弹药、核材料或者伪造的货币的,处七年以上有期徒刑,并处罚金或者没收财产;情节特别严重的,处无期徒刑,并处没收财产;情节较轻的,处三年以上七年以下有期徒刑,并处罚金。

---

① 本条经2009年2月28日《刑法修正案(七)》第一条、2011年2月25日《刑法修正案(八)》第二十六条、2015年8月29日《刑法修正案(九)》第九条三次修改。

1997年《刑法》第一百五十一条原规定:"走私武器、弹药、核材料或者伪造的货币的,处七年以上有期徒刑,并处罚金或者没收财产;情节较轻的,处三年以上七年以下有期徒刑,并处罚金。

"走私国家禁止出口的文物、黄金、白银和其他贵重金属或者国家禁止进出口的珍贵动物及其制品的,处五年以上有期徒刑,并处罚金;情节较轻的,处五年以下有期徒刑,并处罚金。

"走私国家禁止进出口的珍稀植物及其制品的,处五年以下有期徒刑,并处或者单处罚金;情节严重的,处五年以上有期徒刑,并处罚金。

"犯第一款、第二款罪,情节特别严重的,处无期徒刑或者死刑,并处没收财产。

"单位犯本条规定之罪的,对单位判处罚金,并对其直接负责的主管人员和其他直接责任人员,依照本条各款的规定处罚。"

《刑法修正案(七)》第一条将1997年《刑法》第一百五十一条第三款修改为:"走私珍稀植物及其制品等国家禁止进出口的其他货物、物品的,处五年以下有期徒刑或者拘役,并处或者单处罚金;情节严重的,处五年以上有期徒刑,并处罚金。"

《刑法修正案(八)》第二十六条将本条修改为:"走私武器、弹药、核材料或者伪造的货币的,处七年以上有期徒刑,并处罚金或者没收财产;情节特别严重的,处无期徒刑或者死刑,并处没收财产;情节较轻的,处三年以上七年以下有期徒刑,并处罚金。

"走私国家禁止出口的文物、黄金、白银和其他贵重金属或者国家禁止进出口的珍贵动物及其制品的,处五年以上十年以下有期徒刑,并处罚金;情节特别严重的,处十年以上有期徒刑或者无期徒刑,并处没收财产;情节较轻的,处五年以下有期徒刑,并处罚金。

"走私珍稀植物及其制品等国家禁止进出口的其他货物、物品的,处五年以下有期徒刑或者拘役,并处或者单处罚金;情节严重的,处五年以上有期徒刑,并处罚金。

"单位犯本条规定之罪的,对单位判处罚金,并对其直接负责的主管人员和其他直接责任人员,依照本条各款的规定处罚。"

《刑法修正案(九)》第九条对本条第一款作了再次修改。

【走私文物罪】【走私贵重金属罪】【走私珍贵动物、珍贵动物制品罪】 走私国家禁止出口的文物、黄金、白银和其他贵重金属或者国家禁止进出口的珍贵动物及其制品的,处五年以上十年以下有期徒刑,并处罚金;情节特别严重的,处十年以上有期徒刑或者无期徒刑,并处没收财产;情节较轻的,处五年以下有期徒刑,并处罚金。

【走私国家禁止进出口的货物、物品罪】 走私珍稀植物及其制品等国家禁止进出口的其他货物、物品的,处五年以下有期徒刑或者拘役,并处或者单处罚金;情节严重的,处五年以上有期徒刑,并处罚金。

单位犯本条规定之罪的,对单位判处罚金,并对其直接负责的主管人员和其他直接责任人员,依照本条各款的规定处罚。

第一百五十二条[①] **【走私淫秽物品罪】** 以牟利或者传播为目的,走私淫秽的影片、录像带、录音带、图片、书刊或者其他淫秽物品的,处三年以上十年以下有期徒刑,并处罚金;情节严重的,处十年以上有期徒刑或者无期徒刑,并处罚金或者没收财产;情节较轻的,处三年以下有期徒刑、拘役或者管制,并处罚金。

【走私废物罪】 逃避海关监管将境外固体废物、液态废物和气态废物运输进境,情节严重的,处五年以下有期徒刑,并处或者单处罚金;情节特别严重的,处五年以上有期徒刑,并处罚金。

单位犯前两款罪的,对单位判处罚金,并对其直接负责的主管人员和其他直接责任人员,依照前两款的规定处罚。

[①] 本条第二款为 2002 年 12 月 28 日《刑法修正案(四)》第二条增加,第三款经《刑法修正案(四)》第二条修改。
1997 年《刑法》第一百五十二条第二款原规定:"单位犯前款罪的,对单位判处罚金,并对其直接负责的主管人员和其他直接责任人员,依照前款的规定处罚。"经《刑法修正案(四)》第二条修改后,由原第二款调整为第三款。

第一百五十三条① 　【走私普通货物、物品罪】　走私本法第一百五十一条、第一百五十二条、第三百四十七条规定以外的货物、物品的，根据情节轻重，分别依照下列规定处罚：

（一）走私货物、物品偷逃应缴税额较大或者一年内曾因走私被给予二次行政处罚后又走私的，处三年以下有期徒刑或者拘役，并处偷逃应缴税额一倍以上五倍以下罚金。

（二）走私货物、物品偷逃应缴税额巨大或者有其他严重情节的，处三年以上十年以下有期徒刑，并处偷逃应缴税额一倍以上五倍以下罚金。

（三）走私货物、物品偷逃应缴税额特别巨大或者有其他特别严重情节的，处十年以上有期徒刑或者无期徒刑，并处偷逃应缴税额一倍以上五倍以下罚金或者没收财产。

单位犯前款罪的，对单位判处罚金，并对其直接负责的主管人员和其他直接责任人员，处三年以下有期徒刑或者拘役；情节严重的，处三年以上十年以下有期徒刑；情节特别严重的，处十年以上有期徒刑。

对多次走私未经处理的，按照累计走私货物、物品的偷逃应缴税额处罚。

第一百五十四条　【走私普通货物、物品罪】　下列走私行为，根据本节规定构成犯罪的，依照本法第一百五十三条的规定定罪处罚：

（一）未经海关许可并且未补缴应缴税额，擅自将批准进口的来料加工、来件装配、补偿贸易的原材料、零件、制成品、设备等保税货物，在境内销售牟利的；

---

① 本条第一款经 2011 年 2 月 25 日《刑法修正案（八）》第二十七条修改。
1997 年《刑法》第一百五十三条第一款原规定："走私本法第一百五十一条、第一百五十二条、第三百四十七条规定以外的货物、物品的，根据情节轻重，分别依照下列规定处罚：
"（一）走私货物、物品偷逃应缴税额在五十万元以上的，处十年以上有期徒刑或者无期徒刑，并处偷逃应缴税额一倍以上五倍以下罚金或者没收财产；情节特别严重的，依照本法第一百五十一条第四款的规定处罚。
"（二）走私货物、物品偷逃应缴税额在十五万元以上不满五十万元的，处三年以上十年以下有期徒刑，并处偷逃应缴税额一倍以上五倍以下罚金；情节特别严重的，处十年以上有期徒刑或者无期徒刑，并处偷逃应缴税额一倍以上五倍以下罚金或者没收财产。
"（三）走私货物、物品偷逃应缴税额在五万元以上不满十五万元的，处三年以下有期徒刑或者拘役，并处偷逃应缴税额一倍以上五倍以下罚金。"

(二)未经海关许可并且未补缴应缴税额,擅自将特定减税、免税进口的货物、物品,在境内销售牟利的。

第一百五十五条① 【以走私罪论处的情形】 下列行为,以走私罪论处,依照本节的有关规定处罚:

(一)直接向走私人非法收购国家禁止进口物品的,或者直接向走私人非法收购走私进口的其他货物、物品,数额较大的;

(二)在内海、领海、界河、界湖运输、收购、贩卖国家禁止进出口物品的,或者运输、收购、贩卖国家限制进出口货物、物品,数额较大,没有合法证明的。

第一百五十六条 【走私罪的共犯】 与走私罪犯通谋,为其提供贷款、资金、帐号、发票、证明,或者为其提供运输、保管、邮寄或者其他方便的,以走私罪的共犯论处。

第一百五十七条② 【武装掩护和以暴力、威胁方法抗拒缉私的处罚】 武装掩护走私的,依照本法第一百五十一条第一款的规定从重处罚。

以暴力、威胁方法抗拒缉私的,以走私罪和本法第二百七十七条规定的阻碍国家机关工作人员依法执行职务罪,依照数罪并罚的规定处罚。

第三节 妨害对公司、企业的管理秩序罪

第一百五十八条 【虚报注册资本罪】 申请公司登记使用虚假证明文件或者采取其他欺诈手段虚报注册资本,欺骗公司登记主管部门,取得公司登记,虚报注册资本数额巨大、后果严重或者有其他严重情节的,处

---

① 本条经2002年12月28日《刑法修正案(四)》第三条修改。
1997年《刑法》第一百五十五条原规定:"下列行为,以走私罪论处,依照本节的有关规定处罚:
"(一)直接向走私人非法收购国家禁止进口物品的,或者直接向走私人非法收购走私进口的其他货物、物品,数额较大的;
"(二)在内海、领海运输、收购、贩卖国家禁止进出口物品的,或者运输、收购、贩卖国家限制进出口货物、物品,数额较大,没有合法证明的;
"(三)逃避海关监管将境外固体废物运输进境的。"
② 本条第一款经2011年2月25日《刑法修正案(八)》第二十八条修改。
1997年《刑法》第一百五十七条第一款原规定:"武装掩护走私的,依照本法第一百五十一条第一款、第四款的规定从重处罚。"

三年以下有期徒刑或者拘役,并处或者单处虚报注册资本金额百分之一以上百分之五以下罚金。

单位犯前款罪的,对单位判处罚金,并对其直接负责的主管人员和其他直接责任人员,处三年以下有期徒刑或者拘役。

第一百五十九条 【虚假出资、抽逃出资罪】 公司发起人、股东违反公司法的规定未交付货币、实物或者未转移财产权,虚假出资,或者在公司成立后又抽逃其出资,数额巨大、后果严重或者有其他严重情节的,处五年以下有期徒刑或者拘役,并处或者单处虚假出资金额或者抽逃出资金额百分之二以上百分之十以下罚金。

单位犯前款罪的,对单位判处罚金,并对其直接负责的主管人员和其他直接责任人员,处五年以下有期徒刑或者拘役。

第一百六十条[①] 【欺诈发行证券罪】 在招股说明书、认股书、公司、企业债券募集办法等发行文件中隐瞒重要事实或者编造重大虚假内容,发行股票或者公司、企业债券、存托凭证或者国务院依法认定的其他证券,数额巨大、后果严重或者有其他严重情节的,处五年以下有期徒刑或者拘役,并处或者单处罚金;数额特别巨大、后果特别严重或者有其他特别严重情节的,处五年以上有期徒刑,并处罚金。

控股股东、实际控制人组织、指使实施前款行为的,处五年以下有期徒刑或者拘役,并处或者单处非法募集资金金额百分之二十以上一倍以下罚金;数额特别巨大、后果特别严重或者有其他特别严重情节的,处五年以上有期徒刑,并处非法募集资金金额百分之二十以上一倍以下罚金。

单位犯前两款罪的,对单位判处非法募集资金金额百分之二十以上一倍以下罚金,并对其直接负责的主管人员和其他直接责任人员,依照第一款的规定处罚。

[①] 本条经2020年12月26日《刑法修正案(十一)》第八条修改。

1997年《刑法》第一百六十条原规定:"在招股说明书、认股书、公司、企业债券募集办法中隐瞒重要事实或者编造重大虚假内容,发行股票或者公司、企业债券,数额巨大、后果严重或者有其他严重情节的,处五年以下有期徒刑或者拘役,并处或者单处非法募集资金金额百分之一以上百分之五以下罚金。

"单位犯前款罪的,对单位判处罚金,并对其直接负责的主管人员和其他直接责任人员,处五年以下有期徒刑或者拘役。"

第一百六十一条① 【违规披露、不披露重要信息罪】 依法负有信息披露义务的公司、企业向股东和社会公众提供虚假的或者隐瞒重要事实的财务会计报告,或者对依法应当披露的其他重要信息不按照规定披露,严重损害股东或者其他人利益,或者有其他严重情节的,对其直接负责的主管人员和其他直接责任人员,处五年以下有期徒刑或者拘役,并处或者单处罚金;情节特别严重的,处五年以上十年以下有期徒刑,并处罚金。

前款规定的公司、企业的控股股东、实际控制人实施或者组织、指使实施前款行为的,或者隐瞒相关事项导致前款规定的情形发生的,依照前款的规定处罚。

犯前款罪的控股股东、实际控制人是单位的,对单位判处罚金,并对其直接负责的主管人员和其他直接责任人员,依照第一款的规定处罚。

第一百六十二条 【妨害清算罪】 公司、企业进行清算时,隐匿财产,对资产负债表或者财产清单作虚伪记载或者在未清偿债务前分配公司、企业财产,严重损害债权人或者其他人利益的,对其直接负责的主管人员和其他直接责任人员,处五年以下有期徒刑或者拘役,并处或者单处二万元以上二十万元以下罚金。

第一百六十二条之一② 【隐匿、故意销毁会计凭证、会计帐簿、财务会计报告罪】 隐匿或者故意销毁依法应当保存的会计凭证、会计帐簿、财务会计报告,情节严重的,处五年以下有期徒刑或者拘役,并处或者单处二万元以上二十万元以下罚金。

---

① 本条经 2006 年 6 月 29 日《刑法修正案(六)》第五条、2020 年 12 月 26 日《刑法修正案(十一)》第九条两次修改。

1997 年《刑法》第一百六十一条原规定:"公司向股东和社会公众提供虚假的或者隐瞒重要事实的财务会计报告,严重损害股东或者其他人利益的,对其直接负责的主管人员和其他直接责任人员,处三年以下有期徒刑或者拘役,并处或者单处二万元以上二十万元以下罚金。"

《刑法修正案(六)》第五条将 1997 年《刑法》第一百六十一条修改为:"依法负有信息披露义务的公司、企业向股东和社会公众提供虚假的或者隐瞒重要事实的财务会计报告,或者对依法应当披露的其他重要信息不按照规定披露,严重损害股东或者其他人利益,或者有其他严重情节的,对其直接负责的主管人员和其他直接责任人员,处三年以下有期徒刑或者拘役,并处或者单处二万元以上二十万元以下罚金。"

《刑法修正案(十一)》第九条对本条作了再次修改。

② 本条为 1999 年 12 月 25 日《刑法修正案》第一条增加。

单位犯前款罪的，对单位判处罚金，并对其直接负责的主管人员和其他直接责任人员，依照前款的规定处罚。

第一百六十二条之二① 【虚假破产罪】 公司、企业通过隐匿财产、承担虚构的债务或者以其他方法转移、处分财产，实施虚假破产，严重损害债权人或者其他人利益的，对其直接负责的主管人员和其他直接责任人员，处五年以下有期徒刑或者拘役，并处或者单处二万元以上二十万元以下罚金。

第一百六十三条② 【非国家工作人员受贿罪】 公司、企业或者其他单位的工作人员，利用职务上的便利，索取他人财物或者非法收受他人财物，为他人谋取利益，数额较大的，处三年以下有期徒刑或者拘役，并处罚金；数额巨大或者有其他严重情节的，处三年以上十年以下有期徒刑，并处罚金；数额特别巨大或者有其他特别严重情节的，处十年以上有期徒刑或者无期徒刑，并处罚金。

公司、企业或者其他单位的工作人员在经济往来中，利用职务上的便利，违反国家规定，收受各种名义的回扣、手续费，归个人所有的，依照

---

① 本条为 2006 年 6 月 29 日《刑法修正案（六）》第六条增加。

② 本条经 2006 年 6 月 29 日《刑法修正案（六）》第七条、2020 年 12 月 26 日《刑法修正案（十一）》第十条两次修改。

1997 年《刑法》第一百六十三条原规定："公司、企业的工作人员利用职务上的便利，索取他人财物或者非法收受他人财物，为他人谋取利益，数额较大的，处五年以下有期徒刑或者拘役；数额巨大的，处五年以上有期徒刑，可以并处没收财产。

"公司、企业的工作人员在经济往来中，违反国家规定，收受各种名义的回扣、手续费，归个人所有的，依照前款的规定处罚。

"国有公司、企业中从事公务的人员和国有公司、企业委派到非国有公司、企业从事公务的人员有前两款行为的，依照本法第三百八十五条、第三百八十六条的规定定罪处罚。"

《刑法修正案（六）》第七条将 1997 年《刑法》第一百六十三条修改为："公司、企业或者其他单位的工作人员利用职务上的便利，索取他人财物或者非法收受他人财物，为他人谋取利益，数额较大的，处五年以下有期徒刑或者拘役；数额巨大的，处五年以上有期徒刑，可以并处没收财产。

"公司、企业或者其他单位的工作人员在经济往来中，利用职务上的便利，违反国家规定，收受各种名义的回扣、手续费，归个人所有的，依照前款的规定处罚。

"国有公司、企业或者其他国有单位中从事公务的人员和国有公司、企业或者其他国有单位委派到非国有公司、企业以及其他单位从事公务的人员有前两款行为的，依照本法第三百八十五条、第三百八十六条的规定定罪处罚。"

《刑法修正案（十一）》第十条对本条第一款作了再次修改。

前款的规定处罚。

【受贿罪】 国有公司、企业或者其他国有单位中从事公务的人员和国有公司、企业或者其他国有单位委派到非国有公司、企业以及其他单位从事公务的人员有前两款行为的,依照本法第三百八十五条、第三百八十六条的规定定罪处罚。

第一百六十四条① **【对非国家工作人员行贿罪】** 为谋取不正当利益,给予公司、企业或者其他单位的工作人员以财物,数额较大的,处三年以下有期徒刑或者拘役,并处罚金;数额巨大的,处三年以上十年以下有期徒刑,并处罚金。

【对外国公职人员、国际公共组织官员行贿罪】 为谋取不正当商业利益,给予外国公职人员或者国际公共组织官员以财物的,依照前款的规定处罚。

单位犯前两款罪的,对单位判处罚金,并对其直接负责的主管人员和其他直接责任人员,依照第一款的规定处罚。

行贿人在被追诉前主动交待行贿行为的,可以减轻处罚或者免除

---

① 本条经 2006 年 6 月 29 日《刑法修正案(六)》第八条、2011 年 2 月 25 日《刑法修正案(八)》第二十九条、2015 年 8 月 29 日《刑法修正案(九)》第十条三次修改。

1997 年《刑法》第一百六十四条原规定:"为谋取不正当利益,给予公司、企业的工作人员以财物,数额较大的,处三年以下有期徒刑或者拘役;数额巨大的,处三年以上十年以下有期徒刑,并处罚金。

"单位犯前款罪的,对单位判处罚金,并对其直接负责的主管人员和其他直接责任人员,依照前款的规定处罚。

"行贿人在被追诉前主动交待行贿行为的,可以减轻处罚或者免除处罚。"

《刑法修正案(六)》第八条将 1997 年《刑法》第一百六十四条第一款修改为:"为谋取不正当利益,给予公司、企业或者其他单位的工作人员以财物,数额较大的,处三年以下有期徒刑或者拘役;数额巨大的,处三年以上十年以下有期徒刑,并处罚金。"

《刑法修正案(八)》第二十九条将本条修改为:"为谋取不正当利益,给予公司、企业或者其他单位的工作人员以财物,数额较大的,处三年以下有期徒刑或者拘役;数额巨大的,处三年以上十年以下有期徒刑,并处罚金。

"为谋取不正当商业利益,给予外国公职人员或者国际公共组织官员以财物的,依照前款的规定处罚。

"单位犯前两款罪的,对单位判处罚金,并对其直接负责的主管人员和其他直接责任人员,依照第一款的规定处罚。

"行贿人在被追诉前主动交待行贿行为的,可以减轻处罚或者免除处罚。"

《刑法修正案(九)》第十条对本条第一款作了再次修改。

处罚。

第一百六十五条 【非法经营同类营业罪】 国有公司、企业的董事、经理利用职务便利，自己经营或者为他人经营与其所任职公司、企业同类的营业，获取非法利益，数额巨大的，处三年以下有期徒刑或者拘役，并处或者单处罚金；数额特别巨大的，处三年以上七年以下有期徒刑，并处罚金。

第一百六十六条 【为亲友非法牟利罪】 国有公司、企业、事业单位的工作人员，利用职务便利，有下列情形之一，使国家利益遭受重大损失的，处三年以下有期徒刑或者拘役，并处或者单处罚金；致使国家利益遭受特别重大损失的，处三年以上七年以下有期徒刑，并处罚金：

（一）将本单位的盈利业务交由自己的亲友进行经营的；

（二）以明显高于市场的价格向自己的亲友经营管理的单位采购商品或者以明显低于市场的价格向自己的亲友经营管理的单位销售商品的；

（三）向自己的亲友经营管理的单位采购不合格商品的。

第一百六十七条 【签订、履行合同失职被骗罪】 国有公司、企业、事业单位直接负责的主管人员，在签订、履行合同过程中，因严重不负责任被诈骗，致使国家利益遭受重大损失的，处三年以下有期徒刑或者拘役；致使国家利益遭受特别重大损失的，处三年以上七年以下有期徒刑。

第一百六十八条[①] 【国有公司、企业、事业单位人员失职罪】【国有公司、企业、事业单位人员滥用职权罪】 国有公司、企业的工作人员，由于严重不负责任或者滥用职权，造成国有公司、企业破产或者严重损失，致使国家利益遭受重大损失的，处三年以下有期徒刑或者拘役；致使国家利益遭受特别重大损失的，处三年以上七年以下有期徒刑。

国有事业单位的工作人员有前款行为，致使国家利益遭受重大损失的，依照前款的规定处罚。

[①] 本条经 1999 年 12 月 25 日《刑法修正案》第二条修改。

1997 年《刑法》第一百六十八条原规定："国有公司、企业直接负责的主管人员，徇私舞弊，造成国有公司、企业破产或者严重亏损，致使国家利益遭受重大损失的，处三年以下有期徒刑或者拘役。"

国有公司、企业、事业单位的工作人员,徇私舞弊,犯前两款罪的,依照第一款的规定从重处罚。

第一百六十九条 【徇私舞弊低价折股、出售国有资产罪】 国有公司、企业或者其上级主管部门直接负责的主管人员,徇私舞弊,将国有资产低价折股或者低价出售,致使国家利益遭受重大损失的,处三年以下有期徒刑或者拘役;致使国家利益遭受特别重大损失的,处三年以上七年以下有期徒刑。

第一百六十九条之一① 【背信损害上市公司利益罪】 上市公司的董事、监事、高级管理人员违背对公司的忠实义务,利用职务便利,操纵上市公司从事下列行为之一,致使上市公司利益遭受重大损失的,处三年以下有期徒刑或者拘役,并处或者单处罚金;致使上市公司利益遭受特别重大损失的,处三年以上七年以下有期徒刑,并处罚金:

(一)无偿向其他单位或者个人提供资金、商品、服务或者其他资产的;

(二)以明显不公平的条件,提供或者接受资金、商品、服务或者其他资产的;

(三)向明显不具有清偿能力的单位或者个人提供资金、商品、服务或者其他资产的;

(四)为明显不具有清偿能力的单位或者个人提供担保,或者无正当理由为其他单位或者个人提供担保的;

(五)无正当理由放弃债权、承担债务的;

(六)采用其他方式损害上市公司利益的。

上市公司的控股股东或者实际控制人,指使上市公司董事、监事、高级管理人员实施前款行为的,依照前款的规定处罚。

犯前款罪的上市公司的控股股东或者实际控制人是单位的,对单位判处罚金,并对其直接负责的主管人员和其他直接责任人员,依照第一款的规定处罚。

---

① 本条为2006年6月29日《刑法修正案(六)》第九条增加。

第四节　破坏金融管理秩序罪

第一百七十条① 【伪造货币罪】 伪造货币的，处三年以上十年以下有期徒刑，并处罚金；有下列情形之一的，处十年以上有期徒刑或者无期徒刑，并处罚金或者没收财产：

（一）伪造货币集团的首要分子；

（二）伪造货币数额特别巨大的；

（三）有其他特别严重情节的。

第一百七十一条 【出售、购买、运输假币罪】 出售、购买伪造的货币或者明知是伪造的货币而运输，数额较大的，处三年以下有期徒刑或者拘役，并处二万元以上二十万元以下罚金；数额巨大的，处三年以上十年以下有期徒刑，并处五万元以上五十万元以下罚金；数额特别巨大的，处十年以上有期徒刑或者无期徒刑，并处五万元以上五十万元以下罚金或者没收财产。

【金融机构工作人员购买假币、以假币换取货币罪】 银行或者其他金融机构的工作人员购买伪造的货币或者利用职务上的便利，以伪造的货币换取货币的，处三年以上十年以下有期徒刑，并处二万元以上二十万元以下罚金；数额巨大或者有其他严重情节的，处十年以上有期徒刑或者无期徒刑，并处二万元以上二十万元以下罚金或者没收财产；情节较轻的，处三年以下有期徒刑或者拘役，并处或者单处一万元以上十万元以下罚金。

伪造货币并出售或者运输伪造的货币的，依照本法第一百七十条的规定定罪从重处罚。

第一百七十二条 【持有、使用假币罪】 明知是伪造的货币而持

---

① 本条经 2015 年 8 月 29 日《刑法修正案（九）》第十一条修改。

1997 年《刑法》第一百七十条原规定："伪造货币的，处三年以上十年以下有期徒刑，并处五万元以上五十万元以下罚金；有下列情形之一的，处十年以上有期徒刑、无期徒刑或者死刑，并处五万元以上五十万元以下罚金或者没收财产：

"（一）伪造货币集团的首要分子；

"（二）伪造货币数额特别巨大的；

"（三）有其他特别严重情节的。"

有、使用，数额较大的，处三年以下有期徒刑或者拘役，并处或者单处一万元以上十万元以下罚金；数额巨大的，处三年以上十年以下有期徒刑，并处二万元以上二十万元以下罚金；数额特别巨大的，处十年以上有期徒刑，并处五万元以上五十万元以下罚金或者没收财产。

第一百七十三条 【变造货币罪】 变造货币，数额较大的，处三年以下有期徒刑或者拘役，并处或者单处一万元以上十万元以下罚金；数额巨大的，处三年以上十年以下有期徒刑，并处二万元以上二十万元以下罚金。

第一百七十四条[①] 【擅自设立金融机构罪】 未经国家有关主管部门批准，擅自设立商业银行、证券交易所、期货交易所、证券公司、期货经纪公司、保险公司或者其他金融机构的，处三年以下有期徒刑或者拘役，并处或者单处二万元以上二十万元以下罚金；情节严重的，处三年以上十年以下有期徒刑，并处五万元以上五十万元以下罚金。

【伪造、变造、转让金融机构经营许可证、批准文件罪】 伪造、变造、转让商业银行、证券交易所、期货交易所、证券公司、期货经纪公司、保险公司或者其他金融机构的经营许可证或者批准文件的，依照前款的规定处罚。

单位犯前两款罪的，对单位判处罚金，并对其直接负责的主管人员和其他直接责任人员，依照第一款的规定处罚。

第一百七十五条 【高利转贷罪】 以转贷牟利为目的，套取金融机构信贷资金高利转贷他人，违法所得数额较大的，处三年以下有期徒刑或者拘役，并处违法所得一倍以上五倍以下罚金；数额巨大的，处三年以上七年以下有期徒刑，并处违法所得一倍以上五倍以下罚金。

单位犯前款罪的，对单位判处罚金，并对其直接负责的主管人员和其他直接责任人员，处三年以下有期徒刑或者拘役。

[①] 本条经1999年12月25日《刑法修正案》第三条修改。

1997年《刑法》第一百七十四条原规定："未经中国人民银行批准，擅自设立商业银行或者其他金融机构的，处三年以下有期徒刑或者拘役，并处或者单处二万元以上二十万元以下罚金；情节严重的，处三年以上十年以下有期徒刑，并处五万元以上五十万元以下罚金。

"伪造、变造、转让商业银行或者其他金融机构经营许可证的，依照前款的规定处罚。

"单位犯前两款罪的，对单位判处罚金，并对其直接负责的主管人员和其他直接责任人员，依照第一款的规定处罚。"

第一百七十五条之一① 　【骗取贷款、票据承兑、金融票证罪】　以欺骗手段取得银行或者其他金融机构贷款、票据承兑、信用证、保函等，给银行或者其他金融机构造成重大损失的，处三年以下有期徒刑或者拘役，并处或者单处罚金；给银行或者其他金融机构造成特别重大损失或者有其他特别严重情节的，处三年以上七年以下有期徒刑，并处罚金。

单位犯前款罪的，对单位判处罚金，并对其直接负责的主管人员和其他直接责任人员，依照前款的规定处罚。

第一百七十六条② 　【非法吸收公众存款罪】　非法吸收公众存款或者变相吸收公众存款，扰乱金融秩序的，处三年以下有期徒刑或者拘役，并处或者单处罚金；数额巨大或者有其他严重情节的，处三年以上十年以下有期徒刑，并处罚金；数额特别巨大或者有其他特别严重情节的，处十年以上有期徒刑，并处罚金。

单位犯前款罪的，对单位判处罚金，并对其直接负责的主管人员和其他直接责任人员，依照前款的规定处罚。

有前两款行为，在提起公诉前积极退赃退赔，减少损害结果发生的，可以从轻或者减轻处罚。

第一百七十七条　【伪造、变造金融票证罪】　有下列情形之一，伪造、变造金融票证的，处五年以下有期徒刑或者拘役，并处或者单处二万

---

① 本条为 2006 年 6 月 29 日《刑法修正案（六）》第十条增加，第一款经 2020 年 12 月 26 日《刑法修正案（十一）》第十一条修改。

《刑法修正案（六）》第十条规定："在刑法第一百七十五条后增加一条，作为第一百七十五条之一：'以欺骗手段取得银行或其他金融机构贷款、票据承兑、信用证、保函等，给银行或者其他金融机构造成重大损失或者有其他严重情节的，处三年以下有期徒刑或者拘役，并处或者单处罚金；给银行或者其他金融机构造成特别重大损失或者有其他特别严重情节的，处三年以上七年以下有期徒刑，并处罚金。

'单位犯前款罪的，对单位判处罚金，并对其直接负责的主管人员和其他直接责任人员，依照前款的规定处罚。'"

《刑法修正案（十一）》第十一条对本条第一款作了修改。

② 本条经 2020 年 12 月 26 日《刑法修正案（十一）》第十二条修改。

1997 年《刑法》第一百七十六条原规定："非法吸收公众存款或者变相吸收公众存款，扰乱金融秩序的，处三年以下有期徒刑或者拘役，并处或者单处二万元以上二十万元以下罚金；数额巨大或者有其他严重情节的，处三年以上十年以下有期徒刑，并处五万元以上五十万元以下罚金。

"单位犯前款罪的，对单位判处罚金，并对其直接负责的主管人员和其他直接责任人员，依照前款的规定处罚。"

元以上二十万元以下罚金;情节严重的,处五年以上十年以下有期徒刑,并处五万元以上五十万元以下罚金;情节特别严重的,处十年以上有期徒刑或者无期徒刑,并处五万元以上五十万元以下罚金或者没收财产:

(一)伪造、变造汇票、本票、支票的;

(二)伪造、变造委托收款凭证、汇款凭证、银行存单等其他银行结算凭证的;

(三)伪造、变造信用证或者附随的单据、文件的;

(四)伪造信用卡的。

单位犯前款罪的,对单位判处罚金,并对其直接负责的主管人员和其他直接责任人员,依照前款的规定处罚。

第一百七十七条之一① 【妨害信用卡管理罪】 有下列情形之一,妨害信用卡管理的,处三年以下有期徒刑或者拘役,并处或者单处一万元以上十万元以下罚金;数量巨大或者有其他严重情节的,处三年以上十年以下有期徒刑,并处二万元以上二十万元以下罚金:

(一)明知是伪造的信用卡而持有、运输的,或者明知是伪造的空白信用卡而持有、运输,数量较大的;

(二)非法持有他人信用卡,数量较大的;

(三)使用虚假的身份证明骗领信用卡的;

(四)出售、购买、为他人提供伪造的信用卡或者以虚假的身份证明骗领的信用卡的。

【窃取、收买、非法提供信用卡信息罪】 窃取、收买或者非法提供他人信用卡信息资料的,依照前款规定处罚。

银行或者其他金融机构的工作人员利用职务上的便利,犯第二款罪的,从重处罚。

第一百七十八条 【伪造、变造国家有价证券罪】 伪造、变造国库券或者国家发行的其他有价证券,数额较大的,处三年以下有期徒刑或者拘役,并处或者单处二万元以上二十万元以下罚金;数额巨大的,处三年以上十年以下有期徒刑,并处五万元以上五十万元以下罚金;数额特别巨

---

① 本条为2005年2月28日《刑法修正案(五)》第一条增加。

大的，处十年以上有期徒刑或者无期徒刑，并处五万元以上五十万元以下罚金或者没收财产。

【伪造、变造股票、公司、企业债券罪】 伪造、变造股票或者公司、企业债券，数额较大的，处三年以下有期徒刑或者拘役，并处或者单处一万元以上十万元以下罚金；数额巨大的，处三年以上十年以下有期徒刑，并处二万元以上二十万元以下罚金。

单位犯前两款罪的，对单位判处罚金，并对其直接负责的主管人员和其他直接责任人员，依照前两款的规定处罚。

第一百七十九条 **【擅自发行股票、公司、企业债券罪】** 未经国家有关主管部门批准，擅自发行股票或者公司、企业债券，数额巨大、后果严重或者有其他严重情节的，处五年以下有期徒刑或者拘役，并处或者单处非法募集资金金额百分之一以上百分之五以下罚金。

单位犯前款罪的，对单位判处罚金，并对其直接负责的主管人员和其他直接责任人员，处五年以下有期徒刑或者拘役。

第一百八十条[①] **【内幕交易、泄露内幕交易信息罪】** 证券、期货交易内幕信息的知情人员或者非法获取证券、期货交易内幕信息的人员，

---

① 本条经1999年12月25日《刑法修正案》第四条、2009年2月28日《刑法修正案（七）》第二条两次修改。

1997年《刑法》第一百八十条原规定："证券交易内幕信息的知情人员或者非法获取证券交易内幕信息的人员，在涉及证券的发行、交易或者其他对证券的价格有重大影响的信息尚未公开前，买入或者卖出该证券，或者泄露该信息，情节严重的，处五年以下有期徒刑或者拘役，并处或者单处违法所得一倍以上五倍以下罚金；情节特别严重的，处五年以上十年以下有期徒刑，并处违法所得一倍以上五倍以下罚金。

"单位犯前款罪的，对单位判处罚金，并对其直接负责的主管人员和其他直接责任人员，处五年以下有期徒刑或者拘役。

"内幕信息的范围，依照法律、行政法规的规定确定。

"知情人员的范围，依照法律、行政法规的规定确定。"

《刑法修正案》第四条将1997年《刑法》第一百八十条修改为："证券、期货交易内幕信息的知情人员或者非法获取证券、期货交易内幕信息的人员，在涉及证券的发行，证券、期货交易或者其他对证券、期货交易价格有重大影响的信息尚未公开前，买入或者卖出该证券，或者从事与该内幕信息有关的期货交易，或者泄露该信息，情节严重的，处五年以下有期徒刑或者拘役，并处或者单处违法所得一倍以上五倍以下罚金；情节特别严重的，处五年以上十年以下有期徒刑，并处违法所得一倍以上五倍以下罚金。

"单位犯前款罪的，对单位判处罚金，并对其直接负责的主管人员和其他直接责任人员，处五年以下有期徒刑或者拘役。

"内幕信息、知情人员的范围，依照法律、行政法规的规定确定。"

《刑法修正案（七）》第二条对本条第一款作了再次修改，并增加规定本条第四款。

在涉及证券的发行，证券、期货交易或者其他对证券、期货交易价格有重大影响的信息尚未公开前，买入或者卖出该证券，或者从事与该内幕信息有关的期货交易，或者泄露该信息，或者明示、暗示他人从事上述交易活动，情节严重的，处五年以下有期徒刑或者拘役，并处或者单处违法所得一倍以上五倍以下罚金；情节特别严重的，处五年以上十年以下有期徒刑，并处违法所得一倍以上五倍以下罚金。

单位犯前款罪的，对单位判处罚金，并对其直接负责的主管人员和其他直接责任人员，处五年以下有期徒刑或者拘役。

内幕信息、知情人员的范围，依照法律、行政法规的规定确定。

【利用未公开信息交易罪】 证券交易所、期货交易所、证券公司、期货经纪公司、基金管理公司、商业银行、保险公司等金融机构的从业人员以及有关监管部门或者行业协会的工作人员，利用因职务便利获取的内幕信息以外的其他未公开的信息，违反规定，从事与该信息相关的证券、期货交易活动，或者明示、暗示他人从事相关交易活动，情节严重的，依照第一款的规定处罚。

第一百八十一条① 【编造并传播证券、期货交易虚假信息罪】 编造并且传播影响证券、期货交易的虚假信息，扰乱证券、期货交易市场，造成严重后果的，处五年以下有期徒刑或者拘役，并处或者单处一万元以上十万元以下罚金。

【诱骗投资者买卖证券、期货合约罪】 证券交易所、期货交易所、证券公司、期货经纪公司的从业人员，证券业协会、期货业协会或者证券期货监督管理部门的工作人员，故意提供虚假信息或者伪造、变造、销毁交易记

---

① 本条经1999年12月25日《刑法修正案》第五条修改。

1997年《刑法》第一百八十一条原规定："编造并且传播影响证券交易的虚假信息，扰乱证券交易市场，造成严重后果的，处五年以下有期徒刑或者拘役，并处或者单处一万元以上十万元以下罚金。

"证券交易所、证券公司的从业人员，证券业协会或者证券管理部门的工作人员，故意提供虚假信息或者伪造、变造、销毁交易记录，诱骗投资者买卖证券，造成严重后果的，处五年以下有期徒刑或者拘役，并处或者单处一万元以上十万元以下罚金；情节特别恶劣的，处五年以上十年以下有期徒刑，并处二万元以上二十万元以下罚金。

"单位犯前两款罪的，对单位判处罚金，并对其直接负责的主管人员和其他直接责任人员，处五年以下有期徒刑或者拘役。"

录，诱骗投资者买卖证券、期货合约，造成严重后果的，处五年以下有期徒刑或者拘役，并处或者单处一万元以上十万元以下罚金；情节特别恶劣的，处五年以上十年以下有期徒刑，并处二万元以上二十万元以下罚金。

单位犯前两款罪的，对单位判处罚金，并对其直接负责的主管人员和其他直接责任人员，处五年以下有期徒刑或者拘役。

第一百八十二条① 【操纵证券、期货市场罪】 有下列情形之一，

---

① 本条经1999年12月25日《刑法修正案》第六条、2006年6月29日《刑法修正案（六）》第十一条、2020年《刑法修正案（十一）》第十三条三次修改。

1997年《刑法》第一百八十二条原规定："有下列情形之一，操纵证券交易价格，获取不正当利益或者转嫁风险，情节严重的，处五年以下有期徒刑或者拘役，并处或者单处违法所得一倍以上五倍以下罚金：

"（一）单独或者合谋，集中资金优势、持股优势或者利用信息优势联合或者连续买卖，操纵证券交易价格的；

"（二）与他人串通，以事先约定的时间、价格和方式相互进行证券交易或者相互买卖并不持有的证券，影响证券交易价格或者证券交易量的；

"（三）以自己为交易对象，进行不转移证券所有权的自买自卖，影响证券交易价格或者证券交易量的；

"（四）以其他方法操纵证券交易价格的。

"单位犯前款罪的，对单位判处罚金，并对其直接负责的主管人员和其他直接责任人员，处五年以下有期徒刑或者拘役。"

《刑法修正案》第六条将1997年《刑法》第一百八十二条修改为："有下列情形之一，操纵证券、期货交易价格，获取不正当利益或者转嫁风险，情节严重的，处五年以下有期徒刑或者拘役，并处或者单处违法所得一倍以上五倍以下罚金：

"（一）单独或者合谋，集中资金优势、持股或者持仓优势或者利用信息优势联合或者连续买卖，操纵证券、期货交易价格的；

"（二）与他人串通，以事先约定的时间、价格和方式相互进行证券、期货交易，或者相互买卖并不持有的证券，影响证券、期货交易价格或者证券、期货交易量的；

"（三）以自己为交易对象，进行不转移证券所有权的自买自卖，或者以自己为交易对象，自买自卖期货合约，影响证券、期货交易价格或者证券、期货交易量的；

"（四）以其他方法操纵证券、期货交易价格的。

"单位犯前款罪的，对单位判处罚金，并对其直接负责的主管人员和其他直接责任人员，处五年以下有期徒刑或者拘役。"

《刑法修正案（六）》第十一条将本条修改为："有下列情形之一，操纵证券、期货市场，情节严重的，处五年以下有期徒刑或者拘役，并处或者单处罚金；情节特别严重的，处五年以上十年以下有期徒刑，并处罚金：

"（一）单独或者合谋，集中资金优势、持股或者持仓优势或者利用信息优势联合或者连续买卖，操纵证券、期货交易价格或者证券、期货交易量的；

"（二）与他人串通，以事先约定的时间、价格和方式相互进行证券、期货交易，影响证券、期货交易价格或者证券、期货交易量的；

"（三）在自己实际控制的帐户之间进行证券交易，或者以自己为交易对象，自买自卖期货合约，影响证券、期货交易价格或者证券、期货交易量的；

"（四）以其他方法操纵证券、期货市场的。

"单位犯前款罪的，对单位判处罚金，并对其直接负责的主管人员和其他直接责任人员，依照前款的规定处罚。"

《刑法修正案（十一）》第十三条对本条第一款作了再次修改。

操纵证券、期货市场，影响证券、期货交易价格或者证券、期货交易量，情节严重的，处五年以下有期徒刑或者拘役，并处或者单处罚金；情节特别严重的，处五年以上十年以下有期徒刑，并处罚金：

（一）单独或者合谋，集中资金优势、持股或者持仓优势或者利用信息优势联合或者连续买卖的；

（二）与他人串通，以事先约定的时间、价格和方式相互进行证券、期货交易的；

（三）在自己实际控制的帐户之间进行证券交易，或者以自己为交易对象，自买自卖期货合约的；

（四）不以成交为目的，频繁或者大量申报买入、卖出证券、期货合约并撤销申报的；

（五）利用虚假或者不确定的重大信息，诱导投资者进行证券、期货交易的；

（六）对证券、证券发行人、期货交易标的公开作出评价、预测或者投资建议，同时进行反向证券交易或者相关期货交易的；

（七）以其他方法操纵证券、期货市场的。

单位犯前款罪的，对单位判处罚金，并对其直接负责的主管人员和其他直接责任人员，依照前款的规定处罚。

第一百八十三条　【职务侵占罪】 保险公司的工作人员利用职务上的便利，故意编造未曾发生的保险事故进行虚假理赔，骗取保险金归自己所有的，依照本法第二百七十一条的规定定罪处罚。

【贪污罪】 国有保险公司工作人员和国有保险公司委派到非国有保险公司从事公务的人员有前款行为的，依照本法第三百八十二条、第三百八十三条的规定定罪处罚。

第一百八十四条　【非国家工作人员受贿罪】 银行或者其他金融机构的工作人员在金融业务活动中索取他人财物或者非法收受他人财物，为他人谋取利益的，或者违反国家规定，收受各种名义的回扣、手续费，归个人所有的，依照本法第一百六十三条的规定定罪处罚。

【受贿罪】 国有金融机构工作人员和国有金融机构委派到非国有金融机构从事公务的人员有前款行为的，依照本法第三百八十五条、第三百八十六条的规定定罪处罚。

第一百八十五条① 　【挪用资金罪】　商业银行、证券交易所、期货交易所、证券公司、期货经纪公司、保险公司或者其他金融机构的工作人员利用职务上的便利，挪用本单位或者客户资金的，依照本法第二百七十二条的规定定罪处罚。

【挪用公款罪】　国有商业银行、证券交易所、期货交易所、证券公司、期货经纪公司、保险公司或者其他国有金融机构的工作人员和国有商业银行、证券交易所、期货交易所、证券公司、期货经纪公司、保险公司或者其他国有金融机构委派到前款规定中的非国有机构从事公务的人员有前款行为的，依照本法第三百八十四条的规定定罪处罚。

第一百八十五条之一② 　【背信运用受托财产罪】　商业银行、证券交易所、期货交易所、证券公司、期货经纪公司、保险公司或者其他金融机构，违背受托义务，擅自运用客户资金或者其他委托、信托的财产，情节严重的，对单位判处罚金，并对其直接负责的主管人员和其他直接责任人员，处三年以下有期徒刑或者拘役，并处三万元以上三十万元以下罚金；情节特别严重的，处三年以上十年以下有期徒刑，并处五万元以上五十万元以下罚金。

【违法运用资金罪】　社会保障基金管理机构、住房公积金管理机构等公众资金管理机构，以及保险公司、保险资产管理公司、证券投资基金管理公司，违反国家规定运用资金的，对其直接负责的主管人员和其他直接责任人员，依照前款的规定处罚。

---

① 本条经 1999 年 12 月 25 日《刑法修正案》第七条修改。
1997 年《刑法》第一百八十五条原规定："银行或者其他金融机构的工作人员利用职务上的便利，挪用本单位或者客户资金的，依照本法第二百七十二条的规定定罪处罚。
"国有金融机构工作人员和国有金融机构委派到非国有金融机构从事公务的人员有前款行为的，依照本法第三百八十四条的规定定罪处罚。"
② 本条为 2006 年 6 月 29 日《刑法修正案（六）》第十二条增加。

第一百八十六条① 【违法发放贷款罪】 银行或者其他金融机构的工作人员违反国家规定发放贷款，数额巨大或者造成重大损失的，处五年以下有期徒刑或者拘役，并处一万元以上十万元以下罚金；数额特别巨大或者造成特别重大损失的，处五年以上有期徒刑，并处二万元以上二十万元以下罚金。

银行或者其他金融机构的工作人员违反国家规定，向关系人发放贷款的，依照前款的规定从重处罚。

单位犯前两款罪的，对单位判处罚金，并对其直接负责的主管人员和其他直接责任人员，依照前两款的规定处罚。

关系人的范围，依照《中华人民共和国商业银行法》和有关金融法规确定。

第一百八十七条② 【吸收客户资金不入帐罪】 银行或者其他金融机构的工作人员吸收客户资金不入帐，数额巨大或者造成重大损失的，处五年以下有期徒刑或者拘役，并处二万元以上二十万元以下罚金；数额特别巨大或者造成特别重大损失的，处五年以上有期徒刑，并处五万元以上五十万元以下罚金。

单位犯前款罪的，对单位判处罚金，并对其直接负责的主管人员和其他直接责任人员，依照前款的规定处罚。

---

① 本条第一款、第二款经 2006 年 6 月 29 日《刑法修正案（六）》第十三条修改。
1997 年《刑法》第一百八十六条第一款、第二款原规定："银行或者其他金融机构的工作人员违反法律、行政法规规定，向关系人发放信用贷款或者发放担保贷款的条件优于其他借款人同类贷款的条件，造成较大损失的，处五年以下有期徒刑或者拘役，并处一万元以上十万元以下罚金；造成重大损失的，处五年以上有期徒刑，并处二万元以上二十万元以下罚金。
"银行或者其他金融机构的工作人员违反法律、行政法规规定，向关系人以外的其他人发放贷款，造成重大损失的，处五年以下有期徒刑或者拘役，并处一万元以上十万元以下罚金；造成特别重大损失的，处五年以上有期徒刑，并处二万元以上二十万元以下罚金。"

② 本条第一款经 2006 年 6 月 29 日《刑法修正案（六）》第十四条修改。
1997 年《刑法》第一百八十七条第一款原规定："银行或者其他金融机构的工作人员以牟利为目的，采取吸收客户资金不入帐的方式，将资金用于非法拆借、发放贷款，造成重大损失的，处五年以下有期徒刑或者拘役，并处二万元以上二十万元以下罚金；造成特别重大损失的，处五年以上有期徒刑，并处五万元以上五十万元以下罚金。"

第一百八十八条① 【违规出具金融票证罪】 银行或者其他金融机构的工作人员违反规定，为他人出具信用证或者其他保函、票据、存单、资信证明，情节严重的，处五年以下有期徒刑或者拘役；情节特别严重的，处五年以上有期徒刑。

单位犯前款罪的，对单位判处罚金，并对其直接负责的主管人员和其他直接责任人员，依照前款的规定处罚。

第一百八十九条 【对违法票据承兑、付款、保证罪】 银行或者其他金融机构的工作人员在票据业务中，对违反票据法规定的票据予以承兑、付款或者保证，造成重大损失的，处五年以下有期徒刑或者拘役；造成特别重大损失的，处五年以上有期徒刑。

单位犯前款罪的，对单位判处罚金，并对其直接负责的主管人员和其他直接责任人员，依照前款的规定处罚。

【骗购外汇罪】② 有下列情形之一，骗购外汇，数额较大的，处五年以下有期徒刑或者拘役，并处骗购外汇数额百分之五以上百分之三十以下罚金；数额巨大或者有其他严重情节的，处五年以上十年以下有期徒刑，并处骗购外汇数额百分之五以上百分之三十以下罚金；数额特别巨大或者有其他特别严重情节的，处十年以上有期徒刑或者无期徒刑，并处骗购外汇数额百分之五以上百分之三十以下罚金或者没收财产：

（一）使用伪造、变造的海关签发的报关单、进口证明、外汇管理部门核准件等凭证和单据的；

（二）重复使用海关签发的报关单、进口证明、外汇管理部门核准件等凭证和单据的；

（三）以其他方式骗购外汇的。

伪造、变造海关签发的报关单、进口证明、外汇管理部门核准件等凭

---

① 本条第一款经 2006 年 6 月 29 日《刑法修正案（六）》第十五条修改。

1997 年《刑法》第一百八十八条第一款原规定："银行或者其他金融机构的工作人员违反规定，为他人出具信用证或者其他保函、票据、存单、资信证明，造成较大损失的，处五年以下有期徒刑或者拘役；造成重大损失的，处五年以上有期徒刑。"

② 本条为 1998 年 12 月 29 日《关于惩治骗购外汇、逃汇和非法买卖外汇犯罪的决定》第一条的规定。《关于惩治骗购外汇、逃汇和非法买卖外汇犯罪的决定》及其后的刑法修正案未明确其条文顺序。编者根据我国刑法分则条文的编排体系，将其列在此处。

证和单据,并用于骗购外汇的,依照前款的规定从重处罚。

明知用于骗购外汇而提供人民币资金的,以共犯论处。

单位犯前三款罪的,对单位依照第一款的规定判处罚金,并对其直接负责的主管人员和其他直接责任人员,处五年以下有期徒刑或者拘役;数额巨大或者有其他严重情节的,处五年以上十年以下有期徒刑;数额特别巨大或者有其他特别严重情节的,处十年以上有期徒刑或者无期徒刑。

第一百九十条[①]　**【逃汇罪】**　公司、企业或者其他单位,违反国家规定,擅自将外汇存放境外,或者将境内的外汇非法转移到境外,数额较大的,对单位判处逃汇数额百分之五以上百分之三十以下罚金,并对其直接负责的主管人员和其他直接责任人员处五年以下有期徒刑或者拘役;数额巨大或者有其他严重情节的,对单位判处逃汇数额百分之五以上百分之三十以下罚金,并对其直接负责的主管人员和其他直接责任人员处五年以上有期徒刑。

---

① 本条经1998年12月29日《全国人民代表大会常务委员会关于惩治骗购外汇、逃汇和非法买卖外汇犯罪的决定》第三条修改。

1997年《刑法》第一百九十条原规定:"国有公司、企业或者其他国有单位,违反国家规定,擅自将外汇存放境外,或者将境内的外汇非法转移到境外,情节严重的,对单位判处罚金,并对其直接负责的主管人员和其他直接责任人员,处五年以下有期徒刑或者拘役。"

第一百九十一条① **【洗钱罪】** 为掩饰、隐瞒毒品犯罪、黑社会性质的组织犯罪、恐怖活动犯罪、走私犯罪、贪污贿赂犯罪、破坏金融管理秩序犯罪、金融诈骗犯罪的所得及其产生的收益的来源和性质,有下列行

---

① 本条经 2001 年 12 月 29 日《刑法修正案（三）》第七条、2006 年 6 月 29 日《刑法修正案（六）》第十六条、2020 年 12 月 26 日《刑法修正案（十一）》第十四条三次修改。

1997 年《刑法》第一百九十一条原规定:"明知是毒品犯罪、黑社会性质的组织犯罪、走私犯罪的违法所得及其产生的收益,为掩饰、隐瞒其来源和性质,有下列行为之一的,没收实施以上犯罪的违法所得及其产生的收益,处五年以下有期徒刑或者拘役,并处或者单处洗钱数额百分之五以上百分之二十以下罚金;情节严重的,处五年以上十年以下有期徒刑,并处洗钱数额百分之五以上百分之二十以下罚金:

"（一）提供资金帐户的;
"（二）协助将财产转换为现金或者金融票据的;
"（三）通过转帐或者其他结算方式协助资金转移的;
"（四）协助将资金汇往境外的;
"（五）以其他方法掩饰、隐瞒犯罪的违法所得及其收益的来源和性质的。

"单位犯前款罪的,对单位判处罚金,并对其直接负责的主管人员和其他直接责任人员,处五年以下有期徒刑或者拘役。"

《刑法修正案（三）》第七条将 1997 年《刑法》第一百九十一条修改为:"明知是毒品犯罪、黑社会性质的组织犯罪、恐怖活动犯罪、走私犯罪的违法所得及其产生的收益,为掩饰、隐瞒其来源和性质,有下列行为之一的,没收实施以上犯罪的违法所得及其产生的收益,处五年以下有期徒刑或者拘役,并处或者单处洗钱数额百分之五以上百分之二十以下罚金;情节严重的,处五年以上十年以下有期徒刑,并处洗钱数额百分之五以上百分之二十以下罚金:

"（一）提供资金帐户的;
"（二）协助将财产转换为现金或者金融票据的;
"（三）通过转帐或者其他结算方式协助资金转移的;
"（四）协助将资金汇往境外的;
"（五）以其他方法掩饰、隐瞒犯罪的违法所得及其收益的来源和性质的。

"单位犯前款罪的,对单位判处罚金,并对其直接负责的主管人员和其他直接责任人员,处五年以下有期徒刑或者拘役;情节严重的,处五年以上十年以下有期徒刑。"

《刑法修正案（六）》第十六条将本条第一款修改为:"明知是毒品犯罪、黑社会性质的组织犯罪、恐怖活动犯罪、走私犯罪、贪污贿赂犯罪、破坏金融管理秩序犯罪、金融诈骗犯罪的所得及其产生的收益,为掩饰、隐瞒其来源和性质,有下列行为之一的,没收实施以上犯罪的所得及其产生的收益,处五年以下有期徒刑或者拘役,并处或者单处洗钱数额百分之五以上百分之二十以下罚金;情节严重的,处五年以上十年以下有期徒刑,并处洗钱数额百分之五以上百分之二十以下罚金:

"（一）提供资金帐户的;
"（二）协助将财产转换为现金、金融票据、有价证券的;
"（三）通过转帐或者其他结算方式协助资金转移的;
"（四）协助将资金汇往境外的;
"（五）以其他方法掩饰、隐瞒犯罪所得及其收益的来源和性质的。"

《刑法修正案（十一）》第十四条对本条作了再次修改。

为之一的，没收实施以上犯罪的所得及其产生的收益，处五年以下有期徒刑或者拘役，并处或者单处罚金；情节严重的，处五年以上十年以下有期徒刑，并处罚金：

（一）提供资金帐户的；

（二）将财产转换为现金、金融票据、有价证券的；

（三）通过转帐或者其他支付结算方式转移资金的；

（四）跨境转移资产的；

（五）以其他方法掩饰、隐瞒犯罪所得及其收益的来源和性质的。

单位犯前款罪的，对单位判处罚金，并对其直接负责的主管人员和其他直接责任人员，依照前款的规定处罚。

第五节　金融诈骗罪

第一百九十二条[1]　【集资诈骗罪】以非法占有为目的，使用诈骗方法非法集资，数额较大的，处三年以上七年以下有期徒刑，并处罚金；数额巨大或者有其他严重情节的，处七年以上有期徒刑或者无期徒刑，并处罚金或者没收财产。

单位犯前款罪的，对单位判处罚金，并对其直接负责的主管人员和其他直接责任人员，依照前款的规定处罚。

第一百九十三条　【贷款诈骗罪】有下列情形之一，以非法占有为目的，诈骗银行或者其他金融机构的贷款，数额较大的，处五年以下有期徒刑或者拘役，并处二万元以上二十万元以下罚金；数额巨大或者有其他严重情节的，处五年以上十年以下有期徒刑，并处五万元以上五十万元以下罚金；数额特别巨大或者有其他特别严重情节的，处十年以上有期徒刑或者无期徒刑，并处五万元以上五十万元以下罚金或者没收财产：

---

[1]　本条经 2020 年 12 月 26 日《刑法修正案（十一）》第十五条修改。

1997 年《刑法》第一百九十二条原规定："以非法占有为目的，使用诈骗方法非法集资，数额较大的，处五年以下有期徒刑或者拘役，并处二万元以上二十万元以下罚金；数额巨大或者有其他严重情节的，处五年以上十年以下有期徒刑，并处五万元以上五十万元以下罚金；数额特别巨大或者有其他特别严重情节的，处十年以上有期徒刑或者无期徒刑，并处五万元以上五十万元以下罚金或者没收财产。"

（一）编造引进资金、项目等虚假理由的；

（二）使用虚假的经济合同的；

（三）使用虚假的证明文件的；

（四）使用虚假的产权证明作担保或者超出抵押物价值重复担保的；

（五）以其他方法诈骗贷款的。

第一百九十四条 【票据诈骗罪】 有下列情形之一，进行金融票据诈骗活动，数额较大的，处五年以下有期徒刑或者拘役，并处二万元以上二十万元以下罚金；数额巨大或者有其他严重情节的，处五年以上十年以下有期徒刑，并处五万元以上五十万元以下罚金；数额特别巨大或者有其他特别严重情节的，处十年以上有期徒刑或者无期徒刑，并处五万元以上五十万元以下罚金或者没收财产：

（一）明知是伪造、变造的汇票、本票、支票而使用的；

（二）明知是作废的汇票、本票、支票而使用的；

（三）冒用他人的汇票、本票、支票的；

（四）签发空头支票或者与其预留印鉴不符的支票，骗取财物的；

（五）汇票、本票的出票人签发无资金保证的汇票、本票或者在出票时作虚假记载，骗取财物的。

【金融凭证诈骗罪】 使用伪造、变造的委托收款凭证、汇款凭证、银行存单等其他银行结算凭证的，依照前款的规定处罚。

第一百九十五条 【信用证诈骗罪】 有下列情形之一，进行信用证诈骗活动的，处五年以下有期徒刑或者拘役，并处二万元以上二十万元以下罚金；数额巨大或者有其他严重情节的，处五年以上十年以下有期徒刑，并处五万元以上五十万元以下罚金；数额特别巨大或者有其他特别严重情节的，处十年以上有期徒刑或者无期徒刑，并处五万元以上五十万元以下罚金或者没收财产：

（一）使用伪造、变造的信用证或者附随的单据、文件的；

（二）使用作废的信用证的；

（三）骗取信用证的；

（四）以其他方法进行信用证诈骗活动的。

第一百九十六条① 【信用卡诈骗罪】 有下列情形之一，进行信用卡诈骗活动，数额较大的，处五年以下有期徒刑或者拘役，并处二万元以上二十万元以下罚金；数额巨大或者有其他严重情节的，处五年以上十年以下有期徒刑，并处五万元以上五十万元以下罚金；数额特别巨大或者有其他特别严重情节的，处十年以上有期徒刑或者无期徒刑，并处五万元以上五十万元以下罚金或者没收财产：

（一）使用伪造的信用卡，或者使用以虚假的身份证明骗领的信用卡的；

（二）使用作废的信用卡的；

（三）冒用他人信用卡的；

（四）恶意透支的。

前款所称恶意透支，是指持卡人以非法占有为目的，超过规定限额或者规定期限透支，并且经发卡银行催收后仍不归还的行为。

【盗窃罪】 盗窃信用卡并使用的，依照本法第二百六十四条的规定定罪处罚。

第一百九十七条 【有价证券诈骗罪】 使用伪造、变造的国库券或者国家发行的其他有价证券，进行诈骗活动，数额较大的，处五年以下有期徒刑或者拘役，并处二万元以上二十万元以下罚金；数额巨大或者有其他严重情节的，处五年以上十年以下有期徒刑，并处五万元以上五十万元以下罚金；数额特别巨大或者有其他特别严重情节的，处十年以上有期徒

---

① 本条经2005年2月28日《刑法修正案（五）》第二条修改。

1997年《刑法》第一百九十六条原规定："有下列情形之一，进行信用卡诈骗活动，数额较大的，处五年以下有期徒刑或者拘役，并处二万元以上二十万元以下罚金；数额巨大或者有其他严重情节的，处五年以上十年以下有期徒刑，并处五万元以上五十万元以下罚金；数额特别巨大或者有其他特别严重情节的，处十年以上有期徒刑或者无期徒刑，并处五万元以上五十万元以下罚金或者没收财产：

"（一）使用伪造的信用卡的；

"（二）使用作废的信用卡的；

"（三）冒用他人信用卡的；

"（四）恶意透支的。

"前款所称恶意透支，是指持卡人以非法占有为目的，超过规定限额或者规定期限透支，并且经发卡银行催收后仍不归还的行为。

"盗窃信用卡并使用的，依照本法第二百六十四条的规定定罪处罚。"

刑或者无期徒刑，并处五万元以上五十万元以下罚金或者没收财产。

第一百九十八条 【保险诈骗罪】 有下列情形之一，进行保险诈骗活动，数额较大的，处五年以下有期徒刑或者拘役，并处一万元以上十万元以下罚金；数额巨大或者有其他严重情节的，处五年以上十年以下有期徒刑，并处二万元以上二十万元以下罚金；数额特别巨大或者有其他特别严重情节的，处十年以上有期徒刑，并处二万元以上二十万元以下罚金或者没收财产：

（一）投保人故意虚构保险标的，骗取保险金的；

（二）投保人、被保险人或者受益人对发生的保险事故编造虚假的原因或者夸大损失的程度，骗取保险金的；

（三）投保人、被保险人或者受益人编造未曾发生的保险事故，骗取保险金的；

（四）投保人、被保险人故意造成财产损失的保险事故，骗取保险金的；

（五）投保人、受益人故意造成被保险人死亡、伤残或者疾病，骗取保险金的。

有前款第四项、第五项所列行为，同时构成其他犯罪的，依照数罪并罚的规定处罚。

单位犯第一款罪的，对单位判处罚金，并对其直接负责的主管人员和其他直接责任人员，处五年以下有期徒刑或者拘役；数额巨大或者有其他严重情节的，处五年以上十年以下有期徒刑；数额特别巨大或者有其他特别严重情节的，处十年以上有期徒刑。

保险事故的鉴定人、证明人、财产评估人故意提供虚假的证明文件，为他人诈骗提供条件的，以保险诈骗的共犯论处。

《刑法修正案（十一）》条文及配套《罪名补充规定（七）》理解与适用

第一百九十九条①

第二百条② 【单位犯罪的规定】 单位犯本节第一百九十四条、第一百九十五条规定之罪的，对单位判处罚金，并对其直接负责的主管人员和其他直接责任人员，处五年以下有期徒刑或者拘役，可以并处罚金；数额巨大或者有其他严重情节的，处五年以上十年以下有期徒刑，并处罚金；数额特别巨大或者有其他特别严重情节的，处十年以上有期徒刑或者无期徒刑，并处罚金。

---

① 本条经 2011 年 2 月 25 日《刑法修正案（八）》第三十条、2015 年 8 月 29 日《刑法修正案（九）》第十二条两次修改。

1997 年《刑法》第一百九十九条原规定："犯本节第一百九十二条、第一百九十四条、第一百九十五条规定之罪，数额特别巨大并且给国家和人民利益造成特别重大损失的，处无期徒刑或者死刑，并处没收财产。"

《刑法修正案（八）》第三十条将 1997 年《刑法》第一百九十九条修改为："犯本节第一百九十二条规定之罪，数额特别巨大并且给国家和人民利益造成特别重大损失的，处无期徒刑或者死刑，并处没收财产。"

《刑法修正案（九）》第十二条删去本条。

② 本条经 2011 年 2 月 25 日《刑法修正案（八）》第三十一条、2020 年 12 月 26 日《刑法修正案（十一）》第十六条两次修改。

1997 年《刑法》第二百条原规定："单位犯本节第一百九十二条、第一百九十四条、第一百九十五条规定之罪的，对单位判处罚金，并对其直接负责的主管人员和其他直接责任人员，处五年以下有期徒刑或者拘役；数额巨大或者有其他严重情节的，处五年以上十年以下有期徒刑；数额特别巨大或者有其他特别严重情节的，处十年以上有期徒刑或者无期徒刑。"

《刑法修正案（八）》第三十一条将 1997 年《刑法》第二百条修改为："单位犯本节第一百九十二条、第一百九十四条、第一百九十五条规定之罪的，对单位判处罚金，并对其直接负责的主管人员和其他直接责任人员，处五年以下有期徒刑或者拘役，可以并处罚金；数额巨大或者有其他严重情节的，处五年以上十年以下有期徒刑，并处罚金；数额特别巨大或者有其他特别严重情节的，处十年以上有期徒刑或者无期徒刑，并处罚金。"

《刑法修正案（十一）》第十六条对本条作了再次修改。

第六节　危害税收征管罪

第二百零一条[①]　【逃税罪】　纳税人采取欺骗、隐瞒手段进行虚假纳税申报或者不申报，逃避缴纳税款数额较大并且占应纳税额百分之十以上的，处三年以下有期徒刑或者拘役，并处罚金；数额巨大并且占应纳税额百分之三十以上的，处三年以上七年以下有期徒刑，并处罚金。

扣缴义务人采取前款所列手段，不缴或者少缴已扣、已收税款，数额较大的，依照前款的规定处罚。

对多次实施前两款行为，未经处理的，按照累计数额计算。

有第一款行为，经税务机关依法下达追缴通知后，补缴应纳税款，缴纳滞纳金，已受行政处罚的，不予追究刑事责任；但是，五年内因逃避缴纳税款受过刑事处罚或者被税务机关给予二次以上行政处罚的除外。

第二百零二条　【抗税罪】　以暴力、威胁方法拒不缴纳税款的，处三年以下有期徒刑或者拘役，并处拒缴税款一倍以上五倍以下罚金；情节严重的，处三年以上七年以下有期徒刑，并处拒缴税款一倍以上五倍以下罚金。

第二百零三条　【逃避追缴欠税罪】　纳税人欠缴应纳税款，采取转移或者隐匿财产的手段，致使税务机关无法追缴欠缴的税款，数额在一万元以上不满十万元的，处三年以下有期徒刑或者拘役，并处或者单处欠缴税款一倍以上五倍以下罚金；数额在十万元以上的，处三年以上七年以下有期徒刑，并处欠缴税款一倍以上五倍以下罚金。

[①]　本条经2009年2月28日《刑法修正案（七）》第三条修改。

1997年《刑法》第二百零一条原规定："纳税人采取伪造、变造、隐匿、擅自销毁帐簿、记帐凭证，在帐簿上多列支出或者不列、少列收入，经税务机关通知申报而拒不申报或者进行虚假的纳税申报的手段，不缴或者少缴应纳税款，偷税数额占应纳税额的百分之十以上不满百分之三十并且偷税数额在一万元以上不满十万元的，或者因偷税被税务机关给予二次行政处罚又偷税的，处三年以下有期徒刑或者拘役，并处偷税数额一倍以上五倍以下罚金；偷税数额占应纳税额的百分之三十以上并且偷税数额在十万元以上的，处三年以上七年以下有期徒刑，并处偷税数额一倍以上五倍以下罚金。

"扣缴义务人采取前款所列手段，不缴或者少缴已扣、已收税款，数额占应缴税额的百分之十以上并且数额在一万元以上的，依照前款的规定处罚。

"对多次犯有前两款行为，未经处理的，按照累计数额计算。"

第二百零四条 【骗取出口退税罪、偷税罪】 以假报出口或者其他欺骗手段,骗取国家出口退税款,数额较大的,处五年以下有期徒刑或者拘役,并处骗取税款一倍以上五倍以下罚金;数额巨大或者有其他严重情节的,处五年以上十年以下有期徒刑,并处骗取税款一倍以上五倍以下罚金;数额特别巨大或者有其他特别严重情节的,处十年以上有期徒刑或者无期徒刑,并处骗取税款一倍以上五倍以下罚金或者没收财产。

纳税人缴纳税款后,采取前款规定的欺骗方法,骗取所缴纳的税款的,依照本法第二百零一条的规定定罪处罚;骗取税款超过所缴纳的税款部分,依照前款的规定处罚。

第二百零五条[①] 【虚开增值税专用发票、用于骗取出口退税、抵押税款发票罪】 虚开增值税专用发票或者虚开用于骗取出口退税、抵扣税款的其他发票的,处三年以下有期徒刑或者拘役,并处二万元以上二十万元以下罚金;虚开的税款数额较大或者有其他严重情节的,处三年以上十年以下有期徒刑,并处五万元以上五十万元以下罚金;虚开的税款数额巨大或者有其他特别严重情节的,处十年以上有期徒刑或者无期徒刑,并处五万元以上五十万元以下罚金或者没收财产。

单位犯本条规定之罪的,对单位判处罚金,并对其直接负责的主管人员和其他直接责任人员,处三年以下有期徒刑或者拘役;虚开的税款数额较大或者有其他严重情节的,处三年以上十年以下有期徒刑;虚开的税款数额巨大或者有其他特别严重情节的,处十年以上有期徒刑或者无期徒刑。

虚开增值税专用发票或者虚开用于骗取出口退税、抵扣税款的其他发票,是指有为他人虚开、为自己虚开、让他人为自己虚开、介绍他人虚开行为之一的。

第二百零五条之一[②] 【虚开发票罪】 虚开本法第二百零五条规定

---

① 本条经 2011 年 2 月 25 日《刑法修正案(八)》第三十二条修改。
1997 年《刑法》第二百零五条第二款原规定:"有前款行为骗取国家税款,数额特别巨大,情节特别严重,给国家利益造成特别重大损失的,处无期徒刑或者死刑,并处没收财产。"
《刑法修正案(八)》第三十二条删去该款。

② 本条为 2011 年 2 月 25 日《刑法修正案(八)》第三十三条增加。

以外的其他发票，情节严重的，处二年以下有期徒刑、拘役或者管制，并处罚金；情节特别严重的，处二年以上七年以下有期徒刑，并处罚金。

单位犯前款罪的，对单位判处罚金，并对其直接负责的主管人员和其他直接责任人员，依照前款的规定处罚。

第二百零六条① 【伪造、出售伪造的增值税专用发票罪】 伪造或者出售伪造的增值税专用发票的，处三年以下有期徒刑、拘役或者管制，并处二万元以上二十万元以下罚金；数量较大或者有其他严重情节的，处三年以上十年以下有期徒刑，并处五万元以上五十万元以下罚金；数量巨大或者有其他特别严重情节的，处十年以上有期徒刑或者无期徒刑，并处五万元以上五十万元以下罚金或者没收财产。

单位犯本条规定之罪的，对单位判处罚金，并对其直接负责的主管人员和其他直接责任人员，处三年以下有期徒刑、拘役或者管制；数量较大或者有其他严重情节的，处三年以上十年以下有期徒刑；数量巨大或者有其他特别严重情节的，处十年以上有期徒刑或者无期徒刑。

第二百零七条 【非法出售增值税专用发票罪】 非法出售增值税专用发票的，处三年以下有期徒刑、拘役或者管制，并处二万元以上二十万元以下罚金；数量较大的，处三年以上十年以下有期徒刑，并处五万元以上五十万元以下罚金；数量巨大的，处十年以上有期徒刑或者无期徒刑，并处五万元以上五十万元以下罚金或者没收财产。

第二百零八条 【非法购买增值税专用发票、购买伪造的增值税专用发票罪】 非法购买增值税专用发票或者购买伪造的增值税专用发票的，处五年以下有期徒刑或者拘役，并处或者单处二万元以上二十万元以下罚金。

非法购买增值税专用发票或者购买伪造的增值税专用发票又虚开或者出售的，分别依照本法第二百零五条、第二百零六条、第二百零七条的规定定罪处罚。

---

① 本条经 2011 年 2 月 25 日《刑法修正案（八）》第三十四条修改。

1997 年《刑法》第二百零六条第二款原规定："伪造并出售伪造的增值税专用发票，数量特别巨大，情节特别严重，严重破坏经济秩序的，处无期徒刑或者死刑，并处没收财产。"

《刑法修正案（八）》第三十四条删去该款。

· 547 ·

第二百零九条 【非法制造、出售非法制造的用于骗取出口退税、抵押税款发票罪】 伪造、擅自制造或者出售伪造、擅自制造的可以用于骗取出口退税、抵扣税款的其他发票的,处三年以下有期徒刑、拘役或者管制,并处二万元以上二十万元以下罚金;数量巨大的,处三年以上七年以下有期徒刑,并处五万元以上五十万元以下罚金;数量特别巨大的,处七年以上有期徒刑,并处五万元以上五十万元以下罚金或者没收财产。

【非法制造、出售非法制造的发票罪】 伪造、擅自制造或者出售伪造、擅自制造的前款规定以外的其他发票的,处二年以下有期徒刑、拘役或者管制,并处或者单处一万元以上五万元以下罚金;情节严重的,处二年以上七年以下有期徒刑,并处五万元以上五十万元以下罚金。

【非法出售用于骗取出口退税、抵扣税款发票罪】 非法出售可以用于骗取出口退税、抵扣税款的其他发票的,依照第一款的规定处罚。

【非法出售发票罪】 非法出售第三款规定以外的其他发票的,依照第二款的规定处罚。

第二百一十条 【盗窃罪】 盗窃增值税专用发票或者可以用于骗取出口退税、抵扣税款的其他发票的,依照本法第二百六十四条的规定定罪处罚。

【诈骗罪】 使用欺骗手段骗取增值税专用发票或者可以用于骗取出口退税、抵扣税款的其他发票的,依照本法第二百六十六条的规定定罪处罚。

第二百一十条之一[①] 【持有伪造的发票罪】 明知是伪造的发票而持有,数量较大的,处二年以下有期徒刑、拘役或者管制,并处罚金;数量巨大的,处二年以上七年以下有期徒刑,并处罚金。

单位犯前款罪的,对单位判处罚金,并对其直接负责的主管人员和其他直接责任人员,依照前款的规定处罚。

第二百一十一条 【单位犯罪的规定】 单位犯本节第二百零一条、第二百零三条、第二百零四条、第二百零七条、第二百零八条、第二百零九条规定之罪的,对单位判处罚金,并对其直接负责的主管人员和其他直

[①] 本条为2011年2月25日《刑法修正案(八)》第三十五条增加。

接责任人员,依照各该条的规定处罚。

第二百一十二条 【税收征缴优先原则】 犯本节第二百零一条至第二百零五条规定之罪,被判处罚金、没收财产的,在执行前,应当先由税务机关追缴税款和所骗取的出口退税款。

第七节 侵犯知识产权罪

第二百一十三条① 【假冒注册商标罪】 未经注册商标所有人许可,在同一种商品、服务上使用与其注册商标相同的商标,情节严重的,处三年以下有期徒刑,并处或者单处罚金;情节特别严重的,处三年以上十年以下有期徒刑,并处罚金。

第二百一十四条② 【销售假冒注册商标的商品罪】 销售明知是假冒注册商标的商品,违法所得数额较大或者有其他严重情节的,处三年以下有期徒刑,并处或者单处罚金;违法所得数额巨大或者有其他特别严重情节的,处三年以上十年以下有期徒刑,并处罚金。

第二百一十五条③ 【非法制造、销售非法制造的注册商标标识罪】
伪造、擅自制造他人注册商标标识或者销售伪造、擅自制造的注册商标标识,情节严重的,处三年以下有期徒刑,并处或者单处罚金;情节特别严重的,处三年以上十年以下有期徒刑,并处罚金。

第二百一十六条 【假冒专利罪】 假冒他人专利,情节严重的,处三年以下有期徒刑或者拘役,并处或者单处罚金。

---

① 本条经 2020 年 12 月 26 日《刑法修正案（十一）》第十七条修改。
1997 年《刑法》第二百一十三条原规定:"未经注册商标所有人许可,在同一种商品上使用与其注册商标相同的商标,情节严重的,处三年以下有期徒刑或者拘役,并处或者单处罚金;情节特别严重的,处三年以上七年以下有期徒刑,并处罚金。"
② 本条经 2020 年 12 月 26 日《刑法修正案（十一）》第十八条修改。
1997 年《刑法》第二百一十四条原规定:"销售明知是假冒注册商标的商品,销售金额数额较大的,处三年以下有期徒刑或者拘役,并处或者单处罚金;销售金额数额巨大的,处三年以上七年以下有期徒刑,并处罚金。"
③ 本条经 2020 年 12 月 26 日《刑法修正案（十一）》第十九条修改。
1997 年《刑法》第二百一十五条原规定:"伪造、擅自制造他人注册商标标识或者销售伪造、擅自制造的注册商标标识,情节严重的,处三年以下有期徒刑、拘役或者管制,并处或者单处罚金;情节特别严重的,处三年以上七年以下有期徒刑,并处罚金。"

第二百一十七条① 【侵犯著作权罪】 以营利为目的,有下列侵犯著作权或者与著作权有关的权利的情形之一,违法所得数额较大或者有其他严重情节的,处三年以下有期徒刑,并处或者单处罚金;违法所得数额巨大或者有其他特别严重情节的,处三年以上十年以下有期徒刑,并处罚金:

(一)未经著作权人许可,复制发行、通过信息网络向公众传播其文字作品、音乐、美术、视听作品、计算机软件及法律、行政法规规定的其他作品的;

(二)出版他人享有专有出版权的图书的;

(三)未经录音录像制作者许可,复制发行、通过信息网络向公众传播其制作的录音录像的;

(四)未经表演者许可,复制发行录有其表演的录音录像制品,或者通过信息网络向公众传播其表演的;

(五)制作、出售假冒他人署名的美术作品的;

(六)未经著作权人或者与著作权有关的权利人许可,故意避开或者破坏权利人为其作品、录音录像制品等采取的保护著作权或者与著作权有关的权利的技术措施的。

第二百一十八条② 【销售侵权复制品罪】 以营利为目的,销售明知是本法第二百一十七条规定的侵权复制品,违法所得数额巨大或者有其他严重情节的,处五年以下有期徒刑,并处或者单处罚金。

---

① 本条经 2020 年 12 月 26 日《刑法修正案(十一)》第二十条修改。
1997 年《刑法》第二百一十七条原规定:"以营利为目的,有下列侵犯著作权情形之一,违法所得数额较大或者有其他严重情节的,处三年以下有期徒刑或者拘役,并处或者单处罚金;违法所得数额巨大或者有其他特别严重情节的,处三年以上七年以下有期徒刑,并处罚金:
"(一)未经著作权人许可,复制发行其文字作品、音乐、电影、电视、录像作品、计算机软件及其他作品的;
"(二)出版他人享有专有出版权的图书的;
"(三)未经录音录像制作者许可,复制发行其制作的录音录像的;
"(四)制作、出售假冒他人署名的美术作品的。"
② 本条经 2020 年 12 月 26 日《刑法修正案(十一)》第二十一条修改。
1997 年《刑法》第二百一十八条原规定:"以营利为目的,销售明知是本法第二百一十七条规定的侵权复制品,违法所得数额巨大的,处三年以下有期徒刑或者拘役,并处或者单处罚金。"

第二百一十九条[①]　【侵犯商业秘密罪】　有下列侵犯商业秘密行为之一，情节严重的，处三年以下有期徒刑，并处或者单处罚金；情节特别严重的，处三年以上十年以下有期徒刑，并处罚金：

（一）以盗窃、贿赂、欺诈、胁迫、电子侵入或者其他不正当手段获取权利人的商业秘密的；

（二）披露、使用或者允许他人使用以前项手段获取的权利人的商业秘密的；

（三）违反保密义务或者违反权利人有关保守商业秘密的要求，披露、使用或者允许他人使用其所掌握的商业秘密的。

明知前款所列行为，获取、披露、使用或者允许他人使用该商业秘密的，以侵犯商业秘密论。

本条所称权利人，是指商业秘密的所有人和经商业秘密所有人许可的商业秘密使用人。

第二百一十九条之一[②]　【为境外窃取、刺探、收买、非法提供商业秘密罪】　为境外的机构、组织、人员窃取、刺探、收买、非法提供商业秘密的，处五年以下有期徒刑，并处或者单处罚金；情节严重的，处五年以上有期徒刑，并处罚金。

---

① 本条经 2020 年 12 月 26 日《刑法修正案（十一）》第二十二条修改。

1997 年《刑法》第二百一十九条原规定："有下列侵犯商业秘密行为之一，给商业秘密的权利人造成重大损失的，处三年以下有期徒刑或者拘役，并处或者单处罚金；造成特别严重后果的，处三年以上七年以下有期徒刑，并处罚金：

"（一）以盗窃、利诱、胁迫或者其他不正当手段获取权利人的商业秘密的；

"（二）披露、使用或者允许他人使用以前项手段获取的权利人的商业秘密的；

"（三）违反约定或者违反权利人有关保守商业秘密的要求，披露、使用或者允许他人使用其所掌握的商业秘密的。

"明知或者应知前款所列行为，获取、使用或者披露他人的商业秘密的，以侵犯商业秘密论。

"本条所称商业秘密，是指不为公众所知悉，能为权利人带来经济利益，具有实用性并经权利人采取保密措施的技术信息和经营信息。

"本条所称权利人，是指商业秘密的所有人和经商业秘密所有人许可的商业秘密使用人。"

② 本条为 2020 年 12 月 26 日《刑法修正案（十一）》第二十三条增加。

《刑法修正案（十一）》条文及配套《罪名补充规定（七）》理解与适用

第二百二十条[①] 【单位犯罪的规定】 单位犯本节第二百一十三条至第二百一十九条之一规定之罪的，对单位判处罚金，并对其直接负责的主管人员和其他直接责任人员，依照本节各该条的规定处罚。

第八节 扰乱市场秩序罪

第二百二十一条 【损害商业信誉、商品声誉罪】 捏造并散布虚伪事实，损害他人的商业信誉、商品声誉，给他人造成重大损失或者有其他严重情节的，处二年以下有期徒刑或者拘役，并处或者单处罚金。

第二百二十二条 【虚假广告罪】 广告主、广告经营者、广告发布者违反国家规定，利用广告对商品或者服务作虚假宣传，情节严重的，处二年以下有期徒刑或者拘役，并处或者单处罚金。

第二百二十三条 【串通投标罪】 投标人相互串通投标报价，损害招标人或者其他投标人利益，情节严重的，处三年以下有期徒刑或者拘役，并处或者单处罚金。

投标人与招标人串通投标，损害国家、集体、公民的合法利益的，依照前款的规定处罚。

第二百二十四条 【合同诈骗罪】 有下列情形之一，以非法占有为目的，在签订、履行合同过程中，骗取对方当事人财物，数额较大的，处三年以下有期徒刑或者拘役，并处或者单处罚金；数额巨大或者有其他严重情节的，处三年以上十年以下有期徒刑，并处罚金；数额特别巨大或者有其他特别严重情节的，处十年以上有期徒刑或者无期徒刑，并处罚金或者没收财产：

（一）以虚构的单位或者冒用他人名义签订合同的；

（二）以伪造、变造、作废的票据或者其他虚假的产权证明作担保的；

（三）没有实际履行能力，以先履行小额合同或者部分履行合同的方法，诱骗对方当事人继续签订和履行合同的；

---

① 本条经 2020 年 12 月 26 日《刑法修正案（十一）》第二十四条修改。
1997 年《刑法》第二百二十条原规定："单位犯本节第二百一十三条至第二百一十九条规定之罪的，对单位判处罚金，并对其直接负责的主管人员和其他直接责任人员，依照本节各该条的规定处罚。"

（四）收受对方当事人给付的货物、货款、预付款或者担保财产后逃匿的；

（五）以其他方法骗取对方当事人财物的。

第二百二十四条之一① 【组织、领导传销活动罪】 组织、领导以推销商品、提供服务等经营活动为名，要求参加者以缴纳费用或者购买商品、服务等方式获得加入资格，并按照一定顺序组成层级，直接或者间接以发展人员的数量作为计酬或者返利依据，引诱、胁迫参加者继续发展他人参加，骗取财物，扰乱经济社会秩序的传销活动的，处五年以下有期徒刑或者拘役，并处罚金；情节严重的，处五年以上有期徒刑，并处罚金。

第二百二十五条② 【非法经营罪】 违反国家规定，有下列非法经营行为之一，扰乱市场秩序，情节严重的，处五年以下有期徒刑或者拘役，并处或者单处违法所得一倍以上五倍以下罚金；情节特别严重的，处五年以上有期徒刑，并处违法所得一倍以上五倍以下罚金或者没收财产：

（一）未经许可经营法律、行政法规规定的专营、专卖物品或者其他限制买卖的物品的；

（二）买卖进出口许可证、进出口原产地证明以及其他法律、行政法规规定的经营许可证或者批准文件的；

（三）未经国家有关主管部门批准非法经营证券、期货、保险业务的，或者非法从事资金支付结算业务的；

（四）其他严重扰乱市场秩序的非法经营行为。

第二百二十六条③ 【强迫交易罪】 以暴力、威胁手段，实施下列行为之一，情节严重的，处三年以下有期徒刑或者拘役，并处或者单处罚

---

① 本条为2009年2月28日《刑法修正案（七）》第四条增加。

② 本条第三项经1999年12月25日《刑法修正案》第八条、2009年2月28日《刑法修正案（七）》第五条两次修改。

《刑法修正案》第八条增加以下内容作为本条第三项："未经国家有关主管部门批准，非法经营证券、期货或者保险业务的；" 1997年《刑法》第二百二十五条原第三项规定改为第四项。

《刑法修正案（七）》第五条对本条第三项作了再次修改。

③ 本条经2011年2月25日《刑法修正案（八）》第三十六条修改。

1997年《刑法》第二百二十六条原规定："以暴力、威胁手段强买强卖商品、强迫他人提供服务或者强迫他人接受服务，情节严重的，处三年以下有期徒刑或者拘役，并处或者单处罚金。"

金；情节特别严重的，处三年以上七年以下有期徒刑，并处罚金：

（一）强买强卖商品的；

（二）强迫他人提供或者接受服务的；

（三）强迫他人参与或者退出投标、拍卖的；

（四）强迫他人转让或者收购公司、企业的股份、债券或者其他资产的；

（五）强迫他人参与或者退出特定的经营活动的。

第二百二十七条 【伪造、倒卖伪造的有价证券罪】 伪造或者倒卖伪造的车票、船票、邮票或者其他有价票证，数额较大的，处二年以下有期徒刑、拘役或者管制，并处或者单处票证价额一倍以上五倍以下罚金；数额巨大的，处二年以上七年以下有期徒刑，并处票证价额一倍以上五倍以下罚金。

【倒卖车票、船票罪】 倒卖车票、船票，情节严重的，处三年以下有期徒刑、拘役或者管制，并处或者单处票证价额一倍以上五倍以下罚金。

第二百二十八条 【非法转让、倒卖土地使用权罪】 以牟利为目的，违反土地管理法规，非法转让、倒卖土地使用权，情节严重的，处三年以下有期徒刑或者拘役，并处或者单处非法转让、倒卖土地使用权价额百分之五以上百分之二十以下罚金；情节特别严重的，处三年以上七年以下有期徒刑，并处非法转让、倒卖土地使用权价额百分之五以上百分之二十以下罚金。

第二百二十九条[①] 【提供虚假证明文件罪】 承担资产评估、验资、验证、会计、审计、法律服务、保荐、安全评价、环境影响评价、环境监

[①] 本条经 2020 年 12 月 26 日《刑法修正案（十一）》第二十五条修改。

1997 年《刑法》第二百二十九条原规定："承担资产评估、验资、验证、会计、审计、法律服务等职责的中介组织的人员故意提供虚假证明文件，情节严重的，处五年以下有期徒刑或者拘役，并处罚金。

"前款规定的人员，索取他人财物或者非法收受他人财物，犯前款罪的，处五年以上十年以下有期徒刑，并处罚金。

"第一款规定的人员，严重不负责任，出具的证明文件有重大失实，造成严重后果的，处三年以下有期徒刑或者拘役，并处或者单处罚金。"

测等职责的中介组织的人员故意提供虚假证明文件,情节严重的,处五年以下有期徒刑或者拘役,并处罚金;有下列情形之一的,处五年以上十年以下有期徒刑,并处罚金:

(一)提供与证券发行相关的虚假的资产评估、会计、审计、法律服务、保荐等证明文件,情节特别严重的;

(二)提供与重大资产交易相关的虚假的资产评估、会计、审计等证明文件,情节特别严重的;

(三)在涉及公共安全的重大工程、项目中提供虚假的安全评价、环境影响评价等证明文件,致使公共财产、国家和人民利益遭受特别重大损失的。

有前款行为,同时索取他人财物或者非法收受他人财物构成犯罪的,依照处罚较重的规定定罪处罚。

【出具证明文件重大失实罪】 第一款规定的人员,严重不负责任,出具的证明文件有重大失实,造成严重后果的,处三年以下有期徒刑或者拘役,并处或者单处罚金。

第二百三十条 【逃避商检罪】 违反进出口商品检验法的规定,逃避商品检验,将必须经商检机构检验的进口商品未报经检验而擅自销售、使用,或者将必须经商检机构检验的出口商品未报经检验合格而擅自出口,情节严重的,处三年以下有期徒刑或者拘役,并处或者单处罚金。

第二百三十一条 【单位犯罪的规定】 单位犯本节第二百二十一条至第二百三十条规定之罪的,对单位判处罚金,并对其直接负责的主管人员和其他直接责任人员,依照本节各该条的规定处罚。

第四章 侵犯公民人身权利、民主权利罪

第二百三十二条 【故意杀人罪】 故意杀人的,处死刑、无期徒刑或者十年以上有期徒刑;情节较轻的,处三年以上十年以下有期徒刑。

第二百三十三条 【过失致人死亡罪】 过失致人死亡的,处三年以上七年以下有期徒刑;情节较轻的,处三年以下有期徒刑。本法另有规定的,依照规定。

第二百三十四条 【故意伤害罪】 故意伤害他人身体的,处三年以

下有期徒刑、拘役或者管制。

犯前款罪，致人重伤的，处三年以上十年以下有期徒刑；致人死亡或者以特别残忍手段致人重伤造成严重残疾的，处十年以上有期徒刑、无期徒刑或者死刑。本法另有规定的，依照规定。

第二百三十四条之一[①] 【组织出卖人体器官罪】 组织他人出卖人体器官的，处五年以下有期徒刑，并处罚金；情节严重的，处五年以上有期徒刑，并处罚金或者没收财产。

【故意伤害罪】【故意杀人罪】 未经本人同意摘取其器官，或者摘取不满十八周岁的人的器官，或者强迫、欺骗他人捐献器官的，依照本法第二百三十四条、第二百三十二条的规定定罪处罚。

【盗窃、侮辱尸体罪】 违背本人生前意愿摘取其尸体器官，或者本人生前未表示同意，违反国家规定，违背其近亲属意愿摘取其尸体器官的，依照本法第三百零二条的规定定罪处罚。

第二百三十五条 【过失致人重伤罪】 过失伤害他人致人重伤的，处三年以下有期徒刑或者拘役。本法另有规定的，依照规定。

第二百三十六条[②] 【强奸罪】以暴力、胁迫或者其他手段强奸妇女的，处三年以上十年以下有期徒刑。

奸淫不满十四周岁的幼女的，以强奸论，从重处罚。

强奸妇女、奸淫幼女，有下列情形之一的，处十年以上有期徒刑、无期徒刑或者死刑：

（一）强奸妇女、奸淫幼女情节恶劣的；

[①] 本条为2011年2月25日《刑法修正案（八）》第三十七条增加。
[②] 本条经2020年12月26日《刑法修正案（十一）》第二十六条修改。
1997年《刑法》第二百三十六条原规定："以暴力、胁迫或者其他手段强奸妇女的，处三年以上十年以下有期徒刑。
"奸淫不满十四周岁的幼女的，以强奸论，从重处罚。
"强奸妇女、奸淫幼女，有下列情形之一的，处十年以上有期徒刑、无期徒刑或者死刑：
"（一）强奸妇女、奸淫幼女情节恶劣的；
"（二）强奸妇女、奸淫幼女多人的；
"（三）在公共场所当众强奸妇女的；
"（四）二人以上轮奸的；
"（五）致使被害人重伤、死亡或者造成其他严重后果的。"

（二）强奸妇女、奸淫幼女多人的；

（三）在公共场所当众强奸妇女、奸淫幼女的；

（四）二人以上轮奸的；

（五）奸淫不满十周岁的幼女或者造成幼女伤害的；

（六）致使被害人重伤、死亡或者造成其他严重后果的。

第二百三十六条之一① 【负有照护职责人员性侵罪】 对已满十四周岁不满十六周岁的未成年女性负有监护、收养、看护、教育、医疗等特殊职责的人员，与该未成年女性发生性关系的，处三年以下有期徒刑；情节恶劣的，处三年以上十年以下有期徒刑。

有前款行为，同时又构成本法第二百三十六条规定之罪的，依照处罚较重的规定定罪处罚。

第二百三十七条② 【强制猥亵、侮辱罪】 以暴力、胁迫或者其他方法强制猥亵他人或者侮辱妇女的，处五年以下有期徒刑或者拘役。

聚众或者在公共场所当众犯前款罪的，或者有其他恶劣情节的，处五年以上有期徒刑。

【猥亵儿童罪】 猥亵儿童的，处五年以下有期徒刑；有下列情形之一的，处五年以上有期徒刑：

（一）猥亵儿童多人或者多次的；

（二）聚众猥亵儿童的，或者在公共场所当众猥亵儿童，情节恶劣的；

（三）造成儿童伤害或者其他严重后果的；

---

① 本条为 2020 年 12 月 26 日《刑法修正案（十一）》第二十七条增加。

② 本条经 2015 年 8 月 29 日《刑法修正案（九）》第十三条、2020 年 12 月 26 日《刑法修正案（十一）》第二十八条两次修改。

1997 年《刑法》第二百三十七条原规定："以暴力、胁迫或者其他方法强制猥亵妇女或者侮辱妇女的，处五年以下有期徒刑或者拘役。

"聚众或者在公共场所当众犯前款罪的，处五年以上有期徒刑。

"猥亵儿童的，依照前两款的规定从重处罚。"

《刑法修正案（九）》第十三条将 1997 年《刑法》第二百三十七条修改为："以暴力、胁迫或者其他方法强制猥亵他人或者侮辱妇女的，处五年以下有期徒刑或者拘役。

"聚众或者在公共场所当众犯前款罪的，或者有其他恶劣情节的，处五年以上有期徒刑。

"猥亵儿童的，依照前两款的规定从重处罚。"

《刑法修正案（十一）》第二十八条对本条第三款作了再次修改。

（四）猥亵手段恶劣或者有其他恶劣情节的。

第二百三十八条　【非法拘禁罪】　非法拘禁他人或者以其他方法非法剥夺他人人身自由的，处三年以下有期徒刑、拘役、管制或者剥夺政治权利。具有殴打、侮辱情节的，从重处罚。

犯前款罪，致人重伤的，处三年以上十年以下有期徒刑；致人死亡的，处十年以上有期徒刑。使用暴力致人伤残、死亡的，依照本法第二百三十四条、第二百三十二条的规定定罪处罚。

为索取债务非法扣押、拘禁他人的，依照前两款的规定处罚。

国家机关工作人员利用职权犯前三款罪的，依照前三款的规定从重处罚。

第二百三十九条[①]　**【绑架罪】**　以勒索财物为目的绑架他人的，或者绑架他人作为人质的，处十年以上有期徒刑或者无期徒刑，并处罚金或者没收财产；情节较轻的，处五年以上十年以下有期徒刑，并处罚金。

犯前款罪，杀害被绑架人的，或者故意伤害被绑架人，致人重伤、死亡的，处无期徒刑或者死刑，并处没收财产。

以勒索财物为目的偷盗婴幼儿的，依照前两款的规定处罚。

第二百四十条　【拐卖妇女、儿童罪】　拐卖妇女、儿童的，处五年以上十年以下有期徒刑，并处罚金；有下列情形之一的，处十年以上有期徒刑或者无期徒刑，并处罚金或者没收财产；情节特别严重的，处死刑，并处没收财产：

---

① 本条经 2009 年 2 月 28 日《刑法修正案（七）》第六条、2015 年 8 月 29 日《刑法修正案（九）》第十四条两次修改。

1997 年《刑法》第二百三十九条原规定："以勒索财物为目的绑架他人的，或者绑架他人作为人质的，处十年以上有期徒刑或者无期徒刑，并处罚金或者没收财产；致使被绑架人死亡或者杀害被绑架人的，处死刑，并处没收财产。

"以勒索财物为目的偷盗婴幼儿的，依照前款的规定处罚。"

《刑法修正案（七）》第六条将 1997 年《刑法》第二百三十九条修改为："以勒索财物为目的绑架他人的，或者绑架他人作为人质的，处十年以上有期徒刑或者无期徒刑，并处罚金或者没收财产；情节较轻的，处五年以上十年以下有期徒刑，并处罚金。

"犯前款罪，致使被绑架人死亡或者杀害被绑架人的，处死刑，并处没收财产。

"以勒索财物为目的偷盗婴幼儿的，依照前两款的规定处罚。"

《刑法修正案（九）》第十四条对本条第二款作了再次修改。

（一）拐卖妇女、儿童集团的首要分子；

（二）拐卖妇女、儿童三人以上的；

（三）奸淫被拐卖的妇女的；

（四）诱骗、强迫被拐卖的妇女卖淫或者将被拐卖的妇女卖给他人迫使其卖淫的；

（五）以出卖为目的，使用暴力、胁迫或者麻醉方法绑架妇女、儿童的；

（六）以出卖为目的，偷盗婴幼儿的；

（七）造成被拐卖的妇女、儿童或者其亲属重伤、死亡或者其他严重后果的；

（八）将妇女、儿童卖往境外的。

拐卖妇女、儿童是指以出卖为目的，有拐骗、绑架、收买、贩卖、接送、中转妇女、儿童的行为之一的。

第二百四十一条[①] 【收买被拐卖的妇女、儿童罪】 收买被拐卖的妇女、儿童的，处三年以下有期徒刑、拘役或者管制。

【强奸罪】 收买被拐卖的妇女，强行与其发生性关系的，依照本法第二百三十六条的规定定罪处罚。

【非法拘禁罪】【故意伤害罪】【侮辱罪】 收买被拐卖的妇女、儿童，非法剥夺、限制其人身自由或者有伤害、侮辱等犯罪行为的，依照本法的有关规定定罪处罚。

收买被拐卖的妇女、儿童，并有第二款、第三款规定的犯罪行为的，依照数罪并罚的规定处罚。

【拐卖妇女、儿童罪】 收买被拐卖的妇女、儿童又出卖的，依照本法第二百四十条的规定定罪处罚。

收买被拐卖的妇女、儿童，对被买儿童没有虐待行为，不阻碍对其进行解救的，可以从轻处罚；按照被买妇女的意愿，不阻碍其返回原居住地

[①] 本条第六款经 2015 年 8 月 29 日《刑法修正案（九）》第十五条修改。

1997 年《刑法》第二百四十一条第六款原规定："收买被拐卖的妇女、儿童，按照被买妇女的意愿，不阻碍其返回原居住地的，对被买儿童没有虐待行为，不阻碍对其进行解救的，可以不追究刑事责任。"

的，可以从轻或者减轻处罚。

第二百四十二条　【妨害公务罪】　以暴力、威胁方法阻碍国家机关工作人员解救被收买的妇女、儿童的，依照本法第二百七十七条的规定定罪处罚。

【聚众阻碍解救被收买的妇女、儿童罪】　聚众阻碍国家机关工作人员解救被收买的妇女、儿童的首要分子，处五年以下有期徒刑或者拘役；其他参与者使用暴力、威胁方法的，依照前款的规定处罚。

第二百四十三条　【诬告陷害罪】　捏造事实诬告陷害他人，意图使他人受刑事追究，情节严重的，处三年以下有期徒刑、拘役或者管制；造成严重后果的，处三年以上十年以下有期徒刑。

国家机关工作人员犯前款罪的，从重处罚。

不是有意诬陷，而是错告，或者检举失实的，不适用前两款的规定。

第二百四十四条①　【强迫劳动罪】　以暴力、威胁或者限制人身自由的方法强迫他人劳动的，处三年以下有期徒刑或者拘役，并处罚金；情节严重的，处三年以上十年以下有期徒刑，并处罚金。

明知他人实施前款行为，为其招募、运送人员或者有其他协助强迫他人劳动行为的，依照前款的规定处罚。

单位犯前两款罪的，对单位判处罚金，并对其直接负责的主管人员和其他直接责任人员，依照第一款的规定处罚。

第二百四十四条之一②　【雇用童工从事危重劳动罪】　违反劳动管理法规，雇用未满十六周岁的未成年人从事超强度体力劳动的，或者从事高空、井下作业的，或者在爆炸性、易燃性、放射性、毒害性等危险环境下从事劳动，情节严重的，对直接责任人员，处三年以下有期徒刑或者拘役，并处罚金；情节特别严重的，处三年以上七年以下有期徒刑，并处罚金。

---

①　本条经 2011 年 2 月 25 日《刑法修正案（八）》第三十八条修改。
1997 年《刑法》第二百四十四条原规定：“用人单位违反劳动管理法规，以限制人身自由方法强迫职工劳动，情节严重的，对直接责任人员，处三年以下有期徒刑或者拘役，并处或者单处罚金。"
②　本条为 2002 年 12 月 28 日《刑法修正案（四）》第四条增加。

有前款行为，造成事故，又构成其他犯罪的，依照数罪并罚的规定处罚。

第二百四十五条 【非法搜查罪】【非法侵入住宅罪】 非法搜查他人身体、住宅，或者非法侵入他人住宅的，处三年以下有期徒刑或者拘役。

司法工作人员滥用职权，犯前款罪的，从重处罚。

第二百四十六条① 【侮辱罪】【诽谤罪】 以暴力或者其他方法公然侮辱他人或者捏造事实诽谤他人，情节严重的，处三年以下有期徒刑、拘役、管制或者剥夺政治权利。

前款罪，告诉的才处理，但是严重危害社会秩序和国家利益的除外。

通过信息网络实施第一款规定的行为，被害人向人民法院告诉，但提供证据确有困难的，人民法院可以要求公安机关提供协助。

第二百四十七条 【刑讯逼供罪】【暴力取证罪】 司法工作人员对犯罪嫌疑人、被告人实行刑讯逼供或者使用暴力逼取证人证言的，处三年以下有期徒刑或者拘役。致人伤残、死亡的，依照本法第二百三十四条、第二百三十二条的规定定罪从重处罚。

第二百四十八条 【虐待被监管人罪】 监狱、拘留所、看守所等监管机构的监管人员对被监管人进行殴打或者体罚虐待，情节严重的，处三年以下有期徒刑或者拘役；情节特别严重的，处三年以上十年以下有期徒刑。致人伤残、死亡的，依照本法第二百三十四条、第二百三十二条的规定定罪从重处罚。

监管人员指使被监管人殴打或者体罚虐待其他被监管人的，依照前款的规定处罚。

第二百四十九条 【煽动民族仇恨、民族歧视罪】 煽动民族仇恨、民族歧视，情节严重的，处三年以下有期徒刑、拘役、管制或者剥夺政治权利；情节特别严重的，处三年以上十年以下有期徒刑。

第二百五十条 【出版歧视、侮辱少数民族作品罪】 在出版物中刊载歧视、侮辱少数民族的内容，情节恶劣，造成严重后果的，对直接责任

---

① 本条第三款为 2015 年 8 月 29 日《刑法修正案（九）》第十六条增加。

人员，处三年以下有期徒刑、拘役或者管制。

第二百五十一条 【非法剥夺公民宗教信仰自由罪】【侵犯少数民族风俗习惯罪】 国家机关工作人员非法剥夺公民的宗教信仰自由和侵犯少数民族风俗习惯，情节严重的，处二年以下有期徒刑或者拘役。

第二百五十二条 【侵犯通信自由罪】 隐匿、毁弃或者非法开拆他人信件，侵犯公民通信自由权利，情节严重的，处一年以下有期徒刑或者拘役。

第二百五十三条 【私自开拆、隐匿、毁弃邮件、电报罪】 邮政工作人员私自开拆或者隐匿、毁弃邮件、电报的，处二年以下有期徒刑或者拘役。

【盗窃罪】 犯前款罪而窃取财物的，依照本法第二百六十四条的规定定罪从重处罚。

第二百五十三条之一① 【侵犯公民个人信息罪】 违反国家有关规定，向他人出售或者提供公民个人信息，情节严重的，处三年以下有期徒刑或者拘役，并处或者单处罚金；情节特别严重的，处三年以上七年以下有期徒刑，并处罚金。

违反国家有关规定，将在履行职责或者提供服务过程中获得的公民个人信息，出售或者提供给他人的，依照前款的规定从重处罚。

窃取或者以其他方法非法获取公民个人信息的，依照第一款的规定处罚。

单位犯前三款罪的，对单位判处罚金，并对其直接负责的主管人员和其他直接责任人员，依照各该款的规定处罚。

---

① 本条为2009年2月28日《刑法修正案（七）》第七条增加，经2015年8月29日《刑法修正案（九）》第十七条修改。

《刑法修正案（七）》第七条规定："在刑法第二百五十三条后增加一条，作为第二百五十三条之一：'国家机关或者金融、电信、交通、教育、医疗等单位的工作人员，违反国家规定，将本单位在履行职责或者提供服务过程中获得的公民个人信息，出售或者非法提供给他人，情节严重的，处三年以下有期徒刑或者拘役，并处或者单处罚金。

'窃取或者以其他方法非法获取上述信息，情节严重的，依照前款的规定处罚。

'单位犯前两款罪的，对单位判处罚金，并对其直接负责的主管人员和其他直接责任人员，依照各该款的规定处罚。'"

《刑法修正案（九）》第十七条对本条作了修改。

第二百五十四条 【报复陷害罪】 国家机关工作人员滥用职权、假公济私，对控告人、申诉人、批评人、举报人实行报复陷害的，处二年以下有期徒刑或者拘役；情节严重的，处二年以上七年以下有期徒刑。

第二百五十五条 【打击报复会计、统计人员罪】 公司、企业、事业单位、机关、团体的领导人，对依法履行职责、抵制违反会计法、统计法行为的会计、统计人员实行打击报复，情节恶劣的，处三年以下有期徒刑或者拘役。

第二百五十六条 【破坏选举罪】 在选举各级人民代表大会代表和国家机关领导人员时，以暴力、威胁、欺骗、贿赂、伪造选举文件、虚报选举票数等手段破坏选举或者妨害选民和代表自由行使选举权和被选举权，情节严重的，处三年以下有期徒刑、拘役或者剥夺政治权利。

第二百五十七条 【暴力干涉婚姻自由罪】 以暴力干涉他人婚姻自由的，处二年以下有期徒刑或者拘役。

犯前款罪，致使被害人死亡的，处二年以上七年以下有期徒刑。

第一款罪，告诉的才处理。

第二百五十八条 【重婚罪】 有配偶而重婚的，或者明知他人有配偶而与之结婚的，处二年以下有期徒刑或者拘役。

第二百五十九条 【破坏军婚罪】 明知是现役军人的配偶而与之同居或者结婚的，处三年以下有期徒刑或者拘役。

利用职权、从属关系，以胁迫手段奸淫现役军人的妻子的，依照本法第二百三十六条的规定定罪处罚。

第二百六十条[①] **【虐待罪】** 虐待家庭成员，情节恶劣的，处二年以下有期徒刑、拘役或者管制。

犯前款罪，致使被害人重伤、死亡的，处二年以上七年以下有期徒刑。

第一款罪，告诉的才处理，但被害人没有能力告诉，或者因受到强制、威吓无法告诉的除外。

[①] 本条第三款经 2015 年 8 月 29 日《刑法修正案（九）》第十八条修改。
1997 年《刑法》第二百六十条第三款原规定为："第一款罪，告诉的才处理。"

第二百六十条之一① 【虐待被监护、看护人罪】 对未成年人、老年人、患病的人、残疾人等负有监护、看护职责的人虐待被监护、看护的人，情节恶劣的，处三年以下有期徒刑或者拘役。

单位犯前款罪的，对单位判处罚金，并对其直接负责的主管人员和其他直接责任人员，依照前款的规定处罚。

有第一款行为，同时构成其他犯罪的，依照处罚较重的规定定罪处罚。

第二百六十一条 【遗弃罪】 对于年老、年幼、患病或者其他没有独立生活能力的人，负有扶养义务而拒绝扶养，情节恶劣的，处五年以下有期徒刑、拘役或者管制。

第二百六十二条 【拐骗儿童罪】 拐骗不满十四周岁的未成年人，脱离家庭或者监护人的，处五年以下有期徒刑或者拘役。

第二百六十二条之一② 【组织残疾人、儿童乞讨罪】 以暴力、胁迫手段组织残疾人或者不满十四周岁的未成年人乞讨的，处三年以下有期徒刑或者拘役，并处罚金；情节严重的，处三年以上七年以下有期徒刑，并处罚金。

第二百六十二条之二③ 【组织未成年人进行违反治安管理活动罪】 组织未成年人进行盗窃、诈骗、抢夺、敲诈勒索等违反治安管理活动的，处三年以下有期徒刑或者拘役，并处罚金；情节严重的，处三年以上七年以下有期徒刑，并处罚金。

第五章 侵犯财产罪

第二百六十三条 【抢劫罪】 以暴力、胁迫或者其他方法抢劫公私财物的，处三年以上十年以下有期徒刑，并处罚金；有下列情形之一的，处十年以上有期徒刑、无期徒刑或者死刑，并处罚金或者没收财产：

（一）入户抢劫的；

---

① 本条为2015年8月29日《刑法修正案（九）》第十九条增加。
② 本条为2005年6月29日《刑法修正案（六）》第十七条增加。
③ 本条为2009年2月28日《刑法修正案（七）》第八条增加。

（二）在公共交通工具上抢劫的；

（三）抢劫银行或者其他金融机构的；

（四）多次抢劫或者抢劫数额巨大的；

（五）抢劫致人重伤、死亡的；

（六）冒充军警人员抢劫的；

（七）持枪抢劫的；

（八）抢劫军用物资或者抢险、救灾、救济物资的。

第二百六十四条[①] **【盗窃罪】** 盗窃公私财物，数额较大的，或者多次盗窃、入户盗窃、携带凶器盗窃、扒窃的，处三年以下有期徒刑、拘役或者管制，并处或者单处罚金；数额巨大或者有其他严重情节的，处三年以上十年以下有期徒刑，并处罚金；数额特别巨大或者有其他特别严重情节的，处十年以上有期徒刑或者无期徒刑，并处罚金或者没收财产。

第二百六十五条 **【盗窃罪】** 以牟利为目的，盗接他人通信线路、复制他人电信码号或者明知是盗接、复制的电信设备、设施而使用的，依照本法第二百六十四条的规定定罪处罚。

第二百六十六条 **【诈骗罪】** 诈骗公私财物，数额较大的，处三年以下有期徒刑、拘役或者管制，并处或者单处罚金；数额巨大或者有其他严重情节的，处三年以上十年以下有期徒刑，并处罚金；数额特别巨大或者有其他特别严重情节的，处十年以上有期徒刑或者无期徒刑，并处罚金或者没收财产。本法另有规定的，依照规定。

[①] 本条经 2011 年 2 月 25 日《刑法修正案（八）》第三十九条修改。

1997 年《刑法》第二百六十四条原规定："盗窃公私财物，数额较大或者多次盗窃的，处三年以下有期徒刑、拘役或者管制，并处或者单处罚金；数额巨大或者有其他严重情节的，处三年以上十年以下有期徒刑，并处罚金；数额特别巨大或者有其他特别严重情节的，处十年以上有期徒刑或者无期徒刑，并处罚金或者没收财产；有下列情形之一的，处无期徒刑或者死刑，并处没收财产：

"（一）盗窃金融机构，数额特别巨大的；

"（二）盗窃珍贵文物，情节严重的。"

第二百六十七条① 【抢夺罪】 抢夺公私财物，数额较大的，或者多次抢夺的，处三年以下有期徒刑、拘役或者管制，并处或者单处罚金；数额巨大或者有其他严重情节的，处三年以上十年以下有期徒刑，并处罚金；数额特别巨大或者有其他特别严重情节的，处十年以上有期徒刑或者无期徒刑，并处罚金或者没收财产。

【抢劫罪】 携带凶器抢夺的，依照本法第二百六十三条的规定定罪处罚。

第二百六十八条 【聚众哄抢罪】 聚众哄抢公私财物，数额较大或者有其他严重情节的，对首要分子和积极参加的，处三年以下有期徒刑、拘役或者管制，并处罚金；数额巨大或者有其他特别严重情节的，处三年以上十年以下有期徒刑，并处罚金。

第二百六十九条 【抢劫罪】 犯盗窃、诈骗、抢夺罪，为窝藏赃物、抗拒抓捕或者毁灭罪证而当场使用暴力或者以暴力相威胁的，依照本法第二百六十三条的规定定罪处罚。

第二百七十条 【侵占罪】 将代为保管的他人财物非法占为己有，数额较大，拒不退还的，处二年以下有期徒刑、拘役或者罚金；数额巨大或者有其他严重情节的，处二年以上五年以下有期徒刑，并处罚金。

将他人的遗忘物或者埋藏物非法占为己有，数额较大，拒不交出的，依照前款的规定处罚。

本条罪，告诉的才处理。

第二百七十一条② 【职务侵占罪】 公司、企业或者其他单位的工作人员，利用职务上的便利，将本单位财物非法占为己有，数额较大的，

---

① 本条第一款经2015年8月29日《刑法修正案（九）》第二十条修改。
1997年《刑法》第二百六十七条第一款原规定："抢夺公私财物，数额较大的，处三年以下有期徒刑、拘役或者管制，并处或者单处罚金；数额巨大或者有其他严重情节的，处三年以上十年以下有期徒刑，并处罚金；数额特别巨大或者有其他特别严重情节的，处十年以上有期徒刑或者无期徒刑，并处罚金或者没收财产。"

② 本条第一款经2020年12月26日《刑法修正案（十一）》第二十九条修改。
1997年《刑法》第二百七十一条第一款原规定："公司、企业或者其他单位的人员，利用职务上的便利，将本单位财物非法占为己有，数额较大的，处五年以下有期徒刑或者拘役；数额巨大的，处五年以上有期徒刑，可以并处没收财产。"

处三年以下有期徒刑或者拘役，并处罚金；数额巨大的，处三年以上十年以下有期徒刑，并处罚金；数额特别巨大的，处十年以上有期徒刑或者无期徒刑，并处罚金。

【贪污罪】 国有公司、企业或者其他国有单位中从事公务的人员和国有公司、企业或者其他国有单位委派到非国有公司、企业以及其他单位从事公务的人员有前款行为的，依照本法第三百八十二条、第三百八十三条的规定定罪处罚。

第二百七十二条① 【挪用资金罪】 公司、企业或者其他单位的工作人员，利用职务上的便利，挪用本单位资金归个人使用或者借贷给他人，数额较大、超过三个月未还的，或者虽未超过三个月，但数额较大、进行营利活动的，或者进行非法活动的，处三年以下有期徒刑或者拘役；挪用本单位资金数额巨大的，处三年以上七年以下有期徒刑；数额特别巨大的，处七年以上有期徒刑。

【挪用公款罪】 国有公司、企业或者其他国有单位中从事公务的人员和国有公司、企业或者其他国有单位委派到非国有公司、企业以及其他单位从事公务的人员有前款行为的，依照本法第三百八十四条的规定定罪处罚。

有第一款行为，在提起公诉前将挪用的资金退还的，可以从轻或者减轻处罚。其中，犯罪较轻的，可以减轻或者免除处罚。

第二百七十三条 【挪用特定款物罪】 挪用用于救灾、抢险、防汛、优抚、扶贫、移民、救济款物，情节严重，致使国家和人民群众利益遭受重大损害的，对直接责任人员，处三年以下有期徒刑或者拘役；情节特别严重的，处三年以上七年以下有期徒刑。

---

① 本条经 2020 年 12 月 26 日《刑法修正案（十一）》第三十条修改。

1997 年《刑法》第二百七十二条原规定："公司、企业或者其他单位的工作人员，利用职务上的便利，挪用本单位资金归个人使用或者借贷给他人，数额较大、超过三个月未还的，或者虽未超过三个月，但数额较大、进行营利活动的，或者进行非法活动的，处三年以下有期徒刑或者拘役；挪用本单位资金数额巨大的，或者数额较大不退还的，处三年以上十年以下有期徒刑。

"国有公司、企业或者其他国有单位中从事公务的人员和国有公司、企业或者其他国有单位委派到非国有公司、企业以及其他单位从事公务的人员有前款行为的，依照本法第三百八十四条的规定定罪处罚。"

《刑法修正案（十一）》条文及配套《罪名补充规定（七）》理解与适用

第二百七十四条① 【敲诈勒索罪】 敲诈勒索公私财物，数额较大或者多次敲诈勒索的，处三年以下有期徒刑、拘役或者管制，并处或者单处罚金；数额巨大或者有其他严重情节的，处三年以上十年以下有期徒刑，并处罚金；数额特别巨大或者有其他特别严重情节的，处十年以上有期徒刑，并处罚金。

第二百七十五条 【故意毁坏财物罪】 故意毁坏公私财物，数额较大或者有其他严重情节的，处三年以下有期徒刑、拘役或者罚金；数额巨大或者有其他特别严重情节的，处三年以上七年以下有期徒刑。

第二百七十六条 【破坏生产经营罪】 由于泄愤报复或者其他个人目的，毁坏机器设备、残害耕畜或者以其他方法破坏生产经营的，处三年以下有期徒刑、拘役或者管制；情节严重的，处三年以上七年以下有期徒刑。

第二百七十六条之一② 【拒不支付劳动报酬罪】 以转移财产、逃匿等方法逃避支付劳动者的劳动报酬或者有能力支付而不支付劳动者的劳动报酬，数额较大，经政府有关部门责令支付仍不支付的，处三年以下有期徒刑或者拘役，并处或者单处罚金；造成严重后果的，处三年以上七年以下有期徒刑，并处罚金。

单位犯前款罪的，对单位判处罚金，并对其直接负责的主管人员和其他直接责任人员，依照前款的规定处罚。

有前两款行为，尚未造成严重后果，在提起公诉前支付劳动者的劳动报酬，并依法承担相应赔偿责任的，可以减轻或者免除处罚。

---

① 本条经 2011 年 2 月 25 日《刑法修正案（八）》第四十条修改。
1997 年《刑法》第二百七十四条原规定："敲诈勒索公私财物，数额较大的，处三年以下有期徒刑、拘役或者管制；数额巨大或者有其他严重情节的，处三年以上十年以下有期徒刑。"
② 本条为 2011 年 2 月 25 日《刑法修正案（八）》第四十一条增加。

第六章　妨害社会管理秩序罪

第一节　扰乱公共秩序罪

第二百七十七条① 【妨害公务罪】 以暴力、威胁方法阻碍国家机关工作人员依法执行职务的，处三年以下有期徒刑、拘役、管制或者罚金。

以暴力、威胁方法阻碍全国人民代表大会和地方各级人民代表大会代表依法执行代表职务的，依照前款的规定处罚。

在自然灾害和突发事件中，以暴力、威胁方法阻碍红十字会工作人员依法履行职责的，依照第一款的规定处罚。

故意阻碍国家安全机关、公安机关依法执行国家安全工作任务，未使用暴力、威胁方法，造成严重后果的，依照第一款的规定处罚。

【袭警罪】 暴力袭击正在依法执行职务的人民警察的，处三年以下有期徒刑、拘役或者管制；使用枪支、管制刀具，或者以驾驶机动车撞击等手段，严重危及其人身安全的，处三年以上七年以下有期徒刑。

第二百七十八条 【煽动暴力抗拒法律实施罪】 煽动群众暴力抗拒国家法律、行政法规实施的，处三年以下有期徒刑、拘役、管制或者剥夺政治权利；造成严重后果的，处三年以上七年以下有期徒刑。

第二百七十九条 【招摇撞骗罪】 冒充国家机关工作人员招摇撞骗的，处三年以下有期徒刑、拘役、管制或者剥夺政治权利；情节严重的，处三年以上十年以下有期徒刑。

冒充人民警察招摇撞骗的，依照前款的规定从重处罚。

---

① 本条第五款为2015年8月29日《刑法修正案（九）》第二十一条增加，经2020年12月26日《刑法修正案（十一）》第三十一条修改。

《刑法修正案（九）》第二十一条规定："在刑法第二百七十七条中增加一款作为第五款：'暴力袭击正在依法执行职务的人民警察的，依照第一款的规定从重处罚。'"

《刑法修正案（十一）》第三十一条对本条第五款作了再次修改。

第二百八十条① 【伪造、变造、买卖国家机关公文、证件、印章罪】【盗窃、抢夺、毁灭国家机关公文、证件、印章罪】 伪造、变造、买卖或者盗窃、抢夺、毁灭国家机关的公文、证件、印章的,处三年以下有期徒刑、拘役、管制或者剥夺政治权利,并处罚金;情节严重的,处三年以上十年以下有期徒刑,并处罚金。

【伪造公司、企业、事业单位、人民团体印章罪】 伪造公司、企业、事业单位、人民团体的印章的,处三年以下有期徒刑、拘役、管制或者剥夺政治权利,并处罚金。

【伪造、变造、买卖身份证件罪】 伪造、变造、买卖居民身份证、护照、社会保障卡、驾驶证等依法可以用于证明身份的证件的,处三年以下有期徒刑、拘役、管制或者剥夺政治权利,并处罚金;情节严重的,处三年以上七年以下有期徒刑,并处罚金。

第二百八十条之一② 【使用虚假身份证件、盗用身份证件罪】 在依照国家规定应当提供身份证明的活动中,使用伪造、变造的或者盗用他人的居民身份证、护照、社会保障卡、驾驶证等依法可以用于证明身份的证件,情节严重的,处拘役或者管制,并处或者单处罚金。

有前款行为,同时构成其他犯罪的,依照处罚较重的规定定罪处罚。

第二百八十条之二③ 【冒名顶替罪】 盗用、冒用他人身份,顶替他人取得的高等学历教育入学资格、公务员录用资格、就业安置待遇的,处三年以下有期徒刑、拘役或者管制,并处罚金。

组织、指使他人实施前款行为的,依照前款的规定从重处罚。

国家工作人员有前两款行为,又构成其他犯罪的,依照数罪并罚的规

---

① 本条经2015年8月29日《刑法修正案(九)》第二十二条修改。
1997年《刑法》第二百八十条原规定:"伪造、变造、买卖或者盗窃、抢夺、毁灭国家机关的公文、证件、印章的,处三年以下有期徒刑、拘役、管制或者剥夺政治权利;情节严重的,处三年以上十年以下有期徒刑。
"伪造公司、企业、事业单位、人民团体的印章的,处三年以下有期徒刑、拘役、管制或者剥夺政治权利。
"伪造、变造居民身份证的,处三年以下有期徒刑、拘役、管制或者剥夺政治权利;情节严重的,处三年以上七年以下有期徒刑。"
② 本条为2015年8月29日《刑法修正案(九)》第二十三条增加。
③ 本条为2020年12月26日《刑法修正案(十一)》第三十二条增加。

定处罚。

第二百八十一条 【非法生产、买卖警用装备罪】 非法生产、买卖人民警察制式服装、车辆号牌等专用标志、警械，情节严重的，处三年以下有期徒刑、拘役或者管制，并处或者单处罚金。

单位犯前款罪的，对单位判处罚金，并对其直接负责的主管人员和其他直接责任人员，依照前款的规定处罚。

第二百八十二条 【非法获取国家秘密罪】 以窃取、刺探、收买方法，非法获取国家秘密的，处三年以下有期徒刑、拘役、管制或者剥夺政治权利；情节严重的，处三年以上七年以下有期徒刑。

【非法持有国家绝密、机密文件、资料、物品罪】 非法持有属于国家绝密、机密的文件、资料或者其他物品，拒不说明来源与用途的，处三年以下有期徒刑、拘役或者管制。

第二百八十三条[①] 【非法生产、销售专用间谍器材、窃听、窃照专用器材罪】 非法生产、销售专用间谍器材或者窃听、窃照专用器材的，处三年以下有期徒刑、拘役或者管制，并处或者单处罚金；情节严重的，处三年以上七年以下有期徒刑，并处罚金。

单位犯前款罪的，对单位判处罚金，并对其直接负责的主管人员和其他直接责任人员，依照前款的规定处罚。

第二百八十四条 【非法使用窃听、窃照专用器材罪】 非法使用窃听、窃照专用器材，造成严重后果的，处二年以下有期徒刑、拘役或者管制。

第二百八十四条之一[②] 【组织考试作弊罪】 在法律规定的国家考试中，组织作弊的，处三年以下有期徒刑或者拘役，并处或者单处罚金；情节严重的，处三年以上七年以下有期徒刑，并处罚金。

为他人实施前款犯罪提供作弊器材或者其他帮助的，依照前款的规定处罚。

[①] 本条经 2015 年 8 月 29 日《刑法修正案（九）》第二十四条修改。
1997 年《刑法》第二百八十三条原规定："非法生产、销售窃听、窃照等专用间谍器材的，处三年以下有期徒刑、拘役或者管制。"
[②] 本条为 2015 年 8 月 29 日《刑法修正案（九）》第二十五条增加。

【非法出售、提供试题、答案罪】 为实施考试作弊行为，向他人非法出售或者提供第一款规定的考试的试题、答案的，依照第一款的规定处罚。

【代替考试罪】 代替他人或者让他人代替自己参加第一款规定的考试的，处拘役或者管制，并处或者单处罚金。

第二百八十五条① 【非法侵入计算机信息系统罪】 违反国家规定，侵入国家事务、国防建设、尖端科学技术领域的计算机信息系统的，处三年以下有期徒刑或者拘役。

【非法获取计算机信息系统数据、非法控制计算机信息系统罪】 违反国家规定，侵入前款规定以外的计算机信息系统或者采用其他技术手段，获取该计算机信息系统中存储、处理或者传输的数据，或者对该计算机信息系统实施非法控制，情节严重的，处三年以下有期徒刑或者拘役，并处或者单处罚金；情节特别严重的，处三年以上七年以下有期徒刑，并处罚金。

【提供侵入、非法控制计算机信息系统程序、工具罪】 提供专门用于侵入、非法控制计算机信息系统的程序、工具，或者明知他人实施侵入、非法控制计算机信息系统的违法犯罪行为而为其提供程序、工具，情节严重的，依照前款的规定处罚。

单位犯前三款罪的，对单位判处罚金，并对其直接负责的主管人员和其他直接责任人员，依照各该款的规定处罚。

第二百八十六条② 【破坏计算机信息系统罪】 违反国家规定，对计算机信息系统功能进行删除、修改、增加、干扰，造成计算机信息系统不能正常运行，后果严重的，处五年以下有期徒刑或者拘役；后果特别严重的，处五年以上有期徒刑。

违反国家规定，对计算机信息系统中存储、处理或者传输的数据和应用程序进行删除、修改、增加的操作，后果严重的，依照前款的规定

---

① 本条第二款、第三款为 2009 年 2 月 28 日《刑法修正案（七）》第九条增加，第四款为 2015 年 8 月 29 日《刑法修正案（九）》第二十六条增加。

② 本条第四款为 2015 年 8 月 29 日《刑法修正案（九）》第二十七条增加。

处罚。

故意制作、传播计算机病毒等破坏性程序，影响计算机系统正常运行，后果严重的，依照第一款的规定处罚。

单位犯前三款罪的，对单位判处罚金，并对其直接负责的主管人员和其他直接责任人员，依照第一款的规定处罚。

第二百八十六条之一①　【拒不履行信息网络安全管理义务罪】　网络服务提供者不履行法律、行政法规规定的信息网络安全管理义务，经监管部门责令采取改正措施而拒不改正，有下列情形之一的，处三年以下有期徒刑、拘役或者管制，并处或者单处罚金：

（一）致使违法信息大量传播的；

（二）致使用户信息泄露，造成严重后果的；

（三）致使刑事案件证据灭失，情节严重的；

（四）有其他严重情节的。

单位犯前款罪的，对单位判处罚金，并对其直接负责的主管人员和其他直接责任人员，依照前款的规定处罚。

有前两款行为，同时构成其他犯罪的，依照处罚较重的规定定罪处罚。

第二百八十七条　利用计算机实施金融诈骗、盗窃、贪污、挪用公款、窃取国家秘密或者其他犯罪的，依照本法有关规定定罪处罚。

第二百八十七条之一②　【非法利用信息网络罪】　利用信息网络实施下列行为之一，情节严重的，处三年以下有期徒刑或者拘役，并处或者单处罚金：

（一）设立用于实施诈骗、传授犯罪方法、制作或者销售违禁物品、管制物品等违法犯罪活动的网站、通讯群组的；

（二）发布有关制作或者销售毒品、枪支、淫秽物品等违禁物品、管制物品或者其他违法犯罪信息的；

（三）为实施诈骗等违法犯罪活动发布信息的。

---

① 本条为 2015 年 8 月 29 日《刑法修正案（九）》第二十八条增加。
② 本条为 2015 年 8 月 29 日《刑法修正案（九）》第二十九条增加。

单位犯前款罪的,对单位判处罚金,并对其直接负责的主管人员和其他直接责任人员,依照第一款的规定处罚。

有前两款行为,同时构成其他犯罪的,依照处罚较重的规定定罪处罚。

第二百八十七条之二① 【帮助信息网络犯罪活动罪】 明知他人利用信息网络实施犯罪,为其犯罪提供互联网接入、服务器托管、网络存储、通讯传输等技术支持,或者提供广告推广、支付结算等帮助,情节严重的,处三年以下有期徒刑或者拘役,并处或者单处罚金。

单位犯前款罪的,对单位判处罚金,并对其直接负责的主管人员和其他直接责任人员,依照第一款的规定处罚。

有前两款行为,同时构成其他犯罪的,依照处罚较重的规定定罪处罚。

第二百八十八条② 【扰乱无线电通讯管理秩序罪】 违反国家规定,擅自设置、使用无线电台(站),或者擅自使用无线电频率,干扰无线电通讯秩序,情节严重的,处三年以下有期徒刑、拘役或者管制,并处或者单处罚金;情节特别严重的,处三年以上七年以下有期徒刑,并处罚金。

单位犯前款罪的,对单位判处罚金,并对其直接负责的主管人员和其他直接责任人员,依照前款的规定处罚。

第二百八十九条 【聚众"打砸抢"的定罪处罚规定】 聚众"打砸抢",致人伤残、死亡的,依照本法第二百三十四条、第二百三十二条的规定定罪处罚。毁坏或者抢走公私财物的,除判令退赔外,对首要分子,依照本法第二百六十三条的规定定罪处罚。

---

① 本条为2015年8月29日《刑法修正案(九)》第二十九条增加。
② 本条第一款经2015年8月29日《刑法修正案(九)》第三十条修改。
1997年《刑法》第二百八十八条第一款原规定:"违反国家规定,擅自设置、使用无线电台(站),或者擅自占用频率,经责令停止使用后拒不停止使用,干扰无线电通讯正常进行,造成严重后果的,处三年以下有期徒刑、拘役或者管制,并处或者单处罚金。"

第二百九十条① 【聚众扰乱社会秩序罪】 聚众扰乱社会秩序,情节严重,致使工作、生产、营业和教学、科研、医疗无法进行,造成严重损失的,对首要分子,处三年以上七年以下有期徒刑;对其他积极参加的,处三年以下有期徒刑、拘役、管制或者剥夺政治权利。

【聚众冲击国家机关罪】 聚众冲击国家机关,致使国家机关工作无法进行,造成严重损失的,对首要分子,处五年以上十年以下有期徒刑;对其他积极参加的,处五年以下有期徒刑、拘役、管制或者剥夺政治权利。

【扰乱国家机关工作秩序罪】 多次扰乱国家机关工作秩序,经行政处罚后仍不改正,造成严重后果的,处三年以下有期徒刑、拘役或者管制。

【组织、资助非法聚集罪】 多次组织、资助他人非法聚集,扰乱社会秩序,情节严重的,依照前款的规定处罚。

第二百九十一条 【聚众扰乱公共场所秩序、交通秩序罪】 聚众扰乱车站、码头、民用航空站、商场、公园、影剧院、展览会、运动场或者其他公共场所秩序,聚众堵塞交通或者破坏交通秩序,抗拒、阻碍国家治安管理工作人员依法执行职务,情节严重的,对首要分子,处五年以下有期徒刑、拘役或者管制。

第二百九十一条之一② 【投放虚假危险物质罪】【编造、故意传播虚假恐怖信息罪】 投放虚假的爆炸性、毒害性、放射性、传染病病原体等物质,或者编造爆炸威胁、生化威胁、放射威胁等恐怖信息,或者明知是编造的恐怖信息而故意传播,严重扰乱社会秩序的,处五年以下有期徒刑、拘役或者管制;造成严重后果的,处五年以上有期徒刑。

【编造、故意传播虚假信息罪】 编造虚假的险情、疫情、灾情、警

---

① 本条第一款经 2015 年 8 月 29 日《刑法修正案(九)》第三十一条修改,第三款、第四款为 2015 年 8 月 29 日《刑法修正案(九)》第三十一条增加。
1997 年《刑法》第二百九十条第一款原规定:"聚众扰乱社会秩序,情节严重,致使工作、生产、营业和教学、科研无法进行,造成严重损失的,对首要分子,处三年以上七年以下有期徒刑;对其他积极参加的,处三年以下有期徒刑、拘役、管制或者剥夺政治权利。"
② 本条第一款为 2001 年 12 月 29 日《刑法修正案(三)》第八条增加,第二款为 2015 年 8 月 29 日《刑法修正案(九)》第三十二条增加。

情，在信息网络或者其他媒体上传播，或者明知是上述虚假信息，故意在信息网络或者其他媒体上传播，严重扰乱社会秩序的，处三年以下有期徒刑、拘役或者管制；造成严重后果的，处三年以上七年以下有期徒刑。

第二百九十一条之二[①]　【高空抛物罪】　从建筑物或者其他高空抛掷物品，情节严重的，处一年以下有期徒刑、拘役或者管制，并处或者单处罚金。

有前款行为，同时构成其他犯罪的，依照处罚较重的规定定罪处罚。

第二百九十二条　【聚众斗殴罪】　聚众斗殴的，对首要分子和其他积极参加的，处三年以下有期徒刑、拘役或者管制；有下列情形之一的，对首要分子和其他积极参加的，处三年以上十年以下有期徒刑：

（一）多次聚众斗殴的；

（二）聚众斗殴人数多，规模大，社会影响恶劣的；

（三）在公共场所或者交通要道聚众斗殴，造成社会秩序严重混乱的；

（四）持械聚众斗殴的。

聚众斗殴，致人重伤、死亡的，依照本法第二百三十四条、第二百三十二条的规定定罪处罚。

第二百九十三条[②]　【寻衅滋事罪】　有下列寻衅滋事行为之一，破坏社会秩序的，处五年以下有期徒刑、拘役或者管制：

（一）随意殴打他人，情节恶劣的；

（二）追逐、拦截、辱骂、恐吓他人，情节恶劣的；

（三）强拿硬要或者任意损毁、占用公私财物，情节严重的；

（四）在公共场所起哄闹事，造成公共场所秩序严重混乱的。

纠集他人多次实施前款行为，严重破坏社会秩序的，处五年以上十年

[①] 本条为 2020 年 12 月 26 日《刑法修正案（十一）》第三十三条增加。

[②] 本条经 2011 年 2 月 25 日《刑法修正案（八）》第四十二条修改。

1997 年《刑法》第二百九十三条原规定："有下列寻衅滋事行为之一，破坏社会秩序的，处五年以下有期徒刑、拘役或者管制：

"（一）随意殴打他人，情节恶劣的；

"（二）追逐、拦截、辱骂他人，情节恶劣的；

"（三）强拿硬要或者任意损毁、占用公私财物，情节严重的；

"（四）在公共场所起哄闹事，造成公共场所秩序严重混乱的。"

以下有期徒刑，可以并处罚金。

第二百九十三条之一[①]　【催收非法债务罪】有下列情形之一，催收高利放贷等产生的非法债务，情节严重的，处三年以下有期徒刑、拘役或者管制，并处或者单处罚金：

（一）使用暴力、胁迫方法的；

（二）限制他人人身自由或者侵入他人住宅的；

（三）恐吓、跟踪、骚扰他人的。

第二百九十四条[②]　【组织、领导、参加黑社会性质组织罪】　组织、领导黑社会性质的组织的，处七年以上有期徒刑，并处没收财产；积极参加的，处三年以上七年以下有期徒刑，可以并处罚金或者没收财产；其他参加的，处三年以下有期徒刑、拘役、管制或者剥夺政治权利，可以并处罚金。

【入境发展黑社会组织罪】　境外的黑社会组织的人员到中华人民共和国境内发展组织成员的，处三年以上十年以下有期徒刑。

【包庇、纵容黑社会性质组织罪】　国家机关工作人员包庇黑社会性质的组织，或者纵容黑社会性质的组织进行违法犯罪活动的，处五年以下有期徒刑；情节严重的，处五年以上有期徒刑。

犯前三款罪又有其他犯罪行为的，依照数罪并罚的规定处罚。

黑社会性质的组织应当同时具备以下特征：

（一）形成较稳定的犯罪组织，人数较多，有明确的组织者、领导者，

[①]　本条为 2020 年 12 月 26 日《刑法修正案（十一）》第三十四条增加。

[②]　本条经 2011 年 2 月 25 日《刑法修正案（八）》第四十三条修改。

1997 年《刑法》第二百九十四条原规定："组织、领导和积极参加以暴力、威胁或者其他手段，有组织地进行违法犯罪活动，称霸一方，为非作恶，欺压、残害群众，严重破坏经济、社会生活秩序的黑社会性质的组织的，处三年以上十年以下有期徒刑；其他参加的，处三年以下有期徒刑、拘役、管制或者剥夺政治权利。

"境外的黑社会组织的人员到中华人民共和国境内发展组织成员的，处三年以上十年以下有期徒刑。

"犯前两款罪又有其他犯罪行为的，依照数罪并罚的规定处罚。

"国家机关工作人员包庇黑社会性质的组织，或者纵容黑社会性质的组织进行违法犯罪活动的，处三年以下有期徒刑、拘役或者剥夺政治权利；情节严重的，处三年以上十年以下有期徒刑。"

骨干成员基本固定；

（二）有组织地通过违法犯罪活动或者其他手段获取经济利益，具有一定的经济实力，以支持该组织的活动；

（三）以暴力、威胁或者其他手段，有组织地多次进行违法犯罪活动，为非作恶，欺压、残害群众；

（四）通过实施违法犯罪活动，或者利用国家工作人员的包庇或者纵容，称霸一方，在一定区域或者行业内，形成非法控制或者重大影响，严重破坏经济、社会生活秩序。

第二百九十五条[①]　【传授犯罪方法罪】　传授犯罪方法的，处五年以下有期徒刑、拘役或者管制；情节严重的，处五年以上十年以下有期徒刑；情节特别严重的，处十年以上有期徒刑或者无期徒刑。

第二百九十六条　【非法集会、游行、示威罪】　举行集会、游行、示威，未依照法律规定申请或者申请未获许可，或者未按照主管机关许可的起止时间、地点、路线进行，又拒不服从解散命令，严重破坏社会秩序的，对集会、游行、示威的负责人和直接责任人员，处五年以下有期徒刑、拘役、管制或者剥夺政治权利。

第二百九十七条　【非法携带武器、管制刀具、爆炸物参加集会、游行、示威罪】　违反法律规定，携带武器、管制刀具或者爆炸物参加集会、游行、示威的，处三年以下有期徒刑、拘役、管制或者剥夺政治权利。

第二百九十八条　【破坏集会、游行、示威罪】　扰乱、冲击或者以其他方法破坏依法举行的集会、游行、示威，造成公共秩序混乱的，处五年以下有期徒刑、拘役、管制或者剥夺政治权利。

第二百九十九条[②]　【侮辱国旗、国徽、国歌罪】　在公共场合，故

---

① 本条经2011年2月25日《刑法修正案（八）》第四十四条修改。
1997年《刑法》第二百九十五条原规定："传授犯罪方法的，处五年以下有期徒刑、拘役或者管制；情节严重的，处五年以上有期徒刑；情节特别严重的，处无期徒刑或者死刑。"
② 本条经2017年11月4日《刑法修正案（十）》修改。
1997年《刑法》第二百九十九条原规定："在公众场合故意以焚烧、毁损、涂划、玷污、践踏等方式侮辱中华人民共和国国旗、国徽的，处三年以下有期徒刑、拘役、管制或者剥夺政治权利。"

意以焚烧、毁损、涂划、玷污、践踏等方式侮辱中华人民共和国国旗、国徽的,处三年以下有期徒刑、拘役、管制或者剥夺政治权利。

在公共场合,故意篡改中华人民共和国国歌歌词、曲谱,以歪曲、贬损方式奏唱国歌,或者以其他方式侮辱国歌,情节严重的,依照前款的规定处罚。

第二百九十九条之一① 【侵害英雄烈士名誉、荣誉罪】 侮辱、诽谤或者以其他方式侵害英雄烈士的名誉、荣誉,损害社会公共利益,情节严重的,处三年以下有期徒刑、拘役、管制或者剥夺政治权利。

第三百条② 【组织、利用会道门、邪教组织、利用迷信破坏法律实施罪】 组织、利用会道门、邪教组织或者利用迷信破坏国家法律、行政法规实施的,处三年以上七年以下有期徒刑,并处罚金;情节特别严重的,处七年以上有期徒刑或者无期徒刑,并处罚金或者没收财产;情节较轻的,处三年以下有期徒刑、拘役、管制或者剥夺政治权利,并处或者单处罚金。

【组织、利用会道门、邪教组织、利用迷信致人重伤、死亡罪】 组织、利用会道门、邪教组织或者利用迷信蒙骗他人,致人重伤、死亡的,依照前款的规定处罚。

犯第一款罪又有奸淫妇女、诈骗财物等犯罪行为的,依照数罪并罚的规定处罚。

第三百零一条 【聚众淫乱罪】 聚众进行淫乱活动的,对首要分子或者多次参加的,处五年以下有期徒刑、拘役或者管制。

【引诱未成年人聚众淫乱罪】 引诱未成年人参加聚众淫乱活动的,依照前款的规定从重处罚。

---

① 本条为 2020 年 12 月 26 日《刑法修正案(十一)》第三十五条增加。
② 本条经 2015 年 8 月 29 日《刑法修正案(九)》第三十三条修改。
1997 年《刑法》第三百条原规定:"组织和利用会道门、邪教组织或者利用迷信破坏国家法律、行政法规实施的,处三年以上七年以下有期徒刑;情节特别严重的,处七年以上有期徒刑。
"组织和利用会道门、邪教组织或者利用迷信蒙骗他人,致人死亡的,依照前款的规定处罚。
"组织和利用会道门、邪教组织或者利用迷信奸淫妇女、诈骗财物的,分别依照本法第二百三十六条、第二百六十六条的规定定罪处罚。"

第三百零二条① 【盗窃、侮辱、故意毁坏尸体、尸骨、骨灰罪】盗窃、侮辱、故意毁坏尸体、尸骨、骨灰的，处三年以下有期徒刑、拘役或者管制。

第三百零三条② 【赌博罪】以营利为目的，聚众赌博或者以赌博为业的，处三年以下有期徒刑、拘役或者管制，并处罚金。

【开设赌场罪】开设赌场的，处五年以下有期徒刑、拘役或者管制，并处罚金；情节严重的，处五年以上十年以下有期徒刑，并处罚金。

【组织参与国（境）外赌博罪】组织中华人民共和国公民参与国（境）外赌博，数额巨大或者有其他严重情节的，依照前款的规定处罚。

第三百零四条 【故意延误投递邮件罪】邮政工作人员严重不负责任，故意延误投递邮件，致使公共财产、国家和人民利益遭受重大损失的，处二年以下有期徒刑或者拘役。

第二节 妨害司法罪

第三百零五条 【伪证罪】在刑事诉讼中，证人、鉴定人、记录人、翻译人对与案件有重要关系的情节，故意作虚假证明、鉴定、记录、翻译，意图陷害他人或者隐匿罪证的，处三年以下有期徒刑或者拘役；情节严重的，处三年以上七年以下有期徒刑。

第三百零六条 【辩护人、诉讼代理人毁灭证据、伪造证据、妨害作证罪】在刑事诉讼中，辩护人、诉讼代理人毁灭、伪造证据，帮助当事

---

① 本条经2015年8月29日《刑法修正案（九）》第三十四条修改。

1997年《刑法》第三百零二条原规定："盗窃、侮辱尸体的，处三年以下有期徒刑、拘役或者管制。"

② 本条经2006年6月29日《刑法修正案（六）》第十八条、2020年12月26日《刑法修正案（十一）》第三十六条两次修改。

1997年《刑法》第三百零三条原规定："以营利为目的，聚众赌博、开设赌场或者以赌博为业的，处三年以下有期徒刑、拘役或者管制，并处罚金。"

《刑法修正案（六）》第十八条将1997年《刑法》第三百零三条修改为："以营利为目的，聚众赌博或者以赌博为业的，处三年以下有期徒刑、拘役或者管制，并处罚金。

"开设赌场的，处三年以下有期徒刑、拘役或者管制，并处罚金；情节严重的，处三年以上十年以下有期徒刑，并处罚金。"

《刑法修正案（十一）》第三十六条对本条作了再次修改。

人毁灭、伪造证据，威胁、引诱证人违背事实改变证言或者作伪证的，处三年以下有期徒刑或者拘役；情节严重的，处三年以上七年以下有期徒刑。

辩护人、诉讼代理人提供、出示、引用的证人证言或者其他证据失实，不是有意伪造的，不属于伪造证据。

第三百零七条　【妨害作证罪】　以暴力、威胁、贿买等方法阻止证人作证或者指使他人作伪证的，处三年以下有期徒刑或者拘役；情节严重的，处三年以上七年以下有期徒刑。

【帮助毁灭、伪造证据罪】　帮助当事人毁灭、伪造证据，情节严重的，处三年以下有期徒刑或者拘役。

司法工作人员犯前两款罪的，从重处罚。

第三百零七条之一①　【虚假诉讼罪】　以捏造的事实提起民事诉讼，妨害司法秩序或者严重侵害他人合法权益的，处三年以下有期徒刑、拘役或者管制，并处或者单处罚金；情节严重的，处三年以上七年以下有期徒刑，并处罚金。

单位犯前款罪的，对单位判处罚金，并对其直接负责的主管人员和其他直接责任人员，依照前款的规定处罚。

有第一款行为，非法占有他人财产或者逃避合法债务，又构成其他犯罪的，依照处罚较重的规定定罪从重处罚。

司法工作人员利用职权，与他人共同实施前三款行为的，从重处罚；同时构成其他犯罪的，依照处罚较重的规定定罪从重处罚。

第三百零八条　【打击报复证人罪】　对证人进行打击报复的，处三年以下有期徒刑或者拘役；情节严重的，处三年以上七年以下有期徒刑。

第三百零八条之一②　【泄露不应公开的案件信息罪】　司法工作人员、辩护人、诉讼代理人或者其他诉讼参与人，泄露依法不公开审理的案件中不应当公开的信息，造成信息公开传播或者其他严重后果的，处三年以下有期徒刑、拘役或者管制，并处或者单处罚金。

---

①　本条为2015年8月29日《刑法修正案（九）》第三十五条增加。
②　本条为2015年8月29日《刑法修正案（九）》第三十六条增加。

有前款行为,泄露国家秘密的,依照本法第三百九十八条的规定定罪处罚。

【披露、报道不应公开的案件信息罪】 公开披露、报道第一款规定的案件信息,情节严重的,依照第一款的规定处罚。

单位犯前款罪的,对单位判处罚金,并对其直接负责的主管人员和其他直接责任人员,依照第一款的规定处罚。

第三百零九条① 【扰乱法庭秩序罪】 有下列扰乱法庭秩序情形之一的,处三年以下有期徒刑、拘役、管制或者罚金:

(一)聚众哄闹、冲击法庭的;

(二)殴打司法工作人员或者诉讼参与人的;

(三)侮辱、诽谤、威胁司法工作人员或者诉讼参与人,不听法庭制止,严重扰乱法庭秩序的;

(四)有毁坏法庭设施,抢夺、损毁诉讼文书、证据等扰乱法庭秩序行为,情节严重的。

第三百一十条 【窝藏、包庇罪】 明知是犯罪的人而为其提供隐藏处所、财物,帮助其逃匿或者作假证明包庇的,处三年以下有期徒刑、拘役或者管制;情节严重的,处三年以上十年以下有期徒刑。

犯前款罪,事前通谋的,以共同犯罪论处。

第三百一十一条② 【拒绝提供间谍犯罪、恐怖主义犯罪、极端主义犯罪证据罪】 明知他人有间谍犯罪或者恐怖主义、极端主义犯罪行为,在司法机关向其调查有关情况、收集有关证据时,拒绝提供,情节严重的,处三年以下有期徒刑、拘役或者管制。

---

① 本条经 2015 年 8 月 29 日《刑法修正案(九)》第三十七条修改。
1997 年《刑法》第三百零九条原规定:"聚众哄闹、冲击法庭,或者殴打司法工作人员,严重扰乱法庭秩序的,处三年以下有期徒刑、拘役、管制或者罚金。"

② 本条经 2015 年 8 月 29 日《刑法修正案(九)》第三十八条修改。
1997 年《刑法》第三百一十一条原规定:"明知他人有间谍犯罪行为,在国家安全机关向其调查有关情况、收集有关证据时,拒绝提供,情节严重的,处三年以下有期徒刑、拘役或者管制。"

第三百一十二条① 【掩饰、隐瞒犯罪所得、犯罪所得收益罪】 明知是犯罪所得及其产生的收益而予以窝藏、转移、收购、代为销售或者以其他方法掩饰、隐瞒的,处三年以下有期徒刑、拘役或者管制,并处或者单处罚金;情节严重的,处三年以上七年以下有期徒刑,并处罚金。

单位犯前款罪的,对单位判处罚金,并对其直接负责的主管人员和其他直接责任人员,依照前款的规定处罚。

第三百一十三条② 【拒不执行判决、裁定罪】 对人民法院的判决、裁定有能力执行而拒不执行,情节严重的,处三年以下有期徒刑、拘役或者罚金;情节特别严重的,处三年以上七年以下有期徒刑,并处罚金。

单位犯前款罪的,对单位判处罚金,并对其直接负责的主管人员和其他直接责任人员,依照前款的规定处罚。

第三百一十四条 【非法处置查封、扣押、冻结的财产罪】 隐藏、转移、变卖、故意毁损已被司法机关查封、扣押、冻结的财产,情节严重的,处三年以下有期徒刑、拘役或者罚金。

第三百一十五条 【破坏监管秩序罪】 依法被关押的罪犯,有下列破坏监管秩序行为之一,情节严重的,处三年以下有期徒刑:

(一)殴打监管人员的;

(二)组织其他被监管人破坏监管秩序的;

(三)聚众闹事,扰乱正常监管秩序的;

(四)殴打、体罚或者指使他人殴打、体罚其他被监管人的。

第三百一十六条 【脱逃罪】 依法被关押的罪犯、被告人、犯罪嫌疑人脱逃的,处五年以下有期徒刑或者拘役。

---

① 本条经 2006 年 6 月 29 日《刑法修正案(六)》第十九条、2009 年 2 月 28 日《刑法修正案(七)》第十条两次修改。

1997 年《刑法》第三百一十二条原规定:"明知是犯罪所得的赃物而予以窝藏、转移、收购或者代为销售的,处三年以下有期徒刑、拘役或者管制,并处或者单处罚金。"

《刑法修正案(六)》第十九条对其修改后,形成本条第一款规定;《刑法修正案(七)》第十条增加本条第二款规定。

② 本条经 2015 年 8 月 29 日《刑法修正案(九)》第三十九条修改。

1997 年《刑法》第三百一十三条原规定:"对人民法院的判决、裁定有能力执行而拒不执行,情节严重的,处三年以下有期徒刑、拘役或者罚金。"

《刑法修正案（十一）》条文及配套《罪名补充规定（七）》理解与适用

【劫夺被押解人员罪】 劫夺押解途中的罪犯、被告人、犯罪嫌疑人的，处三年以上七年以下有期徒刑；情节严重的，处七年以上有期徒刑。

第三百一十七条 【组织越狱罪】 组织越狱的首要分子和积极参加的，处五年以上有期徒刑；其他参加的，处五年以下有期徒刑或者拘役。

【暴动越狱罪】【聚众持械劫狱罪】 暴动越狱或者聚众持械劫狱的首要分子和积极参加的，处十年以上有期徒刑或者无期徒刑；情节特别严重的，处死刑；其他参加的，处三年以上十年以下有期徒刑。

第三节 妨害国（边）境管理罪

第三百一十八条 【组织他人偷越国（边）境罪】 组织他人偷越国（边）境的，处二年以上七年以下有期徒刑，并处罚金；有下列情形之一的，处七年以上有期徒刑或者无期徒刑，并处罚金或者没收财产：

（一）组织他人偷越国（边）境集团的首要分子；

（二）多次组织他人偷越国（边）境或者组织他人偷越国（边）境人数众多的；

（三）造成被组织人重伤、死亡的；

（四）剥夺或者限制被组织人人身自由的；

（五）以暴力、威胁方法抗拒检查的；

（六）违法所得数额巨大的；

（七）有其他特别严重情节的。

犯前款罪，对被组织人有杀害、伤害、强奸、拐卖等犯罪行为，或者对检查人员有杀害、伤害等犯罪行为的，依照数罪并罚的规定处罚。

第三百一十九条 【骗取出境证件罪】 以劳务输出、经贸往来或者其他名义，弄虚作假，骗取护照、签证等出境证件，为组织他人偷越国（边）境使用的，处三年以下有期徒刑，并处罚金；情节严重的，处三年以上十年以下有期徒刑，并处罚金。

单位犯前款罪的，对单位判处罚金，并对其直接负责的主管人员和其他直接责任人员，依照前款的规定处罚。

第三百二十条 【提供伪造、变造的出入境证件罪】【出售出入境证件罪】 为他人提供伪造、变造的护照、签证等出入境证件，或者出售护照、签证等出入境证件的，处五年以下有期徒刑，并处罚金；情节严重的，处五年以上有期徒刑，并处罚金。

第三百二十一条　【运送他人偷越国（边）境罪】　运送他人偷越国（边）境的，处五年以下有期徒刑、拘役或者管制，并处罚金；有下列情形之一的，处五年以上十年以下有期徒刑，并处罚金：

（一）多次实施运送行为或者运送人数众多的；

（二）所使用的船只、车辆等交通工具不具备必要的安全条件，足以造成严重后果的；

（三）违法所得数额巨大的；

（四）有其他特别严重情节的。

在运送他人偷越国（边）境中造成被运送人重伤、死亡，或者以暴力、威胁方法抗拒检查的，处七年以上有期徒刑，并处罚金。

犯前两款罪，对被运送人有杀害、伤害、强奸、拐卖等犯罪行为，或者对检查人员有杀害、伤害等犯罪行为的，依照数罪并罚的规定处罚。

第三百二十二条[①]　**【偷越国（边）境罪】**　违反国（边）境管理法规，偷越国（边）境，情节严重的，处一年以下有期徒刑、拘役或者管制，并处罚金；为参加恐怖活动组织、接受恐怖活动培训或者实施恐怖活动，偷越国（边）境的，处一年以上三年以下有期徒刑，并处罚金。

第三百二十三条　【破坏界碑、界桩罪】【破坏永久性测量标志罪】
故意破坏国家边境的界碑、界桩或者永久性测量标志的，处三年以下有期徒刑或者拘役。

第四节　妨害文物管理罪

第三百二十四条　【故意损毁文物罪】　故意损毁国家保护的珍贵文物或者被确定为全国重点文物保护单位、省级文物保护单位的文物的，处三年以下有期徒刑或者拘役，并处或者单处罚金；情节严重的，处三年以

[①] 本条经2015年8月29日《刑法修正案（九）》第四十条修改。
1997年《刑法》第三百二十二条原规定："违反国（边）境管理法规，偷越国（边）境，情节严重的，处一年以下有期徒刑、拘役或者管制，并处罚金。"

上十年以下有期徒刑,并处罚金。

【故意损毁名胜古迹罪】 故意损毁国家保护的名胜古迹,情节严重的,处五年以下有期徒刑或者拘役,并处或者单处罚金。

【过失损毁文物罪】 过失损毁国家保护的珍贵文物或者被确定为全国重点文物保护单位、省级文物保护单位的文物,造成严重后果的,处三年以下有期徒刑或者拘役。

第三百二十五条 【非法向外国人出售、赠送珍贵文物罪】 违反文物保护法规,将收藏的国家禁止出口的珍贵文物私自出售或者私自赠送给外国人的,处五年以下有期徒刑或者拘役,可以并处罚金。

单位犯前款罪的,对单位判处罚金,并对其直接负责的主管人员和其他直接责任人员,依照前款的规定处罚。

第三百二十六条 【倒卖文物罪】 以牟利为目的,倒卖国家禁止经营的文物,情节严重的,处五年以下有期徒刑或者拘役,并处罚金;情节特别严重的,处五年以上十年以下有期徒刑,并处罚金。

单位犯前款罪的,对单位判处罚金,并对其直接负责的主管人员和其他直接责任人员,依照前款的规定处罚。

第三百二十七条 【非法出售、私赠文物藏品罪】 违反文物保护法规,国有博物馆、图书馆等单位将国家保护的文物藏品出售或者私自送给非国有单位或者个人的,对单位判处罚金,并对其直接负责的主管人员和其他直接责任人员,处三年以下有期徒刑或者拘役。

第三百二十八条① 【盗掘古文化遗址、古墓葬罪】 盗掘具有历史、艺术、科学价值的古文化遗址、古墓葬的,处三年以上十年以下有期徒

---

① 本条第一款经2011年2月25日《刑法修正案(八)》第四十五条修改。
1997年《刑法》第三百二十八条第一款原规定:"盗掘具有历史、艺术、科学价值的古文化遗址、古墓葬的,处三年以上十年以下有期徒刑,并处罚金;情节较轻的,处三年以下有期徒刑、拘役或者管制,并处罚金;有下列情形之一的,处十年以上有期徒刑、无期徒刑或者死刑,并处罚金或者没收财产:
"(一)盗掘确定为全国重点文物保护单位和省级文物保护单位的古文化遗址、古墓葬的;
"(二)盗掘古文化遗址、古墓葬集团的首要分子;
"(三)多次盗掘古文化遗址、古墓葬的;
"(四)盗掘古文化遗址、古墓葬,并盗窃珍贵文物或者造成珍贵文物严重破坏的。"

刑,并处罚金;情节较轻的,处三年以下有期徒刑、拘役或者管制,并处罚金;有下列情形之一的,处十年以上有期徒刑或者无期徒刑,并处罚金或者没收财产:

(一)盗掘确定为全国重点文物保护单位和省级文物保护单位的古文化遗址、古墓葬的;

(二)盗掘古文化遗址、古墓葬集团的首要分子;

(三)多次盗掘古文化遗址、古墓葬的;

(四)盗掘古文化遗址、古墓葬,并盗窃珍贵文物或者造成珍贵文物严重破坏的。

【盗掘古人类化石、古脊椎动物化石罪】 盗掘国家保护的具有科学价值的古人类化石和古脊椎动物化石的,依照前款的规定处罚。

第三百二十九条 【抢夺、窃取国有档案罪】 抢夺、窃取国家所有的档案的,处五年以下有期徒刑或者拘役。

【擅自出卖、转让国有档案罪】 违反档案法的规定,擅自出卖、转让国家所有的档案,情节严重的,处三年以下有期徒刑或者拘役。

有前两款行为,同时又构成本法规定的其他犯罪的,依照处罚较重的规定定罪处罚。

第五节 危害公共卫生罪

第三百三十条① 【妨害传染病防治罪】违反传染病防治法的规定,有下列情形之一,引起甲类传染病以及依法确定采取甲类传染病预防、控制措施的传染病传播或者有传播严重危险的,处三年以下有期徒刑或者拘

---

① 本条第一款经 2020 年 12 月 26 日《刑法修正案(十一)》第三十七条修改。
1997 年《刑法》第三百三十条第一款原规定:"违反传染病防治法的规定,有下列情形之一,引起甲类传染病传播或者有传播严重危险的,处三年以下有期徒刑或者拘役;后果特别严重的,处三年以上七年以下有期徒刑:

"(一)供水单位供应的饮用水不符合国家规定的卫生标准的;

"(二)拒绝按照卫生防疫机构提出的卫生要求,对传染病病原体污染的污水、污物、粪便进行消毒处理的;

"(三)准许或者纵容传染病病人、病原携带者和疑似传染病病人从事国务院卫生行政部门规定禁止从事的易使该传染病扩散的工作的;

"(四)拒绝执行卫生防疫机构依照传染病防治法提出的预防、控制措施的。"

役；后果特别严重的，处三年以上七年以下有期徒刑：

（一）供水单位供应的饮用水不符合国家规定的卫生标准的；

（二）拒绝按照疾病预防控制机构提出的卫生要求，对传染病病原体污染的污水、污物、场所和物品进行消毒处理的；

（三）准许或者纵容传染病病人、病原携带者和疑似传染病病人从事国务院卫生行政部门规定禁止从事的易使该传染病扩散的工作的；

（四）出售、运输疫区中被传染病病原体污染或者可能被传染病病原体污染的物品，未进行消毒处理的；

（五）拒绝执行县级以上人民政府、疾病预防控制机构依照传染病防治法提出的预防、控制措施的。

单位犯前款罪的，对单位判处罚金，并对其直接负责的主管人员和其他直接责任人员，依照前款的规定处罚。

甲类传染病的范围，依照《中华人民共和国传染病防治法》和国务院有关规定确定。

第三百三十一条 【传染病菌种、毒种扩散罪】 从事实验、保藏、携带、运输传染病菌种、毒种的人员，违反国务院卫生行政部门的有关规定，造成传染病菌种、毒种扩散，后果严重的，处三年以下有期徒刑或者拘役；后果特别严重的，处三年以上七年以下有期徒刑。

第三百三十二条 【妨害国境卫生检疫罪】 违反国境卫生检疫规定，引起检疫传染病传播或者有传播严重危险的，处三年以下有期徒刑或者拘役，并处或者单处罚金。

单位犯前款罪的，对单位判处罚金，并对其直接负责的主管人员和其他直接责任人员，依照前款的规定处罚。

第三百三十三条 【非法组织卖血罪】【强迫卖血罪】 非法组织他人出卖血液的，处五年以下有期徒刑，并处罚金；以暴力、威胁方法强迫他人出卖血液的，处五年以上十年以下有期徒刑，并处罚金。

有前款行为，对他人造成伤害的，依照本法第二百三十四条的规定定罪处罚。

第三百三十四条 【非法采集、供应血液、制作、供应血液制品罪】 非法采集、供应血液或者制作、供应血液制品，不符合国家规定的标准,足以危害人体健康的,处五年以下有期徒刑或者拘役,并处罚金;对人体健康造成严重危害的,处五年以上十年以下有期徒刑,并处罚金;造成特别严重后果的,处十年以上有期徒刑或者无期徒刑,并处罚金或者没收财产。

【采集、供应血液、制作、供应血液制品事故罪】 经国家主管部门批准采集、供应血液或者制作、供应血液制品的部门,不依照规定进行检测或者违背其他操作规定,造成危害他人身体健康后果的,对单位判处罚金,并对其直接负责的主管人员和其他直接责任人员,处五年以下有期徒刑或者拘役。

第三百三十四条之一① 【非法采集人类遗传资源、走私人类遗传资源材料罪】 违反国家有关规定,非法采集我国人类遗传资源或者非法运送、邮寄、携带我国人类遗传资源材料出境,危害公众健康或者社会公共利益,情节严重的,处三年以下有期徒刑、拘役或者管制,并处或者单处罚金;情节特别严重的,处三年以上七年以下有期徒刑,并处罚金。

第三百三十五条 【医疗事故罪】 医务人员由于严重不负责任,造成就诊人死亡或者严重损害就诊人身体健康的,处三年以下有期徒刑或者拘役。

第三百三十六条 【非法行医罪】 未取得医生执业资格的人非法行医,情节严重的,处三年以下有期徒刑、拘役或者管制,并处或者单处罚金;严重损害就诊人身体健康的,处三年以上十年以下有期徒刑,并处罚金;造成就诊人死亡的,处十年以上有期徒刑,并处罚金。

【非法进行节育手术罪】 未取得医生执业资格的人擅自为他人进行节育复通手术、假节育手术、终止妊娠手术或者摘取宫内节育器,情节严重的,处三年以下有期徒刑、拘役或者管制,并处或者单处罚金;严重损害就诊人身体健康的,处三年以上十年以下有期徒刑,并处罚金;造成就诊人死亡的,处十年以上有期徒刑,并处罚金。

第三百三十六条之一② 【非法植入基因编辑、克隆胚胎罪】 将基

---

① 本条为 2020 年 12 月 26 日《刑法修正案(十一)》第三十八条增加。
② 本条为 2020 年 12 月 26 日《刑法修正案(十一)》第三十九条增加。

因编辑、克隆的人类胚胎植入人体或者动物体内,或者将基因编辑、克隆的动物胚胎植入人体内,情节严重的,处三年以下有期徒刑或者拘役,并处罚金;情节特别严重的,处三年以上七年以下有期徒刑,并处罚金。

第三百三十七条① 【妨害动植物防疫、检疫罪】 违反有关动植物防疫、检疫的国家规定,引起重大动植物疫情的,或者有引起重大动植物疫情危险,情节严重的,处三年以下有期徒刑或者拘役,并处或者单处罚金。

单位犯前款罪的,对单位判处罚金,并对其直接负责的主管人员和其他直接责任人员,依照前款的规定处罚。

第六节 破坏环境资源保护罪

第三百三十八条② 【污染环境罪】 违反国家规定,排放、倾倒或者处置有放射性的废物、含传染病病原体的废物、有毒物质或者其他有害物质,严重污染环境的,处三年以下有期徒刑或者拘役,并处或者单处罚金;情节严重的,处三年以上七年以下有期徒刑,并处罚金;有下列情形之一的,处七年以上有期徒刑,并处罚金:

(一)在饮用水水源保护区、自然保护地核心保护区等依法确定的重点保护区域排放、倾倒、处置有放射性的废物、含传染病病原体的废物、有毒物质,情节特别严重的;

---

① 本条第一款经 2009 年 2 月 28 日《刑法修正案(七)》第十一条修改。
1997 年《刑法》第三百三十七条第一款原规定:"违反进出境动植物检疫法的规定,逃避动植物检疫,引起重大动植物疫情的,处三年以下有期徒刑或者拘役,并处或者单处罚金。"
② 本条经 2011 年 2 月 25 日《刑法修正案(八)》第四十六条、2020 年 12 月 26 日《刑法修正案(十一)》第四十条两次修改。
1997 年《刑法》第三百三十八条原规定:"违反国家规定,向土地、水体、大气排放、倾倒或者处置有放射性的废物、含传染病病原体的废物、有毒物质或者其他危险废物,造成重大环境污染事故,致使公私财产遭受重大损失或者人身伤亡的严重后果的,处三年以下有期徒刑或者拘役,并处或者单处罚金;后果特别严重的,处三年以上七年以下有期徒刑,并处罚金。"
《刑法修正案(八)》第四十六条将 1997 年《刑法》第三百三十八条修改为:"违反国家规定,排放、倾倒或者处置有放射性的废物、含传染病病原体的废物、有毒物质或者其他有害物质,严重污染环境的,处三年以下有期徒刑或者拘役,并处或者单处罚金;后果特别严重的,处三年以上七年以下有期徒刑,并处罚金。"
《刑法修正案(十一)》第四十条对本条作了再次修改。

（二）向国家确定的重要江河、湖泊水域排放、倾倒、处置有放射性的废物、含传染病病原体的废物、有毒物质，情节特别严重的；

（三）致使大量永久基本农田基本功能丧失或者遭受永久性破坏的；

（四）致使多人重伤、严重疾病，或者致人严重残疾、死亡的。

有前款行为，同时构成其他犯罪的，依照处罚较重的规定定罪处罚。

第三百三十九条[①]　【非法处置进口的固体废物罪】　违反国家规定，将境外的固体废物进境倾倒、堆放、处置的，处五年以下有期徒刑或者拘役，并处罚金；造成重大环境污染事故，致使公私财产遭受重大损失或者严重危害人体健康的，处五年以上十年以下有期徒刑，并处罚金；后果特别严重的，处十年以上有期徒刑，并处罚金。

【擅自进口固体废物罪】　未经国务院有关主管部门许可，擅自进口固体废物用作原料，造成重大环境污染事故，致使公私财产遭受重大损失或者严重危害人体健康的，处五年以下有期徒刑或者拘役，并处罚金；后果特别严重的，处五年以上十年以下有期徒刑，并处罚金。

以原料利用为名，进口不能用作原料的固体废物、液态废物和气态废物的，依照本法第一百五十二条第二款、第三款的规定定罪处罚。

第三百四十条　【非法捕捞水产品罪】　违反保护水产资源法规，在禁渔区、禁渔期或者使用禁用的工具、方法捕捞水产品，情节严重的，处三年以下有期徒刑、拘役、管制或者罚金。

第三百四十一条[②]　【危害珍贵、濒危野生动物罪】　非法猎捕、杀害国家重点保护的珍贵、濒危野生动物的，或者非法收购、运输、出售国家重点保护的珍贵、濒危野生动物及其制品的，处五年以下有期徒刑或者拘役，并处罚金；情节严重的，处五年以上十年以下有期徒刑，并处罚金；情节特别严重的，处十年以上有期徒刑，并处罚金或者没收财产。

【非法狩猎罪】　违反狩猎法规，在禁猎区、禁猎期或者使用禁用的工具、方法进行狩猎，破坏野生动物资源，情节严重的，处三年以下有期

---

① 本条第三款经 2002 年 12 月 28 日《刑法修正案（四）》第五条修改。

1997 年《刑法》第三百三十九条第三款原规定："以原料利用为名，进口不能用作原料的固体废物的，依照本法第一百五十五条的规定定罪处罚。"

② 本条第三款为 2020 年 12 月 26 日《刑法修正案（十一）》第四十一条增加。

徒刑、拘役、管制或者罚金。

【非法猎捕、收购、运输、出售陆生野生动物罪】 违反野生动物保护管理法规，以食用为目的非法猎捕、收购、运输、出售第一款规定以外的在野外环境自然生长繁殖的陆生野生动物，情节严重的，依照前款的规定处罚。

第三百四十二条① 【非法占用农用地罪】 违反土地管理法规，非法占用耕地、林地等农用地，改变被占用土地用途，数量较大，造成耕地、林地等农用地大量毁坏的，处五年以下有期徒刑或者拘役，并处或者单处罚金。

第三百四十二条之一② 【破坏自然保护地罪】 违反自然保护地管理法规，在国家公园、国家级自然保护区进行开垦、开发活动或者修建建筑物，造成严重后果或者有其他恶劣情节的，处五年以下有期徒刑或者拘役，并处或者单处罚金。

有前款行为，同时构成其他犯罪的，依照处罚较重的规定定罪处罚。

第三百四十三条③ 【非法采矿罪】 违反矿产资源法的规定，未取得采矿许可证擅自采矿，擅自进入国家规划矿区、对国民经济具有重要价值的矿区和他人矿区范围采矿，或者擅自开采国家规定实行保护性开采的特定矿种，情节严重的，处三年以下有期徒刑、拘役或者管制，并处或者单处罚金；情节特别严重的，处三年以上七年以下有期徒刑，并处罚金。

【破坏性采矿罪】违反矿产资源法的规定，采取破坏性的开采方法开采矿产资源，造成矿产资源严重破坏的，处五年以下有期徒刑或者拘役，并处罚金。

---

① 本条经2001年8月31日《刑法修正案（二）》修改。
1997年《刑法》第三百四十二条原规定："违反土地管理法规，非法占用耕地改作他用，数量较大，造成耕地大量毁坏的，处五年以下有期徒刑或者拘役，并处或者单处罚金。"
② 本条为2020年12月26日《刑法修正案（十一）》第四十二条增加。
③ 本条第一款经2011年2月25日《刑法修正案（八）》第四十七条修改。
1997年《刑法》第三百四十三条第一款原规定："违反矿产资源法的规定，未取得采矿许可证擅自采矿的，擅自进入国家规划矿区、对国民经济具有重要价值的矿区和他人矿区范围采矿的，擅自开采国家规定实行保护性开采的特定矿种，经责令停止开采后拒不停止开采，造成矿产资源破坏的，处三年以下有期徒刑、拘役或者管制，并处或者单处罚金；造成矿产资源严重破坏的，处三年以上七年以下有期徒刑，并处罚金。"

第三百四十四条① 【危害国家重点保护植物罪】 违反国家规定，非法采伐、毁坏珍贵树木或者国家重点保护的其他植物的，或者非法收购、运输、加工、出售珍贵树木或者国家重点保护的其他植物及其制品的，处三年以下有期徒刑、拘役或者管制，并处罚金；情节严重的，处三年以上七年以下有期徒刑，并处罚金。

第三百四十四条之一② 【非法引进、释放、丢弃外来入侵物种罪】 违反国家规定，非法引进、释放或者丢弃外来入侵物种，情节严重的，处三年以下有期徒刑或者拘役，并处或者单处罚金。

第三百四十五条③ 【盗伐林木罪】 盗伐森林或者其他林木，数量较大的，处三年以下有期徒刑、拘役或者管制，并处或者单处罚金；数量巨大的，处三年以上七年以下有期徒刑，并处罚金；数量特别巨大的，处七年以上有期徒刑，并处罚金。

【滥伐林木罪】 违反森林法的规定，滥伐森林或者其他林木，数量较大的，处三年以下有期徒刑、拘役或者管制，并处或者单处罚金；数量巨大的，处三年以上七年以下有期徒刑，并处罚金。

【非法收购、运输盗伐、滥伐的林木罪】 非法收购、运输明知是盗伐、滥伐的林木，情节严重的，处三年以下有期徒刑、拘役或者管制，并处或者单处罚金；情节特别严重的，处三年以上七年以下有期徒刑，并处罚金。

---

① 本条经2002年12月28日《刑法修正案（四）》第六条修改。
1997年《刑法》第三百四十四条原规定："违反森林法的规定，非法采伐、毁坏珍贵树木的，处三年以下有期徒刑、拘役或者管制，并处罚金；情节严重的，处三年以上七年以下有期徒刑，并处罚金。"
② 本条为2020年12月26日《刑法修正案（十一）》第四十三条增加。
③ 本条经2002年12月28日《刑法修正案（四）》第七条修改。
1997年《刑法》第三百四十五条原规定："盗伐森林或者其他林木，数量较大的，处三年以下有期徒刑、拘役或者管制，并处或者单处罚金；数量巨大的，处三年以上七年以下有期徒刑，并处罚金；数量特别巨大的，处七年以上有期徒刑，并处罚金。
"违反森林法的规定，滥伐森林或者其他林木，数量较大的，处三年以下有期徒刑、拘役或者管制，并处或者单处罚金；数量巨大的，处三年以上七年以下有期徒刑，并处罚金。
"以牟利为目的，在林区非法收购明知是盗伐、滥伐的林木，情节严重的，处三年以下有期徒刑、拘役或者管制，并处或者单处罚金；情节特别严重的，处三年以上七年以下有期徒刑，并处罚金。
"盗伐、滥伐国家级自然保护区内的森林或者其他林木的，从重处罚。"

盗伐、滥伐国家级自然保护区内的森林或者其他林木的，从重处罚。

第三百四十六条 【单位犯本节规定之罪的处罚】 单位犯本节第三百三十八条至第三百四十五条规定之罪的，对单位判处罚金，并对其直接负责的主管人员和其他直接责任人员，依照本节各该条的规定处罚。

第七节 走私、贩卖、运输、制造毒品罪

第三百四十七条 【走私、贩卖、运输、制造毒品罪】 走私、贩卖、运输、制造毒品，无论数量多少，都应当追究刑事责任，予以刑事处罚。

走私、贩卖、运输、制造毒品，有下列情形之一的，处十五年有期徒刑、无期徒刑或者死刑，并处没收财产：

（一）走私、贩卖、运输、制造鸦片一千克以上、海洛因或者甲基苯丙胺五十克以上或者其他毒品数量大的；

（二）走私、贩卖、运输、制造毒品集团的首要分子；

（三）武装掩护走私、贩卖、运输、制造毒品的；

（四）以暴力抗拒检查、拘留、逮捕，情节严重的；

（五）参与有组织的国际贩毒活动的。

走私、贩卖、运输、制造鸦片二百克以上不满一千克、海洛因或者甲基苯丙胺十克以上不满五十克或者其他毒品数量较大的，处七年以上有期徒刑，并处罚金。

走私、贩卖、运输、制造鸦片不满二百克、海洛因或者甲基苯丙胺不满十克或者其他少量毒品的，处三年以下有期徒刑、拘役或者管制，并处罚金；情节严重的，处三年以上七年以下有期徒刑，并处罚金。

单位犯第二款、第三款、第四款罪的，对单位判处罚金，并对其直接负责的主管人员和其他直接责任人员，依照各该款的规定处罚。

利用、教唆未成年人走私、贩卖、运输、制造毒品，或者向未成年人出售毒品的，从重处罚。

对多次走私、贩卖、运输、制造毒品，未经处理的，毒品数量累计计算。

第三百四十八条 【非法持有毒品罪】 非法持有鸦片一千克以上、

海洛因或者甲基苯丙胺五十克以上或者其他毒品数量大的，处七年以上有期徒刑或者无期徒刑，并处罚金；非法持有鸦片二百克以上不满一千克、海洛因或者甲基苯丙胺十克以上不满五十克或者其他毒品数量较大的，处三年以下有期徒刑、拘役或者管制，并处罚金；情节严重的，处三年以上七年以下有期徒刑，并处罚金。

第三百四十九条　【包庇毒品犯罪分子罪】【窝藏、转移、隐瞒毒品、毒赃罪】　包庇走私、贩卖、运输、制造毒品的犯罪分子的，为犯罪分子窝藏、转移、隐瞒毒品或者犯罪所得的财物的，处三年以下有期徒刑、拘役或者管制；情节严重的，处三年以上十年以下有期徒刑。

缉毒人员或者其他国家机关工作人员掩护、包庇走私、贩卖、运输、制造毒品的犯罪分子的，依照前款的规定从重处罚。

犯前两款罪，事先通谋的，以走私、贩卖、运输、制造毒品罪的共犯论处。

第三百五十条[①]　**【非法生产、买卖、运输制毒物品、走私制毒物品罪】**　违反国家规定，非法生产、买卖、运输醋酸酐、乙醚、三氯甲烷或者其他用于制造毒品的原料、配剂，或者携带上述物品进出境，情节较重的，处三年以下有期徒刑、拘役或者管制，并处罚金；情节严重的，处三年以上七年以下有期徒刑，并处罚金；情节特别严重的，处七年以上有期徒刑，并处罚金或者没收财产。

明知他人制造毒品而为其生产、买卖、运输前款规定的物品的，以制造毒品罪的共犯论处。

单位犯前两款罪的，对单位判处罚金，并对其直接负责的主管人员和其他直接责任人员，依照前两款的规定处罚。

第三百五十一条　【非法种植毒品原植物罪】　非法种植罂粟、大麻

[①]　本条第一款、第二款经 2015 年 8 月 29 日《刑法修正案（九）》第四十一条修改。

1997 年《刑法》第三百五十条第一款、第二款原规定："违反国家规定，非法运输、携带醋酸酐、乙醚、三氯甲烷或者其他用于制造毒品的原料或者配剂进出境的，或者违反国家规定，在境内非法买卖上述物品的，处三年以下有期徒刑、拘役或者管制，并处罚金；数量大的，处三年以上十年以下有期徒刑，并处罚金。

"明知他人制造毒品而为其提供前款规定的物品的，以制造毒品罪的共犯论处。"

等毒品原植物的,一律强制铲除。有下列情形之一的,处五年以下有期徒刑、拘役或者管制,并处罚金:

(一)种植罂粟五百株以上不满三千株或者其他毒品原植物数量较大的;

(二)经公安机关处理后又种植的;

(三)抗拒铲除的。

非法种植罂粟三千株以上或者其他毒品原植物数量大的,处五年以上有期徒刑,并处罚金或者没收财产。

非法种植罂粟或者其他毒品原植物,在收获前自动铲除的,可以免除处罚。

第三百五十二条 【非法买卖、运输、携带、持有毒品原植物种子、幼苗罪】 非法买卖、运输、携带、持有未经灭活的罂粟等毒品原植物种子或者幼苗,数量较大的,处三年以下有期徒刑、拘役或者管制,并处或者单处罚金。

第三百五十三条 【引诱、教唆、欺骗他人吸毒罪】 引诱、教唆、欺骗他人吸食、注射毒品的,处三年以下有期徒刑、拘役或者管制,并处罚金;情节严重的,处三年以上七年以下有期徒刑,并处罚金。

【强迫他人吸毒罪】 强迫他人吸食、注射毒品的,处三年以上十年以下有期徒刑,并处罚金。

引诱、教唆、欺骗或者强迫未成年人吸食、注射毒品的,从重处罚。

第三百五十四条 【容留他人吸毒罪】 容留他人吸食、注射毒品的,处三年以下有期徒刑、拘役或者管制,并处罚金。

第三百五十五条 【非法提供麻醉药品、精神药品罪】 依法从事生产、运输、管理、使用国家管制的麻醉药品、精神药品的人员,违反国家规定,向吸食、注射毒品的人提供国家规定管制的能够使人形成瘾癖的麻醉药品、精神药品的,处三年以下有期徒刑或者拘役,并处罚金;情节严重的,处三年以上七年以下有期徒刑,并处罚金。

向走私、贩卖毒品的犯罪分子或者以牟利为目的,向吸食、注射毒品的人提供国家规定管制的能够使人形成瘾癖的麻醉药品、精神药品的,依照本法第三百四十七条的规定定罪处罚。

单位犯前款罪的,对单位判处罚金,并对其直接负责的主管人员和其他直接责任人员,依照前款的规定处罚。

第三百五十五条之一[①] 【妨害兴奋剂管理罪】 引诱、教唆、欺骗运动员使用兴奋剂参加国内、国际重大体育竞赛,或者明知运动员参加上述竞赛而向其提供兴奋剂,情节严重的,处三年以下有期徒刑或者拘役,并处罚金。

组织、强迫运动员使用兴奋剂参加国内、国际重大体育竞赛的,依照前款的规定从重处罚。

第三百五十六条 【毒品犯罪的再犯】 因走私、贩卖、运输、制造、非法持有毒品罪被判过刑,又犯本节规定之罪的,从重处罚。

第三百五十七条 【毒品的含义及毒品数量的计算】 本法所称的毒品,是指鸦片、海洛因、甲基苯丙胺(冰毒)、吗啡、大麻、可卡因以及国家规定管制的其他能够使人形成瘾癖的麻醉药品和精神药品。

毒品的数量以查证属实的走私、贩卖、运输、制造、非法持有毒品的数量计算,不以纯度折算。

第八节 组织、强迫、引诱、容留、介绍卖淫罪

第三百五十八条[②] 【组织卖淫罪】【强迫卖淫罪】 组织、强迫他

[①] 本条为2020年12月26日《刑法修正案(十一)》第四十四条增加。
[②] 本条经2011年2月25日《刑法修正案(八)》第四十八条、2015年8月29日《刑法修正案(九)》第四十二条两次修改。
1997年《刑法》第三百五十八条原规定:"组织他人卖淫或者强迫他人卖淫的,处五年以上十年以下有期徒刑,并处罚金;有下列情形之一的,处十年以上有期徒刑或者无期徒刑,并处罚金或者没收财产:
"(一)组织他人卖淫,情节严重的;
"(二)强迫不满十四周岁的幼女卖淫的;
"(三)强迫多人卖淫或者多次强迫他人卖淫的;
"(四)强奸后迫使卖淫的;
"(五)造成被强迫卖淫的人重伤、死亡或者其他严重后果的。
"有前款所列情形之一,情节特别严重的,处无期徒刑或者死刑,并处没收财产。
"协助组织他人卖淫的,处五年以下有期徒刑,并处罚金;情节严重的,处五年以上十年以下有期徒刑,并处罚金。"
《刑法修正案(八)》第四十八条将1997年《刑法》第三百五十八条第三款修改为:"为组织卖淫的人招募、运送人员或者有其他协助组织他人卖淫行为的,处五年以下有期徒刑,并处罚金;情节严重的,处五年以上十年以下有期徒刑,并处罚金。"
《刑法修正案(九)》第四十二条对本条作了再次修改。

人卖淫的,处五年以上十年以下有期徒刑,并处罚金;情节严重的,处十年以上有期徒刑或者无期徒刑,并处罚金或者没收财产。

组织、强迫未成年人卖淫的,依照前款的规定从重处罚。

犯前两款罪,并有杀害、伤害、强奸、绑架等犯罪行为的,依照数罪并罚的规定处罚。

【协助组织卖淫罪】 为组织卖淫的人招募、运送人员或者有其他协助组织他人卖淫行为的,处五年以下有期徒刑,并处罚金;情节严重的,处五年以上十年以下有期徒刑,并处罚金。

第三百五十九条 【引诱、容留、介绍卖淫罪】 引诱、容留、介绍他人卖淫的,处五年以下有期徒刑、拘役或者管制,并处罚金;情节严重的,处五年以上有期徒刑,并处罚金。

【引诱幼女卖淫罪】 引诱不满十四周岁的幼女卖淫的,处五年以上有期徒刑,并处罚金。

第三百六十条① 【传播性病罪】 明知自己患有梅毒、淋病等严重性病卖淫、嫖娼的,处五年以下有期徒刑、拘役或者管制,并处罚金。

第三百六十一条 【旅馆业、饮食服务业等单位组织、强迫、引诱、容留、介绍卖淫的处罚规定】 旅馆业、饮食服务业、文化娱乐业、出租汽车业等单位的人员,利用本单位的条件,组织、强迫、引诱、容留、介绍他人卖淫的,依照本法第三百五十八条、第三百五十九条的规定定罪处罚。

前款所列单位的主要负责人,犯前款罪的,从重处罚。

第三百六十二条 【包庇罪】 旅馆业、饮食服务业、文化娱乐业、出租汽车业等单位的人员,在公安机关查处卖淫、嫖娼活动时,为违法犯罪分子通风报信,情节严重的,依照本法第三百一十条的规定定罪处罚。

---

① 本条经2015年8月29日《刑法修正案(九)》第四十三条修改。
1997年《刑法》第三百六十条第二款原规定:"嫖宿不满十四周岁的幼女的,处五年以上有期徒刑,并处罚金。"
《刑法修正案(九)》第四十三条删去该款。

第九节　制作、贩卖、传播淫秽物品罪

第三百六十三条　【制作、复制、出版、贩卖、传播淫秽物品牟利罪】　以牟利为目的，制作、复制、出版、贩卖、传播淫秽物品的，处三年以下有期徒刑、拘役或者管制，并处罚金；情节严重的，处三年以上十年以下有期徒刑，并处罚金；情节特别严重的，处十年以上有期徒刑或者无期徒刑，并处罚金或者没收财产。

【为他人提供书号出版淫秽书刊罪】【出版淫秽物品牟利罪】　为他人提供书号，出版淫秽书刊的，处三年以下有期徒刑、拘役或者管制，并处或者单处罚金；明知他人用于出版淫秽书刊而提供书号的，依照前款的规定处罚。

第三百六十四条　【传播淫秽物品罪】　传播淫秽的书刊、影片、音像、图片或者其他淫秽物品，情节严重的，处二年以下有期徒刑、拘役或者管制。

【组织播放淫秽音像制品罪】　组织播放淫秽的电影、录像等音像制品的，处三年以下有期徒刑、拘役或者管制，并处罚金；情节严重的，处三年以上十年以下有期徒刑，并处罚金。

制作、复制淫秽的电影、录像等音像制品组织播放的，依照第二款的规定从重处罚。

向不满十八周岁的未成年人传播淫秽物品的，从重处罚。

第三百六十五条　【组织淫秽表演罪】　组织进行淫秽表演的，处三年以下有期徒刑、拘役或者管制，并处罚金；情节严重的，处三年以上十年以下有期徒刑，并处罚金。

第三百六十六条　【单位犯罪的规定】　单位犯本节第三百六十三条、第三百六十四条、第三百六十五条规定之罪的，对单位判处罚金，并对其直接负责的主管人员和其他直接责任人员，依照各该条的规定处罚。

第三百六十七条　【淫秽物品的含义】　本法所称淫秽物品，是指具体描绘性行为或者露骨宣扬色情的诲淫性的书刊、影片、录像带、录音带、图片及其他淫秽物品。

有关人体生理、医学知识的科学著作不是淫秽物品。

包含有色情内容的有艺术价值的文学、艺术作品不视为淫秽物品。

第七章 危害国防利益罪

第三百六十八条 【阻碍军人执行职务罪】 以暴力、威胁方法阻碍军人依法执行职务的，处三年以下有期徒刑、拘役、管制或者罚金。

【阻碍军事行动罪】 故意阻碍武装部队军事行动，造成严重后果的，处五年以下有期徒刑或者拘役。

第三百六十九条[①] 【破坏武器装备、军事设施、军事通信罪】 破坏武器装备、军事设施、军事通信的，处三年以下有期徒刑、拘役或者管制；破坏重要武器装备、军事设施、军事通信的，处三年以上十年以下有期徒刑；情节特别严重的，处十年以上有期徒刑、无期徒刑或者死刑。

【过失破坏武器装备、军事设施、军事通信罪】过失犯前款罪，造成严重后果的，处三年以下有期徒刑或者拘役；造成特别严重后果的，处三年以上七年以下有期徒刑。

战时犯前两款罪的，从重处罚。

第三百七十条 【故意提供不合格武器装备、军事设施罪】 明知是不合格的武器装备、军事设施而提供给武装部队的，处五年以下有期徒刑或者拘役；情节严重的，处五年以上十年以下有期徒刑；情节特别严重的，处十年以上有期徒刑、无期徒刑或者死刑。

【过失提供不合格武器装备、军事设施罪】 过失犯前款罪，造成严重后果的，处三年以下有期徒刑或者拘役；造成特别严重后果的，处三年以上七年以下有期徒刑。

单位犯第一款罪的，对单位判处罚金，并对其直接负责的主管人员和其他直接责任人员，依照第一款的规定处罚。

第三百七十一条 【聚众冲击军事禁区罪】 聚众冲击军事禁区，严重扰乱军事禁区秩序的，对首要分子，处五年以上十年以下有期徒刑；对其他积极参加的，处五年以下有期徒刑、拘役、管制或者剥夺政治权利。

【聚众扰乱军事管理区秩序罪】 聚众扰乱军事管理区秩序，情节严

---

① 本条第二款为2005年2月28日《刑法修正案（五）》第三条增加。

重，致使军事管理区工作无法进行，造成严重损失的，对首要分子，处三年以上七年以下有期徒刑；对其他积极参加的，处三年以下有期徒刑、拘役、管制或者剥夺政治权利。

第三百七十二条 【冒充军人招摇撞骗罪】 冒充军人招摇撞骗的，处三年以下有期徒刑、拘役、管制或者剥夺政治权利；情节严重的，处三年以上十年以下有期徒刑。

第三百七十三条 【煽动军人逃离部队罪】【雇用逃离部队军人罪】 煽动军人逃离部队或者明知是逃离部队的军人而雇用，情节严重的，处三年以下有期徒刑、拘役或者管制。

第三百七十四条 【接送不合格兵员罪】 在征兵工作中徇私舞弊，接送不合格兵员，情节严重的，处三年以下有期徒刑或者拘役；造成特别严重后果的，处三年以上七年以下有期徒刑。

第三百七十五条[①] 【伪造、变造、买卖武装部队公文、证件、印章罪】【盗窃、抢夺武装部队公文、证件、印章罪】 伪造、变造、买卖或者盗窃、抢夺武装部队公文、证件、印章的，处三年以下有期徒刑、拘役、管制或者剥夺政治权利；情节严重的，处三年以上十年以下有期徒刑。

【非法生产、买卖武装部队制式服装罪】 非法生产、买卖武装部队制式服装，情节严重的，处三年以下有期徒刑、拘役或者管制，并处或者单处罚金。

【伪造、盗窃、买卖、非法提供、非法使用武装部队专用标志罪】 伪造、盗窃、买卖或者非法提供、使用武装部队车辆号牌等专用标志，情节严重的，处三年以下有期徒刑、拘役或者管制，并处或者单处罚金；情节特别严重的，处三年以上七年以下有期徒刑，并处罚金。

---

① 本条第二、三、四款经 2009 年 2 月 28 日《刑法修正案（七）》第十二条修改。

1997 年《刑法》第三百七十五条第二款原规定："非法生产、买卖武装部队制式服装、车辆号牌等专用标志，情节严重的，处三年以下有期徒刑、拘役或者管制，并处或者单处罚金。"第三款原规定："单位犯第二款罪的，对单位判处罚金，并对其直接负责的主管人员和其他责任人员，依照该款的规定处罚。"

《刑法修正案（七）》第十二条对本条第二款作出修改，增加一款作为第三款，并对原第三款规定进行修改后改列为第四款。

单位犯第二款、第三款罪的，对单位判处罚金，并对其直接负责的主管人员和其他直接责任人员，依照各该款的规定处罚。

第三百七十六条 【战时拒绝、逃避征召、军事训练罪】 预备役人员战时拒绝、逃避征召或者军事训练，情节严重的，处三年以下有期徒刑或者拘役。

【战时拒绝、逃避服役罪】 公民战时拒绝、逃避服役，情节严重的，处二年以下有期徒刑或者拘役。

第三百七十七条 【战时故意提供虚假敌情罪】 战时故意向武装部队提供虚假敌情，造成严重后果的，处三年以上十年以下有期徒刑；造成特别严重后果的，处十年以上有期徒刑或者无期徒刑。

第三百七十八条 【战时造谣扰乱军心罪】 战时造谣惑众，扰乱军心的，处三年以下有期徒刑、拘役或者管制；情节严重的，处三年以上十年以下有期徒刑。

第三百七十九条 【战时窝藏逃离部队军人罪】 战时明知是逃离部队的军人而为其提供隐蔽处所、财物，情节严重的，处三年以下有期徒刑或者拘役。

第三百八十条 【战时拒绝、故意延误军事订货罪】 战时拒绝或者故意延误军事订货，情节严重的，对单位判处罚金，并对其直接负责的主管人员和其他直接责任人员，处五年以下有期徒刑或者拘役；造成严重后果的，处五年以上有期徒刑。

第三百八十一条① 【战时拒绝军事征收、征用罪】 战时拒绝军事征收、征用，情节严重的，处三年以下有期徒刑或者拘役。

第八章 贪污贿赂罪

第三百八十二条 【贪污罪】 国家工作人员利用职务上的便利，侵吞、窃取、骗取或者以其他手段非法占有公共财物的，是贪污罪。

---

① 本条经 2009 年 8 月 27 日第十一届全国人民代表大会常务委员会第十次会议通过的《全国人民代表大会常务委员会关于修改部分法律的决定》第二条第一项第 12 目修改。
1997 年《刑法》第三百八十一条原规定："战时拒绝军事征用，情节严重的，处三年以下有期徒刑或者拘役。"

受国家机关、国有公司、企业、事业单位、人民团体委托管理、经营国有财产的人员，利用职务上的便利，侵吞、窃取、骗取或者以其他手段非法占有国有财物的，以贪污论。

与前两款所列人员勾结，伙同贪污的，以共犯论处。

第三百八十三条[①]　**【对贪污罪的处罚】**　对犯贪污罪的，根据情节轻重，分别依照下列规定处罚：

（一）贪污数额较大或者有其他较重情节的，处三年以下有期徒刑或者拘役，并处罚金。

（二）贪污数额巨大或者有其他严重情节的，处三年以上十年以下有期徒刑，并处罚金或者没收财产。

（三）贪污数额特别巨大或者有其他特别严重情节的，处十年以上有期徒刑或者无期徒刑，并处罚金或者没收财产；数额特别巨大，并使国家和人民利益遭受特别重大损失的，处无期徒刑或者死刑，并处没收财产。

对多次贪污未经处理的，按照累计贪污数额处罚。

犯第一款罪，在提起公诉前如实供述自己罪行、真诚悔罪、积极退赃，避免、减少损害结果的发生，有第一项规定情形的，可以从轻、减轻或者免除处罚；有第二项、第三项规定情形的，可以从轻处罚。

犯第一款罪，有第三项规定情形被判处死刑缓期执行的，人民法院根据犯罪情节等情况可以同时决定在其死刑缓期执行二年期满依法减为无期徒刑后，终身监禁，不得减刑、假释。

[①]　本条经 2015 年 8 月 29 日《刑法修正案（九）》第四十四条修改。

1997 年《刑法》第三百八十三条原规定："对犯贪污罪的，根据情节轻重，分别依照下列规定处罚：

"（一）个人贪污数额在十万元以上的，处十年以上有期徒刑或者无期徒刑，可以并处没收财产；情节特别严重的，处死刑，并处没收财产。

"（二）个人贪污数额在五万元以上不满十万元的，处五年以上有期徒刑，可以并处没收财产；情节特别严重的，处无期徒刑，并处没收财产。

"（三）个人贪污数额在五千元以上不满五万元的，处一年以上七年以下有期徒刑；情节严重的，处七年以上十年以下有期徒刑。个人贪污数额在五千元以上不满一万元，犯罪后有悔改表现、积极退赃的，可以减轻处罚或者免予刑事处罚，由其所在单位或者上级主管机关给予行政处分。

"（四）个人贪污数额不满五千元，情节较重的，处二年以下有期徒刑或者拘役；情节较轻的，由其所在单位或者上级主管机关酌情给予行政处分。

"对多次贪污未经处理的，按照累计贪污数额处罚。"

第三百八十四条　【挪用公款罪】　国家工作人员利用职务上的便利，挪用公款归个人使用，进行非法活动的，或者挪用公款数额较大、进行营利活动的，或者挪用公款数额较大、超过三个月未还的，是挪用公款罪，处五年以下有期徒刑或者拘役；情节严重的，处五年以上有期徒刑。挪用公款数额巨大不退还的，处十年以上有期徒刑或者无期徒刑。

挪用用于救灾、抢险、防汛、优抚、扶贫、移民、救济款物归个人使用的，从重处罚。

第三百八十五条　【受贿罪】　国家工作人员利用职务上的便利，索取他人财物的，或者非法收受他人财物，为他人谋取利益的，是受贿罪。

国家工作人员在经济往来中，违反国家规定，收受各种名义的回扣、手续费，归个人所有的，以受贿论处。

第三百八十六条　【对受贿罪的处罚】　对犯受贿罪的，根据受贿所得数额及情节，依照本法第三百八十三条的规定处罚。索贿的从重处罚。

第三百八十七条　【单位受贿罪】　国家机关、国有公司、企业、事业单位、人民团体，索取、非法收受他人财物，为他人谋取利益，情节严重的，对单位判处罚金，并对其直接负责的主管人员和其他直接责任人员，处五年以下有期徒刑或者拘役。

前款所列单位，在经济往来中，在帐外暗中收受各种名义的回扣、手续费的，以受贿论，依照前款的规定处罚。

第三百八十八条　【斡旋受贿的处罚】　国家工作人员利用本人职权或者地位形成的便利条件，通过其他国家工作人员职务上的行为，为请托人谋取不正当利益，索取请托人财物或者收受请托人财物的，以受贿论处。

第三百八十八条之一[①]　**【利用影响力受贿罪】**　国家工作人员的近亲属或者其他与该国家工作人员关系密切的人，通过该国家工作人员职务上的行为，或者利用该国家工作人员职权或者地位形成的便利条件，通过其他国家工作人员职务上的行为，为请托人谋取不正当利益，索取请托人财物或者收受请托人财物，数额较大或者有其他较重情节的，处三年以下

[①] 本条为2009年2月28日《刑法修正案（七）》第十三条增加。

有期徒刑或者拘役,并处罚金;数额巨大或者有其他严重情节的,处三年以上七年以下有期徒刑,并处罚金;数额特别巨大或者有其他特别严重情节的,处七年以上有期徒刑,并处罚金或者没收财产。

离职的国家工作人员或者其近亲属以及其他与其关系密切的人,利用该离职的国家工作人员原职权或者地位形成的便利条件实施前款行为的,依照前款的规定定罪处罚。

第三百八十九条　【行贿罪】　为谋取不正当利益,给予国家工作人员以财物的,是行贿罪。

在经济往来中,违反国家规定,给予国家工作人员以财物,数额较大的,或者违反国家规定,给予国家工作人员以各种名义的回扣、手续费的,以行贿论处。

因被勒索给予国家工作人员以财物,没有获得不正当利益的,不是行贿。

第三百九十条[①]　**【对行贿罪的处罚】**　对犯行贿罪的,处五年以下有期徒刑或者拘役,并处罚金;因行贿谋取不正当利益,情节严重的,或者使国家利益遭受重大损失的,处五年以上十年以下有期徒刑,并处罚金;情节特别严重的,或者使国家利益遭受特别重大损失的,处十年以上有期徒刑或者无期徒刑,并处罚金或者没收财产。

行贿人在被追诉前主动交待行贿行为的,可以从轻或者减轻处罚。其中,犯罪较轻的,对侦破重大案件起关键作用的,或者有重大立功表现的,可以减轻或者免除处罚。

第三百九十条之一[②]　**【对有影响力的人行贿罪】**　为谋取不正当利益,向国家工作人员的近亲属或者其他与该国家工作人员关系密切的人,或者向离职的国家工作人员或者其近亲属以及其他与其关系密切的人行贿

[①]　本条经2015年8月29日《刑法修正案(九)》第四十五条修改。
1997年《刑法》第三百九十条原规定:"对犯行贿罪的,处五年以下有期徒刑或者拘役;因行贿谋取不正当利益,情节严重的,或者使国家利益遭受重大损失的,处五年以上十年以下有期徒刑;情节特别严重的,处十年以上有期徒刑或者无期徒刑,可以并处没收财产。
"行贿人在被追诉前主动交待行贿行为的,可以减轻处罚或者免除处罚。"

[②]　本条为2015年8月29日《刑法修正案(九)》第四十六条增加。

的，处三年以下有期徒刑或者拘役，并处罚金；情节严重的，或者使国家利益遭受重大损失的，处三年以上七年以下有期徒刑，并处罚金；情节特别严重的，或者使国家利益遭受特别重大损失的，处七年以上十年以下有期徒刑，并处罚金。

单位犯前款罪的，对单位判处罚金，并对其直接负责的主管人员和其他直接责任人员，处三年以下有期徒刑或者拘役，并处罚金。

第三百九十一条[①]　【对单位行贿罪】　为谋取不正当利益，给予国家机关、国有公司、企业、事业单位、人民团体以财物的，或者在经济往来中，违反国家规定，给予各种名义的回扣、手续费的，处三年以下有期徒刑或者拘役，并处罚金。

单位犯前款罪的，对单位判处罚金，并对其直接负责的主管人员和其他直接责任人员，依照前款的规定处罚。

第三百九十二条[②]　【介绍贿赂罪】　向国家工作人员介绍贿赂，情节严重的，处三年以下有期徒刑或者拘役，并处罚金。

介绍贿赂人在被追诉前主动交待介绍贿赂行为的，可以减轻处罚或者免除处罚。

第三百九十三条[③]　【单位行贿罪】　单位为谋取不正当利益而行贿，或者违反国家规定，给予国家工作人员以回扣、手续费，情节严重的，对单位判处罚金，并对其直接负责的主管人员和其他直接责任人员，处五年以下有期徒刑或者拘役，并处罚金。因行贿取得的违法所得归个人所有

[①] 本条第一款经 2015 年 8 月 29 日《刑法修正案（九）》第四十七条修改。

1997 年《刑法》第三百九十一条第一款原规定："为谋取不正当利益，给予国家机关、国有公司、企业、事业单位、人民团体以财物的，或者在经济往来中，违反国家规定，给予各种名义的回扣、手续费的，处三年以下有期徒刑或者拘役。"

[②] 本条第一款经 2015 年 8 月 29 日《刑法修正案（九）》第四十八条修改。

1997 年《刑法》第三百九十二条第一款原规定："向国家工作人员介绍贿赂，情节严重的，处三年以下有期徒刑或者拘役。"

[③] 本条经 2015 年 8 月 29 日《刑法修正案（九）》第四十九条修改。

1997 年《刑法》第三百九十三条原规定："单位为谋取不正当利益而行贿，或者违反国家规定，给予国家工作人员以回扣、手续费，情节严重的，对单位判处罚金，并对其直接负责的主管人员和其他直接责任人员，处五年以下有期徒刑或者拘役。因行贿取得的违法所得归个人所有的，依照本法第三百八十九条、第三百九十条的规定定罪处罚。"

的，依照本法第三百八十九条、第三百九十条的规定定罪处罚。

第三百九十四条 【贪污罪】 国家工作人员在国内公务活动或者对外交往中接受礼物，依照国家规定应当交公而不交公，数额较大的，依照本法第三百八十二条、第三百八十三条的规定定罪处罚。

第三百九十五条① 【巨额财产来源不明罪】 国家工作人员的财产、支出明显超过合法收入，差额巨大的，可以责令该国家工作人员说明来源，不能说明来源的，差额部分以非法所得论，处五年以下有期徒刑或者拘役；差额特别巨大的，处五年以上十年以下有期徒刑。财产的差额部分予以追缴。

【隐瞒境外存款罪】 国家工作人员在境外的存款，应当依照国家规定申报。数额较大、隐瞒不报的，处二年以下有期徒刑或者拘役；情节较轻的，由其所在单位或者上级主管机关酌情给予行政处分。

第三百九十六条 【私分国有资产罪】 国家机关、国有公司、企业、事业单位、人民团体，违反国家规定，以单位名义将国有资产集体私分给个人，数额较大的，对其直接负责的主管人员和其他直接责任人员，处三年以下有期徒刑或者拘役，并处或者单处罚金；数额巨大的，处三年以上七年以下有期徒刑，并处罚金。

【私分罚没财物罪】 司法机关、行政执法机关违反国家规定，将应当上缴国家的罚没财物，以单位名义集体私分给个人的，依照前款的规定处罚。

第九章 渎职罪

第三百九十七条 【滥用职权罪】【玩忽职守罪】 国家机关工作人员滥用职权或者玩忽职守，致使公共财产、国家和人民利益遭受重大损失的，处三年以下有期徒刑或者拘役；情节特别严重的，处三年以上七年以下有期徒刑。本法另有规定的，依照规定。

---

① 本条第一款经 2009 年 2 月 28 日《刑法修正案（七）》第十四条修改。
1997 年《刑法》第三百九十五条第一款原规定："国家工作人员的财产或者支出明显超过合法收入，差额巨大的，可以责令说明来源。本人不能说明其来源是合法的，差额部分以非法所得论，处五年以下有期徒刑或者拘役，财产的差额部分予以追缴。"

国家机关工作人员徇私舞弊,犯前款罪的,处五年以下有期徒刑或者拘役;情节特别严重的,处五年以上十年以下有期徒刑。本法另有规定的,依照规定。

第三百九十八条 【故意泄露国家秘密罪】【过失泄露国家秘密罪】 国家机关工作人员违反保守国家秘密法的规定,故意或者过失泄露国家秘密,情节严重的,处三年以下有期徒刑或者拘役;情节特别严重的,处三年以上七年以下有期徒刑。

非国家机关工作人员犯前款罪的,依照前款的规定酌情处罚。

第三百九十九条① 【徇私枉法罪】 司法工作人员徇私枉法、徇情枉法,对明知是无罪的人而使他受追诉、对明知是有罪的人而故意包庇不使他受追诉,或者在刑事审判活动中故意违背事实和法律作枉法裁判的,处五年以下有期徒刑或者拘役;情节严重的,处五年以上十年以下有期徒刑;情节特别严重的,处十年以上有期徒刑。

【民事、行政枉法裁判罪】 在民事、行政审判活动中故意违背事实和法律作枉法裁判,情节严重的,处五年以下有期徒刑或者拘役;情节特别严重的,处五年以上十年以下有期徒刑。

【执行判决、裁定失职罪】【执行判决、裁定滥用职权罪】 在执行判决、裁定活动中,严重不负责任或者滥用职权,不依法采取诉讼保全措施、不履行法定执行职责,或者违法采取诉讼保全措施、强制执行措施,致使当事人或者其他人的利益遭受重大损失的,处五年以下有期徒刑或者拘役;致使当事人或者其他人的利益遭受特别重大损失的,处五年以上十年以下有期徒刑。

---

① 本条经 2002 年 12 月 28 日《刑法修正案(四)》第八条修改。

1997 年《刑法》第三百九十九条原规定:"司法工作人员徇私枉法、徇情枉法,对明知是无罪的人而使他受追诉、对明知是有罪的人而故意包庇不使他受追诉,或者在刑事审判活动中故意违背事实和法律作枉法裁判的,处五年以下有期徒刑或者拘役;情节严重的,处五年以上十年以下有期徒刑;情节特别严重的,处十年以上有期徒刑。

"在民事、行政审判活动中故意违背事实和法律作枉法裁判,情节严重的,处五年以下有期徒刑或者拘役;情节特别严重的,处五年以上十年以下有期徒刑。

"司法工作人员贪赃枉法,有前两款行为的,同时又构成本法第三百八十五条规定之罪的,依照处罚较重的规定定罪处罚。"

司法工作人员收受贿赂,有前三款行为的,同时又构成本法第三百八十五条规定之罪的,依照处罚较重的规定定罪处罚。

第三百九十九条之一① 【枉法仲裁罪】依法承担仲裁职责的人员,在仲裁活动中故意违背事实和法律作枉法裁决,情节严重的,处三年以下有期徒刑或者拘役;情节特别严重的,处三年以上七年以下有期徒刑。

第四百条 【私放在押人员罪】 司法工作人员私放在押的犯罪嫌疑人、被告人或者罪犯的,处五年以下有期徒刑或者拘役;情节严重的,处五年以上十年以下有期徒刑;情节特别严重的,处十年以上有期徒刑。

【失职致使在押人员脱逃罪】 司法工作人员由于严重不负责任,致使在押的犯罪嫌疑人、被告人或者罪犯脱逃,造成严重后果的,处三年以下有期徒刑或者拘役;造成特别严重后果的,处三年以上十年以下有期徒刑。

第四百零一条 【徇私舞弊减刑、假释、暂予监外执行罪】 司法工作人员徇私舞弊,对不符合减刑、假释、暂予监外执行条件的罪犯,予以减刑、假释或者暂予监外执行的,处三年以下有期徒刑或者拘役;情节严重的,处三年以上七年以下有期徒刑。

第四百零二条 【徇私舞弊不移交刑事案件罪】 行政执法人员徇私舞弊,对依法应当移交司法机关追究刑事责任的不移交,情节严重的,处三年以下有期徒刑或者拘役;造成严重后果的,处三年以上七年以下有期徒刑。

第四百零三条 【滥用管理公司、证券职权罪】 国家有关主管部门的国家机关工作人员,徇私舞弊,滥用职权,对不符合法律规定条件的公司设立、登记申请或者股票、债券发行、上市申请,予以批准或者登记,致使公共财产、国家和人民利益遭受重大损失的,处五年以下有期徒刑或者拘役。

上级部门强令登记机关及其工作人员实施前款行为的,对其直接负责的主管人员,依照前款的规定处罚。

第四百零四条 【徇私舞弊不征、少征税款罪】 税务机关的工作人

---

① 本条为2006年6月29日《刑法修正案(六)》第二十条增加。

员徇私舞弊，不征或者少征应征税款，致使国家税收遭受重大损失的，处五年以下有期徒刑或者拘役；造成特别重大损失的，处五年以上有期徒刑。

第四百零五条 【徇私舞弊发售发票、抵扣税款、出口退税罪】 税务机关的工作人员违反法律、行政法规的规定，在办理发售发票、抵扣税款、出口退税工作中，徇私舞弊，致使国家利益遭受重大损失的，处五年以下有期徒刑或者拘役；致使国家利益遭受特别重大损失的，处五年以上有期徒刑。

【违法提供出口退税凭证罪】 其他国家机关工作人员违反国家规定，在提供出口货物报关单、出口收汇核销单等出口退税凭证的工作中，徇私舞弊，致使国家利益遭受重大损失的，依照前款的规定处罚。

第四百零六条 【国家机关工作人员签订、履行合同失职被骗罪】 国家机关工作人员在签订、履行合同过程中，因严重不负责任被诈骗，致使国家利益遭受重大损失的，处三年以下有期徒刑或者拘役；致使国家利益遭受特别重大损失的，处三年以上七年以下有期徒刑。

第四百零七条 【违法发放林木采伐许可证罪】 林业主管部门的工作人员违反森林法的规定，超过批准的年采伐限额发放林木采伐许可证或者违反规定滥发林木采伐许可证，情节严重，致使森林遭受严重破坏的，处三年以下有期徒刑或者拘役。

第四百零八条 【环境监管失职罪】 负有环境保护监督管理职责的国家机关工作人员严重不负责任，导致发生重大环境污染事故，致使公私财产遭受重大损失或者造成人身伤亡的严重后果的，处三年以下有期徒刑或者拘役。

第四百零八条之一① 【食品、药品监管渎职罪】 负有食品药品安全监督管理职责的国家机关工作人员,滥用职权或者玩忽职守,有下列情形之一,造成严重后果或者有其他严重情节的,处五年以下有期徒刑或者拘役;造成特别严重后果或者有其他特别严重情节的,处五年以上十年以下有期徒刑:

(一) 瞒报、谎报食品安全事故、药品安全事件的;

(二) 对发现的严重食品药品安全违法行为未按规定查处的;

(三) 在药品和特殊食品审批审评过程中,对不符合条件的申请准予许可的;

(四) 依法应当移交司法机关追究刑事责任不移交的;

(五) 有其他滥用职权或者玩忽职守行为的。

徇私舞弊犯前款罪的,从重处罚。

第四百零九条 【传染病防治失职罪】 从事传染病防治的政府卫生行政部门的工作人员严重不负责任,导致传染病传播或者流行,情节严重的,处三年以下有期徒刑或者拘役。

第四百一十条② 【非法批准征收、征用、占用土地罪】【非法低价出让国有土地使用权罪】 国家机关工作人员徇私舞弊,违反土地管理法规,滥用职权,非法批准征收、征用、占用土地,或者非法低价出让国有土地使用权,情节严重的,处三年以下有期徒刑或者拘役;致使国家或者

---

① 本条为2011年2月25日《刑法修正案(八)》第四十九条增加,经2020年12月26日《刑法修正案(十一)》第四十五条修改其第一款。

《刑法修正案(八)》第四十九条规定:"在刑法第四百零八条后增加一条,作为第四百零八条之一:'负有食品安全监督管理职责的国家机关工作人员,滥用职权或者玩忽职守,导致发生重大食品安全事故或者造成其他严重后果的,处五年以下有期徒刑或者拘役;造成特别严重后果的,处五年以上十年以下有期徒刑。

'徇私舞弊犯前款罪的,从重处罚。'"

《刑法修正案(十一)》第四十五条对本条第一款作了再次修改。

② 本条经2009年8月27日第十一届全国人民代表大会常务委员会第十次会议通过的《全国人民代表大会常务委员会关于修改部分法律的决定》第二条第一项第12目修改。

1997年《刑法》第四百一十条原规定:"国家机关工作人员徇私舞弊,违反土地管理法规,滥用职权,非法批准征用、占用土地,或者非法低价出让国有土地使用权,情节严重的,处三年以下有期徒刑或者拘役;致使国家或者集体利益遭受特别重大损失的,处三年以上七年以下有期徒刑。"

集体利益遭受特别重大损失的，处三年以上七年以下有期徒刑。

第四百一十一条 【放纵走私罪】 海关工作人员徇私舞弊，放纵走私，情节严重的，处五年以下有期徒刑或者拘役；情节特别严重的，处五年以上有期徒刑。

第四百一十二条 【商检徇私舞弊罪】 国家商检部门、商检机构的工作人员徇私舞弊，伪造检验结果的，处五年以下有期徒刑或者拘役；造成严重后果的，处五年以上十年以下有期徒刑。

【商检失职罪】 前款所列人员严重不负责任，对应当检验的物品不检验，或者延误检验出证、错误出证，致使国家利益遭受重大损失的，处三年以下有期徒刑或者拘役。

第四百一十三条 【动植物检疫徇私舞弊罪】 动植物检疫机关的检疫人员徇私舞弊，伪造检疫结果的，处五年以下有期徒刑或者拘役；造成严重后果的，处五年以上十年以下有期徒刑。

【动植物检疫失职罪】 前款所列人员严重不负责任，对应当检疫的检疫物不检疫，或者延误检疫出证、错误出证，致使国家利益遭受重大损失的，处三年以下有期徒刑或者拘役。

第四百一十四条 【放纵制售伪劣商品犯罪行为罪】 对生产、销售伪劣商品犯罪行为负有追究责任的国家机关工作人员，徇私舞弊，不履行法律规定的追究职责，情节严重的，处五年以下有期徒刑或者拘役。

第四百一十五条 【办理偷越国（边）境人员出入境证件罪】【放行偷越国（边）境人员罪】 负责办理护照、签证以及其他出入境证件的国家机关工作人员，对明知是企图偷越国（边）境的人员，予以办理出入境证件的，或者边防、海关等国家机关工作人员，对明知是偷越国（边）境的人员，予以放行的，处三年以下有期徒刑或者拘役；情节严重的，处三年以上七年以下有期徒刑。

第四百一十六条 【不解救被拐卖、绑架妇女、儿童罪】 对被拐卖、绑架的妇女、儿童负有解救职责的国家机关工作人员，接到被拐卖、绑架的妇女、儿童及其家属的解救要求或者接到其他人的举报，而对被拐卖、绑架的妇女、儿童不进行解救，造成严重后果的，处五年以下有期徒刑或者拘役。

【阻碍解救被拐卖、绑架妇女、儿童罪】 负有解救职责的国家机关工作人员利用职务阻碍解救的,处二年以上七年以下有期徒刑;情节较轻的,处二年以下有期徒刑或者拘役。

第四百一十七条 【帮助犯罪分子逃避处罚罪】 有查禁犯罪活动职责的国家机关工作人员,向犯罪分子通风报信、提供便利,帮助犯罪分子逃避处罚的,处三年以下有期徒刑或者拘役;情节严重的,处三年以上十年以下有期徒刑。

第四百一十八条 【招收公务员、学生徇私舞弊罪】 国家机关工作人员在招收公务员、学生工作中徇私舞弊,情节严重的,处三年以下有期徒刑或者拘役。

第四百一十九条 【失职造成珍贵文物损毁、流失罪】 国家机关工作人员严重不负责任,造成珍贵文物损毁或者流失,后果严重的,处三年以下有期徒刑或者拘役。

第十章 军人违反职责罪

第四百二十条 【军人违反职责罪的概念】 军人违反职责,危害国家军事利益,依照法律应当受刑罚处罚的行为,是军人违反职责罪。

第四百二十一条 【战时违抗命令罪】 战时违抗命令,对作战造成危害的,处三年以上十年以下有期徒刑;致使战斗、战役遭受重大损失的,处十年以上有期徒刑、无期徒刑或者死刑。

第四百二十二条 【隐瞒、谎报军情罪】【拒传、假传军令罪】 故意隐瞒、谎报军情或者拒传、假传军令,对作战造成危害的,处三年以上十年以下有期徒刑;致使战斗、战役遭受重大损失的,处十年以上有期徒刑、无期徒刑或者死刑。

第四百二十三条 【投降罪】 在战场上贪生怕死,自动放下武器投降敌人的,处三年以上十年以下有期徒刑;情节严重的,处十年以上有期徒刑或者无期徒刑。

投降后为敌人效劳的,处十年以上有期徒刑、无期徒刑或者死刑。

第四百二十四条 【战时临阵脱逃罪】 战时临阵脱逃的,处三年以下有期徒刑;情节严重的,处三年以上十年以下有期徒刑;致使战斗、战役遭受重大损失的,处十年以上有期徒刑、无期徒刑或者死刑。

第四百二十五条 【擅离、玩忽军事职守罪】 指挥人员和值班、值勤人员擅离职守或者玩忽职守,造成严重后果的,处三年以下有期徒刑或者拘役;造成特别严重后果的,处三年以上七年以下有期徒刑。

战时犯前款罪的,处五年以上有期徒刑。

第四百二十六条[①] 【阻碍执行军事职务罪】 以暴力、威胁方法,阻碍指挥人员或者值班、值勤人员执行职务的,处五年以下有期徒刑或者拘役;情节严重的,处五年以上十年以下有期徒刑;情节特别严重的,处十年以上有期徒刑或者无期徒刑。战时从重处罚。

第四百二十七条 【指挥部属违反职责罪】 滥用职权,指使部属进行违反职责的活动,造成严重后果的,处五年以下有期徒刑或者拘役;情节特别严重的,处五年以上十年以下有期徒刑。

第四百二十八条 【违令作战消极罪】 指挥人员违抗命令,临阵畏缩,作战消极,造成严重后果的,处五年以下有期徒刑;致使战斗、战役遭受重大损失或者有其他特别严重情节的,处五年以上有期徒刑。

第四百二十九条 【拒不救援友邻部队罪】 在战场上明知友邻部队处境危急请求救援,能救援而不救援,致使友邻部队遭受重大损失的,对指挥人员,处五年以下有期徒刑。

第四百三十条 【军人叛逃罪】 在履行公务期间,擅离岗位,叛逃境外或者在境外叛逃,危害国家军事利益的,处五年以下有期徒刑或者拘役;情节严重的,处五年以上有期徒刑。

驾驶航空器、舰船叛逃的,或者有其他特别严重情节的,处十年以上有期徒刑、无期徒刑或者死刑。

第四百三十一条[②] 【非法获取军事秘密罪】 以窃取、刺探、收买

---

① 本条经 2015 年 8 月 29 日《刑法修正案(九)》第五十条修改。
1997 年《刑法》第四百二十六条原规定:"以暴力、威胁方法,阻碍指挥人员或者值班、值勤人员执行职务的,处五年以下有期徒刑或者拘役;情节严重的,处五年以上有期徒刑;致人重伤、死亡的,或者有其他特别严重情节的,处无期徒刑或者死刑。战时从重处罚。"

② 本条第二款经 2020 年 12 月 26 日《刑法修正案(十一)》第四十六条修改。
1997 年《刑法》第四百三十一条第二款原规定:"为境外的机构、组织、人员窃取、刺探、收买、非法提供军事秘密的,处十年以上有期徒刑、无期徒刑或者死刑。"

方法，非法获取军事秘密的，处五年以下有期徒刑；情节严重的，处五年以上十年以下有期徒刑；情节特别严重的，处十年以上有期徒刑。

【为境外窃取、刺探、收买、非法提供军事秘密罪】为境外的机构、组织、人员窃取、刺探、收买、非法提供军事秘密的，处五年以上十年以下有期徒刑；情节严重的，处十年以上有期徒刑、无期徒刑或者死刑。

第四百三十二条　【故意泄露军事秘密罪】【过失泄露军事秘密罪】　违反保守国家秘密法规，故意或者过失泄露军事秘密，情节严重的，处五年以下有期徒刑或者拘役；情节特别严重的，处五年以上十年以下有期徒刑。

战时犯前款罪的，处五年以上十年以下有期徒刑；情节特别严重的，处十年以上有期徒刑或者无期徒刑。

第四百三十三条①　【战时造谣惑众罪】　战时造谣惑众，动摇军心的，处三年以下有期徒刑；情节严重的，处三年以上十年以下有期徒刑；情节特别严重的，处十年以上有期徒刑或者无期徒刑。

第四百三十四条　【战时自伤罪】　战时自伤身体，逃避军事义务的，处三年以下有期徒刑；情节严重的，处三年以上七年以下有期徒刑。

第四百三十五条　【逃离部队罪】　违反兵役法规，逃离部队，情节严重的，处三年以下有期徒刑或者拘役。

战时犯前款罪的，处三年以上七年以下有期徒刑。

第四百三十六条　【武器装备肇事罪】　违反武器装备使用规定，情节严重，因而发生责任事故，致人重伤、死亡或者造成其他严重后果的，处三年以下有期徒刑或者拘役；后果特别严重的，处三年以上七年下有期徒刑。

第四百三十七条　【擅自改变武器装备编配用途罪】　违反武器装备管理规定，擅自改变武器装备的编配用途，造成严重后果的，处三年以下

---

① 本条经 2015 年 8 月 29 日《刑法修正案（九）》第五十一条修改。

1997 年《刑法》第四百三十三条原规定："战时造谣惑众，动摇军心的，处三年以下有期徒刑；情节严重的，处三年以上十年以下有期徒刑。

"勾结敌人造谣惑众，动摇军心的，处十年以上有期徒刑或者无期徒刑；情节特别严重的，可以判处死刑。"

有期徒刑或者拘役；造成特别严重后果的，处三年以上七年以下有期徒刑。

第四百三十八条 【盗窃、抢夺武器装备、军用物资罪】 盗窃、抢夺武器装备或者军用物资的，处五年以下有期徒刑或者拘役；情节严重的，处五年以上十年以下有期徒刑；情节特别严重的，处十年以上有期徒刑、无期徒刑或者死刑。

【盗窃、抢夺枪支、弹药、爆炸物罪】 盗窃、抢夺枪支、弹药、爆炸物的，依照本法第一百二十七条的规定处罚。

第四百三十九条 【非法出卖、转让武器装备罪】 非法出卖、转让军队武器装备的，处三年以上十年以下有期徒刑；出卖、转让大量武器装备或者有其他特别严重情节的，处十年以上有期徒刑、无期徒刑或者死刑。

第四百四十条 【遗弃武器装备罪】 违抗命令，遗弃武器装备的，处五年以下有期徒刑或者拘役；遗弃重要或者大量武器装备的，或者有其他严重情节的，处五年以上有期徒刑。

第四百四十一条 【遗失武器装备罪】 遗失武器装备，不及时报告或者有其他严重情节的，处三年以下有期徒刑或者拘役。

第四百四十二条 【擅自出卖、转让军队房地产罪】 违反规定，擅自出卖、转让军队房地产，情节严重的，对直接责任人员，处三年以下有期徒刑或者拘役；情节特别严重的，处三年以上十年以下有期徒刑。

第四百四十三条 【虐待部属罪】 滥用职权，虐待部属，情节恶劣，致人重伤或者造成其他严重后果的，处五年以下有期徒刑或者拘役；致人死亡的，处五年以上有期徒刑。

第四百四十四条 【遗弃伤病军人罪】 在战场上故意遗弃伤病军人，情节恶劣的，对直接责任人员，处五年以下有期徒刑。

第四百四十五条 【战时拒不救治伤病军人罪】 战时在救护治疗职位上，有条件救治而拒不救治危重伤病军人的，处五年以下有期徒刑或者拘役；造成伤病军人重残、死亡或者有其他严重情节的，处五年以上十年以下有期徒刑。

第四百四十六条 【战时残害居民、掠夺居民财物罪】 战时在军事行动地区，残害无辜居民或者掠夺无辜居民财物的，处五年以下有期徒刑；情节严重的，处五年以上十年以下有期徒刑；情节特别严重的，处十年以上有期徒刑、无期徒刑或者死刑。

第四百四十七条　【私放俘虏罪】　私放俘虏的，处五年以下有期徒刑；私放重要俘虏、私放俘虏多人或者有其他严重情节的，处五年以上有期徒刑。

第四百四十八条　【虐待俘虏罪】　虐待俘虏，情节恶劣的，处三年以下有期徒刑。

第四百四十九条　【战时缓刑戴罪立功的规定】　在战时，对被判处三年以下有期徒刑没有现实危险宣告缓刑的犯罪军人，允许其戴罪立功，确有立功表现时，可以撤销原判刑罚，不以犯罪论处。

第四百五十条①　**【本章适用的主体范围】**　本章适用于中国人民解放军的现役军官、文职干部、士兵及具有军籍的学员和中国人民武装警察部队的现役警官、文职干部、士兵及具有军籍的学员以及文职人员、执行军事任务的预备役人员和其他人员。

第四百五十一条　【战时的含义】　本章所称战时，是指国家宣布进入战争状态、部队受领作战任务或者遭敌突然袭击时。

部队执行戒严任务或者处置突发性暴力事件时，以战时论。

附　　则

第四百五十二条　【本法的施行日期、相关法律的废止与保留】　本法自1997年10月1日起施行。

列于本法附件一的全国人民代表大会常务委员会制定的条例、补充规定和决定，已纳入本法或者已不适用，自本法施行之日起，予以废止。

列于本法附件二的全国人民代表大会常务委员会制定的补充规定和决定予以保留。其中，有关行政处罚和行政措施的规定继续有效；有关刑事

---

① 本条经2020年12月26日《刑法修正案（十一）》第四十七条修改。
1997年《刑法》第四百五十条原规定："本章适用于中国人民解放军的现役军官、文职干部、士兵及具有军籍的学员和中国人民武装警察部队的现役警官、文职干部、士兵及具有军籍的学员以及执行军事任务的预备役人员和其他人员。"

责任的规定已纳入本法,自本法施行之日起,适用本法规定。

附件一

全国人民代表大会常务委员会制定的下列条例、补充规定和决定,已纳入本法或者已不适用,自本法施行之日起,予以废止:

1. 中华人民共和国惩治军人违反职责罪暂行条例
2. 关于严惩严重破坏经济的罪犯的决定
3. 关于严惩严重危害社会治安的犯罪分子的决定
4. 关于惩治走私罪的补充规定
5. 关于惩治贪污罪贿赂罪的补充规定
6. 关于惩治泄露国家秘密犯罪的补充规定
7. 关于惩治捕杀国家重点保护的珍贵、濒危野生动物犯罪的补充规定
8. 关于惩治侮辱中华人民共和国国旗国徽罪的决定
9. 关于惩治盗掘古文化遗址古墓葬犯罪的补充规定
10. 关于惩治劫持航空器犯罪分子的决定
11. 关于惩治假冒注册商标犯罪的补充规定
12. 关于惩治生产、销售伪劣商品犯罪的决定
13. 关于惩治侵犯著作权的犯罪的决定
14. 关于惩治违反公司法的犯罪的决定
15. 关于处理逃跑或者重新犯罪的劳改犯和劳教人员的决定

附件二

全国人民代表大会常务委员会制定的下列补充规定和决定予以保留,其中,有关行政处罚和行政措施的规定继续有效;有关刑事责任的规定已纳入本法,自本法施行之日起,适用本法规定:

1. 关于禁毒的决定
2. 关于惩治走私、制作、贩卖、传播淫秽物品的犯罪分子的决定
3. 关于严惩拐卖、绑架妇女、儿童的犯罪分子的决定

4. 关于严禁卖淫嫖娼的决定
5. 关于惩治偷税、抗税犯罪的补充规定
6. 关于严惩组织、运送他人偷越国(边)境犯罪的补充规定
7. 关于惩治破坏金融秩序犯罪的决定
8. 关于惩治虚开、伪造和非法出售增值税专用发票犯罪的决定